Contextos

CAPÍTULO 2
Las relaciones románticas

© Pedro Blanco Aroche

Romance guajiro del artista cubano Pedro Blanco Aroche, 2007

Identifica las varias imágenes en este cuadro de un artista cubano. ¿Qué parte del cuadro se destaca (se... *stands out*)? Hay varias parejas en el cuadro. ¿Cuál es la relación entre ellos? Además de las parejas, ¿cuáles son otros objetos y elementos interesantes? ¿Qué valores y costumbres de la vida en Cuba se ven?

¿Qué símbolos asocias con el amor? ¿Puedes pensar en otras obras artísticas que representen el amor? ¿Cuáles son algunas historias clásicas que tratan el tema del amor? Cuando una obra artística representa el amor, ¿suele presentar una visión trágica, romántica, triste, optimista o neutra de la experiencia? Si pintaras un cuadro personal como *Romance guajiro*, ¿qué imágenes incluirías?

I. ANTICIPACIÓN

A. El póster del cortometraje «La lotería»

© S. Daud and B. Ripley

El cortometraje «La lotería» trata de Savanna y Augusto, dos jóvenes dominicanos.

PASO 1. Mira el póster del cortometraje y contesta las preguntas.

1. ¿Qué relación existe entre estos jóvenes?
2. ¿Se sienten igual Savanna y Augusto?
3. ¿Tienen una relación exitosa? ¿Cómo lo sabes?

PASO 2. En parejas, conversen sobre las siguientes preguntas.

1. ¿Cómo se define una relación de novios —o una amistad— exitosa? ¿Cómo se logra? Piensa en las parejas que tú conoces y por qué hacen o no hacen una buena pareja.
2. ¿Qué cualidades y características buscas tú en un amigo / una amiga o en un novio / una novia?

B. ¡Conozcamos a los personajes!

PASO 1. Mira las imágenes de cuatro de los personajes del cortometraje «La lotería» y escribe cómo son y cómo están. Incluye todos los detalles que puedas.

DATOS CINEMATOGRÁFICOS

Director: Shahir Daud

Fecha: 2014

Personajes: Augusto, Savanna

Escenario: un aeropuerto

País: República Dominicana

Adjetivos útiles		
amable	enojado/a	nervioso/a
cómico/a	frustrado/a	preocupado/a
confundido/a	fuerte	romántico/a
conservador(a)	joven	serio/a
contento/a	liberal	tradicional
débil	moderno/a	tranquilo/a
desagradable	molesto/a	viejo

 © S. Daud and B. Ripley	1. **el abogado de inmigración** ¿Cómo es el abogado? ¿Cómo está en esta escena? Otras observaciones:
 © S. Daud and B. Ripley	2. **Augusto** ¿Cómo es Augusto? ¿Cómo está en este momento? Otras observaciones:
 © S. Daud and B. Ripley	3. **Savanna** ¿Cómo es Savanna? ¿Cómo está en este momento? Otras observaciones:
 © S. Daud and B. Ripley	4. **la madre de Savanna** ¿Cómo es la madre de Savanna? ¿Cómo está en esta escena? Otras observaciones:

PASO 2. Ahora infiere lo que puedas de los fotogramas (*still frames*) y contesta las preguntas. Usa las pistas (*clues*) que ves, la lógica y tu imaginación.

1. ¿De qué hablan Augusto y el abogado en el primer fotograma? ¿Quiere ayudar el abogado a Augusto?
2. ¿Quién es Savanna en relación con Augusto?
3. ¿De qué hablan Savanna y Augusto en el tercer fotograma?
4. ¿Dónde está la madre de Savanna en el último fotograma? ¿Qué o a quién mira tan fijamente?

C. Lugares importantes en «La lotería»

PASO 1. Los siguientes fotogramas muestran cuatro lugares del cortometraje. Apunta algunas características de los lugares en general. Por ejemplo: ¿Cómo es el lugar? ¿Para qué sirve? ¿Quiénes típicamente están en el lugar? ¿Cómo están las personas cuando están allí?

MODELO: **el parque** – Es un lugar donde hay árboles y mucho espacio verde. Las familias vienen al parque para jugar. Algunas personas vienen al parque para hacer ejercicio, por ejemplo, caminar o correr. Es un lugar tranquilo y por eso muchas personas se sienten relajadas.

© S. Daud and B. Ripley

© S. Daud and B. Ripley

1. la oficina del abogado

© S. Daud and B. Ripley

2. el restaurante

© S. Daud and B. Ripley

3. la iglesia

© S. Daud and B. Ripley

4. el aeropuerto

 PASO 2. En parejas, digan si Uds. van a los lugares del **Paso 1** y con qué frecuencia. ¿Qué hacen Uds. allí? ¿Con quién van?

PASO 3. Ahora, para cada lugar del **Paso 1**, escribe dos actividades que los personajes del cortometraje probablemente hacen y una cosa que piensan mientras están allí.

D. Situación de suspenso: En la oficina del abogado

**Repaso gramatical:
III. Las palabras
interrogativas
Repaso gramatical: II.
Ir + a + infinitivo**

PASO 1. Mira el videoclip y contesta las preguntas.

1. ¿Qué sucede en esta escena?
2. ¿Qué va a ocurrir después?
3. ¿Cuál es una cosa que NO va a ocurrir en la próxima escena?

© S. Daud and B. Ripley

Estrategia: Utilizar las pistas contextuales para anticipar la definición de una palabra

After you have read the text at least once just for the gist, identify several words you do not know, but that seem important. Use what you figured out from the first reading to focus on contextual clues that might help you narrow a word's meaning.

PASO 2. Lee la información sobre Programa de Diversidad de Visas de Inmigrante y escribe una lista de los cognados que ves. Luego busca dos palabras que sean nuevas para ti y escribe lo que piensas que significan. Por último, consulta con un diccionario y confirma las definiciones.

La lotería de visas estadounidenses*

Dado que[a] la inmigración es un tema polémico en muchos países, ¿te has preguntado alguna vez cómo se decide quiénes pueden entrar legalmente como inmigrantes a los Estados Unidos?

A partir de[b] 1995, cada año el Departamento de Estado de los Estados Unidos les ofrece la oportunidad de sacar visas para obtener la residencia permanente a aproximadamente 50.000 personas de países extranjeros. La ley se aprobó para darles visas a inmigrantes de diversas naciones que no tienen altos niveles[c] de inmigración a los Estados Unidos. La meta del programa es aumentar la diversidad de los inmigrantes.

Para tener un sistema justo, la ley prohíbe que estas visas se les den a personas de países que ya han enviado más de 50.000 personas a los Estados Unidos como residentes permanentes. Además, el sistema es una lotería. Durante el período de inscripción, que dura solamente un mes, se puede entrar en la lotería. Los «ganadores» se seleccionan al azar,[d] es decir, como en cualquier lotería para ganar dinero.

Solamente se puede entrar una vez por año en la lotería. La selección es completamente aleatoria.[e] Una persona que gana la lotería puede traer a su esposo/esposa y sus hijos (menores de 21 años) a vivir en los Estados Unidos. En 2015, más de 10 millones de personas entraron en la lotería.

[a]Dado... Since; *Given that*   [b]A... *Starting in*   [c]*levels*   [d]al... *randomly*   [e]*random*

1. Cognados: _____

2. Palabra nueva: _____

   Definición anticipada: _____

   Definición: _____

3. Palabra nueva: _____

   Definición anticipada: _____

   Definición: _____

PASO 3. Completa las preguntas con la palabra interrogativa apropiada, según lo que leíste en el **Paso 2**. Usa cada palabra interrogativa solo una vez. Luego, empareja las preguntas con las respuestas (a. – g.) más lógicas, según la información en el **Paso 2**. Por último, llena los espacios en blanco en las respuestas con el artículo apropiado (**el, la, los, las, un, una, unos, unas**).

Palabras interrogativas

¿Cómo?	¿Cuándo?	¿Cuánto?	¿Quiénes?
¿Cuál?	¿Cuántas?	¿Qué?	

*Source: "Green Card Through the Diversity Immigrant Visa Program," U.S. Citizenship and Immigration Services, February 14, 2014. https://www.uscis.gov

___ 1. ¿_____ pueden acompañar a un/una inmigrante que gana esta lotería?

___ 2. ¿_____ veces se puede entrar en la lotería cada año?

___ 3. ¿_____ tiempo dura la inscripción?

___ 4. ¿_____ se decide quiénes reciben las visas?

___ 5. ¿_____ es uno de los propósitos del Programa de Diversidad de Visas de Inmigrante?

___ 6. ¿_____ empezó este programa?

a. _____ primer año del programa fue 1995.

b. _____ recipientes de la visa ganan al azar.

c. _____ razón es para aumentar _____ diversidad de los inmigrantes a los EE. UU.

d. El esposo / La esposa y sus hijos pueden ir con _____ persona que recibe la visa.

e. Se puede entrar una vez por año en _____ lotería.

f. Los postulantes tienen solamente _____ mes para completar el proceso de inscripción.

PASO 4. Contesta las preguntas.

1. Después de leer la información en el **Paso 2** sobre Programa de Diversidad de Visas de Inmigrante, ¿cambia tu opinión sobre lo que va a suceder en el cortometraje? Explica.

2. ¿A qué se refiere el título de este cortometraje? ¿A qué otras cosas puede referirse el título?

3. ¿Cómo va a responder Augusto a la pregunta del abogado?

E. Más sobre la lotería de visas*

Repaso gramatical: II. Los artículos definidos e indefinidos
Repaso gramatical: III. Las palabras interrogativas

PASO 1. Lee un poco más sobre la lotería de visas estadounidenses. Completa los espacios en blanco con el artículo definido (**el, los, la, las**) o indefinido (**un, unos, una, unas**) que se requiere. Después de cada sección, forma una pregunta de comprensión para tu pareja.

MODELO: Cada año, <u>el</u> gobierno de los Estados Unidos selecciona 100.000 ganadores al azar de todo <u>el</u> mundo. Pero de estos 100.000 personas solamente 50.000 recibe permiso para vivir en los Estados Unidos. Se hacen entrevistas y <u>una</u> revisión de antecedentes para determinar quiénes de estas 100.000 personas van a ganar.

© Joe Raedle/Getty Images

<u>¿Cuántas personas son ganadores cada año?</u>

<u>¿Cómo seleccionan a los ganadores?</u>

1. En 2015, _____ países hispanos no podían participar porque ya había venido _____ número máximo de ciudadanos de este país en los últimos cinco años. Por ejemplo, _____ ciudadanos de Colombia, la República Dominicana y México no podían participar en la lotería.

¿ _____?

2. _____ tarjeta verde no le otorga al recipiente la ciudadanía (*citizenship*), pero el/la recipiente puede trabajar legalmente en _____ Estados Unidos. Más adelante, se puede patrocinar a otros miembros de su familia para que ellos también puedan venir a los Estados Unidos a vivir permanentemente.

¿ _____?

_____
*Source: "Lotería de Visas 2016: Estados Unidos sortea 100,000 residencias legales permanentes," Report24, May 28, 2016. www.report24.nl

3. El esposo / La esposa puede participar en la lotería también y así se duplica _____ posibilidad de que _____ familia gane. Pero, se puede participar solamente _____ vez por año.

    ¿ _____?

4. _____ tarjeta «verde» ya no es verde. Es rosada.

    ¿ _____?

5. Más de 10 millones de personas participan en la lotería cada año, pero solo una fracción de _____ solicitantes (*applicants*) puede inmigrar a los Estados Unidos. Por ejemplo, en 2015 solamente _____ 0,9% pudo entrar.

    ¿ _____?

 PASO 2. En parejas, formen por lo menos cinco preguntas que Augusto probablemente tuvo que contestar para entrar en la lotería de visas estadounidenses. Miren el formulario abajo para sacar ideas. Utilicen palabras de interrogación y luego comparen sus repuestas con las de otros grupos.

© S. Daud and B. Ripley

      MODELO: ¿Cómo se llama Ud.? ¿En qué año nació?

U.S. DEPARTMENT *of* STATE
BUREAU OF CONSULAR AFFAIRS

Electronic Diversity Visa

TRAVEL.STATE.GOV

Entrant Status check v05.00.00

Help

Verify Entrant

To retrieve a confimation number, the primary entrant informtion must be verified.

1. Diversity Visa Lottery Program Year:

Select the Diversity Visa Lottery program Year to check.

Diversity Visa Lottery Program Year	2013 ☑

2. Name:

Provide the primary entrant name exactly as entered on the Diversity Visa Lottery Form.

Last/Family Name	First Name	Middle Name
☐ No Last/Family Name	☐ No First Name	☐ No Middle Name

3. Date of Birth

Provide the date of birth for the primary entrant as entered on the Diversity Visa Lottery Form.

Day [Select Day... ☑] Month [Select Month... ☑] Year [____] *Format: YYYY.*

4. Email Address:

Provide the email address used on the Diversity Visa Lottery Form.

5. Authentication

AERVDK   🔄 Type the characters as they appear in the picture.
🔊 [_____]

[Cancel] [Submit]

Anticipación **81**

F. ¿Qué hacen los personajes? ¿Qué están haciendo?

PASO 1. Completa las oraciones con la forma correcta de uno de los siguientes verbos para describir lo que hacen los personajes en el cortometraje. **¡OJO!** Cada verbo se utiliza solo una vez.

dar	hablar	poder
decir	informar	preguntar
escuchar	pensar	tener

1. Augusto _____ en los remordimientos de su vida y el narrador _____ que tiene tres.

2. El abogado le _____ a Augusto que él _____ permiso de vivir en los Estados Unidos.

3. Augusto _____ con el abogado y le _____ si su novia _____ ir con él a los Estados Unidos.

4. El abogado le _____ consejos a Augusto sobre su novia.

5. Savanna no _____ lo que el abogado dice.

PASO 2. Mira los fotogramas y para cada uno escribe una o dos oraciones en el presente progresivo (**estar** + *gerundio*) para describir lo que **están haciendo** los personajes en este momento.

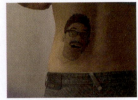
© S. Daud and B. Ripley

> **MODELO:** Augusto
>
> Augusto le **está mostrando** (mostrar) el tatuaje de Ramón a su amigo, Ramón.

© S. Daud and B. Ripley

1. Augusto, Samantha

© S. Daud and B. Ripley

2. Augusto

© S. Daud and B. Ripley

3. Augusto, el abogado

© S. Daud and B. Ripley

4. Savanna

G. A inferir y predecir

En parejas, miren los fotogramas y contesten las preguntas.

© S. Daud and B. Ripley

© S. Daud and B. Ripley

1. En estos fotogramas, los personajes están en una iglesia. ¿Qué puedes inferir de esto? ¿Por qué no hay muchas personas en la iglesia?

2. En tu opinión, ¿cómo se sienten los personajes en los fotogramas? (¿Felices, tristes, decepcionados, ansiosos, confundidos, nerviosos?)

3. ¿Qué fotograma refleja lo que pasa primero? ¿Están en orden cronológico (*chronological*)? ¿Cómo lo sabes?

4. ¿Qué va a pasar en el futuro?

 H. Sin sonido: Las pistas visuales (*Visual clues*)

© S. Daud and B. Ripley

PASO 1. Mira el cortometraje entero sin sonido. (*View the full short film but WITHOUT sound.*) Presta atención a las acciones y las emociones expresadas en la cara de los personajes. Utiliza las pistas visuales para escribir por lo menos cinco oraciones resumiendo lo que crees que ocurre en «La lotería». Explica el argumento (*plot*) y el desenlace (*denouement; how the narrative ends*) lo mejor que puedas. **¡OJO!** No te preocupes si no estás seguro/a. Observa y adivina (*guess*). ¡Vas a mirar el cortometraje con sonido pronto!

 PASO 2. Compara tu resumen del argumento (del **Paso 1**) con el de una pareja. ¿Son parecidas sus interpretaciones de las pistas visuales? ¿Cómo son diferentes?

 PASO 3. Ahora, escribe cinco preguntas sobre el cortometraje. Utiliza cinco palabras interrogativas diferentes. Pueden ser preguntas sobre lo que sucede o de opinión. Hazle tus preguntas a una pareja y apunta sus respuestas.

II. VOCABULARIO

A. Las parejas y las emociones

PASO 1. Al final (Al... *At the end*) del cortometraje, Augusto y Savanna están en una iglesia. Un cura y la madre de Savanna están con ellos. Parece que van a casarse, pero luego hay algún problema. Lee las oraciones sobre las siguientes escenas, infiere el significado de las palabras **en negrilla** y contesta las preguntas.

© S. Daud and B. Ripley

Savanna y Augusto empiezan a <u>**salir juntos**</u>, se hablan y se divierten y, a lo largo de los seis meses que se conocen, **se enamoran**. Savanna está enamorada de él y Augusto está enamorado de ella. <u>**Se aman**</u> mutuamente.

© S. Daud and B. Ripley

Típicamente antes de una boda, el hombre o la mujer **le propone** <u>matrimonio</u> a su novio/a. Si el novia / la novia <u>acepta la propuesta</u>, los novios están **comprometidos**, es decir, **se prometen** casarse. Si **rechaza** <u>la propuesta</u>, ellos no se casan. Se quedan solteros. En esta escena, **el cura** casa a **los prometidos**, Savanna y Augusto.

© S. Daud and B. Ripley

Durante la ceremonia, hay un problema. ¿Ya no están **enamorados** los dos? ¿Por qué **se enoja** Savanna?

© S. Daud and B. Ripley

Savanna <u>**se pone**</u> triste. ¿A lo mejor Augusto no es su **media naranja**? ¿Siente Augusto <u>remordimiento</u>?

Vocabulary words underlined and differently colored are featured in the dialogue of the short film.

Más vocabulario sobre las parejas y las emociones*

convivir	to live together
dejar a alguien	to leave (dump) someone
desilusionarse	to be disappointed/disillusioned
querer (ie) a alguien	to love someone
romper con	to break up with
sacar (qu) el tema	to bring up the topic
tener (ie) celos; estar celoso/a	to be jealous
la cita	date; appointment
la media naranja	expression meaning "other/better half" (*lit.* orange half)
la meta	goal
el noviazgo	engagement (period)
el remordimiento	regret
la soledad	solitude
desilusionado/a	disappointed
harto/a	fed up

Repaso: depender de, afligido/a, ansioso/a, apasionado/a, confundido/a, contento/a, deprimido/a, determinado/a, emocionado/a, inseguro/a, nervioso/a, preocupado/a, sorprendido/a

Preguntas

1. ¿Alguna vez invitaste a alguien a salir contigo? ¿Cómo invitaste a la persona? ¿Aceptó tu invitación? ¿Cómo te fue?

2. ¿Cómo se siente una persona la primera vez que sale con alguien?

3. ¿Cómo sabes que estás enamorado/a de alguien? ¿Cómo te sientes cuando estás con esa persona?

4. ¿Cómo es tu media naranja (existente o ideal)? ¿Qué cualidades tiene?

5. ¿Cómo se siente una persona cuando se da cuenta que tiene que romper con su pareja? ¿Cómo se siente una persona cuando su novio/novia rompe con él/ella? ¿Cuál es peor: cuando tienes que romper con tu pareja o cuando tu pareja te deja?

PASO 2. Utiliza palabras de vocabulario del **Paso 1** para completar la conversación imaginada entre Savanna y su madre.

¡La boda es en una semana!

LA MADRE: Hija, en serio ¿te propuso _____[1] Augusto?

SAVANNA: ¡Sí! ¡Y acepté! Estoy muy alegre.

LA MADRE: Felicidades, hija. Pero, debes tener cuidado. Es importante no tener _____.[2] Como tu mamá, te tengo que preguntar: ¿estás bien segura que quieres _____?[3] ¿Estás _____[4] de él?

SAVANNA: Sí, mamá, segurísima. Lo _____[5] mucho. Y sé que él me _____[6] a mí.

PARA TU INFORMACIÓN:
QUERER Y AMAR

Las dos palabras **querer** y **amar** pueden significar *to love someone*, pero **querer** también puede significar *to like* y *to want*. **Amar** se usa típicamente para enfatizar la profundidad del sentimiento, así que describiría a una pareja realmente comprometida.

LA MADRE: Me alegro mucho. ¡Ay, mi hijita está comprometida!

SAVANNA: Sí, y nos casamos muy pronto. La _____[7] va a ser en una semana.

LA MADRE: ¡Pero, no hay mucho tiempo! Tengo que llamar al _____[8] inmediatamente.

B. ¿Cómo se sienten estas personas? ¿Qué va a pasar?

Escucha las oraciones que describen situaciones emocionales. Escribe cómo se sienten las personas en estas situaciones y qué va a pasar después de esto.

MODELO: *Oyes*: Voy a proponerle matrimonio a mi novia esta noche.

Escribes: Él probablemente está emocionado y nervioso. Va a proponerle matrimonio y ella va a aceptar. Los dos van a vivir felices y comer perdices (*partridges*).*

1. _____
2. _____
3. _____
4. _____
5. _____
6. _____

C. Narración: El comienzo de una relación romántica

Mira las imágenes que cuentan la historia de una relación nueva. Usa al menos ocho de las palabras de vocabulario para inventar una historia sobre esta pareja. ¡Sé creativo/a!

1. _____
_____
_____

2. _____
_____

3. _____
_____

4. _____
_____
_____

5. _____
_____

6. _____
_____

"**Vivieron felices y comieron perdices**" is a popular fairytale ending equivalent to the English "And they lived happily ever after."

D. Los conflictos de pareja

Estudia la tabla sobre las razones más comunes de la ruptura de una relación romántica y del divorcio. Fíjate en las palabras en negrilla y infiere lo que significan.

Causas comunes de la ruptura / de una relación fallida*

la edad del matrimonio

Cuando una pareja se casa muy joven, pueden ser inmaduros. Además, a lo largo de los años uno o ambos de ellos puede(n) cambiar fundamentalmente. A través del tiempo, pueden convertirse en personas **incompatibles**.

la deshonestidad y la infidelidad

La honestidad es fundamental en una relación. Si alguien le miente a su pareja, la pareja puede perder **la confianza** en él o ella. **La infidelidad** es **un engaño** serio y puede ser un síntoma de problemas serios. **Los líos** ocurren cuando alguien tiene una relación emocional, romántica y/o sexual con otra persona. **Engañar** a la pareja **deshonra** los votos matrimoniales, y por eso puede acabar con una relación.

el abuso, **la desigualdad** de poder, el control excesivo

Una persona abusiva destruye la estabilidad en el hogar. La persona abusada se siente atrapada y resentida. La relación se derrumba irreparablemente. **La igualdad y el respeto** son esenciales para una relación feliz.

la identidad de una persona se pierde

Cuando alguien se enamora profundamente de otra persona, a veces **cede** su identidad y pierde de vista metas o actividades separadas. La relación llega a tener más importancia que las necesidades o deseos del individuo.

el egocentrismo

Una persona egocéntrica no es muy comprensiva y muchas veces está **ensimismada**. Si no piensa en su pareja, no **apoya** a su pareja, ni le hace caso, él/ella va a sentirse solo/a.

*Basado en datos y sondeos (surveys) de la Argentina, Chile, Costa Rica, Cuba, España, México y la República Dominicana; Ni, Preston, "Top 10 Reasons Relationships Fail," *Psychology Today*, July 12, 2015, https://www.psychologytoday.com; Wong, Kristin, "The 8 Most Common Reasons for Divorce, "msn.com, July 24, 2014. http://www.msn.com; Vulliamy, Elsa, "The Nine Most Common Reasons Couples Get Divorced," *Independent*, February 16, 2016. http://www.independent.co.uk; Greenberg, Melanie, "The Top 4 Reasons Relationships Fall," *Psychology Today*, March 31, 2015. https://www.psychologytoday.com; Edemariam, Aida, "Divorced by 30: Why do so Many Young Marriages Come to an Early End?, *The Guardian*, December 19, 2014. https://www.theguardian.com

El desempleo, la bancarrota y otros problemas de dinero cobran un precio alto en una relación. Cuando la pareja sufre estrés, discute sobre las prioridades financieras en vez de **prestar atención** a su relación.

el dinero y los problemas financieros

A veces los deseos de uno difieren mucho de los sueños de la pareja. Por lo tanto, puede ser difícil tomar decisiones mutuamente beneficiosas sobre el trabajo, el número de hijos que una pareja tiene, la vivienda, el dinero y otros aspectos importantes.

los sueños para el futuro y **las metas** diferentes

Los celos se sienten fuertemente cuando una persona sospecha que su pareja le **es infiel**, por ejemplo. A veces los celos son injustificados y el resultado de la inseguridad. Una persona **celosa** puede obsesionarse por las actividades y relaciones de la pareja.

los celos

La comunicación clara y positiva es fundamental para una relación feliz y exitosa. Las dos personas deben poder expresarse abiertamente pero teniendo en cuenta los sentimientos de su pareja.

la **falta de** comunicación

Ciertas diferencias son difíciles de **superar**. Nuestras experiencias en la niñez, las costumbres familiares, las normas sociales y culturales dan forma a nuestra identidad. Cuando una persona difiere de su pareja en estos aspectos, los dos son personas muy distintas, lo cual dificulta una relación exitosa.

la incompatibilidad

PASO 1. Lee las oraciones en voz alta y determina si cada una describe una relación sana (*healthy*) y exitosa o problemática. Si describe una relación problemática, nombra el conflicto al cual se enfrenta la pareja.

1. La meta de Juan José es casarse con su novia. La meta de su novia es viajar sola por Sudamérica.

    ¿Conflicto? No ☐ Sí ☐: _____

2. El sueño de Paulino es tener una familia. A su novia le encantan los niños y ama a Paulino muchísimo.

    ¿Conflicto? No ☐ Sí ☐: _____

3. Catalina lee los mensajes de texto en el teléfono móvil de su pareja sin su permiso porque no se fía de (se... *trust*) él.

    ¿Conflicto? No ☐ Sí ☐: _____

4. Alejandro viene de una familia muy religiosa. La familia de su novia, María José, también es muy religiosa. A los dos les gusta asistir a la misa y rezan todos los días. María José dice que Alejandro es su media naranja.

¿Conflicto? No ☐ Sí ☐: _____

5. Santiago y su pareja, Nicolás, discuten a veces pero expresan sus sentimientos y hablan con calma cuando hay problemas. Se llevan bien porque hay mucha igualdad en su relación. Se tratan con respeto.

¿Conflicto? No ☐ Sí ☐: _____

6. Joaquín acaba de perder su trabajo y la familia necesita dinero. Está muy estresado porque no pueden pagar las cuentas. Solo piensa en esto y no le presta atención a su esposa ni comparte sus sentimientos con ella.

¿Conflicto? No ☐ Sí ☐: _____

 PASO 2. Ahora, inventa tres situaciones hipotéticas de parejas. Usa al menos una de las siguientes palabras de vocabulario en cada situación. Describe la situación y tu pareja debe decidir si es una relación problemática o exitosa y explicar por qué. Usen los ejemplos en **Paso 1** como modelos.

apoyar	**convivir**	**engañar**	**ser fiel**
comprometerse	**depender de**	**prestar atención**	**tener celos**

 PASO 3. El videoclip que vimos de «La lotería» no revela precisamente qué conflicto de relación experimentan Augusto y Savanna, pero sabemos que hay un conflicto. Sean creativos y traten de adivinarlo. En parejas, usen el vocabulario para inventar dos problemas posibles, dar detalles y explicar cómo se sienten los personajes.

© S. Daud and B. Ripley

MODELO: Augusto y Savanna están enamorados pero Augusto tiene la autoestima muy baja y tiene miedo de casarse. Se da por menos y piensa que Savanna merece (*deserves*) alguien mejor que él. Ella está frustrada porque lo ama mucho, quiere casarse con él y quiere que él se vea (quiere... *wants him to see himself*) como ella lo ve, un hombre bueno y su media naranja.

E. Cuando una relación termina, otra puede empezar.

Las siguientes tiras cómicas enfatizan el hecho de que a veces las relaciones románticas fallan. Míralas y contesta las preguntas.

1. ¿Quién aparece en la boda? ¿Por qué?

2. ¿Qué infieres sobre el novio? ¿Cómo es él? ¿Cómo se siente su novia en este momento?

3. ¿Qué opinas de romper con alguien por correo electrónico o por mensaje de texto?

"¿No te llegó mi e-mail?!..."

© Joe Kohl-CartoonStock.com

© Alberto Montt

4. ¿Por qué aparece un mando de videojuego en la boda? ¿Qué infieres sobre el novio en este chiste?

© Cristian Dzwonik "Nik" - www.gaturro.com

5. ¿Tiene la pareja una relación exitosa o fallida? ¿Cómo lo sabes?

6. Entender esta tira cómica depende de primero entender varios juegos de palabras (juegos... *puns*). Usa el contexto para ayudarte a entender el doble significado de «ella queda en cinta» en este chiste. ¿Qué crees que significa? ¿Y los otros dos juegos de palabras (cede, dividí)?

F. ¿Qué opinan los demás?

PASO 1. Las personas entrevistadas contestan las siguientes preguntas. Lee las preguntas y escribe por lo menos cinco palabras del vocabulario de este capítulo que probablemente van a incluir en sus respuestas.

- ¿Qué opina Ud. de la relación entre Augusto y Savanna?
- En su experiencia, ¿cuáles son algunas causas del deterioro y ruptura entre novios/esposos? ¿Cuáles son algunas fuentes de conflicto en una relación? ¿Qué se puede hacer para superarlas?
- En su opinión, ¿cuáles son los elementos de una relación romántica exitosa? ¿Qué se debe hacer para que tenga éxito?

1. _____ 2. _____ 3. _____ 4. _____ 5. _____

PASO 2. Lee estas citas de las entrevistas sobre la compatibilidad. Léesela a tu pareja. Él/Ella debe decidir si tiene que ver con una relación exitosa o una relación fallida.

	RELACIÓN EXITOSA	RELACIÓN FALLIDA
1. Tenemos acceso a muchas personas y eso nos queda la intriga de querer conocer a alguien más. Por lo tanto llega a la infidelidad.	_____	_____
2. Los elementos de una relación... , para mí, definitivamente la comunicación y la honestidad.	_____	_____
3. Tienes que tener confianza en la pareja.	_____	_____
4. Empiezan muy temprano su relación y no se comunican mucho.	_____	_____
5. Yo creo que el orgullo viene a destacar en las rupturas.	_____	_____
6. A veces como que estamos tan aquí y allá y corriendo detrás de una meta, o estamos en la cabeza, estamos pensando en cosas que, del trabajo, de cómo pagar la casa.	_____	_____

PASO 3. Primero, lee las siguientes oraciones. Luego, mira las entrevistas. Por último, indica si las oraciones son ciertas o falsas, según las entrevistas.

Andrés — © Mcgraw-Hill Education/ Klic Video Productions

Martín e Irma — © Mcgraw-Hill Education/ Klic Video Productions

May — © McGraw-Hill Education/ Klic Video Productions

	CIERTO	FALSO
1. Las cuatro personas entrevistadas opinan que la relación entre Augusto y Savanna es típica.	_____	_____
2. Todos hablan de la importancia de la comunicación.	_____	_____
3. Una causa posible de los problemas de relación, según Martín e Irma, es que las parejas esperan demasiado tiempo para casarse.	_____	_____
4. Andrés explica que una relación puede fallar a causa de la tentación de querer conocer a otra persona.	_____	_____

Palabras útiles

apresurado/a
hasty, hurried

la berraquera
courage (Colombian colloquialism)

la calidez
warmth

clave
key, important

el descuido
neglect

jamás
never

los medios de comunicaciones
media

sumamente
very

ternura
fondness, affection

tierno/a
tender

5. Para May, la relación entre Augusto y Savanna era fría y seca. _____ _____

6. May reconoce que las distracciones de la vida diaria pueden levar al descuido de una relación. _____ _____

PASO 4. Elige uno de los comentarios interesantes o notables y explícalo en tus propias palabras. Luego, compara los siguientes comentarios. Por último, explica con quién estás más de acuerdo.

> **MODELO:** May dijo: «Yo creo que el orgullo viene a destacar en las rupturas».
>
> May dice que el orgullo que una persona tiene (o las dos personas tienen) es una causa de problemas de relación.
>
> Las otras personas entrevistadas no mencionan el orgullo. Hablan de otras causas como la falta de comunicación.
>
> Estoy de acuerdo con May. Creo que el orgullo puede afectar la comunicación porque una persona orgullosa no quiere ser completamente honesta o no quiere admitir que no tiene razón.

1. Andrés dijo: «Hoy en día estamos muy expuestos a muchas personas, dado al medio... a los medios de comunicaciones. Tenemos acceso a muchas personas y eso nos queda la intriga de querer conocer a alguien más. Por lo tanto llega a la infidelidad».

2. Martín e Irma dijeron: «Creo que es algo que sucede frecuentemente, jóvenes que se encuentran pronto y se enamoran. Y toman decisiones muy rápido. Toman decisiones apresuradas».

3. May dijo: «Una relación para que tenga éxito necesita, uno: el amor. Pero también, sumamente importante: el respeto. A veces como que se te olvidan estas cosas simples, de la ternura, la calidad, la calidez, la comunicación, las cosas más simples, de "¿Cómo está tu día?"»

 PASO 5. En parejas, conversen sobre sus propias ideas respecto a las preguntas del **Paso 1.**

III. GRAMÁTICA

Palabras útiles

lastimar los sentimientos de alguien
to hurt someone's feelings

la luna de miel
honeymoon

pedirle (i) disculpas a alguien
to ask someone for forgiveness

perder (ie) una apuesta
to lose a bet

la porquería
rubbish, nonsense

los preparativos
preparations

remontarse
to overcome

sentirse (ie) (i) fatal
to feel awful

tomarse de las manos
to hold hands

los votos matrimoniales
marriage vows

2.1 Augusto ganó la lotería

Los verbos regulares, los verbos con cambio de raíz y los cambios de ortografía comunes en el pretérito

¿Comprendiste?

Vas a mirar el cortometraje entero sin los subtítulos. **¡OJO!** No te preocupes si no entiendes todo. Puedes mirarlo varias veces y usar el contexto [por ejemplo, los gestos (*facial expressions*), las acciones, el sonido y el escenario (*setting*)] para ayudarte a entender el argumento (*plot*). Enfócate en las palabras que sabes.

PASO 1. Mientras miras el cortometraje, haz una lista de por lo menos cinco acciones que ves. Escribe los infinitivos e indica quién(es) hace(n) cada una.

© S. Daud and B. Ripley

MODELO: tomarse de las manos – Augusto y Savanna
esperar – Augusto
comer – Augusto y Savanna

PASO 2. En parejas, túrnense para leer las oraciones y decidir si son ciertas o falsas. Corrijan las oraciones falsas.

	CIERTO	FALSO
1. Savanna **acompañó** a Augusto a la oficina del abogado.	_____	_____
2. Savanna **ganó** la lotería del Programa de Diversidad de Visas de los Estados Unidos.	_____	_____
3. Augusto **aprendió** que Savanna no tenía permiso de acompañarlo a los Estados Unidos.	_____	_____
4. Augusto **decidió** proponerle matrimonio a Savanna porque ella necesitaba «papeles».	_____	_____
5. Augusto le **confesó** a Savanna que no quería casarse.	_____	_____
6. Savanna y Augusto **se casaron**.	_____	_____

Actividades analíticas

Los verbos regulares en el pretérito

Augusto **recibió** una carta importante del gobierno de los Estados Unidos.

Él y su abogado **hablaron** de esta carta.

Augusto le **preguntó** si su novia podía acompañarlo a los Estados Unidos. El abogado le **respondió** que no.

Savanna no **escuchó** la conversación entre Augusto y el abogado.

¡A analizar!

Elige la respuesta más lógica para cada pregunta y luego completa las respuestas con una palabra lógica.

PREGUNTAS PARA AUGUSTO

___ 1. ¿Qué **recibiste** del gobierno de los Estados Unidos?

___ 2. ¿Con quién **hablaste** sobre lo que recibiste?

___ 3. ¿Le **preguntaste** al abogado si podías llevar a tu _____ contigo a los Estados Unidos?

___ 4. ¿Qué te **respondió** el _____?

___ 5. ¿**Escuchó** Savanna tu _____ con el abogado?

RESPUESTAS

a. No, no creo. Ella me **esperó** en el pasillo (*hallway*).

b. Sí, le **pregunté** si podía acompañarme Savanna.

c. **Recibí** una _____ que dice que **gané** la lotería de visas estadounidenses.

d. Me **respondió** que solo podía llevar a mi _____, no a mi novia. Para poder llevar a Savanna, tenemos que casarnos.

e. **Hablé** con un _____ sobre la carta de los Estados Unidos.

1. The preterite is also known as the simple past tense and is used to narrate past events: *I walked, you ran,* and *they studied*. It focuses on the completion of an action, its beginning or end (rather than an action in progress or a repeated action).

2. As you will remember, for every verb tense in Spanish there are verbs that follow the established pattern of conjugation —regular verbs— and verbs that do not follow the pattern— irregular verbs. In the **¡A analizar!** sentences, the verbs in **bold** are all regular verbs in the preterite tense.

   Identify the subjects of the following verbs as used in the statements above:

   hablé – _____   recibí – _____

   preguntaste – _____   recibiste – _____

   escuchó – _____   respondió – _____

   hablaron – _____

Follow the patterns and fill out the following chart with the missing infinitives and preterite conjugations of these regular verbs. The statements and questions above will help you.

El pretérito de indicativo: Los verbos regulares			
	-ar	**-er**	**-ir**
	_____	_____	recibir
yo	_____	respondí	_____
tú	_____	respondiste	_____
Ud., él/ella	habló	_____	_____
nosotros/nosotras	hablamos	respondimos	recibimos
vosotros/vosotras	hablasteis	respondisteis	recibisteis
Uds., ellos/ellas	_____	_____	recibieron

Which two types of verbs share regular preterite endings?_____

¡OJO!

Accent marks are very important, as their inclusion or exclusion can change entirely the meaning of a conjugated verb:

Hablo. *I am speaking.*

Habló. *You (formal) / He / She spoke.*

Following the patterns you have outlined, complete the chart of endings for -**ar**, -**er**, and -**ir** verbs in the preterite.

Los verbos regulares de pretérito: Las formas		
	-ar	**-er/-ir**
yo	_____	_____
tú	-aste	_____
Ud., él/ella	_____	_____
nosotros/nosotras	_____	-imos
vosotros/vosotras	-asteis	_____
Uds., ellos/ellas	_____	_____

Which conjugations carry written accent marks? _____

Los verbos con cambio de raíz en el pretérito

¡A analizar!

Usando la letra **R** (Ramón), **A** (Augusto) o **S** (Savanna), indica quién probablemente dijo lo siguiente:

Ramón

Augusto

Savanna

© S. Daud and B. Ripley

___ 1. **Se sintió** muy mal después de su conversación con Savanna. No fue su intención lastimar los sentimientos de su novia. Supongo que **durmió** mal también esa noche porque no le gusta dormir sin ella.

___ 2. Tengo este tatuaje porque **perdí** una apuesta. **Me sentí** fatal al verlo la primera vez porque **pensé** que era bastante feo, pero ahora simplemente no lo miro. También le **pedí** a mi novia que no me lo mencionara más.

___ 3. Él **perdió** una apuesta conmigo y ahora tiene el mejor tatuaje del mundo. Se ve muy chulo.

___ 4. Me puse a reír cuando lo vi. ¡Qué tatuaje más terrible! Pero Augusto me **pidió** un favor: Nunca más mencionárselo.

___ 5. Después de nuestra conversación en el restaurante no nos hablamos. Sé que Augusto simplemente no **pensó** antes de hablar y que no quería ofenderme. De todos modos, volví a mi propio apartamento y los dos **dormimos** solos esa noche.

3. Spanish has three different verb infinitive endings (___, -**er**, and ___) and stem-changing verbs in the *present* tense, as you'll recall, fall into three categories (**e→ie, e→i**, and **o→ue**). All of the verbs in **bold** in the **¡A analizar!** sentences are stem-changing verbs. In the PRESENT tense, these verbs have stem changes in all conjugations except in the **vosotros** and **nosotros** forms. Review the PRESENT tense conjugation of each:

pensar (ie): pienso, piensas, piensa, pensamos, pensáis, piensan

perder (ie): pierdo, pierdes, pierde, perdemos, perdéis, pierden

dormir (ue): duermo, duermes, duerme, dormimos, dormís, duermen

pedir (i): pido, pides, pide, pedimos, pedís, piden

sentirse (ie): me siento, te sientes, se siente, nos sentimos, os sentís, se sienten

4. But look at what happens to these stem-changing verbs in the preterite. For the subject **Augusto**, are these verbs showing a stem change or not?

Augusto perdió (perder) una apuesta. – _____

Augusto se sintió (sentirse) muy mal. – _____

Although the verb infinitive ending does not determine the type of stem change a verb may have, it will help you determine if a change is needed at all. Which two verbs in the **¡A analizar!** sentences show NO stem change in the preterite? Be sure to look at both instances of each verb.

-**ar** verb: _____ -**er** verb: _____

Verb infinitives that end in -**ar** and -**er** do NOT have a stem change in the preterite.

5. -**Ir** stem-changing verbs are the only verbs that experience a stem change in the preterite. Furthermore, the change only occurs with subjects in certain verb conjugations. Use the statements by Ramón, Augusto, and Savanna to help you find the pattern of where this stem change occurs in the preterite and fill out the chart.

El pretérito: Los verbos con cambio de raíz			
	e→ ie, i	e→ i, i	o→ ue, u
	_____	_____	_____
yo	_____	_____	_____
tú	te sentiste	_____	dormiste
→ Ud., él/ella	_____	_____	durmió
nosotros/nosotras	nos sentimos	pedimos	_____
vosotros/vosotras	os sentisteis	pedisteis	dormisteis
→ Uds., ellos/ellas	se sintieron	pidieron	durmieron

Note that, unlike the present tense, stem changes in the preterite do NOT include the diphthongs (two vowels) **ie** (as in **pienso**) or **ue** (as in **vuelvo**). The only vowel changes are **e → i** (as in **ella pidió**) and **o → u** (as in **Ud. durmió**).

- **-Ir** stem-changing verbs with an **e** stem change to _____.

  Other verbs that follow the **e → i** pattern in the preterite tense include **divertirse**, **mentir**, **sugerir**, **preferir** (second **e**), **reír**, **repetir** (second **e**), **seguir**, and **servir**.

- **-Ir** stem-changing verbs with an **o** stem change to _____.

  The verb **morir** (**ue** stem change in *present*) also follows this **o → u** pattern in the preterite tense.

In both cases, only the third-person singular and plural conjugations are affected.

Los cambios ortográficos comunes en el pretérito

¡A analizar!

Después de la boda, Savanna, Augusto, el cura y la madre de Savanna hablaron. Con la excepción de las primeras dos y la última oraciones, la siguiente conversación no está en orden. Lee las oraciones y pon las oraciones en orden lógico.

© S. Daud and B. Ripley

__1__ EL CURA: Augusto y Savanna. ¡Felicidades! ¿Cómo se sienten? ¿Mejor? Creo que **oí** un poco de su conversación.

__2__ AUGUSTO: ¡Ay! Padre Herrera. Me siento avergonzado. Le pido disculpas. ¿Qué **oyó** Ud.?

____ EL CURA: Ahora sí, todo tiene sentido, Savanna. Leí algo sobre este programa de lotería. ¿Es un programa que les da una tarjeta «verde» a los ganadores para poder vivir y trabajar en los Estados Unidos? Claro... Uds. concluyeron que casarse era la mejor manera de quedarse juntos.

____ SAVANNA: Sí, Padre. Porque nos amamos. A Augusto le **llegó** esta información hace unos días y por eso **comenzó** a pensar en las opciones para nosotros. **Leímos** las reglas del programa y las novias no pueden participar, pero las esposas sí.

____ LA MADRE DE SAVANNA: ¿Papeles? Es decir, ¿papeles oficiales? Hijo, qué poco romántico.

____ AUGUSTO: No hace falta. Yo la entiendo, señora. Yo debo pedirle a Ud. disculpas. Ud. **creyó** que Savanna iba a casarse con un idiota. Y me porté mal. Lo siento. Señora, es que Savanna y yo hablamos de los papeles hace unas semanas.

____ SAVANNA: Sí, Mamá. Lo que Augusto dice es cierto. ¿No te acuerdas que te **expliqué** que cuando Augusto me mencionó la idea de casarse, mencionó conseguir «papeles»? En ese momento, yo también **comencé** a tener dudas, pero luego **concluí** que «los papeles» era un beneficio secundario. ¿Entiendes, padre Herrera?

____ EL CURA: Uds. hablaron de los perros y una casa, creo. Y, Augusto, ¿tú le **explicaste** a Savanna que te encantan los perros... Pero no entendí el resto.

____ LA MADRE DE SAVANNA: Disculpe, padre, pero yo sí **oí** todo. Casi me dio un ataque de corazón. Cuando yo **llegué** a la iglesia esta mañana, yo **creí** que Augusto era un chico inmaduro. Pero, mi hija lo ama. Por eso estamos aquí. Augusto, discúlpame por lo que hice. Lo siento.

_10_ EL CURA: Entiendo. Uds. **llegaron** a la conclusión de que era hora de reconocer el amor que sienten. Pues, felicidades, señores Ramírez. Que Dios los bendiga. ¡Y buen viaje!

6. Similar to stem-changing verbs, the verb **oír** (*to hear*) and verbs whose infinitives end with double vowels (-**eer**, -**aer**, -**uir**) experience a spelling change in the _____ person conjugations only. Look at the chart below to see the change. In these double-vowel verb conjugations, the **i** changes to _____. Use the verbs in **bold** above from **¡A analizar!** to help you fill in the remaning pieces of the chart.

	caerse	leer	oír	concluir
yo	me caí	_____	_____	_____
tú	_____	leíste	oíste	concluiste
→ **Ud., él/ella**	se cayó	_____	_____	concluyó
nosotros/nosotras	_____	leímos	oímos	_____
vosotros/vosotras	os caísteis	leísteis	oísteis	concluisteis
→ **Uds., ellos/ellas**	_____	leyeron	oyeron	_____

7. Verbs with infinitives ending in -**car**, -**gar**, and -**zar** experience a spelling change in the _____ form. (See the **¡A analizar!** sentences for clues.)

- The **c** changes to ____ to preserve the hard **c** sound in **buscar**. Otherwise, before an **e** or **i** in Spanish, a **c** has an ___ sound.

  Review these Spanish words and pay attention to their pronunciation: **centro, circo, casa, curioso, como**

  Yo **busqué** una iglesia para la ceremonia.

- Similarly, in **yo pagué**, a ___appears between the **g** and the **é** to preserve the hard **g** sound. Otherwise, before an **e** or an **i**, a **g** has an [*h*] sound.

  Review these Spanish words and pay attention to their pronunciation: **gusto, gastar, gol, generoso, gitano, guitarra**

  Yo **pagué** mucho dinero para reservar la iglesia.

- In Spanish a **z** can only be followed by the vowels **a**, **o**, or **u**.

  Yo **empecé** a dudar la sinceridad de Augusto.

Write the **yo** form of these similar verbs:

Yo _____ (organizar) la ceremonia matrimonial.

Yo no _____ (criticar) al cura.

Yo _____ (jugar) con mis sobrinos el día de la boda.

Yo _____ (encargarse) de todos los detalles de la ceremonia.

Yo _____ (chocar) con mi tía abuela Alexandra sobre la ceremonia.

Yo _____ (almorzar) muy bien el día antes de la ceremonia.

Actividades prácticas

A. La trama: ¿Qué sucedió?

PASO 1. Llena los espacios en blanco con el pretérito de los verbos entre paréntesis. Luego, empareja la oración con el fotograma que muestra esa acción.

____ 1. La madre de Savanna _____ (enojarse).

____ 2. Savanna _____ (esperar) y no _____ (escuchar) toda la conversación en la oficina.

____ 3. Augusto y Savanna _____ (hablar) del matrimonio.

____ 4. Savanna _____ (escribir) las cosas de Augusto que no le gustan.

____ 5. Savanna no _____ (entender) por qué Augusto le pidió casarse con él de esa forma.

____ 6. Savanna y Augusto _____ (comer) en un restaurante.

a. © S. Daud and B. Ripley

b. © S. Daud and B. Ripley

c. © S. Daud and B. Ripley

d. © S. Daud and B. Ripley

e. © S. Daud and B. Ripley

f. © S. Daud and B. Ripley

PASO 2. Para cada oración del **Paso 1**, expresa oralmente o escribe algo de tu vida sobre la misma acción. Usa la forma de **yo**. Incluye detalles.

MODELO: enojarse - Una vez yo **me enojé** porque mi hermano comió mi almuerzo. Él sacó el almuerzo de la nevera y lo comió todo.

B. Antes y después

PASO 1. Mira los fotogramas y completa las oraciones para decir lo que sucedió antes o después de cada momento. Utiliza el pretérito.

MODELO:

Antes de llegar al restaurante, Savanna y Augusto <u>caminaron</u> (caminar) por la playa y lo <u>pasaron</u> (pasar) muy bien.

1. Después de ver la cara de Savanna, Augusto le _____ (pedir disculpas) y Savanna _____ (aceptar) casarse con él.

2. Antes de recibir el tatuaje, Augusto _____ (sentir) remordimiento por su apuesta con Ramón. Ramón _____ (reírse) mucho cuando _____ (ganar) la apuesta.

3. Después de explicar sus ideas feministas, Savanna _____ (concluir) que él no era feminista. Ella _____ (creer) que Augusto les _____ (caer) mal a sus amigos esa noche.

4. Antes de llegar a la iglesia, Savanna y Augusto _____ (leer) un texto de los votos matrimoniales. Por los nervios, los dos no _____ (dormir) bien la noche antes de la boda.

5. Después de ver el anillo, Savanna _____ (pensar) en muchas cosas en contra de Augusto y ella las _____ (escribir) en su cuaderno.

PASO 2. Vuelve a mirar los fotogramas del **Paso 1** y añade una descripción de lo que pasó o antes o después de cada uno según lo que falte.

> **MODELO:** Después de este momento en el restaurante... Augusto admitió que no quería casarse.

C. ¿Quién lo hizo?

Savanna

Augusto

el abogado

la madre de Savanna

PASO 1. Escucha las siguientes oraciones sobre la historia y escribe el infinitivo de los verbos que oyes. Luego, decide si Savanna, Augusto, el abogado o la madre de Savanna hicieron la acción que se describe. En algunos casos, más de un personaje hizo la acción.

> **MODELO:** *Oyes:* Tomó una clase de ciencias políticas.
> *Escribes:* tomar: Augusto tomó

1. _____
2. _____
3. _____

4. _____
5. _____
6. _____

PASO 2. Forma preguntas con cinco de los verbos que se usaron en el **Paso 1**. Entrevista a tu pareja y apunta sus respuestas. Finalmente, comparte sus respuestas con la clase.

> **MODELO:** E1 : ¿Asististe a una boda este año? ¿Quiénes se casaron?
> E2: Sí, asistí a una boda. Mi hermano y su novio se casaron.
> E1 : ¡Felicidades! Yo también asistí a una boda. Mi amiga se casó en Puerto Rico y...

D. ¿Cómo se conocieron?

PASO 1. Inventa una historia en el pasado de por lo menos ocho oraciones de cómo se conocieron Augusto y Savanna y cómo se enamoraron. Incluye algunas de las siguientes palabras/frases:

enamorarse	sacar el tema	apasionado/a
prestar atención	salir juntos	determinado/a
prometer	la cita	
romper con	el respeto	

PASO 2. Entrevista a una pareja sobre cómo conoció a una persona importante en su vida. Apunta unas preguntas preliminares y haz preguntas adicionales mientras escuchas sus respuestas. Saca apuntes y está listo/a a compartir su historia con la clase.

> **MODELO:** Cuándo conociste a tu mejor amigo / novio / compañero de cuarto? ¿Dónde lo conociste? ¿De qué hablaron Uds.?

2.2 Cuando Savanna supo, se sintió mal

Actividades analíticas

Los verbos irregulares en el pretérito

¡A analizar!

© S. Daud and B. Ripley

La amiga de Savanna le hace varias preguntas. Empareja cada una con la respuesta más lógica de Savanna y termina las respuestas donde sea necesario.

___ 1. **¿Hicieron** Uds. muchas cosas juntos antes de casarse?

___ 2. **¿Te pusiste** enojada cuando **supiste** su idea de los «papeles»?

___ 3. ¿Qué te **dijo** Augusto durante la ceremonia?

___ 4. **¿Trajo** Augusto el anillo a la ceremonia?

___ 5. ¿Qué **hiciste** después de salir enojada del restaurante?

___ 6. ¿Y los padres de Augusto? ¿Por qué no **estuvieron** en las fotos?

a. Me **dijo** que me ama y cree en mí.

b. Sí, muchísimas. Por ejemplo, el fin de semana pasado nosotros...

c. Ellos y los abuelos **quisieron** venir pero no **pudieron** porque...

d. **Tuve** que sentarme y hacer una lista de todas las cosas a favor y en contra de Augusto. Eso me **trajo** la calma y me di cuenta de que...

e. Sí, los dos los **trajimos**. Sé que no son muy tradicionales pero...

f. Más que enojada, **me puse** triste porque...

1. The verbs you saw in **bold** in **¡A analizar!** are irregular verbs in the preterite. Use the context to identify their subjects.

tuve – ____

me puse – ____

hiciste – ____

te pusiste – tú

supiste – ____

dijo – _____

trajo – _____ and ____

trajimos – Augusto y yo

estuvieron – _____

pudieron – _____

quisieron – los padres y los abuelos de Augusto

hicieron – ____

2. You will notice that regardless of the infinitive ending, (**-ar, -er, -ir**), the verbs above are all conjugated with the same set of endings. There is only one set of endings for the irregular preterite, unlike the regular preterite. Use the sentences above to help you supply the missing endings below.

yo	-e
tú	_____
Ud., él/ella	_____
nosotros/nosotras	-imos
vosotros/vosotras	-isteis
Uds., ellos/ellas	_____

There is another difference between the regular and irregular preterite conjugations. Look again at the endings above. What do regular preterite verb conjugations have that the irregular endings do not?
_____

3. Verbs that are irregular in the preterite can look quite different from their infinitive form. You will have to memorize their irregular stems, but luckily there are patterns that will help you remember them.

Look at the following clusters of verbs and see what patterns you can detect. Use the verbs from **¡A analizar!** and the patterns to help you complete the charts.

	andar	estar	poder	poner	saber	tener
yo	anduv_____	estuve	pude	_____	supe	_____
tú	anduv_____	_____	pudiste	pusiste	_____	tuviste
Ud., él/ella	anduv_____	estuvo	_____	puso	supo	tuvo
nosotros/nosotras	anduv_____	estuvimos	pudimos	pusimos	_____	_____
vosotros/vosotras	anduv_____	estuvisteis	pudisteis	_____	supisteis	tuvisteis
Uds., ellos/ellas	anduv_____	_____	_____	pusieron	supieron	tuvieron

- All of the irregular verb stems above contain the letter: _____

	conducir	decir	traer
yo	conduj_____	dije	traje
tú	conduj_____	dijiste	_____
Ud., él/ella	conduj_____	_____	trajo
nosotros/nosotras	conduj_____	dijimos	_____
vosotros/vosotras	conduj_____	dijisteis	_____
Uds., ellos/ellas*	conduj_____ *	_____ *	trajeron*

*Note the lack of an i in the third person plural conjugation.

- All of the irregular verb stems above contain the letter: _____

	hacer	_____	querer
yo	hice	vine	_____
tú	hiciste	_____	quisiste
Ud., él/ella	_____	vino	quiso
nosotros/nosotras	hicimos	_____	quisimos
vosotros/vosotras	_____	vinisteis	quisisteis
Uds., ellos/ellas	hicieron	vinieron	_____

- All of the irregular verb stems above contain the letter: _____

4. The verbs **ir**, **ser**, and **dar** are exceptions. In fact, **ir** and **ser** have the same conjugations. How might you be able to tell these two verbs apart? _____ _____

	ir	ser	dar
yo	fui	fui	di
tú	fuiste	fuiste	diste
Ud., él/ella	fue	fue	dio
nosotros/nosotras	fuimos	fuimos	dimos
vosotros/vosotras	fuisteis	fuisteis	disteis
Uds., ellos/ellas	fueron	fueron	dieron

Actividades prácticas

A. Savanna se enojó

PASO 1. Vuelve a mirar la escena del cortometraje en el restaurante cuando Savanna se enojó. Resume cinco eventos clave de esta escena. Usa verbos en el pretérito y las siguientes frases para contar una historia.

Verbos útiles

decidir

decir

empezar

estar

oír

pensar

ponerse

saber

sentirse

© S. Daud and B. Ripley

al principio: at the beginning

primero: first

luego: then (next)

entonces: then (so)

antes de + **[infinitivo]**: before + [*ing* form of verb]

después de + **[infinitivo]**: after + [*ing* form of verb]

por eso: that's why

al final: at the end

PASO 2. Después de salir del restaurante, Ramón, un amigo de Augusto, lo llama y ellos hablan de la conversación que Augusto y Savanna tuvieron en el restaurante. Imagina que eres Augusto y contesta las preguntas.

AUGUSTO: ¿Aló?

RAMÓN: Saludo, Augusto. ¿Qué hubo?

AUGUSTO: Ma-o-meno, Ramón, ¿qué lo qué?

RAMÓN: Bien, Augusto. ¿Cómo tú 'tá?

AUGUSTO: Voy a casarme.

RAMÓN: ¿Con Savanna? ¿Ehhh? ¿Estás medio loco? ¿Cuándo decidiste casarte? ¿Por qué?

AUGUSTO: _____

RAMÓN: Ahora, entiendo. ¿Cómo te sientes? ¿Está contenta Savanna?

AUGUSTO: _____

RAMÓN: Qué vaina... ¿entonces ella está enojada? ¿Qué le dijiste en el restaurante?

AUGUSTO: _____

RAMÓN: Bueeeno... ¡Anda! ¿Qué vas a hacer?

AUGUSTO: _____

  PASO 3. Vuelve a mirar la escena cuando Savanna reflexiona sobre Augusto. Luego, en parejas escriban un diálogo telefónico en que Savanna le cuente a su tía de la propuesta de matrimonio y de su lista. Usen el **Paso 2** como modelo.

© S. Daud and B. Ripley

B. La relación de Savanna y Augusto

 PASO 1. Vuelve a mirar la última parte del cortometraje. Llena los espacios en blanco con las palabras que faltan.

En la iglesia. Savanna y su madre se pusieron tristes, enojadas y desilusionadas

En el aeropuerto, estuvieron contentos.

CURA: Augusto, ¿aceptas a Savanna como tu esposa para _____,[1] cuidarla y respetarla en la salud y en la _____[2] todos los días de su vida? ¿Augusto?

AUGUSTO: Ven aquí un momento. No _____[3] hacer esto.

SAVANNA: ¿Cómo que no puedes?

AUGUSTO: Yo no puedo hacer esto. Yo no puedo ser uno de estos con la casa, con el carro, con los _____.[4] Yo no puedo hacer eso.

SAVANNA: Ay, amor, no te preocupes. Yo no quiero un perro.

AUGUSTO: Pero, a mí me gustan los perros.

CURA: Permiso, ¿Uds. quieren que cambiemos la fecha?

SAVANNA: _____[5] que hacer esto. Mi mamá está aquí.

AUGUSTO: Vamos a hacer esto. Vamos a hacer. Vamos a hacer.

SAVANNA: ¿Estás seguro?

AUGUSTO: Es que no hay ninguna otra manera de conseguir esos papeles.

SAVANNA: Tú solo estás _____[6] esto conmigo por los papeles.

AUGUSTO: No, pero que no es eso, no es eso. Dios mío. Lo que quiero decir...

SAVANNA: Idiota.

AUGUSTO: Bueno, yo no _____[7] decir eso. Mira.

SAVANNA: ¡Espérense! ¿Por qué? Tú no crees en nada de esto.

AUGUSTO: ¡No, no, no, no, no! ¡Párense! ¡Párense!

PASO 2. Escucha las siguientes oraciones sobre la escena del **Paso 1**. Decide si cada oración es cierta o falsa.

1. _____   3. _____   5. _____

2. _____   4. _____   6. _____

PASO 3. El cortometraje no revela lo que pasó entre la discusión de Savanna y Augusto en la iglesia y su llegada al aeropuerto. Sé creativo/a y completa esta parte de la historia. Usa cinco de las siguientes palabras del vocabulario y cinco verbos distintos en el pretérito.

amar	enojarse	la soledad
apoyar	prometer	el sueño
desilusionarse	el remordimiento	
harto/a	sacar el tema	

C. Nos conocimos hace seis meses

Mira la línea de tiempo que revela momentos y sucesos importantes de los últimos seis meses.

PASO 1. Imagínate que es el día después de la boda de Savanna y Augusto (en noviembre) y di cuánto tiempo hace que ocurrieron los siguientes sucesos importantes. ¡Sé creativo/a e inventa detalles!

> **MODELO:** Augusto y Savanna se conocieron hace seis meses en una fiesta. Hablaron toda la noche y Augusto le dio su número de teléfono.

mayo	junio	julio	agosto	septiembre	octubre	noviembre

mayo	junio	julio	agosto	septiembre	octubre	noviembre
conocerse	tener su primera cita	enamorarse	ir de vacaciones juntos	(Augusto) tomar una clase de ciencia política	(Augusto) entregar sus documentos para la lotería	(Augusto) recibir una carta del gobierno de los Estados Unidos
	(Augusto) darle el número de teléfono a Savanna	besarse				(Augusto) proponerle matrimonio a Savanna

PASO 2. Inventa por lo menos tres sucesos más que ocurrieron en la vida de Augusto y Savanna. Usa la estructura **hace** + *período de tiempo* + **que** + *verbo en el pretérito* para expresar cuándo ocurrieron.

Algunos sucesos posibles:

romper con el ex novio / la ex novia	conocer a la familia
salir juntos	cenar por primera vez con la familia
decir «te quiero»	sacar el tema del matrimonio

D. La cronología de la relación de Frida Kahlo y Diego Rivera

Frida Kahlo y Diego Rivera son dos de los artistas mexicanos más conocidos. Se enamoraron, se casaron, se divorciaron y se volvieron a casar, pero sus vidas tuvieron muchos altibajos.

Van Vechten Collection, Library of Congress, LC_USZ62-42516

 PASO 1. Abajo, tienes parte de la cronología de la relación entre Frida y Diego pero otras partes están en blanco. Elige **Tabla A** (que está abajo) o **B** (que está al final del capítulo). Tu pareja debe usar la otra tabla, y tiene la información que falta. Primero, conjuga en el pretérito los verbos en las oraciones. Luego, sin mirar la tabla de tu pareja, habla con él/ella para determinar qué pasó en la vida de estos artistas.

> **MODELO:** E2: ¿Qué pasó en 1886?
> E1: Diego Rivera nació.

TABLA A

Año	Suceso importante
1886	Diego Rivera _____ (nacer).
1890	
1907	Diego Rivera _____ (ir) a Europa para estudiar el arte.
1913	Frida Kahlo _____ (contraer) la polio.
1922	
1925	Frida Rivera _____ (sufrir) lesiones graves en un accidente de autobús.
1927	
1929	Diego Rivera y Frida Kahlo _____ (casarse).
1930	
1932	Su hijo _____ (morir) antes de nacer.
1933	
1935	Diego _____ (tener) un lío con la hermana de Frida.
1938	
1939	Diego y Frida _____ (divorciarse).
1940	
1954	Frida _____ (morir).
1955	
1957	Diego Rivera _____ (morir).

PASO 2. Imagínate que eres o Frida o Diego y escribe tu versión de la historia de su vida. Cuenta todo desde tu punto de vista. Explica cómo te sentiste y por qué hiciste lo que hiciste.

¿RECUERDAS?

¿RECUERDAS?

Los sustantivos Un sustantivo es una persona, un lugar, un objeto o una idea. Pero un sustantivo puede tener diferentes papeles (*roles*) en una oración. Por ejemplo, un sustantivo puede ser un sujeto porque hace una acción. Cuando un sustantivo es un sujeto, determina la conjugación del verbo.

> Savanna compró un traje de novia e invitó a su madre a la boda.

Savanna es el sujeto y por eso el verbo **comprar** se conjuga así: **compró.**

Sin embargo, si un sustantivo recibe la acción del verbo es un complemento. **El traje de novia** y **la madre** son complementos porque reciben la acción de los verbos **comprar** e **invitar.**

Decide en las siguientes frases si el sustantivo subrayado es sujeto (S) o complemento (C). Recuerda que se puede poner el sujeto en español antes o después del verbo.

> El <u>cura</u> puso las <u>flores</u> cerca del altar.

> ¿Hizo <u>Augusto</u> una <u>lista</u> de cosas a favor de Savanna?

> Tuvo muchas <u>ideas</u> sobre el matrimonio <u>Augusto</u>.

2.3 «Te quiero»

Actividades analíticas
Los pronombres de complemento directo

¡A analizar!

Augusto le muestra a Savanna unas fotos de su última semana en la República Dominicana. Empareja las fotos con los comentarios que Augusto hace mientras las miran.

© S. Daud and B. Ripley

1. _____

© S. Daud and B. Ripley

2. _____

© S. Daud and B. Ripley

3. _____

© S. Daud and B. Ripley

4. _____

© S. Daud and B. Ripley

5. _____

© S. Daud and B. Ripley

6. _____

a. ¿Crees que la gente que **nos** vio ese día sabía que éramos esposos?

b. ¿Qué pensaste, mi amor, cuando **lo** viste por primera vez? ¿Te gustó?

c. Después de que él **la** leyó, yo me sentí aliviado sobre la lotería, pero preocupado por nuestra relación.

d. No me entendiste, ¿verdad?, cuando **te** hablé de la casa y el perro.

e. Yo sé que **te** decepcioné mucho ese día en el restaurante.

f. ¿Te acuerdas de cuando hablamos de mis ideas sobre el matrimonio? Creo que no **las** expliqué muy bien.

1. The direct object receives the action of the verb; it answers the question *whom?* or *what?* after the verb. If the verb is *to sing*, the direct object is what is *being sung* (Ask: "Sing what?"). If the verb is *to bring*, it is what is *being brought* (Ask: "Bring what?").

> They brought **flowers**.

Flowers tells what was brought. *Flowers* is the direct object.

> I saw **your fiancée** yesterday.

Your fiancée answers the question, *I saw whom?* Therefore, *your fiancée* is the direct object.

> Cuando Savanna se puso enojada y salió del restaurante, Augusto pidió **la cuenta**.

> Savanna escribió **una lista** de cosas a favor y en contra de casarse con Augusto.

> Note that someone can *sing a song to you* or *bring a gift to me*. The *song* and the *gift* are the direct objects. *You* and *me* would be indirect objects, not direct objects. We will address indirect objects in detail in the next chapter.

2. When the direct object is a person, there is something additional that precedes the direct object. Look at the sentences below. What word precedes the bolded direct objects? The Spanish word _____. This word, referred to in Spanish as the **a personal,** has no translation in English. Rather, it serves as a kind of "arrow," pointing out that the next word is an object, not a subject.

> Augusto conoció a **Savanna** hace seis meses.
>
> Ella llamó a **su madre**.

3. You will recall that pronouns are used to replace nouns in order to avoid repetition. So, instead of saying:

> Did you talk to your fiancé? I saw your fiancé yesterday.
>
> Did you buy the flowers? We need the flowers for the wedding.

We say:

> Did you talk to your fiancé? I saw **him** yesterday.
>
> Did you buy the flowers? We need **them** for the wedding.

The same is true in Spanish. Direct object pronouns help avoid repetition in writing and speech. Use the clues from **¡A analizar!** to help you complete the chart of direct object pronouns.

Los pronombres de complemento directo			
	Singular		**Plural**
me	_____	us	_____
you (*informal*)	_____	you (*pl., informal*)	**os**
her, you (*fem., formal*), it (*fem.*)	_____	them (*fem.*), you (*fem., pl.*)	_____
him, you (*m., formal*), it (*m./unknown*)*	_____	them (*m.*), you (*m., pl.*)	**los**

4. Remember that a direct object pronoun must agree in _____ and _____ with the noun it replaces. In each of the following sentences, decide what each direct object pronoun represents.

> ¿Crees que la gente que **nos** <u>vio</u> ese día sabía que éramos esposos?
>
> ¿A quién vio? a _____
>
> **nos** represents: a) us b) him c) it d) you _
>
> ¿Qué pensaste, mi amor, cuando **lo** <u>viste</u> por primera vez? ¿Te gustó que era grande y rosado (... y de plástico)?
>
> ¿Qué viste? _____
>
> **lo** represents: a) he b) him c) it d) you _
>
> Llegó en el correo. Después de que él **la** <u>leyó</u>, yo me sentí aliviado sobre la lotería, pero preocupado por nuestra relación.
>
> ¿Qué leyó? _____
>
> **la** represents: a) she b) her c) it d) you _
>
> No **me** <u>entendiste</u>, ¿verdad?, cuando te hablé de la casa y el perro.
>
> ¿A quién no entendiste? a _____
>
> **me** represents: a) you b) me c) it d) you _

Yo sé que **te** <u>decepcioné</u> mucho ese día en el restaurante.

¿A quién decepcioné? a _____

te represents: a) you b) me c) it d) you, plural _

¿Te acuerdas de cuando hablamos de mis ideas sobre el matrimonio? Creo que no **las** <u>expliqué</u> muy bien.

¿Qué no expliqué bien? _____

las represents: a) you b) me c) it d) them _

5. Where can pronouns that stand for direct objects be placed? Use these examples to decide:

CURA: Augusto, ¿aceptas a Savanna como tu esposa para amar**la**, cuidar**la** y respetar**la** en la salud y en la enfermedad todos los días de su vida.

Lo que más lamentaba Augusto fue saber en ese momento que ella no **lo** amaba.

Direct object pronouns (**lo** and **la** in the examples above) go _____ conjugated verbs and can be _____ to verbs that are not conjugated.

Lo voy a hacer. Voy a hacer**lo**.

El cura no **los** pudo casar. El cura no pudo casar**los**.

Write the provided direct object pronouns in their correct places in the following sentences. It may be possible to place them in more than one position.

te: Augusto nunca le dijo «_____ quiero _____» a nadie aparte de su madre.

la: Savanna tiene un buen recuerdo de cuando Augusto _____ abrazó ____ por primera vez.

la: El cura le preguntó a Augusto si _____ quería aceptar_____ como esposa.

los: Augusto pensó en sus remordimientos. _____ tuvo _____ por tres razones.

Actividades prácticas

A. Preparativos (*Preparations*) para la boda

 PASO 1. A veces hay muchos preparativos para una boda. En parejas, miren la tabla. Túrnense para hacer y contestar preguntas en el pretérito sobre quién hizo qué para la boda de un amigo. **¡OJO!** A veces varias personas hicieron la misma cosa.

MODELO: comprar el vino
E1: ¿Quién compró el vino?
E2: Los padres lo compraron.

los novios	la abuela	el padre	la madre	la hermana	yo
![food]	![wedding dress]	![wine]	![photos]	![rings invitation]	![wedding cake]
![musicians]	![musicians]	![priest]	![wine]	![flowers]	![rings invitation]

Food: © Jonelle Weaver/Getty Images RF; wedding dress: © Pam McLean/DigitalVision/Getty Images RF; wine: © lynx/iconotec.com/Glow Images RF; photos: © Africa Studio/ Shutterstock RF; wedding invitation: © Dmitry Kovalenko/123RF; wedding cake: © Purestock/SuperStock RF; musicians: © Pam McLean/DigitalVision/ Getty Images RF; priest: © Con Tanasiuk/Design Pics RF; flowers: © Purestock/SuperStock RF.

1. llamar al cura
2. mandar las invitaciones
3. escoger la música
4. planear el menú
5. hacer el vestido
6. comprar las flores
7. recoger el pastel
8. poner las fotos de familia en la mesa

 PASO 2. Escucha las preguntas de la novia sobre la boda. Escribe una respuesta AFIRMATIVA desde el punto de vista (*point of view*) del NOVIO y utiliza pronombres de complemento directo.

1. _____   4. _____
2. _____   5. _____
3. _____   6. _____

B. ¿Casarnos por la iglesia, casarnos por lo civil o nos conformamos con la cohabitación?

PASO 1. Lee la lectura sobre tres tipos de uniones comunes. Luego, para cada verbo subrayado, escribe su complemento directo.

Tres tipos de uniones comunes*

El matrimonio existe en toda cultura, pero su significado y su papel en la sociedad varía y refleja[1] diferentes valores. Los siguientes tipos de uniones se manifiestan con frecuencia.

El matrimonio religioso: En un matrimonio religioso, un cura, u otro oficial religioso, consagra[2] la unión pero el gobierno también reconoce[3] el matrimonio. Es decir, la pareja disfruta de todos los derechos y responsabilidades de la institución.

El mundo hispano tiene una larga tradición de dominio socio-cultural por parte de la Iglesia Católica. Una ceremonia católica incluye[4] ciertos rituales y procedimientos que reflejan las creencias sobre el matrimonio e implican que los esposos se casan por vida. La pareja debe llevar[5] vidas fieles a las creencias católicas.

© Mcgraw-Hill Education/Christopher Kerrigan

Los matrimonios civiles son comunes. En España el 60% de las parejas se casan por lo civil. ¿Los casa un cura?

Latinoamérica cuenta con el 40% de los católicos mundiales. Sin embargo, el número de latinoamericanos que se identifica como católicos ha estado bajando, desde el 90% en 1960 hasta el 69% en 2014. Por lo tanto, no sorprenden algunos datos recientes que muestran que para los jóvenes, casarse por la iglesia no es muy común.

Por ejemplo, en México solamente el 7,1% de las personas de menos de treinta años se casó por la vía religiosa. En cambio, en Costa Rica en 2008, el 21% de los matrimonios se celebró en una ceremonia religiosa y para 2014, el porcentaje subió al 39%. Una pareja costarricense comentó, «Sentíamos que nos faltaba algo y ese algo era la bendición nupcial. Sentíamos que la sociedad no nos miraba con buenos ojos».

El matrimonio civil: Una autoridad civil (como un juez) formaliza[6] la unión. En general los matrimonios civiles son más frecuentes que los matrimonios religiosos.

*Source: "El obispo de Segovia pide a los novios no creyentes o con dudas que no se casen por la Iglesia," *Periodista digital*, July 11, 2014. www.periodistadigital.com; Ruiz, Julieta, "Nuevos requisitos para poder casarse en el DF," *El Universal*, August 14, 2014. www.archivo.de10.com.mx; "Nupcialidad en Chile: Algunas características," Instituto Nacional de Estadísticas, Chile, 2104. www.ine.cl; "Religion in Latin America: Chapter 5: Social Attitudes," Pew Research Center, November 13, 2014. www.pewforum.org; "Ocho estadísticas sobre el divorcio que le sorprenderán," *El Economista América*, July 1, 2014. www.eleconomistaamerica.cl; "Religión en América Latina: Cambio generalizado en una región históricamente católica," Pew Research Center, November 13, 2014. www.pewforum.org; Herrera, Claudia, "Parejas jóvenes ya no se casan por la Iglesia," *Puebla gente grande*, 2011. www.pueblagentegrande.com; Brazález, Almudena, "Sí, quiero," El País, June 27, 2012. www.blogs.elpais.com; "Las parejas cada vez se casan menos, más tarde y por lo civil," *La Vanguardia*, March 15, 2013. www.lavanguardia.com; De Vos, Susan, "Nuptiality in Latin America: The View of a Sociologist and Demographer," Center for Demography and Ecology, University of Wisconsin-Madison, 1990. www.ssc.wisc.edu

En España, por ejemplo, el 60% de las parejas se casó por lo civil. Es de notar que en España se prohibió el matrimonio civil (no religioso) entre 1564 y 1931. Durante un período corto, se legalizó el matrimonio civil, pero solamente hasta 1939. Luego, el dictador Francisco Franco prohibió[7] de nuevo el matrimonio civil y se invalidaron los matrimonios que se habían celebrado. No se legalizó otra vez hasta 1969.

La cohabitación: La cohabitación refleja[8] una unión que puede tener las mismas características que un matrimonio: hijos, responsabilidad compartida de la casa, un compromiso social y emocional, y el reconocimiento de la relación por parte de la comunidad. La diferencia principal es que es un compromiso que no se inscribe formalmente.

En algunos países donde hay poblaciones más altas de pueblos indígenas, las uniones no formalizadas son muy comunes. Los matrimonios tradicionales son menos comunes por varias razones. Una boda puede costar mucho y en algunas comunidades rurales la gente vive lejos de las autoridades religiosas o legales. Es más, el divorcio es muchas veces un proceso largo y difícil. Además, existe una explicación histórica. La aceptación de estos tipos de uniones se remonta a los tiempos coloniales cuando los hombres españoles las aprobaron[9] para poder formar relaciones con mujeres indígenas. De hecho, en cuatro países de Centroamérica, la unión informal es más frecuente que los matrimonios registrados oficialmente: El Salvador, Honduras, Nicaragua y Panamá. La sociedad la acepta y la reconoce[10] como tan válida como el matrimonio en muchos lugares.

1. _____
2. _____
3. _____
4. _____
5. _____

6. _____
7. _____
8. _____
9. _____
10. _____

PASO 2. Contesta las preguntas sobre la lectura del **Paso 1**.

1. ¿Cuál es la diferencia principal entre un matrimonio religioso y un matrimonio civil? _____
_____

2. Hoy en día, ¿cuál es más común, el matrimonio civil o religioso en España __
_____

3. ¿Qué porcentaje de los católicos mundiales son latinoamericanos? _____

4. ¿Qué tipo de matrimonio prohibió el dictador español Francisco Franco? __
_____

5. ¿En qué parte o en qué países del mundo hispano es una unión no formalizada, la cohabitación, más común que el matrimonio oficial? ¿Por qué? _____
_____

6. ¿En qué país se casa por la iglesia solamente el 7,1% de los jóvenes menos de treinta años? _____ En tu opinión, ¿por qué hay una diferencia entre los jóvenes y la gente mayor con respecto a casarse en una ceremonia religiosa? ¿Es así en tu país también?

7. De las personas que conoces, o en tu comunidad, ¿qué tipo de unión es más común? ¿Por qué?

C. La ceremonia religiosa, ¿la queremos tener?

PASO 1. Usa el diálogo entre Augusto y Savanna para inferir las respuestas a las preguntas.

© S. Daud and B. Ripley

AUGUSTO: Casarse... ¿qué sé yo? Es para gente religiosa que le gustan las putadas (vulg. *big pains*). Yo no creo en esas porquerías (*rubbish*). Me imagino que tú no crees en esas porquerías tampoco.

[...]

SAVANNA: ¿Tú te quieres casar conmigo?

AUGUSTO: No. Oye, mi amor, no te pongas así. Tampoco me quiero casar con más nadie.

1. ¿Qué pensó Augusto sobre el matrimonio religioso? ¿Lo apreció?

2. ¿Una ceremonia religiosa? ¿La deseó Savanna?

3. ¿Las opiniones de Augusto? ¿Las entendió Savanna?

4. ¿Prefirió Augusto el matrimonio por lo civil? O, ¿prefirió Augusto la cohabitación?

5. ¿La cohabitación, ¿por qué no la prefirió Savanna?

 PASO 2. Completa la encuesta (*survey*). Luego, en grupos pequeños, compartan sus ideas y saquen apuntes. Prepárense a resumir las ideas del grupo al resto de la clase.

1. Con respecto a la relación entre Savanna y Augusto,...
   a. Savanna lo conoce bien.
   b. Savanna no lo conoce para nada.

2. ¿Ama Augusto a Savanna?
   a. Sí, la ama.
   b. No, no la ama.

3. Para mí, el propósito del matrimonio es...

4. Un matrimonio por lo civil...
   a. vale menos que un matrimonio por la iglesia.
   b. vale tanto como un matrimonio por la iglesia.
   c. vale más que un matrimonio por la iglesia.

5. Conozco a alguien que se casó por lo civil.
   a. Cierto
   b. Falso

6. Para mí, la idea de ser soltero/a...
   a. me encanta.
   b. me da igual.
   c. me molesta.

7. En mi opinión, la cohabitación crea una relación igual que el matrimonio.

   a. Estoy de acuerdo.

   b. No estoy de acuerdo.

8. En mi opinión, Savanna y Augusto (debieron / no debieron) haberse casado (debieron... *should / should not have married*) porque....

9. El matrimonio es una tradición esencial para nuestra sociedad.

   a. Estoy de acuerdo.

   b. No estoy de acuerdo.

10. Inventa tu propia pregunta de encuesta para preguntarles a tus compañeros.

 ## D. ¿Qué opinan los demás?

PASO 1. Las personas entrevistadas contestan las siguientes preguntas. Lee las preguntas y escribe por lo menos cinco palabras del vocabulario de este capítulo que probablemente van a incluir en sus respuestas.

- ¿Qué piensa Ud. del matrimonio? ¿Es una unión bonita y sagrada? ¿Es una institución antigua que ya no es necesaria? ¿Qué opina su familia?

- ¿Cómo reaccionó Ud. cuando Augusto interrumpió la boda para decirle a Savanna, «No puedo hacer esto»? ¿Cree Ud. que se casaron demasiado pronto?

- ¿Cómo se ve el matrimonio religioso en contraste con el matrimonio civil en su país? ¿Cuál es más frecuente?

- ¿Cuáles son las costumbres de boda o de matrimonio más importantes en su país? ¿Están cambiando estas tradiciones? ¿Por qué?

1. _____ 2. _____ 3. _____ 4. _____ 5. _____

 PASO 2. En parejas, túrnense para leer en voz alta las siguientes ideas de las personas entrevistadas. Luego, indiquen si reflejan sus opiniones o las opiniones de otra persona que conozcan. Expliquen.

    MODELO: Es muy común cohabitar antes de casarse.

        E1: Creo que sí es más común cohabitar antes de casarse hoy en día. Durante la generación de mis abuelos, no era muy común porque la gente lo vio como algo inapropiado. Pero muchas parejas ahora piensan que deben saber si son compatibles antes de casarse o simplemente creen que el matrimonio no es tan importante.

        E2: Estoy de acuerdo. Conozco a muchas personas que no quieren casarse. Viven juntos pero no siempre piensan casarse en el futuro. Personalmente, yo espero casarme en el futuro.

1. No hay ninguna diferencia entre una ceremonia civil y una ceremonia religiosa.

2. Una ceremonia religiosa, en contraste con una ceremonia civil, incluye rituales como el vestido blanco, la fiesta y la iglesia.

3. Las mujeres están menos interesadas en la idea del matrimonio que antes.

4. Augusto no se casó con Savanna por amor.

5. A causa de las dificultades económicas, las personas no se están casando.

6. Cuando uno es más maduro/a le interesa más la idea del matrimonio.

PASO 3. Mira las entrevistas y saca apuntes. Luego, lee en voz alta las oraciones sobre los comentarios de las personas entrevistadas. Indica si la oración es cierta o falsa.

Andrés   Martín e Irma   May

	CIERTO	FALSO
1. Andrés cree que el matrimonio es como cualquier otro acuerdo.	_____	_____
2. Para Andrés, romper un matrimonio, es decir, divorciarse, es una decisón en contra de Dios.	_____	_____
3. Martín e Irma creen que los dos tipos de ceremonias (religioso y civil) son iguales.	_____	_____
4. La música y el baile son muy importantes en las bodas mexicanas, según Martín.	_____	_____
5. A May no le gusta la idea del matrimonio.	_____	_____
6. En Venezuela, es obligatorio casarse por la Iglesia Católica.	_____	_____

Palabras útiles

a medida que
   as, while
el acuerdo
   agreement
atado/a
   tied
el bolsillo
   pocket (as in, the amount of money one has)
el requerimiento
   requirement
sobre todo
   especially

PASO 4. Contesta las preguntas. Vuelve a ver los videos cuantas veces que te sea necesario.

1. ¿Qué piensa la familia de Andrés sobre el matrimonio? _____
_____

2. ¿Qué opina Andrés de Augusto cuando le dijo a Savanna que no quería casarse? _____
_____

3. ¿Qué opina Martín de la decisión de Augusto y Savanna de casarse? _____
_____

4. ¿Le importa más a Irma la ceremonia civil o la ceremonia religiosa? ¿Quiénes en su familia se han casado por lo civil? _____
_____

5. ¿Cómo se sintió May acerca del matrimonio antes? ¿Cómo han cambiado sus ideas? _____

6. ¿Qué afecta la decisión de algunos venezolanos de casarse? _____
_____

 PASO 5. En parejas, conversen sobre sus propias ideas respecto a las preguntas del **Paso 1**.

E. Suerte, prosperidad y amor: Costumbres de boda*

PASO 1. Lee los párrafos sobre las costumbres y tradiciones de boda en el mundo hispanohablante y contesta las preguntas. Responde con oraciones completas y usa pronombres de complemento directo en tus respuestas.

Matrimonios colectivos: Bolivia

En algunos pueblos rurales bolivianos, las parejas viven juntas en la casa de la familia del novio por varios años y muchas veces tienen hijos antes de casarse. En 2011, unas 350 parejas se casaron en una boda colectiva que celebró las culturas tradicionales de los varios grupos étnicos.

© Juan Karita/AP Images

Los novios que desaparecen: Venezuela

En la recepción de boda, los novios «desaparecen»; es decir, salen de la recepción y según la tradición, la primera persona que se dé cuenta de que ya no están va a tener suerte.

© Brand X Pictures/PUnchStock RF

Los zapatos escondidos: Colombia

Todos los hombres solteros se quitan los zapatos y los esconden debajo del traje de la novia. El novio selecciona un zapato y el dueño del zapato, según la creencia, es el próximo en casarse.

© Violeta Chalakova/Alamy RF

Los rituales mayas: México y Guatemala

En la cultura maya, la que todavía hoy en día se encuentra en partes de México y el norte de Centroamérica, hay varias antiguas tradiciones matrimoniales. Por ejemplo, ambos novios se visten de blanco y el novio le ofrece a la novia un paquete de regalos que incluye un huipil, ropa tradicional, que la novia lleva para la ceremonia. La ceremonia se celebra con incienso de copal y música tocada con instrumentos tradicionales de viento y de percusión. Un cura (o un chamán) bendice la unión y recuerda las fuerzas naturales del agua, fuego, viento y agua. Al final, el cura a veces sacrifica un animal como un pavo, una vaca o una cabra (*goat*) para empezar el banquete que sigue. Según la tradición maya, el yerno debe vivir en la casa de sus suegros por seis o siete años después de casarse.

© Michael Dwyer/Alamy

Source: "Boliva: 350 parejas se casan por tradiciones andinas," *Diario libre*, May 8, 2011. www.diariolibre. com; Popovic, Mislav, "Wedding Traditions in South America," traditionscustoms.com, no date. www .traditionscustoms.com

El anillo escondido: Varios países

En varios países del mundo hispanohablante, se esconden cintas con dijes (*charms*) y una con un anillo en el pastel de boda. Las mujeres solteras tiran de una cinta y la que saque la cinta con el anillo va a casarse dentro del próximo año.

© Photos 12/Alamy

Comprensión

1. En Bolivia, ¿conoce la novia a sus futuros suegros muy bien antes de casarse? ¿Por qué? _____
   _____

2. Según una tradición venezolana, los invitados vigilan a los novios durante la celebración. ¿Qué pasa cuando ya no los ven? _____
   _____

3. ¿Qué hacen los solteros con los zapatos en una boda colombiana? _____
   _____

4. En la boda colombiana, ¿quién escoge el zapato de todos los zapatos escondidos? _____

5. ¿Quién lleva el huipil en la ceremonia maya? _____

6. ¿Por qué menciona el cura maya las cuatro fuerzas naturales? _____
   _____

7. En las culturas mayas, después de la boda, ¿con qué frecuencia van a ver los novios a los padres de la novia? _____
   _____

8. En las ceremonias mayas, a veces se sacrifica un animal para el banquete después de la boda. ¿Quién lo sacrifica? _____

9. En la costumbre de boda de los dijes, ¿dónde los esconden? ¿Qué «gana» la persona que descubre el anillo escondido? _____
   _____

 PASO 2. En parejas, conversen sobre las preguntas.

1. ¿Qué costumbre mencionada en el **Paso 1** te interesa más? ¿Qué costumbre te sorprende más?

2. Típicamente, ¿quién entrega a la novia al novio? ¿Cuáles son algunas razones históricas para esta tradición?

3. Típicamente, ¿quiénes son los padrinos (*groomsmen and maids of honor*)? ¿Cómo los seleccionan los novios?

4. Muchas novias llevan un vestido blanco y se cubren la cara con un velo. En muchas ceremonias, ¿quién lo levanta? ¿Qué simboliza el velo? ¿y el color blanco?

5. Las flores generalmente forman parte de la ceremonia. ¿Quiénes las llevan? ¿Lleva el novio una flor? Tradicionalmente, la novia lleva un ramo de flores. ¿Por qué lo lanza (*throw*) al final de la boda?

6. ¿Qué otras tradiciones de boda conoces? Descríbelas.

PASO 3. Piensa en una persona a quien conoces o a quien has visto en la televisión o en el cine que se haya casado. Describe la ceremonia. ¿Tuvieron los novios una ceremonia religiosa o civil? Descríbela. ¿Fue pequeña o grande? ¿Fue una boda colectiva? ¿Qué llevaron los novios? ¿Quiénes asistieron? ¿Cómo celebraron? ¿Hicieron alguna tradición especial?

Comprueba tu progreso

As you progress in your learning and begin incorporating uses of the preterite, as well as direct object pronouns, you will become better equipped to start sharing anecdotes and more easily talk about your past life experiences. You will find that you are well on your way to a major accomplishment: the ability to tell stories in the past.

Let's put into practice what you have learned with this short narration in which Teresa tells her friend Lucía what happened on a recent first date. Complete their conversation with the preterite of the verbs in parentheses. If no verb is given, write the appropriate direct object pronoun. Check your answers when you're finished!

TERESA: Hola, Lucía. ¿Sabes que yo _____[1] (cenar) con Esteban el sábado pasado?

LUCÍA: ¿ _____[2] (Uds: Ir) a un buen restaurante?

TERESA: Pues, no. Él _____[3] (escoger) el lugar —el Coco Loco, un restaurante turístico en el puerto. ¿ _____[4] conoces?

LUCÍA: Claro, todos los meseros llevan ropa tropical, ¿no? Me parece un poco charro (*tacky*). Pero ¿ _____[5] (divertirse) Uds.?

TERESA: Bueno, la verdad es que sí. _____[6] (*Nosotros:* Reírse) muchísimo y no _____[7] (*yo:* sentirse) nada estresada. Resulta que el ambiente ridículo del restaurante es perfecto para una primera cita.

LUCÍA: Y después de cenar, ¿qué _____[8] (hacer) Uds.?

TERESA: Primero, _____[9] (dar) una vuelta por el puerto y luego _____[10] (tomar) un café en la plaza. Después, Esteban me _____[11] (comprar) unas flores muy bonitas. ¿ _____[12] quieres ver?

LUCÍA: ¡Qué simpático! Oh, Teresa, ¡son flores tropicales! ¿_____[13] (*Tú:* Darse) cuenta?

TERESA: Sí. Esteban es un chico muy cómico. Me _____[14] (decir) que son para recordarme del restaurante que tanto me _____[15] (gustar). ¡Ja ja!

LUCÍA: ¿Vas a ver_____[16] otra vez?

TERESA: Claro que sí. Ya tenemos planes para el fin de semana...

Respuestas

1. cené 2. Fueron 3. escogió 4. Lo 5. se divirtieron 6. Nos reímos 7. me sentí 8. hicieron 9. dimos 10. tomamos 11. compró 12. Las 13. Te diste 14. dijo 15. gustó 16. lo

IV. CONTEXTOS SOCIALES

A. No sé si quiero...

© Orlando Sierra/AFP/Getty Images

© Deposit Photos/Glow Images RF

© Antonio Oquias/123RF

En la tradición católica, ciertas personas —típicamente las solteronas de edad avanzada— tienen la responsabilidad de realizar quehaceres en la iglesia. Un quehacer importante es cuidar las estatuas de los santos y cambiarles la ropa.

PASO 1. Mira las imágenes y contesta las preguntas.

1. «Quedarse para vestir santos» es una expresión que se usa para describir a una mujer que a los 30 años (más o menos) todavía es soltera. La expresión compara la soltería a la actividad de «vestir santos». ¿Qué relación hay entre vestir santos y no casarse?

2. ¿Existen expresiones parecidas a «quedarse para vestir santos» en inglés?

3. ¿Qué imagen existe de la mujer «solterona» (*spinster*) en tu país o en tu pueblo?

4. ¿Conoces el juego de cartas, «La vieja solterona»? ¿Lo jugaste alguna vez? ¿Cómo es la imagen de la solterona en el juego de cartas?

5. ¿Crees que la expresión, «quedarse a vestir santos» o la palabra «solterona» tengan relevancia todavía?

PASO 2. Mira la tabla y contesta las preguntas.

Porcentaje de adultos no casados*

Argentina	44%
Chile	62,6%
Colombia	53%
Costa Rica	43%
España	44,8%
Estados Unidos	50,2%
México	55,2%
Perú	73%
República Dominicana	80%

*Source: Vidal, Alicia, "En Argentina hay más hombres solteros que casados #San Valentín," Sitemarca. com, February 13, 2013. www.sitemarca.com; "Chile lidera países Ocde con menos personas casadas y más solteronas," *La Tercera*, April 2, 2013. www.latercera.com; Villegas, Jairo, "100.000 costarricenses viven solos," *La Nación*, February 1, 2009. www.nacion.com; "Cada año hay más divorciados y solteros en España," *Diario ABC*, October 30, 2013. www.abc.es; "The U.S. Is Becoming More European: Half Of Adult Americans Are Now Single," *Forbes*, September 11, 2014. www.forbes.com; "Los peruanos prefieren la convivencia," *Perú21*, November 8, 2011. www.peru2.pe; "La felicidad de los recién casados se agota a los dos años," *El Comercio*, September 13, 2014. www.elcomercio.pe; Ayuso, Miguel, "Soy soltera y sin hijos: Sé bien lo que piensas de mí," *El Confidencial*, December 23, 2012. www.elconfidencial.com

1. ¿Cierto o falso? Casi la mitad de los adultos es soltera en España. _____

2. ¿Cierto o falso? Hay más solteros en los Estados Unidos que en España. _____

3. ¿Cierto o falso? En la Argentina hay más casados que solteros. _____

4. ¿Cierto o falso? En Chile la mayoría de los adultos es casada. _____

5. En la República Dominicana, ¿qué se puede concluir del matrimonio? ¿Se puede inferir que la gente no se enamora tanto allí como en otros países?

6. El titular de un artículo reciente en un diario peruano fue: «La felicidad de los recién casados se agota a los dos años». ¿Qué significa el verbo **agotarse**? _____ ¿Qué relación hay posiblemente entre este titular y los datos peruanos?

7. Un artículo reciente sobre Costa Rica informó lo siguiente, «Aumentó el porcentaje de personas solteras y bajó el de casadas». ¿Según este artículo se puede inferir que, en el futuro, el porcentaje de adultos solteros va a ser más de 43%?

8. Un artículo reciente de España se titula así: «Soy soltera y sin hijos: sé bien lo que piensas de mí». ¿Qué piensan otras personas de ella posiblemente? ¿Por qué? ¿Qué piensas tú de una persona de 35 o 45 años, soltera y sin hijos? ¿Es exitosa? ¿Se siente deprimida? ¿Se siente contenta?

9. Reflexiona sobre las razones por los datos y los titulares. Los siguientes factores sociológicos pueden explicarlos. ¿Qué otras razones hay? ¿Por qué?

   - La publicidad fomenta la idea de que la sexualidad no se limita a los cónyuges.

   - En una sociedad más individualista la gente ve más opciones de estilo de vida.

   - Debido a las presiones económicas, como la dificultad de mantener su propia casa, muchos jóvenes siguen viviendo en la casa de sus papás más tiempo.

Antes de leer

B. Actitudes y valores

PASO 1. La lectura que vas a leer trata de las mujeres solteras y las actitudes sociales hacia ellas. Indica si las siguientes oraciones reflejan tu opinión, la opinión de tus padres o abuelos, la opinión de tus amigos o si no reflejan la opinión de nadie que conozcas.

> **MODELO:** Una mujer soltera no está contenta.
>
> Mis abuelos piensan esto.

Esperando... al esposo perfecto

	Yo pienso esto	Mis padres / Mis abuelos piensan esto	Mis amigos piensan esto	Nadie que conozco piensa esto
1. Muchas personas se niegan a casarse porque buscan a la pareja perfecta que no existe.				
2. La vida de una persona soltera es aburrida.				
3. Los hombres prefieren la soltería (*single life; the state of being single*) más que las mujeres.				
4. Una persona casada no puede aprovechar (*to take advantage of*) muchas oportunidades.				
5. Ser soltero/soltera toda la vida es una mala idea.				
6. Los jóvenes deben tardar (*to delay*) mucho tiempo en casarse.				
7. El matrimonio no tiene nada que ver con la felicidad.				

 PASO 2. En parejas, compartan y expliquen sus respuestas del **Paso 1**. ¿Qué opinan Uds.?

 PASO 3. En grupos, contesten las preguntas. Expliquen sus respuestas.

1. ¿Cómo defines tú la soltería? ¿No tener pareja o no estar casado/a?
2. ¿Cómo es distinta la experiencia de ser soltero/a durante la juventud en contraste con la vejez?
3. ¿Cuáles son las implicaciones de ser soltero/a y a la vez ser padre/madre?
4. ¿Es mejor estar solo/a y feliz o estar casado/a e infeliz?
5. ¿Cómo se sienten muchas personas homosexuales que tienen pareja pero a quienes la sociedad clasifica como solteros/as?

C. ¿La soltería o la vida casada?

 PASO 1. En parejas, túrnense para leer las actividades y decidir si cada una es una ventaja o una desventaja de la soltería. Expliquen brevemente por qué. **¡OJO!** Cuando tu pareja te lea una oración, no la mires, solo escucha a tu pareja.

MODELO: *Tú lees:* Yo voy al cine solo/a.

Tu pareja dice: Es una desventaja porque es mejor hablar de las películas con otra persona.

1. Tengo que limpiar la casa sin ayuda.
2. Puedo acostarme y levantarme cuando quiera.
3. Pongo la música y los programas de televisión que me gusten.
4. Veo a mis amigos casi todos los días; son muy importantes.
5. Puedo dedicarme a mis pasatiempos.
6. Paso bastante tiempo solo/a.

PASO 2. En grupos de tres o cuatro, conversen sobre qué hicieron Uds. el fin de semana pasado. Traten de determinar si los solteros y los con novio/a o esposo/a en su clase hicieron cosas muy distintas o si hicieron cosas similares. Saquen apuntes y prepárense a compartir sus respuestas con la clase. **¡OJO!** Si todos en el grupo son solteros, piensen en sus amigos que tengan pareja y digan qué hicieron ellos, y viceversa.

¡A leer!

Este artículo se publicó en 2014 en *El Universal*, uno de los periódicos más viejos y de mayor circulación en México. El autor, Felipe Zámano, profundiza cambios de actitud y de expectativas con respecto a la soltería. ¿Se asocia todavía la soltería con la soledad? ¿Es una situación deseable o indeseable?

«¡SÍ A LA SOLTERÍA. NO A LA SOLEDAD! ¿ALGUIEN DIJO MATRIMONIO?»

- Felipe Zámano

El peso de la soltería femenina a los treintaitantos se ha aligerado[a] en los últimos años. El estereotipo de «las solteronas» como mujeres tristes, solas e incompletas ha perdido credibilidad en el imaginario social. La elección de un proyecto de vida en singular es considerada por millones de mujeres como una opción válida frente al[b] matrimonio.

Julieta tiene 37 años de edad y no se ha casado. Tampoco le preocupa tener pareja y en sus planes no está tener hijos. Desde hace seis años disfruta de «las libertades» de la soltería.

Vive en un departamento en la colonia Del Valle que terminó de pagar a principios de este año. Trabaja como directora del departamento de Recursos Humanos de una empresa exportadora de conservas,[c] aceites y alimentos enlatados.[d] Viaja a Estados Unidos un par de veces al mes para atender asuntos laborales pero aprovecha[e] para probar nuevos sabores y seguir las tendencias gastronómicas en exclusivos restaurantes neoyorquinos. Ahí visita las tiendas de moda de «la gran manzana». Los zapatos y las bolsas de diseñador[f] son su debilidad. Le gusta vacacionar alrededor del mundo. El verano pasado visitó el sureste asiático, y ahora prepara su próximo viaje, el cual tendrá como destino algún país del viejo continente, aún no lo decide.

Ha aprendido a vivir su **soltería** sin remordimientos. «Disfruto mi estilo de vida. Cada día estoy más tranquila con la elección que he tomado. No niego[g]

---

[a]*se... has lightened, lessened* [b]*frente... compared to* [c]*canned preserved food* [d]*canned* [e]*she takes advantage of the opportunity* [f]*de... designer* [g]*No... I do not deny*

que al principio tenía muchos miedos e inseguridades, pero después de seis años sin pareja he aprendido a vivir con ello. ¡Viva la soltería!», dice Julieta más que convencida.

NO MÁS SOLTERONAS

El 28 de noviembre de 1986, Odile Lamourère, mujer divorciada de 52 años que vivía sola desde hacía ocho,[h] sorprendió a la sociedad europea al inaugurar el primer Salón de los Solteros en el Hotel Holliday de París. Durante cuatro días 10 mil solteros, la mayoría de ellos mujeres, discutieron entre sí acerca de sus temores, inquietudes, exigencias[i] e incertidumbres. Hablaron de las ventajas y desventajas de vivir solos y la razón que cada uno de ellos encontraba para acudir al llamado[j] de Odile: «¡Porque existo, a pesar de todo!»,[k] «Por curiosidad y para conseguir leche esterilizada en envase de medio litro», «Para ver si realmente la soltería se conjuga solo en femenino», «Para ver si en una de esas encontraba un tipo[l] interesante», «Porque en invierno, uno tiene frío... », «Para mí ya no hay nada definitivo, yo vivo el momento».

Por primera vez, un grupo de mujeres se pronunciaba públicamente a favor de la soltería y renunciaba a ser tratadas como víctimas o personas incompletas emocionalmente.

«Nos negamos[m] a ser sinónimo de víctimas de la **soledad**, de minusválidos frente a la norma establecida», sostenía Odile Lamourère.

¿SABÍAS QUÉ?

El término neosolteras lo acuñó[n] la escritora Carmen Alborch en los años 90.

Las **neosolteras**, a diferencia de sus abuelas, viven su estado civil con nuevas reglas, ajustadas a la revolución feminista y a los tiempos de equidad entre los géneros. Ellas no prestan atención a los cuestionamientos por no seguir las reglas del mandato matrimonial, disfrutan de su individualidad, aunque no descartan la posibilidad de sostener un compromiso conyugal; dan prioridad a sus estudios académicos y desarrollo[ñ] profesional antes que a las labores domésticas o la crianza de los hijos; ejercen su vida sexual y afectiva con libertad; son autosuficientes económicamente y eligen sus consumos; viven su estatus social sin culpa[o] y, aunque a veces dudan «si están haciendo lo correcto», son congruentes y asumen con tranquilidad la decisión que tomaron.

¿NEOSOLTERAS? = LO + COOL

Antonieta estuvo a punto de casarse hace tres años. En el último momento, a dos meses de consumar la boda, se armó de valor para decirle no a su prometido aunque fuera difícil. Aún siente culpa por haberlo lastimado,[p] pero está convencida de que fue lo mejor para no embarcarse los dos en una historia sin final feliz. Ahí decidió que no se casaría, ni en ese momento ni después. Inició una terapia para recuperarse del dolor que, aunque nadie le creyera, también le produjo el rompimiento, pues sabe que cometió un error al aceptar.

Ahora, a sus 37 años, vive sola en un departamento de la colonia Roma. Le gusta su vida: «Ser independiente y pasear en calzones por mi casa o no levantarme si no tengo que ir a trabajar, ver tele, escuchar música, leer... hacer lo que me dé la gana».

¿Relaciones amorosas? «No me niego a ello[q] aunque me tardé como un año en volver a salir con alguien. Pero siempre queda claro que mis intereses

(Continued)

---

[h]que... *who had been living alone for eight years* [i]*requests* [j]acudir... *come to/show up to the call* [k]a... *in spite of everything* [l]*guy* [m]Nos... *We refuse* [n]*coined* [ñ]*development* [o]*guilt* [p]por... *for having hurt him* [q]No... *I am not opposed to it*

no son llegar a casarme… . Y así ambos tranquilos, si aceptamos seguimos. No volvería a pasar por lo mismo. Lo tengo claro: **no me quiero casar**».

19,5 millones de mexicanos, de 20 a 69 años, son solteros, divorciados, separados y/o viudos.

ALGO CAMBIÓ, AUMENTÓ Y SE TRANSFORMÓ

Las explicaciones sobre por qué desde entonces se han incrementado las filas[r] de la soltería responden a diversos factores. Los expertos coinciden en que la incursión de las mujeres al mercado laboral ha tenido mucho que ver, ya que su entrada a ese mundo trastocó[s] las estructuras sociales, lo que a su vez[t] provocó que las agendas de vida entre hombres y mujeres se «desajustaran».[u] Las prioridades profesionales de ambos cambiaron, las expectativas y demandas hacia la pareja aumentaron y las dinámicas familiares se modificaron. Todo esto, sumado a[v] las transformaciones socioeconómicas y lo difícil que resulta lograr la independencia económica, han impactado para que cada vez más hombres y mujeres posterguen el compromiso conyugal o decidan no asumirlo.

¿NEOSOLTERAS?

1. Son solteras por convicción. No les preocupan los cuestionamientos por no tener pareja.

2. No ven el matrimonio como una prioridad, aunque no están peleadas con la idea de sostener una relación sentimental.

3. Tienen independencia económica. Deciden sus consumos, planifican sus viajes, siguen la tecnología y visten a la moda. Ellas son su mejor inversión.

4. Disfrutan de su individualidad y valoran la libertad que les brinda su estatus social.

5. Dan prioridad a sus estudios académicos y desarrollo profesional antes que a las labores domésticas o la crianza de los hijos.

Testimonios recopilados en el libro de María Antonieta Barragán, *Soltería: elección o circunstanci*a…, son un ejemplo que lo confirma:

«La vivo, no la padezco.[w] Es decir, me ocupo en lugar de preocuparme. El trabajo es una gran parte de mi vida pero también lo es ver a mis amigos, tomarme el tiempo de ir al cine, leer un libro, nadar, hacer ejercicio. Sin duda, viajar sola es una de mis actividades favoritas», señala Bertha.

Mientras Nina comparte: «Disfruto de mi compañía. No me siento sola en absoluto. Me siento libre para decidir lo que sea, desde lo más trivial hasta lo trascendente».

La soltería empieza a ser considerada por las más jóvenes como «el estado civil ideal». Son mujeres neo. Nuevas mujeres en busca de plenitud sin esa sensación del «vacío del compañero», con ganas de disfrutar y disfrutarse en público y en la intimidad, dentro o fuera del trabajo, de sus depas o sus círculos afectivos o amistosos. Mujeres que gozan[x] su día a día sin ninguna preocupación de que «el tren ya se les fue». Esa idea reina de las solteronas quedadas ha muerto. ¡Vivan las neosolteras!

---

[r]*ranks* [s]*disrupted* [t]*a… at the same time* [u]*se… were upset, came loose* [v]*sumado… added to* [w]*no… I do not endure it* [x]*enjoy*

Después de leer

D. Las neosolteras

PASO 1. Di si las siguientes oraciones sobre las neosolteras son ciertas o falsas, según el artículo. Si la oración es falsa, corrígela.

	CIERTO	FALSO
1. Les interesa más el desarrollo profesional o el estudio académico que casarse.	_____	_____
2. Se niegan a tener relaciones amorosas.	_____	_____
3. Tienen más libertad.	_____	_____
4. Se sienten muy solas.	_____	_____
5. Dependen de sus familias económicamente.	_____	_____
6. Se quieren casar en el futuro.	_____	_____
7. Se preocupan por las oportunidades románticas perdidas.	_____	_____

PASO 2. En parejas, hablen de los estereotipos presentados de las solteras en el artículo. Luego, trabajen juntos para describir los estereotipos de la vida de las siguientes personas o en los siguientes lugares.

1. Un hombre de más de 30 años que vive con sus padres
2. Una mujer soltera de ochenta y cinco años
3. Una persona recién divorciada de treinta y cinco años
4. Una persona soltera en un centro urbano
5. Una mujer de cuarenta años con cuatro hijos que vive en las afueras de una ciudad de los Estados Unidos
6. Una persona gay que vive en un pueblo pequeño

PASO 3. Un debate: Pónganse en dos grupos. Un grupo debe identificar los aspectos favorables de tener pareja (los aspectos desfavorables de ser soltero/a) y el otro grupo debe identificar los aspectos favorables de ser soltero/a (los aspectos desfavorables de tener pareja). Organicen sus ideas y presenten su caso para justificar por qué tener pareja o no tener pareja es mejor.

E. ¿Qué opinan los demás?

PASO 1. Las personas entrevistadas contestan las siguientes preguntas. Lee las preguntas y escribe por lo menos cinco palabras del vocabulario de este capítulo que probablemente van a incluir en sus respuestas.

- ¿Qué opina Ud. de la idea de la soltería voluntaria? ¿Cuáles serían las ventajas de no tener pareja? ¿Desventajas?
- En su opinión, ¿cuál es la edad ideal para tener la primera relación seria? ¿Para casarse? ¿Por qué?
- ¿Qué opinión tiene la sociedad con respecto a la soltería? ¿Qué ideas o imágenes se asocian con las personas solteras?

1. _____   2. _____   3. _____   4. _____   5. _____

PASO 2. Elige la palabra o frase que mejor complete las ideas expresadas por los entrevistados sobre la soltería.

_____ 1. Una desventaja de la soltería es...

_____ 2. La soltería te permite...

_____ 3. Según la imagen negativa de la sociedad, una mujer sola es _____.

_____ 4. Los veintiocho años es la edad ideal para...

_____ 5. Según el ideal más tradicional, mucha gente quiere estar _____ en lugar de ser solteros.

_____ 6. Las expectativas sociales sobre casarse y _____ todavía predominan, por lo que una persona soltera puede sentirse excluida.

a. amarga e infeliz
b. casarse
c. en pareja
d. enfocarte en tu carrera
e. tener hijos
f. la soledad

PASO 3. Primero, lee las oraciones. Luego, mira las entrevistas. Por último, empareja las siguientes ideas con la persona entrevistada que las expresó: Andrés, Martín, Irma, (ambos) Martín e Irma, o May.

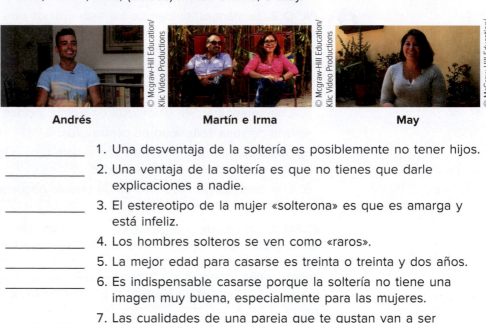

© Mcgraw-Hill Education/ Klic Video Productions

Andrés   **Martín e Irma**   **May**

_____ 1. Una desventaja de la soltería es posiblemente no tener hijos.

_____ 2. Una ventaja de la soltería es que no tienes que darle explicaciones a nadie.

_____ 3. El estereotipo de la mujer «solterona» es que es amarga y está infeliz.

_____ 4. Los hombres solteros se ven como «raros».

_____ 5. La mejor edad para casarse es treinta o treinta y dos años.

_____ 6. Es indispensable casarse porque la soltería no tiene una imagen muy buena, especialmente para las mujeres.

_____ 7. Las cualidades de una pareja que te gustan van a ser diferentes de las cualidades que les gustaron a tu madre y tu abuela.

PASO 4. En parejas, túrnense para leer las siguientes citas de las entrevistas. Expliquen si Uds. están de acuerdo con lo que dijo la persona entrevistada.

1. Andrés dijo: «No creo que haya un punto en la vida de alguien donde digamos, "Okei, perfecto, estoy listo para relación." Eso nunca va a pasar. Siempre estamos listos y no listos».

2. Andrés dijo: «Está este concepto de tener hijos, de casarse, de formar familia, y la que no lo hace es catalogada como solterona. Entonces se empiezan a tener unos niveles de depresión, porque si no se casan se sienten excluidas y no hacen parte del sistema social».

3. May dijo: «Yo conozco a muchas solteras que tienen una vida social muy alegre y muy llena de amigos y familiares, no necesariamente tienen que estar solo con un perro, con un gato».

PASO 5. En parejas, conversen sobre sus propias ideas respecto a las preguntas del **Paso 1.**

V. CONTEXTOS EXPRESIVOS

A. Escritura: ¿Qué pasó en los últimos veinte años?

Estamos en el futuro y ya pasaron veinte años desde la boda de Augusto y Savanna. Escoge una de las siguientes situaciones:

a. Savanna y Augusto están todavía casados. Tienen hijos y viven en los Estados Unidos.

b. Savanna y Augusto ya no están casados y viven en diferentes países.

Antes de escribir: Una línea de tiempo

Crea una línea de tiempo que comience el día de la boda de Augusto y Savanna y que termine veinte años después de la boda. Indica todos los hitos (momentos clave) en los últimos veinte años con el fin de mostrar cómo es que llegaron los enamorados a este momento. (Por ejemplo: ¿Consiguieron trabajo en los Estados Unidos? ¿Volvió uno de ellos a la República Dominicana? ¿Cómo celebraron su vigésimo (*twentieth*) aniversario? ¿Cuándo tuvieron su primer hijo?) Escribe al menos diez hitos usando solamente el infinitivo de cada verbo.

MODELO:

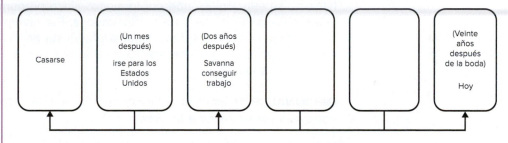

¡A escribir!

Ahora escribe un párrafo de un mínimo de ocho oraciones en el pasado basado en tu línea de tiempo. Puedes escribirlo desde el punto de vista (el... *point of view*) de uno de los personajes o desde el punto de vista de un narrador objetivo (**ellos, él, ella**). Escribe las acciones usando verbos en el pretérito, vocabulario de este capítulo y expresiones de transición. Sé creativo/a y no te olvides de agregar detalles.

EXPRESIÓN DE TRANSICIÓN	¿CÓMO SE USA?	¿QUÉ SIGNIFICA?
antes	**Cinco años antes...**	before
antes de + *infinitivo*	**Antes de decidir...**	before + *-ing verb*
así que	**Así que ella decidió...**	and so
como	**Como ellos no tuvieron trabajos...**	since (*reasons*)
desde	**Desde el día que se casaron...**	since (*time*)
después	**Un mes después...**	after, later
después de + *infinitivo*	**Después de empezar a...**	after + *-ing verb*
después de que + *verbo conjugado*	**Después de que él se fue a...**	after + *conjugated verb*
a causa de	**A causa de la enfermedad que sufrió...**	because of
por eso	**Por eso, los dos compraron...**	that's why
por lo tanto	**Por lo tanto, ella se dedicó a...**	therefore

Estrategia: Una línea de tiempo

A timeline helps you to get ready to write. Organizing and evaluating your thoughts are a key part of the writing process. First, a timeline allows you to visualize the order of events and to think about their relationship. Second, you do not have to write down details that might distract you on the timeline. As a result, you can focus more on the most important events and actions. Finally, you can write the infinitives of the verbs and think about the organization of your story without worrying yet about the verb conjugations.

Después del primer borrador

En parejas, intercambien párrafos. Lee el párrafo de tu pareja y escribe al menos cinco preguntas para descubrir más sobre los detalles de los sucesos.

Inventa respuestas a las preguntas que tu pareja te haga y agrega esta información a la versión final de tu párrafo.

B. Nosotros, los actores / las actrices: ¡Me propuso matrimonio!

PASO 1. En parejas, imaginen la conversación entre los personajes y escriban un guion (*script*) para una de las siguientes situaciones:

a. Savanna le cuenta a su madre sobre la propuesta de matrimonio.

b. Augusto le cuenta a Ramón sobre la propuesta de matrimonio.

c. Una propuesta de matrimonio entre dos enamorados

PASO 2. Ensayen su guion y luego interprétenlo para la clase. Presten atención a la pronunciación, el lenguaje corporal, los gestos y el tono de la voz.

C. Entrevista: Momentos clave de una relación romántica

Entrevista a una persona hispanohablante, casada o divorciada, sobre los hitos de su relación. Escribe por lo menos cinco preguntas y usa cinco palabras interrogativas diferentes para entrevistarlo/la. Por ejemplo, hazle preguntas sobre cómo conoció a su esposo/a, la propuesta de matrimonio y sobre cuándo supo que quería casarse. Saca apuntes y está listo/a a presentar sus respuestas a la clase.

OPCIONAL: Pregúntale al entrevistado si está bien si filmas un video de la entrevista para mostrar a la clase.

D. ¡Entrevista por videoconferencia!

Conversa con un/una hispanohablante por videoconferencia y pregúntale seis a ocho preguntas sobre uno de los siguientes temas:

a. la primera cita que tuvo

b. el proceso de conseguir un pasaporte o inmigrar a otro país

c. la experiencia de ser casamentero/a (*matchmaker*)

Saca apuntes mientras conversan y prepárate a presentar la información a la clase.

E. Investigación: El matrimonio y la soltería

Busca información sobre uno de los siguientes temas en tu país y un país del mundo hispanohablante. Resume la información que encuentres e incluye datos interesantes. Preséntale la información a tu clase y compara y contrasta las semejanzas y diferencias entre los dos países.

- las tradiciones de boda
- las leyes sobre el divorcio
- la legalidad del matrimonio homosexual
- la convivencia
- la edad de casarse
- la soltería

Tabla B

Gramática

D. La cronología de la relación de Frida Kahlo y Diego Rivera

TABLA B

Año	Suceso importante
1886	
1890	El padre de Frida Kahlo _____ (inmigrar) a México de Alemania
1907	Frida Kahlo _____ (nacer).
1913	
1922	Frida Kahlo y Diego Rivera _____ (conocerse) por primera vez.
1925	
1927	Diego Rivera _____ (viajar) como delegado mexicano a la Unión Soviética
1929	
1930	Diego y Frida _____ (salir) para San Francisco
1932	
1933	Diego Rivera _____ (tener) que quitar el mural creado para el Centro Rockefeller en Nueva York
1935	
1938	Frida Kahlo _____ (hacer) una exposición de sus obras artísticas en los Estados Unidos.
1939	
1940	Diego y Frida _____ (volver) a casarse
1954	
1955	Diego Rivera _____ (casarse) por cuarta vez. Esta vez con Emma Hurtado.
1957	

VOCABULARIO DEL CAPÍTULO 2

Las parejas y las emociones

aceptar/rechazar la propuesta	to accept/reject the proposal
amarse	to love each other
convivir	to live together
dejar (a alguien)	to leave/dump (someone)
depender de	to depend on
desilusionarse	to be disappointed/ disillusioned
enamorarse	to fall in love
enojarse	to get angry
ponerse (triste, feliz...)	to get/become (sad, happy...)
prometerse	to promise each other
proponerle matrimonio (a alguien)	to propose marriage (to someone)
querer (a alguien)	to love (someone)
romper con	to break up with
sacar el tema	to broach/bring up the topic
salir juntos	to go out (as a couple)
tener celos; estar celoso/a	to be jealous
la cita	date; appointment
el cura	priest
el/la prometido/a	the betrothed; fiancé/ fiancée
la media naranja	expression meaning "other/better half" (lit. orange half)
la meta	goal
el noviazgo	engagement period
el remordimiento	regret
la soledad	solitude
afligido/a	heartbroken; grief-stricken; distraught
apasionado/a	passionate

comprometido/a	engaged
confundido/a	confused
deprimido/a	depressed
desilusionado/a	disappointed
determinado/a	determined
emocionado/a	excited
harto/a	fed up
inseguro/a	uncertain; insecure
nervioso/a	nervous
preocupado/a	worried
sorprendido/a	surprised

Repaso: ansioso/a, contento/a

Los conflictos de pareja

apoyar	to support
ceder	to cede; to yield; to give up
deshonrar	to dishonor
engañar	to deceive; to cheat on
prestar atención	to pay attention to
ser fiel/infiel	to be faithful/unfaithful
superar	to overcome
la confianza	trust
el engaño	trick; deception; cheat
la falta de	lack of
la honestidad/la deshonestidad	honesty/dishonesty
la igualdad/la desigualdad	equality/inequality
la incompatibilidad	incompatibility
la infidelidad	infidelity
el lío	affair (romantic); mess
el respeto	respect
el sueño	dream
ensimismado/a	self-consumed
incompatible	incompatible

CAPÍTULO 3

La diversión y la niñez

Communicative Goals
Express, ask about, and understand actions and activities that took place in the past; correctly use the preterite and imperfect tenses to describe various aspects of past events; explain for whom or to whom actions are done.

Chapter Theme Goals
Summarize and reflect upon the plot of the short film "**De cómo Hipólito Vázquez encontró magia donde no buscaba**." Identify and interpret cultural conflicts and perspectives in the film and in interviews with native speakers.

Analyze and compare cultural perspectives and ideas regarding three key intercultural topics:
Entertainment
Sports
Childhood

Geographical and Cultural Knowledge Goals
Identify Argentina and Uruguay geographically, and describe cultural concepts related to entertainment, sports, and childhood in these countries. Note the cultural differences that result from these countries experiencing Christmas and New Year's celebrations in summer.

Knowledge of Reading Goals
Summarize and analyze the short story "**Cuatro bicicletas**," recognize and analyze the cultural attitudes about childhood.

© Mondadori Portfolio/Electa/Sergio Anelli/Bridgeman Images

Niños jugando a pídola del artista español Francisco Goya y Lucientes, 1780

Este cuadro, pintado en el siglo XVIII, muestra una imagen de la vida diaria de la niñez. ¿Qué están haciendo los niños? ¿Cuántos años tienen probablemente? ¿Se divierten los niños? ¿Por qué crees que sí o no? ¿Participabas en una actividad semejante cuando eras niño/a? ¿Qué tipos de actividades les gustan a los niños?

Describe todos los detalles de este cuadro que observas en el primer plano y al fondo. ¿Qué hay detrás de los niños? ¿Qué acaba de sucederle al tercer niño desde la izquierda? ¿Cómo reacciona el segundo niño? ¿Es típico este tipo de actividad durante la niñez? ¿Por qué? ¿Qué aspectos de la niñez no han cambiado desde el siglo XVIII, según este cuadro?

¿Conoces otras obras artísticas que retraten (*portray*) las actividades de la niñez? ¿Qué recuerdas de las imágenes de niños en los libros que leías cuando eras joven? ¿Cómo se presentan la niñez o los niños el cine? Describe una película sobre los juegos o la niñez que hayas visto. Si pintaras un cuadro para mostrar la niñez en tu comunidad o país, ¿qué imágenes incluirías?

I. ANTICIPACIÓN

A. El póster del cortometraje «De cómo Hipólito Vázquez encontró magia donde no buscaba»

El cortometraje «De cómo Hipólito Vázquez encontró magia donde no buscaba» trata de Hipólito Vázquez, un buscador de talentos que, junto con su fiel compañero Cholo, está en la búsqueda de un niño del que aseguran «es capaz de hacer magia con el balón (ball)».

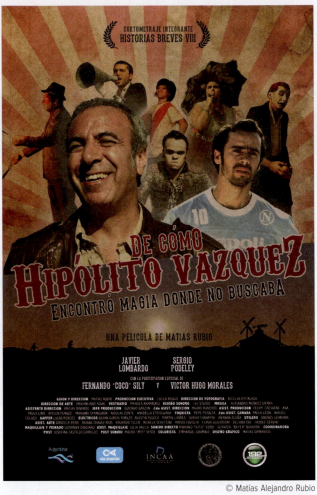

© Matías Alejandro Rubio

PASO 1. Mira el póster del cortometraje y contesta las preguntas.

1. ¿Qué tipos de personajes ves en el póster? ¿Cómo son?

2. Basándote en el póster, ¿dónde específicamente crees que tiene lugar este cortometraje?

3. ¿Qué objetos ves? ¿Quién tiene un balón?

 PASO 2. En parejas, conversen sobre las siguientes preguntas.

1. ¿Cómo defines un héroe? ¿Qué tipos de héroes puedes identificar? ¿Cómo defines el éxito? ¿Cómo se definen estos conceptos en tu comunidad o país?

2. ¿Qué papel tienen los deportes u otras actividades de diversión en tu vida? ¿En qué actividades participas? ¿Vas al cine, a los conciertos, a los juegos deportivos?

3. Cuándo eras niño/a, ¿qué actividades hacías por diversión, por ejercicio?

B. ¡Conozcamos a los personajes!

Repaso gramatical:
I. Los verbos como *gustar*

PASO 1. Mira las imágenes de cuatro de los personajes del cortometraje «De cómo Hipólito Vázquez encontró magia donde no buscaba» y escribe cómo son y cómo están. Incluye todos los detalles que puedas.

Adjetivos útiles

amable

débil

joven

preocupado/a

cómico/a

desagradable

liberal

serio/a

confundido/a

enojado/a

moderno/a

tradicional

conservador(a)

frustrado/a

molesto/a

tranquilo/a

contento/a

fuerte

nervioso/a

viejo/a

© Matías Alejandro Rubio

1. **Hipólito, buscatalentos**
   ¿Cómo es Hipólito?
   ¿Cómo está en esta escena? ¿Le gusta conversar?
   Otras observaciones:

© Matías Alejandro Rubio

2. **Cholo**
   ¿Cómo es Cholo?
   ¿Cómo está en este momento?¿Qué le interesa?
   Otras observaciones:

© Matías Alejandro Rubio

3. **el niño**
   ¿Cómo es este niño?
   ¿Qué está haciendo en este momento?
   Otras observaciones:

© Matías Alejandro Rubio

4. **una mujer del pueblo**
   ¿Cómo es esta mujer?
   ¿Cómo está en esta escena?
   ¿Qué le preocupa?
   Otras observaciones:

PASO 2. Ahora infiere lo que puedas de los fotogramas y contesta las preguntas. Usa las pistas que ves, la lógica y tu imaginación.

1. En el primer fotograma, Hipólito Vázquez le da su mano a alguien. ¿A quién le da su mano? ¿Qué quiere Hipólito de la otra persona?
2. ¿Por qué tiene Cholo una cámara? ¿Adónde van Cholo e Hipólito?
3. ¿Que otros juguetes probablemente le gustan a este niño? ¿Qué otras actividades le gusta hacer?
4. La mujer en el cuarto fotograma le cuenta la historia de algo a Hipólito. ¿Qué tipo de historia es? ¿Cuál es la relación entre el niño, la mujer e Hipólito?

C. Lugares importantes en «De cómo Hipólito Vázquez encontró magia donde no buscaba»

PASO 1. Los siguientes fotogramas muestran cuatro lugares del cortometraje. Apunta algunas características de los lugares en general. Por ejemplo: ¿Cómo es el lugar? ¿Para qué sirve? ¿Quiénes típicamente están en el lugar? ¿Cómo están las personas cuando están allí?

1. un estadio de fútbol

2. un lugar desolado, sin habitantes

3. un circo

4. un pueblo pequeño

PASO 2. En parejas, digan si Uds. van a los lugares del **Paso 1** y con qué frecuencia. ¿Qué les gusta hacer en estos lugares? ¿Con quién van?

PASO 3. Ahora, imagina lo que piensan y hacen los personajes de este cortometraje en los lugares del **Paso 1.** Para cada lugar, escribe dos actividades que los personajes probablemente hacen y una cosa que piensan mientras están allí.

PARA TU INFORMACIÓN: LA PALABRA *CHE* EN LA ARGENTINA

La palabra **che** se usa frecuentemente en la Argentina. Puede significar *hey, hey you*, como para llamarle la atención a alguien.

Es también el equivalente de *friend, buddy, mate, pal, dude*.

Además se usa como interjección, el equivalente en inglés de *so* o *right*.

Fuera de la Argentina, se utiliza para referir a alguien de la Argentina, como en el ejemplo más conocido, Ernesto «Che» Guevara, el líder revolucionario.

D. Situación de suspenso: Llegaron a La Camelia.

Repaso gramatical:
II. Los adverbios

PASO 1. Mira el videoclip y contesta las preguntas.

1. ¿Qué sucede en esta escena? ¿Cómo se sienten Hipólito y Cholo al llegar a su destino?

2. ¿Cuál es una cosa que probablemente sucedió antes de esta escena?

3. ¿Qué van a encontrar Hipólito y Cholo en La Camelia?

4. ¿Cuál es una cosa que NO va a ocurrir en la próxima escena?

© Matías Alejandro Rubio

Estrategia: Averiguar la categoría gramatical al consultar con el diccionario

Knowing the part of speech of a word can help you decipher a text. It is important to be able to identify a part of speech in English and in Spanish. Use a dictionary and contextual clues to identify key parts of speech such as nouns that function as subjects, nouns that function as objects, verbs, adjectives, and adverbs. For example, in English, the word *world* can be used both as a noun and an adjective. But in Spanish, the word **mundo** expresses *world* as a noun, while *world* as an adjective is expressed with **mundial,** as in **La Copa Mundial.** And the word **casa** could be a noun (*house*), or a conjugation of the verb **casar** (*to marry*).

PASO 2. Lee la siguiente información sobre la búsqueda de talento joven para los deportes de béisbol y fútbol, y busca las palabras indicadas **en negrilla.** Escribe la categoría gramatical (la... *part of speech*) de cada una y lo que piensas que significa. Luego, consulta con un diccionario y confirma sus definiciones. **¡OJO!** Al consultar con el diccionario, no te olvides de confirmar la categoría gramatical de cada palabra y dar la definición de la palabra según su uso en esta lectura.

La industria del atleta joven*

Por todo el mundo, el balón es seguramente uno de los juguetes más populares. Desde tiempos prehistóricos, este objeto simple nos ha fascinado. Mundialmente, a los niños les gusta jugar con pelota, solos o en grupos, y es uno de los elementos imprescindibles para dos de los deportes más importantes en el mundo hispanohablante: el béisbol y el fútbol. A una edad muy joven, a los niños les encanta aprender a patear un balón o lanzarlo. Con muy poco **equipo,**[1] o equipo improvisado (un palo puede servir como un bate), los niños se pueden divertir jugando estos deportes. Por todo el mundo hispanohablante, se puede encontrar a niños en **canchas**[2] informales jugando al béisbol y al fútbol.

---

*Source: "Ball," Encyclopedia Britannica, 2016. https://www.britannica.com; Quinn, TJ, "El sueño dominicano de ser pelotero," ESPN Deportes, November 9, 2011. http://espndeportes.espn .com; Pérez Neró, Nathanael, "Lucas García, el 'buscón' al que más peloteros le firman en RD," Diario Libre, October 28, 2009. http://www.diariolibre.com]; Sokolove, Michael, "How a Soccer Star is Made," New York Times, June 2, 2010. http://www.nytimes.com; Magawon, Allistair, "Football Talent Scouting: Are Clubs Getting it Wrong with Kids?" BBC Sports, December 22, 2015. http:// www.bbc.com

Pero este objeto tan común y simple es también parte de un sistema industrial y global de talento. A veces, de los millones de jugadores que juegan en partidos organizados e improvisados, surge un futbolista extraordinariamente talentoso. Por lo tanto, además de ser **fuentes**[3] de diversión, el béisbol y el fútbol son empresas mundiales, con millones, aun billones, de aficionados que compran entradas y mercancía de sus equipos favoritos. El dinero, la pasión y el talento se juntan para crear la profesión del buscatalentos.

En la República Dominicana, donde **reina**[4] el béisbol, estos agentes se llaman «buscones» y buscan a chicos jóvenes talentosos para ser **entrenados**[5] en Academias, diseñadas para la formación de beisbolistas profesionales en los Estados Unidos. Increíblemente, desde un país de aproximadamente diez millones de habitantes, viene un décimo de los jugadores profesionales de las ligas estadounidenses.

De la misma manera, los buscatalentos de futbolistas se centran en jóvenes en el mundo hispanohablante, menores de edad, para el creciente (*growing*) mercado de la industria del fútbol. Este sistema de identificar posibles estrellas futuras del deporte manifiesta una red compleja de fuerzas económicas, políticas y sociales. Todos los países del mundo hispanohablante presentan **equipos**[6] nacionales y, por lo tanto, la identidad nacional se entrelaza con la fortuna de su equipo.

Lógicamente, entonces, en algunos países, hay escuelas o academias que entrenan, imparten educación y cuidan a los futbolistas con más potencial, aun a los siete u ocho años. Con frecuencia, las familias reciben pagos de los agentes y aceptan que su hijo viva lejos y a veces en otro país a cambio de la esperanza de que algún día goce de fama y riqueza. Se debate si estos niños son demasiado jóvenes para sacrificar partes de su niñez por este sueño.

1. **equipo**

   Categoría gramatical: _____

   Definición anticipada: _____

   Definición: _____

2. **canchas**

   Categoría gramatical: _____

   Definición anticipada: _____

   Definición: _____

3. **fuentes**

   Categoría gramatical: _____

   Definición anticipada: _____

   Definición: _____

4. **reina**

   Categoría gramatical: _____

   Definición anticipada: _____

   Definición: _____

5. **entrenados**

Categoría gramatical: _____

Definición anticipada: _____

Definición: _____

6. **equipo** (Nota que el contexto aquí es diferente del 1.)

Categoría gramatical: _____

Definición anticipada: _____

Definición: _____

PASO 3. Ahora, empareja las preguntas sobre la lectura con sus respuestas más lógicas, según lo que leíste en el **Paso 2.** Luego, llena los espacios en blanco en la lista de **Respuestas** con un adverbio apropiado. Cada adverbio se usa solo una vez. Recuerda que algunos adverbios no terminan en -**mente**.

como	económicamente	increíblemente	también
demasiado	especialmente	informalmente	tan
diariamente	frecuentemente	quizás	

MODELO: *Pregunta:* ¿Cuál es el objeto más popular para la diversión informal y para los deportes?

Respuesta: El balón es este objeto y es <u>especialmente</u> importante para los deportes modernos, como el fútbol y el béisbol.

PREGUNTAS

_____ 1. ¿Qué se puede ver típicamente en los pueblos y ciudades del mundo hispanohablante?

_____ 2. Además de ser uno de los juguetes más simples, ¿de qué otro sistema forma parte el balón?

_____ 3. ¿Cuál es un aspecto económico de estos deportes?

_____ 4. ¿Qué hacen los «buscones» en la República Dominicana?

_____ 5. ¿Qué datos reflejan la importancia de los beisbolistas dominicanos en las ligas profesionales de los Estados Unidos?

_____ 6. ¿Qué aspecto político se entrelaza con el fútbol?

_____ 7. ¿Qué les pasa a los futbolistas jóvenes que van a las academias para entrenarse?

_____ 8. ¿Qué opinan algunas personas sobre las academias que pueden estar lejos de las familias de los jugadores jóvenes?

RESPUESTAS

a. _____ a los 7 u 8 años, van a estos lugares, toman cursos académicos, viven en residencias y se entrenan _____ en el fútbol.

b. Algunos piensan que los niños son _____ jóvenes para dedicar su vida a una meta _____ improbable.

c. _____, el 10% de los jugadores profesionales estadounidenses son de la República Dominicana.

d. _____ cada país tiene un equipo nacional, el deporte representa el país en el escenario mundial.

e. Tratan de encontrar a beisbolistas jóvenes que _____ puedan llegar a ser profesionales.

f. Este objeto sencillo es _____ parte de una industria enorme de mercancía.

g. Es típico ver a niños jugando béisbol o fútbol _____ en las canchas de su pueblo o ciudad.

h. Los equipos profesionales dependen _____ de la venta de entradas y mercancía.

PASO 4. Contesta las preguntas.

1. Ahora que has leído en el **Paso 2** sobre la industria deportiva, ¿cambia tu opinión sobre lo que va a suceder en el cortometraje? Explica.

2. ¿A qué se refiere el título de este cortometraje? ¿A qué otras cosas puede referirse el título? ¿Cuál es la magia a la que se refiere el título?

E. Más sobre los futbolistas jóvenes: El fútbol en el cruce de la diversión y la pobreza*

Repaso gramatical: I. Los verbos como *gustar*

PASO 1. Lee un poco sobre el papel del fútbol en México, Honduras y otros países. Llena los espacios en blanco con la forma correcta del verbo entre paréntesis. Luego, usa la información indicada para escribir una oración que resuma la información. Añade otras palabras necesarias a la oración, según el **modelo.**

Unos niños jugando al fútbol en una cancha informal

© Leo Ramírez/AFP/Getty Images

MODELO: Según unos datos sobre el deporte en México, el 70% de los aficionados compra mercancía de su club favorito antes de, durante o después del partido. El éxito, por lo tanto, les **importa** (importar) a los jugadores no solamente por la alegría de ganar, sino también porque se convierte en ganancias económicas.

¡A resumir! los aficionados / fascinar / comprar productos relacionados a su equipo favorito.

(*Piensas:*

Personas afectadas: Los aficionados

Acción que afecta a las personas: fascinar

Actividad o cosa(s) que es/son el sujeto de esta acción: comprar productos relacionados a su equipo favorito de fútbol)

Escribes: A los aficionados les fascina comprar productos relacionados a su equipo favorito.

1. En Honduras, a muchos niños les _____ (gustar) jugar al fútbol callejero. Se llama **la potra**, y es el fútbol que se juega en la calle o en un pedazo de tierra. No hay un arco (*goal*) regular. En cambio, se usan piedras para señalar el arco.

   ¡A resumir! los niños / bastar / jugar con un arco que se crea de piedras – _____

2. En la potra, la meta es meter un gol como en el fútbol típico, pero mandan otras reglas. Como les _____ (faltar) un árbitro, los jugadores idean su propio sistema de reglas. Por ejemplo, aunque un equipo tenga más goles que el otro, el equipo con el último gol siempre gana. Los partidos pueden durar mucho más de 90 minutos y terminan cuando todos estén cansados.

   ¡A resumir! los jugadores de la potra / no importar / las reglas tradicionales del fútbol – _____

---

*Source: "En Altos de Cazucá 210 niños le hacen el quite a las pandillas jugando fútbol," *El Tiempo*, December 29, 2006. www.eltiempo.com; "El Salvador: Youth Dodge Crime by Playing Soccer," QCostarica.com, March 26, 2014. www.qcostarica.com; Guasch, Tomás, "El fútbol es un camino para salir de la pobreza," *Diario AS*, June 21, 2010. www.futbol.as.com; "El fútbol desde el punto de vista económico," *La Economía*, undated. www.laeconomia.com.mx; "Las 20 reglas de la potra callejera," *El Heraldo*, July 10, 2014. www.elheraldo.hn

3. Aunque la potra es un juego informal de la niñez en Honduras, muchos también lo consideran un escape de la pobreza. Como la mayoría de los futbolistas hondureños profesionales vienen de barrios pobres, no le _____ (sorprender) a nadie que estos juegos informales de la niñez puedan convertirse en un modo de salir adelante.

¡**A resumir!** muchos hondureños / parecer / el fútbol un modo de escaparse de la pobreza – _____

_____

4. En algunos países pobres, a muchos jóvenes les _____ (quedar) pocas opciones para salir adelante económicamente. En otros países, como El Salvador y Colombia, existen programas de fútbol para los niños porque además de vivir en la pobreza, muchos viven con un exceso de tiempo. Es de notar que el 72% de los salvadoreños tiene menos de 18 años de edad y algunos viven rodeados de las amenazas de las pandillas (*gangs*) y/o de las drogas.

¡**A resumir!** muchos jóvenes / entretener / programas de fútbol – _____

5. Además, solamente, el 36% de los jóvenes hondureños menores de edad asiste a la escuela. Por lo tanto, los peligros en sus comunidades les _____ (preocupar) a muchas familias. Aunque no todos los niños van a vivir del fútbol en el futuro, estos tipos de organizaciones les ayudan a los jóvenes a evitar problemas sociales.

¡**A resumir!** muchos jóvenes / faltar / oportunidades educativas – _____

6. El fútbol, que se extiende por toda la sociedad en muchos países, puede estar repleto de dinero. A todos los padres les _____ (importar) el bienestar de sus hijos. Para muchos jóvenes, el fútbol, como parte de programas comprensivos que también cuidan la salud y la educación de los niños, quizás no les ofrezca futuros de fama y riqueza, pero puede ser una parte imprescindible de su desarrollo.

¡**A resumir!** como / muchos jóvenes / fascinar / jugar al fútbol, estos programas funcionan bien – _____

PASO 2. ¿Qué probablemente les gusta a Hipólito y Cholo? Usa la lógica y completa las siguientes frases. Luego, comparte tus ideas con una pareja y hazle preguntas similares con los mismos verbos.

© Matías Alejandro Rubio

MODELO: A Hipólito le gusta... <u>ir al estadio de fútbol para ver su equipo favorito</u>. ¿Qué te gusta hacer? ¿Te gusta ir al estadio de fútbol?

1. A Hipólito y a Cholo les aburre(n) _____
2. A Hipólito (no) le interesa(n) _____
3. A Cholo le parece(n) importante _____
4. A Hipólito y a Cholo (no) les preocupa(n) _____
5. A Hipólito y Cholo les encanta(n) _____
6. A Hipólito le molesta(n) _____

F. ¿Qué han hecho los personajes?

PASO 1. Completa las oraciones sobre lo que los personajes hicieron con la forma correcta de uno de los siguientes verbos. **¡OJO!** Cada verbo se usa solo una vez.

contar	**descubrir**	**explicar**	**hacer**	**reírse**
decir	**empezar**	**hablar**	**llegar**	**sorprender**

1. Hipólito y Cholo _____ a un pueblo y _____ con unos hombres que comían y que jugaban a las cartas.
2. Hipólito les _____ que buscaban a un joven de unos quince años que jugaba para el club La Camelia.
3. Un señor les _____ que tenían que caminar unas cuatro o cinco horas. Esta información les _____ a Hipólito y Cholo y los hombres que jugaban a las cartas _____.
4. Cholo le _____ preguntas a Hipólito sobre cómo _____ a descubrir talentos.
5. Hipólito le _____ de un «pibe» (*joven*) que _____ hace treinta años.

PASO 2. Mira los fotogramas y para cada uno escribe una o dos oraciones en el pretérito para describir lo que hicieron los personajes.

© Matías Alejandro Rubio

MODELO: Hipólito

Hipólito le **dio** la mano a un señor que **conoció** en un pueblo pequeño.

© Matías Alejandro Rubio

1. Los hombres del pueblo

_____

_____

© Matías Alejandro Rubio

2. Cholo

_____

_____

© Matías Alejandro Rubio

3. Hipólito

_____

_____

© Matías Alejandro Rubio

4. Cholo e Hipólito

_____

_____

G. A inferir y predecir

En parejas, miren los fotogramas y contesten las preguntas.

© Matías Alejandro Rubio

© Matías Alejandro Rubio

1. En el primer fotograma, ¿cómo se siente Hipólito? ¿Por qué se siente así?
2. ¿Qué descubren Hipólito y Cholo después de llegar a La Camelia?
3. ¿Quién es el niño con el balón?
4. ¿Qué puede estar sucediendo en el segundo fotograma? ¿Quiénes son las personas con Cholo?

H. Sin sonido: Las pistas visuales

PASO 1. Mira el cortometraje entero sin sonido. Presta atención a las acciones y las emociones expresadas en la cara de los personajes. Basándote en las pistas visuales, escribe por lo menos cinco oraciones resumiendo lo que crees que ocurre en «De cómo Hipólito Vázquez encontró magia donde no buscaba». Explica el argumento (*plot*) y el desenlace (*denouement; how the narrative ends*) lo mejor que puedas. **¡OJO!** No te preocupes si no estás seguro/a. Observa y adivina (*guess*). ¡Vas a mirar el cortometraje con sonido pronto!

© Matías Alejandro Rubio

PASO 2. Compara tu resumen del argumento (del **Paso 1**) con el de una pareja. ¿Son parecidas sus interpretaciones de las pistas visuales? ¿Cómo son diferentes?

PASO 3. Ahora, escribe cinco preguntas sobre el cortometraje. Usa cinco palabras interrogativas diferentes. Pueden ser preguntas sobre lo que sucede o de opinión. Hazle tus preguntas a una pareja y apunta sus respuestas.

II. VOCABULARIO

A. La diversión y el espectáculo

PASO 1. En este cortometraje, vemos las reacciones emocionadas del público al ver varios tipos de espectáculos en el circo. Lee las oraciones sobre las siguientes escenas, infiere el significado de las palabras **en negrilla** y contesta las preguntas.

© Matías Alejandro Rubio

En La Camelia, todo el pueblo participa en **el circo**, o como artista, como este malabarista (*juggler*), o como **público**. **Un circo** típicamente incluye **payasos**, acróbatas, contorsionistas, tragafuegos (*fire swallowers*), **magos** y domadores (*tamers*) de animales. **El circo** es famoso por la variedad de sus **funciones** cómicas y **asombrosas**.

© Matías Alejandro Rubio

Los espectáculos con frecuencia **conmueven** al **público**. **El espectáculo** comienza cuando **el presentador** dice «**Damas y caballeros**, tengo el inmenso honor de presentar a un nuevo artista». **El público** en La Camelia les **da aplausos calurosos** a los artistas.

Más vocabulario sobre la diversión y el espectáculo*

asombrar	to astonish/amaze
conmover (ue)	to move (*emotionally*)
entretener (ie)	to entertain, to amuse; to distract
hacer (la) magia	to perform/do/make magic
la entrada	ticket for admission to an event
la función	show, individual act
el/la mago/a	magician
el/la payaso/a	clown
asombroso/a	amazing
«¡Damas y caballeros... !»	"Ladies and gentlemen. . . !"

Repaso: asistir a, la obra (de teatro, musical), el/la presentador(a)

Preguntas

1. ¿Alguna vez fuiste a un circo? ¿Qué funciones viste? ¿Qué funciones te asombraron? ¿Te encantan los espectáculos de magia? ¿Te gustan los payasos o te molestan? Explica.

2. ¿Qué tipos de espectáculos te conmueven? ¿Te fascinan las películas, obras de teatro, conciertos musicales, programas televisivos, obras musicales? ¿Por qué?

3. ¿Prefieres obras dramáticas o cómicas? ¿O ambos tipos de obras? ¿Te gustan las películas de horror que te dan miedo?

 PASO 2. Escucha lo que cada persona dice sobre sus gustos y preferencias. Escribe una o dos actividades que probablemente le gusta hacer y una actividad que NO le gusta hacer. Explica por qué.

espectáculos dramáticos	una obra de teatro, una obra de teatro musical, la ópera
espectáculos musicales	la danza, el ballet, el concierto, el festival de música
espectáculos audiovisuales	el cine (una película), la radio, la televisión
variedades	el circo, los humoristas, el ilusionismo, hacer la magia, los mimos, los títeres (*puppets*), el/la ventrílocuo/a
actividades individuales o de pocas personas	apostar a la lotería / en un casino, la fotografía, rodar películas/documentales, salir a cenar
actividades sociales de muchas personas	salir a... un club nocturno, un parque de atracciones salir de parranda (*to go partying*)

Más vocabulario sobre las actividades de diversión

apostar (ue)	to bet/gamble
rodar (ue)	to film, to shoot a movie

Vocabulary words underlined and differently colored are featured in the dialogue of the short film.

MODELO: *Oyes:* Me aburren los conciertos de música y, en general, no me gusta salir.

Escribes: Él/Ella probablemente ve televisión en casa porque no le gusta salir y no va a un concierto de música rock porque le aburren los conciertos.

1. _____

2. _____
   _____

3. _____

4. _____
   _____

5. _____

6. _____
   _____

 PASO 3. Usa la información del **Paso 2** y habla con tu pareja sobre las actividades que le entretienen. ¿Les gustan las mismas actividades? Hablen de sus preferencias y luego compartan con la clase lo que tengan en común.

B. El deporte

PASO 1. Los deportes son una de las formas más populares de diversión. Mucha gente practica y/o es aficionada de algún deporte. Usa las palabras del vocabulario para completar la conversación imaginada entre Hipólito y un jugador talentoso joven.

© Matías Alejandro Rubio

Los deportes profesionales son **espectáculos** que **entretienen** a muchos **aficionados** en los estadios y **las canchas** o por televisión o radio. Algunos **aficionados** pagan mucha plata [*money (silver)*, (*common expression for money in South America*)] por **las entradas** o por **mercancía** relacionada a su equipo favorito, por ejemplo, camisetas o gorras. Los mejores deportistas **compiten** en **campeonatos** y **torneos** por todas partes del mundo. **Los aficionados** se emocionan cuando su equipo <u>mete un gol</u>. («¡Goooooool!»)

El presentador presenta al **mago** del **balón** para **el deleite** del **público**. Hipólito y Cholo se emocionan al mirar al joven futbolista, que aparentemente **hace magia** cuando juega. Ellos piensan que es un fenómeno, **un genio** cuando **patea** y juega con **el balón**.

Más vocabulario sobre el deporte

competir (i) (i)	to compete
fallar	to miss; to fail; to make a mistake
golpear	to hit
lanzar (c)	to throw
marcar (qu)	to score, to earn points
patear	to kick
vencer (z) a un oponente	to beat an opponent
el balón	**la pelota**
el bate	bat (*as in sporting equipment*)
el/la buscatalentos	talent scout
el campeonato	championship
la cancha	field, court (*for games, sports*)
el deleite	delight, pleasure, enjoyment
el/la ganador(a)	winner
el genio	genius; phenomenon
el/la perdedor(a)	loser
el torneo	tournament

A completar

Podés llegar a ser famoso

HIPÓLITO: ¿Cómo andas? ¿Todo bien, Che? ¡Qué buena onda *sos*! Te hablo en serio. Vos *sos* un _____.

EL JUGADOR: Me encanta el fútbol. Los jugadores del Club Boca Juniors son mis héroes. Me entusiasma la idea de jugar con un club argentino.

HIPÓLITO: Mira vos... ¿Qué te parece venir a vivir en Buenos Aires para asistir a la mejor academia de fútbol para pibes hábiles como vos? La Academia tiene los mejores entrenadores y las mejores _____ de todo el país.

EL JUGADOR: Bueno, ¿puedo traer mi _____? Me da suerte en los partidos. ¿Y mis papás? ¿Me pueden acompañar?

HIPÓLITO: Pasa que (*The thing is*) no hay espacio para las familias, pero tus papás te pueden visitar. Un día cuando *jugués* en un enorme estadio, ellos te van a aclamar con el resto de tus _____.

EL JUGADOR: ¿Puedo ganar mucha plata?

HIPÓLITO: ¡Puede ser! Los futbolistas de mi academia son los mejores, viste (*you know*). Te prometo que si vos *podés* eludir a los defensores y *podés* _____ un gol, vas a ganar plata. Y si *llegás* a _____ en el _____ *podés* ganar mucha plata.

PASO 2. En parejas, conversen sobre las preguntas.

1. ¿A qué deportes eres aficionado/a? ¿Cuáles son tus equipos favoritos? ¿Qué mercancía deportiva tienes?

2. ¿Te gusta ver los partidos de los deportes profesionales en la televisión? ¿Alguna vez fuiste a un partido de un deporte profesional? ¿Cómo reaccionaron los aficionados? ¿Qué hicieron los aficionados cuando el equipo ganó o perdió? ¿Aclamaron (*Did they cheer*) o abuchearon (*did they boo*) a los jugadores?

3. ¿Tienes talento atlético? ¿Qué deportes te gusta practicar? ¿Eres competitivo/a? Para ti, ¿es muy importante vencer a tu oponente en un partido o juego? ¿Cómo reaccionas cuando pierdes? ¿Eres un/una buen(a) o mal(a) perdedor(a)? Da ejemplos.

4. ¿Te gusta ir a los partidos no profesionales, como los partidos en las escuelas secundarias? ¿Por qué sí o no?

5. ¿Conociste alguna vez a un/una buscatalentos? ¿Dónde? ¿Qué hizo él/ella? ¿Van los buscatalentos a las escuelas secundarias de tu comunidad para reclutar a atletas para un equipo universitario?

6. ¿Qué opinas de los padres que le pagan a alguien por entrenar a su hijo? ¿Qué opinas de la costumbre de ofrecerles dinero a las familias de los atletas jóvenes talentosos?

C. La niñez y la diversión

A los niños les fascina una variedad de juegos y **juguetes**. En el mundo hispanohablante, como por todo el mundo, las actividades infantiles pueden incluir competencias en las que los **ganadores vencen** a los **perdedores**. Aunque las **reglas** de los juegos pueden variar, la mayoría de los juegos infantiles tiene un papel doble: les enseñan las normas sociales a los niños mientras que al mismo tiempo les divierten.

PASO 1. En parejas, túrnense para leer en voz alta las descripciones de algunos juegos tradicionales de la niñez en el mundo hispano. Luego, contesten las preguntas.

© JGI/Jamie Grill/Getty Images RF

El escondite / La escondida[a]

En este juego, unos niños **se esconden** y un niño / una niña busca a los demás.[b] El niño que busca cuenta hasta cierto número y dice, «Listos o no, allá voy». Después de que el que busca encuentre a sus compañeros, **le toca el turno** a otro niño / otra niña buscar.

© Ingram Publishing/Alamy RF

La rayuela / El avión / El descanso / La peregrina / El tajo[c]

Este juego tradicional tiene varios nombres en el mundo hispano. Se **dibujan** cuadrados en el suelo con tiza. Se **tira** una piedra[d] y se **salta** a pata coja.[e]

© Westend61/Getty Images RF

La gallina ciega[f]

Una persona tapa[g] los ojos. Sus amigos le **dan vueltas** para despistarla. Los amigos tratan de huir[h] de «la gallina ciega» y la persona con los ojos tapados trata de encontrar a los demás.

© McGraw-Hill Education/Ken Karp

El palito mantequillero

Este juego venezolano tradicional significa «*a little stick to churn butter*». Un niño, «el capitán» del juego, **esconde** un palito. Sus compañeros tratan de encontrarlo. Mientras ellos lo buscan, el niño que lo **escondió** les dice «frío» si están lejos del palito, «tibio» cuando **se acercan** más y «caliente» cuando están muy cerca del palito escondido. Cuando alguien lo encuentra, el capitán le dice, «te quemaste».

---

[a]*Hide-and-seek*   [b]*others*   [c]*Hopscotch*   [d]*stone*   [e]*a...on one foot*   [f]*blind*
[g]*se...covers*   [h]*flee*

Más vocabulario sobre la niñez y la diversión

acercarse (qu) a	to approach, to go up to
acertar (ie)	to get right, to be right
adivinar	to guess
contar (ue) un chiste	to tell a joke
dar vueltas	to spin around
elegir (i) (i)	to select
esconder(se)	to hide (oneself)
hacerle caso a alguien	to listen to someone; to pay attention to (*as in obey*) someone
reírse (i) (i) (de)	to laugh (at)
saltar	to jump
tocarle (qu) (el turno) a alguien	to be someone's turn
turnarse	to take turns
la adivinanza	riddle
el comportamiento	behavior
el juguete	toy
la muñeca	doll
la pista	clue
la rayuela	hopscotch
la regla	rule
imaginario/a	imaginary

Repaso: el desarrollo

¿Comprendiste?

1. En el escondite, ¿qué hace el niño que busca a sus amigos? _____ _____

2. En el juego de la rayuela, ¿qué objeto común se tira? ¿Qué otro objeto se necesita para jugar rayuela? _____

3. En la gallina ciega, ¿qué hace una persona después de taparse los ojos? _____

4. En el juego, el palito mantequillero, ¿qué pistas le da el niño que escondió el palito a sus amigos? _____ _____

PASO 2. Escribe descripciones de actividades o juegos que jugabas cuando eras niño/a. ¿Eran similares o diferentes a los juegos de los **Pasos 1** y **2**? ¿Cómo? Describe el equipo o los objetos que usabas y las acciones que se tenían que hacer. Comparte estas descripciones con tu pareja para que él/ella adivine la actividad o el juego.

D. ¿Cómo se juega?

PASO 1. Elige una de las siguientes tablas (**A** que está abajo o **B** que está al final del capítulo) que describen dos juegos infantiles: **los piloyes** y **el ángel.** Trabaja con tu pareja para completar la información que falta. **¡OJO!** No mires la tabla de tu pareja. Uds. deben compartir información solamente conversando.

> **MODELO:** E1: ¿En qué país es popular este juego infantil los piloyes?
>
> E2: En Guatemala.

	Los piloyes	El ángel
	© Author's Image/Glow Images RF	© Brand New Images/Stone/Getty Images
País donde es popular el juego	_____	Puerto Rico
Objeto(s) necesario(s) para jugar	unos frijoles grandes	_____
Objetivo del juego: ¿Cómo se gana?	Ganar más _____ que el otro jugador	Correr y recoger una cinta antes de ser atrapado por el «ángel».
Reglas para jugar: ¿Qué se hace primero?	Se dividen los frijoles entre todos los jugadores. Se parte (*divide*) por la mitad uno de los frijoles.	Se elige un lugar para _____ invisible. Detrás de la línea es la «casa». Todos los jugadores se quedan a salvo en la «casa».
Reglas para jugar: ¿Qué se hace segundo?	Se elige al azar a un niño a quien le toca el primer turno. El niño elegido tira _____.	Se pone la cinta en un lugar lejos de la casa. Un niño es elegido «el ángel» y todos los jugadores se asignan a sí mismos un color distinto (rojo, verde, azul claro, amarillo, etcétera). El ángel trata de adivinar el color de cada niño.
Reglas para jugar: ¿Qué se hace tercero?	Su compañero adivina qué lado del frijol va a caer boca arriba (*face up*), y dice, «cara o carne».	El ángel se acerca a la casa y empieza el siguiente diálogo: EL ÁNGEL: Tun tun. (*Knock, knock.*) JUGADOR(A) 1: ¿Quién es? EL ÁNGEL: _____. JUGADOR(A) 1: ¿Qué quieres? EL ÁNGEL: _____. JUGADOR(A) 1: ¿De qué color? El ángel dice el nombre de un color. El niño que tiene este color asignado, dice... NIÑO/A DEL COLOR NOMBRADO: _____.
Reglas para jugar, ¿Qué se hace por último?	Si el niño acierta, _____ _____. Si no acierta, él/ella tiene que _____ compañeros un frijol entero.	El niño del color elegido corre para tratar de agarrar (*grab*) la cinta antes de que el ángel lo/la atrape (*catch*).
El significado del título (¿Cuál es?)	Los piloyes son un tipo de frijol grande y rojo.	El ángel es el niño que _____ _____ y trata de atrapar al niño que corre por la cinta.

PASO 2. En parejas, repasen la información del **Paso 1.** Cuando estén listos, túrnense para explicar los juegos **el piloy** y **el ángel** en sus propias palabras.

E. Los juegos intelectuales de habilidad y de azar

PASO 1. En el mundo hispanohablante, también hay muchos juegos que no requieren habilidades físicas, sino intelectuales. Por ejemplo, hay juegos de estrategia como muchos juegos de cartas y el ajedrez. Primero, lee sobre la historia de la baraja española de cartas y el ajedrez. Luego, escribe tres hechos que aprendiste de la historia de los dos. Comparte los hechos con tu pareja. ¿Escribieron los mismos hechos?

© Matías Alejandro Rubio

Los hombres del pueblo que Hipólito conoció **jugaban a los naipes**. ¿Qué **juegos de naipes** jugabas cuando eras niño/a? ¿Qué juegos juegas ahora?

Los juegos intelectuales de habilidad y de azar*

© De Agostini/G. Cigolini/Getty Images

Una baraja española de 1778

© CSP_JavierGil/Fotosearch LBRF/age fotostock RF

Los cuatro palos de **la baraja** española

Las barajas españolas: Los musulmanes llevaron la **baraja de cartas**, o **naipes**, a España en el siglo XIV. La palabra «**baraja**» significa «**bendición**» en hebreo. Durante la Inquisición española,[a] que comenzó en el siglo XV, los judíos que

---

[a]la... Una institución creada por los reyes católicos en el siglo XV para buscar y castigar herejes (*heretics*) de la fe católica.

*Source: "Instituto Superior Latinoamericano de Ajedrez," *EcuRed*, undated. www.ecured.cu; "Chess and Latin American Children," *Zona latina*, undated. www.zonalatina.com; "Documentación Diseño de Baraja," *Pixelnomicon*, undated. www.pixelnomicon.net; Gonzales, Carla, "La baraja española: origen y significado," *Soy esotérica*, November 2, 2011. www.soyesoterica.com; Schnessel, Silvia, "Juego de naipes para OCULTAR la identidad judía," *Yad be Yad*, September 14, 2010. www.yadbeyad.wordpress.com; "Azuay y Sucumbíos buscan la corona en el Latinoamericano de Ajedrez sub-14," *El Universo*, January 1, 2015. www.eluniverso.com; Exposito Fernández, Antonio, "El azar: las barajas," *Gaceta matemámatica*, June 4, 2015. www.gacetamatematica.blogspot.com

todavía practicaban su fe eran perseguidos.[b] Para esconderse de la persecución, se sentaban alrededor de una mesa con **naipes** y rezaban con libros de oraciones[c] en su regazo.[d] De ese modo, cuando otras personas los veían, pensaban que estaban **jugando a los naipes** y no sabían que estaban rezando.

La baraja española se utiliza hoy en día en España y Latinoamérica. Tiene cuatro palos[e] que representan componentes esenciales de la sociedad medieval: bastos[f] (el cultivo de comida, la agricultura), oros[g] (el comercio, la economía), copas (las ceremonias religiosas, la Iglesia Católica) y espadas[h] (las armas, el ejército, la reconquista). La **baraja** típica se compone de 48 o 50 **cartas**. Algunos juegos comunes que se juegan con esta **baraja** son: la brisca, el burro, el chinchón, el cinquillo, el conquian, la escoba, el mus y el tute. En **las partidas** de estos **juegos de naipes**, se ven elementos reconocidos de juegos como *bridge, spades, gin rummy, euchre, go fish, hearts,* etcétera. Por ejemplo, algo que muchos juegos tienen en común es que **los naipes se vvreparten al azar** y los jugadores **se turnan**.

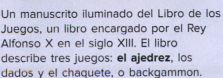

Unos señores cubanos juegan al **ajedrez** en la Habana.

Un manuscrito iluminado del Libro de los Juegos, un libro encargado por el Rey Alfonso X en el siglo XIII. El libro describe tres juegos: **el ajedrez**, los dados y el chaquete, o backgammon.

El ajedrez: Como **la baraja de naipes**, se piensa que **el ajedrez** se originó en el Oriente y que los musulmanes la introdujeron a Europa al llevarlo a sus territorios en la España medieval. Probablemente llegó a la Península Ibérica en el siglo IX. «El Poema de ajedrez», escrito por un rabino español, se remonta[i] al siglo XII. En el siglo XIII, el rey Alfonso X, el Sabio, encargó un libro titulado *Libro de* **ajedrez,** ***dados* y *tablas*.** Es uno de los libros más importantes e históricos sobre **los juegos de mesa**. La primera sección del libro se dedica a explicar **las reglas** y los problemas del **ajedrez**. En esta época, **las piezas** tomaron la forma de figuras medievales que conocemos hoy: el rey, los caballeros, las torres, los obispos y los peones. La figura de la dama, o sea la reina, apareció luego y reemplazó una pieza de la versión árabe que era un consejero real. **El ajedrez** era considerado un juego de la nobleza, pero la Iglesia Católica lo trató de prohibir en la Edad Media porque a veces los jugadores **apostaban** mientras jugaban.

El ajedrez se juega en todas partes del mundo hispanohablante. El Instituto Superior Latinoamericano de **Ajedrez**, que se fundó en 1992, considera **el ajedrez** un deporte, un arte y una ciencia. Para 1998, un tercio de los niños mexicanos y un cuarto de niños argentinos, colombianos y chilenos entre siete y once años tenía un juego de **ajedrez** en casa.

---

[b]*persecuted*   [c]*prayers*   [d]*lap*   [e]*suits of cards*   [f]*clubs*   [g]*gold coins*   [h]*swords*   [i]*se... goes back to*

PASO 2. Ahora, escucha oraciones sobre las lecturas del **Paso 1.** Decide si cada oración describe algo que se asocia con (**a**) el ajedrez, (**b**) la baraja española o (**c**) los dos.

1. _____   3. _____   5. _____   7. _____

2. _____   4. _____   6. _____

PASO 3. Mira la tira cómica y contesta las preguntas con oraciones completas.

1. ¿Qué ideas implica esta tira cómica sobre la diversión? ¿Qué significa **pilas**? ¿Qué critica de los jóvenes y el tipo de actividad que les interesa?

_____

_____

_____

2. ¿Te aburre el ajedrez? ¿Por qué sí o no? Piensa en los elementos de una actividad, deporte o juego que te entretiene. ¿Cuáles son? ¿Prefieres los juegos de habilidad, azar o una combinación de los dos?

_____

_____

_____

3. ¿Qué significa la palabra **temporada**? ¿Qué implica el uso de esa palabra?

_____

_____

_____

4. ¿Qué te parecen los juegos competitivos? ¿Te gusta jugar y/o mirar los espectáculos deportivos? ¿Te conmueve el fútbol? ¿Asistes a los campeonatos de un deporte?

_____

_____

_____

5. ¿Prefieres actividades de diversión donde haya mucha gente o poca gente? ¿En qué actividades o deportes participabas cuando estabas en la escuela secundaria?

_____

_____

_____

 ## F. Las adivinanzas

PASO 1. Por todo el mundo, a los niños les encanta escuchar pistas de las adivinanzas para adivinar lo que se describe. Las pistas se dan con frecuencia en versos que riman. En parejas, túrnense para leer en voz alta las pistas y resolverlas.

1. Vuela sin alas. Silba sin boca. Pega sin manos y nadie lo toca. ¿Qué será?
2. Mala fama a mí me han hecho porque el barro (*mud*) es mi elemento. A algunos de mis hermanos les meten monedas dentro. ¿Qué será?
3. Nieto de su bisabuelo, padre de tus hermanos, de tus primos es el tío y de tus tíos hermano. ¿Qué será?
4. Todos me pisan a mí, pero yo no piso a nadie; todos preguntan por mí, yo no pregunto por nadie. ¿Qué será?

1. el viento   2. el cerdo   3. tu padre   4. la calle

Respuestas:

PASO 2. Piensa en una actividad, deporte o juego de diversión. Tu pareja debe hacerte preguntas de tipo **sí** o **no** para descubrir cuál es.

MODELO: La rayuela (*hopscotch*) es el juego que tu pareja trata de adivinar.

E1: ¿Es un deporte?

E2: No.

E1: ¿Se juega en la casa?

E2: No.

E1: ¿Se lanza una pelota?

E2: No.

E1: ¿Es un tipo de espectáculo?

E2: No.

E1: ¿Se debe hacer alguna acción física como tirar algo, correr o saltar?

E2: Sí

E1: ¿Se juega en un estadio?

E2: No...

G. ¿Qué opinan los demás?

PASO 1. Las personas entrevistadas contestan las siguientes preguntas. Lee las preguntas y escribe por lo menos cinco palabras del vocabulario de este capítulo que probablemente van a incluir en sus respuestas.

- Cuando Ud. tiene tiempo libre, ¿qué tipos de actividades le entretienen? Si Ud. vive con otras personas, ¿qué actividades les divierten a ellos?

- ¿Le conmueve algún tipo de espectáculo? ¿Le asombran los espectáculos de magia o de acrobacia como se hacen en un circo? ¿Le gustan los payasos? ¿Qué tipos de espectáculos o actividades le hacen reír?

- ¿Qué juegos jugaba Ud. durante su infancia? ¿Le gustaba competir con otras personas o prefería Ud. actividades menos competitivas?

1. _____ 2. _____ 3. _____ 4. _____ 5. _____

PASO 2. Primero, lee en voz alta las descripciones de los tipos de diversión que les interesan a los entrevistados y las actividades que hacían cuando eran niños. Luego, completa los espacios en blanco con una de las siguientes palabras del vocabulario. Por último, para cada descripción, explica tu punto de vista sobre la actividad o la experiencia.

asombraba   encantan   los payasos

circo   mago

MODELO: *Tú lees:* Me <u>encantan</u> las artes.

Tú dices: A mí no me gusta mucho el teatro pero me interesan los museos de arte. Me encantan los espectáculos de música rock.

1. Me _____ los animales.
2. Lo que me gusta más del _____ es la acrobacia.
3. Quería ser _____ cuando era niño y hacía diferentes trucos.
4. La lucha libre me _____ cuando era niño.
5. _____ me dan miedo.

 PASO 3. Primero, lee las siguientes descripciones para anticipar lo que vas a oír en las entrevistas. Luego, mira las entrevistas varias veces. Indica el nombre de la persona con quien se asocia cada descripción. Es posible que la descripción se asocie con más de una persona.

Nadja   Steve   Michelle

_____ 1. Le gusta mucho el baile.

_____ 2. Durante la infancia, hacía natación con sus vecinos y era competitiva.

_____ 3. Le gustan los espectáculos de comedia y grabar videos creativos o graciosos.

_____ 4. Empezó a jugar al baloncesto en el quinto grado.

_____ 5. Quería ser mago y hacía trucos y espectáculos a sus primos y a sus vecinos.

_____ 6. Le encanta ver jugar a los animales.

PASO 4. Lee las siguientes citas y explícalas en tus propias palabras. Indica quién lo dijo: Nadja, Steve o Michelle. Luego, explica si te identificas con su comentario.

> MODELO: *La cita*: «Nos encanta grabar videos que sean creativos o graciosos o que tengan algún tipo de valor artístico».
>
> *Tú dices*: Steve dijo este comentario. A Steve le gusta grabar videos. Yo me identifico mucho con su comentario. Me encanta grabar videos sobre muchas cosas y subirlos a una red social. Pero, mis videos no tienen un valor artístico. Son solamente para divertirnos a mí y a mis amigos.

1. «Usualmente tomo las clases de jazz o flamenco, o salsa. Me encanta ir a los lugares que tienen las clases donde puedes ir en grupo o puedes tomar clases privadas». _____

2. «Para mí la lucha libre es lo mejor que existe, es algo que mi papá de casualidad me introdujo a mi vida cuando era pequeño. Él era muy fanático creciendo y era algo bien grande culturalmente en Puerto Rico». _____

3. «Me parece que en el deporte competitivo es bonito sentirse orgulloso de un equipo, orgulloso de una escuela, de un país. Y poder manifestar ese orgullo en competencia sana». _____

4. «Cuando era pequeño, yo era bien competitivo. Pero no sabías cuál iba a ser el deporte que iba a realizar». _____

5. «Aprecio muchísimo las artes en general, todo. El circo me gusta, me gusta la acrobacia, me parece espectacular. La verdad es que son guerreros, son personas que tienen habilidades muy muy marcadas: la disciplina, la flexibilidad, la fortaleza». _____

PASO 5. En parejas, conversen sobre sus propias ideas respecto a las preguntas del **Paso 1.**

III. GRAMÁTICA

Palabras útiles

acogedor(a)
welcoming (*adj.*)

diestro/a
right-handed

estar empatados
to be tied
(score in a
game)

gastar bromas
to play jokes

hacer trucos
to do tricks

jugar al escondite
to play hide
and seek

el pibe
kid (*used in
Argentina*)

**el partido de
campeonato**
championship
game

el tiro penal
penalty kick

zurdo/a
left-handed

3.1 Hipólito buscaba al pibe que hacía magia con la pelota.

El imperfecto

¿Comprendiste?

Vas a mirar el cortometraje entero sin los subtítulos. **¡OJO!** No te preocupes si no entiendes todo. Puedes mirarlo varias veces y usar el contexto [por ejemplo, los gestos (*facial expressions*), las acciones, el sonido y el escenario (*setting*)] para ayudarte a entender el argumento (*plot*). Enfócate en las palabras que sabes.

PASO 1. Mientras miras el cortometraje, haz una lista de por lo menos cinco infinitivos para representar cinco acciones que ves. Luego, usa el pretérito para formar preguntas con los verbos. Por último, en parejas, túrnense para hacer y contestar las preguntas.

© Matías Alejandro Rubio

MODELO: E1: asombrarse – ¿Cuándo se asombraron Hipólito y Cholo?

E2: Se asombraron al encontrar al niño que hace magia con el balón.

recordar – ¿Qué recordó Hipólito?

E1: Recordó su pasado cuando vio jugar a un futbolista excelente y se hizo buscatalentos.

rodar – ¿Qué rodó Cholo?

E2: Rodó un documental sobre Hipólito...

PASO 2. En parejas, túrnense para leer las oraciones y decidir si son ciertas o falsas. Corrijan las oraciones falsas.

	CIERTO	FALSO
1. Los hombres que **jugaban** a las cartas no **sabían** dónde **estaba** La Camelia.	_____	_____
2. Mientras **caminaban**, Cholo **rodaba** un documental.	_____	_____
3. «El Maestro» le dijo a Hipólito que **era** urgente encontrar al futbolista en La Camelia.	_____	_____
4. Hipólito y Cholo no **tenían** que caminar mucho para llegar a La Camelia.	_____	_____
5. La mujer que encontró al niño **conocía** a los padres de él, pero ellos murieron.	_____	_____
6. La mujer que encontró al niño dijo que a ella no le **importaba** el futuro del niño.	_____	_____
7. El joven futbolista **tenía** mucho talento.	_____	_____

Actividades analíticas

Los verbos regulares e irregulares en el imperfecto

© Matías Alejandro Rubio

¡A analizar!

Elige la respuesta más lógica para cada pregunta y luego completa las respuestas con una palabra lógica.

PREGUNTAS PARA HIPÓLITO

___ 1. ¿Qué **hacías** antes de ser
_____
_____?

___ 2. ¿Qué _____
practicabas cuando **eras** niño?

___ 3. ¿En qué **pensaban** Uds. cuando vieron _____ al niño?

___ 4. ¿Cómo **eran** las personas de La Camelia?

___ 5. ¿Mientras Cholo y vos **estaban** en La Camelia, empezaron a tener dudas?

RESPUESTAS

a. **Eran** muy relajadas, muy acogedoras (*welcoming*). Ellos **tenían** una comunidad muy unida. Ellos **se divertían** pero también **se cuidaban**.

b. **Trabajaba** de camionero. **Viajaba** por las provincias de mi país, la _____.

c. Sí. Mientras **conocíamos** a la gente, empezamos a cuestionar nuestro viaje a las provincias. Pasa que la gente nos **trataba** tan calurosamente y **era** obvio que **quería** tanto al niño, pero no porque **era** un genio del fútbol.

d. Me **interesaban** todos los deportes. De vez en cuando yo **pateaba** el _____ pero no **jugaba** muy bien al _____. Me **gustaba** jugar con los amigos. Me acuerdo que todos **jugábamos** al escondite. Yo sí **vencía** a mis amigos porque yo siempre **encontraba** a mis amigos que se **escondían**. Yo sí sé buscar a la gente.

e. No **podíamos** ni hablar. **Era** tan impresionante lo que **veíamos**. Es un _____ con el balón. Después, **pensaba** que al Maestro le **iba** a agradar tanto este «descubrimiento».

1. The imperfect, like the preterite tense, is used to talk about the past. Whereas the preterite expresses the simple past tense and views actions as completed, the imperfect is used to talk about actions that were in progress in the past or were done repeatedly. The imperfect also sets the stage, describes background events, settings, or the feelings surrounding an experience.

2. Although the English equivalents of the imperfect can vary, it may help to remember that the imperfect often roughly expresses the idea of *was/were + ing* (*we were playing, he was hiding*) or *used to* + action, *would* + action, to indicate repeated, habitual actions (*I used to go to the movies on Sundays. She would always win the game*).

3. The imperfect forms are more straightforward than the present and the preterite conjugations because there are only three irregular verbs. The three verbs that do not follow a regular pattern are **ser**, **ir**, and **ver**. Now look at the **¡A analizar!** sentences with **contar**, **querer**, and **sentir** and explain what happens with stem-changing verbs in the imperfect. Do they experience a stem change in the imperfect? _____

Identify the subjects of the following verbs as used in the questions and answers above:

trabajaba _____ practicabas _____ trataba _____

jugábamos _____ pensaban _____ vencía _____

hacías _____ quería _____ tenían _____ conocíamos _____

Follow the patterns and complete the following chart with the missing infinitives and imperfect conjugations of these regular verbs. The questions and answers from above will help you.

El imperfecto de indicativo: Los verbos regulares			
	-ar	**-er**	**-ir**
	_____	hacer	_____
yo	_____	hacía	_____
tú	_____	_____	divertías
Ud., él/ella	pensaba	_____	divertía
nosotros/nosotras	pensábamos	_____	divertíamos
vosotros/vosotras	pensabais	hacíais	divertíais
Uds., ellos/ellas	_____	_____	_____

Which two types of verbs share the same endings in the imperfect? _____ and _____ verbs

4. Following the patterns you outlined in point **3**, complete the chart of endings for -**ar**, -**er**, and -**ir** verbs in the imperfect.

Los verbos regulares de imperfecto: Las formas		
	-ar	**-er / -ir**
yo	_____	_____
tú	-abas	_____
Ud., él/ella	_____	_____
nosotros/nosotras	_____	-íamos
vosotros/vosotras	-abais	_____
Uds., ellos/ellas	_____	_____

Some of the conjugations have written accent marks. Which conjugation of -**ar** verbs has an accent mark and on what letter is the accent mark?

_____

Which -**er**/-**ir** conjugations have accent marks?

_____

Los verbos irregulares en el imperfecto: ir, ser, ver

Cholo

el niño

Hipólito

la mujer que
encontró al niño

© Matías Alejandro Rubio

¡A analizar!

Usando la letra **C** (Cholo), **N** (el niño), **H** (Hipólito) o **M** (la mujer que encontró al niño), indica quién probablemente dijo lo siguiente.

_____ 1. Cuando me preguntó por qué traía mi cámara, le expliqué que **iba** a ganar plata con mi documental.

_____ 2. Yo sabía desde que él tenía tres añitos que **era** un jugador fenomenal, pero eso no me importaba.

_____ 3. Cholo y yo estábamos acostumbrados a la vida de los pueblos, pero al llegar a La Camelia, **éramos** como peces fuera del agua.

_____ 4. Cada vez que yo lo **veía** patear el balón, no pensaba en su futuro como un futbolista famoso, sino en un niño que todos queríamos.

_____ 5. Antes de hablar con la mujer que conocía la historia de La Camelia y del niño, **íbamos** a llevarnos al pibe mágico a ayudarlo a realizar el sueño de ser famoso.

5. The three irregular verbs do not follow the regular pattern in various ways. For instance, in what way does the verb **ver** not follow the pattern? Use the comments above made by the characters to help you.

ver: **Ver** has the same endings as the regular _____

verbs but the letter _____ in the ending is not dropped before the conjugation.

Use the statements by Cholo, el niño, Hipólito and la mujer to help you find the pattern of the three irregular verbs in the imperfect.

El imperfecto de indicativo: Los verbos irregulares			
	ir	**ser**	**ver**
yo	_____	era	veía
tú	ibas	eras	veías
Ud., él/ella	iba	_____	veía
nosotros/nosotras	_____	_____	veíamos
vosotros/vosotras	ibais	erais	veíais
Uds., ellos/ellas	iban	eran	_____

Actividades prácticas

A. La trama: ¿Qué sucedía mientras... ?

PASO 1. Llena los espacios en blanco con el imperfecto de los verbos entre paréntesis para describir lo que sucedía mientras otra acción ocurría. Luego, empareja la oración con el fotograma que muestra esa acción.

___ 1. Cholo _____ (tomar) un mate mientras _____ (explicar) quiénes _____ (ser) todos los artistas del circo.

___ 2. Los hombres _____ (comer) mientras _____ (jugar) a las cartas.

___ 3. Hipólito _____ (tener) dudas mientras _____ (hablar) con el Maestro.

___ 4. Cholo _____ (rodar) mientras Hipólito _____ (preguntarse) dónde estaban.

___ 5. Hipólito y Cholo _____ (asombrarse) mientras el futbolista _____ (mostrar) sus habilidades mágicas con la pelota.

___ 6. Hipólito _____ (escuchar) mientras la mujer le _____ (contar) la historia del pueblo y del niño.

© Matías Alejandro Rubio

a.

© Matías Alejandro Rubio

b.

© Matías Alejandro Rubio

c.

© Matías Alejandro Rubio

d.

© Matías Alejandro Rubio

e.

© Matías Alejandro Rubio

f.

PASO 2. Mira las fotos y escribe oraciones completas para describir lo que hacían las siguientes personas mientras otras personas hacían algo diferente.

© Ingram Publishing RF

© Fancy Collection/SuperStock RF

MODELO: el público, la niña

El público **aplaudía** mientras la niña **se daba vueltas**.

© KidStock/Getty Images RF

1. Cristobal, su hermano mayor

© Fuse/Getty Images RF

2. los aficionados, el beisbolista

© Hero Images/Getty Images RF

3. las niñas, el padre

© Floresco Productions/age fotostock RF

4. la niña, la madre

B. Descripciones en el pasado: ¿Qué sucedía cuando...?

PASO 1. Escucha las siguientes oraciones sobre qué sucedía en el trasfondo (*background*) cuando otras acciones tuvieron lugar. Escribe los verbos en el imperfecto que oyes y la letra de la imagen a la que corresponde la descripción.

MODELO: *Oyes:* Hacía sol y los hombres del pueblo se divertían jugando a las cartas cuando Hipólito y Cholo llegaron.

Escribes: hacía, se divertían, **e.** (la imagen e)

© Matías Alejandro Rubio

a.

© Matías Alejandro Rubio

b.

© Matías Alejandro Rubio

c.

© Matías Alejandro Rubio

d.

© Matías Alejandro Rubio

e.

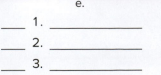
© Matías Alejandro Rubio

f.

___ 1. _____   ___ 4. _____

___ 2. _____   ___ 5. _____

___ 3. _____   ___ 6. _____

PASO 2. ¿Qué hora era? ¿Dónde estabas? ¿Qué hacías cuando...? En parejas, completen las siguientes historias. Pídele a tu pareja la información que falta entre paréntesis sobre el trasfondo (*background*) de unos sucesos para llenar los espacios en blanco. Los verbos deben ser conjugados en el imperfecto. Usando la información que tu pareja te dé, completa la historia. Una historia se cuenta según la perspectiva de un buscatalentos y la otra se cuenta según el punto de vista de un futbolista durante un partido de campeonato. Compartan sus historias con la clase.

> **MODELO:** Texto del **Estudiante A: El buscatalentos:** Hace veinte años que yo llegué a un pueblo muy pequeño. Ese día _____ (*expresión de tiempo*) y en la plaza central del pueblo, había tres niños que _____ (*verbo de acción física*).
>
> E1: Por favor, dime una expresión de tiempo.
> E2: Hacer viento
>
> (*E1 escribe en el blanco:* Ese día <u>hacía viento</u>.)
>
> E1: Gracias, ahora por favor dime un verbo de acción física.
> E2: dormir
>
> (*E1 escribe en el espacio en blanco:* Ese día <u>hacía viento</u> y en la plaza central del pueblo, había tres niños que <u>dormían</u>.)

Estudiante A: El buscatalentos

Me acuerdo muy bien del día que encontré a uno de los talentos mágicos que descubrí. Eran las _____[1] (*hora*) de la mañana cuando llegué a un pueblo pequeño y lejos de la capital. Cuando llegué, _____[2] (*expresión de tiempo*) y la temperatura estaba a _____[3] (*número entre 0 y 100*) grados centígrados. Bueno, no me importaba. Tenía que encontrar a este chico. Yo llevaba un/una _____[4] (*prenda de ropa*) _____[5] (*color*), así que yo me sentía _____[6] (*condición física*). Fui a un restaurante donde me dijeron que este chico trabajaba. Entré. Todos los clientes _____[7] (*verbo de acción física*). Lo vi inmediatamente. Era el chico _____[8] (*adjetivo*) que _____[9] (*verbo de acción física*) en la cocina del restaurante. Nos hablamos y cuando su jornada terminó, salimos y detrás del restaurante, había una cancha de fútbol. El joven me mostró lo que podía hacer con el balón.

Estudiante B: El futbolista

Me acuerdo de un campeonato especial. Era especial porque mis abuelos, que vivían muy lejos de la ciudad de mi club de fútbol, vinieron a verme jugar. Pero la noche antes del campeonato, me tropecé (*I bumped into*) con un/una _____[1] (*objeto*) y me lastimé _____[2] (*parte del cuerpo*). Esa noche me sentía muy preocupado porque quería jugar. Cuando me desperté por la mañana, miré por la ventana y vi unos _____[3] (*animales*) que _____[4] (*verbo de acción física*) enfrente de mi casa. En este momento, pensé que eso era una señal que iba a tener buena suerte. Toda mi familia vino al partido. Hacía muy mal tiempo; _____[5] (*expresión de mal tiempo*), pero estaba decidido. No solamente quería jugar bien, sino que quería ganar. Pero me dolía(n) mucho _____[6] (*parte del cuerpo*) y mi entrenador me sacó del juego. Al final del partido, estábamos empatados (*tied*) y le dije al entrenador que quería participar en el tiro penal. Aceptó y metí el gol ganador a pesar de que me sentía _____[7] (*condición física o emocional*). Cuando salí del estadio, todos los aficionados _____[8] (*verbo de acción física*).

C. Mi infancia era distinta.

PASO 1. Lee sobre la niñez del famoso tenista español, Rafael Nadal. Luego, usa unas palabras del vocabulario y compara y contrasta tu niñez con la de Rafael Nadal. Por último, léele tu descripción a una pareja.

© Michael Steele/Getty Images

Cuando Rafael Nadal era niño, vivía en Mallorca, una isla en el mar Mediterráneo. Le gustaban dos deportes: el tenis y el fútbol. Como hacía mucho calor en el verano, iba a la playa. Hablaba español y catalán, un idioma romance que se habla en ciertas regiones de España. Su tío, quien era un tenista profesional, jugaba varias horas al día con Rafael cuando tenía solamente cuatro años. Aunque Rafael escribía con su mano derecha (era **diestra**), practicaba el tenis con la mano izquierda (era **zurdo**). Es decir, es ambidextro, y esa habildad le da una ventaja competitiva. Cuando tenía doce años, todavía jugaba al fútbol y al tenis. A los doce años decidió enfocarse solamente en el tenis.

> **MODELO:** Cuando yo era niña no vivía en una isla como Mallorca, sino que vivía en una ciudad sin playa: Austin, Texas. No me gustaba jugar al tenis, pero sí me gustaba...

PASO 2. Entrevista a una pareja sobre su infancia. ¿Qué hacía para divertirse? ¿Qué juegos jugaba? ¿Adónde iba de vacaciones? ¿Jugaba a un deporte? Usando el imperfecto, inventa por lo menos cinco preguntas de entrevista. Saca apuntes y comparte información sobre tu pareja con tu clase.

> **MODELO:** ¿Qué deportes jugabas? ¿Qué programas de televisión mirabas? ¿Ibas a conciertos de música con tu familia? (etcétera).

3.2 «Tenés que conseguirme a este pibe ya mismo... »

Actividades analíticas

Los pronombres de complemento indirecto

¡A analizar!

¿Son ciertas o falsas las siguientes oraciones? Si una oración es falsa, corrígela.

	CIERTO	FALSO

© Matías Alejandro Rubio

1. A Hipólito siempre **le** encantaba el fútbol. _____ _____

© Matías Alejandro Rubio

2. El señor que jugaba a las cartas **les** dio indicaciones a Hipólito y Cholo para ir a La Camelia. _____ _____

© Matías Alejandro Rubio

3. La madre adoptiva **les** permitió a Hipólito y Cholo llevarse al niño el día que llegaron a La Camelia. _____ _____

© Matías Alejandro Rubio

4. Cholo comprendió perfectamente todo lo que **le** dijo el presentador. _____ _____

© Matías Alejandro Rubio

5. Al final el narrador **nos** habló directamente a nosotros y **nos** explicó lo que es un héroe. _____ _____

1. Indirect objects in a sentence are the people (usually) or things (much less frequently) that are affected secondarily or indirectly by the verb's action. In English, you'll often see the prepositions *to/for* used in a sentence with an indirect object. To find the indirect object, first identify the verb and then ask "to whom?" or "for whom?" after the verb. In the following example, what is the verb? _____

> Le di el chocolate a **LaTonya**.　　*I gave the chocolate to <u>LaTonya</u>. /*
> 　　　　　　　　　　　　　　　　　　*I gave <u>LaTonya</u> the chocolate.*

Now ask "[verb] to whom?" to find the indirect object. Who receives the action of the verb in the above sentence? _____

Now identify the indirect object, the people affected by the action, in each of the five **¡A analizar!** sentences.

1. _____

2. _____

3. Hipólito y Cholo

4. _____

5. _____

Remember that in Spanish, sometimes the indirect object may come first in a phrase or sentence. So, to understand who is doing what to whom, always start by looking for the verb and asking *to whom* or *for whom* the action is done. You can also look for use of the Spanish **a personal,** which, as you learned in **Capítulo 2**, serves as a kind of "arrow," pointing out that the upcoming noun is an object, not a verb subject. Review the following examples.

De verdad, **te digo**...	*Seriously, I tell you (I tell something to you). . .*
Tenés que conseguirme al pibe este ya mismo.	*You have to get me that kid (You have to get that kid for me) right now.*

2. Indirect objects are nouns which may be replaced by corresponding indirect object pronouns. For example, after first referring to someone ("*for Cholo*"), you can use a pronoun ("*for him*") in further references to that person. Use the clues from **¡A analizar!** to help you complete the chart of indirect object pronouns.

Los pronombres de complemento indirecto				
	Singular			**Plural**
me	**me**	us		_____
you	**te**	you (*pl. informal*)		**os**
him/her, it	_____	them (*m., fem.*), you (*pl. m., fem., formal*)		_____

Identify the indirect objects (IO) and indirect object pronouns (IOP) in each of the following sentences. Also, identify the verb and its subject in each sentence.

Después de que Hipólito conoció a la mujer, ella le contó la historia del pueblo.

IO: _____

IOP: _____

Subject: _____

Verb: _____

El presentador les dio la bienvenida a todos los espectadores del circo.

IO: _____

IOP: _____

Subject: _____

Verb: _____

3. You may notice that certain types of action verbs tend to be associated with indirect objects and indirect object pronouns. Use the sentences from **¡A analizar!** to help you fill in the missing verbs below.

- Verbs of communication: **contar, _____, explicar, enviar, escribir, enseñar, _____, mandar, mostrar**

Cuénta**me**.	Tell <u>me</u>.
¿No **te** acabo de decir eso?	Didn't I just tell <u>you</u> that?

- Verbs of giving: **_____, entregar, regalar**

El payaso **le** regaló una pelota **al niño**.	The clown gave <u>the boy</u> a soccer ball (gave a soccer ball <u>to the boy</u>).

- Verbs of limiting or allowing someone's behavior: **dejar, impedir, imponer, _____, prohibir**

Le permitieron **a Cholo** participar en el espectáculo.	They let <u>Cholo</u> participate in the show.

- Verbs like **gustar** that stress the "victim" or "beneficiary" of an action. The cause of that action is the subject of the verb. The verb **gustar** (*to be pleasing to*) is always used with an indirect object pronoun. Other verbs like **gustar: agradar, alegrar, disgustar, _____, faltar, fascinar, frustrar, hacer falta, interesar, parecer**

Hoy **les** encantás y mañana te tiran al tacho.	Today <u>they</u> love you (Today you are pleasing <u>to them</u>) and tomorrow they throw you away.

4. If a Spanish sentence contains an indirect object, the indirect object pronoun should also be used, even if the indirect object itself is specifically stated.

Los payasos **les** presentaron un acto chistoso **a la gente de La Camelia y a Hipólito**.	The clowns presented a funny act <u>to the people of La Camelia and Hipólito.</u>

Because of the clarifying phrase **a la gente de La Camelia y a Hipólito**, it is clear that the verb subject, **los payasos**, presented their act to/for *the people of La Camelia and Hipólito*: the indirect object. For that reason, also using the corresponding indirect object pronoun **les** may seem unnecessary. You will note there is no equivalent for **les** in the English translation. In Spanish, however, the indirect object *pronoun* (here **les**) will generally be used in a sentence along with the indirect object *noun*(s). So do use the indirect object pronoun even when the indirect object (people who are affected) is identified.*

It many cases, it is possible to omit phrases with **a** that emphasize to/for whom an action is done.

A Hipólito siempre **le** encantaba el fútbol.	<u>Hipólito</u> always loved soccer.

(**A Hipólito** could be omitted if it was clear that Hipólito was the person who loved soccer; **le** must remain in the sentence to express **He** always loved soccer.)

Déja**me**lo **a mí**.	Leave it <u>to me</u>.

---

*Remember that direct object pronouns are different. You either mention the direct object or you use a pronoun to stand in for it, but usually not both.

(Here, **me** is required to express *me*; **a mí** is optional and probably used just for emphasis.)

> Hipólito **le** dijo **al presidente del club** que no encontró al niño.
>
> *Hipólito told <u>the club president</u> that he didn't find the boy.*

(Here, both **le** and **al presidente del club** are necessary to ensure clarity; **al presidente del club** clarifies to whom **le** refers, since **le** can mean *to him/her/you*. If a preceding sentence or context made **al presidente del club** obvious, only the **le** would be necessary.)

5. Observe the position of the indirect object pronouns in the **¡A analizar!** sentences. They are placed _____ conjugated verbs and negative commands.

> Cuando los jugadores salieron al campo, el público **les dio** aplausos calurosos.
>
> *When the players entered the field, the crowd applauded <u>them</u> warmly (gave warm applause to them).*

> ¡No **le** muestres la tarjeta roja!
>
> *Don't give <u>him</u> a red card! (Don't give a red card <u>to him</u>)!*

However, look at the position of the indirect object pronoun in the affirmative command below. Indirect object pronouns are placed _____ affirmative commands and attached to them as one word. This word formation almost always requires a written accent mark over the stressed vowel in the original command form.

> ¡Muéstra**le** la tarjeta roja!
>
> *Give <u>him</u> a red card! (Give a red card <u>to him</u>)!*

6. In the examples below we see that, like direct object and reflexive pronouns, indirect object pronouns can either precede OR can be _____ infinitives and the gerund in the present progressive. If they are attached to the gerund, a written accent mark will be required over the originally stressed vowel in the participle.

> El público **les va a dar** aplausos calurosos a los jugadores cuando salgan al campo.
>
> El público **va a darles** aplausos calurosos a los jugadores cuando salgan al campo.
>
> *The crowd <u>is going to warmly applaud the players</u> (is going to give warm applause <u>to the players</u>) when they enter the field.*

Based on the previous two examples, where can indirect object pronouns be placed when used in the presence of an infinitive?

_____

> El presentador **le estaba gritando** a Cholo pero él no entendió nada.
>
> El presentador **estaba gritándole** a Cholo pero él no entendió nada.
>
> *The announcer <u>was shouting</u> (something) <u>at (to) Cholo</u> but he didn't understand anything.*

Based on the previous two examples, where can indirect object pronouns be placed when used with the present progressive? _____

_____

Actividades prácticas

A. ¿Quién le dijo...?

PASO 1. Completa las preguntas con el pronombre de complemento indirecto **le/les** para indicar a quién(es) le(s) afectó una acción. Luego, escribe la letra de la persona / las personas —el sujeto— que hizo/hicieron esta acción.

a. el hombre del pueblo

b. la mujer que encontró al niño

c. Cholo, el compañero de Hipólito

d. el niño que hace magia con la pelota

e. los payasos

f. los hombres que jugaban a las cartas y comían

> **MODELO:** _c_ ¿Quién **le** pidió ayuda a Hipólito con su documental?
>
> **Sujeto:** <u>Cholo</u> **Persona(s) afectada(s):** <u>Hipólito</u>

____ 1. ¿Quién _____ contó a Hipólito la historia de la Camelia?

  Sujeto: _____ **Persona(s) afectada(s):** _____

____ 2. ¿Quién _____ dijo a Hipólito y Cholo que quería jugar para la selección mundial?

  Sujeto: _____ **Persona(s) afectada(s):** _____

____ 3. ¿Quién _____ dio las instrucciones a Hipólito y Cholo de cómo llegar a la Camelia?

  Sujeto: _____ **Persona(s) afectada(s):** _____

____ 4. ¿Quiénes no _____ dijeron nada a Hipólito y Cholo cuando ellos llegaron al pueblo?

  Sujeto: _____ **Persona(s) afectada(s):** _____

____ 5. ¿Quiénes _____ presentaron un acto chisotoso a la gente de la Camelia y a Hipólito?

  Sujeto: _____ **Persona(s) afectada(s):** _____

PASO 2. En parejas, túrnense para responder a las preguntas del **Paso 1.** Usen el pronombre de complemento indirecto en su respuesta y respondan con todos los detalles pertinentes que puedan de del cortometraje.

> **MODELO:** ¿Quién **le** pidió ayuda a Hipólito con su documental? Cholo le pidió ayuda a Hipólito con su documental. Le hizo preguntas sobre el fútbol y cómo llegó a ser buscatalentos. Hipólito le respondió que se enamoró...

B. ¿Es una obligación?

¿Qué obligaciones debemos tener hacia los niños prodigios del fútbol? En parejas, hagan oraciones de las siguientes series de palabras. Incluyan los pronombres de complemento indirecto apropiados en sus oraciones. Luego, túrnense para expresar sus opiniones sobre cada oración. Frases para expresar obligación: **deber + infinitivo, tener que + infinitivo**

> **MODELO:** Los entrenadores / suministrar / a los niños / una formación educativa, además de entrenamiento deportivo.
>
> > E1: Los entrenadores **deben suministrarles** a los niños una formación educativa, además de entrenamiento deportivo.
> >
> > E2: Estoy de acuerdo. Los atletas tienen que aprender más que jugar muy bien su deporte.

1. Los padres / explicar / a sus hijos los peligros de la explotación.
2. Las ligas departamentales / dar / a los jóvenes pobres / la oportunidad de hacerse ricos.
3. La FIFA (*The Fédération Internationale de Football Association*) / prohibir / a los clubes / la inscripción de niños extranjeros.
4. Si al niño / gustar / jugar al fútbol / los padres / apoyarlo.
5. Los clubes / pagar / grandes cantidades de dinero / a los padres de los talentos jóvenes.

C. El béisbol en la República Dominicana

PASO 1. Lee la siguiente lectura sobre el béisbol en la República Dominicana y luego contesta las preguntas que siguen.

El béisbol en la República Dominicana*

Aunque el fútbol goza de popularidad en todos los países hispanohablantes, el deporte oficial de la República Dominicana es el béisbol. El béisbol era muy popular en Cuba durante el siglo decimonoveno, y cuando miles de cubanos se fugaron a la República Dominicana durante la Guerra de los Diez Años entre Cuba y España (1868-1878), introdujeron una pasión nacional.

© Thearon W. Henderson/Stringer/Getty Images

Como es el caso del fútbol en muchos países latinoamericanos, miles de jóvenes dominicanos sueñan con jugar en las Grandes Ligas. Un testimonio de este fenómeno cultural es el hecho de que cada uno de los treinta equipos de la MLB[a] tiene una academia en la isla; otro es que tantos dominicanos se destacan entre los ganadores de los premios MVP[b] y Cy Young: Pedro Martínez, Sammy Sosa, Miguel Tejada, Vladimir Guerrero, Bartolo Colón y Albert Pujols.

[a]*Major League Baseball*   [b]*Most Valuable Player*

*Source: Jesús González, Luis, "Béisbol cubano: una tradición centenaria," *OnCuba*, May 7, 2012. www.oncubamagazine.com; "Cómo los latinos desbancaron a los afroestadounidenses del béisbol en EE.UU.," *BBC Mundo*, October 2, 2014. wwww.bbc.com/mundo; "Dominicanos encabezan lista de 238 extranjeros en Grandes Ligas," *La Opinión*, April 4, 2016. www.laopinion.com; Gaines, Cork, "Lionel Messi is the Highest Paid Soccer Player in the World and It's Not Even Close," *Business Insider*, March 25, 2015. www.businessinsider.com; Barrabi, Thomas, "A-Rod Salary: Injured Yankees Star Alex Rodriguez Earns More Than Entire Houston Astros Roster," *International Business Times*, March 29, 2013. www.ibtimes.com

A diferencia del deporte verdaderamente global, el fútbol, y a pesar de su popularidad en otros países, el béisbol todavía se considera un deporte «estadounidense»; solo en los Estados Unidos ganan los jugadores los enormes salarios de millones de dólares. Hay varios factores que explican por qué los dominicanos registran la mayor cantidad de jugadores extranjeros en MLB:

- En 1947, ocurrió la integración de jugadores negros en las Grandes Ligas, con Jackie Robinson como el primero en quebrar la barrera de color cuando jugó con los Dodgers. Este cambio de política les hizo posible jugar en los Estados Unidos a millones de latinoamericanos de herencia africana —especialmente en el Caribe. En la República Dominicana, más del 80% de la población es de ascendencia africana.

- Empezando en 1958, el número de equipos de béisbol en los Estados Unidos aumentó desde dieciséis a treinta, y este crecimiento exigió el reclutamiento de talento fuera del país.

- Sigue siendo más barato reclutar a los niños desde países relativamente pobres, comparados con los Estados Unidos. Es bastante común que vengan de familias pobres y sin buenos consejos legales, hasta hoy en día.

- En los países tropicales, el béisbol no es deporte estacional. Los jugadores tienen más oportunidad para practicar, porque pueden jugar todo el año.

El resultado de estos factores es que los dominicanos —de un país del 10 millones de personas— representan más del 10% de los jugadores en las Grandes Ligas, una organización basada en los Estados Unidos —un país de 318 millones de personas.

La diferencia entre el béisbol y el fútbol se ve en los sueldos de los jugadores más famosos; en 2013, Alex Rodríguez ganó el sueldo anual más alto de béisbol: 25 millones de dólares. En 2015, Leo Messi ganó aproximadamente 74 millones de dólares.

Pero existen preocupaciones en los dos deportes en cuanto al reclutamiento de jóvenes. Los buscatalentos cazan a niños talentosos para jugar en sus academias, y allí juegan hasta que pueden ser «vendidos» a los clubes profesionales; las comparaciones al tráfico de niños no son sin validez. Como la FIFA, la MLB ha impuesto una edad mínima para contratar a un jugador: 17 años. Esto ocurrió después de que los Toronto Blue Jays contrataron a un jugador de 13 años en 1984.

Comprensión

1. ¿Cómo les afectó a los dominicanos la integración racial del béisbol en los Estados Unidos? _____

   _____

2. ¿Cuánto le pagaron a Alex Rodríguez en 2013? ¿Y a Leo Messi en 2015? _____

3. ¿Qué les preocupa a algunas personas, en cuanto al sistema de reclutamiento de jóvenes? _____

4. ¿Qué les falta a algunos niños talentosos cuando deciden ser entrenados en una academia? _____

5. ¿Quiénes les introdujeron el deporte de béisbol a los dominicanos? _____

 PASO 2. Escribe tres preguntas sobre la información en la lectura del **Paso 1.** En parejas, túrnense para hacerse las preguntas y contestarlas.

Actividades analíticas

El pretérito y el imperfecto en contraste

¡A analizar!

PASO 1. En el siguiente párrafo, Hipólito cuenta lo que recuerda de un niño que descubrió hace treinta años. Los verbos conjugados en el pretérito están **en negrilla**.

© Matías Alejandro Rubio

«Yo que sé cómo **comencé**, Cholo, **empecé** hace treinta años... Yo laburaba de camionero, manejaba un camión grande. Y **paramos** en un pueblito, no me acuerdo cómo se llamaba el pueblito, pero había un picadito (*pick-up game*)... Inolvidable. Lo **vi** de lejos. Era un flaquito, morochito, negrito, unas patitas (*feet*) así tenía... La llevaba atada, Cholo. Atada... atada. Era distinto, viste... **Apareció** un matungo, le **puso** la pata (*foot*) acá. Cinco metros lo **levantó**».

¿Qué información se comunica con estos verbos? _____

Vuelve a leer el mismo párrafo. Ahora los verbos conjugados en el imperfecto están <u>subrayados</u>.

Yo que sé cómo comencé, Cholo, empecé hace treinta años... Yo <u>laburaba</u> de camionero, <u>manejaba</u> un camión grande. Y paramos en un pueblito, no me acuerdo cómo <u>se llamaba</u> el pueblito, pero <u>había</u> un picadito... Inolvidable. Lo vi de lejos. <u>Era</u> un flaquito, morochito, negrito, unas patitas así <u>tenía</u>... La <u>llevaba</u> atada, Cholo. Atada... atada. **Era** distinto, viste... Apareció un matungo, le puso la pata acá. Cinco metros lo levantó.

¿Qué tipo de información se comunica con estos verbos? _____

_____

PASO 2. Lee las descripciones de lo que sucedió en estos tres fotogramas que aparecen en orden. Luego, elige una frase de descripción que corresponde a cada fotograma.

© Matías Alejandro Rubio

a. Hipólito **llegó** al pueblo y **preguntó** por La Camelia.

© Matías Alejandro Rubio

b. Un señor del pueblo les **respondió**.

© Matías Alejandro Rubio

c. Después de manejar unos treinta kilómetros, **empezaron** a caminar.

_____ 1. **Hacía** sol y no **había** nadie. Les **quedaba** mucho para llegar a La Camelia.

_____ 2. Sus compañeros se **reían** porque **sabían** que La Camelia **estaba** muy lejos.

_____ 3. **Tenía** una personalidad amistosa y **venía** con su amigo Cholo.

In what verb tense are the verbs under each of these three still frames from the film? _____

Do the actions depicted in the stills show a series of events (that move the narration forward) or do they focus more on background information and descriptions or actions in progress? _____ _____

In what tense are the verbs in sentences 1, 2, and 3? _____

When the second set of sentences (1, 2, and 3) are matched to the appropriate sentences in the first set (a, b, c), what kind of information about the past is added? Read the two sentences together and think about how they work together to talk about the past. _____ _____

PASO 3. Empareja las siguientes oraciones con los fotogramas.

© Matías Alejandro Rubio

a.

© Matías Alejandro Rubio

b.

© Matías Alejandro Rubio

c.

____ 1. **Eran** las tres de la tarde cuando **empezaron** a jugar.

____ 2. **Sonreía** porque Cholo le **preguntó** sobre sus recuerdos de buscar talento.

____ 3. El payaso **ensayaba** su acto mientras que la contorsionista **hacía** sus ejercicios de flexión.

Write down all the verbs in the past tense in the above sentences.

Which verbs are in the preterite? _____

Which verbs are in the imperfect? _____

Which verbs provide background descriptions? _____

Which verbs describe two actions in progress at the same time? _____

1. Spanish has two simple past tenses: the narrative preterite tense, and the descriptive imperfect tense. When used together, the imperfect sets the scene/background, describing how things were/looked, while the preterite narrates the events that took place.

   Hoy al mediodía el jugador **erró** un penal. No sabés cómo **estaba** la gente. Se lo **querían** comer crudo, lo **tuvimos** que sacar con escolta policial.

   This afternoon the player <u>missed</u> a penalty kick. You don't understand what the crowd <u>was</u> like. They <u>wanted</u> to eat him alive, we <u>had to</u> get him out of there with a police escort.

2. In general, the imperfect has three main uses:

   • To set the scene by describing time, weather, age, location, and conditions in the past

   • To talk about an action that was in progress in the past (often following the word **mientras**)

   • To talk about repeated or habitual actions. In these instances these verbs often correspond to the English equivalent *would / used to do something*. You might see words like **siempre, cada vez, con**

frecuencia, todos los... to indicate that the action was habitual, but those kinds of clues are not always present.

Which use of the imperfect is being used in each of the examples below?

Mis padres **compraban** entradas para los partidos de béisbol todos los años al comienzo de la temporada. _____

My parents would buy / used to buy tickets for the baseball games every year at the beginning of the season.

Cuando Hipólito y Cholo llegaron a La Camelia, **era** de noche, **hacía** fresco, la luna **daba** muy poca luz y ellos se **sentían** agotados. _____ _____

When Hipólito and Cholo arrived at La Camelia, it was nighttime, it was chilly, the moon gave off very little light, and they felt exhausted.

Hipólito y la madre adoptiva del joven futbolista **hablaban** de él mientras él **pateaba** la pelota. _____ _____

Hipólito and the adoptive mother of the young soccer player were talking about him while he was kicking the ball around.

Los hombres **jugaban** a las cartas cuando Hipólito les preguntó sobre la distancia a La Camelia. _____ _____

The men were playing cards when Hipólito asked them about the distance to La Camelia.

3. The preterite is often described as the verb tense used to talk about *completed* actions. Of course, when we talk about past actions, all the actions are by definition completed, so we need to ask what aspect of the action is important to the speaker. Is the action being talked about as simply having occurred (preterite), or is the action being viewed as a process, something that was ongoing at that moment in the past, unfinished or as a repeated action (imperfect)? Consider these contrasting examples:

Cholo **rodó** un documental sobre la carrera de Hipólito Vázquez. **Trabajó** un año para rodarlo y editarlo y **no durmió** mucho ese año.

Cholo filmed a documentary about the career of Hipólito Vázquez. He worked a year to film it and to edit it and he didn't sleep much that year.

Cholo **rodaba** su documental sobre la carrera de Hipólito Vázquez mientras **caminaban** en una zona desolada. Los fines de semana cuando **trabajaba** en la edición de la película, no **dormía** mucho.

Cholo was filming his documentary about the career of Hipólito Vázquez while they were walking in a desolate area. On the weekends when he would work / worked on the editing of the film, he didn't (usually) sleep much.

Notice that both sets of sentences talk about Cholo's documentary with some of the same verbs. The first set of sentences simply reports that certain things occurred: *he filmed, worked,* and *didn't sleep* much. In this case, the speaker isn't interested in talking about the process of these actions; rather the goal is to communicate that they occurred. In contrast, the second set of sentences stresses the process or ongoing nature of these actions rather than their mere completion: *was filming* vs. *filmed,* for example.

4. Note that certain verbs in the preterite, like ones used to narrate some unobservable actions, such as *knowing, having, wanting,* and the beginning/end of some conditions, require a translation in English that differs from the original meaning of the verb. For example, when we say *I* **knew** *him when we were young,* we use the imperfect to describe the ongoing condition: **Lo conocía cuando éramos jóvenes.** But when we use the verb **conocer** in the preterite, we are narrating the action that began the condition: **Lo conocí hace muchos años.** (*I* **met** *him many years ago.*) Therefore, when we use the verb **conocer** in the preterite, it translates as *to meet,* marking a completed moment in time, the moment that *knowing* began.

Other "unobservable action/condition verbs" that can have alternate translations when used in the preterite are given in the chart below the following passages. Use these passages to infer the English equivalents and complete the chart.

Cuando Hipólito **conoció** a la mujer que le contó la historia de La Camelia, descubrió que todo el pueblo **conocía** (y amaba) al niño que jugaba al fútbol.

Hipólito no **sabía** mucho sobre la historia de La Camelia, ni sobre la historia del niño. Pero, cuando **supo** que el niño no **tenía** padres, empezó a cuestionar sus metas.

Al llegar a La Camelia, Cholo y Hipólito descubrieron que el joven futbolista solamente **tenía** unos once o doce años. Pero según el maestro, **tenían** que llevar al niño. Antes de hablar con la madre adoptiva del niño, **tuvieron** que convencerles a todos los miembros del circo que iba a tratarlo bien. Pero, al final, Hipólito **tuvo** que tomar la decisión difícil de no llevarlo.

La contorsionista **quiso** doblarse para caber en una caja más pequeña pero no **pudo** caber enteramente. Cholo le dijo que él ni siquiera **quería** intentar meterse en esa caja.

Aunque Hipólito no **podía** jugar al fútbol como sus héroes del deporte, disfrutaba de jugarlo en partidos informales.

Cuando era más joven, Hipólito deseaba ser futbolista profesional. De hecho, hizo una prueba (*tried out*) para uno de sus clubes favoritos en la Argentina, pero no **pudo** ser parte del equipo porque no estaba suficientemente dotado para el fútbol, uno de los deportes más competitivos del mundo.

Contraste entre el pretérito y el imperfecto		
	Pretérito	**Imperfecto**
conocer	_____	knew (person, place)
saber	learned, found out	_____
tener	got, received, took place	_____
querer (+inf)	_____	wanted
no querer (+inf)	refused	did not want
poder (+inf)	managed	was able (had ability)
no poder (+inf)	_____	wasn't able (lacked ability)

Actividades prácticas

A. ¿Cómo empezó?

© Matías Alejandro Rubio

PASO 1. Cuando hablamos de los orígenes de algo, es típico usar el pretérito y el imperfecto para contar la historia. Mira de nuevo este clip de la película en la que la mujer cuenta la historia del origen del circo La Camelia. Escribe los verbos que faltan para completar el párrafo.

¿Ud. sabe por qué este circo se llama «La Camelia»? La camelia _____[1] una flor de oriente, reconocida por su belleza. Los comerciantes europeos, que _____[2] en busca de especias, (*spices*), la _____[3] y se _____[4] inmediatamente. _____[5] llevarla a Europa, pero la flor no _____[6] su hábitat y _____.[7] Hubo un hombre, que luego de varios intentos y con mucha paciencia y amor, _____[8] hacer crecer a la camelia en occidente (*the West*).*

© sean824/123RF

PASO 2. Escribe en la siguiente tabla todos los verbos que identificaste en el **Paso 1** según su tiempo verbal.

VERBOS EN EL PRETÉRITO	VERBOS EN EL IMPERFECTO
_____	_____
_____	_____
_____	_____
_____	_____

PASO 3. Contesta las preguntas sobre esta escena. Luego, en parejas, determinen por qué el pretérito o el imperfecto se utilizó en cada pregunta.

1. La Camelia es el nombre del circo y el pueblo. ¿Qué **era** originalmente?

   _____

2. ¿De qué **iban** en busca los comerciantes europeos? _____

3. ¿Qué pasó cuando los comerciantes **conocieron** la camelia? _____

   _____

_____

*El occidente refiere al hemisferio al oeste del meridiano de Greenwich—especialmente Europa y las Américas, y al conjunto de culturas que se encuentran en esta zona. Las influencias culturales dominantes que comparten estas culturas incluyen la religión cristiana, las ideas de la Edad Antigua del período greco romano y La Ilustración.

4. ¿Qué **sucedía** después de que los comerciantes intentaron llevar la flor a Europa? _____

5. ¿Qué **hizo** un hombre para hacer crecer a la camelia? _____
_____

¿Te fijaste?

Nota que la mujer dice «para hacer crecer **a** la camelia» y recuerda que la **a personal** se usa ante una persona que sirve como objeto directo. Puesto que se suele usar solamente con personas, o quizás con mascotas queridas, ¿por qué se usa con la palabra **camelia**? ¿Qué representa la flor en esta película? _____
_____

B. Otro deporte popular: La lucha libre mexicana*

La lucha libre mexicana combina los elementos del deporte, *wrestling*, con el teatro y la acrobacia. Es el segundo deporte en popularidad en México. El deporte es famoso por la acrobacia impresionante y los saltos, llamados **suicidas,** fuera del cuadrilátero (*ring*). Con frecuencia los luchadores llevan máscaras para ocultar su identidad real, y así pueden crear una personalidad nueva.

© Peter Macdiarmid/Getty Images

PASO 1. Lee sobre la lucha libre mexicana y uno de los iconos del deporte, El Santo. Elige la respuesta correcta. **¡OJO!** Para entender bien el contexto, lee los dos párrafos enteros antes de decidir entre el pretérito y el imperfecto.

---

*Source: Peña, Carmen. "Más que un deporte: Exposición reinvindica la lucha libre en México," *Sin embargo*, November 20, 2015. http://www.sinembargo.mx; Echegaray, Luis Miguel, "El Santo, Legendary Mexican Wrestler Commemorated in Google Doodle," *The Guardian*, September 23, 2016. https://www.theguardian.com; Padilla, Patricia, "Rodolfo Guzmán Huerta, mejor conocido como: Santo el Enmascarado de Plata," *tulancingo.com.mx*, http://www.tulancingo.com.mx; Bernasconi, Bruno, "Biografía de Santo el Enmascarado de Plata," *Kingdomcomics.org*, http://www.kingdomcomics.org; Smallwood, Karl, "Dedication to the Mask: The Story of El Santo," *todayifoundout.com*, July 7, 2015. http://www.todayifoundout.com/index.php; Jiménez Ruiz, Orlando, "Santo Guzmán: anti-biografía de un superhéroe de la industria cultural mexicana," *Universidad Nacional Autónoma de México (thesis)*, 2010. http://132.248.9.195/ptd2010/febrero/0653732/0653732_A1.pdf

El Santo

Uno de los luchadores más queridos fue «El Santo», cuyo hijo también participa y es conocido por el nombre «El Hijo del Santo». Su nombre real fue Rodolfo Guzmán Huerta. _____[1] (Nació / Nacía) en 1917 y _____[2] (murió / moría) en 1984. Cuando _____[3] (fue / era) joven, _____[4] (vivió / vivía) en la capital, la Ciudad de México, y aunque _____[5] (jugó / jugaba) al béisbol y al fútbol americano, cuando _____[6] (tuvo / tenía) aproximadamente dieciocho años _____[7] (empezó / empezaba) su carrera como luchador.

En aquel entonces, _____[8] (luchó / luchaba) casi todos los días y _____[9] (trabajó / trabajaba) como carpintero, pintor y mecánico para ganarse la vida. _____[10] (Creó / Creaba) varias identidades y nombres como, «El Hombre Rojo» y «El Murciélago II», antes de convertirse en «El Santo».

PASO 2. Contesta las siguientes preguntas sobre la lectura.

1. ¿Quién era uno de los luchadores más queridos en en la historia del deporte en México? ¿Qué implicaciones tiene su nombre? _____

   _____

2. ¿Cuántos años tenía El Santo cuando murió? _____

   _____

3. ¿Qué otros deportes practicaba cuando era joven? ¿Cuántos años tenía cuando empezó a participar en la lucha libre? _____

   _____

4. Además de luchar, ¿qué más hacía Rodolfo Guzmán Huerta para ganarse la vida? _____

5. ¿Cuáles fueron otras identidades que Rodolfo Guzmán Huerta tuvo antes de transformarse en El Santo? _____

PASO 3. Usa el imperfecto o el pretérito para llenar los espacios en blanco con la forma correcta del verbo entre paréntesis. **¡OJO!** Primero lee toda la historia para el contexto antes de conjugar los verbos.

La máscara del Santo

La máscara del Santo era plateada y se dice que la _____[1] (llevar) todo el tiempo aun cuando no _____[2] (estar) en público. Ni los miembros de su equipo _____[3] (poder) ver su cara. De hecho, cuando ellos viajaban, su equipo _____[4] (tener) que tomar otro vuelo porque en la aduana, los oficiales de inmigración _____[5] (requerir) que se quitara la máscara[a] y él no _____[6] (querer) que su equipo le viera la cara.[b] La máscara se considera sagrada y no se debe quitar ni revelar la identidad real del luchador. Una vez su oponente le _____[7] (quitar) la máscara al Santo y por debajo tenía otra máscara.

La máscara del Hijo del Santo es casi idéntica a la máscara plateada de su padre, El Santo.

© Peter Macdiarmid/Getty Images

Su fama como héroe popular _____[8] (comenzar) a tomar forma al principio de los años cincuenta cuando su imagen _____[9] (aparecer) todas las semanas en una historieta.[c] Después, a finales de los años cincuenta, se transformó en un personaje famoso del cine. En 1958, empezó su carrera cinematográfica y _____[10] (aparecer) en dos películas ese año. En una,

_____

[a]que... *that he take off his mask*   [b]le... *see his face*   [c]*comic strip*

_____ [11] (luchar) contra «El Cerebro del Mal» y en la otra, sus oponentes fueron «Los Hombres Infernales». A partir de ese año, El Santo continuamente _____ [12] (recibir) ofertas para trabajar en el cine, porque sus películas siempre _____ [13] (tener) éxito en la taquilla.[d]

_____ [14] (Tener) su último juego de lucha libre cuando _____ [15] (tener) sesenta y cinco años. Para despedirse de sus aficionados, poco después de que _____ [16] (jubilarse), El Santo _____ [17] (revelar) su cara verdadera por primera vez en un programa de televisión. Una semana después, _____ [18] (morir). _____ [19] (Llevar) una de sus máscaras famosas cuando lo _____ [20] (ellos: enterrar).

---

[d]box office

PASO 4. En parejas, contesten las siguientes preguntas sobre la lectura.

1. ¿Cuándo llevaba su máscara El Santo? ¿Qué tenían que hacer El Santo y los miembros de su equipo cuando viajaban? ¿Por qué? ¿Por qué crees que hacía El Santo eso? _____

   _____

2. ¿Qué sucedió una vez con su máscara cuando luchaba en un juego? _____

   _____

   _____

3. ¿En qué tipos de medios de comunicación masiva aparecía El Santo durante los años cincuenta? ¿Cuáles son ejemplos de personajes parecidos que tienen fama hoy en día? _____

4. ¿Cuántos años tenía El Santo cuando se jubiló? ¿Te parece sorprendente su edad? ¿Por qué? _____

5. ¿Dónde estaba cuando reveló su cara por primera vez? ¿Cuándo lo hizo? ¿Por qué crees que decidió mostrar su cara? _____

   _____

6. ¿Qué llevaba cuando lo enterraron? _____

7. ¿Cuáles son las ventajas y las desventajas de tener otra identidad? ¿Has pensado en ocultar tu identidad real? ¿Por qué?¿Te disfrazas de vez en cuando? ¿Cuándo? ¿Te gustaba disfrazarte cuando eras niño/a?

C. Asistir a un espectáculo deportivo*

PASO 1. Lee sobre cuatro espectáculos deportivos populares en el mundo hispanohablante. Luego, empareja las descripciones de lo que sucedió en estos espectáculos deportivos con el nombre del espectáculo.

---

*Source: "Países y ciudades que han prohibido las corridas de toros," *El Muro*, undated. www.elmuro.mx; "Prohíben corridas de toros en estados de México," *El Debate*, August 21, 2015. www.debate.com.mx; "Las maratones y medias maratones más grandes de Latinoamérica en el 2012," *COLOMBIA CORRE*, April 5, 2013. www.colombiacorre.com.co; "Venezuela inaugura los IV Juegos Deportivos Indígenas," *teleSUR*, October 12, 2014. www.telesurtv.net; Kunz, Matthias, "Gran censo 2006: 265 millones juegan al fútbol," *FIFA Magazine*, July, 2007. www.es.fifa.com

© Radius/SuperStock RF

© Alejandro Ayala Xinhua News Agency/Newscom

La corrida de toros

La historia de la corrida de toros se remonta a tiempos antiguos, aproximadamente al año 2000 a.e.c. (antes de la era común). En la corrida típica, tres toreros lidian[a] seis toros. Los toreros matan los toros en un ritual cuyas pautas[b] determinan los movimientos del torero y las reacciones del público. La corrida tradicional empieza en la tarde y el público compra entradas más caras para no tener que sentarse en el sol. Durante el espectáculo, el público silba[c] o abuchea para mostrar su desagrado[d]. En cambio, para mostrar que le agrada la corrida, el público agita pañuelos.[e] Algunos países como la Argentina, Uruguay, Nicaragua, Panamá, Cuba y ciertas regiones de España y México han prohibido las corridas de toros. En Costa Rica se celebran las corridas pero se prohíbe matar el toro.

El maratón

Los deportistas participan en maratones por todas partes del mundo hispanohablante. El maratón es una carrera de 42 kilómetros. Miles de personas corren en los maratones que tienen lugar en las ciudades del mundo hispanohablante, como en Asunción, Paraguay; Santiago, Chile; Madrid, España; Querétaro, México; La Habana, Cuba; Quito, el Ecuador, etcétera. Los corredores empiezan en un parque, plaza u otro lugar conocido y recorren lugares importantes en la ciudad. Los maratones suelen empezar por la mañana y tienen varios patrocinadores que suministran fondos para el suceso. Además, el maratón es un tipo de fiesta en la que los que[f] ayudaron al corredor / a la corredora a prepararse, asisten y lo/la animan a seguir. Muchos espectadores esperan cerca de la línea de meta para ver a los corredores cuando terminen. En Madrid, se invita a los espectadores a seguir la ruta de los corredores por debajo de la calle en el metro.

© Hector Vivas/LatinContent/Getty Images

© Super Stock/age fotostock

El fútbol

Sin lugar a dudas, el fútbol es el deporte que inspira más pasión mundial entre espectadores y aficionados. Muchos datos reflejan el alcance de este deporte. Por ejemplo, la FIFA (Federación Internacional de Fútbol Asociación) informó en 2006 que unos 270 millones de personas en todo el mundo participan en el deporte, un 4% de la población mundial. La experiencia de asistir a un partido entre selecciones[g] (equipos) profesionales que representan clubes, pueblos, estados o países provoca unas tendencias básicas del ser humano: el tribalismo, la defensa de «territorio», la competencia y el deseo de identificarse con un grupo. Todo esto se ve en el fútbol. Por ejemplo, durante muchos partidos los aficionados cantan «cánticos», canciones tradicionales o históricas asociadas con cierto club de fútbol para animar a los jugadores o criticar a los oponentes. Además de cantar, los aficionados se visten del color y símbolos de su equipo, despliegan[h] banderas y tiran cintas.

Los juegos deportivos indígenas

Al nivel nacional e internacional, muchos países latinoamericanos participan en juegos deportivos indígenas, competencias que celebran los deportes autóctonos[i] de la gran variedad de culturas indigenas en Latinoamérica. En diversos países como México, Venezuela y Bolivia, el público tiene la oportunidad de ver actividades como canotaje,[j] arco y flecha, watura (una carrera en la que los corredores cargan 10 kilogramas de yuca), las cerbatanas,[k] la cucaña (un juego que consiste en escalar un poste cubierto con una sustancia resbaladiza[l] con solo los brazos y las piernas) entre otras actividades. En Venezuela, los juegos coinciden con la celebración del Día de la Resistencia Indígena que conmemora la lucha de los indígenas contra los conquistadores españoles y así fomenta un sentido de comunidad e identidad entre los espectadores.

---

[a]*fight*   [b]*guidelines*   [c]*whistles*   [d]*displeasure*   [e]*hankerchiefs*   [f]*los.... those who*
[g]*equipos*   [h]*they unfold*   [i]*indigenous*   [j]*boating*   [k]*blowguns*   [l]*slippery*

Los cánticos de fútbol empezaron en las canchas de la Argentina, pero se cantan en partidos de fútbol por todas partes del mundo hispanohablante. Aunque los cánticos demuestran el entusiasmo por el equipo y la nación, a veces incluyen lenguaje ofensivo o incitan a la violencia. En esos casos, a veces se les prohíbe el ingreso a aficionados acusados de cánticos con letras violentas. A continuación, hay un cántico típico para celebrar la selección (*equipo*) argentina:

«Dale, Argentina»
Vamos, vamos, Argentina,
vamos, vamos a ganar,
que esta
barra quilombera,[a]
no te deja, no te deja de alentar.[b]

[a]barra... *rowdy fans* [b]no... *won't stop supporting you*

____ 1. Conmemoraron el Día de la Resistencia Indígena.

____ 2. El público cantó cánticos que criticaron a los jugadores del otro equipo.

____ 3. Llevaban los colores de su equipo favorito.

____ 4. Muchos espectadores animaban a los deportistas mientras corrían.

____ 5. Los espectadores silbaban para expresar su descontento.

____ 6. Un hombre escalaba un poste mientras otro tiraba flechas hacia (*toward*) un blanco (*target*).

____ 7. Un corredor se sentía enfermo y no pudo correr más. Así que empezó a caminar. Sin embargo, llegó a la línea de meta.

____ 8. Había muchos espectadores y todos teníamos nuestro pañuelo.

a. la corrida de toros
b. el maratón
c. el partido de fútbol
d. los juegos deportivos indígenas

PASO 2. En parejas, túrnense para leer lo que cuentan varias personas de su experiencia de asistir a uno de estos espectáculos. Usen el pretérito o el imperfecto para llenar los espacios en blanco con la forma correcta del verbo entre paréntesis. También decidan a qué espectáculo asistieron las personas.

MODELO: Antes de salir, yo _____ (ponerse) un jersey de mi equipo favorito. Cuando salí de mi casa, _____ (tener) las entradas en mi bolsillo (*pocket*). Yo _____ (llegar) temprano para ver a los jugadores mientras _____ (hacer) ejercicios de calentamiento.

¿A qué actividad deportiva asistí yo? Tú... asististe a un partido de fútbol.

1. Cuando llegamos, _____ (ser) las seis de la mañana y había muchos deportistas que _____ (hacer) estiramientos. Nosotros _____ (tener) un letrero con el nombre de nuestro amigo en mayúscula para animarlo.

¿A qué actividad deportiva asistimos nosotros? Uds... _____

2. Cuando Andrea y su amiga Inés _____ (llegar), _____ (ser) las cinco de la tarde y _____ (hacer) mucho sol. No pudieron comprar entradas para los buenos asientos, así que ellas _____ (tener) mucho calor durante el espectáculo. Mientras _____ (mirar) el drama del evento, al final ellas _____ (sacar) su pañuelo y lo agitaron para mostrar que estaban contentas con los atletas.

¿A qué actividad deportiva asistieron ellas? _____

3. Ayer, yo _____ (asistir) a un espectáculo deportivo muy interesante. Antes de llegar, yo no _____ (saber) nada de las actividades que los deportistas hacían. Yo _____ (ver) una variedad de eventos. Los deportistas _____ (estar) en un campo y mucho del equipo, por ejemplo los arcos y las flechas, era hecho a mano.

¿A qué actividad deportiva asistí yo? Tú... _____

4. El sábado pasado por la tarde, Enrique y sus primos _____ (estar) muy emocionados mientras _____ (prepararse) para ir al estadio y ver el deporte que más les _____ (apasionar). _____ (Llegar) temprano y _____ un ojo de la cara por los mejores asientos. Mientras ellos _____ (mirar) desde las gradas, su equipo _____ (marcar) cuatro goles. Siempre que su equipo _____ (marcar) un gol, ellos _____ la bandera de su país.

¿A qué actividad deportiva asistieron ellos? _____

PASO 3. Imagina que tú fuiste a dos de los espectáculos del **Paso 1.** Escribe oraciones para contestar las siguientes preguntas. Luego, en parejas, túrnense para hacerse preguntas sobre la experiencia de asistir a uno de estos espectáculos. Sean creativos y den todos los detalles que puedan.

- ¿Qué hora era?
- ¿Qué tiempo hacía?
- ¿Cuántas personas había?
- ¿Qué hacían muchas personas?
- ¿Qué hizo un aficionado / una aficionada mientras miraba el espectáculo?

> **MODELO:** Los juegos deportivos indígenas
>
> E1: ¿Qué hora era cuando llegaste?
>
> E2: Eran las dos de la tarde cuando llegué.
>
> E1: ¿Y a qué hora iba a empezar la actividad?
>
> E2: Llegué justo a tiempo porque empezaron a las dos.
>
> E1: ¿Qué tiempo hacía?
>
> E2: Llovía. Por eso yo...

 D. ¿Qué opinan los demás?

PASO 1. Las personas entrevistadas contestan las siguientes preguntas. Lee las preguntas y escribe por lo menos cinco palabras del vocabulario de este capítulo que probablemente van a incluir en sus respuestas.

- ¿Podría Ud. describir los deportes más populares en su país? ¿Qué hacen los aficionados para celebrar su equipo favorito? ¿Es Ud. aficionado/a de algún deporte o equipo?

© Ezequiel Becerra/AFP/Getty Images

- ¿Qué opina Ud. del fútbol? ¿Qué importancia tiene en su país, pueblo o comunidad? En su país, ¿se consideran héroes a los futbolistas y otros atletas profesionales?
- ¿Practica Ud. algún deporte? ¿Practicaba algún deporte de niño/a?

1. _____ 2. _____ 3. _____ 4. _____ 5. _____

PASO 2. Lee los siguientes comentarios de los entrevistados e identifica el tema de la pregunta a la que responden. Luego, explica si te identificas con la cita o si describe tu país.

> **MODELO:** a «En Puerto Rico tienen su propia liga de voleibol, en donde cada ciudad de Puerto Rico tiene su propio equipo. Y ellos compiten entre sí y cada cuatro años, de todos esos equipos, escogen a los mejores jugadores para representar a la isla en las Olimpiadas».
>
> En mi país, el vóleibol es popular en el colegio pero no es muy popular al nivel profesional. Me acuerdo que miré unos partidos de vóleibol durante las últimas Olimpiadas. En mi país no hay equipos que representen una ciudad.

____ 1. «Todo el mundo se va a las casas de otras personas a ver el juego, a representar a Puerto Rico, a crear, hacen camisas, banderas de todo tipo, porque es un deporte que cada punto, ellos se lo viven, se lo celebran».

____ 2. «El deporte más popular en República Dominicana es el béisbol».

____ 3. «De niña yo practicaba la natación, mucho, y luego cuando crecí, tenía como 12 años, empecé a hacer el softbol y siempre me ha gustado el tenis».

____ 4. «Cuando está la Copa Mundial yo veo todos los juegos».

____ 5. «Y yo pienso que esa fue la razón por cual el fútbol no fue tan grande en Puerto Rico porque no le han tomado tanta atención hasta ahora en la isla».

____ 6. «Bueno, en Costa Rica de todo, nos pintamos las caras de los colores de la bandera. Entonces es azul, blanco y rojo».

a. los deportes en su país
b. el fanatismo deportivo
c. el fútbol
d. los deportes que Ud. practica / practicaba

PASO 3. Primero, lee las preguntas sobre las entrevistas que vas a mirar. Luego, mira las entrevistas, saca apuntes y contesta las preguntas.

Nadja   **Steve**   **Michelle**

Palabras útiles

el auge
increase, surge, growth

la cuerda
rope, cord

el fisiculturismo
bodybuilding

la patineta
skateboarding

el pito
horn sound

el portero
goalie

toparse
to come across, to happen upon

ya que
since, now that

MODELO: Además del baloncesto, ¿qué otros deportes le interesan a Steve?

A Steve le interesan la patineta, el fisiculturismo y las artes marciales.

1. ¿Quién tiene un amigo que es portero para la selección de fútbol, Real Madrid? _____

2. ¿En qué país se suben las personas arriba de los carros, van en procesión y gritan con música para celebrar el equipo de béisbol? _____

3. ¿Quién ganó una medalla de oro en una competencia de jiujitsu brasileño? _____

4. ¿Qué deportes practicaba Michelle de niña? _____

5. ¿Qué deporte era muy importante cuando Steve estaba creciendo? _____

6. De los tres países de origen de los entrevistados, ¿en dónde es más popular el fútbol? _____

PASO 4. En parejas, primero, túrnense para leer las siguientes citas. Luego, indiquen quién dijo cada una. Por último, contesten las preguntas.

1. «Bueno, yo, la verdad es que bueno, el fútbol es parte del corazón del país. No era tan fanática pero soy amiga de uno los jugadores, entonces como que después de eso, pues me metí mucho en apoyar a mi amigo».

    Preguntas: ¿Quién dijo esto? ¿Qué hace su amigo? ¿Qué quiere decir cuando dice que el fútbol es parte del corazón del país? _____

    _____

    _____

2. «Como adulta me topé con un deporte que es el jiujitsu brasileño y entonces, en el 2012, pues hice un año intenso que me encantó y competí en la competencia internacional Federal de jiujitsu brasileño en Panamá. Y gané medalla de oro para Costa Rica».

    Preguntas: ¿Quién dijo esto? ¿Cuánto tiempo practicó antes de competir en la competencia internacional de jiujitsu brasileño? ¿Qué ganó en esta competencia? _____

3. «En Puerto Rico tienen su propia liga de voleibol, en donde cada ciudad de Puerto Rico tiene su propio equipo. Y ellos compiten entre sí y cada cuatro años, de todos esos equipos, escogen a los mejores jugadores para representar a la isla en las Olimpiadas».

    Preguntas: ¿Quién dijo esto? ¿Qué tiene cada ciudad de Puerto Rico? ¿Quiénes representan a Puerto Rico en las Olimpiadas? _____

    _____

    _____

4. «Tengo una patineta, so [sic] que no hago trucos ni nada profesional pero sí corro mucho la patineta. Y me gusta el fisiculturismo, estoy ahora poco a poco entrenando en el gimnasio, tratando de crecer algunas libritas para ver si me veo un poco mejor».

    Preguntas: ¿Quién dijo esto? ¿Qué no hace con la patineta? ¿Para qué entrena con el fisiculturismo? _____

    _____

5. «Es impresionante, ellos desde los cinco años, ves a los niños, aunque no tengan pelota, aunque no tengan bate, lo, hacen una pelota, ponen muchísimas camisas juntas, con cuerdas, lo que encuentren».

    Preguntas: ¿Quién dijo esto? ¿De qué deporte habla? ¿Qué tratan de crear los niños? _____

    _____

 PASO 5. En parejas, conversen sobre sus propias ideas respecto a las preguntas del **Paso 1.**

Comprueba tu progreso

Use the verbs provided and what you have learned thus far about the preterite and the imperfect to complete the conversation between Marcos and his friend about a recent circus experience. If no verb is given, write the appropriate indirect object pronoun. Check your answers when you're finished!

MARCOS: Hola, Roberto. Me han dicho que piensas ir al circo este fin de semana. Pues, Elena y yo _____ [1] (ir) el sábado pasado y lo _____ [2] (pasar) muy bien. Te lo recomiendo.

ROBERTO: ¡Ay qué bien! _____ [3] (*Nosotros: Querer*) ir el fin de semana pasado pero _____ [4] (*nosotros:* llegar) a la taquilla tarde y ya no _____ [5] (quedar) entradas.

MARCOS: ¡Ay, qué pena!

ROBERTO: Sí, _____ [6] (*nosotros:* estar) desilusionados de no poder ir al circo, pero en su lugar _____ [7] (*nosotros:* decidir) ver una película. Y afortunadamente _____ [8] (*yo:* conseguir) entradas al circo para el sábado que viene.

MARCOS: ¡Genial! No sé si lo has visto antes, pero _____ [9] digo que es uno de los mejores circos que he visto. _____ [10] (Haber) muchos animales, acróbatas y ¡hasta un payaso divertidísimo que _____ [11] (ir) de un lado de la carpa (*tent*) a otro en su mini-moto toda la noche!

ROBERTO: ¡Vaya! Oye, di_____, [12] ¿había domadores de leones también? A mi novia _____ [13] fascinan.

MARCOS: Sí, y son fantásticos. Un león _____ [14] (saltar) de su jaula y _____ [15] (asustar) al público, pero uno de los domadores se le acercó al león y _____ [16] rasgó la cabeza y dentro de unos segundos el león le _____ [17] (estar) lamiendo la cara, contentísimo. _____ [18] (Ser) increíble.

Respuestas

1. fuimos; 2. pasamos; 3. Quisimos; 4. llegamos; 5. quedaban; 6. estábamos; 7. decidimos; 8. conseguí; 9. te; 10. Había; 11. iba; 12. me; 13. le; 14. saltó; 15. asustó; 16. le; 17. estaba; 18. Fue

IV. CONTEXTOS SOCIALES

A. La vida del niño: las esperanzas y los logros (*achievements*) personales

La vida temprana de una persona está llena de hitos (*milestones*): se aprende a caminar, a hablar, a leer y escribir, a atarse los cordones, a montar en bicicleta. Es característica esencial de los niños querer aumentar su capacidad de relacionarse con el mundo: comprenderlo y ser comprendidos, tener el mismo sentido de autonomía que ven cuando observan a sus padres, a sus hermanos y/o amigos mayores, a sus vecinos y a sus maestros. Pero a menudo esas aspiraciones no concuerdan con las realidades físicas y psicosociales de lo que es ser niño. Por consiguiente, nace el refrán universal, «Cuando sea mayor... ».

En parejas, miren las fotos, piensen en su niñez y contesten las preguntas.

© BananaStock/age fotostock RF

© JGI/Jamie Grill/Blend Images LLC RF

1. ¿Compartías los mismos sueños, de ser bombero/bombera o superhéroe? ¿Cuáles eran tus esperanzas y sueños para el futuro? ¿Qué profesión querías tener cuando tenías 7 u 8 años? ¿Quieres todavía hacerla? ¿Por qué?

2. ¿Qué actividades podías hacer cuando eras niño/a? ¿Había algo que querías hacer, pero que no te resultó fácil? ¿Algo que te prohibían tus padres?

3. ¿Puedes recordar la experiencia de intentar hacer algo repetidamente, hasta que finalmente lo hiciste? ¿Qué era? ¿Cómo te sentiste al tener éxito?

B. La imaginación y la formación personal

PASO 1. La imaginación creativa cumple un papel importante en la formación psicológica del niño y su comprensión del mundo. Al utilizar la fantasía e imaginarse cosas que no existen, los niños concretan su conceptualización de los límites de la realidad. Esta función es tan importante que explica en parte la existencia universal de los cuentos de hadas y leyendas fantásticas y su popularidad entre los niños. Los cuentos fantásticos estimulan la imaginación y les enseñan valores culturales. A través de la fantasía, los niños encaran (*face*) los miedos y exploran su propia identidad, sus deseos y sus preocupaciones.

Lee la leyenda y elige el pretérito o el imperfecto para llenar los espacios en blanco con la forma correcta de los verbos entre paréntesis.

FLOR NACIENTE Y EL MAÍZ BLANCO

(CUENTO TRADICIONAL DE EL SALVADOR)

Hace mucho tiempo la señora de los pipil tuvo una niña y la llamó Flor Naciente. _____[1] (Ser) una niña preciosa con unos dientes blancos como perlas. Un día que estaba jugando en el río _____[2] (escuchar) una voz que decía «Si la hermosa doncella quiere conocer a un hombre dulce, debe seguir las huellas que dejaron sus pies más allá del río».

© Pixtal/age fotostock RF

Y como _____[3] (ser) muy curiosa, la niña _____[4] (caminar) y _____[5] (caminar) siguiendo las huellas[a] hasta que volvió a escuchar la misma voz: «Soy el señor de los murciélagos.[b] Si te quedas conmigo, seremos felices y nuestros hijos serán los más hermosos».

Ella _____[6] (decidir) quedarse y tuvieron un hijo con los dientes tan blancos como los suyos. Pero un día le _____[7] (llegar) a Flor Naciente la noticia de que su pueblo _____[8] (pasar) hambre ya que miles y miles de ratones arrasaron[c] los campos y comieron todo el maíz.

Como _____[9] (amar) a su pueblo, _____[10] (ir) a ayudarlos a buscar la semilla[d] del maíz, pero por mucho que buscaba no la encontraba. Desesperada, le _____[11] (contar) a su marido lo que _____[12] (pasar) y este le _____[13] (decir) «Dile a tu pueblo que trabaje la tierra, y cuando a nuestro hijo le caiga su primer diente,[e] deberás plantarlo. Confía en mí».

Y ¿sabes qué _____[14] (pasar)? Pues que la tierra _____[15] (dar) su fruto y los granos del maíz _____[16] (ser) blancos como los dientes de un niño. Desde ese momento el maíz es blanco en recuerdo de una chiquilla que sementó[f] un diente de su hijo para salvar a su pueblo.

---

[a]*footprints* [b]*bats* [c]*destroyed* [d]*seed* [e]*cuando... when our son's first tooth falls out* [f]*sowed*

PASO 2. En parejas, lean la tira cómica y contesten las preguntas.

1. De niño, ¿creías en Santa Claus o Papá Noel? ¿Hasta cuándo? ¿Cómo aprendiste la verdad? ¿Cómo te sentiste?

2. ¿Utilizan los padres los personajes imaginarios solo para hacerles a sus hijos portarse bien? ¿Hay otra razón?

3. ¿Creías en otras figuras imaginarias? Eran personajes amables, como un hada madrina (un... *fairy godmother*), o espantosos, como monstruos? ¿Recuerdas de dónde vino esta creencia —de los padres, o un amigo, o de tu propia imaginación?

Antes de leer

C. La Navidad en Sudamérica

Según la tradición popular, visita Papá Noel en Nochebuena, trayéndoles regalos a los niños. Como Santa Claus en los Estados Unidos, la figura de Papá Noel se originó en las tradiciones cristianas de celebrar el día anterior al nacimiento de Jesucristo (25 de diciembre). Se reúnen las familias y es común asistir a la Misa de Gallo a medianoche. En algunos lugares, como Bolivia, la familia cena después de la misa.

© Martin Bernetti/AFP/Getty Images

Unas niñas chilenas visitan a Papá Noel en diciembre en Santiago. Fíjate en la ropa que llevan.

Aunque la Navidad ocurre durante el verano en Sudamérica, las imágenes y los símbolos de la festividad son muy parecidos a los del hemisferio norte, incluso los árboles navideños, La Virgen y los Reyes Magos. La comida es distinta —típicamente hace mucho calor y una ensalada fría sirve mejor que los platos navideños estadounidenses.

En parejas, túrnense para describir estas (u otras) celebraciones de tu niñez.

1. De niño/a, ¿celebrabas la Navidad u otra festividad religiosa, como Hanukkah o Ramadan?

2. ¿Dónde y con quiénes celebrabas? ¿Qué comían? ¿Había tradiciones especiales de tu familia?

¡A leer!

© Silvina Borges

El autor de este cuento, Federico Ivanier, nació en Montevideo, Uruguay. Escribe principalmente literatura juvenil, pero también ha sido profesor de sociología, inglés y cinematografía. Ha ganado varios premios por sus obras, entre ellas la novela *Martina Valiente*. Ha ganado el Premio Nacional de Literatura del Ministerio de Educación y Cultura del Uruguay cuatro veces.

«CUATRO BICICLETAS»

— FEDERICO IVANIER

Siempre odié las Navidades. Siempre detesté todo acerca de ellas. Todo: la histeria de las compras, las locuras del 24, las corridas para salir con un millón de cosas rumbo a[a] la casa de la tía Claudia, el calor insoportable y el sudorcito[b] que me recubría antes de llegar. Nunca me banqué[c] ni el turrón[d], ni el pan dulce, ni el budín[e] inglés, ni las avellanas[f], ni nada esa comida invernal destinada a recargarte[g] de calorías. ¿Acaso nadie se da cuenta de que estamos en Uruguay y ya es verano y seguro en ese día se superaron los 35 grados?

---

[a]rumbo... *on the way to*   [b]*sweat*   [c]me... *put up with*   [d]*nougat candy*   [e]*pudding*
[f]*hazelnuts*   [g]*fill you up*

Y después, chequear todo el tiempo el reloj, consultar con la tele, con el teléfono, a ver cuándo iban a ser justito, justito las doce, ni un minuto más, ni uno menos, para ir a observar cómo la gente literalmente quemaba dinero con fuegos artificiales. Y cuando ya terminó eso, todo el mundo te besuqueó, te deseó feliz Navidad y brindó con sidra. ¡A abrir los regalos!

Todo el mundo empieza a decir, como si tuvieran una sobredosis de antidepresivos: *vino Papá Noel, vino Papá Noel.* Se piensan que seguimos en el jardín de infantes. Ya desde primero sabés que ningún gordito se metió en el *living* justo cuando vos no veías. Pero los adultos son impenetrables a estas cuestiones. Les encantan los juegos donde ellos mienten y los niños, como unas bananas, les creen todo. Y ojo, no importa si ya dejaste de ser niño. Ellos igual siguen. Así que dale que va: *vino Papá Noel, vino Papá Noel,* cuando se sabe que el tío Marcos o la tía Claudia terminaron de acomodar los paquetes junto a un arbolito que, en pleno verano de un país donde nunca nieva, ¡tiene nieve! Y no queda otra que abrir los regalos. Tus temores[h] se confirman: alguien te regaló medias de fútbol de equipos como Jorge Wilsterman o Guaraní. Eso o calzoncillos con dibujos de *Los Padrinos Mágicos.* Sí, detesto todo eso. Detesto que Papá Noel lleve ese ridículo disfraz rojo, abrigado como si estuviera en el Polo cuando los mosquitos no te dejan dormir de noche. Y detesto que venga en un trineo[i] de renos[j]. A ver, ¿cuánta gente en Uruguay tuvo alguna vez un trineo o vio de veras un reno? Si alguien viera renos por acá, haría asado[k] de reno, pulpón[l] de reno, chorizo[m] de reno, morcilla[n] de reno, pamplonas[ñ] de reno y mollejas[o] de reno. Mirá si acá algún reno se nos va a ir volando. Justo.

Ufa con la Navidad. Es, supuestamente, un momento para pasar bien, pero no: todo el mundo anda estresado, a lo loco de acá para allá. No tiene sentido. ¿Nadie se da cuenta? Termina siendo un negocio gigantesco, nada más. Y no soy el único que piensa así, ¿eh? Estoy cansado de escuchar a varios que odian las fiestas. Pero nunca hacen nada. Nunca arman un boicot respetable. Se estresan. Y se olvidan que pasar bien debería ser algo simple, sencillo.

Ah, pero eso, en Navidad, es imposible.

Lo que, por supuesto, me lleva a detestarla todavía más.

Y, obvio, sí, también está el costado[p] de mis padres. Antes, cuando estaban casados, se peleaban por qué llevar para la cena, con qué ropa cada uno debía ir vestido, a qué hora estar prontos, qué faltaba hacer, etcétera, etcétera. Las fiestas les multiplicaban las discusiones. Y llegaban a la casa de mi tía malhumorados.[q]

Ahora que están separados, debería ser más fácil, pero no. Tampoco. Ahora el tema es con quién mi hermana Ainara y yo vamos a pasar las fiestas. El acuerdo es que se turnan: pasamos un 24 con cada uno, pero igual los dos quieren vernos aunque sea[r] un ratito ese día.

Es debido a[s] toda esta serie de consideraciones que, finalmente, tomé una decisión clave e inquebrantable:[t] hacer una (la primera del mundo, estoy seguro) huelga[u] de Navidad.

—¡¿Una qué?! —saltó mi madre.

—Una huelga de Navidad —le repetí, en tono monocorde.[v]

—¿Qué es eso?

—Una medida de fuerza para mostrar mi odio profundo a la Navidad.

—Ajá —(es lo que dice cuando no sabe qué decir).

---

[h]*fears*   [i]*sleigh*   [j]*reindeer*   [k]*barbecue*   [l]*steak*   [m]*sausage*   [n]*blood sausage*   [ñ]*stuffed meat*   [o]*sweetbreads*   [p]*issue*   [q]*in a bad mood*   [r]*aunque... even if it's*   [s]*debido... due to*   [t]*unyielding*   [u]*strike*   [v]*monotone*

—Por tanto —culminé—, decidí que no voy a participar en nada que tenga que ver con este ritual decrépito y deprimente.

—¿Cómo que no vas a participar en nada? No entiendo.

—No voy a hacer nada, eso. No voy a ir a reunirme, no le voy a desear feliz Navidad a nadie, no voy a escuchar ninguna oración que incluya las palabras Papá Noel o, peor todavía, Santa Claus. Tampoco voy a recibir regalos ni a ayudar a poner la mesa ni a comer pan dulce ni lengua a la vinagreta.[w] Voy a hacer huelga. He dicho.

Vi que me contemplaba asombrada.[x] Azorada,[y] diría yo. Pensaba qué decirme. Y no se le ocurría nada.

—No podés ponerte de huelga. Tenés trece años, nada más —me dijo Ainara, que estaba allí, en el *living*, contemplando la conversación y viendo qué podía sacar ella a su favor. Mi hermana es así. De aprovechar todas las oportunidades.

Mi hermana se dirigió a mi madre.

—Pensándolo bien, Francisco tiene derecho a ponerse de huelga. Yo también estoy de huelga. ¡Vamos a hacer un piquete![z]

—Que se anulen[aa] las Navidades para siempre —dije, apostando fuerte.[bb]

—Imposible.

—Bueno, entonces, no sé —repliqué—. Que se me dé libertad de acción ese día.

—Se nos dé —aclaró Ainara.

—Uf, sí, sí. Libertad, siempre libertad —resopló[cc] mi madre—. ¿Libertad para hacer qué?

—No sé. Para andar en bici.

Que nadie se crea que eso era un plan o fantasía o algo así que yo tenía. No, nada que ver. Dije lo primero que se me cruzó, nomás.[dd]

—Bueno, podés ir a andar en bici todo el día... Y de noche...

—No. Me refiero, precisamente, a andar en bici de noche.

En realidad, no tenía mucho sentido lo que estaba diciendo, razón por la que, obviamente, me encantaba decirlo. Más allá de eso, tampoco era que yo viviera muy pendiente[ee] de andar en bici ni nada. Pero fue lo más en contra[ff] que se me ocurrió.

—Muy bien —pronunció mi madre, dando por terminada la negociación colectiva—. Tenés permiso para quedarte solo en casa ese día.

Pasaron los días y finalmente llegó el 24. Ni una palabra acerca de mi huelga. La mía y la de Ainara, en todo caso, aunque ella pedía una suspensión de las medidas de lucha para abrir regalos (pensaba recibirlos igual).

Llegaron las diez de la noche y todo estaba tranquilo, tranquilísimo. Mi madre no parecía con planes de ir a lo de la tía Claudia. Chequeé en el almanaque,[gg] para ver que no me había confundido de fecha, y no, no me había confundido. Era 24 de diciembre nomás. Bueno, pensé. Y a eso de las diez y cuarto, llegó mi padre... en bicicleta.

—Muy bien, ¿están listos? —preguntó luego de[hh] los saludos.

---

[w]lengua... *beeftongue vinaigrette*   [x]*astonished*   [y]*amazed*   [z]*picket*   [aa]*se... cancel*
[bb]apostando... *doubling down*   [cc]*puffed*   [dd]Dije... *I just said the first thing that popped into my head, that's all*   [ee]viviera... *cared that much about*   [ff]en... *contrary*   [gg]*almanac*
[hh]luego... *after*

Había traído también una bicicleta para mi madre y cuatro chalecos fosforentes.[ii]

—¿Y todo eso? —le dije.

—Nos plegamos[jj] a la huelga —sonrió mi madre, haciéndome una guiñada.[kk]

Y ante mi absoluto pasmo,[ll] repartió chalecos, nos hizo ponérnoslos, ella misma se colocó uno, se calzó[mm] una mochila, se puso un chaleco y se subió a su birrodado.[nn]

—Bueno, Franchu —suspiró mi padre—, guíanos.

—¿Guíanos? ¿Guíanos adónde?

—¿No era que querías pasar Navidad en bici?

—Sí, pero...

—¿Qué?

—Okey, ¿cuál es la trampa?[ññ]

—Francisco Daniel Echeverría —me encaró mi padre—, permitime que, humildemente, te dé un consejo: no seas tan paparulo como para no darte cuenta de cuando conseguiste lo que querías. Guíanos.

—Entonces... ¿vos también venís con nosotros?

—Hasta donde sé —me dijo, con una sonrisa—, estamos todos de huelga, ¿no?

¿No tenés nada para discutir con mamá?, pensé, sin decirle nada. ¿No se van a pelear por nada?

Solté una risa y me subí a mi bici. Si no tenían planes de discutir, mucho mejor. ¡Huelga de discusiones también, caramba! Y así salimos. Recorrimos Montevideo mientras todo el mundo se juntaba a comer. La ciudad entera parecía adormilarse[oo] bajo la noche estrellada, como acostada en una hamaca paraguaya.

Tomamos por sitios que nunca había visto, yendo despacio, comentando detalles. En un par de ocasiones, incluso nos dimos cuenta de que íbamos por lugares familiares, pero que, en cierto modo, les descubríamos características, hasta ese momento, desapercibidas.[pp] No seguimos ningún camino en particular: nada más torcíamos[qq] hacia un lado u otro o seguíamos de largo si se nos antojaba.[rr]

Terminamos en las canteras[rrrr] del Parque Rodó, mirando el mar, donde se reflejaba la luna, y la costa con los edificios, que formaban un arco casi interminable. Nos sentamos en el pasto[ss] y justo cuando empezaba a tener hambre, mi madre abrió su mochila y sacó una torta de pollo y un par de refrescos. Mi padre hizo aparecer unos sándwiches y la cena estaba lista. Una cena insuperable, porque la torta de pollo de mi madre es de calidad intergaláctica.

—Feliz Navidad —me dijo mi madre.

—Igualmente —le respondí.

No pasó nada sobre lo que algún día se podría escribir un cuento, creo yo. Pero igual me puse a pensar que estaba buenísimo estar ahí. ¡Hasta era posible pasar bien en Navidad, mirá vos!

No había sido tan difícil, en realidad. Había alcanzado con cuatro bicicletas. Y dos, eran prestadas.

[ii]chalecos... *reflective vests* [jj]Nos... *We yield* [kk]*wink* [ll]*shock* [mm]se... *put on* [nn]*bike*
[ññ]*catch* [oo]*doze* [pp]*unnoticed* [rr]*turned* [rr]se... *we felt like it* [rrrr]*quarries* [ss]*grass*

D. Después de leer

PASO 1. Según las actitudes que demuestran los personajes en el cuento, identifica quién probablemente expresó las siguientes opiniones, poniendo una X bajo el personaje. Explica tus respuestas. **¡OJO!** Puede haber más de una respuesta correcta.

¿Quién lo habría dicho?				
	Francisco	**Ainara**	**la madre**	**el padre**
1. Estoy de acuerdo. Debemos hacer una huelga de Navidad.				
2. Pero todavía quiero recibir regalos.				
3. Lo más importante es pasar tiempo juntos sin discutir.				
4. Me encantan los fuegos artificiales.				
5. Vamos a andar en bici toda la noche.				
6. Tenía dudas, pero en fin me divertí.				

PASO 2. En grupos pequeños, contesten las preguntas.

1. ¿Por qué odia tanto Francisco las Navidades? Menciona por lo menos tres razones. ¿Hay otra razón implícita, que no menciona? _____

_____

2. Cuando se queja de Papá Noel, ¿por qué dice «peor todavía, Santa Claus»? _____

3. ¿Te parece Francisco muy listo? ¿Por qué? Da un ejemplo del cuento para apoyar tu respuesta. _____

4. ¿Qué emociones nos transmite el siguiente pasaje en que habla el narrador? ¿Cómo se siente? ¿Cómo lo sabes?

«Y después, chequear todo el tiempo el reloj, consultar con la tele, con el teléfono, a ver cuándo iban a ser justito, justito las doce, ni un minuto más, ni uno menos, para ir a observar cómo la gente literalmente quemaba dinero con fuegos artificiales».

_____

_____

5. Dice Francisco que no le importa tanto andar en bicicleta. ¿Por qué insiste en hacerlo, y de noche? _____

6. ¿Por qué está contento al final? _____

PASO 3. Imagina que tienes que resumir este cuento para alguien que no lo haya leído. Describe el punto de vista del narrador, el conflicto principal del cuento, tres sucesos claves del cuento, y el desenlace del cuento. Usa el tiempo pasado.

E. ¿Qué opinan los demás?

PASO 1. Las personas entrevistadas contestan las siguientes preguntas. Escribe por lo menos cinco palabras del vocabulario de este capítulo que probablemente van a incluir en sus respuestas.

- ¿Creía en Papá Noel o Santa Claus cuando era niño/a? ¿Hasta cuándo? ¿Sigue siendo una tradición en su familia?
- ¿Cómo es la niñez / la infancia típica en su país o comunidad?
- En su opinión, ¿cuál fue «la magia» que Hipólito encontró donde no buscaba? ¿Tomó Hipólito la decisión correcta al final de la historia? ¿Por qué?

1. _____ 2. _____ 3. _____ 4. _____ 5. _____

PASO 2. Lee algunas de las ideas expresadas por los entrevistados sobre las creencias de la infancia, la niñez típica, los juguetes y el final del cortometraje. Elige una idea de cada tema con la que más te identifiques y explica. Si no te identificas con ninguna opción, explica por qué.

© Majority World/UIG via Getty Images

EL TEMA	LAS IDEAS
las creencias de las infancia	a. Me di cuenta de que Papá Noel no era real cuando tenía siete años.
	b. Creía que un ratoncito dejaba dinero debajo de la almohada cuando se te caía un diente.
	c. Creía que los Reyes Magos me traían regalos y el día de los Reyes Magos, el seis de enero, era un día muy importante.
la niñez típica	a. La infancia típica es jugar en el exterior, es salir al barrio y jugar con los vecinos.
	b. La niñez consiste en anticipar y celebrar muchos días de fiesta cuando recibes regalos.
	c. Los adultos les ponen demasiada atención a los niños.
los juguetes	a. El mejor juguete era un trompo.
	b. Mi juguete preferido eran los Barbies.
el final del cortometraje	a. La «magia» que Hipólito buscaba era la paciencia porque al ser de la ciudad y ser buscatalentos, no la tenía.
	b. La «magia» que Hipólito buscaba es la idea de que el ser humano vale más que el dinero.

PASO 3. Primero, revisa las ideas expresadas por los entrevistados. Luego, mira las entrevistas e indica el nombre de la persona que expresó cada idea. Por último, completa los espacios en blanco con la forma correcta del verbo indicado.

Nadja   **Steve**   **Michelle**

_____ 1. «Pues, siento que en la historia de Hipólito con la magia, creo que el mensaje para mí fue lo que dice su madre adoptiva, que es paciencia. Que si él tenía, si ellos le _____ (poder) ofrecer al niño paciencia y tiempo».

_____ 2. «Cuando era pequeño, yo _____ (pensar) que yo era el rey del mundo. Porque había tantas fantasías y tantas cosas que mi mamá me hacía creer».

_____ 3. «Sí tenía buena imaginación porque siempre me ha gustado escribir historias. Entonces siempre me, me ponía a escribir historias que _____ (inventarse)».

_____ 4. «Mi opinión, la magia que le encontró fue que es más importante o vale más un ser humano que el dinero. Yo creo que sí _____ (hacer) la decisión correcta. Creo que él aprendió, fue, fue una lección: que aunque _____ (ir) a perder tal vez su trabajo o dinero, era más importante que el niño estuviera bien».

_____ 5. «Porque como crecí con hermanas, no tuve, no tuve la dicha de tener muchos juguetes míos. Y tuve que compartir las Barbies de mis hermanas, y pues yo _____ (crear) situaciones con las Barbies y con los muñecos que ellas tenían. En donde _____ (_nosotros:_ hacer) literalmente lucha libre, o estaban saliendo en un "date", diferentes tipos de situaciones».

PASO 4. Termina las siguientes oraciones para describir las ideas expresadas por una de las personas entrevistadas. Luego, compara tu vida con esas ideas. Comparte tus oraciones con tu pareja y pídele que reaccione a tus oraciones.

1. Nadja / Steve / Michelle creía que...
2. La niñez típica según Nadja / Steve / Michelle...
3. El juguete favorito de Nadja / Steve / Michelle era...
4. Nadja / Michelle cree que el mensaje del cortometraje es...

PASO 5. En parejas, conversen sobre sus propias ideas respecto a las preguntas del **Paso 1.**

Palabras útiles

la dicha
   happiness
romper el alma
   to break one's heart (_lit._ soul)

A CONECTARSE CON LA COMUNIDAD: OPORTUNIDADES PARA SERVIR DE VOLUNTARIO/ VOLUNTARIA A BENEFICIO DE LOS NIÑOS

Existen muchas oportunidades para trabajo voluntario con niños menos afortunados. En tu propia comunidad, es probable que haya iglesias y otras organizaciones que buscan voluntarios.

A nivel nacional, la Cruz Roja Americana ofrece oportunidades para servir de voluntario/voluntaria, especialmente para personas bilingües:

http://www.redcross.org/ cruz-roja/hazte-voluntario

A nivel internacional, la United Nations International Children's Emergency Fund (UNICEF) se dedica a la protección de los derechos del niño y promulga mejoras en la vida de los niños y sus familias:

http://www.unicef.org/ spanish/about/employ/ index_volunteers.html

V. CONTEXTOS EXPRESIVOS

 A. Escritura: Contar una historia sobre la niñez

Piensa en los momentos clave de tu niñez. ¿Qué sucesos recuerdas? ¿Cómo puedes hablar de estos momentos pasados ahora? Elige una de las siguientes situaciones.

a. Un momento clave o significativo de tu propia niñez

b. Eres Hipólito y recuerdas un momento clave o interesante de tu infancia. Estabas obsesionado con los deportes.

c. Eres el futbolista joven de La Camelia. Ahora tienes 70 años y le estás contando a tus nietos una historia de tu niñez.

Antes de escribir: Elaborar y agregar descripción y detalles

PASO 1. Primero, escribe los sucesos significativos de un momento clave de tu historia. Conjuga estos verbos en el pretérito.

PASO 2. Luego, al lado de cada acción, escribe la siguiente información.

Una descripción de un lugar o un objeto que sea relevante a esta acción: Piensa en los colores, los sonidos, la textura de algo, los olores, la luz, etcétera, para mejor captar la experiencia que quieres comunicar. Compara y contrasta los objetos y los lugares con algo que revele sus cualidades esenciales.

Una descripción de una persona: Para describir a una persona, no te limites a su apariencia física y su personalidad. Describe sus acciones, emociones y pensamientos. Compara a la persona con algo o alguien. Intenta crear una imagen clara y viva de esta persona.

Información de trasfondo: ¿Qué información de trasfondo se necesita para comprender mejor esta acción o suceso?

Alargar los momentos claves: Piensa en los elementos más emocionantes, interesantes, intrigantes de tu historia. ¿Cómo puedes alargar estas partes de la historia con más detalles?

PASO 3. Después de agregar detalles a todos los sucesos, piensa en la mejor manera de presentar estos sucesos. ¿Debes empezar al final, incluir escenas retrospectivas, o contar la historia desde diferentes perspectivas?

> **MODELO:** Un episodio de la niñez: Cuando me perdí durante un juego de escondite.

Sucesos claves:

a. Mi hermano, otros niños del barrio y yo **decidimos** jugar al escondite.

DESCRIPCIÓN: Era el crepúsculo (*twilight, dusk*) y mientras el sol se escapaba de nuestro mundo pequeño, dejaba huellas (*tracks*) doradas por todo el cielo. Llevaba mi andrajoso (*ragged*) abrigo que me quedaba apretado. Mis brazos sobresalían como dos gusanos que trataban de escapar de la tierra después de la lluvia. Iba abrigado, pero no tenía guantes. No se me ocurrió ponérmelos. De niño, me encantaba jugar afuera y no me importaba el frío. Esa noche no había luna y nos quedaba poca luz.

Estrategia: Agregar descripciones y detalles

A good story tells not only the events that occur, but also the details of the events, and the descriptions of the background that provide more form and context to the story. What previous events or conditions led up to the story or impact it in some way? Stories usually combine these two aspects of the past tense to create a more captivating experience for the reader, to control the rhythm of the narrative, and to put emphasis on certain aspects of the story.

b. Mi hermano empezó a contar hasta treinta.

DESCRIPCIÓN: Mi hermano era menor que yo, pero era tan alto que todos pensaban que era mayor que yo. Su altura le facilitaba la vida. Podía trepar casi todos los árboles de nuestra finca y me parecía que la gente lo respetaba, simplemente por su altura. Era callado y era imposible detectar lo que sentía solamente por la expresión de su cara. Su vida interior era un misterio, una cueva (*cave*) oscura en la que no entraba la luz. El juego empezó esa noche cuando se agachó (*bent*) la cabeza y mi hermano se tapó los ojos. Contaba tan lentamente que me entusiasmé pensando que tenía tiempo para pensar en el lugar perfecto.

c. Decidí esconderme en una arboleda cerca de mi casa.

DESCRIPCIÓN: Empecé a correr pero no sabía adónde iba. Poco a poco, me alejaba de mi hermano y cuando ya no podía escuchar su voz monótona que recitaba los números treinta a uno, me di cuenta de que mis manos estaban congeladas, inmóviles como unos ladrillos pesados y fríos...

> **Corrí** rápidamente hacia unos árboles.

> **Me puse** detrás de un árbol grande.

> Mi hermano no me **encontró**.

> **Esperé** treinta minutos.

> No **pude** encontrar una salida de la arboleda.

¡A escribir!

Ahora escribe una historia de un mínimo de veinte oraciones en el pasado basada en la información que has anotado. Puedes escribirla desde el punto de vista (*point of view*) de uno de los personajes o desde el punto de vista de un narrador objetivo (**ellos, él, ella**). Escribe las acciones usando verbos en el pretérito y el imperfecto, vocabulario de este capítulo y expresiones de transición. Sé creativo/a y no te olvides de agregar detalles.

Después del primer borrador

En parejas, intercambien historias. Lee la historia de tu pareja y escribe al menos cinco preguntas para descubrir más sobre los detalles de los sucesos. Inventa respuestas a las preguntas que tu pareja te haga y agrega esta información a la versión final de tu historia.

B. Nosotros, los actores / las actrices: ¡Cuando era niño/a,... !

PASO 1. En parejas, imaginen la conversación entre los personajes y escriban un guion (*script*) para una de las siguientes situaciones:

a. Hipólito le pregunta a Cholo sobre su niñez y por qué le interesan el fútbol y los documentales.

b. Los artistas del circo conversan sobre su niñez.

c. El futbolista joven de La Camelia le pregunta a Hipólito sobre su niñez.

PASO 2. Ensayen su guion y luego interprétenlo para la clase. Presten atención a la pronunciación, el lenguaje corporal, los gestos y el tono de la voz.

C. Entrevista: Momentos clave de la infancia

Entrevista a una persona hispanohablante sobre los momentos clave de su infancia. Escribe preguntas con por lo menos cinco palabras interrogativas para entrevistarlo/la. Por ejemplo, hazle preguntas sobre qué hacía cuando era niño/a, cómo se divertía, qué actividades hacía, qué juegos jugaba, con quién jugaba. ¿Tiene un recuerdo particular de su niñez?

OPCIONAL: Pregúntale al entrevistado si está bien si filmas un video de la entrevista para mostrarle a la clase.

D. ¡Entrevista por videoconferencia!

Conversa con un/una hispanohablante por videoconferencia y pregúntale seis a ocho preguntas sobre uno de los siguientes temas:

a. el concepto del éxito y del héroe

b. sus recuerdos sobre los deportes y el espectáculo deportivo

c. los juegos y las actividades de su niñez

Saca apuntes mientras conversan y prepárate a presentar la información a la clase.

E. Investigación: El deporte, la comedia y la diversión

Busca información sobre uno de los siguientes temas en tu país y otro país del mundo hispanohablante. Resume la información que encuentres e incluye datos interesantes. Preséntale la información a tu clase y compara y contrasta las semejanzas y diferencias entre los dos países.

- los juegos tradicionales
- los campeonatos del fútbol y otros deportes profesionales
- la experiencia variada de la infancia
- los chistes y el humor
- el héroe y su lugar en la cultura
- la experiencia de asistir a un espectáculo deportivo

Tabla B

Vocabulario

 D. ¿Cómo se juega?

TABLA B

	Los piloyes	El ángel
	© Author's Image/ Glow Images RF	© Brand New Images/ Stone/Getty Images
País dónde es popular el juego	Guatemala	_____
Objeto(s) necesario(s) para jugar.	_____	Una cinta
Objetivo del juego: ¿Cómo se gana?	Ganar más frijoles que los otros jugadores	_____
Reglas para jugar: ¿Qué se hace primero?	Se dividen los frijoles entre todos los jugadores. Se parte (*divide*) por la mitad _____.	Se elige un lugar para poner una línea invisible. Detrás de la línea es la casa. Todos los jugadores se quedan en la «casa».
Reglas para jugar: ¿Qué se hace segundo?	Se elige al azar a un niño a quien le toca el primer turno. El niño elegido tira una de las mitades del frijol.	Se pone la cinta en un lugar lejos de la casa. Un niño es elegido «el ángel» y todos los jugadores se asignan a sí mismos un color distinto (rojo, verde, azul claro, amarillo, etcétera). El ángel tiene que _____ de cada niño.
Reglas para jugar: ¿Qué se hace tercero?	Su compañero adivina qué lado del frijol va a caer boca arriba (*face up*), y dice, «_____».	El ángel se acerca a la casa y empieza el siguiente diálogo: EL ÁNGEL: Tun tun. (*Knock, knock.*) JUGADOR(A) 1: ¿Quién es? EL ÁNGEL: Es el ángel. JUGADOR(A) 1: ¿Qué quieres? EL ÁNGEL: Quiero una cinta. JUGADOR(A) 1: ¿De qué color? El ángel dice el nombre de un color. El niño / La niña que tiene este color asignado, dice… NIÑO/A DEL COLOR NOMBRADO: Yo lo tengo y no te lo quiero dar.
Reglas para jugar, ¿Qué se hace por último?	Si el niño acierta, todos sus compañeros le pagan un frijol entero. Si no acierta, él/ella tiene que pagarles a sus compañeros un frijol entero.	El niño del color elegido corre para tratar de agarrar _____.
El significado del título (¿Cuál es?)	Los piloyes son un tipo de _____.	El ángel es el niño que trata de adivinar el color secreto de los otros niños y trata de atrapar al niño que corre por la cinta.

VOCABULARIO DEL CAPÍTULO 3

La diversión y el espectáculo

apostar (ue)	to bet, to gamble
asombrar	to astonish, to amaze
conmover (ue)	to move (*emotionally*)
dar aplauso(s) caluroso(s)	to applaud warmly (to give a warm round of applause)
entretener (ie)	to entertain, to amuse; to distract
hacer (la) magia	to perform/do/make magic
rodar (ue)	to film, to shoot a movie
el circo	circus
«¡Damas y caballeros... !»	"Ladies and gentlemen. . . !"
la entrada	ticket for admission to an event
el espectáculo	show, performance
la función	show, individual act
el/la mago/a	magician
el/la payaso/a	clown
el público	audience
asombroso/a	amazing

Repaso: asistir a, la obra (de teatro, musical), el/la presentador(a)

El deporte

competir (i) (i)	to compete
fallar	to miss; to fail; to make a mistake
golpear	to hit
lanzar (c)	to throw
marcar (qu)	to score, to earn points
meter un gol	to score a goal
patear	to kick
vencer (z) a un(a) oponente	to beat an opponent
el/la aficionado/a	fan
el balón	la pelota
el bate	bat (*as in sporting equipment*)
el/la buscatalentos	talent scout
el campeonato	championship
la cancha	field, court (*for games, sports*)
el deleite	delight, pleasure, enjoyment

el/la ganador(a)	winner
el genio	genius; phenomenon
la mercancía	merchandise
el/la perdedor(a)	loser
el torneo	tournament

La niñez y la diversión

acercarse (qu)	to approach, to go up to
acertar (ie)	to get right, to be right
adivinar	to guess
contar (ue) un chiste	to tell a joke
dar vueltas	to spin around
dibujar	to draw
elegir (i) (i)	to select
esconderse	to hide (oneself)
hacerle caso a alguien	to listen to someone; to pay attention to (*as in obey*) someone
jugar (ue) a las cartas / los naipes	to play cards
reírse (i) (i) (de)	to laugh (at)
repartir	to distribute / divide up randomly
saltar	to jump
tocarle (qu) (el turno) a alguien	to be someone's turn
turnarse	to take turns
la adivinanza	riddle
el ajedrez	chess
la baraja de cartas	deck of cards
el comportamiento	behavior
el dado / los dados	die/dice
el juego de azar/ habilidad	game of chance/skill
el juego de mesa	board/table game
el juguete	toy
la muñeca	doll
la partida	game; hand; round (*for table games like cards*)
la pieza	piece (*as in game piece*)
la pista	clue
la rayuela	hopscotch
la regla	rule
imaginario/a	imaginary

CAPÍTULO 4
Los papeles sociales

Communicative Goals

Students will be able to refer to people and objects using pronouns, give directions and instructions using formal and informal commands, and talk about examples of informal economies, indigenous populations, and gender roles.

Chapter Theme Goals

Summarize and reflect upon the plot of the short film "**Kay Pacha**." Identify and interpret cultural conflicts and perspectives in the film and in interviews with native speakers.

Analyze and compare cultural perspectives and ideas regarding three key intercultural topics:

Informal economies
Indigenous populations
Gender roles

Geographical and Cultural Knowledge Goals

Identify the geographic location of **Perú**. Describe cultural concepts related to indigenous populations and gender roles, traditions, and values in the Spanish-speaking world.

Knowledge of Reading Goals

Summarize and analyze the short story "**La infiel**" and recognize and analyze the cultural attitudes about gender roles.

© María Cristina Medeiros Soux

Pushak, el que dirige de la artista chilena María Cristina Medeiros Soux

Describe este cuadro titulado, *Pushak, el que dirige* de la artista chilena contemporánea, María Cristina Medeiros. El hombre retratado en el cuadro es de la cultura quechua, una cultura indígena de la cordillera de los Andes que vive en partes de la Argentina, Bolivia, Chile, Colombia, el Ecuador y el Perú. En quechua, un idioma hablado por entre ocho y diez millones de personas, «Pushak» significa guía, acompañador, jefe y autoridad.

¿Cómo es la ropa de este hombre? ¿Qué importancia probablemente tiene? ¿Qué detalles artísticos se destacan en este cuadro? El hombre tiene un bastón (*cane, walking stick*) en su mano. ¿Qué propósitos tiene? Según la artista, el arte del renacimiento y del barroco le influye. Además le interesan los arquetipos históricos. ¿Te recuerda este cuadro a obras del renacimiento o del barroco? ¿De qué manera puede ser este hombre un arquetipo?

¿Qué sabes de las poblaciones indígenas en tu país? ¿Tiene algún antepasado indígena tu familia? ¿Puedes nombrar algunos grupos indígenas o sus lenguas?

¿Qué imágenes o símbolos asocias con los indígenas en tu país? ¿Estereotipos? ¿Sabes algo de su historia?

I. ANTICIPACIÓN

A. El póster del cortometraje «Kay Pacha»

© Alvaro Sarmiento

El cortometraje «Kay Pacha» trata de la lucha de dos familias peruanas por sobrevivir. Estas dos jóvenes tienen un papel único en su familia.

PASO 1. Mira el póster del cortometraje y contesta las preguntas.

1. ¿Cómo son estas dos jóvenes? ¿Qué están haciendo en este momento?
2. ¿Dónde están? ¿Por qué se visten así?
3. ¿Cómo se sienten? ¿Por qué?

PASO 2. En parejas, conversen sobre las preguntas.

1. ¿Qué tipo de trabajos son inaceptables para ganar dinero?
2. ¿Has visto ejemplos del uso de la cultura y las tradiciones indígenas para ganar dinero? ¿Piensas que es explotación o una buena manera de educar a la gente y ganar dinero a la vez?

B. ¡Conozcamos a los personajes!

PASO 1. Mira las imágenes de cuatro de los personajes del cortometraje «Kay Pacha» y escribe cómo son y cómo están. Incluye todos los detalles que puedas.

Adjetivos útiles			
aburrido/a	débil	introvertido/a	respetuoso/a
amable	desagradable	joven	sensible
cómico/a	egoísta	moderno/a	serio/a
confundido/a	enojado/a	molestoso/a	tradicional
conservador(a)	frustrado/a	nervioso/a	tranquilo/a
contento/a	fuerte	preocupado/a	viejo/a

© Alvaro Sarmiento

1. **Maribel, la hija de Leoncio e Inés**
   ¿Cómo es ella?
   ¿Cómo está en esta escena?
   Otras observaciones:

© Alvaro Sarmiento

2. **Inés, la madre de Maribel**
   ¿Cómo es ella?
   ¿Cómo está en este momento?
   Otras observaciones:

© Alvaro Sarmiento

3. **Leoncio, el padre de Maribel**
   ¿Cómo es Leoncio?
   ¿Qué mira en este momento?
   Otras observaciones:

© Alvaro Sarmiento

4. **Carmencita, la amiga de Maribel**
   ¿Cómo es Carmencita?
   ¿Cómo está?
   Otras observaciones:

PASO 2. Ahora infiere lo que puedas de los fotogramas y contesta las preguntas. Usa las pistas que ves, la lógica y tu imaginación.

1. ¿Qué mira la joven en el primer fotograma? ¿Le molesta algo?
2. ¿Qué hace la mujer en el segundo fotograma?
3. ¿Qué le preocupa al hombre del tercer fotograma? ¿Por qué?
4. ¿Qué tipo de trabajo tiene la joven en el cuarto fotograma? ¿Por qué está vestida así? ¿Dónde está? ¿Por qué lleva una ovejita? ¿Con quién habla?

C. Lugares importantes en «Kay Pacha»

PASO 1. Los siguientes fotogramas muestran cuatro lugares del cortometraje. Apunta algunas características de los lugares en general. Por ejemplo: ¿Cómo es el lugar? ¿Para qué sirve? ¿Quiénes típicamente están en el lugar? ¿Cómo están las personas cuando están allí? ¿Qué hiciste la última vez que estuviste en este lugar?

1. la casa

© Alvaro Sarmiento

2. la plaza de una ciudad

© Alvaro Sarmiento

3. el trabajo

© Alvaro Sarmiento

4. afuera, en el campo

© Alvaro Sarmiento

PASO 2. En parejas, digan qué hacen Uds. en los lugares del **Paso 1** y con qué frecuencia. ¿Con quiénes están en estos lugares? ¿Hay una plaza en su pueblo o ciudad? ¿Qué hicieron Uds. en ese lugar la última vez que estuvieron allá? ¿Qué hacían en ese lugar cuando eran más jóvenes?

PASO 3. Ahora, imagina lo que piensan y hacen los personajes del cortometraje en los lugares del **Paso 1**. Para cada lugar, escribe dos actividades que el personaje o los personajes probablemente hacen y una cosa que piensan mientras están allí.

PARA TU INFORMACIÓN: LA PALABRA *INDIO*

Cristóbal Colón utiliza la palabra **indio** en sus diarios para hablar de la gente que vivía en unas islas caribeñas donde sus carabelas desembarcaron.

Aunque **indio** e **indígena** a veces se consideran sinónimos, **indio** suele tener una connotación negativa y en muchos contextos es un insulto. Se asocia **indio** con la perspectiva de los europeos o los conquistadores y, así, con la tendencia de agrupar a todos los pueblos indígenas bajo un solo término, a pesar de su diversidad, lo cual refleja un sentido de superioridad.

En este cortometraje, los jefes de trabajo utilizan la palabra de una manera despectiva.

D. Situación de suspenso: En el trabajo, hablando con los jefes

Repaso gramatical:
II. *Por y para*

 PASO 1. Mira el videoclip y contesta las preguntas.

1. ¿Qué sucede en esta escena? ¿Con quiénes habla Leoncio, el señor de la camisa roja?

2. ¿Cómo se siente Leoncio? ¿Cómo se sienten los otros hombres?

3. ¿Qué va a ocurrir después?

4. ¿Cuál es una cosa que probablemente NO va a ocurrir en la próxima escena?

© Alvaro Sarmiento

5. ¿Cuáles son dos cosas que probablemente sucedieron antes de esta escena?

Estrategia: Identificar palabras y frases clave para encontrar ideas principales

After you've read a text once quickly just for the gist, read it a second time and write down two to three key words or phrases in each paragraph or section. Key words and phrases should be those that help you find the most meaning in the text, answer essential questions about it, summarize the information and infer meaning. Then, infer one or two ideas from these key phrases, even if you're not completely sure you're right. A third reading will allow you to refine and correct your assumptions.

PASO 2. Lee la siguiente información sobre la diversidad étnica del Perú y escribe las palabras que crees que son clave para cada párrafo. Luego, indica lo que en tu opinión es la oración de cada sección que expresa la idea principal.

La diversidad étnica del Perú y sus raíces históricas*

1. En el Perú, dependiendo de los datos consultados, entre el 30% y el 45% de la población es «indígena». Los pueblos indígenas son grupos étnicos variados que vivían en las Américas antes de la llegada de los europeos en el siglo XV y que todavía forman una parte importante de muchas sociedades. Hoy en día, se hablan aproximadamente 1000 idiomas indígenas por todas partes de las Américas, con millones de hablantes. Los dos grupos indígenas más grandes del Perú son los quechuas y los aymaras, descendientes de la civilización incaica, un imperio que duró más de tres siglos, hasta que su último baluarte[a] fue conquistado por los españoles.

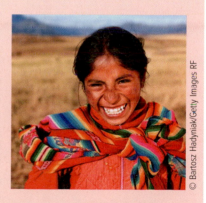

Una joven peruana del Valle Urubamba vestida de ropa nacional

© Bartosz Hadyniak/Getty Images RF

---

[a]*bastion*

Source: "Sánchez Velásquez, Daniel," ¿Sabemos cuánta población indígena hay en el Perú?," Revista Ideele, December 2015. http://revistaideele.com; "The World Fact Book, Peru", Central Intelligence Agency, The World Fact Book, 2016. https://www.cia.gov; "Perú, ubicación y demografía," Reportaje Perú, 2015. http://www.reportaje.com.pe; "Peru: Population Comparison," Countryreports.org, 2016. http://www.countryreports.org; "Población de Perú," Universia, Estudios Internacionales, Estudios en Latinoamérica, 2016, http://internacional.universia.net

2. Para los indígenas de las Américas, la llegada de los europeos fue una catástrofe. Tanto en lo que hoy es el Perú como en otras regiones de las Américas, la mayoría de los pueblos y tribus indígenas murió a causa de su esclavitud por parte de los europeos y por enfermedades contra las que no tenían resistencia, como la viruela.[b] El sistema de la encomienda les obligaba a los indígenas a darles a los conquistadores un «tributo», oro, por su salvación y protección. El oro era para la corona española y los indígenas eran sus súbditos.[c] Este legado de opresión y violencia conlleva[d] repercusiones en la actualidad. Además de las profundas cuestiones morales, las sociedades del momento presente tienen que enfrentar el tema de la identidad nacional a través de esta carga histórica.

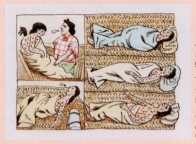

Una ilustración del sufrimiento azteca causado por la viruela

3. Por lo tanto, las etiquetas[e] que se usan para hablar de ciertos grupos pueden implicar temas sensibles. De la misma manera que las palabras utilizadas en inglés para referirse a ciertas razas o grupos étnicos, históricamente oprimidos, siguen evolucionando, los vocablos que clasifican grupos de personas en Latinoamérica pueden suponer significados controvertidos. Algunos datos indican que el 37% de los peruanos es de sangre mixta, una combinación de herencia europea e indígena. La palabra **mestizo,** utilizada para hablar de gente de ascendencia mixta, se remonta a la colonización cuando los españoles establecieron un sistema de castas para clasificar grupos étnicos. Debido a esta historia de clasificación y represión, las palabras **mestizo** y **mestizaje** pueden considerarse ofensivas para algunas personas.

Cuadro que retrata al conquistador español. Martin García de Loyola y su esposa, una princesa incaica, Beatriz Clara Coya, pintado en el siglo XVII.

4. Los afroperuanos, aproximadamente el 2% de la población, son descendientes de africanos traídos como esclavos al Perú durante la Colonia. Han aportado[f] mucho a todos los aspectos de la cultura peruana: la comida, el folclor, la literatura y la jerga.[g] En 2006, el Congreso peruano declaró el cuatro de junio el Día de la Cultura Afroperuana para darle al grupo todavía discriminado más visibilidad y para fomentar políticas públicas por su bienestar.

Los participantes del Festival Internacional del Cajón tocan el cajón, un instrumento de percusión de la tradición afroperuana.

Además, los inmigrantes del Japón, China y Corea constituyen del 2 al 3% de la población peruana. En el siglo XIX, miles de hombres de China viajaron por mar para el Perú para trabajar en el cultivo de algodón, azúcar y guano (una palabra derivada del quechua). Actualmente, el Perú tiene la población más alta de inmigrantes japoneses de los países del mundo hispanohablante.

[b]*smallpox*   [c]*subjects*   [d]*entails, brings*   [e]*labels*   [f]*Han... they have contributed*
[g]*jargon; vernacular*

1. Palabras clave:

_____

Oración más importante de la primera sección:

_____

2. Palabras clave:

_____

Oración más importante de la segunda sección:

_____

3. Palabras clave:

_____

Oración más importante de la tercera sección:

_____

4. Palabras clave:

_____

Oración más importante de la cuarta sección:

_____

PASO 3. ¿Recuerdas algunos usos de las preposiciones **por** y **para**? Busca cuatro ejemplos de **por** o **para** en la lectura del **Paso 2**, y explica brevemente por qué se usa **por** o **para** en cada caso.

1. _____
2. _____
3. _____
4. _____

PASO 4. Primero, empareja las preguntas con sus respuestas más lógicas, según lo que leíste en el **Paso 2**. Luego, llena los espacios en blanco con **por** o **para**.

_____ 1. ¿_____ quién(es) era el oro que los indígenas tenían que pagar durante la Colonia?

_____ 2. ¿Qué es el Día de la Cultura Afroperuana?

_____ 3. ¿Por qué murieron muchos indígenas después de la llegada de los europeos?

_____ 4. ¿Por qué fue una catástrofe la conquista _____ las civilizaciones indígenas?

_____ 5. ¿Cuál fue el propósito del sistema de castas creado _____ los españoles?

_____ 6. ¿Por qué salieron inmigrantes de Asia de sus países _____ el Perú?

a. Un día especial creado por el gobierno peruano _____ el bienestar de los afroperuanos

b. Fueron _____ trabajar en el cultivo de varios productos.

c. _____ la esclavitud y las enfermedades desconocidas como la viruela.

d. _____ la corona española

e. Sus civilizaciones fueron destruidas y muchos pueblos indígenas murieron o vivieron bajos sistemas represivos.

f. _____ clasificar a la gente y, _____ lo tanto, imponer un sistema basado en la desigualdad étnica

E. El turismo en el Perú*

Repaso gramatical:
II. Las preposiciones
Repaso gramatical:
I. La *a* personal

PASO 1. Las jóvenes Carmencita y Maribel trabajan informalmente en el turismo peruano. Lee sobre el turismo en el Perú. Infiere el significado de las preposiciones **en negrilla.** Luego, forma dos preguntas sobre la información para tu pareja.

© Alvaro Sermiento

MODELO: El Perú depende económicamente del turismo. De hecho, el turismo es una de las industrias que está creciendo más rápidamente. El país provee diferentes tipos de turismo: el ecoturismo, el turismo de aventura, el turismo de playa, el turismo gastronómico, el turismo cultural y el turismo del voluntariado. **Entre** todos estos tipos, el turismo cultural es el más popular.

entre: among; between
¿Cuáles son los diferentes tipos de turismo en el Perú?
¿Cuál es el tipo de turismo más popular?

1. Los turistas vienen al Perú **desde** varios países **alrededor del** mundo. **Según** datos recientes, los tres países de dónde viene el mayor número de turistas son: Chile, los Estados Unidos y el Ecuador. En cuanto a América Latina, el número de visitantes de Bolivia, Brasil, Colombia y México está creciendo. El Perú recibe a más turistas de Japón que de Europa. Los dos lugares más visitados son las ciudades de Lima y Cusco. **Según** datos recientes del Ministerio de Comercio Exterior y Turismo, el número de turistas ha estado aumentando. En promedio, los turistas se quedan diez días y gastan casi mil dólares.

   desde: _____ según: _____ alrededor del: _____

   ¿_____?
   ¿_____?

2. **A causa de** la rica y diversa historia cultural del Perú, el turismo cultural, o el turismo étnico, ocupa un lugar de mucha importancia. A algunos turistas les fascina visitar las ruinas de la cultura incaica. **A pesar de** su derrota (*defeat*) por parte de los españoles en el siglo XVI, muchos elementos culturales todavía sobreviven **dentro de** los varios grupos indígenas que conservan su idioma y sus costumbres.

   a causa de: _____ a pesar de: _____
   dentro de: _____

   ¿_____?
   ¿_____?

3. El turismo étnico puede considerarse una actividad **mediante** la cual se «consume» una cultura. Es decir, la cultura vende una experiencia o un producto que representa lo que los turistas esperan de la cultura. La comercialización, entonces, determina qué aspectos de la cultura se promocionan. **Ante** el interés por parte de los turistas de experimentar y presenciar las culturas indígenas, los miembros de la cultura a veces la adaptan a lo que quieren ver y experimentar los turistas.

   mediante: _____ ante: _____

   ¿_____?
   ¿_____?

*Source: Contreras, Javier, "El 62% de los turistas extranjeros que visitan el Perú son vacacionistas," *La República.pe,* September 22, 2015. http://larepublica.pe; "El flujo de turistas extranjeros al país aumenta 45% últimos 5 años," andina.com.pe, June 23, 2016. http://www.andina.com.pe; Tinoco, Óscar, "Los impactos del turismo en el Perú," bibliotecavirtual.info, August 2003. http://www.bibliotecavirtual.info; "Perú recibió 1, 2 millones de turistas extranjeros hasta abril," *El comercio,* June 19, 2016. http://elcomercio.pe.

4. El cortometraje hace referencia a varios elementos del sector turístico peruano. En la situación de suspenso, se menciona la construcción de un hotel junto a Sacsayhuamán, una fortaleza construida por los incas **durante** los siglos XV y XVI, situada en una colina **fuera de** la ciudad de Cusco. **Desde** la cima se puede ver toda la ciudad.

durante: _____   fuera de: _____

desde: _____

¿_____?

¿_____?

5. El cortometraje muestra, además, que algunos de los personajes crean representaciones, es decir, puestas en escena (*stagings*) **para** conformarse a lo que esperan los turistas. Es muy común ver **cerca de** los sitios turísticos niños vestidos en ropa tradicional. Estos obreros jóvenes les ofrecen a los turistas la oportunidad de posar en una foto con niños «auténticos» y exóticos.

para: _____   cerca de: _____

¿_____?

¿_____?

PASO 2. Usa la información a continuación para formar oraciones lógicas sobre lo que ves en cada fotograma. Usa un tiempo pasado apropiado y no te olvides de incluir la **a** personal donde sea necesario.

© Alvaro Sarmiento

MODELO: Carmencita / seguir / los dos turistas

Carmencita siguió **a** los dos turistas.

© Alvaro Sarmiento

© Alvaro Sarmiento

1. Mientras comer, / Leoncio / no mirar / miembros de su familia

2. Maribel y Carmencita / conocer / una turista de Suiza

© Alvaro Sarmiento

© Alvaro Sarmiento

3. La madre / cargar / su bebé en la espalda

4. Una turista / invitar a posar para una foto / Carmencita y Maribel

PASO 3. Para cada fotograma del **Paso 2**, inventa dos oraciones más en las que una persona es el objeto directo. Usa los verbos de la lista y sé creativo/a.

abrazar	buscar	llamar	querer	visitar
amar	conocer	llevar	traer	
besar	escuchar	mirar	ver	

MODELO: Los turistas no miraron **a** Carmencita.

Cuando volvieron a su hotel, llamaron **a** sus familias para saludarlas.

F. ¿Qué hicieron los personajes? ¿Qué hacían?

Repaso gramatical: II.
Por y para
Repaso gramatical: III.
Las preposiciones

PASO 1. Completa las oraciones sobre lo que los personajes hicieron con la forma correcta de uno de los siguientes verbos. Cada verbo se utiliza solo una vez. Para los otros espacios, elige la preposición correcta.

bajar	estar	hablar	poder	trabajar
culpar	haber	ir	sentirse	utilizar

1. Leoncio _____ varios tipos de herramientas _____ (por / para / encima) trabajar en la construcción del hotel.

2. Un día _____ (por / para / de) la tarde, Leoncio _____ al piso donde _____ los jefes _____ (por / para / en) hablar con ellos _____ (por / para / sobre) su trabajo.

3. Cuando Leoncio llegó, los dos jefes _____ de cómo el templo, Sacsayhuamán, _____ interferir con su hotel. _____ (Por / Para / Acerca de) ser un sitio arquitectónico histórico, los dos jefes se enojaron, echaron a Leoncio, y luego _____ a los pueblos indígenas _____ (por / para / con) cualquier problema o demora que impidiera la construcción del hotel.

4. Como Leoncio _____ bajo las órdenes de sus jefes, en ese momento, no _____ nada más que hacer. Leoncio probablemente _____ frustrado, enojado y humillado. _____ (Por / Para / Sobre) su esposa, ser despedido _____ a ser muy malas noticias.

PASO 2. Lee las siguientes citas del diálogo. ¿Qué se puede inferir de lo que dijeron y otros aspectos de la situación? Contesta las preguntas sobre las citas.

1. El capataz dijo: «Hay que tumbar (*to knock down*) las piedras y hay que hacer el hotel de Sacsayhuamán de una buena vez. Con cinco piedritas que están amontonadas (*piled up*) ellas no nos van a joder el hotel».

   ¿A qué se refería el jefe cuando habló de «las piedras»? ¿Qué implica su uso de la palabra **piedritas** en lugar de **piedras**? ¿Qué actitud tenía el jefe sobre el templo Sacsayhuamán?

2. Leoncio dijo: «Sea consciente, pues, Don Fidel. Estamos haciendo horas extras, estamos trabajando horas de más para la chamba, don Fidel, y Ud. nada. Cumpla con lo que promete, Don Fidel. Sea consciente, pues. No sea abusivo».

   ¿Qué valor simbólico puede tener el nombre **Fidel**? El nombre viene del nombre en latín *Fidelis*. ¿Qué significa y por qué es irónico que don Fidel tenga ese nombre?

3. Un jefe dijo: «Ya, ya, comunista de mierda, retírate carajo. Tanto joder».

   Este jefe utiliza varios insultos para hablar de Leoncio después de que él les pidió más plata. ¿Qué puedes inferir de su uso de la palabra **comunista**? ¿Por qué crees que la utilizó?

PARA TU INFORMACIÓN: EL USO DE LAS PALABRAS *DON* Y *DOÑA* COMO TÍTULO EN ESPAÑOL

Las palabras **don** y **doña** son títulos, como **señor** o **señora** pero suelen comunicar más respeto. Históricamente, los términos se empleaban solamente para el clero (*clergy*), la realeza (*royalty*) o la nobleza. Hoy en día, los títulos se usan en una variedad de contextos, pero con frecuencia se utilizan para mostrar respeto o estima para las personas que merecen una reverencia especial, tienen una posición importante de liderazgo, son mayores o están en una posición de poder.

4. Fidel dijo: «Estos indios impiden el desarrollo del país. Por eso estamos como estamos, ¿ya ves?»

Fidel les echa la culpa (echa... *blames*) a los pueblos indígenas por algo. Según él, ¿de qué tienen los indígenas la culpa? ¿Qué opinas de esta crítica?

 ### G. A inferir y predecir

En parejas, miren los fotogramas y contesten las preguntas.

© Alvaro Sarmiento

© Alvaro Sarmiento

1. En el primer fotograma, hay varios carteles que empiezan con la palabra «Necesito». ¿Qué tipos de carteles son? ¿Qué se necesita?
2. En tu opinión, ¿cómo se siente Leoncio en el primer fotograma?
3. ¿Dónde están las personas en el segundo fotograma? ¿Qué están haciendo? ¿Cómo se sienten? ¿Cómo están vestidas?
4. ¿Qué va a pasar en el futuro?

 ### H. Sin sonido: Las pistas visuales

PASO 1. Mira el cortometraje entero sin sonido. Presta atención a las acciones y las emociones expresadas en la cara de los personajes. Utiliza las pistas visuales para escribir por lo menos cinco oraciones resumiendo lo que crees que ocurre en «Kay Pacha». Explica el argumento y el desenlace lo mejor que puedas. **¡OJO!** No te preocupes si no estás seguro/a. Observa y adivina. ¡Vas a mirar el cortometraje con sonido pronto!

© Alvaro Sarmiento

 PASO 2. Compara tu resumen del argumento (del **Paso 1**) con el de una pareja. ¿Son parecidas sus interpretaciones de las pistas visuales? ¿Cómo son diferentes?

 PASO 3. Ahora, escribe cinco preguntas sobre el cortometraje. Utiliza cinco palabras interrogativas diferentes. Pueden ser preguntas sobre lo que sucede o de opinión. Hazle tus preguntas a tu pareja y apunta sus respuestas.

II. VOCABULARIO

A. Las condiciones de trabajo

PASO 1. Leoncio pierde su trabajo y la familia debe superar problemas económicos. Lee las oraciones sobre las siguientes escenas, infiere el significado de las palabras **en negrilla** y contesta las preguntas.

© Alvaro Sarmiento

El empleador de Leoncio, don Fidel, está harto de <u>los reclamos</u> de Leoncio. Don Fidel contrató a **obreros** para trabajar en un sitio de construcción, pero no <u>cumple con</u> **las leyes** de protección para **los obreros**. Demuestra una actitud negativa y discriminatoria hacia Leoncio y **los obreros indígenas**. Los **menosprecia**. Leoncio insiste que don Fidel deba <u>cumplir con</u> su responsabilidad de pagarles a **los obreros**. Pero como Leoncio trabaja en el sector informal de la construcción no puede reclamar **el maltrato** de don Fidel formalmente al **gobierno**.

© Alvaro Sarmiento

Leoncio mira **los anuncios** de trabajo en **la bolsa de trabajo**. Necesita conseguir un empleo porque sus jefes lo **despidieron** cuando les pidió el dinero que le debían. Era **un obrero** en una obra de construcción. ¿Lo va a contratar alguien?

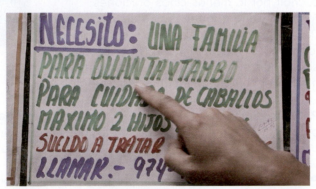

© Alvaro Sarmiento

En **la bolsa de trabajo**, le interesa a Leoncio **un anuncio** para un trabajo que requiere el cuidado de caballos. Pero, se fija en el hecho de que solamente se permita a dos hijos menores. En general, **la mano de obra** enfrenta dificultades para <u>encontrar</u> trabajos y ganar suficiente para **mantener a su familia**. ¿Va a **solicitar** este trabajo? ¿Cómo puede <u>encontrar</u> un trabajo?

Preguntas

1. ¿Tienes un trabajo? ¿Dónde trabajas? ¿Cómo es tu jefe? ¿Qué hiciste para conseguir el trabajo? ¿Tuviste un trabajo cuando eras más joven?

2. ¿Alguna vez renunciaste? ¿Te despidieron por alguna razón? En general, ¿por qué renuncia alguien a un trabajo? ¿Por qué despide un jefe / una jefa a su empleado/empleada?

3. ¿Es difícil encontrar un trabajo nuevo? ¿Por qué? ¿Se puede encontrar un trabajo en un anuncio? ¿Qué otros recursos hay para encontrar un trabajo?

4. ¿Se menosprecian ciertos trabajos en tu comunidad? ¿Cuáles? ¿Menosprecian algunos empleadores a sus empleados? ¿Cómo reaccionan o pueden reaccionar los empleados?

5. ¿Qué puede hacer un empleado / una empleada si hay maltrato en su trabajo? ¿Qué recursos o leyes hay para proteger a los obreros?

6. ¿Alguna vez pediste un aumento de sueldo? ¿Qué sucedió? Si no pediste un aumento de sueldo, ¿por qué no?

PASO 2. Usa palabras de vocabulario (del **Paso 1**) para completar la conversación imaginaria entre Leoncio y su esposa, Inés.

¡Tienes que encontrar un trabajo!

LEONCIO: No te preocupes. Voy a conseguir un trabajo. Fui a donde ponen los _____ [1] de trabajo y voy a _____ [2] una chamba para ser vigilante.

INÉS: Pero, muchas personas _____ [3] esos trabajos que ponen en la bolsa de trabajos. Son muy difíciles de conseguir. Encima, no tienes experiencia. No sabes nada de ser vigilante.

LEONCIO: No respetas, pues, mis decisiones. Yo sé _____ [4] a mi familia. Pero la cosa está jodida. No hay trabajo.

INÉS: ¿Para qué tienes tantos hijos, pues? ¿Qué les vamos a dar de comer? Tienes que _____ [5] algo ahorita. ¿Por qué no buscas algo con tu primo vendiendo anticuchos[a] en su anticuchera? Habla con él nomás y dile que lo puedes ayudar.

LEONCIO: Mi primo compite con todos los otros vendedores que trabajan en las áreas turísticas. A él no le sobra _____ [6] para pagarle a nadie. Voy a _____ [7] algo mañana.

---

[a]shish kebab

*Vocabulary words underlined and differently colored are featured in the dialogue of the short film.

B. La economía sumergida y la mano de obra informal*

 PASO 1. Lee sobre el trabajo de las jóvenes que forma parte de la economía sumergida en Cusco, Perú. Infiere el significado de las palabras **en negrilla**. Luego, en parejas, túrnense para hacerse las preguntas que siguen y contestarlas.

© Alvaro Sarmiento

Carmencita y Maribel tienen **vestimenta indígena** tradicional y trabajan por **propinas** que les dan los turistas que vistan la Plaza de Armas y otros sitios turísticos del Perú. Ellas les preguntan a los turistas si quieren cargar a la ovejita. Cuando una turista les preguntó cuánto **cuesta** tomarse una foto con ellas, ellas le responden que no **cobran** nada, solamente aceptan **propinas** voluntarias. Los turistas les pagan **en efectivo**. Maribel tiene que **recurrir a** este trabajo informal porque su padre no tiene un trabajo estable. Sus **ganancias**, por lo tanto, no se contarían (no... *would not be counted*) en los datos oficiales del gobierno y, al no saber de estos **ingresos, el gobierno no les cobraría impuestos** a las jóvenes.

Source: "INEI: El 79% del empleo en el Perú es informal," peru21.pe, March 7, 2014. http://peru21.pe

1. ¿Cuánto cobran Maribel y Carmencita por tomarse una foto con ellas y las ovejitas? ¿Cómo deben pagarles los turistas? ¿Por qué?

2. ¿Tienen que pagar Maribel y Carmencita impuestos sobre sus ingresos? ¿Por qué sí o no? ¿Es legal su trabajo? ¿Cómo lo sabes?

3. ¿Pagas todo en efectivo? ¿En qué situaciones utilizas efectivo en lugar de una tarjeta de crédito?

4. ¿Qué opinas de los impuestos? ¿Es fácil no pagar los impuestos?

5. ¿Alguna vez en tu vida dependiste de las propinas? Explica.

6. ¿Hay zonas turísticas cerca de donde vives? ¿Trabajas o trabajaste en el sector turístico? ¿Qué experiencias suelen comprar los turistas? ¿Qué están comprando los turistas en este cortometraje?

PASO 2. Lee más información sobre la economía sumergida y luego contesta las preguntas.

© Omar Mogollón-Alagunna

¿Qué actitud demuestra esta tira cómica sobre **los vendedores ambulantes**? Es decir, se trata de **vendedores** que no trabajan en una tienda o puesto físico. En algunos países del mundo hispanohablante, los trabajos relacionados a las actividades comerciales informales, como **los vendedores ambulantes,** constituyen la mitad[a] de todos los trabajos. En Nicaragua, se calcula que el 65% de los trabajadores **realiza** trabajos en el sector informal. En Paraguay, llega al setenta por ciento de todos los trabajadores. En el Perú, el trabajo informal constituye el diecinueve por ciento del producto interno bruto (PIB),[b] es decir, de todos los servicios y productos vendidos en el país.

---

[a]*half*   [b]*producto... gross domestic product*

Existen sectores informales laborales en todos los países. Los trabajos informales no se regulan y, por lo tanto, no están sujetos al control fiscal y legal de **un gobierno.** Por ejemplo, **el gobierno** no puede **cobrarles impuestos a los obreros** en un trabajo informal. Por otro lado, **las leyes** que protegen **los derechos** de **los obreros** no pueden regular esos tipos de transacciones comerciales. Esos **obreros**, entonces, pueden sufrir abusos o **explotación** laboral.

Los trabajos informales se **realizan** muchas veces a pequeña escala y con poco capital. Muchos trabajos informales son actividades legales, pero **la economía sumergida** también se compone de trabajos ilegales, como el narcotráfico o la piratería de *software*, películas y otros productos digitales. Pero muchos son trabajos de crear o vender algo por su propia cuenta, sin que **una empresa** o **el gobierno** controle las

© Roy Morsch/age fotostock/Alamy

transacciones. Por ejemplo, este señor vende frutas y verduras en la calle. Es **un vendedor ambulante**, lo cual significa que va de un sitio para otro para venderlas.

Hay diferentes tipos de trabajos informales. Además de muchos trabajadores independientes que proveen servicios o venden productos, se **encuentran** muchos trabajos en **la economía informal** en las siguientes categorías:

- trabajadores domésticos (la limpieza, cuidado de niños o gente mayor)
- gente que trabaja en su casa fabricando o haciendo algún producto
- **vendedores ambulantes** que venden comida, **artesanía** u otros productos
- recicladores, gente que rebusca[c] materiales o comida de la basura para consumir o vender
- trabajadores en el sector turístico que no son empleados de los hoteles, de las aerolíneas o de medios de transporte
- trabajadores de construcción
- trabajadores del cultivo de productos agrícolas

---

[c]*rummage through*

Más vocabulario sobre los vendedores ambulantes y la obra de mano informal	
realizar	to carry out
la empresa	company
la explotación	exploitation
Repaso: explotar, respetar, la artesanía	

Comprensión

1. ¿Cómo se define un vendedor / una vendedora ambulante? ¿Qué venden los vendedores ambulantes donde vives? _____
_____

2. ¿En qué países hispanohablantes son los trabajos informales más de la mitad de los trabajos? _____

3. ¿Cuáles son algunos ejemplos de los trabajos legales e ilegales que forman parte de las economías laborales sumergidas? _____
_____
_____

4. ¿Cuál es una ventaja y una desventaja de estos tipos de trabajos? _____
_____
_____

🔊 **PASO 3.** Escucha las siguientes personas que describen sus trabajos. Decide si cada una describe un trabajo de la economía formal o informal.

MODELO: *Oyes:* Yo confecciono artesanía peruana. Soy tejedora y hago tejidos a mano de la lana de alpaca. Este tipo de lana es de muy buena calidad y me permite crear una variedad de prendas. Trabajo con otras mujeres de mi pueblo y vamos a los mercados para vender nuestros tejidos. Antes trabajé en un mercado cerca de la Plaza de Armas pero perdí mi puesto.

____ trabajo formal   _X_ trabajo informal

1. _____ trabajo formal   _____ trabajo informal
2. _____ trabajo formal   _____ trabajo informal
3. _____ trabajo formal   _____ trabajo informal
4. _____ trabajo formal   _____ trabajo informal
5. _____ trabajo formal   _____ trabajo informal
6. _____ trabajo formal   _____ trabajo informal

© Danita Delimont/Alamy RF

C. Narración: Un día típico en la plaza

PASO 1. Imagina que Maribel describe un día en su vida de la semana pasada. Escribe un párrafo en el pasado según su punto de vista y utiliza por lo menos diez de las siguientes palabras/ frases de la lista de vocabulario.

MODELO: **Un día según la perspectiva de Leoncio:** Me levanté a las seis y desayuné en casa. Cuando llegué a la obra de construcción, vi a don Fidel, el jefe que me contrató hace un mes. Decidí nomás hablar con él sobre un aumento de sueldo...

cobrar	realizar	el maltrato
costar	el aumento	la plata
encontrar	el derecho	la propina
largarse	en efectivo	el sueldo
menospreciar	las ganancias	la vestimenta

PASO 2. Estudia la tabla sobre las ventajas y las desventajas de una economía informal. Llena los espacios en blanco con una palabra de la lista de vocabulario.

Las ventajas y las desventajas de la economía informal*

LAS VENTAJAS

1. La gente pobre puede _____ una gran variedad de trabajos.

2. La gente pobre que trabaja en el sector informal, sin otras opciones, puede _____ a sus familias.

3. Muchas veces, el trabajador trabaja independientemente y no tiene que sufrir el _____ de un _____ abusivo.

4. El trabajador no tiene que pagar _____. Así que puede quedarse con más de sus _____.

5. Se venden productos que la gente con menos _____ económicos necesitan, a _____ más bajos.

LAS DESVENTAJAS

1. Algunos jefes de los trabajos informales no _____ los _____ de los obreros.

2. Los _____ que ganan con frecuencia son bajos y no hay manera de aumentarlos.

3. Si un empleador es abusivo, los trabajadores no pueden _____ las leyes y al sistema de justicia. En general, el _____ no puede proteger (*protect*) a los trabajadores explotados.

4. Los _____ del sector formal tienen que _____ con las _____ y los reglamentos de trabajo. Por lo tanto, los trabajos informales pueden ser peligrosos porque carecen (*they lack*) de la protección de estas leyes.

5. Los obreros del sector informal participan en _____ sumergida y a veces trabajan en comercios ilegales como la contrabanda. Para los clientes, estos productos pueden ser ilegales y/o ser de baja calidad.

PASO 3. Piensa en un trabajo que has tenido, sea formal o informal, y escribe cinco oraciones para describirlo. Explica cómo conseguiste el trabajo, qué hacías en el trabajo, cómo y con qué frecuencia te pagaban/pagan, las condiciones del trabajo y las ventajas o desventajas de ese tipo de trabajo. Utiliza por lo menos cinco de los siguientes verbos.

VERBOS QUE SE UTILIZAN CON OBJETOS INDIRECTOS		VERBOS REFLEXIVOS
dar	mandar	comprarse
decir	ofrecer	cortarse
enseñar	pagar	lastimarse
entregar	probarse	lavarse
enviar	regalar	ponerse ropa
explicar		quitarse / sacarse ropa

---

*Source: González, Elizabeth. "Weekly Chart: Latin America's Informal Economy," Americas Society / Council of the Americas, April 2, 2015. http://www.as-coa.org; Alter Chen, Martha, "The Informal Economy: Definitions, Theories and Policies," *Women in Informal Employment, Globalizing and Organizing*, August 2012. http://wiego.org; "Concept of Informal Sector," The World Bank Group, Accessed December 13, 2016. http://lnweb90.worldbank.org

PASO 4. En parejas, conversen sobre lo que escribieron en el **Paso 3**. Tu pareja debe hacerte preguntas de seguimiento (*follow-up*).

D. Las voces indígenas / El choque cultural

PASO 1. Las siguientes tiras cómicas muestran choques culturales históricos y contemporáneos. Míralas y lee las descripciones. Luego, contesta las preguntas que siguen.

© Carlos Tovar

El pueblo indígena y el hombre en el tractor describen el concepto del **desarrollo** según su punto de vista. El bosque y los recursos naturales tienen un papel importante en la cultura indígena. Sus **antepasados desarrollaron costumbres** que dependían de esos recursos. **Los sitios arqueológicos,** como el monumento Sacsayhuamán en Cusco, reflejan importantes **costumbres** y valores culturales. Por lo tanto, muchos desean preservar y proteger **las ruinas** de estos **sitios** ante **la explotación** comercial.

ᵃ*management, use*   ᵇ*balanced*   ᶜ*to cut down*

© Guillermo Bastías

En los siglos XV y XVI, los europeos **descubrieron** grandes territorios en las Américas, cuyos recursos y pueblos explotaron para establecer **un imperio** grande. **Los conquistadores** españoles querían aprovechar este **descubrimiento** para enriquecerse y creyeron que tenían el derecho de reclamar y ocupar las tierras americanas en nombre de la corona española y la Iglesia. Esta manera de pensar reflejaba algunas de las actitudes europeas de **la época**. Para los indígenas, **los conquistadores** eran **invasores**. Ellos también «**descubrieron**» a los europeos, una cultura con costumbres y valores muy distintos. Las culturas de los indígenas, que vivían por todas partes de las Américas, se remontaban a **la época antes de Cristo**. En esta tira cómica los pocos **conquistadores** enfrentan al pueblo indígena, cuya **etnia** se difería de la de los europeos.

Más vocabulario sobre las voces indígenas / el choque cultural	
conquistar	to conquer
desarrollar	to develop
el ancestro	ancestor
el antepasado	ancestor
el desarrollo	development
la época	era, time period
la etnia	ethnic group, ethnicity
el invasor	invader
las ruinas	ruins
el siglo	century
el sitio arqueológico	archaeological site
antes/después de Cristo	B.C./A.D.
Repaso: la costumbre	

1. En la primera tira cómica, ¿quién es el conductor del *bulldozer*? ¿Qué punto de vista tiene él? ¿Qué metas tiene? ¿Qué representa o simboliza él?

2. ¿Qué actitudes tienen los indígenas? ¿Qué metas tienen?

3. ¿Qué contrastes trata de resaltar (*highlight*) la tira cómica? ¿Qué critica la tira cómica? ¿Qué opinas de esta crítica? ¿Cómo defines el desarrollo, el progreso?

4. En la segunda tira cómica, ¿qué percepción tienen los conquistadores de «las minorías étnicas»? ¿Cómo se presenta este descubrimiento histórico en los textos históricos? ¿Fue un descubrimiento mutuo?

5. ¿Qué critica esta tira cómica? ¿Cómo presenta a los conquistadores? ¿Qué estrategias visuales emplea la tira para hacer esa crítica?

6. ¿Cómo defines un grupo étnico? ¿Te identificas con un grupo étnico?

7. ¿Cómo reaccionaste o te sentiste al mirar estas tiras cómicas? ¿Reflejan choques culturales históricos y/o choques del siglo XXI?

 PASO 2. En parejas, conversen sobre las preguntas.

1. ¿En tu país hubo una conquista de pueblos indígenas? ¿Qué sucedió? ¿Qué les motivó a los conquistadores? ¿Qué metas tuvieron?

2. ¿Cuáles fueron los efectos de la conquista de los pueblos indígenas en tu país? ¿Qué choques culturales se destacaron (*stood out*) a causa de esta conquista? ¿Qué conflictos se notan hoy en día como resultado?

3. ¿Qué sabes de las costumbres y los valores culturales de los pueblos indígenas de tu país o región?

E. Los efectos de los problemas económicos en la familia y cuestiones de género

PASO 1. La inseguridad y los problemas económicos provocan el estrés familiar. ¿Qué ideas infieres sobre los papeles de cada miembro de la familia de Maribel? Basándote en las descripciones de cada fotograma, ¿qué debe hacer y no debe hacer la madre, el padre y las hijas de la familia según Leoncio e Inés?

© Alvaro Sarmiento

Mientras regresan a casa, Inés y Leoncio hablan de su situación económica. A Inés le preocupa la deuda que tienen, y por eso **se queja de** su situación por sus hijos. Ella cree que no pueden **mantener** a más hijos, por lo que está a favor de utilizar algún tipo de **control de natalidad**.

© Alvaro Sarmiento

Leoncio es **la cabeza de la familia**. Cuando Inés le pregunta si ha conseguido algo de dinero esta semana, él le responde que solamente le pagaron diez soles. Ella está preocupada porque es difícil **mantener** a tres hijas, y está enojada porque Leoncio no fue a la posta (*medical clinic*) para tener una vasectomía. Leoncio se frustra y le dice a Inés que ella debe callarse y que no debe **meterse**.

© Alvaro Sarmiento

Maribel escucha la pelea entre sus padres. Inés dice que no quiere **engendrar** a más hijos porque ni tienen suficiente dinero para **criar** a los hijos que ya tienen. Leoncio dice que va a juntar **plata** porque va a conseguir un trabajo de vigilante (*security guard*). Según Leoncio, sus hijas ya no van a trabajar. Le dice a Inés lo siguiente, «¿Tú crees que a mí no me **fastidia** ver a mis hijas trabajando? Una en el mercado y la otra sacándose fotos con los gringos. ¡Me jode! Pero no **encuentro** trabajo. No hay trabajo. Encima jodes y jodes. ¿Sabes qué voy a hacer? ¡Me voy a ir de esta casa!»

Vocabulario sobre los problemas económicos en la familia y cuestiones de género

criar	to raise (*children*)
fastidiar	to disgust; to bother
meterse	to meddle; to get involved
el/la cabeza de familia	head of family
el control de natalidad	birth control
la feminidad/masculinidad	femininity/masculinity
el machismo/feminismo	machismo/feminism
femenino/a / masculino/a	feminine/masculine

Repaso: la (des)igualdad

 PASO 2. Escucha las oraciones sobre los fotogramas del **Paso 1**. Decide si lo que oyes es cierto o falso. Si es falso, corrige la oración.

MODELO: *Oyes*: Leoncio encontró un trabajo de vigilante.

Escribes: Falso. Leoncio quiere encontrar un trabajo de vigilante, pero no ha conseguido ese trabajo.

	CIERTO	FALSO
1.	_____	_____
2.	_____	_____
3.	_____	_____
4.	_____	_____
5.	_____	_____
6.	_____	_____

PASO 3. En el videoclip que vimos de «Kay Pacha», Don Fidel despide a Leoncio. Adivina qué sucede después de ese día cuando él pierde su trabajo. ¿Qué hizo su hija, Maribel? ¿Cómo reacciona su esposa, Inés? Inventa un final de cinco o seis oraciones y utiliza palabras de la lista de vocabulario.

© Alvaro Sarmiento

MODELO: Leoncio busca al jefe de don Fidel y se queja del mal tratamiento. Le dice que don Fidel no respeta los derechos de los obreros... Maribel se viste de indígena para los turistas.

F. ¿Qué opinan los demás?

 PASO 1. Las personas entrevistadas responden a las siguientes preguntas. Escribe por lo menos cinco palabras del vocabulario de este capítulo que probablemente van a incluir en sus respuestas.

- ¿Qué tipos de trabajos ha tenido Ud. en su vida? ¿Trabaja o trabajó alguna vez por propinas?
- w¿Tiene o tuvo Ud. protecciones legales en su trabajo? Explique.
- ¿Hay muchas personas que trabajan en el sector informal de la economía en su país (por ejemplo, vendiendo cosas en la calle)? ¿Qué productos o servicios venden? ¿Qué otros trabajos hace la gente en este sector informal? ¿Cuáles son las ventajas y desventajas de estos trabajos?

1. _____ 2. _____ 3. _____ 4. _____ 5. _____

 PASO 2. En parejas, lean las ideas expresadas por los entrevistados. Piensen en alguna conexión entre las ideas y su vida. Si no hay ninguna conexión, expliquen por qué.

MODELO: *Idea*: Trabajé por propinas como mesera y fue muy difícil.

Tú dices: Nunca trabajé por propinas como mesera, pero mi compañera de cuarto trabaja como mesera y ella se queja de las propinas que algunos de los clientes le dejan. Y dice que si no hay mucha clientela una noche, ella gana muy poco.

1. He tenido trabajos de pintor y jardinero.
2. Hay mucho comercio en la calle donde vivo yo.
3. El primer trabajo en donde me pagaban con propina fue en un restaurante.
4. Donde yo vivo hay mucha gente que vende comida en la calle.
5. He trabajado cuidando bebés y limpiando casas.
6. Donde yo vivo, hay asociaciones que ayudan a personas que necesitan rehabilitarse a vender productos en la calle.

PASO 3. Primero, lee las siguientes citas de las entrevistas. Luego, mira los videoclips de las entrevistas. Por último, escribe la letra de la palabra o frase que mejor complete la oración en la columna izquierda.

Palabras útiles

el calzado
footwear
la maquiladora
assembly plant
el mercado sobre ruedas
flea market,
open air market
el tamarindo
tamarind, the
fruit from the
tropical
tamarind tree,
used to make
beverages and
medicine

Martín e Irma   **Steve**   **Michelle**

_____ 1. «Yo no he tenido ninguna _____ legal».

_____ 2. «Las ventajas de trabajar en el sector _____ es de que tú pones tu propio horario».

_____ 3. «He trabajado en una tienda donde _____ lentes».

_____ 4. «En los sectores informales... he visto _____ de ropa y calzado, también».

_____ 5. «La desventaja es de que si no hay trabajo ese día, si no hay _____, si no hay clientela, no sacas para comer».

_____ 6. «En República Dominicana hay mucha gente que vende diferentes productos como tamarindo o empanadas de yuca... . La ventaja es poder hacer un poquito de dinero. La desventaja es que no están _____».

a. negocios
b. vendían
c. protección
d. vendedores
e. protegidos
f. informal

 PASO 4. En parejas, contesten las preguntas sobre las entrevistas.

1. ¿Quiénes han trabajado por propina? ¿A quién no le gustó? _____
   _____

2. Según Martín e Irma, ¿qué se vende en un mercado sobre ruedas en México? _____

3. ¿Quién ha trabajado en una maquiladora? _____

4. ¿Cuáles son las ventajas y las desventajas de trabajar en el sector informal, según los entrevistados? _____
   _____
   _____

5. De los tres países de origen de los entrevistados (México, Puerto Rico y la República Dominicana), ¿en qué país no se ve mucha gente vendiendo en la calle? _____

6. ¿Quién ha tenido un trabajo corporativo? _____

 PASO 5. En parejas, conversen sobre sus propias ideas respecto a las preguntas del **Paso 1**.

III. GRAMÁTICA

Palabras útiles

acabarse
to run out of (money, time, patience, etcetera)

chambear
to work

jalar el pelo de alguien
to pull someone's hair

la nena
little girl

pellizcar
to pinch

la posta
clinic

nomás
just, only

prometedor
promising (*adj.*)

rogar
to beg

el soroche
altitude sickness

el sol
Peruvian currency

4.1 «El trabajo, yo te lo doy y me dices "abusivo"»
Los pronombres en combinación

¿Comprendiste?

Vas a mirar el cortometraje entero sin los subtítulos. **¡OJO!** No te preocupes si no entiendes todo. Puedes mirarlo varias veces y usar el contexto (por ejemplo, los gestos, las acciones, el sonido y el escenario) para ayudarte a entender el argumento. Enfócate en las palabras que sabes.

PASO 1. Mientras miras el cortometraje, escribe por lo menos cinco oraciones que describen interacciones entre los personajes. Usa un tiempo pasado e incluye complementos directos o indirectos con los pronombres correspondientes cuando sea necesario.

> **MODELO:** Carmencita y Maribel **le** hablaron a una turista.
>
> La turista **les** hizo preguntas a las jóvenes.
>
> Maribel escuchaba a sus papás mientras discutían y **se** sentía triste y preocupada.

© Alvaro Sarmiento

© Alvaro Sarmiento

PASO 2. Decide si los siguientes diálogos imaginarios son lógicos o ilógicos, según lo que viste en el cortometraje. Si es ilógico, explica por qué.

> **MODELO:** Entre Leoncio y don Fidel

© Alvaro Sarmiento

© Alvaro Sarmiento

LEONCIO: Don Fidel, desde que Ud. me despidió, no tengo suficiente plata para mantener a mi familia. Necesito ese trabajo en el hotel. **¿Me lo** puede ofrecer otra vez?

DON FIDEL: Por supuesto, Leoncio. **Te lo** doy otra vez, con mucho gusto. Ven mañana al sitio a trabajar.

_____ Es lógico. __X__ Es ilógico.

Es ilógico porque es obvio que a don Fidel no le importan los problemas económicos que Leoncio y los otros obreros tienen.

1. Entre Maribel y su madre, Inés

MARIBEL: Mami, estas papas podridas (*rotten*), ¿dónde las pongo?

INÉS: Ponlas detrás de nosotras. Vamos a llevarnos solamente las buenas. Ese saco allí, **me lo** puedes pasar para las buenas?

_____ Es lógico. _____ Es ilógico.

2. Entre Maribel y Carmencita

CARMENCITA: ¿Quieres ir a las calles don Bosco y Arco Iris hoy?

MARIBEL: ¿Por qué a esas calles?

CARMENCITA: Mi mamá **me las** recomendó porque dijo que por las tardes los domingos hay muchos turistas pero no hay muchos jóvenes trabajando.

_____ Es lógico. _____ Es ilógico.

3. Entre Leoncio e Inés

LEONCIO: Mira, aquí están los cien soles que te traje.

INÉS: No entiendo. ¿Los encontraste en la calle?

LEONCIO: No, el don Fidel **me los** pagó por todo el trabajo de más que hice. Quiero dár**telos** porque sé que quieres comprar un auto nuevo.

_____ Es lógico. _____ Es ilógico.

_____

_____

4. Entre Maribel, Carmencita y una turista

TURISTA: ¿Cuánto cuesta por sacar una foto con Uds. y la ovejita?

MARIBEL Y CARMENCITA: Bueno, no cuesta nada. Trabajamos por una propina voluntaria.

TURISTA: Muy bien. No tengo efectivo. ¿Les puedo pagar la propina por tarjeta de crédito?

MARIBEL Y CARMENCITA: Por supuesto, señora. Ud. **nos la** puede pagar con tarjeta de crédito, cheque o con efectivo.
_____ Es lógico. _____ Es ilógico.

Actividades analíticas

Los complementos indirectos juntos con complementos directos

¡A analizar!

En parejas, túrnense para leer las oraciones y decidan si son ciertas o falsas con respecto a los sucesos del cortometraje «Kay Pacha». Corrijan las oraciones falsas.

	CIERTO	FALSO
1. Maribel llevó a la ovejita a la plaza y **se la** entregó a un turista para una foto.	_____	_____
2. La turista de Suiza les dijo a Carmencita y Maribel «Las ovejitas están preciosas. ¿**Me las** pueden regalar»?	_____	_____
3. Leoncio les pidió cien soles a sus jefes y ellos **se los** dieron.	_____	_____
4. Leoncio le compró un vestido nuevo a su hija Maribel y le dijo «Mira, mi hija, lo que te compré. Es un vestido nuevo. **Te lo** regalo. Ya no tienes que andar en la plaza llevando la vestimenta indígena».	_____	_____
5. Inés estaba frustrada con su matrimonio y estaba diciéndo**selo** a Leoncio cuando Maribel se despertó y los escuchó.	_____	_____
6. Carmencita y Maribel pusieron las propinas en los bolsillos pero un turista **se las** robó.	_____	_____
7. Después de tomarse una foto con dos turistas, Maribel les dijo, «Aceptamos propinas y Uds. pueden pagár**noslas** si quieren. Son propinas voluntarias».	_____	_____
8. Según Fidel, hay muy pocos trabajos en la ciudad, pero él cree que su empresa debe ofrecér**selos** a los pueblos indígenas.	_____	_____

1. Indirect and direct object pronouns sometimes occur together in a sentence.

   Remember that an indirect object pronoun (**me, te, le, nos, os, les**) is present anytime an action implies or refers to a person who is affected in some way by the action, such as *to you, for me.* (Ask: *[Verb] to/for whom?*) The indirect object pronoun needs to appear even if the indirect object itself is still present. Meanwhile, a direct object pronoun (**me, te, lo, la, nos, os, los, las**) stands in for the thing, a person, or an idea that directly receives the action of the erb. (Ask: *[Verb] what?*)

   Refer to the examples in **¡A analizar!** to answer the following questions about the positioning of these object pronouns.

   When both pronouns are used together, they're placed _____ a conjugated verb. They can also both be _____ to an infinitive (**pagar**, for example) or a present participle form of the verb (**diciendo**, for example).

   Which pronoun comes first when the direct and the indirect object pronouns are used together? _____

   In the question, **¿Me las pueden regalar?** [*Can you give them* (*the little lambs*) *to me?*], **me** is the indirect object pronoun, referencing the person secondarily affected by the verb's action. Identify the indirect object pronouns and the person(s) they refer to in the following two sentences from **¡A analizar!**

   > *Te lo* regalo. _____
   >
   > Aceptamos propinas y Uds. pueden pagár*noslas* si quieren. _____

2. Remember the two Spanish stress rules: words that end in a vowel, **n** or **s** are stressed on the *second to the last* syllable; words that end in a consonant other than **n** or **s** are stressed on the *last syllable*. An accent mark is required when the pronunciation of a word breaks one of these rules. That's why attaching pronouns to the end of commands,* infinitives, or present participles often necessitates the addition of a written accent: a new word is formed that may break a stress rule.

   For example, look at sentences **5, 7,** and **8** in **¡A analizar!** and note the accent marks that are required due to the attachment of the object pronouns. In each case, the accent mark is placed over the vowel that was originally stressed before the object pronouns were added. Here are more examples.

   > Esta vestimenta nueva es para ti, Luci. Vamos a *ponértela*.
   >
   > Las propinas que ganamos, estamos *poniéndolas* en nuestros bolsillos.
   >
   > Maribel, esa bolsa, *pásamela*.

   Where should the accent mark be placed on the two italicized words below?

   > No quiero hablar más de ir a la posta pero tú sigues *hablandomelo*. _____
   >
   > Esa ovejita, ¿puede Ud. *cargarmela*? _____

3. In **¡A analizar!** sentences **1, 3, 5, 6,** and **8** we see a new indirect object pronoun form, one that is different from the main forms (**me, te, le, nos, os, les**). This change occurs in order to avoid a specific repeated consonant sound. Use the sentences above to analyze this occurrence.

   > Maribel llevó a la ovejita a la plaza y se la entregó a un turista para una foto.

   _____
   *We will study this in **Gramática 4.2**.

What is the direct object of the verb **llevó**? What was carried? _____

What is the direct object pronoun? ___ What was handed over? _____

The verb **entregó** also has an indirect object. To whom was something handed over? _____

Which indirect object pronoun would normally be associated with that indirect object? ___

Was that pronoun used in this sentence? ____

Analyze two or three more **¡A analizar!** sentences. Identify the direct and indirect objects in each.

Was the indirect object pronoun typically associated with that indirect object used in any of these examples? ____

What word was used instead? ____

In order to avoid the repetition of a particular consonant sound, the indirect object pronouns **le** and **les** will change to **se** before a direct object pronoun that begins with what letter? __

Use the **¡A analizar!** sentences to help you fill in the following chart with the rules for indirect and direct object pronouns.

Los pronombres de complemento indirecto y directo juntos			
Original	**Changes to...**	**Original**	**Changes to...**
le lo	_____	les lo	se lo
le la	_____	les la	se la
le los	_____	les los	_____
le las	se las	les las	_____

Los complementos reflexivos juntos con complementos indirectos o directos

¡A analizar!

Lee los diálogos y decide si los pronombres **en negrilla** son reflexivos, directos o indirectos.

—Don Fidel, ya tenemos varios meses chambeando y Ud. **nos**[1] dijo que **nos**[2] iba a aumentar el sueldo y hasta ahora nada. Todo sigue igual.

—Lárga**te**.[3] No puedes quedar**te**.[4]

—¿Capital Berna?

—¡Tú **lo**[5] sabes!

—Sí, en el colegio **nos**[6] enseñan.

—Es buen colegio. **Me**[7] alegro mucho.

1. _____   3. _____   5. _____   7. _____

2. _____   4. _____   6. _____

© Alvaro Sarmiento

© Alvaro Sarmiento

A la posta debiste ir, pues, Leoncio, cuando las señoritas **te**[8] dijeron vasectomía para el control de natalidad. **Me**[9] quejo por mis hijas.

—¡A mí no **me**[10] toques, Leoncio! ... ¿Quieres engendrar más hijos para qué? ¿Para mandar**los**[11] a la calle...?

—¡Cálla**te**!**[12]** Mis hijas lo único que van a hacer es trabajar por vacaciones.

8. _____ 9. _____

10. _____ 11. _____ 12. _____

4. The pronouns **me**, **te**, **os**, and **nos** can be reflexive, direct, or indirect. Pay close attention to their use in the sentence, because that is often the only way to tell these types of pronouns apart.

You already know to identify the verb and ask *"[Verb] what?"* to find the direct object (*Eat what? Write what?*), and *"[Verb] to/for whom?"*; (*Write to whom? Cook for whom?*) to find the indirect object. Reflexive pronouns (**me, te, se, nos, os, se**)* can also be easily identified in a sentence. Remember that reflexive pronouns will always match the subject of the verb and verb form: **(yo)** *me* **llamo, (tú)** *te* **llamas.** In contrast, an indirect or a direct object pronoun will not match the subject of the verb.

Identify the three pronominal verb infinitives used with the first two **¡A analizar!** film stills. _____

Which reflexive pronouns were used with these verbs? _____ and _____

For the two pronominal verbs under the last two stills, identify the subject of the verb and the pronoun:

　quejarse: _____

　callarse: _____

Contrast the following sentences.

Me preocupo mucho por mis hijas.　　*I worry / I get (<u>myself</u>) worried a lot about my daughters.*

Mis hijas **me** preocupan.　　*My daughters worry/concern <u>me</u>.*

Note that in the first example, the verb ending **-o** corresponds to the first person singular subject, **yo.** The pronoun **me** matches that subject. Therefore, the pronoun **me** must be reflexive. The pronominal verb **preocuparse** is used to express a process, that of *getting worried.*

In contrast, in the second example, the verb ending **-an** does not match the pronoun, and instead corresponds to the third person plural subject. This means that the pronoun **me** is NOT a reflexive pronoun. Here the word **me** functions as _____ object pronoun: something is worrisome *to me.*

Both sentences express comparable ideas, but **me** functions differently in each.

_____

*See **Gramática 1.2** for a review of pronominal verbs.

5. When two pronouns are used together, they must follow a particular order. In the following sentences, identify the kinds of pronouns used and try to infer the rule for the order of the two pronouns.

La madre de Carmencita trajo la vestimenta. Luci va a probár**sela**.[1, 2] La madre de Carmencita está ayudándo**la**.[3]	*Carmencita's mother brought the outfit. Luci is going to try* <u>it</u> *on (herself). Carmencita's mother is helping* <u>her</u>*.*
Se[4] **les**[5] acabó la plata y a Inés **se**[6] **le**[7] acabó la paciencia.	*The money ran (itself) out on* <u>them</u> *and patience ran (itself) out on* <u>Inés</u>*. / They ran out of money and Inés ran out of patience.*

In the examples above, reflexive pronouns are used in combination with both direct and indirect object pronouns. Which type of pronoun usually occurs first? _____

To remember the order in which these pronouns are placed, learn the acronym **RID,** which stands for **r**eflexive, **i**ndirect, and **d**irect. Note that only two—not all three—types of pronouns can be used in combination with one verb. Now give the types of pronouns you just identified in the sentences above.

1. _____   5. _____
2. _____   6. _____
3. _____   7. _____
4. _____

Now complete the placement rules* below based on the sentences above.

The reflexive, indirect, and direct object pronouns are placed _____ conjugated verbs, and may either precede or be attached to _____ and the _____.

6. Pronominal verbs that describe unplanned or accidental events are often combined with indirect object pronouns. The indirect object pronouns indicate the "victims" of these events.

While English often tends to describe the person involved as the cause of an unfortunate event, and therefore as the subject of the sentence, Spanish stresses that people are affected by an unintended mishap. For this reason, the people affected are expressed as indirect object pronouns in Spanish. Notice the awkwardness of literally translating into English the pronominal verbs describing unplanned/accidental events.

A Leoncio **se le perdió** el trabajo.	*Leoncio* <u>lost the job</u>*. (The job "got lost" to Leoncio. / The job "lost itself" to Leoncio.)*

Acabarse is a pronominal verb that means *to run out of.* The use of this pronominal verb plus the mention of the person(s) affected by the verb's action will require the use of both a reflexive and an indirect object

*In **Gramática 4.2** we will address the position of these pronouns when used with commands.

pronoun, and communicates the idea that something *ran out on someone,* as in the sentences below.

A ellos **se *les* acabó** el dinero.   *They ran out of money. [The money "ran (itself) out on" them.]*

A Inés **se *le* acabó** la paciencia.   *Inés lost her patience. [Patience "ran (itself) out on" Inés.]*

The indirect object pronouns from the sentences above are italicized. To whom does each one refer?

Se *les* acabó el dinero. _____

Se *le* acabó la paciencia. _____

Accidental or unplanned events—losing, forgetting, dropping, breaking, running out of—tend to be talked about by using pronominal verbs with reflexive pronouns. The people affected are identified by indirect object pronouns. You'll remember that pronominal verbs with reflexive pronouns are sometimes used to communicate the process of *getting* or *becoming* (**preocuparse, alegrarse**). An accidental or unplanned event can also be understood as a similar kind of process: *got lost, got run out of, got broken, got left behind*, and so on.

In short, Spanish often uses the pronominal form of certain verbs plus an indirect object pronoun to talk about mishaps and unplanned events, and who was affected by them. The literal English translations vary, but in general they are similar to the way we might talk about car problems or other mishaps: *The car broke down on me. / The computer froze up on me.*

Study the following two examples.

A Inés **se *le* cayeron** algunas papas.   *Inés dropped the potatoes. / Some potatoes fell out on Inés. (She is the person affected.)*

What is the indirect object pronoun in the above sentence? ___

What is the pronominal verb? _____

A ellos **se *les* quedaron** solamente dos soles.   *They only had two soles left. / Only two soles were left behind to them.*

What is the indirect object pronoun in the above sentence? ____

What is the pronominal verb? _____

Write the formula for these types of unplanned occurrences.

se + _____ + _____ -person form of a verb (singular or plural, to match the subject) + the verb subject

Below are some of the most common verbs that are used with the reflexive pronoun **se** and an indirect object pronoun to express unplanned/accidental events. Fill in the meanings in the table below.

VERBO (NORMAL)	SIGNIFICADO	EJEMPLO	VERBO PRONOMINAL	SIGNIFICADO	EJEMPLO
acabar	to end, to complete, to finish	Antes de **acabar** con la obra del hotel, tuvieron que consultar con los pueblos indígenas que querían proteger el monumento.	**acabarse**	to run out of	A Inés y Leoncio **se les acabó** la plata.
caer	to fall	**Cayeron** las piedras cuando tumbaron el edificio.	**caerse**	_____	A Inés, **se le cayeron** tres papas del saco.
ocurrir	to happen, to occur	Varios sucesos desafortunados **ocurrieron** esa semana. Por eso, ellos se sentían tristes y frustrados.	**ocurrirse**	_____ _____ _____	A Leoncio, **se le ocurrió** mirar los anuncios de trabajo.
quedar	to be located; to be left over; to remain	El templo no quedaba lejos de la plaza. Puesto que les **quedaron** solamente veinte minutos, las jóvenes decidieron ir corriendo para el templo.	**quedarse**	to get left behind	Cuando ella salió de la plaza, **se le quedaron** las propinas. Las dejó en el banco.

7. Finally, indirect object pronouns are used with impersonal or passive **se** constructions to stress who is affected by the verb's action. Fill in the blank with the correct indirect object pronoun.

En pocos colegios se ____ enseña el idioma quechua a los niños.

The Quechua language is taught to kids in very few schools.

Se____ vendieron varias artesanías quechuas a los turistas.

Several Quechua crafts were sold to tourists.

No se ___ ofrecen muchas oportunidades a la gente indígena.

Not many opportunities are offered to the indigenous people.

In summary, there are three different combinations of reflexive and object pronouns:

Reflexive + direct: **RD**

Reflexive + indirect: **RI**

Indirect + direct: **ID**

Read the following descriptions and decide which of the three combinations of pronouns is used in each sentence.

A Inés **se le** ocurrió hacer un vestido para Luci. **Se le** ocurrió porque a Leoncio **se le** perdió el trabajo y necesitaban la plata. ___

Maribel llevó un traje quechua en la plaza. **Se lo** puso porque cuando lo lleva los turistas le dan propinas. ____

Don Fidel les pagó a los empleados cincuenta soles por su trabajo. Pero, un día no **se los** pagó porque no había suficiente plata para pagarles. ___

Actividades prácticas

A. Citas y conversaciones

PASO 1. ¿Quién lo dijo? Lee las siguientes citas del cortometraje. Para cada una, indica el personaje / los personajes que la dijo. Luego, reescribe <u>la parte subrayada</u>, usando un pronombre de complemento directo. Sigue el modelo.

Maribel

las otras jóvenes que trabajan

Inés

la madre de Carmencita

don Fidel

> **MODELO:** Cuando te agarran, te jalan, te pellizcan... <u>te jalan el cabello</u>. (*They pull your hair.*)
>
> ¿Quiénes lo dijeron?
>
> Las otras jóvenes que trabajan en la ciudad lo dijeron: <u>Te lo jalan</u>. (*They pull it.*)

1. Con unas cinco piedritas que están amontonadas ahí, <u>no nos van a joder el hotel.</u>

   ¿Quién lo dijo? _____: _____

2. —¿Capital Berna?

   —¡Tú lo sabes!

   —<u>Sí, en el colegio nos enseñan.</u>

   ¿Quién lo dijo? _____: _____

3. Debiste ir a la posta cuando las señoritas <u>te dijeron vasectomía para el control de natalidad.</u>

   ¿Quiénes lo dijeron? _____: _____

4. <u>Nos iban a quitar</u> la montera (*type of Peruvian hat*). Nos la quitan o si no, matan a los carneritos.

   ¿Quiénes lo dijeron? _____: _____

5. Justo estaba yendo a tu casa. <u>Mira te he traído la ropa.</u> ¿Vienes del mercado?

   ¿Quién lo dijo? _____: _____

PASO 2. Completa las conversaciones posibles entre los personajes, usando pronombres de complemento directo e indirecto. Luego, inventa un comentario o una respuesta final para cada conversación, usando pronombres de complemento directo e indirecto en tus comentarios también.

1. Inés y Leoncio

   INÉS: Maribel nos ayuda, pues, con los animales y gana plata en la plaza. Nos _____ da para ayudar a la familia nomás.

   LEONCIO: Ya pues. No quiero ver a mis hijas en la plaza, desfilando[a] en ese traje. Un aumento de sueldo es lo que necesito y el don Fidel va a dár_____.

   INÉS: ¿Te prometió el señor Fidel el aumento?

   LEONCIO: _____

2. Marbel y Carmencita

MARIBEL: La turista de Suiza era muy amable. Nos pagó veinte soles.

CARMENCITA: Sí, nos ___ pagaron nomás porque tú sabías la capital de Suiza.

MARIBEL: ¿Nos enseñaron todas las capitales de Europa?

CARMENCITA: _____

3. Don Fidel y Leoncio

DON FIDEL: Mira, Leoncio, no te prometimos un aumento. No hay suficiente plata.

LEONCIO: Don Fidel, sea consciente. Sí, Ud. ____ ___ prometió, pues.

DON FIDEL: No es cierto. No te prometí nada. Se nos acabó la plata. Ya ___ lo dije.

LEONCIO: Disculpe, don Fidel, pero no sé si Ud. entiende mi situación. Tengo tres hijas.

DON FIDEL: _____

4. Inés y la madre de Carmencita

INÉS: Las niñas me preocupan. Esta semana Leoncio nos trajo diez soles nomás.

LA MADRE DE CARMENCITA: No te preocupes, Inés. ¿No ___ dijo que iba a buscar otro trabajo?

INÉS: Me contó que encontró unos trabajos posibles en unos anuncios puestos cerca de la plaza. Anotó los anuncios para puestos prometedores y _____ mostró anoche. Le interesa un trabajo de vigilante.

LA MADRE DE CARMENCITA: ¿De verdad? Nomás necesita esa chamba. Yo los ayudo con la ropa para Luci. ¿Cuándo les puedo traer el traje?

INÉS: _____

ᵃparading

B. La trama: ¿Qué sucedió?

 PASO 1. Completa la oración debajo de cada imagen con el pronombre de complemento INDIRECTO apropiado. Luego, escucha el audio que repite las oraciones, pero nota que en el audio se sustituye un pronombre por el complemento DIRECTO. Por último, indica qué imagen se describe. **¡OJO!** Presta mucha atención a los verbos, porque estos te ayudan a determinar qué imagen se describe.

a. Les dio leche a las ovejitas.

b. Le dieron la ovejita al turista.

MODELO: *Si oyes*: Se la dio.　　*Escribes*: Imagen ___

Si oyes: Se la dieron.　　*Escribes*: Imagen ___

a. ___ pidieron una propina a la turista.

b. ___ pidió un aumento de sueldo a sus jefes.

c. ___ pidió ayuda a su amiga.

d. ___ explicó a Inés que «hubo una reducción de personal» en su trabajo.

e. ___ explicó las reglas a las jóvenes.

f. ___ explicaron a Carmencita y Maribel que la policía las trató mal.

g. Tenía que dar ___ la seguridad a sus hijas.

h. ___ tenía que dar una blusa nueva a Luci.

i. Tenía que dar ___ las oportunidades económicas a su familia.

1. ___   4. ___   7. ___
2. ___   5. ___   8. ___
3. ___   6. ___   9. ___

PASO 2. Reescribe las siguientes oraciones que describen los sucesos clave del cortometraje, sustituyendo un pronombre por el complemento directo. Luego, para cada grupo de oraciones, ponlas en orden según la trama del cortometraje. Escribe **1** para indicar el primer suceso, **2** para el segundo y **3** para el último.

MODELO: _2_ . Una turista les preguntó el precio de la foto.

Una turista **se lo** preguntó.

_1_ . Carmencita y Maribel se pusieron los trajes quechuas.

Carmencita y Maribel **se los** pusieron.

_3_ . Le entregaron la ovejita para la foto.

Se la entregaron.

Trabajando en la plaza

__. Algunos turistas les pagaron propinas.

_____

__. Volvieron a casa y se quitaron la ropa quechua.

_____

__. Un policía les advirtió que era prohibido trabajar en la plaza.

_____

Conversando sobre la plata

__. Leoncio e Inés discutieron sobre la plata y él le dijo que iba a abandonarla.

_____

__. Leoncio les pidió compasión por su familia a sus jefes.

_____

__. Inés le preguntó si quería tener más hijos para mandar a la calle.

_____

C. Las tres *pachas* de los incas y la Pachamama

PASO 1. Lee sobre las tres pachas de los incas y luego contesta las preguntas.

Las tres pachas de los incas y la Pachamama

En quechua, la palabra **pacha** significa *mundo,* pero además puede referirse a un momento específico en un espacio. Según la mitología inca, hay tres **pachas**, o mundos, y múltiples dioses.

Hanan Pacha

Kay Pacha

Ukha Pacha

- **Hanan Pacha** es el mundo del cielo, las estrellas, la luna, las constelaciones y los planetas. Tres dioses habitaban en Hanan Pacha: el dios del sol, la diosa de la luna y el dios de los rayos. Era un lugar parecido al paraíso de la tradición cristiana, un lugar adonde ascenderán los que habían vivido bien después de su muerte.

- **Kay Pacha** se refería al mundo de la tierra, donde vivían los seres humanos, los animales y las plantas. Era el mundo visible, en contraste con las otras pachas. Los incas creían que era posible pasar de un mundo al otro a través de elementos naturales como las cuevas o un arco iris.[a] Se creía que después de la muerte, algunos seres humanos todavía habitaban Kay Pacha y que la lucha entre Hanan Pacha y Ukhu Pacha (las dos otras pachas) se manifestaba en este mundo.

[a]arco... *rainbow*

- **Ukhu Pacha** era el reino asociado con la muerte, un lugar que se asemejaba al infierno de la cosmología cristiana, pero no tan malo porque también se asociaba con la diosa de la fertilidad, Pachamama, y con la cosecha. En este reino, también vive un ser llamado el Supay. Es un tipo de demonio y dios del inframundo, pero es una figura ambivalente. Por ejemplo, tradicionalmente, la gente le obsequia ofrendas al Supay porque le tenía miedo y para que este no le hiciera daño.[b]

La diosa **Pachamama** era la esposa del creador del mundo y sus hijos son los dioses del sol y de la luna. Ella transciende las tres pachas y encarna todo el conjunto de la naturaleza y se asocia con la fertilidad. Los dioses en general no necesariamente se limitan a estar en una sola pacha. Se pueden mover entre ellas e incluso pueden aparecer disfrazados.[c] Pachamama es una de las figuras mitológicas más importantes porque protege y provee lo que necesitan los seres humanos. La gente indígena de los Andes la veneraba y le brindaba ofrecimientos.

La imagen de ella, como otros dioses y figuras indígenas, iba transformándose después de la llegada de los españoles y la fusión de las ideas y creencias cristianas con las indígenas. Hoy día, ella sigue siendo una figura importante y en algunos lugares se cree que algunos problemas suceden porque los seres humanos toman demasiado de la naturaleza, quitándole demasiado de Pachamama. Además, se cree que a menudo ella tiene hambre, por lo que hay que dejarle ofrendas o ella puede causar enfermedades.

_____
[b]para... *so that he wouldn't hurt them*   [c]*disguised*

Comprensión

1. ¿Qué elementos forman parte de la pacha Hanan Pacha? _____
_____

2. ¿Qué pacha se asocia con el mundo visible? _____

3. ¿Quién es el Supay y dónde vive? _____
_____

4. ¿Cómo se puede pasar de una pacha a otra, según la mitología inca? ____
_____

5. ¿Quién es Pachamama? _____
_____

6. ¿Dónde viven los dioses y qué pueden hacer? _____
_____

7. ¿Qué creencias existen hoy día sobre la influencia de Pachamama? _____
_____
_____
_____

PASO 2. Contesta las preguntas, usando en cada respuesta un pronombre de complemento directo y un pronombre de complemento indirecto.

1. El sol, es decir la luz, es imprescindible para los cultivos. ¿Quién les daba la luz a los seres humanos, según la mitología indígena? _____

2. ¿Por qué se consideraban importantes los elementos naturales como las cuevas y el arco iris? _____
_____

3. ¿Por qué les obsequian ofrendas al Supay? _____

4. ¿Quién les daba la fertilidad a los seres humanos? _____

PASO 3. En parejas, conversen sobre los significados posibles del título del cortometraje, «Kay Pacha». ¿Qué relación puede haber entre las creencias de la mitología incaica y lo que sucede en el cortometraje?

D. El pueblo indígena

Mira la tira cómica sobre el pueblo indígena. Usa pronombres para describir lo que observas y explicar lo que la caricatura critica.

© Victor Hugo Catalàn

MODELO: *Descripción*: Un conquistador europeo le muestra su espada a un hombre indígena mientras le explica que vinieron para traerle «cultura, educación, progreso». El hombre indígena le pregunta por qué es necesario tener la espada.

Explicación de la crítica: La caricatura demuestra la contradicción entre las cosas buenas que el conquistador les promete y el uso de la espada. Cuando se la muestra al hombre indígena, enfatiza la historia de violencia y opresión que los pueblos indígenas experimentaron y experimentan.

© Diario Nuestro Pais

4.2 «Tres... dos... uno... ¡Sonrían!»

Actividades analíticas

Los mandatos formales y los mandatos **nosotros/nosotras**

¡A analizar!

Unos turistas están de visita en Cusco. Mientras planean su día, encuentran a una familia indígena en ropa tradicional que les ofrece la oportunidad de sacar fotos a cambio de propinas. La familia también les ofrece consejos en cuanto a las atracciones turísticas. Identifica quién(es) habría(n) dicho (*would have said*) lo siguiente y a quién(es) se dirigiría(n). Luego, identifica el infinitivo de los verbos **en negrilla.**

© LMR Group/Alamy RF

1. «**Permítame** pagarle una propina por una foto. Por favor, **no diga** que no».

- ¿Quién habla? _____
  a. un/una turista
  b. un miembro de la familia indígena
- ¿A quién(es) le(s) habla? _____
  a. un/una turista
  b. un miembro de la familia indígena
- ¿Cuál es el infinitivo de los verbos? _____

2. «¡Qué preciosos trajes indígenas! **Tomemos** una foto. **Pidámosles** a ellos una foto con las llamas también».

- ¿Quién habla? _____
  a. un/una turista
  b. un miembro de la familia indígena
- ¿A quién(es) le(s) habla? _____
  a. los turistas
  b. la familia indígena
- ¿Cuál es el infinitivo de los verbos? _____

3. «Para llegar a la Plaza de Armas, **sigan** derecho en la calle Herajes hasta la Catedral del Cusco y **doblen** a la izquierda. **No pierdan** el monumento Inca Pachacutec en la Plaza de Armas».

- ¿Quién habla? _____
  a. un/una turista
  b. un miembro de la familia indígena
- ¿A quién(es) le(s) habla? _____
  a. unos turistas
  b. la familia indígena
- ¿Cuáles son los infinitivos de los verbos?

  _____

4. «Esa agencia allí está cerrada ahora, pero ofrece un tour muy bueno de los sitios históricos al norte de Cusco, incluyendo Puka Pukara y Tambomachay. **Visítenla** mañana y **lleguen** temprano porque siempre se llenan los tours. ¡**No se olviden**!»

- ¿Quién habla? _____
  a. un/una turista
  b. un miembro de la familia indígena
- ¿A quién(es) le(s) habla? _____
  a. unos turistas
  b. la familia indígena
- ¿Cuál es el infinitivo de los verbos? _____

5. «¿Señora, quiere una foto con las llamas y mis hijos? Por favor, **póngase** al lado suyo, **páseme** su cámara y yo se la tomo».

- ¿Quién habla? _____
  a. un/una turista
  b. la madre de la familia indígena
- ¿A quién(es) le(s) habla? _____
  a. un/una turista
  b. uno de los indígenas
- ¿Cuál es el infinitivo de los verbos? _____

6. «Si desean cenar en un buen restaurante que sirva comida auténtica peruana, El Restaurante Tabuco es excelente. **Hagan** una reservación y **coman** allí para una cena inolvidable. **Denle** al mesero una propina de diez por ciento más o menos».

- ¿Quién habla? _____
  a. un/una turista
  b. un miembro de la familia indígena
- ¿A quién(es) le(s) habla? _____
  a. los turistas
  b. la familia indígena
- ¿Cuál es el infinitivo de los verbos? _____

7. «Si le interesa probar la comida peruana tradicional, **busque** los restaurantes que tengan muchos clientes a la hora del almuerzo, entre el mediodía y la una. O, **almuerce** en uno de los restaurantes en las calles Calle Plateros, San Agustín o la Calle Suecia. Para llegar a esa zona, **no cruce** la calle aquí. **Siga** un poco más adelante donde hay menos tráfico».

- ¿Quién habla? _____
  a. un/una turista
  b. un miembro de la familia indígena
- ¿A quién(es) le(s) habla? _____
  a. los turistas
  b. la familia indígena
- ¿Cuál es el infinitivo de los verbos?
  _____

8. «Me siento un poco mareada (*dizzy*), pero **no nos durmamos** temprano y **no volvamos** al hotel. En vez de eso, **bebamos** un mate de coca para quitarnos el soroche (*altitude sickness*). ¡Hay tanto que ver aquí! ¡No **nos perdamos** nada!»

- ¿Quién habla? _____
  a. un/una turista
  b. un miembro de la familia indígena
- ¿A quién(es) le(s) habla? _____
  a. los turistas
  b. la familia indígena
- ¿Cuál es el infinitivo de los verbos?
  _____

1. Commands are used to tell someone to do something. The word *command* suggests a direct order, but not all commands are that bold or assertive. Many are more subtle. In English, most verbs in command mood do not look different from present tense verbs. Look at the examples below. The sentences in the first column present the verb in a descriptive present tense sentence. The sentences in the second column are commands.

They go to the plaza. Maribel's father goes to the construction site.	Go to the plaza.
The girls tell their mothers about their experiences. Maribel also tells her sister.	Tell me about your experiences.

In Spanish, a separate verb mood is used for commands. The verb as a command always looks different from its present tense indicative form. There are two main types of commands. Formal commands are used to address **Ud.** and _____, and informal commands are used for _____ and **vosotros/vosotras**. These commands are all directed at a *you*.*

---

*Remember that **tú**, **vosotros/vosotras**, **Ud.** and **Uds.** all mean you, but in different contexts, depending on how many people are being addressed and the level of formality. Individuals are addressed with **tú** (informal) or **Ud.** (formal), while groups are addressed with **vosotros/vosotras** (informal) or **Uds.** (formal). Additionally, with regard to **vosotros/vosotras** versus **Uds.**, the region in which you are speaking makes a difference. Outside of Spain, most speakers disregard **vosotros/vosotras**, instead using **Uds.** when addressing more than one person, even when speaking with a group of close friends.

2. The boldfaced words in the **¡A analizar!** sentences are formal commands. Use the sentences to help you fill in the chart with the formal (**Ud.** and **Uds.**) commands and their infinitives.

Los mandatos formales		
	Ud.	**Uds.**
Verbos -ar		
doblar	doble	_____
olvidar	olvide	olviden
pasar	_____	pasen
Verbos -er e -ir		
_____	coma	_____
_____	_____	permitan
Verbos con un yo irregular		
_____	conozca	conozcan
decir	_____	digan
hacer	haga	_____
poner	_____	pongan
Verbos de cambio de raíz		
pensar (ie)	piense	piensen
seguir (i)	siga	_____
volver (ue)	vuelva	vuelvan

What do you notice about the endings on these **-ar** verb formal commands? When the command is formed, the letter ___ in their endings changes to the letter ___.

What do you notice about the endings on these **-er** and **-ir** verb formal commands? When the command is formed, the letter ___ in their endings changes to the letter ___.

To form a formal command:

1. To form **Ud.** and **Uds.** commands, always start with the _____ conjugation of the verb in the present tense. Doing so preserves irregular **yo** conjugations (like **-go** in **digo**, and **-zco** in **conozco**) as well as stem changes.

    trabajar: _____   incluir: _____   querer: quiero
    hacer: hago   volver: vuelvo   conducir: conduzco

2. Remove the **o**.

    trabaj-   incluy-   _____
    _____   vuelv-   conduzc-

3. Add the opposite vowel for **Ud.** commands. Add the opposite vowel plus the letter ___ for **Uds.** commands.

    _____, trabajen   incluya, incluyan   quiera, quieran
    haga, hagan   vuelva, _____   _____, _____

4. If there is a direct object pronoun (*Do it! Don't do it!*), indirect object pronoun (*Tell me! Don't tell me!*), or reflexive pronoun (*Sit [yourself] down! Don't sit [yourself] down!*), remember the rule: "affirmative attach" and "negative no attach" (AA/NN).* Use the pattern to complete the chart below.

Los mandatos con pronombres		
	Positivo = conectado, después (*Affirmative attach!*)	Negativo = No conectado, antes (*Negative No attach!*)
pasarme – Ud.	_____	no me pase
permitirme – Ud.	_____	no me permita
ponerse – Ud.	_____	no se ponga
darle – Uds.	____	no le den
olvidarse – Uds.	olvídense	_____
visitar (la agencia) – Uds.	_____	no la visiten

Based on the examples in **¡A analizar!,** what conclusions can you draw regarding how pronouns are placed in relation to commands? Pronouns _____ negative commands. They follow and are _____ to affirmative (positive) commands.

Sometimes, it is necessary to use multiple pronouns with commands (*Give it to me*). In these cases, the same rules you learned regarding pronouns in **Gramática 4.1** apply.†

Note that it will sometimes be necessary to add an accent mark to commands that have associated pronouns. Based on the examples below, what conclusions can you draw regarding when accent marks are and are not necessary? Be sure to remember the two Spanish stress rules while noticing the number of syllables in the verbs. This will help you.

Dímela.	No me la digas.
Háganmelo ahora.	No me lo hagan ahora.
Lávate la cara.	No te laves la cara.
Lávatela.	No te la laves.

- Accent marks are NOT added to _____ commands since the pronouns are not attached and their presence does not change the syllabification of the verb.
- Accent marks are added to single-syllable _____ commands when more than one pronoun is added.
- Accent marks are added to ____-syllable (two-or-more-syllable) _____ _____ commands when any pronoun is added.

---

*This rule will also apply for informal commands, which we will study momentarily.

†**RID**: reflexive/indirect/direct Reflexive pronouns precede indirect and direct object pronouns. Indirect object pronouns precede direct object pronouns. When a third person indirect object pronoun (**le/les**) precedes a third person direct object pronoun (**lo/la/los/las**), the indirect object pronoun becomes **se.**

3. Certain command forms change spelling in order to preserve the pronunciation of the infinitive. These types of spelling changes are seen in verbs that end in -**car**, -**gar**, and -**zar**. Use the verbs in **¡A analizar!** and follow the pattern to complete the charts.

Los mandatos formales: Los verbos que terminan en -*car*		
	Ud.	**Uds.**
buscar	_____	busquen
destacar	destaque	destaquen
sacar	saque	_____

You will recall that the letter **c** can be pronounced as an *s* (as in **cena**) or as a *k* (as in **carro**). The pronunciation is based on the vowel that follows: **ce** and **ci** produce *s* sounds, while **ca**, **co**, and **cu** produce *k* sounds. Therefore, verbs ending in -**car** will require a change in spelling, since the *k* sound of the infinitive would otherwise be lost due to the "opposite" vowel in the formal command conjugations.

Based on the sample commands, what spelling change do you see? The letter ___ of -**car** verbs will change to the letters ___ to preserve the hard *k* sound of the infinitive.

Los mandatos formales: Los verbos que terminan en -*gar*		
	Ud.	**Uds.**
llegar	llegue	_____
pagar	_____	paguen
rogar	ruegue	rueguen

Likewise, the letter **g** can be pronounced as an *h* (as in **gimnasio**) or as a *g* (as in **gol**). Just like the letter **c**, the pronunciation is based on the vowel that follows: **ge** and **gi** produce *h* sounds, while **ga**, **go**, and **gu** produce *g* sounds. Therefore, verbs ending in -**gar** will require a change in spelling, since the **g** sound of the infinitive would otherwise be lost due to the "opposite" vowel in the formal command conjugations.

Based on the sample commands, what spelling change do you see? The letter ___ of -**gar** verbs will be followed by a ___ to preserve the hard *g* sound of the infinitive.

Los mandatos formales: Los verbos que terminan en -*zar*		
	Ud.	**Uds.**
almorzar	_____	almuercen
cruzar	_____	crucen
empezar	empiece	empiecen

Finally, although the pronunciation difference is not as noticeable as in the previous categories, the letter ___ of -**zar** verbs changes to the letter ___ before the **e** in the command form endings. Do you remember that this same spelling change occurred in the plural of **lápiz** (**lápices**)?

4. Verbs whose present tense indicative first person singular (**yo**) forms do not end in -**o** also have irregular command forms. This might be expected, since the formal command forms are based on dropping the -**o** from the **yo**-form conjugation in the present tense. Since these verbs can't follow the same pattern as the other commands, the forms must simply be memorized.

> **Vayan** Uds. a otra calle. No pueden estar aquí.
>
> Don Fidel, **sea** consciente.
>
> No **esté** enojado, don Fidel.
>
> Chicas, no le **den** la ovejita a la policía.
>
> **Sepa** Ud. que estoy muy ocupado como jefe de este proyecto. Por favor, no me **dé** más problemas.

Complete the following table of irregular commands.

Los mandatos formales irregulares		
	Ud.	**Uds.**
dar	____	____
estar	____	estén
ir	vaya	____
saber	____	sepan
ser	____	sean

The **Ud.** command of **dar** is the only verb with an accent mark. Why might it have an accent? Hint: Think of word pairs you know like **tú** and **tu** that are spelled the same and yet have different meanings, with one word accented and the other not. _____.

5. Another type of command, the **nosotros/nosotras** command, addresses a *we* audience that includes the speaker. In English, to give a *we* command, *let's* + (*verb*) is used.

> Tengo hambre. **Compremos** unos picarones.
>
> *I'm hungry. Let's buy some* **picarones.**

There are two ways to express *let's* + (*verb*) in Spanish:

- ***Vamos*** + *infinitive*:

> **Vamos a preparar** la leche para los animales.
>
> *Let's prepare the milk for the animals. (We're going to prepare the milk for the animals.)*

- The **nosotros/nosotras** command form:

> **Preparemos** la leche para los animales.
>
> *Let's prepare the milk for the animals.*

6. **Nosotros/nosotras** commands share the formal command ending pattern.

What is the infinitive form of the command **tomemos**? _____

What is the infinitive form of the command **bebamos**? _____

Following the formal command pattern of switching the vowels in the verb ending, what should be the ending for the **-ar** verb **nosotros/nosotras** commands? _____ And the ending for **-er** and **-ir** verbs? _____

Based on the pattern, complete the chart with the missing commands.

Los mandatos formales y los mandatos *nosotros/nosotras*			
	Mandato *Ud.*	**Mandato *Uds.***	**Mandato *nosotros/ nosotras***
aumentar	aumente	aumenten	aumentemos
tomar	tome	tomen	_____
beber	beba	beban	_____
creer	crea	crean	creamos
tener	tenga	tengan	tengamos
decir	diga	digan	_____
dirigir	dirija	_____	dirijamos
discutir	discuta	discutan	_____
influir	influya	influyan	_____
oír	_____	oigan	oigamos

The **nosotros/nosotras** commands follow the same rules as the other commands with regard to attaching or not attaching pronouns. The only difference is that the final **s** of the command is omitted if the attached pronoun is **se** or **nos**.

> **Digámosle la verdad.** = *Digámosela.*

> *Sentémonos.* (sentarse)

> *Vámonos.* (irse)

7. Most vowel stem changes (i.e., **almuerzo, quiero**) do NOT carry over into the **nosotros/nosotras** command form; however, one group of stem-changing verbs DOES experience a change. Look at the command forms of the following stem-changing verbs: **dormir** and **mentir**.

> **Duerma** Ud. más.

> *Durmamos* más porque trabajamos mucho.

> **No mientan** Uds.

> No *mintamos* nunca.

What do **dormir** and **mentir** have in common? They are both stem-changing verbs that end in ___.

What type of change do you see in the **nosotros/nosotras** command forms? The letter **o** in **dormir** changes to the letter ___, and the letter **e** in **mentir** changes to the letter ___.

Meanwhile, **-ar** and **-er** verbs do not carry the vowel stem change over in the **nosotros/nosotras** command form.

Follow the pattern to complete the chart.

Los mandatos formales y los mandatos nosotros/nosotras: Los verbos con cambio de raíz			
	Mandato *Ud.*	Mandato *Uds.*	Mandato *nosotros/ nosotras*
Verbos de cambio de raíz (-ar)			
cerrar	cierre	cierren	cerremos
recordar	recuerde	recuerden	recordemos
Verbos de cambio de raíz (-er)			
querer	quiera	quieran	queramos
volver	vuelva	vuelvan	volvamos
Verbos de cambio de raíz (-ir)			
dormir	_____	duerman	durmamos
mentir	mienta	_____	mintamos
morir	muera	mueran	_____
pedir	pida	pidan	pidamos
preferir	_____	prefieran	prefiramos
servir	sirva	_____	sirvamos
vestir	vista	vistan	vistamos

8. The verb **ir** has a unique alternate affirmative **nosotros/nosotras** command form. While the *negative* **nosotros/nosotras** command form follows the pattern of the irregular **Ud.** and **Uds.** command forms, the *affirmative* **nosotros/nosotras** command is the regular present indicative conjugation of the verb **ir**.

> **Vamos** al monumento.   *Let's go to the monument.*
> **No vayamos** a la plaza.   *Let's not go to the plaza.*

Los mandatos informales

¡A analizar!

Read the following problems various characters have, and match them with a suggested solution, given in the form of an informal **tú** command.

© Alvaro Sarmiento

_____ 1. Marisol dice, «Algunas de las papas están podridas».

_____ 2. Leoncio dice, «Don Fidel, los otros obreros y yo deseamos un aumento de sueldo».

_____ 3. Leoncio dice, «Don Fidel no nos escucha».

_____ 4. Carmencita dice, «La policía dice que no debemos trabajar en la plaza».

_____ 5. Inés dice, «Necesitamos dinero para la familia. ¿Qué podemos vender?»

_____ 6. Carmencita dice, «Tengo hambre porque trabajamos mucho hoy».

_____ 7. Inés dice, «Tenemos muchas deudas. Habla con don Fidel».

_____ 8. Carmencita dice, «No hay muchos turistas en la plaza hoy. No hemos ganado mucho. ¿Vamos a casa?»

_____ 9. Inés dice, «Leoncio perdió su trabajo. Me pregunto si Luci va a tener que salir a la calle con Maribel y Carmencita».

_____ 10. Una chica que trabaja en la plaza dice, «Tengo miedo a la policía».

a. **¡Corre**, Carmencita! Viene ahora a quitarte la ovejita.

b. **No te preocupes. Ven** a mi casa esta tarde. **No le digas** nada a Leoncio. Yo te ayudo con la vestimenta de Luci.

c. **No** me **hagas** la vida más difícil, Inés. Voy a conseguir otro trabajo.

d. **Ten** paciencia. **Ponte** la montera. Vamos a la catedral. Allí siempre hay turistas.

e. **No discutas** tanto con tu jefe. Necesitas ese trabajo.

f. **No vayas** por esta calle. La policía siempre vigila por allí.

g. **No seas** pesado y no **te quejes** tanto.

h. **No comas** en la calle. **Regresa** a casa y tu mamá te prepara algo.

i. **Tíralas** en este saco. **No las pongas** en ese saco que es para las buenas.

j. No sé, pero **no vendas** mis ovejitas, por favor. Las necesito para las fotos.

9. Informal commands follow two different formation patterns depending on whether the command is negative or affirmative.

Identify the infinitives of the following commands from the **¡A analizar!** sentences. Then indicate whether you see an "opposite vowel" in the command form ending or not.

MANDATO	INFINITIVO	¿POSITIVO O NEGATIVO?	CONJUGACIÓN -A → -E; -E → -A ¿SÍ O NO?
corre	_____	positivo	___
pon	_____	_____	no
_____	regresar	_____	no
___	tener	positivo	no
tira	_____	positivo	_____
ven	_____	_____	no
no _____	comer	negativo	_____
no digas	_____	_____	sí
no discutas	_____	_____	_____
no _____	hacer	_____	sí
no pongas	poner	negativo	sí
no seas	ser	negativo	_____
no vayas	ir	negativo	sí
no vendas	_____	negativo	_____

Read what a Spanish tourist said to Maribel and Carmecita and take note of the **vosotros/vosotras** commands she gives.

«Qué guapas estáis las dos. Tus trajes están lindos. Por favor, **mirad** este mapa. ¿Me podéis indicar dónde están las ruinas de Sacsayhuamán? Gracias. Otra cosa, **permitidme** sacar una foto de vosotras. No **os preocupéis**. Os pago una propina. Gracias por vuestro tiempo».

Write the infinitives of the boldfaced verbs:

mirad _____

permitidme _____

no os preocupéis _____

Based on the examples above, which forms have an opposite vowel, negative or affirmative commands? _____

Use the pattern you identified above to complete the chart with informal commands. The **vosotros/vosotras** commands have been filled in for you.*

	MANDATO INFORMAL SINGULAR: TÚ	MANDATO INFORMAL PLURAL: VOSOTROS/ VOSOTRAS
aumentar	aumenta	aumentad
	no aumentes	no aumentéis
dar	da	dad
	no _____	no deis
creer	cree	creed
	no creas	no creáis
discutir	_____	discutid
	no discutas	no discutáis
querer	quiere	quered
	no quieras	no queráis
impedir	impide	impedid
	no _____	no impidáis
conocer	_____	conoced
	no conozcas	no conozcáis
oír	_____	oíd
	no oigas	no oigáis
dirigir	dirige	dirigid
	no _____	no dirijáis
influir	influye	influid
	no influyas	no influyáis
estar	está	estad
	no estés	no estéis

10. Use the **¡A analizar!** sentences to help you complete the chart of irregular **tú** commands.

Los mandatos informales (tú): Los verbos irregulares		
	Positivo	**Negativo**
decir	di	_____
hacer	haz	_____
ir	ve	_____
poner	_____	no pongas
salir	sal	no salgas
ser	sé	_____
tener	_____	no tengas
venir	_____	no vengas

*The **vosotros/vosotras** forms are provided for reference, however these forms are not explicitly practiced in this program.

Actividades prácticas

A. ¿Qué deben hacer? ¿Qué debemos hacer?

PASO 1. Primero, completa cada mandato formal y escribe la letra del fotograma que le corresponde. Luego, indica con una **X** a quién se le expresaría (*would express*). Sigue el modelo.

© Alvaro Sarmiento

a.

© Alvaro Sarmiento

b.

© Alvaro Sarmiento

c.

© Alvaro Sarmiento

d.

© Alvaro Sarmiento

e.

© Alvaro Sarmiento

f.

MODELO: ____d____ Inés: No <u>miren</u> (mirar) tanta televisión.

_____ A Leoncio

_____ A Carmencita

_____ A Carmencita, Maribel y Luci

____ 1. Leoncio: _____ (*Ud.:* Respetar) nuestros derechos.
_____ A Inés _____ Al jefe _____ A Maribel y Carmencita

____ 2. Maribel y Carmencita: Por favor, no _____ (matar) a la ovejita.
_____ A Inés y Leoncio _____ Al jefe _____ Al policía

____ 3. Leoncio: _____ (*Nosotros:* Pagar) esta dueda, y nuestras hijas no tienen que trabajar.
_____ A Inés _____ Al jefe _____ A Maribel y Carmencita

____ 4. Maribel y Carmencita: _____ (Sacar) una foto de nosotras, señores.
_____ A Inés y Leoncio _____ A los turistas _____ Al policía

____ 5. Inés: No _____ (*nosotros:* tener) más hijos.
_____ A Leoncio _____ A Maribel _____ A sus hijas

PASO 2. A continuación vas a leer una conversación anterior entre Leoncio y don Fidel, antes de la despedida de Leoncio. Completa esta conversación, usando mandatos formales: **Ud., Uds., nosotros/nosotras**. Para cada mandato, indica quién probablemente lo dice: Leoncio, don Fidel o ninguno de los dos.

	LEONCIO	DON FIDEL	NINGUNO DE LOS DOS
1. No _____ (olvidarse) que Ud. nos prometió un aumento de sueldo.	_____	_____	_____
2. _____ (Ir) nosotros al restaurante al mediodía y _____ (tomar) un café juntos.	_____	_____	_____
3. No me _____ (hablar) Ud. ¡ _____ (Hacer) su trabajo!	_____	_____	_____
4. _____ (Llegar) Ud. temprano mañana porque nos van a traer unos sacos de cemento por la mañana. Y, _____ (traer) su almuerzo porque no van a tener descanso de trabajo durante todo el día.	_____	_____	_____
5. Por favor, _____ (ser) Ud. consciente. Tenemos que mantener a nuestras familias. Por favor, _____ (respetar) a sus empleados.	_____	_____	_____
6. _____ (Tener) nosotros una reunión con todos los obreros y Uds. pueden hacer sus peticiones y ofrecer soluciones.	_____	_____	_____

B. No se dejen pisotear.

PASO 1. Lee sobre el famoso político y líder campesino peruano, Hugo Blanco Galdós, y luego contesta las preguntas orales sobre su vida.

Hugo Blanco Galdós*

Hugo Blanco Galdós es un líder político y activista por los campesinos e indígenas peruanos. Además, es el director del periódico, *Lucha indígena*. Habla quechua y español y es el líder de la Confederación Campesina del Perú. Es conocido porque organizó y dirigió varios levantamientos[a] de campesinos contra hacendados.[b]

Enfurecido por el tratamiento inhumano de los pueblos indígenas, se dedicó a luchar contra los dueños de las tierras que maltrataban a los indígenas, obligándoles a trabajar gratuitamente.[c] Por lo tanto, abogó por la reforma agraria. Trabajó con varios sindicatos de trabajadores, y organizó a los niños vendedores callejeros de diarios.[d] Además, participó en varios sindicatos campesinos organizados para exigir su derecho de ser dueños de su propia tierra.

© Fotogramma/Splash News/Newscom

_____
[a]*uprisings*   [b]*land owners*   [c]*for free, without pay*   [d]*newspapers*

*Source: Cuneo, Martín, "Las diez vidas de Hugo Blanco," *Viento Sur*, #117, July, 2011. www.vientosur.info

Su vida refleja una odisea de experiencias y luchas increíbles. A pesar de haber enfrentado numerosos obstáculos insuperables, Hugo Blanco Galdós no dejó de luchar. Durante su larga vida ha sido encarcelado, exiliado, amenazado, torturado y atacado con la violencia. Además se sometió a catorce huelgas de hambre.

Al reflexionar sobre lo que le motivó, menciona un recuerdo de su niñez: Un hacendado llamado Bartolomé Paz marcó con un hierro candente[e] a un campesino con sus iniciales, BP. Blanco Galdós dijo con respecto al dicho incidente, «Naturalmente el señor Paz no fue detenido, eso no se podía hacer con una persona de respeto. Probablemente ese hecho marcó el sentido de mi vida».

[e]hierro... *red-hot iron*

Comprensión

1. _____
2. _____
3. _____
4. _____
5. _____
6. _____

PASO 2. Imagina que varios obreros informales se reúnen con un líder / una lideresa como Hugo Blanco Galdós. ¿Qué mandatos les da este líder / esta lideresa? Cambia las recomendaciones por mandatos.

    MODELO: Deben defender sus derechos.

             <u>Defiendan</u> sus derechos.

1. Es importante organizarse. _____
2. No deben trabajar si el dueño o el jefe no les paga. _____
3. No es necesario sacrificar sus derechos por el trabajo. _____
4. Tienen que rechazar las medidas violentas. _____
5. Es importante ir a todas las reuniones sindicales. _____
6. No deben perder la esperanza. No deben desanimarse. _____
_____

PASO 3. Usa los siguientes verbos para escribir mandatos que un líder / una lideresa sindical les daría (*would give*) a los trabajadores indígenas en Cusco. Escribe tres mandatos afirmativos y tres mandatos negativos.

ayudar	hablar	olvidarse	recurrir a
buscar	ir, irse	pedir	ser
consultar	largarse	pensar	trabajar
defenderse	mantener un registro	preguntar	tratar de
exigir	meterse	quejarse	usar

1. _____
2. _____
3. _____

4. _____
5. _____
6. _____

C. Hazlo, por favor: Mandatos informales (tú)

PASO 1. Completa los siguientes mandatos informales que uno de los personajes puede decir e indica a quién le da este mandato. Luego, elige el fotograma que más se asocia con el mandato posible.

MODELO: <u>c</u> Inés dice: <u>Habla</u> (Hablar) con tu jefe.

¿A quién se lo dice? <u>Inés se lo dice a Leoncio.</u>

<u>e</u> Inés dice: No <u>tires</u> (tirar) esa papa. Está buena.

¿A quién se lo dice? <u>Inés se lo dice a Maribel.</u>

© Alvaro Sarmiento

a.

© Alvaro Sarmiento

b.

© Alvaro Sarmiento

c.

© Alvaro Sarmiento

d.

© Alvaro Sarmiento

e.

© Alvaro Sarmiento

f.

_____ 1. Don Fidel dice, «No _____ (repetir) tus quejas. _____ (Largarse) de aquí y no _____ (volver) mañana.

¿A quién se lo dice? _____

_____ 2. La mamá de Carmencita dice, «_____ (Mirar), esta tela es perfecta para Luci. Ella puede probarse este traje y mañana acompañar a su hermana y Carmencita».

¿A quién se lo dice? _____

_____ 3. El policía dice, «No _____ (pedir) propinas. No les gusta a los turistas».

¿A quién se lo dice? _____

_____ 4. Leoncio dice, «Por favor, _____ (tratar) de comprender la situación. No _____ (ser) así».

¿A quién se lo dice? _____

_____ 5. Inés dice, «_____ (Ayudarme) con las papas. No _____ (olvidarse) buscar las podridas».

¿A quién se lo dice? _____

_____ 6. Leoncio dice, «_____ (Callarse) y no me _____ (hablar) más de la vasectomía».

¿A quién se lo dice? _____

PASO 2. Escucha los comentarios y elige a la persona que probablemente dijo cada uno. Luego, escribe el mandato que oyes y escribe a quién se lo dijo.

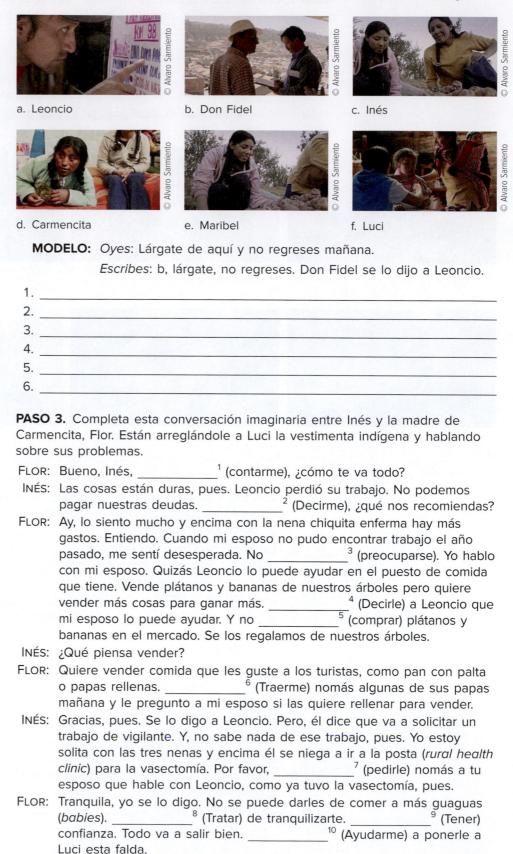

a. Leoncio

b. Don Fidel

c. Inés

d. Carmencita

e. Maribel

f. Luci

MODELO: *Oyes:* Lárgate de aquí y no regreses mañana.

Escribes: b, lárgate, no regreses. Don Fidel se lo dijo a Leoncio.

1. _____
2. _____
3. _____
4. _____
5. _____
6. _____

PASO 3. Completa esta conversación imaginaria entre Inés y la madre de Carmencita, Flor. Están arreglándole a Luci la vestimenta indígena y hablando sobre sus problemas.

FLOR: Bueno, Inés, _____¹ (contarme), ¿cómo te va todo?

INÉS: Las cosas están duras, pues. Leoncio perdió su trabajo. No podemos pagar nuestras deudas. _____² (Decirme), ¿qué nos recomiendas?

FLOR: Ay, lo siento mucho y encima con la nena chiquita enferma hay más gastos. Entiendo. Cuando mi esposo no pudo encontrar trabajo el año pasado, me sentí desesperada. No _____³ (preocuparse). Yo hablo con mi esposo. Quizás Leoncio lo puede ayudar en el puesto de comida que tiene. Vende plátanos y bananas de nuestros árboles pero quiere vender más cosas para ganar más. _____⁴ (Decirle) a Leoncio que mi esposo lo puede ayudar. Y no _____⁵ (comprar) plátanos y bananas en el mercado. Se los regalamos de nuestros árboles.

INÉS: ¿Qué piensa vender?

FLOR: Quiere vender comida que les guste a los turistas, como pan con palta o papas rellenas. _____⁶ (Traerme) nomás algunas de sus papas mañana y le pregunto a mi esposo si las quiere rellenar para vender.

INÉS: Gracias, pues. Se lo digo a Leoncio. Pero, él dice que va a solicitar un trabajo de vigilante. Y, no sabe nada de ese trabajo, pues. Yo estoy solita con las tres nenas y encima él se niega a ir a la posta (*rural health clinic*) para la vasectomía. Por favor, _____⁷ (pedirle) nomás a tu esposo que hable con Leoncio, como ya tuvo la vasectomía, pues.

FLOR: Tranquila, yo se lo digo. No se puede darles de comer a más guaguas (*babies*). _____⁸ (Tratar) de tranquilizarte. _____⁹ (Tener) confianza. Todo va a salir bien. _____¹⁰ (Ayudarme) a ponerle a Luci esta falda.

PASO 4. Escribe un diálogo entre Maribel y su hermanita, Luci, en el que Maribel le da consejos a Luci sobre lo que debe y no debe hacer cuando trabaje en la plaza. Incluye un mínimo de cinco mandatos informales (tú).

PARA TU INFORMACIÓN: LA COCA: HOJA SAGRADA DE LOS ANDES

Puede ser difícil exagerar la importancia de las coca en las culturas andinas. Desde las épocas precolombinas, esta planta autóctona (*native*) de Sudamérica ha tenido un papel fundamental en todas las etapas de la vida: para celebrar un nacimiento —y aliviar el dolor durante el parto (*birth*)— y para pedirle la mano de la novia; para lamentar la muerte de un querido; para tratar las enfermedades y para efectuar una variedad de ceremonias religiosas. A diferencia de la droga hecha de este arbusto humilde, la hoja de coca no perjudica la salud, ni produce efectos de intoxicación; masticar (*chewing*) las hojas mitiga la fatiga, dándole al consumidor una sensación ligera de energía, parecida al efecto del café. Existen muchas leyendas incas y aymaras sobre el origen divino de la coca. En 2013, la Convención Antidroga de la ONU le concedió a Bolivia una enmienda (*amendment*) en cuanto a la masticación de la hoja de coca, aunque la exportación de la coca sigue siendo ilegal.

© Lew Robertson/Getty Images RF

D. Evo Morales y MAS

PASO 1. Lee sobre Evo Morales, el presidente de Bolivia, y luego indica si las oraciones que siguen son ciertas o falsas. Corrige las oraciones falsas.

Evo Morales y MAS*

En 2005, Evo Morales, un indígena aymara,[a] se hizo el primer presidente moderno en Latinoamérica que se describe como indígena, cuando ascendió a la presidencia de Bolivia, un país de mayor población indígena. Un cultivador de coca de origen muy humilde, Evo Morales fue líder de un sindicato[b] de cocaleros.[c] En los años 80 y 90, luchó contra los esfuerzos gubernamentales que intentaban reducir la cultivación de coca, una empresa tradicionalmente llevada a cabo por las poblaciones indígenas que, como en la mayoría del continente, correspondían con los más pobres del país.

© Spencer Platt/Getty Images

En 1999, fue elegido presidente del partido político MAS: Movimiento al Socialismo, y bajo su liderazgo[d] los masistas[e] se convirtieron en una fuerza política. En 2005, ganó las elecciones presidenciales por un amplio margen. Morales fue reelegido en 2009, y una vez más en 2014. En 2015, dijo que estaba dispuesto a presentarse como candidato otra vez en 2019, si la gente

---

[a]Los aymara son indígenas del Altiplano y los Andes. La mayoría vive en Bolivia.   [b]*labor union*
[c]*Growers of the coca plant. It is strongly associated with some indigenous populations; there exists archaeological evidence of its consumption as early as 6000 BC.*   [d]*leadership*   [e]*voters in the MAS political party*

*Source: Vierecke, Linda and Christoph Peters, "Escaping Need," *Development and Cooperation*, November 26, 2014. www.dandc.eu

boliviana lo quería, pero en 2016 perdió un referendo constitucional que le habría permitido otra postulación (*nomination*).

Desde el principio, su política ha sido izquierdista.[f] Entre sus iniciativas se destaca[g] una «revolución agraria», en la que buscaba la redistribución de tierra inutilizada (propiedad estatal y privada), dedicándola al uso de comunidades indígenas. Con una nueva constitución, intentaba democratizar la política boliviana y aumentar la participación de las clases pobres. Tuvo bastante éxito en reducir el nivel de pobreza extrema del país, que disminuyó desde aproximadamente 40% en 2005 hasta 21% en 2014.

Pero los métodos que utilizó para alcanzar sus metas también causaron reacciones negativas de compañías privadas y el gobierno de los Estados Unidos. Re-nacionalizó algunas industrias (o sea, el gobierno boliviano tomó control de algunas industrias que antes habían sido controladas por compañías privadas internacionales), asegurando que un mínimo de 50% de los ingresos de hidrocarbón y minería regresaban a Bolivia. Aumentó los impuestos en las empresas privadas, e inició un aumento de sueldo para todos los trabajadores. También criticaba fuertemente el gobierno de los Estados Unidos, especialmente por sus intentos de disminuir el cultivo de coca en su país.

Aunque sus esfuerzos de ser defensor de la población indígena le hacía criticar al gobierno estadounidense —declarando en 2015 que «Aquí no mandan los gringos. Aquí mandan los indios».— anunció en el mismo año que quería restablecer las relaciones políticas con el gobierno de los Estados Unidos. Las relaciones se rompieron en 2008, y desde entonces no hay embajada[h] boliviana en los Estados Unidos, ni embajada estadounidense en Bolivia.

---

[f]leftist   [g]se... stands out   [h]embassy

	CIERTO	FALSO
1. Evo Morales ha luchado fuertemente contra la cultivación de coca.	_____	_____
2. A diferencia de la mayoría de Latinoamérica, la población indígena boliviana no corresponde con la población pobre.	_____	_____
3. El gobierno de Morales ha logrado disminuir la tasa de pobreza en su país.	_____	_____
4. El gobierno de los Estados Unidos ha elogiado las reformas económicas que impuso el gobierno de Morales.	_____	_____

 PASO 2. Según la lectura del **Paso 1**, ¿qué mandatos harían (*would make*) estos grupos con respecto a cada tema? Incluye por lo menos un mandato afirmativo y uno negativo, usando pronombres cuando sea posible. Compara tus respuestas con las de tu pareja.

MODELO: Tema: Aumentar los impuestos en las empresas privadas.

Grupos:

a) los seguidores de Morales (los masistas): ¡Auméntelos!

b) los opositores de Morales: ¡No los aumente!

1. Tema: Ser candidato para las elecciones de 2019 / cambiar la constitución

Grupos:

a) los seguidores de Morales (los masistas): _____

b) los opositores de Morales: _____

2. Tema: Legalizar completamente la cultivación y exportación de la coca

   Grupos:

   a) los seguidores de Morales (los masistas): _____

   b) los opositores de Morales: _____

3. Tema: Requerir que acceda Chile parte de su costa a Bolivia

   Grupos:

   a) los seguidores de Morales (los masistas): _____

   b) los opositores de Morales: _____

 ### E. Una visita a Cusco

En parejas, imaginen que están en Cusco, Perú. Están en «lugar X» y quieren llegar a los otros lugares en las siguientes listas de sitios importantes. Estudiante 1 debe consultar con el **Mapa A** (que está en la siguiente página) y Estudiante 2 debe consultar con el **Mapa B** (que está al final del capítulo). **¡OJO!** No mires el mapa de tu pareja. Uds. deben compartir información solamente conversando.

> **MODELO:** E1: Perdona, ¿dónde está la _____?
>
> E2: Sigue recto dos cuadras más..., dobla a la derecha en la esquina de...
>
> E1: Muchas gracias.

ESTUDIANTE 1 (le pregunta a Estudiante 2)

Pregúntale a tu pareja cómo llegar a los siguientes lugares que no están en tu mapa. Tu pareja te va a dar mandatos informales para guiarte. Indica en el mapa dónde está cada lugar.

1. la Catedral de Cusco
2. la Iglesia de San Blas
3. el Templo de San Blas
4. el Convento de Santo Domingo

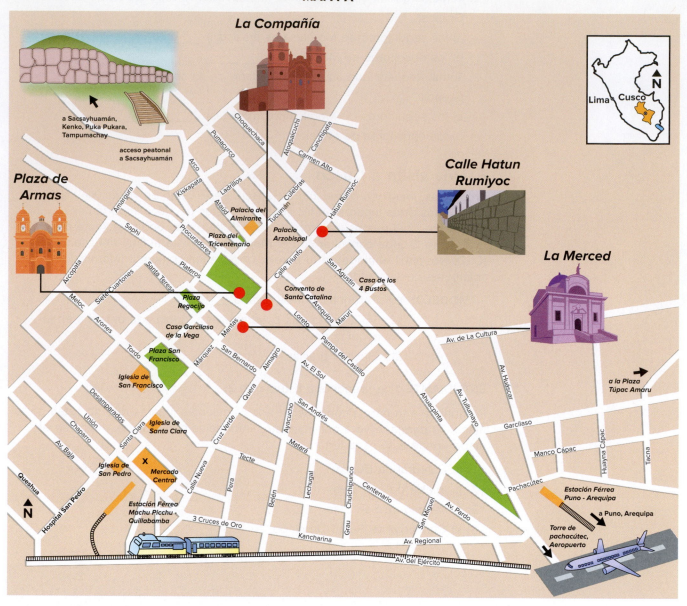

¿RECUERDAS?: Las palabras y frases negativas

Sentences can be made negative by placing the word **no** before the verb and any object pronouns that precede it. Unlike English, no auxiliary verbs (*do, does, did*) are used in negating.

Dijeron la verdad.	*They told the truth.*
No dijeron la verdad.	*They did not tell the truth.*
Lo hicieron.	*They did it.*
No lo hicieron.	*They did not do it.*

4.3 «Si quieres, te quedas; o si no, te vas. En ningún sitio hay trabajo».

Actividades analíticas
Las frases negativas e indefinidas

¡A analizar!

Usando la letra **F** (don Fidel), **L** (Leoncio), **M** (Maribel), **T** (turista) o **I** (Inés), indica quién probablemente piensa lo siguiente.

don Fidel

Leoncio

Maribel

una turista

Inés

_____ 1. Necesito trabajo, pero **no** encuentro **nada**.

_____ 2. **Nadie** te va a contratar. **No** hay trabajo en **ningún** sitio.

_____ 3. **Nunca** imaginé que tendría que criar a tres hijas sin ayuda.

_____ 4. La policía **no** nos permite trabajar **ni** aquí en la Plaza de Armas, **ni** en el barrio San Blas.

_____ 5. Sé que **alguien** va a querer tomarse una foto con nosotras hoy.

_____ 6. Vamos a visitar la fortaleza. ¡Hay **tanta** historia aquí!

_____ 7. No hay plata, pues, no hay. **O** te quedas, **o** te vas, me da igual.

_____ 8. Todos los días te metes en mis cosas. **Siempre** te quejas. Ya te dije. Voy a conseguir otro trabajo.

1. Negative words and phrases, such as *none*, *nobody*, or *never*, convey some type of absence. Put simply, the thing, person, or characteristic being expressed is not evident, or lacking.

Indefinite words and phrases, on the other hand, convey the existence of the thing, person or characteristic being expressed, though typically in unknown or unstated quantities. They are often considered as the opposite of negative words, although the concept of "opposite" is not absolute here; for example, the opposite of *nothing* could be *something*, or it could be *everything*. You have already had plenty of practice with a specialized type of indefinite adjective: the indefinite articles **un(a), unos/as**. Inasmuch as *indefinite* means *not precise*, indefinite words provide vague information, rather than referring to specific times, places, or people.

What do the words in bold in **¡A analizar!** sentences 1–4 have in common? _____

What do the words in bold in **¡A analizar!** sentences 5–8 have in common?

_____

2. Negative and indefinite words can be pronouns (subject or object), adjectives, adverbs, or conjunctions.

Use the **¡A analizar!** sentences to help you complete the charts of negative and indefinite words.

Los pronombres negativos e indefinidos				
Pronombre negativo			**Pronombre indefinido**	
_____	nothing		**algo**	something
nadie	no one / nobody		_____	someone
ninguno/a	none / (not one)		**alguno/a/os/as**	some
			todo/a/os/as	all

When different pronoun endings are possible, as with **ninguno/a, alguno/a/os/as,** and **todo/a/os/as,** remember that the ending must match the subject or object that the pronoun is replacing. The pronouns **nada, algo, nadie,** and **alguien,** however, do not vary.

Muchos **programas** de televisión son bastante malos, pero **algunos** son excelentes.

Many television programs are pretty bad, but some are excellent.

Todas las **canciones** de este grupo son buenas, pero **ninguna** es verdaderamente excelente.

All of this group's songs are good, but none / not one are/is truly excellent.

Other indefinite pronouns include: **bastante, demás, demasiado/a/os/as, mucho/a/os/as, otro/a/os/as, poco/a/os/as, tanto/a/os/as, varios/as.**

Los adjetivos negativos e indefinidos				
Adjetivo negativo			**Adjetivo indefinido**	
ninguno/a	not one (not any) / no		**alguno/a/os/as**	some

The adjective **ninguno/a** should be used with singular nouns, even when the noun would normally be expressed as a plural in English; it conveys the idea of *no (not one)* + *noun.* Notice the variety of ways the first Spanish sentence below might be translated into English. However, unlike its negative counterpart, **alguno/a** is often plural.

No tiene **ninguna** amiga.

She does not have any friends. / She has no friends (not one friend).

Algunos días, no sé qué decir.

Some days, I don't know what to say.

Remember that **uno** drops its **o** before a masculine singular noun: **un libro.** Similarly, **ninguno** and **alguno** both drop their **o** and become **ningún** and **algún** before a masculine singular noun.

Adjectives of quantity usually precede the noun, but occasionally, the adjective can follow the noun, to provide extra emphasis.

No hay **ningún** problema.

There's no problem.

No hay problema **ninguno.**

There is no problem at all.

Other indefinite pronouns include: **ambos/a, bastante, cada, cierto/a/os/as, demás, demasiado/a/os/as, mismo/a/os/as, mucho/a/os/as, otro/a/os/as, poco/a/os/as, propio/a/os/as, tal(es), varios/as.**

Los adverbios negativos e indefinidos			
Adverbio negativo		**Adverbio indefinido**	
nada	at all	**algo**	somewhat, slightly
nunca	never	_____	always
jamás	never (*strong emphasis*)		
tampoco	neither	**también**	____
ya (no)	anymore / no longer	**ya**	already

Remember that adverbs can modify verbs or adjectives. Their English meanings can change depending on what they modify.

Habla **poco**.	*He speaks <u>little</u>.*
Es **poco** interesante.	*It's <u>not very</u> interesting.*

While pronouns and adjectives (with the exception of **cada** and **demás**) must change to match the number and gender of the noun to which they refer, adverbs do not change at all.

Ella está **algo** ocupada, mientras él está **algo** aburrido.	*She's <u>somewhat</u> busy, while he's <u>somewhat</u> bored.*

Note that adverb placement in a sentence can vary.

También habló conmigo.	*He <u>also</u> spoke with me.*
Habló conmigo **también**.	*He spoke with me <u>also</u>.*

The adverb **ya** does not always translate to English. It's often used for emphasis, so it slightly changes the meaning of the sentence.

Quiero hacerlo.	*I want to do it.*
Ya quiero hacerlo.	*I want to do it <u>right now</u>.*

Other indefinite adverbs include: **apenas, bastante, casi, demasiado, mucho, muy, poco, tan, tanto**

Las conjunciones negativas e indefinidas			
Conjunción negativa		**Conjunción indefinida**	
ni... ni...	neither. . . nor. . .	**o... o...**	either. . . or. . .

Conjunctions connect words, phrases or sentences, as in *It's one thing or another*, or *It's neither here nor there*.

3. Unlike English, double negatives are correct in Spanish. If a negative word follows the verb, the word **no** should precede the verb.

No hay **nadie** aquí.	*There <u>isn't</u> <u>anybody</u> here. / There's <u>nobody</u> here.*
No tengo **ninguna** plata.	*I have <u>no</u> money. / I <u>don't</u> have <u>any</u> money.*

However, as you may have noticed, Spanish sentences may often be phrased so that negative words precede the verb, in which case **no** is not required.

Nadie vino a la fiesta. / **No** vino **nadie** a la fiesta. — _Nobody_ came to the party.

Nunca me llamas. / **No** me llamas **nunca**. — You _never_ call me.

Nada sucedió. / **No** sucedió **nada**. — _Nothing_ happened.

Ningún hombre miente. / **No** miente **ningún** hombre. — _No_ men lie. (_Not one_ man lies.)

Actividades prácticas

A. El Perú: Una mezcla de antigüedad y modernidad

Elige la palabra entre paréntesis más apropiada para cada contexto y llena los espacios en blanco con la forma correcta.

Una concha de Spondylus

1. _____ (Alguno/Ninguno) tradiciones de la civilización inca continúan hoy en día, como la joyería hecha de conchas del caracol marino (conchas... _sea snail shells_).

2. _____ (Alguno/Ninguno) montaña del Perú es más alta que el Huascarán.

El Huascarán

3. ¿Sabías que viven más personas en Lima que en Nueva York? Es _____ (muy/poco) impresionante.

Lima

4. El catolicismo es la religión de _____(mucho/poco) gente, pero hay tradiciones en que se mezclan costumbres incas y cristianas, como la celebración del Señor de Qoyllur Rit'i, en que los peregrinos ascienden los glaciares de una montaña.

La festividad de Qoyllur Rit'i

Machu Picchu

5. Antes de 1911, casi _____ (nadie/ todo) fuera del Perú sabía que existían las famosas ruinas de Machu Picchu.

B. No estoy de acuerdo.

PASO 1. En parejas, túrnense para compartir opiniones sobre algunos temas y situaciones en el cortometraje, usando el tipo de pronombre/adjetivo/adverbio indefinido o negativo indicado entre paréntesis. Tu pareja debe declarar la opinión opuesta, usando una forma CONTRARIA del pronombre/adjetivo/ adverbio. Sigue el modelo.

MODELO: Leoncio y la vasectomía (pronombre indefinido)

E1 (pronombre indefinido): Debe hacerlo. Es la responsabilidad de **todos** cuidar a los niños y la familia no tiene suficiente dinero para más hijos.

E2 (forma contraria = pronombre negativo): No estoy de acuerdo. **Nadie** debe tener que hacer eso solamente por razones económicas. La situación es injusta.

1. don Fidel y el trabajo de Leoncio (pronombre indefinido)
2. el policía y las zonas turísticas (adjetivo negativo)
3. Maribel, Luci y los turistas (adverbio indefinido)
4. el desarrollo económico y la protección de los sitios históricos (pronombre y adverbio negativo)

PASO 2. Identifica por lo menos dos situaciones/temas del cortometraje no mencionados en el **Paso 1**, y dile tu opinión a tu pareja, usando un pronombre/ adjetivo/adverbio indefinido o negativo. Tu pareja debe declarar la opinión opuesta, usando una forma CONTRARIA del pronombre/adjetivo/adverbio. Sigue el modelo del **Paso 1**.

C. ¿Qué opinan los demás?

PASO 1. Las personas entrevistadas responden a las siguientes preguntas. Escribe por lo menos cinco palabras del vocabulario de este capítulo que probablemente van a incluir en sus respuestas.

- Describa la diversidad étnica y cultural de su país o comunidad. ¿Cómo son las culturas de los pueblos indígenas en su país? ¿Qué idiomas hablan? ¿Sufren discriminación estos pueblos indígenas?

- ¿Hay mucho turismo en su país o comunidad? ¿Cuáles son los sitios turísticos más visitados? ¿Cómo son? ¿Se venden experiencias o artefactos relacionados a la cultura o la gente de su país?
- ¿Qué ideas comunica el cortometraje sobre los pueblos indígenas? ¿Cómo reaccionó Ud. cuando al final del cortometraje Inés y su amiga le dan el traje indígena a Luci, la hija menor? ¿Por qué?

1. _____   2. _____   3. _____   4. _____   5. _____

PASO 2. Completa las ideas que los entrevistados van a expresar con una de las siguientes opciones.

____ 1. Martín e Irma ____ han visto una persona indígena trabajando en restaurantes u hoteles.

____ 2. En México hay ____ sitios turísticos.

____ 3. En Puerto Rico hay ____ diversidad étnica.

____ 4. Vienen turistas de ____ partes del mundo a Puerto Rico.

____ 5. ____, la gente trata mal a los indígenas, desafortunadamente.

____ 6. ____ de las artesanías que se venden en México son sombreros de paja y joyería.

____ 7. ____ triste en el cortometraje «Kay Pacha» es ver a los niños trabajando.

a. algo
b. mucha
c. muchos
d. con frecuencia
e. nunca
f. todas
g. algunas

 PASO 3. Primero, lee las oraciones sobre las entrevistas. Luego, mira las entrevistas. Por último, empareja las causas y los efectos según los comentarios de los entrevistados.

Palabras útiles

el alebrije
sculptures of brightly colored mythical creatures sold in Oaxaca, Mexico

la chaquira
bead

el rango
status

taíno
indigenous groups who lived in the Caribbean

Martín e Irma

Steve

Michelle

© McGraw-Hill Education/Klic Video Productions

CAUSAS

____ 1. Los estadounidenses no necesitan un pasaporte para viajar a Puerto Rico.

____ 2. El sol y las playas en Cancún y Cabo San Lucas en México son increíbles.

____ 3. Hay mucha discriminación en contra los indígenas.

____ 4. Los indígenas se ven como una leyenda y el taíno es la base de lo que es puertorriqueño.

____ 5. La gente en Perú que no es de la cultura indígena no la entiende.

____ 6. La mezcla cultural se originó de los africanos, españoles y taínos.

EFECTOS

a. Por lo tanto, muchos turistas las visitan.

b. Por esta razón, la diversidad étnica y cultural es amplia.

c. Por lo tanto, la gente los trata mal como si fueran ignorantes y no tienen trabajos en lugares como restaurantes, hoteles u otros negocios.

d. Como consecuencia, la gente indígena como Leoncio, Inés y sus hijas tienen que trabajar muy duro para salir adelante.

e. Por eso, la gente los honra.

f. Así que muchos lo visitan como turistas.

PASO 4. Responde a las preguntas sobre las entrevistas.

1. ¿En cuáles de los tres países hay una gran diversidad de culturas y etnias? _____

2. ¿Cuáles son algunos de los sitios turísticos más visitados en México? _____

3. Martín dice que la gente trata muy bien a los turistas. ¿Qué dicho común menciona él para describir el tratamiento agradable? _____

4. Según Steve, ¿de qué manera es Puerto Rico como Los Ángeles y Nueva York? _____

5. ¿Qué etnias predominan en Puerto Rico? _____

6. ¿Qué grupo de personas que habla creole se ha mudado (y sigue mudándose) a la República Dominicana? _____

7. Según Michelle, ¿dónde se venden cuadros y otros tipos de artesanías en la República Dominicana? _____

8. ¿Qué dijo Michelle sobre el final del cortometraje, «Kay Pacha»? _____
_____
_____

 PASO 5. En parejas, conversen sobre sus propias ideas respecto a las preguntas del **Paso 1**.

Comprueba tu progreso

Let's put into practice what you have learned about the combination of pronouns, commands, and indefinite and negative words. In this conversation between Mila, Ricardo, and Reina, the three students discuss their upcoming exam on the indigenous cultures of South America. Complete their conversation with the imperative form of the verb in parentheses. If a choice of pronouns or negative and indefinite words is given, select the correct option to complete each statement. Check your answers when you're finished!

MILA: Ricardo, no _____[1] (decirme) que has empezado a estudiar para el examen en la clase de antropología.

RICARDO: ¡Claro que he empezado! ¿Te das cuenta de que el profesor nos puede preguntar _____[2] (nada / jamás / algo) sobre todas las culturas indígenas de las Américas?

REINA: Bueno, no todas las culturas indígenas... Estoy segura de que no va a haber _____[3] (alguna / ninguna / nada) pregunta sobre los emberá de Panamá o los mixtecos de México, por ejemplo.

MILA: Es verdad. ¡_____[4] (Se le / Me lo / Se me) olvidó de que en este examen solo entran las culturas indígenas del cono sur! Y _____[5] (Uds.: recordar) que Pepe nos va a dar sus apuntes para estudiar.

REINA: ¡Genial! Pepe es el que más sabe sobre los pueblos indígenas de la región. Pasó un verano en una comunidad mapuche en el sur de Chile.

RICARDO: Seguro que tiene muy buenos apuntes de clase. ¿Sabes cuándo _____[6] (te lo / nos los / se te) va a dar? Solo tenemos dos días para estudiar.

REINA: Hombre, ¡_____[7] (tranquilizarse)! Tú _____[8] (también / todo / tampoco) tienes tus propios apuntes, ¿no? ¿O es que _____[9] (te los / me la / se te) han perdido otra vez?

RICARDO: Reina, no _____[10] (ser) cruel. Estoy muy preocupado por mi nota en esta clase. ¿_____[11] (Algunos / Alguien / Algo) tiene el número de teléfono de Pepe?

MILA: Yo lo puedo llamar esta tarde.

RICARDO: Bueno, pues, _____[12] (nosotros: estudiar) esta noche en la biblioteca.

Respuestas

1. me digas; 2. algo; 3. ninguna; 4. Se me; 5. recuerden; 6. nos los; 7. tranquilízate; 8. también; 9. se te; 10. seas; 11. Alguien; 12. estudiemos

IV. CONTEXTOS SOCIALES

A. Los papeles de los géneros

La idea de género, tanto un concepto social como un fenómeno biológico, se comenta y se estudia en muchas facetas de la vida humana. Sin duda es un concepto complejo pero poderoso. Las ideas y suposiciones que se asocian con la masculinidad y la feminidad reflejan y forman fuerzas socioculturales que afectan el sentido de identidad de los individuos, además de su lugar en la cultura, la economía y la política.

Mira las tiras cómicas y contesta las preguntas.

© Andres Fara Lalanne

CartoonStock.com

1. ¿Qué papeles se asocian con la feminidad y la masculinidad según estas tiras cómicas?
2. ¿Qué cualidades tienen los hombres / las mujeres según estas imágenes?
3. ¿Qué trabajos/profesiones asocias primariamente con los hombres o las mujeres?
4. ¿Qué cualidades típicas tienen las mujeres / los hombres?
5. Las imágenes implican una crítica de los papeles tradicionales de las mujeres, además de las actitudes tradicionales masculinas. ¿Cómo afectan a los hombres los papeles masculinos tradicionales? ¿Cómo se refleja esto en el cortometraje «Kay Pacha»?

B. ¿Aún existen los papeles tradicionales?

PASO 1. Primero, identifica las responsabilidades de cada persona, según los estereotipos TRADICIONALES (de los principios del siglo XX). Luego, en parejas, comparen sus respuestas; si hay diferencias, intenten explicarlas.

¿Quién lo hacía tradicionalmente?			
	el hombre	la mujer	los dos	ninguno de los dos
1. Trabajar fuera de casa.	_____	_____	_____	_____
2. Cuidar a los niños.	_____	_____	_____	_____
3. Lavar y planchar la ropa.	_____	_____	_____	_____
4. Cocinar.	_____	_____	_____	_____
5. Ganar suficiente dinero para la familia.	_____	_____	_____	_____
6. Imponer la disciplina a los niños.	_____	_____	_____	_____
7. Arreglar el coche y los electrodomésticos.	_____	_____	_____	_____

PASO 2. En parejas, vuelvan a mirar las responsabilidades del **Paso 1**, pero esta vez decidan de quién es cada una según las normas MODERNAS. ¿Hay diferencias entre los papeles tradicionales y los papeles más modernos? ¿O siguen iguales? ¿Creen Uds. que aún existen los papeles de género? ¿Por qué?

Antes de leer

C. Actitudes y valores

La lectura que vas a leer trata de un matrimonio entre un hombre mayor y una mujer más joven y los chismes (*gossip*) de los vecinos con respecto a su relación. Tiene lugar alrededor del año 1940.

Antes de leer, túrnense con tu pareja para leer estas oraciones en voz alta. Comenta la idea que se expresa en cada una. Por ejemplo, indica si estás de acuerdo o si alguien que conoces piensa así. Explica por qué.

> **MODELO:** Hoy en día, la gente joven prefiere rechazar los papeles tradicionales de género.
>
> En mi opinión, esto es cierto. En mi familia, mi abuelo sentía mucha presión por mantener a la familia pero ambos de mis padres trabajan y mi madre también se preocupa por las finanzas de la casa. Mis amigos y mis amigas tienen las mismas metas en la vida pero hay personas que conozco que todavía aspiran a tener una familia tradicional. Por ejemplo...

1. Hoy en día, muchos hombres prefieren que las mujeres no trabajen fuera de la casa.
2. Los hombres sufren a causa de las expectativas de género relacionadas a la masculinidad.
3. La violencia de género es un problema que es menos frecuente hoy que en el pasado.
4. La familia y el matrimonio funcionan mejor cuando los hombres y las mujeres siguen papeles tradicionales o por lo menos papeles fijos.
5. La infidelidad es muy común hoy.
6. El matrimonio es una institución que oprimía a la mujer en el pasado.

¡A leer!

La autora de este cuento, Dirma Pardo Carugati, nació en Buenos Aires, Argentina, en 1934. Más tarde, se trasladó a Asunción, Paraguay, donde trabajó

como maestra y periodista por más de treinta años. Fue elegida miembro de la prestigiosa Academia Paraguaya de la Lengua Española. Una adaptación cinematográfica de su cuento «El secreto de la señora» estrenó en 1989. Más recientemente en 2008, publicó *Simplemente mujeres*, una colección de relatos que exploran las cuestiones y contradicciones de la vida femenina.

Este cuento es de su primer libro, *La víspera y el día*, una colección de cuentos breves que se publicó en

Courtesy of Dirma Pardo Carugati

1992. Según la autora, se basa en un incidente trágico que ocurrió en los años cuarenta.

«LA INFIEL»

– DIRMA PARDO CARUGATI

Hacía poco se habían mudado a la nueva urbanización. Ocupaban una casa de esquina, con un jardincito detrás de una verja de hierro.[a]

Los vecinos sabían poco de ellos; de él, nada más que era militar y salía temprano por las mañanas. De ella, que era muchos años más joven, bonita,

---

[a]una verja... *wrought-iron gate*

rubia y orgullosa. Esto último por lo menos lo creían las mujeres del vecindario, porque Elvira no intimaba[b] con ellas ni metía las narices en casa ajena.[c]

—Fíjese doña Filomena, allá va ésa, por la vereda[d] de enfrente, siempre mirando adelante para no tener que saludarnos.

—Para mí que es miope.[e]

—¿Adónde irá[f] otra vez? Porque canasto[g] para el mercado no lleva...

—¡Jesús! Qué va a ir al mercado con esa pinta,[h] con vestido de seda y sandalias de taco alto...

—¿Y se fijó en el pelo? Me parece que es teñido.[i]

—No me extrañaría[j] en una mujer como ésa.

—¡Quién sabe en qué anda[k] mientras su marido sale de maniobras![l]

—Yo no sé por qué es tan engreída.[m] La señora de al lado me dijo que está casi segura que es la segunda esposa del coronel.

—Pues a mí la señora del farmacéutico me comentó que una cliente les aseguró que ni siquiera están casados.

—¡Con razón que no va a misa!

—¡Qué escándalo! ¡Y qué tupé[n] venir a vivir en un barrio decente como este!

Ajena a los comentarios que a su alrededor se entretejían,[ñ] Elvira pasaba sus días en apacible aburrimiento. Como no tenía niños, no le quedaba mucho por hacer después de dirigir las tareas de la casa y dar algunas indicaciones[o] al soldadito que cuidaba el jardín.

La gente sabía que visitaba a su madre que vivía en Sajonia y que con frecuencia iba a casa de una modista[p] en Luque, pero nadie había logrado todavía descubrir dónde pasaba el resto del tiempo.

En ese sentido —Elvira lo admitía— su marido era muy condescendiente;[q] la dejaba salir, siempre y cuando estuviera de regreso temprano.

A él le gustaba encontrarla en la casa cuando volvía del cuartel.[r] Satisfacía su ego que ella personalmente le sacara las botas, pese a que tenía un ordenanza.[s] Lo hacía sentirse el amo que ella le cebara[t] el mate y le relatara las mil trivialidades del día, aunque él no le prestara mayor atención. Y siempre que ella le pedía que le contara algo de sus actividades, él le respondía «esas son cosas de hombres».

Pero no sólo las chismosas[u] del barrio se ocupaban de Elvira. Los hombres no quedaban impasibles a sus encantos, por más que lo disimulaban delante de sus esposas. Por ejemplo, el farmacéutico, solícito al punto del servilismo, se ofreció a conseguirle unas pastillas para la jaqueca,[v] que no tenía en su botica[w] y él mismo se las llevó hasta su casa. Pero lo hizo en plena siesta, cuando el coronel no estaba, por supuesto. El abogado de la otra cuadra, que tenía un auto deportivo descapotable, la invitó una vez que ella pasaba, a llevarla hasta donde fuera. Pero dio un largo rodeo innecesario, pasando por calles concurridas primero, para lucirse,[x] y por parajes[y] arbolados y solitarios después, para propasarse.[z]

Esa fue la primera y última vez que Elvira aceptó gentilezas[aa] semejantes y comprendió que ser joven, bonita y rubia, tiene sus inconvenientes cuando se quiere ser una mujer honesta.

---

[b]*no... she didn't become friends*   [c]*ni... didn't pry into other people's business*   [d]*sidewalk* [e]*nearsighted*   [f]*Adónde... Where might she be going*   [g]*basket*   [h]*look*   [i]*dyed*   [j]*No... It would not surprise me*   [k]*en... what she is up to*   [l]*military maneuvers*   [m]*vain, conceited* [n]*qué... what nerve/cheek*   [ñ]*se... were being woven*   [o]*instructions*   [p]*dressmaker* [q]*agreeable*   [r]*barracks*   [s]*orderly, assistant*   [t]*brew*   [u]*gossipy women*   [v]*headache* [w]*drugstore*   [x]*to show off*   [y]*locations*   [z]*to make a pass at her*   [aa]*courtesies*

En aquella época en que la televisión aún no había llegado para llenar los ocios pueblerinos, la vida del prójimo era el principal entretenimiento. El chismorreo era «la terapia de grupo» donde cada uno aportaba sus propios complejos y con ellos habían conformado un código de vida.

Como era de esperar, las murmuraciones de la supuesta vida oculta de Elvira, llegaron a oídos del esposo. No faltó un compañero de armas —buen amigo y servicial— quien preocupado por la reputación de su camarada, le contó sobre los rumores. Como dato concreto le dio la dirección de un sitio donde la infiel tenía una de sus citas amorosas en ese mismo momento.

El coronel, rojo de ira, pidió a su leal informante que lo acompañara como testigo.[bb] Revisó su arma reglamentaria y aunque secretamente rogaba que todo fuera una patraña,[cc] por su honor expuesto, no podía actuar de otra manera.

Llegaron frente al punto indicado. En verdad era una conocida «casa de tolerancia»[dd] disimulada con la apariencia de una pensión familiar.

Dentro de su coche, el coronel esperaba. Alentaba aún la esperanza de que su esposa no estuviera allí. Mientras, su solidario acompañante no hacía más que repetir: «¡Qué perras son las mujeres!»

De pronto, ambos vieron a Elvira. Salía de la casa de al lado de la pensión y miraba inquieta su reloj.

Rápido descendió el coronel, le cerró el paso y apuntándola con el arma le gritó.

—¿Creés que me engañás saliendo por otra puerta?

Y le descerrajó tres tiros.[ee]

Elvira cayó al suelo, con un grito largo y lastimero. Su vestido floreado empezó a mancharse[ff] de sangre, su hermoso cabello rubio, piadosamente[gg] le cubrió la cara y allí quedó hasta que llegó el forense.

Tras los disparos a quemarropa,[hh] el coronel entró a la casa con el revólver en alto.

—¡Salga miserable! —gritaba buscando al traidor.

Pero en la casa no había otro hombre; sólo estaba, muy sorprendida y asustada, la mujer que poco antes de que sonaran los disparos, había empezado a limpiar los recipientes de la tintura.[ii]

Pardo Carugatí, Dírma, "La infiel" in *La vispera y el día*. Copyright © Don Bosco Editorial. All rights reserved. Used with permission.

[bb]*witness*   [cc]*tall tale*   [dd]*casa… brothel*   [ee]*descerrajó… he fired off three gunshots*   [ff]*become stained*   [gg]*mercifully*   [hh]*a… at point-blank range*   [ii]*recipientes… hair dye bottles*

Después de leer

D. ¿Qué ocurrió y por qué?

PASO 1. Lee las oraciones sobre el cuento. Indica si son ciertas o falsas. Si es una oración falsa, corrígela.

1. Elvira, la esposa del militar era una persona orgullosa, según las vecinas. ___ ___

2. Las mujeres que vivían en el vecindario ayudaban a Elvira con sus deberes domésticos. ___ ___

3. Las vecinas se fijaban mucho en la apariencia física de Elvira. ___ ___

4. Elvira se aburría en la casa mientras su esposo no estaba. ___ ___

5. El coronel le contaba a Elvira sobre sus actividades laborales y cómo se sentía. ___ ___

6. El coronel sospechaba que su esposa era infiel porque uno de sus compañeros de trabajo le contó sobre los rumores del vecindario. ___ ___

7. El coronel esperaba no ver a Elvira en el sitio dónde tenía una de sus supuestas citas amorosas porque no quería matarla. ___ ___

8. El amante de Elvira salió de la casa al final de la historia cuando el coronel le grita, «¡Salga miserable!» ___ ___

PASO 2. Lee las siguientes citas del cuento y escribe una explicación de su importancia. Usa uno de estos verbos cuando posible: **demostrar (ue), enfatizar, explicar, implicar, indicar, mostrar (ue), representar, servir (i) para, subrayar, sugerir (ie).**

> **MODELO:** «Dentro de su coche, el coronel esperaba. Alentaba aún más la esperanza de que su esposa no estuviera allí. Mientras, su solidario acompañante no hacía más que repetir: ¡Qué perras son las mujeres!»
>
> *Escribes:* Esta cita es importante porque ocurre justo antes del punto culminante del cuento. El comentario del acompañante **sirve para subrayar** una actitud muy negativa y una de desconfianza hacia las mujeres. **Demuestra** el poder social de estas actitudes porque el acompañante primero es el que le cuenta los rumores al coronel y ahora está en el coche con él. El compañero **representa** los ideales masculinos de la sociedad que dictan una reacción violenta aún a rumores de infidelidad. Además, **indica** que el marido no quiere «tener que» matarla aunque las normas sociales requieren que lo haga.

1. «Los vecinos sabían poco de ellos; de él, nada más que era militar y salía temprano por las mañanas. De ella, que era muchos años más joven, bonita, rubia y orgullosa. Esto último por lo menos lo creían las mujeres del vecindario, porque Elvira no intimaba con ellas ni metía las narices en casa ajena».

_____

_____

2. —¿Quién sabe en qué anda mientras su marido sale de maniobras!?

   —Yo no sé por qué es tan engreída. La señora de al lado me dijo que está casi segura que es la segunda esposa del coronel.

   —Pues a mí la señora del farmacéutico me comentó que un cliente les aseguró que ni siquiera están casados.

   —¡Con razón que no va a misa!

_____

_____

3. «A él le gustaba encontrarla en la casa cuando volvía del cuartel. Satisfacía su ego que ella personalmente le sacara las botas, pese a que tenía un ordenanza. Lo hacía sentirse amo que ella le cebara el mate y le relatara las mil trivialidades del día, aunque él no le prestara mayor atención. Y siempre que ella le pedía que le contara algo de sus actividades, él le respondía "esas son cosas de hombres"».

_____

_____

4. «Llegaron frente al punto indicado. En verdad era una conocida "casa de tolerancia" disimulada con apariencia de una pensión familiar».

_____

_____

PASO 3. En parejas, conversen sobre los siguientes temas del cuento. Contesten las preguntas, incluyan otras observaciones pertinentes y anoten sus ideas. Luego, comparen sus ideas con sus compañeros de clase.

1. **La profesión del marido**: ¿Cuál es el trabajo del marido? ¿Qué ideas, valores y actitudes asocias con esta profesión? ¿Qué relevancia tiene en el cuento? ¿Sería distinto el cuento si el marido tuviera otra profesión? ¿Por qué?

_____

_____

2. **Los chismes**: ¿Qué importancia tienen los chismes en este cuento? ¿De qué temas se chismean? ¿Quiénes chismean? Analiza la importancia de esta cita: «En aquella época en que la televisión aún no había llegado para llenar los ocios pueblerinos, la vida del prójimo era el principal entretenimiento. El chismorreo era la terapia del grupo donde cada uno aportaba sus propios complejos y con ellos habían conformado un código de vida».

_____

_____

3. **La verdad y la mentira**: El narrador utiliza la palabra, «supuesta», en esta frase: «La supuesta vida oculta de Elvira». Busca otros ejemplos de palabras o situaciones que introduzcan la duda sobre lo que es verdad o quién es o no es honesto en esta historia.

_____

_____

4. **El honor**: ¿Cómo se define el honor en este cuento? ¿Cómo se vincula el honor con el género? Explica la relevancia de esta cita: «El coronel, rojo de ira, ...secretamente rogaba que todo fuera una patraña, por su honor expuesto, no podía actuar de otra manera».

_____

_____

5. **La infidelidad y la lealtad**: ¿Por qué se titula el cuento, «La infiel»? ¿Por qué cree el coronel que su esposa es infiel? ¿Por qué se sentía obligado el coronel a matar a Elvira?

_____

_____

6. **Las reglas de comportamiento**: ¿Qué normas y valores se rigen (*hold sway*) en la sociedad retratada en el cuento? ¿Qué infieres sobre las reglas implícitas del comportamiento de cada género?

_____

_____

E. ¿Qué opinan los demás?

PASO 1. Las personas entrevistadas contestan las siguientes preguntas. Escribe por lo menos cinco palabras del vocabulario de este capítulo que probablemente van a incluir en sus respuestas.

- ¿Qué responsabilidades asocia Ud. con los hombres y las mujeres? ¿Están cambiando o han cambiado las actitudes sobre los papeles tradicionales en su país o su comunidad? ¿De qué manera están o no están cambiando? En su opinión, ¿se deben cambiar? ¿Por qué?

- ¿Qué dificultades se enfrentan los hombres o las mujeres en su comunidad o país? ¿Es Ud. o conoce Ud. a una madre soltera o un padre soltero? ¿Conoce Ud. a mujeres que trabajen fuera de la casa o a hombres que sean amos de casa? ¿Es más común en su país o comunidad hoy en día que antes?

- En el cortometraje, la pareja discute sobre el control de natalidad y la posibilidad de tener más hijos. ¿Qué actitudes existen en su país o comunidad sobre el control de natalidad? En su opinión, ¿cuál es el número ideal de hijos en una familia?

1. _____ 2. _____ 3. _____ 4. _____ 5. _____

PASO 2. Primero, lee algunas de las ideas expresadas por los entrevistados. Luego, en parejas, túrnense para explicar si la idea es/era común/aceptada o no es/era común/aceptada en tu familia, comunidad y/o país.

> **MODELO:** *La idea*: Para algunos hombres es difícil aceptar que una mujer trabaje y gane tanto como el hombre.
>
> E1: Esta idea es bastante común entre algunos de mis parientes mayores. Pero, en mi opinión, entre las generaciones más jóvenes, los hombres aceptan la igualdad de las mujeres.
>
> E2: Estoy de acuerdo y creo que en mi comunidad, la mayoría de los hombres todavía gana más que las mujeres.

1. Los papeles de los géneros han cambiado mucho en las últimas décadas.
2. La mujer todavía tiene muchas dificultades en la vida.
3. Algunas familias no les permiten a sus hijas ir a la escuela o trabajar.
4. Algunos hombres están en contra de usar anticonceptivos.
5. Cuando las niñas ven que su madre trabaja, ellas también van a querer tener un trabajo en el futuro.
6. Los hombres enfrentan los problemas de las pandillas (*gangs*).

PASO 3. Primero, lee las siguientes oraciones. Luego, mira las entrevistas. Por último, indica si cada oración es cierta o falsa según los comentarios de los entrevistados. Si la oración es falsa, corrígela.

Martín e Irma

© McGraw-Hill Education/ Klic Video Productions

Steve

© McGraw-Hill Education/ Klic Video Productions

Michelle

© McGraw-Hill Education/ Klic Video Productions

Palabras útiles

el amo de casa
house husband, stay-at-home father

anivelado/a
balanced, evened out

mientras más... mejor
the more . . . the better

el/la nena
baby, child

ni siquiera
not even

el preservativo
condom

superarse
to better/ improve oneself

---

1. Según Steve, el control de natalidad no es un problema inmenso en Puerto Rico. _____ _____

2. Martín opina que la mujer tiene muchas dificultades en salir adelante en la vida, pero Irma no está de acuerdo. _____ _____

3. Según Irma, es raro que un hombre se quede en casa como amo de casa. _____ _____

4. Hay menos mujeres trabajando hoy en día que en el pasado en México. _____ _____

5. Ha habido cambios en los papeles de género en México y la República Dominicana, pero no en Puerto Rico. _____ _____

6. Para Steve, el número ideal de hijos es tres. _____ _____

7. En el pasado en la República Dominicana, mientras más hijos en una familia, mejor. _____ _____

 PASO 4. En parejas, túrnense para leer en voz alta las siguientes citas de las entrevistas. Cuando te toque escuchar (trata de no leer el texto), ofrece unas explicaciones posibles por la idea o la situación que la persona describe o di si estás de acuerdo con la idea o no.

COMPROMISO CON LA COMUNIDAD: LA ECONOMÍA INFORMAL

Busca información sobre los micropréstamos que se les dan a personas que no tienen acceso a servicios bancarios tradicionales, para que emprendan alguna actividad comercial. ¿Qué tipos de servicios necesitan? ¿Te interesa contribuir a una de sus campañas? ¿Hay una manera en que pudieras usar tus talentos para ayudar un negocio pequeño?

MODELO: *Tu pareja lee:* Steve dijo: «Cuando estaba creciendo se veían mucho los roles tradicionales, en donde el hombre era el que trabajaba y proveía para la familia y la mujer es la persona que está en la casa cuidando a los niños... He visto que ha habido un nuevo cambio en que todo es posible. En donde tú puedes ser ambos papá y mamá».

Tú dices: La razón que creo que el hombre trabajaba y la mujer tenía que estar en la casa y cuidar a los niños en el pasado era porque...

1. Irma dijo: «Tomamos más decisiones, trabajamos. Antes la mujer se quedaba en casa, y ahora la responsabilidad es para los dos. ¿Quieres sacar tu familia adelante? ¿Quieres darles más? Los dos tienen que trabajar. Sí, han cambiado bastante las obligaciones».

2. Irma dijo: «La mujer, yo pienso que tiene muchas dificultades. Para superarse es muy difícil porque tiene menos oportunidades para poder salir adelante en la vida. Las costumbres en las familias como ciertos padres, no les permiten ni siquiera ir al escuela, a las mujeres. Pues, se hace un poquito más difícil superar». Martín dijo: «Menos trabajar... Sí, la mujer tiene muchas dificultades en ese aspecto».

3. Steve dijo: «Hasta ahora estoy pensando más adoptar que en tener mis propios hijos. Pero, sí, tres para mí, un número bastante bueno. Si puedo escoger, dos nenes y una nena».

4. Michelle dijo: «Es muy común hoy en día en República Dominicana que las mujeres sean médicos, que sean abogadas, empresarias, es algo que ha cambiado».

 PASO 5. En parejas, conversen sobre sus propias ideas respecto a las preguntas del **Paso 1**.

V. CONTEXTOS EXPRESIVOS

 A. Escritura: Recomendaciones para ti mismo/misma o para un(a) estudiante más joven

Al final de esta actividad vas a escribirte a ti mismo/a cuando eras más joven o vas a escribirle una carta a un/una estudiante que va a estar en su primer año en tu escuela secundaria. Ahora eres más sabio/a y entiendes mejor muchos aspectos de la vida. Vas a escribir recomendaciones y utilizar los mandatos informales cuando posible. Tus recomendaciones deben ser sobre tres temas:

a. las relaciones interpersonales

b. la universidad / el ámbito académico

c. los papeles y las expectativas de las personas según su género

Vas a explicar lo que debes y no debes hacer y lo que debes saber con respecto a tu vida en la escuela secundaria y tu vida después. Además, vas a hablar de lo que aprendiste de los papeles de género y piensa en lo que te habría gustado haber sabido (te... *you would have liked to have known*) cuando eras más joven. La carta debe tener por lo menos diez oraciones. Recuerda que la carta no debe ser una lista simple. Escríbete a ti mismo/a como si fueras (como... *as if you were*) otra persona. Sigue los pasos para ayudarte a escribir.

Antes de escribir: Estrategias para hacer una lluvia de ideas
Primero, identifica el propósito de lo que escribes y los lectores ideales. Escribe verbos que puedan describir tu propósito o meta: para explicar, para mostrar, para divertir, para describir, para analizar, para persuadir, para comparar, para enseñar, para expresar, etcétera. Ahora elige una o más de las siguientes estrategias.

Escribir sin parar: Escribe todo lo que puedas sobre el tema, en la forma del flujo de conciencia. No pares para buscar palabras en el diccionario. Trata de escribir todo lo que puedas con el vocabulario y el conocimiento que ya tienes. No te preocupes por la organización de ideas en este momento.

Hacer listas: Haz una lista de palabras y frases importantes. No te preocupes por escribir oraciones completas. Después, organízalas y ponlas en categorías como las siguientes: vocabulario clave, causas, efectos, sucesos, información de trasfondo, puntos generales, evidencia, preguntas, conclusiones, descripciones, valores, características, metas, obstáculos, detalles, etcétera. Por supuesto, puedes crear otras categorías según el enfoque de lo que escribes. Fíjate en la repetición de cierta palabra o frase y apúntala para luego buscar sinónimos u otras maneras de variar la presentación de la información.

Hacer preguntas: Imagina a los lectores de lo que escribes. ¿Qué preguntas van a tener ellos sobre tu tema? Escribe sus preguntas con las palabras interrogativas: ¿Cómo?, ¿Cuándo?, ¿Quíen?, ¿Por qué?, ¿Cuál, ¿Qué?, ¿Dónde?

¡A escribir!
Después de utilizar una o más de las estrategias de hacer una lluvia de ideas, puedes crear un bosquejo (*outline*) que organiza los elementos de tu trabajo. O si prefieres, puedes empezar por escribir trozos (*chunks*) de la versión final y decidir luego cómo se van a organizar. Luego, escribe el primer borrador de tu carta.

Estrategia: Una lluvia de ideas

Brainstorming shapes and improves our thinking. Although it might seem paradoxical, if you are not sure what you want to write or how to present your ideas, simply beginning to write in an unstructured way can help. During this initial phase, do not worry about writing complete sentences or providing details, which can be added later. The goal is to write as much as possible and produce a "storm" of words, phrases and ideas, some of which you will eventually discard.

Después del primer borrador

En parejas, intercambien borradores. Lee el borrador de tu pareja y escribe por lo menos cinco preguntas para descubrir más sobre los detalles de las recomendaciones y los sucesos. Inventa respuestas a las preguntas que tu pareja te haga y agrega esta información a la versión final de tu carta.

B. Nosotros, los actores / las actrices: ¡Encontré trabajo!

PASO 1. En parejas, imaginen la conversación entre los personajes y escriban un guion para una de las siguientes situaciones:

a. Inés le cuenta a Leoncio que ella encontró trabajo. Leoncio le responde con mandatos informales y le explica lo que opina de esto. Menciona los papeles de género también.

b. Leoncio encontró trabajo en el sector informal y se lo cuenta a Inés. Ella le responde con mandatos informales y le explica lo que opina de esto. Menciona los papeles de género también.

c. Maribel les explica a sus padres por qué ya no quiere trabajar en la plaza por propinas de los turistas. Sus padres le responden con mandatos informales y le explican lo que opinan de esta decisión. Mencionan los papeles de género también.

PASO 2. Ensayen su guion y luego interprétenlo para la clase. Presten atención a la pronunciación, el lenguaje corporal, los gestos y el tono de la voz.

C. Entrevista: Momentos clave de buscar, encontrar, renunciar o ser despedido de un trabajo

Entrevista a una persona hispanohablante sobre sus experiencias laborales. Escribe preguntas con por lo menos cinco palabras interrogativas para entrevistarlo/la. Por ejemplo, hazle preguntas sobre cómo consiguió un trabajo, el proceso de buscarlo, su experiencia con el jefe / la jefa y cómo y por qué dejó de trabajar allí. Saca apuntes y está listo/a a presentar sus respuestas a la clase. Pregúntale sobre sus expectativas con respecto a su género y el mundo laboral. ¿Se sentía limitado/a por las normas sociales en cuanto al género y lo que podía y no podía hacer?

OPCIONAL: Pregúntale al entrevistado si está bien si filmas un video de la entrevista para mostrar a la clase.

D. ¡Entrevista por videoconferencia!

Conversa con un/una hispanohablante por videoconferencia y hazle seis a ocho preguntas sobre uno de los siguientes temas:

a. un trabajo que tuvo en que trabajaba por propinas

b. un trabajo que no era oficial o que no formaba parte de la economía formal

c. una experiencia que tuvo, o que otra persona tuvo, cuando no se podía hacer algo a causa de ciertas expectativas sobre el género y los papeles asociados con este género

d. las ideas sobre los papeles masculinos y femeninos en su comunidad o país y si o cómo han cambiado

Saca apuntes mientras conversan y prepárate a presentar la información a la clase.

E. Investigación: El concepto de género

Busca información sobre uno de los siguientes temas en tu país y otro país del mundo hispanohablante. Resume la información que encuentres e incluye datos interesantes. Preséntale la información a tu clase y compara y contrasta las semejanzas y diferencias entre los dos países.

- los tipos de trabajos asociados con las mujeres y los hombres, anuncios de trabajo para un solo género
- comparar y contrastar las características ideales masculinas y femeninas según la generación joven y la generación mayor
- la imagen de la mujer ideal según la tradición católica
- los papeles de los hombres y las mujeres en una comunidad indígena
- los papeles y las expectativas de los hombres y las mujeres en el hogar
- las personas transexual en ciertos países
- la historia de leyes relacionadas al género
- la violencia de género y el activismo en contra de ella
- las tendencias con respecto a la formación académica para hombres y mujeres

Tabla B

Gramática

 E. Una visita a Cusco

MAPA B

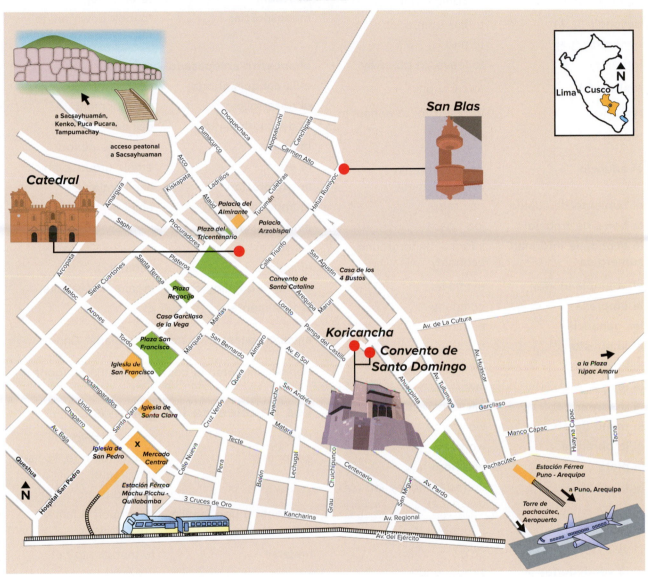

ESTUDIANTE 2 (le pregunta a Estudiante 1)

Pregúntale a tu pareja cómo llegar a los siguientes lugares que no están en tu mapa. Tu pareja te va a dar mandatos informales para guiarte. Indica en el mapa dónde está cada lugar.

1. la Plaza de Armas
2. la Calle Hatan Rumiyoc
3. la Compañía de Jesús
4. el Templo del Koricancha

El sector informal de la economía

cobrar	to charge
costar (ue)	to cost
cumplir con	to comply with
despedir (i), (i)	to fire from a job
encontrar (ue)	to find
largarse	to leave, to go away
realizar (c)	to carry out
recurrir a	to resort to; to appeal to
renunciar	to quit
el anuncio	advertisement, announcement
el aumento de sueldo	pay raise
la bolsa de trabajo	job board
la economía informal/ sumergida	informal/underground economy
el/la empleador(a)	employer
la empresa	company
las ganancias	earnings
el impuesto	tax
los ingresos	income
la ley	law
el maltrato	mistreatment
la mano de obra	workforce
el/la obrero/a	worker
la plata	el dinero
la propina	tip (as in money left for a service)
el reclamo	demand
el sueldo	salary
el/la vendedor(a) ambulante	street vendor
en efectivo	in cash

Repaso: solicitar, la artesanía, el derecho, el gobierno

Los pueblos indígenas

conquistar	to conquer
desarrollar	to develop
descubrir	to discover
menospreciar	to look down on; to undervalue
el ancestro/antepasado	ancestor
el/la conquistador(a)	conquerer
el desarrollo	development
el descubrimiento	discovery
la época	era, time period
la etnia	ethnic group, ethnicity
la explotación	exploitation
el imperio	empire
el/la invasor(a)	invader
las ruinas	ruins
el siglo	century
el sitio arqueológico	archaeological site
la vestimenta	clothing
antes/después de Cristo	before/after Christ

Repaso: explotar, la costumbre, el/la indígena

Los papeles de los géneros

criar	to raise (children)
engendrar	to give birth to, to have (procreate)
fastidiar	to disgust; to bother
mantener a una familia	to support a family financially
meterse	to meddle; to get involved
quejarse (de)	to complain (about)
el/la cabeza de familia	head of family/ household
el control de natalidad	birth control
la feminidad/masculinidad	femininity/masculinity
el feminismo/machismo	feminism/machismo
femenino/a / masculino/a	feminine/masculine

Repaso: respetar, la (des)igualdad

CAPÍTULO 5

La desigualdad social

Las metas: ¿Qué debo saber y poder hacer al final de este capítulo?

Communicative Goals
Use the subjunctive mood to express unrealized, hypothetical or non-existent actions and conditions. Be able to talk about the experiences of migrant workers, concepts related to race/ ethnicity, and the effects of borders/boundaries in the Spanish-speaking world.

Chapter Theme Goals
Summarize and reflect upon the plot of the short film **"Hispaniola."** Identify and interpret cultural conflicts and perspectives in the film and in interviews with native speakers.

Analyze and compare cultural perspectives and ideas regarding three key intercultural topics:
Migrant workers
Race and ethnicity
Borders and boundaries

Geographical and Cultural Knowledge Goals
Identify the geographic location of Hispaniola and the land within the United States that once belonged to Mexico. Describe cultural concepts related to migrant workers, race and ethnicity, and social inequality in the Spanish-speaking world.

Knowledge of Reading Goals
Summarize and analyze the poem **"No se raje, chicanita"** and recognize and analyze the cultural attitudes about borders and boundaries that shape history as well as one's identity.

© Smithsonian American Art Museum, Washington, DC/Art Resource, NY

Braceros del artista chicano Domingo Ulloa, 1960

En 1993, la Asamblea Estatal de California declaró a Domingo Ulloa «El padre del arte chicano». El artista luchó en el ejército de los Estados Unidos en la Segunda Guerra Mundial. Cuando volvió de la guerra, formó un grupo de justicia social que procuraba llamar la atención al público sobre las condiciones de los obreros migrantes que trabajaban en California. El activista, César Chávez, reconoció su contribución artística a las luchas de los obreros.

Describe a los hombres de este cuadro. ¿Cómo son? ¿Cómo están? ¿Dónde están en este momento? ¿Por qué están detrás de una cerca de alambre de púa (*barbed wire fence*)? ¿Cómo es su vida probablemente? ¿Qué puede significar el título, *Braceros*?

¿Hay trabajadores migrantes cerca de tu comunidad? ¿Qué hacen? ¿Cómo es su vida? ¿Sufren discriminación? ¿Por qué?

I. ANTICIPACIÓN

A. El póster del cortometraje «Hispaniola»

«Hispaniola» trata de la amistad de dos niños de familias distintas en la República Dominicana. Un niño es de Haití, el país que comparte la isla La Española (*Hispaniola*) con la República Dominicana. Ellos se llevan bien hasta que el padre de uno de los niños decide que no le gusta la amistad.

© Freddy Vargas

DATOS CINEMATOGRÁFICOS

Director: Freddy Vargas

Fecha: 2007

Personajes: Antonio, Pierre, los padres de Antonio y Pierre, la empleada doméstica

Escenario: la isla de La Española (*Hispaniola*) (Haití y la República Dominicana)

País: la República Dominicana

PASO 1. Mira el póster del cortometraje y contesta las preguntas.

1. ¿Qué relación hay entre los dos niños? ¿Cómo se conocieron probablemente? ¿Se ven todos los días?

2. ¿Qué están haciendo en este momento? ¿Qué han hecho hoy probablemente? ¿Qué nunca han hecho?

3. ¿Cómo se sienten en este momento?

 PASO 2. En parejas, conversen sobre las siguientes preguntas.

1. ¿Has tenido que mudarte a otro pueblo, ciudad, estado o país por razones de trabajo? Explica. ¿Por qué se mudan algunas personas que conoces?

2. Cuando eras niño/niña, ¿jugabas con niños que vivían cerca de ti? ¿Jugabas con niños de otros países, otras razas u otros grupos étnicos? ¿Vivían los niños de diferentes grupos separadamente en tu comunidad? ¿Ha cambiado tu comunidad en ese aspecto? ¿Qué ideas escuchabas sobre personas de diferentes grupos sociales o raciales?

3. ¿Cuáles son las actividades que asocias con diferentes clases sociales? ¿Existen diferentes clases sociales donde vives? ¿Cuáles son actividades que hacen juntas las personas de todas las clases sociales? ¿Qué actividades nunca hacen juntas?

B. ¡Conozcamos a los personajes!

PASO 1. Mira las imágenes de cuatro de los personajes del cortometraje «Hispaniola» y escribe cómo son y cómo están. Incluye todos los detalles que puedas.

Adjetivos útiles

aburrido/a
amable
cómico/a
confundido/a
conservador/a
contento/a
débil
desagradable
egoísta
enojado/a
frustrado/a
fuerte
impulsivo/a
introvertido/a
moderno/a
molesto/a
nervioso/a
preocupado/a
respetuoso/a
sensible
serio/a
tradicional
tranquilo/a
viejo/a

© Freddy Vargas

1. **Antonio, un niño dominicano**
   ¿Cómo es Antonio? ¿Dónde está él en este momento? ¿Por qué levanta la mano?
   Otras observaciones:

© Freddy Vargas

2. **los padres de Antonio**
   ¿Cómo es el padre? ¿Cómo es la madre? ¿Qué están haciendo en este momento? ¿De qué hablan los padres de Antonio mientras desayunan?
   Otras observaciones:

© Freddy Vargas

3. **la empleada doméstica**
   ¿Cómo es ella? ¿Por qué lleva uniforme? ¿Por qué está contenta? ¿Está jugando con alguien?
   Otras observaciones:

© Freddy Vargas

4. **Pierre, un niño haitiano que vive en la República Dominicana**
   ¿Cómo es Pierre? ¿Cuántos años tiene? ¿Tiene algo en la mano? ¿Qué? ¿Qué le gusta hacer?
   Otras observaciones:

PASO 2. Ahora infiere lo que puedas de los fotogramas y contesta las preguntas. Usa las pistas que ves, la lógica y tu imaginación.

1. ¿Qué probablemente hizo Antonio hoy? ¿Cómo es su vida? ¿Qué hace siempre? ¿Qué nunca hace?

2. ¿De qué hablan los padres de Antonio mientras desayunan? ¿Qué hace el padre todos los días? ¿Qué hace la madre? ¿Qué no hacen ellos nunca? ¿Qué probablemente va a hacer la familia hoy?

3. ¿Qué papel desempeña la empleada doméstica en esta familia? ¿Qué tiene que hacer hoy? ¿Qué mandatos le da la familia? ¿Qué mandatos le da ella a Antonio?

4. ¿Qué hace Pierre de vez en cuando? ¿Cómo conoce Pierre a Antonio?

C. Lugares importantes en «Hispaniola»

PASO 1. Los siguientes fotogramas muestran cuatro lugares del cortometraje. Apunta características de los lugares en general. (Por ejemplo: ¿Cómo es el lugar? ¿Para qué sirve? ¿Quiénes típicamente están en el lugar? ¿Cómo están las personas cuando están allí?)

© Freddy Vargas

1. la clase de una escuela primaria

© Freddy Vargas

2. la ciudad grande

© Freddy Vargas

3. la calle urbana

© Freddy Vargas

4. la piscina en el jardín de una casa

PASO 2. En parejas, digan qué hacen Uds. típicamente en los lugares del **Paso 1** y con qué frecuencia. ¿Con quiénes están en estos lugares? ¿Cuáles son dos mandatos que se oyen con frecuencia en cada lugar?

D. La isla La Española

PASO 1. Lee sobre la historia de La Española (*Hispaniola*). Luego, escucha las preguntas y elige la respuesta más lógica.

La isla La Española

En la isla caribeña La Española hay dos países: Haití y la República Dominicana.

La nación de Haití ocupa un tercio del territorio en el oeste de la isla. La República Dominicana está en el lado este y ocupa dos tercios de la tierra de la isla. En Haití, los dos idiomas oficiales son el francés y el criollo haitiano, un idioma basado en francés pero con influencias de idiomas africanos y el español. En la República Dominicana, se habla español.

Hay una larga historia de migración, colonización, conflicto y guerra en la isla. Cuando Cristóbal Colón tomó posesión de la isla en el siglo XV, los arahuacos y los taínos, pueblos indígenas, habitaban la isla. Pronto llegaron olas de piratas y colonizadores europeos, y estos trajeron a esclavos africanos. Los españoles, los holandeses, los ingleses y los franceses se pelearon por siglos por control de la isla y sus recursos económicos.

En el siglo XVII, España le cedió el lado occidental de la isla a Francia. Esta división entre el lado español y el lado francés desencadenó divisiones culturales y lingüísticas entre Haití y la República Dominicana. Durante la colonización francesa, los colonizadores trajeron a esclavos africanos para trabajar en plantaciones de azúcar. El tratamiento cruel llevó a una rebelión de los esclavos en 1791. Poco después, se abolió la esclavitud en Haití. Sin embargo, los africanos seguían siendo víctimas de la opresión.

A pesar de que la isla abarca dos naciones, la historia y el destino de los dos están entrelazados.

Comprensión

____ 1.   a. divisiones culturales y lingüísticas

____ 2.   b. varios grupos indígenas

____ 3.   c. la opresión

____ 4.   d. dos tercios

____ 5.   e. el oeste

____ 6.   f. el francés y el criollo haitiano

____ 7.   g. los holandeses, los ingleses y los franceses

____ 8.   h. el español

PASO 2. Contesta las preguntas con oraciones completas. Cuando sea posible, usa pronombres directos e indirectos.

1. Cristóbal Colón tomó posesión de la isla en el siglo XV en nombre de la corona española. ¿A quiénes se la quitó? _____

2. La isla tenía y tiene muchos recursos naturales. ¿Quiénes se pelearon y trataron de controlarlos? _____
_____

3. ¿A qué país le cedió España el lado occidental de la isla en el siglo XVII?
_____

4. ¿Por qué trajeron los franceses a esclavos africanos a la isla? _____
_____

5. ¿Cuándo abolieron la esclavitud en la isla? _____
_____

E. Situación de suspenso: Nos están invadiendo.

PASO 1. Mira el videoclip y contesta las preguntas.

© Freddy Vargas

© Gardel Bertrand/Hemis/Alamy

Juan Pablo Duarte es considerado uno de los padres fundadores de la República Dominicana. Luchó en contra de la ocupación haitiana y por la independencia de la República Dominicana en 1844.

1. ¿Por qué se puso contento Antonio en la clase? ¿De qué hablaba la maestra?

2. ¿De qué hablaron Antonio y su madre en el carro? ¿Está de acuerdo la madre de Antonio con lo que él aprendió en su clase de historia? ¿Qué le explica ella?

3. Cuando llegan a casa, ¿a quiénes miran Antonio y su madre desde el carro?

4. ¿Qué infieres sobre el padre de Antonio?

5. En tu opinión, ¿qué va a suceder después? ¿Qué NO va a suceder?

Estrategia: Las ideas clave

Even at the intermediate level, it is easy to get lost in the details when reading in a second language, so rather than just reading from beginning to end, try to identify the main point first. First, scan the reading briefly, paying attention to the title, English cognates, and any subtitles or pictures. Next, try reading just the first and last paragraphs, since this is where the main point is likely to be introduced and summarized. Finally, as you progress through a beginning-to-end reading, keep this main point in mind, and it will be clearer how the rest of the sentences/paragraphs support, provide examples, or clarify the topic.

PASO 2. Lee la siguiente información sobre las dos naciones de la isla La Española, Haití y la República Dominicana. Elige la mejor palabra entre paréntesis para llenar los espacios en la lectura con un verbo que toma una preposición. Luego, decide si las oraciones sobre la lectura que siguen son ciertas o falsas. Si la oración es falsa, corrígela.

Haití y la República Dominicana: Una larga historia de opresión y fronteras borrosas

En la República Dominicana, los haitianos son el grupo más grande de inmigrantes. Los inmigrantes indocumentados haitianos constituyen el 12% de la población en la República Dominicana. Trabajan en obras de construcción, plantaciones, hoteles y como empleados domésticos.

Los trabajadores de Haití han inmigrado a la

© Hector Retamal/AFP/Getty Images

República Dominicana más o menos continuamente durante los siglos XX y XXI. Por muchos años han sido migrantes y las grandes empresas y los varios gobiernos haitianos y dominicanos se han _____[1] (aprovechado / luchado) de ellos. Los dueños de las plantaciones grandes de azúcar en La Española favorecían el trabajo más barato de los haitianos, lo cual _____[2] (condujo / llevó) a la emigración de los haitianos al lado dominicano.

A pesar de la frontera porosa entre los dos países, los haitianos han sufrido mucho por un fenómeno llamado «el antihaitianismo», una idea que implica que los haitianos amenazan la identidad nacional de los dominicanos. Además, esta noción valora los antepasados españoles e indígenas de los dominicanos, mientras que rechaza la influencia africana en la isla. El término se remonta al liderazgo dictatorial del dominicano Rafael Trujillo en los años treinta, cuarenta y cincuenta del siglo XX, aunque el prejuicio en contra de los haitianos _____[3] (empezó / dejó) a manifestarse mucho antes.

Los hijos de los inmigrantes haitianos que nacen en la República Dominicana _____[4] (se enfrentan / empiezan) a un problema particular. En 2013, el gobierno dominicano declaró que personas nacidas en la República Dominicana, pero con padres indocumentados que habían nacido en Haití, no eran ciudadanos. Esta decisión fue retroactiva hasta 1929. El resultado fue que el gobierno ha _____[5] (intimidado / amenazado) con deportar a miles de personas que nunca han vivido en Haití. Ha habido un clamor de la comunidad internacional en contra de la deportación de estas personas que se encuentran en una situación imposible.

	CIERTO	FALSO
1. Más del 10% de la población de la República Dominicana es de Haití.	_____	_____
2. Los inmigrantes haitianos acaban de llegar a la República Dominicana durante los últimos veinte años.	_____	_____
3. Los dueños de las plantaciones de azúcar en la República Dominicana preferían emplear a los migrantes haitianos porque trabajaban por menos dinero.	_____	_____
4. El antihaitianismo es una actitud que menosprecia la herencia africana de la isla.	_____	_____
5. En 2013, el gobierno de la República Dominicana promulgó una ley que les quitó la ciudadanía a los haitianos que habían nacido allí, pero cuyos padres inmigraron sin documentación.	_____	_____
6. En 2013, la República Dominicana decidió deportar solamente a los haitianos que habían llegado en los últimos cinco años.	_____	_____

PASO 3. Vuelve a leer la lectura e identifica tres ideas clave. Una idea principal puede ser explícita o implícita. Comparte tus ideas con tu pareja y compara y contrástalas. ¿Son distintas sus ideas?

F. A inferir y predecir

En parejas, miren los fotogramas y contesten las preguntas.

© Freddy Vargas

© Freddy Vargas

1. En el primer fotograma, Antonio está con Pierre. ¿Cuántos años tienen? ¿Cuánto tiempo hace que se conocen? ¿Qué tienen en común?

2. ¿Se llevan bien los niños? ¿Con qué objeto juegan? ¿De quién es el objeto? ¿Se lo prestó Pierre a Antonio?

3. ¿Dónde están las personas en el segundo fotograma? ¿Quién es la persona más alta? ¿Qué sucede?

4. ¿Qué va a ocurrir en el futuro?

G. Sin sonido: Las pistas visuales

PASO 1. Mira el cortometraje entero sin sonido. Presta atención a las acciones y las emociones expresadas en la cara de los personajes. Basándote en las pistas visuales, escribe por lo menos cinco oraciones resumiendo lo que crees que ocurre en «Hispaniola». Explica el argumento y el desenlace lo mejor que puedas. **¡OJO!** No te preocupes si no estás seguro/a. Observa y adivina. ¡Vas a mirar el cortometraje con sonido pronto!

© Freddy Vargas

PASO 2. Compara tu resumen del argumento (del **Paso 1**) con el de una pareja. ¿Son parecidas sus interpretaciones de las pistas visuales? ¿Cómo son diferentes?

PASO 3. Ahora, escribe cinco preguntas sobre el cortometraje. Utiliza cinco palabras interrogativas diferentes. Pueden ser preguntas sobre lo que sucede o de opinión. Hazle tus preguntas a tu pareja y apunta sus respuestas.

II. VOCABULARIO

A. Los trabajadores migrantes

PASO 1. En el cortometraje, «Hispaniola», un niño de una familia rica y poderosa en la República Dominicana se hace amigo de un niño de una familia pobre de Haití que ha venido a la República Dominicana para trabajar como obreros inmigrantes. Lee las oraciones sobre las siguientes escenas, infiere el significado de las palabras **en negrilla** y contesta las preguntas.

© Freddy Vargas

Estos **trabajadores migrantes** haitianos **migraron** a la República Dominicana con sus familias para trabajar. En camino a la casa, Antonio le pregunta a su madre si estos obreros están «invadiendo» su país. Ella le dice que no, que al contrario <u>se están muriendo de hambre</u>. Sin embargo, algunas personas menosprecian a **los trabajadores migrantes**.

© Freddy Vargas

Cuando el obrero le explica al jefe que están trabajando día y noche, el jefe le responde con **desprecio** diciéndole que tienen que trabajar aún más <u>duro</u>. Le dice, «Ojalá los <u>deporten</u>».

© Freddy Vargas

En esta escena, el padre de Antonio acaba de sacar a Pierre de la piscina. Parece **amenazar** al padre de Pierre y le dice con **desprecio**, «Y Uds. deben de saber su sitio (*know your place*)».

© Freddy Vargas

Al final, los oficiales de inmigración **capturan** y <u>deportan</u> a los inmigrantes haitianos. <u>Se llevan</u> a los padres de Pierre y algunas personas del **Servicio Social** <u>se llevan</u> a Pierre. Antonio y la doméstica miran la escena **horrorizados**.

Más vocabulario sobre los trabajadores migrantes*	
amenazar	to threaten
cosechar	to harvest
emigrar	to emigrate
inmigrar	to immigrate
no quedarle más remedio	to not have any other options
el desprecio	disdain, contempt, scorn
Repaso: <u>duro/a</u>	

Preguntas

1. ¿Hay trabajadores migrantes en tu comunidad o ciudad? ¿De qué países vienen? ¿Qué trabajos ocupan? ¿Qué actitudes hacia ellos has observado?

2. Algunos trabajadores migrantes realizan trabajos estacionales (*seasonal*), y por eso tienen que trasladarse (*relocate*) frecuentemente. ¿Cuáles son algunas dificultades o preocupaciones que probablemente tienen los trabajadores migrantes?

3. ¿Por qué piensas que muchos trabajadores migrantes son «invisibles» en los lugares donde trabajan? ¿Qué punto de vista probablemente tienen los trabajadores migrantes de la sociedad en la que trabajan?

B. La migración interna

PASO 1. Lee sobre el tipo de migración más común, la migración interna, y escribe dos causas, dos consecuencias y dos datos importantes sobre ella.

La migración interna: De las zonas rurales a las urbanas[†]

El tipo de migración más común desde el siglo XIX ha sido la migración interna, el movimiento de personas de las zonas rurales a los centros urbanos.

En Latinoamérica y España, la tendencia general de **emigrar** de las zonas rurales a las ciudades no muestra signos de cambiar. Por ejemplo, en Colombia, al final de los años 30, el 70% de la población vivía en áreas rurales. Para el final del siglo XX, aproximadamente el 70% vivía en áreas urbanas. Por todas partes del mundo hispanohablante, el porcentaje de la población que vive en una zona rural bajó entre 1960 y 2015. En México, en 1960, el 49% vivía en áreas rurales pero solamente el 21% en 2015. Cifras parecidas se ven

---

Vocabulary words underlined and differently colored are featured in the dialogue of the short film.

[†]Source: Parangua, Paulo, "Latin America Struggles to Cope with Record Urban Growth," *The Guardian,* September 11, 2012. https://www.theguardian.com; Sanz, Elena, "España está en venta: aldeas y pueblos abandonados desde 60.000 euros," *El Confidencial,* September 18, 2013. http://www.elconfidencial.com; Rueda Plata, José Quinto, "El campo y la ciudad: Colombia de país rural a país urbano," Biblioteca Luis Ángel Arango. Museos y colecciones del Banco de la República, November 1999. http://www.banrepcultural.org; Valero, Miriam, "Latinoamérica, la región más urbanizada del planeta," *The Prisma,* September 16, 2012. http://theprisma.co.uk/es; Cave, Damien, "Migrants New Paths Reshaping Latin America," *The New York Times,* January 5, 2012. http://www.nytimes.com; "Población rural (% de la población total)," Banco Mundial, 2016. http://datos.bancomundial.org; Parangua, Paulo, "Latin America Struggles to Cope with Record Urban Growth"

en otros países: en Puerto Rico, el 55% en 1960 y el 6% en 2015; en Bolivia, el 63% en 1960 y el 31% en 2015; en Costa Rica, el 66% en 1960 y el 23% en 2015. En España, un gran **éxodo** rural sucedió entre 1951 y 1980, y las poblaciones de Madrid y Barcelona se doblaron durante ese período.

Los cambios climáticos que resultan en una sequía o en inundaciones, como se ve en esta foto del Ecuador, pueden llevar a la migración forzada.

A pesar de la importancia económica de la minería y la agricultura, el 80% de los latinoamericanos ahora vive en pueblos o ciudades, y se estima que, para el año 2050, el 90% de la población va a vivir en esos centros urbanos. Las personas **se desplazan** o abandonan sus residencias por varias razones. Un desastre natural, como una inundación o un terremoto, frecuentemente **desarraiga** a grupos de personas. La degradación ambiental, causada por una sequía o porque los seres humanos han talado[a] demasiados árboles, lleva a condiciones inhóspitas.

En general, **la pobreza,** causada por la falta de **oportunidades** laborales, empuja a muchos ciudadanos a **dirigirse** a las ciudades. La llegada tan rápida a las ciudades, especialmente en Latinoamérica, ha ocasionado problemas. Las ciudades no han tenido ni el tiempo ni la voluntad política para ampliar y desarrollar infraestructuras adecuadas. Por lo tanto, **la pobreza** continúa para muchos migrantes. Casi el 20% de latinoamericanos vive en **asentamientos** pobres en las afueras de las ciudades. En estos barrios de miseria, los recién llegados se enfrentan con **la inseguridad**. Las viviendas son improvisadas y vulnerables a las fuerzas naturales. La delincuencia y la violencia también contribuyen a las condiciones difíciles. Aún dentro del mismo país, los migrantes rurales no **se acostumbran** fácilmente a la vida urbana porque algunas costumbres y prácticas culturales son distintas. Además, muchos campesinos son menospreciados y **discriminados**.

[a]han... *have cut down*

Más vocabulario sobre la migración

aprovechar	to take advantage (*of an opportunity*)
sobrevivir	to survive
la aldea	village
la inseguridad	insecurity

Repaso: la discriminación, la pobreza

Dos causas: _____

Dos consecuencias: _____

Dos datos: _____

PASO 2. Escribe cinco preguntas sobre la lectura del **Paso 1** para tu pareja. Utiliza cinco de estas palabras/frases en las preguntas. Luego, túrnense para contestar las preguntas que Uds. inventaron.

acostumbrase a	desplazarse	la aldea	la pobreza
aprovechar	dirigirse	la discriminación	discriminado/a
desarraigar	emigrar	la inseguridad	menospreciado/a

_____

_____

_____

_____

_____

PASO 3. Ahora escucha las preguntas sobre la lectura del **Paso 1** y escribe las respuestas.

1. _____

2. _____

3. _____

4. _____

5. _____

C. Los trabajadores huéspedes en los Estados Unidos: El programa bracero

PASO 1. Lee sobre el programa bracero y el movimiento por los derechos civiles de los trabajadores campesinos en los Estados Unidos y contesta las preguntas.

El programa bracero*

En 1943 muchos trabajadores temporales **emigraron** de México para trabajar en el sector agrícola en los Estados Unidos como parte del programa bracero. El programa de **trabajador huésped** existió entre 1942 y 1964 e inicialmente se estableció durante la Segunda Guerra Mundial, cuando los Estados Unidos carecía de[a] suficientes trabajadores en la mano de obra.

© 1976 George Ballis/Take Stock/The Image Works

Durante este período, entre 4 y 5 millones de trabajadores mexicanos **cruzaban la frontera** y regresaban en un ciclo migratorio que llevó a significantes cambios políticos. El programa se formó a partir de un acuerdo entre los dos países para responder a las necesidades de la agricultura y, por otra parte, a la pobreza de los campesinos mexicanos. Los braceros **cosechaban** durante **las temporadas** de ciertos productos agrícolas, como las frutas o el algodón.

―――――――

[a]lacked

*Source: "Bracero History Archive", Centro para la Historia y Nuevos Medios, la Universidad de George Mason, el Museo Nacional de Historia Americana Smithsonian, la Universidad Brown, y el Insituto de Historia Oral de la Universidad de Texas en El Paso, 2016 http://braceroarchive.org; "United Farm Workers History," United Farm Workers Office Web Page, 2016. http://www.ufw.org; "What Was the Bracero Program?," First Year 2017, Miller Center, University of Virginia, June 28, 2016. http://firstyear2017.org; Ortega, Óscar, "Programa bracero: La lucha por los derechos de los trabajadores del campo," *El Nuevo Sol,* May 12, 2011. http://elnuevosol.net

Los activistas César Chávez y Dolores Huerta, que **lucharon por** los derechos de los trabajadores, crearon una organización poderosa para **abogar por** ellos: La Unión de Trabajadores Campesinos. En el apogeo[b] del movimiento de los años setenta, la Unión pudo negociar contratos sindicalistas[c] que protegían a 50.000 trabajadores. Chávez organizó **huelgas** y boicots que les forzaron a las grandes empresas a mejorar **las condiciones laborales**.

---
[b]*apogee, height*   [c]*trade union*

Más vocabulario sobre la migración y las fronteras

la huelga	strike (*protest*)
la temporada	season (*as in harvest or growing season*)
el/la trabajador(a) huésped	guest worker

Comprensión

1. ¿Por qué emigraron muchos trabajadores de México a los Estados Unidos durante la Segunda Guerra Mundial? _____

2. ¿En qué sector económico trabajaron estos trabajadores? _____

3. ¿Cómo se llamaba este programa y qué palabra se usó para describir a este tipo de trabajador? _____

4. ¿Por qué cruzaban y regresaban cíclicamente los trabajadores? _____

5. Mientras luchaban por los derechos de los trabajadores, ¿qué organización crearon César Chávez y Dolores Huerta? ¿De qué forma contribuyó esta organización a la protección de los derechos? _____

 PASO 2. Escribe tres oraciones —una cierta y dos falsas— sobre la información en la lectura del **Paso 1** y léelas a tu pareja. Él/Ella debe indicar cuál es cierta y cuáles son falsas y corregir las falsas.

D. Cruzar fronteras

PASO 1. Lee sobre los siguientes ejemplos de cruzar fronteras en el mundo hispanohablante, infiere el significado de las palabras **en negrilla** y contesta las preguntas.

© David McNew/Getty Images

© Karl Gehring/The Denver Post via Getty Images

La frontera entre México y los Estados Unidos se extiende casi dos mil millas desde California hasta Tejas. Mucha gente que vive cerca de **la frontera** la **cruza** legalmente por carro o al pie todos los días por **oportunidades** como un trabajo, por la familia o por un curso académico. Deben esperar horas a menudo para pasar por **el control fronterizo**.

Estas zonas **fronterizas** constituyen regiones únicas en las que **la frontera** atraviesa una zona binacional, multicultural y multiétnica. Por ejemplo, la región **fronteriza** entre El Paso en Tejas y Ciudad Juárez en México es una región de 2,5 millones de habitantes.

Por otra parte, millones de personas de México, Centroamérica y hasta Cuba **arriesgan la vida** cuando intentan **cruzar la frontera** sin **la documentación** o permiso que se quiere en los puntos **fronterizos** oficiales.

La región **fronteriza** tiene una larga historia de conflicto político. Se han construido **cercos** en **la frontera**, pero algunas personas **abogan por** más control de **la frontera** y dicen que se debe construir **una muralla**. En cambio, otros sostienen que se les debe dar permiso a los inmigrantes a trabajar legalmente en los Estados Unidos.

Cruzar es **peligroso** por varias razones. **La frontera** traspasa desiertos y otras zonas inhóspitas. Además, los inmigrantes dependen de **coyotes** para llegar a **la frontera** y **cruzarla**. Algunos de **los coyotes** les cobran mucho dinero y los maltratan.

Más vocabulario sobre cruzar fronteras

el asilo	asylum
el/la ciudadano/a	citizen
el coyote	smuggler who helps people cross a border illegally
la maquiladora	assembly plant
el obstáculo	obstacle
indocumentado/a	undocumented

Repaso: el peligro

Preguntas

1. ¿Cuáles son algunas razones por las que cruzan las fronteras tantas personas? _____

2. ¿Qué soluciones proponen algunas personas para controlar el número de inmigrantes que cruzan la frontera? _____
   _____

3. Identifica algunas actitudes contradictorias en cuanto a la inmigración y el control de las fronteras. _____

_____

4. ¿Por qué puede ser peligroso cruzar una frontera ilegalmente? _____

_____

 PASO 2. En grupos de tres o cuatro, conversen sobre la inmigración y el control de las fronteras. ¿Debe haber más control de la frontera, o menos? ¿Por qué?

E. La raza y la etnia

PASO 1. Mira las tiras cómicas y contesta las preguntas.

Esta mujer representa a las personas musulmanes que **inmigran** a Europa. Muestra que los inmigrantes enfrentan el dilema de **adapatarse** a la nueva cultura y destaca el problema de **la identidad étnica**.

www.CartoonStock.com

En esta tira cómica, es irónico que la gente indígena **juzgue** a los conquistadores españoles. El comentario de la persona indígena revela **la discriminación** que los indígenas han enfrentado.

PARA TU INFORMACIÓN: LA RAZA Y LA ETNICIDAD

Aunque los dos términos «raza» y «etnicidad» son relacionados, típicamente la idea de «raza» se basa en la biología; una raza es un grupo en que los individuos tienen en común algunas características hereditarias que se manifiestan físicamente. Por otro lado, la idea de «etnicidad» se refiere más a los contextos culturales; es decir, se basa más en la cultura que en la biología.

Eso dicho, aunque en Latinoamérica palabras como «blanco», «negro» o «indio» son descripciones raciales, debido a la larga y complicada historia de las relaciones políticas y sociales entre los europeos (blancos), africanos (negros) e indígenas (indios), la (auto)identificación racial de una persona puede implicar mucho más.

<table>
<tr><td colspan="2">Más vocabulario sobre la raza y la etnia</td></tr>
<tr><td>juzgar</td><td>to judge</td></tr>
<tr><td>el/la chicano/a</td><td>mexicano estadounidense</td></tr>
<tr><td>la herencia</td><td>inheritance, legacy</td></tr>
<tr><td>el linaje</td><td>lineage, descent</td></tr>
<tr><td>el/la mestizo/a</td><td>person of mixed race (typically European and indigenous)</td></tr>
<tr><td>el orgullo</td><td>pride</td></tr>
<tr><td>la piel</td><td>skin</td></tr>
<tr><td>el rasgo</td><td>characteristic, feature, physical trait</td></tr>
<tr><td>étnico/a</td><td>ethnic</td></tr>
<tr><td>hereditario/a</td><td>hereditary, inherited</td></tr>
<tr><td colspan="2">Repaso: discriminar</td></tr>
</table>

1. ¿De dónde probablemente emigra la mujer en la primera tira cómica? ¿Adónde quiere inmigrar? _____

2. ¿Por qué no es fácil adaptarse a una nueva cultura? _____

3. En la segunda tira cómica, ¿quiénes son las personas en el barco? ¿Qué crítica de la conquista subraya la segunda imagen? _____

4. ¿Qué diferencias importantes destaca la tira cómica entre la llegada de los europeos y la migración de muchas personas hoy en día? _____

 PASO 2. En parejas, conversen sobre las preguntas.

1. ¿De qué parte del mundo vinieron tus antepasados? ¿Sabes mucho de ellos? ¿Por qué motivos emigraron de su país de origen?

2. ¿Qué importancia tiene la identidad étnica en tu vida o en tu comunidad? ¿Es común tener múltiples identidades étnicas? ¿Tiene tu identidad étnica ciertos valores compartidos? ¿Practicas costumbres asociadas que reflejen la comunidad étnica?

3. ¿Qué perspectivas e ideas existen en tu país sobre la raza y la etnicidad?

 ## F. ¿Qué opinan los demás?

PASO 1. Las personas entrevistadas responden a las siguientes preguntas. Escribe por lo menos cinco palabras del vocabulario de este capítulo que probablemente van a incluir en sus respuestas.

- ¿Tuvo Ud. que trabajar en otro país en su vida? ¿Tuvo Ud. que desplazarse de su casa para buscar trabajo en otro pueblo o ciudad o conoce a alguien que sí? ¿Qué experiencias tuvo?

- ¿Qué trabajos realizan los trabajadores migrantes en su país o comunidad? ¿Qué leyes y derechos hay en su país o comunidad para proteger los derechos de los inmigrantes? ¿Qué derechos no tienen los trabajadores migrantes?
- ¿Qué retos (*challenges*) enfrentan los inmigrantes que llegan a su país?

1. _____ 2. _____ 3. _____ 4. _____ 5. _____

PASO 2. Lee las siguientes ideas que se expresan en las entrevistas e indica el tema que tratan.

____ 1. Se dedican a la construcción, la jardinería, trabajos pesados, trabajos que los españoles no quieren hacer.

____ 2. Yo vine para estudiar pero yo tuve que trabajar para mantenerme. Estudiar un curso súper intensivo y a la vez trabajar, lo encontré bastante difícil.

____ 3. En Costa Rica tenemos una ley que protege a los inmigrantes bajo la discriminación y creo que eso es muy importante.

____ 4. Los inmigrantes en Venezuela, no hay leyes sociales que los protejan.

____ 5. Cuando te vas a otro país te das cuenta de que la gente tiene cosas diferentes, y ese es un gran cambio de mentalidad, tienes que tener una mentalidad abierta para poder sentirte bien en un país diferente.

a. el trabajo migrante
b. los derechos para proteger a los inmigrantes
c. los retos de los inmigrantes

Palabras útiles

a nivel de
speaking of
averiguar
to figure out; to discover
cotizar
to value
la servidumbre
servants, serving staff
sobre todo
above all, especially
velar por
to look after

PASO 3. Mira las entrevistas. Luego, completa las descripciones de sus comentarios con el nombre de la persona que hizo el comentario (Ainhoa, Nadja o May) y una de las palabras de vocabulario.

Ainhoa
© McGraw-Hill Education/ Klic Video Productions

Nadja
© McGraw-Hill Education/ Klic Video Productions

May
© McGraw-Hill Education/ Klic Video Productions

| desplazarse | inseguridad | sobrevivir |
| inmigró | queda más remedio | trabajadores |

_____ 1. Esta persona _____ a los Estados Unidos cuando tenía 20 años.

_____ 2. Según esta persona, muchos inmigrantes en Venezuela llegan con bajos recursos y por lo tanto, llevan vidas de mucha _____.

_____ 3. Esta persona tuvo que _____ a un país vecino. Fue a Italia cuando tenía 18 años.

_____ 4. Esta persona explica que a muchos inmigrantes no les _____ que separarse de su familia para inmigrar a otro país y, según ella, es uno de los retos más difíciles que enfrentan.

_____ 5. Esta persona indica que los _____ migrantes se dedican a trabajos como construcción o amas de casa, trabajos que no son muy valorados por el resto del país.

_____ 6. Esta persona dice que los inmigrantes en Costa Rica que tienen trabajos de servicio son los que luchan más para _____.

PASO 4. En parejas, túrnense para leer las siguientes citas en voz alta. Después de leer la cita, explica si tú te identificas con lo que dice la persona entrevistada o si crees que refleja una realidad en tu país o comunidad.

> **MODELO:** _Tu pareja lee:_ Ainhoa dijo: «Tuve que desplazarme al país vecino que es Italia, cuando tenía 18 años. Estaba buscando nuevas experiencias, sobre todo mejor nivel de vida. Mi experiencia en general fue buena, fue positiva porque encontré gente que siempre me ayudó».
>
> _Tú explicas_: Yo nunca tuve que desplazarme a otro país. Viajé una vez a otro país y me acuerdo que la gente también fue muy amable y me ayudó mucho. Aquí donde yo vivo, yo creo que la gente que llega de otros países a veces no encuentra la ayuda que necesita. Depende de otras personas de su país.

1. Ainhoa dijo: «En cada país tenemos diferentes formas de hacer las cosas. ...Y ese es un gran cambio de mentalidad, tienes que tener una mentalidad abierta para poder sentirte bien en un país diferente».

2. Nadja dijo: «No he tenido que trabajar de forma ilegal, tal vez de buscar, tratar de acomodarme. Pero conozco a muchísima gente que eso implica retos grandísimos, desde adaptarse a un lenguaje nuevo, adaptarse a costumbres completamente diferentes, por supuesto el factor económico, ...Y creo que es algo que nos rodea hoy en día, en todo lado, tanto en el Costa Rica como en Estados Unidos, o a nivel del mundo, la inmigración».

3. May dijo: «Los inmigrantes en Venezuela yo creo que no hay derechos de inmigrantes. O sea, no hay leyes sociales que los protejan. Pero sí es un lugar libre de llegar, ¿no? Yo creo que esa es la diferencia, que hay una facilidad. Pero algunos de los peligros que hay, es que sí, que muchos de los inmigrantes vienen con bajos recursos, ¿no? Entonces no hay obras sociales que los ayuden a poder encontrar una base en el país, sino que ellos se las tienen que averiguar».

PASO 5. En parejas, conversen sobre sus propias ideas respecto a las preguntas del **Paso 1**. Vuelve a ver los videos cuantas veces que te sea necesario.

III. GRAMÁTICA

Palabras útiles

la ascendencia
ancestry

los antepasados
ancestors

estar sin papel
to be
undocumented

el obrero
laborer

el poder
power

poner en peligro
to put in danger

el secuestro
kidnapping

la tasa de desempleo
unemployment
rate

tenerle compasión
to have
sympathy for
someone

el vago
slacker, lazy
person

5.1 «¿Quieres que ponga a mi familia en peligro?»

El presente de subjuntivo

¿Comprendiste?

Vas a mirar el cortometraje entero sin los subtítulos. **¡OJO!** No te preocupes si no entiendes todo. Puedes mirarlo varias veces y usar el contexto (por ejemplo, los gestos, las acciones, el sonido y el escenario) para ayudarte a entender el argumento. Enfócate en las palabras que sabes.

PASO 1. Antes de mirar el cortometraje, lee las siguientes preguntas. Mientras lo miras, contesta las preguntas, identificando uno de los siguientes personajes: Antonio, el padre de Antonio, el padre de Pierre, la madre de Pierre, el supervisor.

1. ¿Quién quiere que la maestra le haga una pregunta? _____
2. ¿Quién quiere que los obreros trabajen más rápidamente? _____
3. ¿Quién dice, «¿Quieres que ponga a mi familia en peligro?»? _____
4. ¿Quién quiere que Pierre le tire la pelota? _____
5. ¿Quién quiere que la doméstica mande a Pierre a casa más tarde? _____ _____
6. ¿Quién no quiere que regrese Pierre? _____

PASO 2. Empareja las preguntas del **Paso 1** con las siguientes imágenes.

© Freddy Vargas

a. ____

© Freddy Vargas

b. ____

© Freddy Vargas

c. ____

© Freddy Vargas

d. ____

© Freddy Vargas

e. ____

© Freddy Vargas

f. ____

Actividades analíticas

Los verbos regulares e irregulares y los verbos con cambios ortográficos comunes en el subjuntivo

¡A analizar!

Identifica el infinitivo del verbo indicado en las oraciones debajo de las imágenes. Luego empareja lo que dice o lo que piensa cada personaje con la imagen más lógica.

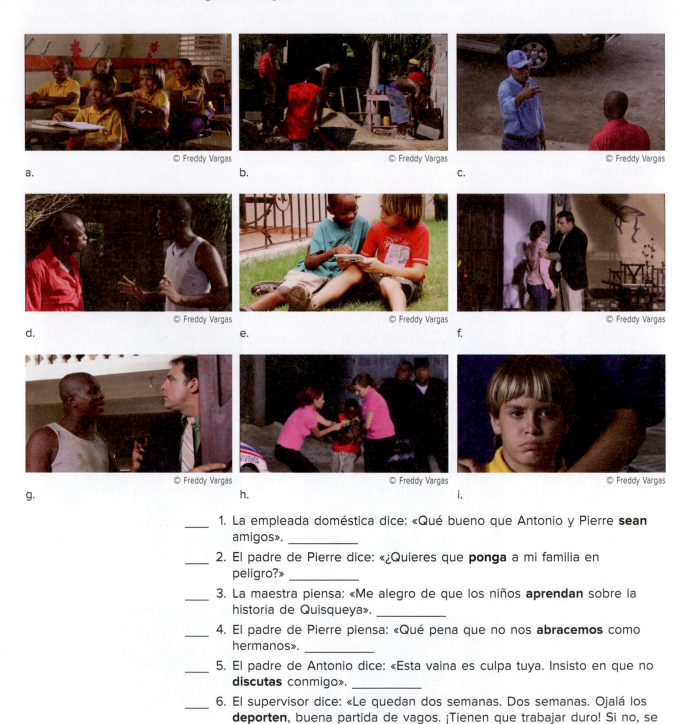

a. © Freddy Vargas

b. © Freddy Vargas

c. © Freddy Vargas

d. © Freddy Vargas

e. © Freddy Vargas

f. © Freddy Vargas

g. © Freddy Vargas

h. © Freddy Vargas

i. © Freddy Vargas

_____ 1. La empleada doméstica dice: «Qué bueno que Antonio y Pierre **sean** amigos». _____

_____ 2. El padre de Pierre dice: «¿Quieres que **ponga** a mi familia en peligro?» _____

_____ 3. La maestra piensa: «Me alegro de que los niños **aprendan** sobre la historia de Quisqueya». _____

_____ 4. El padre de Pierre piensa: «Qué pena que no nos **abracemos** como hermanos». _____

_____ 5. El padre de Antonio dice: «Esta vaina es culpa tuya. Insisto en que no **discutas** conmigo». _____

_____ 6. El supervisor dice: «Le quedan dos semanas. Dos semanas. Ojalá los **deporten**, buena partida de vagos. ¡Tienen que trabajar duro! Si no, se van para el carajo». _____

_____ 7. La madre de Antonio piensa: «Trabajan tan duro, y es probable que no les **paguen** bien. Es muy triste que las leyes laborales no los **protejan**». _____ and _____

_____ 8. Antonio piensa: «Dudo que Pierre **vaya** a venir a mi casa otra vez». _____

_____ 9. La madre de Antonio piensa: «Es terrible que **saquen** a Pierre y su familia de esa forma». _____

The verbs in bold above are in the present tense subjunctive. Before studying the meaning and various uses of the subjunctive, we will first learn how it is formed.

1. Present tense subjunctive conjugations are similar to present tense indicative conjugations except that the typical -**ar**, -**er**, and -**ir** endings change to the opposite vowel.

Based on the verbs in bold in ¡**A analizar!**, you can infer that -**ar** verbs change to the opposite vowel of ___.

Which four verbs from ¡**A analizar!** fit into this category? _____, _____, _____, and _____

Verbs that end in -**er** or -**ir** change to the opposite vowel of __.

Which three verbs from ¡**A analizar!** fit into this category? _____, _____, and _____

2. In the present subjunctive, verbs that end in -**car**, -**gar**, and -**zar** require spelling changes when the opposite vowel ending is added. Identify one example of each type of verb above.

-**car** _____   -**gar** _____   -**zar** _____

Complete the following rules based on the sentences above.

- Verbs that end in -**car** change the **c** to _____ before the opposite vowel, and then the **e** ending is added. This is done to preserve the hard _____ sound.

- Verbs that end in -**gar** insert a _____ before the opposite vowel, and then the **e** ending is added. This is done to preserve the hard _____ sound. (In English, the letter _g_ before an -_a_, -_o_, or -_u_ has this hard sound.)

- Verbs that end in -**zar** change the **z** to a _____ before the opposite vowel, and then the **e** ending is added. This is done because of the rule that a **z** before an _____ changes to a **c** in Spanish.

3. To conjugate a verb in the present subjunctive . . .

Step 1: Start with the present indicative of the **yo** conjugation (just as you would to form formal commands or negative **tú** commands).

Step 2: Remove the letter ___.

Step 3: Add an ___ for -**ar** verbs. Add an ___ for -**er** and -**ir** verbs.

Some verbs have irregular forms in the **yo** conjugation of the present indicative. Therefore, those irregular changes will be reflected in the present subjunctive as well.

Which verb in ¡**A analizar!** has an irregular **yo** conjugation in the present indicative and ends in -**go**? Write the infinitive and the present indicative **yo** form. _____

Since the **yo** form is the starting point for forming the present subjunctive, that -**g** in the **yo** form ending is maintained in the subjunctive forms.

Verbs that end in -**ger** or -**gir** change the **g** to a _____ before the **o** in the **yo** conjugation of the present indicative. It is necessary to change it to preserve the original sound of the **g** before an **e** or an **i**. For that reason, the change is reflected in all of the subjunctive forms since the **yo** form of the present indicative is the starting point for forming the subjunctive.

Complete the charts based on the patterns and the verbs in **¡A analizar!**.

El presente de subjuntivo: Los verbos regulares					
	deportar	**aprender**	**discutir**	**poner**	**proteger**
yo	_____	aprenda	discuta	_____	proteja
tú	deportes	aprendas	_____	pongas	_____
Ud., él/ella	deporte	_____	_____	_____	proteja
nosotros/nosotras	_____	aprendamos	discutamos	pongamos	_____
vosotros/vosotras	deportéis	aprendáis	discutáis	pongáis	protejáis
Uds., ellos/ellas	_____	_____	discutan	pongan	protejan

El presente de subjuntivo: Los verbos con cambios ortográficos			
	sacar	**pagar**	**abrazar**
yo	_____	pague	abrace
tú	saques	_____	abraces
Ud., él/ella	saque	pague	abrace
nosotros/nosotras	_____	paguemos	_____
vosotros/vosotras	saquéis	paguéis	abracéis
Uds., ellos/ellas	_____	_____	abracen

4. Some verbs are irregular in the present subjunctive because they do not end in **-o** in the **yo** conjugation of the present indicative. For that reason, the typical steps to form the subjunctive cannot be followed. The forms for these verbs are irregular and must be memorized.

   Which two verbs from **¡A analizar!** do not end in an **-o** ending in the **yo** form of the present indicative? Write the infinitive and the irregular **yo** form.
   _____ and _____

   Complete the chart based on the patterns and the verbs in **¡A analizar!**.

El presente de subjuntivo: Los verbos irregulares						
	dar	**estar**	**haber**	**ir**	**saber**	**ser**
yo	dé*	esté	_____	vaya	_____	sea
tú	_____	estés	hayas	_____	sepas	seas
Ud., él/ella	dé	_____	haya	_____	sepa	_____
nosotros/nosotras	demos	estemos	_____	vayamos	sepamos	seamos
vosotros/vosotras	deis	estéis	hayáis	vayáis	sepáis	seáis
Uds., ellos/ellas	_____	estén	hayan	_____	sepan	_____

*Note the accent mark on the first and third person forms of **dar**, differentiating them from the preposition **de**.

Notice that the **Ud., Uds., nosotros/nosotras** and the negative **tú** commands are the _____ as the subjunctive conjugations for **Ud., Uds., nosotros/nosotras**, and **tú**, respectively.

Los verbos con cambio de raíz en el presénte de subjuntivo

¡A analizar!

Identifica el infinitivo y el sujeto de los verbos **en negrilla.**

La madre de Antonio le dice: «Es importante que **pensemos** en las dificultades de nuestros vecinos. No quiero que **pienses** que los haitianos son diferentes de nosotros».

Infinitivo: _____

Sujeto: _____

La madre de Antonio le dice a su esposo: «¿Ya te vas? ¿Quieres que te **sirva** algo primero?»

Infinitivo: _____

Sujeto: _____

El otro obrero le dice al padre de Pierre: «Sin este trabajo es posible que nuestras familias **mueran** de hambre. Al supervisor no le importa que **muramos** de hambre».

Infinitivo: _____

Sujeto: _____

Antonio le dice a Pierre: «Ojalá que **puedas** venir a mi casa mañana. Espero que **podamos** nadar en mi piscina».

Infinitivo: _____

Sujeto: _____

5. Stem-changing verbs can end in -**ar, -er,** or **-ir.** You'll remember there are three types of changes that occur to the stem (the part before the ending) of the verb. Look at the four verbs used in **¡A analizar!** and identify the three types.

> **pensar: e** to _____
>
> **servir: e** to _____
>
> **poder, morir: o** to _____

For a list of similar stem-changing verbs, see **Gramática 1.3**.

6. As in the present indicative mood, in forming present subjunctive verbs that end in -**ar** or -**er** also do NOT show a stem-change in the **nosotros/ nosotras** or the **vosotros/vosotras** forms.

Which verbs from **¡A analizar!** have NO stem-change in the **nosotros/ nosotras** form? _____ and _____

Follow the pattern and complete the chart.

	entender (e-ie)	pensar (e-ie)	poder (o-ue)	probar (o-ue)	volver (o-ue)
nosotros/nosotras	entendamos	_____	_____	probemos	_____
vosotros/vosotras	entendáis	penséis	podáis	probéis	volváis
ellos/ellas, Uds.	_____	piensen	puedan	prueben	_____

7. Unlike -**ar** and -**er** verbs, -**ir** stem-changing verbs DO have a stem-change in present subjunctive in the **nosotros/nosotras** and **vosotros/vosotras** forms. That change is sometimes the same as the original stem-change and sometimes different.

Identify the -**ir** stem-changing verb in **¡A analizar!** and write its **nosotros/nosotras** conjugation and infinitive. _____

Based on this example, complete the following rule.

In the **nosotros/nosotras** and **vosotros/vosotras** subjunctive forms, stem-changing -**ir** verbs with an **o** in the stem, such as **morir**, will change to have the letter _____ in the stem. In the other conjugations the **o** changes to _____.

Give the **nosotros/nosotras** forms of these verbs:

dormir _____   morir _____

Stem-changing -**ir** verbs with an **e** in the stem, such as **pedir** and **servir**, and **mentir**, **preferir**, and **sentir** will have the letter **i** in the stem for **nosotros/nosotras** and **vosotros/vosotras** conjugations.

Give the **nosotros/nosotras** forms of these verbs.

pedir _____   servir _____

mentir _____   preferir _____   sentir _____

Note that **pedir** and **servir** are **e-i** stem-changing verbs, so the letter **i** is in the stem of ALL subjunctive conjugations.

On the other hand, **mentir**, **preferir**, and **sentir** are **e-ie** stem-changing verbs. Therefore, all of the conjugations show a stem change of **e-ie** except for **nosotros/nosotras** and **vosotros/vosotras**, which instead show only an **i** in the stem.

Complete the chart based on the patterns for stem-changing verbs.

El presente de subjuntivo: Los verbos con cambios de raíz			
	pensar (e-ie)	**poder (o-ue)**	**morir (o-ue)**	**sentir (e-i)**
yo	piense	_____	muera	_____
tú	_____	puedas	mueras	sientas
Ud., él/ella	_____	pueda	muera	sienta
nosotros/nosotras	pensemos	_____	_____	_____
vosotros/vosotras	penséis	podéis	muráis	sintáis
Uds., ellos/ellas	_____	puedan	mueran	_____

Actividades prácticas

A. ¿Es posible que...?

Escucha las oraciones sobre el cortometraje. Vas a oír un verbo en el subjuntivo. Escribe la forma del subjuntivo que oyes y luego da el infinitivo del verbo.

> **MODELO:** *Oyes*: No es cierto que los haitianos asistan a las mismas escuelas que los dominicanos.
>
> *Escribes*: asistan, asistir

VERBO EN EL SUBJUNTIVO QUE OYES	EL INFINITIVO DEL VERBO
1. _____	_____
2. _____	_____
3. _____	_____
4. _____	_____
5. _____	_____
6. _____	_____

B. ¿Qué (no) quiere?

PASO 1. Usa el subjuntivo del verbo más lógico entre paréntesis para completar la primera parte de las siguientes oraciones. Luego, termina las oraciones de una forma lógica, según los sucesos del cortometraje.

> **MODELO:** La maestra quiere que los estudiantes **sepan** (hablar / saber / construir) la respuesta porque... <u>tienen que aprender la historia dominicana / deben saber quiénes son las figuras históricas de su país.</u>

1. La madre de Antonio quiere que Antonio les _____ (tirar / tener / poder) compasión a los haitianos porque... _____
_____

2. Antes de irse para su trabajo, el padre de Antonio dice que no quiere que el niño _____ (nadar / comer / salir) porque últimamente... _____
_____
_____

3. El supervisor no quiere que los obreros _____ (descansar / trabajar / sufrir) porque... _____
_____
_____

4. La madre de Pierre no quiere que él les _____ (hacer / construir / molestar) a Antonio y su empleada doméstica porque...
_____
_____

5. El padre de Antonio no quiere que él _____ (almorzar / saber / jugar) en la piscina con Pierre porque... _____
_____
_____

6. La empleada doméstica no quiere que los padres de Antonio los _____ (ver / conocer / decir) en este momento porque... _____
_____
_____

 PASO 2. Según sus padres, es importante o es necesario que Pierre y Antonio hagan y no hagan ciertas cosas. Usa una de las siguientes frases impersonales para describir lo que es necesario que haga / no haga cada niño según el punto de vista de sus padres. Escribe tres oraciones para Pierre y tres para Antonio y usa el subjuntivo después de la frase. Usa seis verbos diferentes. Compara tus oraciones con las de tu pareja.

> **Frases útiles**
>
> conviene que   es mejor que
> es aconsejable que   es necesario que
> es importante que   es preferible que

MODELOS: Para la madre de Antonio, es importante que comprenda las dificultades de los haitianos.

Para el padre de Pierre, es mejor que se quede en su casa.

C. El mestizaje y la historia socioeconómica de las razas en Latinoamérica

PASO 1. Primero, lee la lectura y las oraciones que siguen. Luego, indica si las oraciones son ciertas o falsas. Por último, corrige las oraciones falsas.

Las clasificaciones raciales de la época colonial*

Al lograr la conquista del Nuevo Mundo, España impuso un sistema de gobierno en sus colonias en el que la herencia y los papeles sociales se ligaban[a] estrechamente. La conquista de las civilizaciones indígenas dio a luz a una «nueva raza»: el mestizo o persona de sangre europea e indígena. Hoy en día, los mestizos constituyen la mayoría de la población latinoamericana. En el sistema de castas sociales, los españoles no distinguían entre las diversas culturas indígenas; a diferencia de los europeos, todos eran simplemente «indios», y los hijos resultantes de la unión de españoles e indígenas se consideraban simplemente «mestizos». Se puede decir que eran los españoles que crearon la idea de la «raza indígena», porque es una definición basada en la exclusión. Lo único que tenían en común algunas de esas poblaciones era su falta de herencia europea.

The Class System, 18th century Mexican, Anonymous/ Pinacoteca Virreinal de San Diego, Mexico City/Index/ © Bridgeman Images

Para mantener el control del imperio, La Corona designaba a otros «peninsulares» (españoles que nacieron en España) para supervisar sus territorios. Desde el principio, entonces, no era cuestión de simple pureza de sangre, sino también de lazos políticos y personales; hasta los «criollos», personas que nacieron en el Nuevo Mundo de padres españoles, no gozaban del mismo poder político que los peninsulares. Los mestizos eran de menos importancia, por su sangre indígena.

A estos elementos se añadió otro: el africano. Debido a la brutalidad de la conquista y el trabajo forzado, además de las enfermedades, la población indígena se disminuyó hasta el punto en que las colonias empezaron a importar esclavos desde África. Como los indígenas, eran forzados a trabajar por los colonizadores y frecuentemente eran tratados más como animales que seres humanos. Otra vez, los hijos resultados de la unión de españoles y africanos recibieron su propio título racial, «mulato». Eventualmente, se creó un sistema de castas sociales que reflejaba la gran variedad de herencias posibles, y en general la importancia otorgada[b] a la pureza de sangre se tradujo en la correspondencia entre los altos puestos oficiales y sociales y la piel blanca.

---

[a]se... *were tied* [b]*awarded, assigned*

*Source: "Las Castas: Spanish Racial Classifications," *Native Heritage Project,* June 15, 2013. https:// nativeheritageproject.com; Navarro García, Luis (1989). El sistema de castas. *Historia general de España y América: los primeros Borbones.* Ediciones Rialp. Madrid, 252–4; "Clases sociales y castas en la Nueva España," *Historiademexicobreve.com,* Accessed October 10, 2016. http://www .historiademexicobreve.com; Scully, Lynne, "The Racial Caste System in Colonial Spanish Mexico," *Pathway to Freedom in the Americas*, October 26, 2012, http://mlktaskforcemi.org; Hoyt Palfrey, Dale, "Religion and Society in New Spain: Mexico's Colonial Era," *mexconnect.com*, November 1, 1998. http://www.mexconnect.com

Obviamente, este sistema no existe en la época moderna. Han ocurrido grandes esfuerzos hacia la igualdad racial, y la diversidad de los países hispanohablantes es una característica definitiva. La mayoría de Latinoamérica logró abolir el sistema de esclavitud antes de su abolición en los Estados Unidos, y las elecciones de presidentes indígenas en Bolivia y el Perú demuestran los cambios dramáticos. Sí existe el prejuicio racial en Latinoamérica, pero es de forma distinta al de los Estados Unidos y se enfoca principalmente en las poblaciones indígenas. Se puede considerar la poca representación de pueblos indígenas en los gobiernos de algunos países evidencia de la continuación de los antiguos conceptos de raza y etnicidad. En 2014, solo el 12% de los diputados del Congreso de la República de Guatemala se identificaba como indígena, mientras que la gente indígena representa el 40% de la población general. El caso de Guatemala no es único; en el mismo período en el Congreso de los Estados Unidos, los afroamericanos (12% de la población general) constituían el 9% de los congresistas y los hispanos (17% de la población general) constituían solo 6% de los congresistas.

	CIERTO	FALSO
1. Un mestizo tiene herencia indígena y europea.	_____	_____
2. Los criollos tenían el mismo poder político que los peninsulares.	_____	_____
3. Los africanos vinieron al Nuevo Mundo buscando trabajo.	_____	_____
4. La herencia era de alta importancia en la sociedad colonial.	_____	_____
5. No existe el racismo en Latinoamérica hoy en día.	_____	_____

 PASO 2. En parejas, túrnense para expresar sus reacciones y opiniones sobre los siguientes temas de la lectura. Usa las frases de la columna **A** para empezar cada oración, convirtiendo el indicativo de las oraciones en la columna **B** en subjuntivo.

MODELO: (columna **A**) Me sorprende que (columna **B**) el tema de «las razas» **sea** tan complicado en Latinoamérica.

A	B
Me sorprende que...	Algunos gobiernos modernos no **reflejan** la demografía de sus poblaciones.
Es bueno que...	**Existen** muchas palabras para describir la raza y etnicidad.
Es terrible que...	Los mestizos **constituyen** la mayoría de la población indígena.
Es increíble que...	Estos conceptos antiguos **tienen** resultados perceptibles hoy.
Espero que...	El tema de «las razas» **es** muy complicado en Latinoamérica.
Es interesante que...	**Hay** dos presidentes indígenas en Sudamérica.

D. ¿Qué opinan los demás?

PASO 1. Las personas entrevistadas responden a las siguientes preguntas. Escribe por lo menos cinco palabras del vocabulario de este capítulo que probablemente van a incluir en sus respuestas.

- ¿Le sorprende que el padre de Antonio reaccione como reacciona cuando encuentra a Pierre en su piscina?
- ¿Existe el concepto de «raza» en su país? ¿Cómo se distingue una raza de otra? ¿Hay conflictos raciales o étnicos en su país?
- ¿Por qué cree que la familia de Pierre es deportada al final?
- ¿Piensa que es importante que el personaje principal del cortometraje sea niño? ¿Qué ideas se comunican a través de los personajes más jóvenes e inocentes?

1. _____ 2. _____ 3. _____ 4. _____ 5. _____

Frases útiles

Es cierto, evidente, obvio, seguro que

Es bueno, malo, sorprendente, terrible que

Es importante, lógico, mejor, necesario que

Es posible, probable, imposible, improbable que

Creo que, No creo que, Dudo que

Me sorprende que, Me parece triste/extraño/ importante/ bueno/malo que

PASO 2. En parejas, túrnense para leer las siguientes ideas expresadas por Ainhoa, Nadja y May. Expliquen si están de acuerdo o si las ideas describen su país o comunidad. Usen una de las siguientes frases para expresar su opinión. **¡OJO!** Recuerden que algunas de las expresiones requieren el uso del subjuntivo en la siguiente cláusula y otras no.

> **MODELO:** *Tú lees:* Creo que es negativo que los niños tengan influencias racistas desde sus padres.
>
> *Tu pareja dice:* Estoy de acuerdo. Es cierto que los padres tienen una influencia en las actitudes de sus hijos. Es malo que algunos padres les enseñen ideas racistas a sus hijos pero también es posible que los hijos formen sus propias ideas.
>
> *Tú dices:* Estoy de acuerdo contigo. Creo que el racismo aún existe en nuestra sociedad a causa de esto. No nacemos con estas ideas racistas. Son ideas que se aprenden de los mayores. Es importante que eduquemos a los jóvenes a dejar estos prejuicios.

1. En mi país tenemos una diversidad muy grande de razas.
2. Cuando los inmigrantes no tienen documentos, la gente muy fácilmente puede amenazarlos y abusar de ellos.
3. En el cortometraje, es probable que alguien con poder (*power*) les haya informado a las autoridades de inmigración.
4. El deseo de conectar con todo tipo de persona es el estado natural del ser humano.

Palabras útiles

el cierre
the closing, the ending

conmover (ue)
to move (emotionally)

mezclado
mixed

relucir
to surface, to come to light

el sentido
sense

sumamente
extremely

PASO 3. Primero, lee las oraciones para anticipar las ideas que vas a escuchar. Luego, mira las entrevistas y completa las oraciones con la forma correcta del subjuntivo del verbo entre paréntesis. Por último, indica quién expresó cada idea: Ainhoa, Nadja o May. Es posible que la idea se asocie con más de una de las personas entrevistadas.

Ainhoa

Nadja

May

_____ 1. Es bueno que ellos _____ (usar) a niños en el cortometraje porque los niños son la esperanza del futuro.

_____ 2. Es desafortunado que el racismo _____ (ser) algo no muy hablado en Latinoamérica.

_____ 3. No es negativo que los niños _____ (ver) los problemas pero es negativo que los niños _____ (tener) influencias racistas desde los padres.

_____ 4. Puesto que el padre de Antonio tiene un mal concepto de los inmigrantes, tiene miedo de que le _____ (poder) pasar algo malo a su hijo.

_____ 5. Es lamentable que la gente _____ (aprovecharse) de los inmigrantes sin documentación.

_____ 6. La influencia de la madre de Antonio y de su niñera hace que él _____ (pensar) en la posibilidad de poder jugar con un niño que no tiene su mismo color de piel.

 PASO 4. En parejas, túrnense para contestar las preguntas.

1. Según Ainhoa, ¿en qué se basa el concepto de la raza en España? _____
   _____

2. Según Ainhoa, ¿por qué es deportada la familia de Pierre? _____
   _____

3. Según Nadja, ¿qué etnias/razas constituyen la mayoría en Costa Rica? _____
   _____

4. ¿Por qué cree Nadja que el final (el cierre) del cortometraje es apropiado?
   _____

5. En cuanto al concepto de raza, ¿qué dice May sobre los venezolanos?
   _____

6. ¿Quiénes enfatizan la idea de que los niños no nacen racistas, de que el racismo es algo aprendido? _____

 PASO 5. En parejas, conversen sobre sus propias ideas respecto a las preguntas del **Paso 1**. Vuelve a ver los videos cuantas veces que te sea necesario.

5.2 «¿Qué quieres tú que yo haga?»
Actividades analíticas
El subjuntivo en cláusulas nominales

¡A analizar!

Mira las dos secuencias de escenas cronológicas del cortometraje. Lee las oraciones bajo las imágenes y completa los espacios en blanco con la forma correcta del subjuntivo de los verbos entre paréntesis.

SECUENCIA 1

a. Los obreros haitianos trabajan duro. Aquí descansan por un rato y almuerzan.

b. Al supervisor no le gusta que los obreros _____ (descansar) ni que _____ (almorzar).

c. El supervisor quiere que los obreros _____ (trabajar) duro y les exige que _____ (terminar) en dos semanas. Pero no hay duda de que el padre de Pierre y los otros obreros trabajan muy duro.

d. El padre de Pierre duda que el supervisor les _____ (tener) compasión a los obreros. De hecho, el supervisor cree que son una partida de vagos (*a bunch of slackers*).

a. Pierre y Antonio se conocen y se hacen amigos. Se tiran la pelota. Nadan en la piscina. Juegan mucho juntos. Se divierten.

b. El padre de Antonio prohíbe que Pierre _____ (nadar) en su piscina y que _____ (venir) a su casa. ¡Pobre Pierre! Es seguro que se siente mal.

c. La empleada doméstica se preocupa de que los padres de Antonio los _____ (ver). Le da lástima que los niños no _____ (poder) jugar juntos.

d. Es probable que los padres de Pierre _____ (estar) muy sorprendidos al ver a Antonio esa noche en su casa.

1. In **Capítulos 1–4** we studied the indicative mood, the mood that is used to describe actions or conditions that are real (meaning they are considered to be objective reality): things that have happened, are happening, or will happen. Like the indicative mood, the Spanish subjunctive mood has multiple tenses.

   But unlike the indicative mood, the subjunctive mood is used to describe actions or conditions that are NOT part of objective reality, for example, actions or conditions that are unrealized (i.e., haven't occurred), unknown, hypothetical, doubtful, false, subjective, or emotional.

   In which mood are all the verbs in the two still frames labeled "a," indicative or subjunctive? _____

2. The subjunctive is only used in DEPENDENT clauses. Dependent clauses are phrases that contain a conjugated verb, but that can't stand alone as independent, complete sentences. Alone, they would be considered grammatically incorrect fragments. In Spanish, dependent clauses are often introduced with the relative pronoun **que** (that, which, who).

   In contrast, an *independent* clause (also called a *main* clause), can stand on its own. It has a subject and a verb and communicates a complete thought.

   Identify which clauses from the **¡A analizar!** sentences are independent and which are dependent.

El padre de Pierre duda	*Pierre's father doubts*	_____
que los obreros trabajen duro	*that the workers work hard*	_____
La empleada doméstica se preocupa	*The domestic worker worries.*	_____
que Pierre nade en su piscina	*that Pierre swim in his pool*	_____
que los padres de Antonio los vean	*that Antonio's parents see them*	_____
Juegan mucho juntos	*They play a lot together*	_____

When you put a dependent clause with an independent clause, together they form grammatically correct, complex sentences:

El padre de Pierre duda… que el supervisor les tenga compasión.	*Pierre's father doubts. . . that the supervisor has compassion for them.*

What Spanish word comes at the beginning of the dependent clause in this example? _____

3. The type of situation expressed in the *independent* clause triggers, or causes, the use of the subjunctive in the *dependent* clause. You might think of a switch being flipped that triggers the subjunctive in the dependent clause, after the word **que**.

   There are three broad categories of situations in the *independent* clause that trigger the subjunctive in the *dependent* clause: a. will and wish, b. doubt and denial, and c. emotions and reactions. Each category has verbs and phrases associated with it.

   In the two **¡A analizar!** sequences, which still frames have examples of the following categories of the subjunctive? Which verbs or expressions in their independent clauses show this? The first example of each has been done for you.

   • Will, wish, volition, influencing behavior, recommendations, pieces of advice, desires, prohibitions, demands, something that you want to be true, something you want someone else to do

      Secuencia 1: <u>c, querer que</u> Secuencia 2: _____

      Secuencia 1: _____

   • Doubt, disbelief, uncertainty, possibility, denial that something is possible or true

      Secuencia 1: <u>d, dudar que</u> Secuencia 2: _____

   • Emotions, subjective judgments, and reactions

      Secuencia 1: <u>b, gustarle que</u> Secuencia 2: _____

      Secuencia 2: _____

The following chart lists verbs and impersonal expressions associated with each category.

CATEGORÍA	VERBOS	FRASES
will, wish, volition, hopes, recommendations	aconsejar que, dejar que, decir que,* esperar que, exigir que, insistir (en) que, permitir que, pedir que, prohibir que, querer que, recomendar que, sugerir que	conviene que, es importante que,† es mejor que, es necesario que, Ojalá (que)
disbelief, uncertainty, denial	no creer que, dudar que, no estar seguro/a, negar que	es dudoso que, (no) es imposible que, (no) es posible que, (no) es probable que, (no) es improbable que, no es cierto que, no es verdad que
emotions, judgment, reactions	alegrarse de que, encantarle, extrañarle, gustarle que, molestarle, ponerle triste/enojado/frustrado/etcétera, preocuparse de que, sentirse contento/frustrado/enojado/preocupado/triste sorprenderle de que	es bueno que, es extraño que, es increíble que, es una lástima que, es malo que, es raro que, es sorprendente que, es terrible que, qué lástima que, qué pena que

Notice that under both **a.** still frames in **¡A analizar!,** the sentences describe a reality, therefore there is no reason to use the subjunctive.

Los obreros descansan, trabajan, almuerzan.	*The workers rest, work, eat lunch.*
Pierre y Antonio se conocen y se hacen amigos. Se tiran la pelota. Nadan en la piscina. Juegan mucho juntos. Se divierten.	*Pierre and Antonio meet each other and become friends. They throw the ball to each other. They swim in the pool. They play a lot together. The have fun.*

Do either of the examples from the still frames **a.** in **¡A analizar!** have a dependent clause? _____

In contrast, beneath still frames **b., c.,** and **d.,** there are complex sentences with an independent and a dependent clause. The subjunctive is required in the dependent clause because it is triggered by something in the independent clause. The basic structure you're looking for with the subjunctive is [*independent clause*] + **que** + [*dependent clause*].

---

*Note that **decir que** has two possible meanings. It can simply be a way of reporting something: **El supervisor les dice a los obreros que trabajan duro.** *The supervisor tells the workers that they work hard.* When information is just being shared, use the indicative. Or **decir que** can be a command where one subject is telling another to do something: **El supervisor les dice a los obreros que trabajen duro.** *The supervisor tells the workers to work hard.* In this case, the subjunctive must be used.

†Remember that impersonal expressions that begin with the verb **ser** have a subject that is embedded in the verb itself. In Spanish, there is no equivalent for the English subject pronoun *it.* Therefore, expressions such as **es importante que** imply the subject *it: it is important.*

4. To use the subjunctive after expressions of volition / influencing behavior, there must be a change in subject between the main clause and the dependent noun clause.

The idea of imposing your will or trying to influence someone's behavior assumes two subjects: one subject wants another to do something. If just one subject wants something, there is no implied imposition of will.

When there is no change of subject, the infinitive is used instead, and therefore there is no dependent clause.

Impersonal expressions such as **es necesario**, **es mejor**, **es importante**, and so on, should be followed by the infinitive when there is no change of subject (i.e., when there is no **que**).

Which of the following sentences has a change of subject?

_____ La madre de Antonio quiere que él **entienda** la situación de los haitianos.

_____ La madre de Antonio quiere **entender** la situación de los haitianos.

_____ Es mejor **quedarse** en la casa.

_____ Es mejor que Antonio **se quede** en la casa.

5. Independent clauses that do not fit into one of the categories above or that declare that something is certain, real or true (thus countering the type of trigger that involves uncertainty or doubt), do not trigger the subjunctive. Instead, the indicative mood is used.

No hay duda de que el padre de Pierre y los otros obreros **trabajan** duro.

There is no doubt that Pierre's father and the other workers <u>work</u> hard.

Phrases associated with certainty and lack of doubt include: **creer**, **es cierto**, **es evidente**, **es obvio**, **es seguro**, **es verdad**, **estar seguro/a**, **no es dudoso**, **no hay duda de**

However, remember that when the opposite idea is conveyed, often with the use of **no** (**no creer**, **no es cierto**, **no es evidente**, **hay duda de**, etcetera), the subjunctive must be used.

¡OJO! EL EQUIVALENTE EN INGLÉS DE LOS VERBOS EN EL SUBJUNTIVO

Direct translations of Spanish uses of the subjunctive into English are often quite awkward, as there is no single translation pattern to follow. It varies depending on the type of independent clause that comes before the dependent clause. The word **que** may be expressed as *that*, *who*, or *which*, but may have a different equivalent, as in the following examples from **¡A analizar!**

El padre de Antonio prohíbe que Pierre **nade** en su piscina y que **venga** a su casa.

Antonio's father prohibits Pierre <u>from swimming</u> in his pool and <u>from coming</u> to his house.

English speakers might say *from swimming, from coming* rather than *prohibits that he swim, prohibits that he come*.

Likewise, the verb **trabajen** in this sentence from **¡A analizar!** would be expressed as an infinitive, *to work* in English.

El supervisor quiere que los obreros **trabajen** duro.   *The supervisor wants the workers <u>to work</u> hard.*

Although an English speaker would understand a sentence such as *The supervisor wants **that** the workers work hard.*, most English speakers would find it awkward and would instead use the infinitive *to work*.

Note, however, that this difference in the way the verb is expressed in each language tends to make it hard for English speakers to realize that the subjunctive must be used in Spanish.

Since the English verb equivalents will vary, pay attention to the structure of the sentence and the type of situation it describes.

Actividades prácticas

A. ¿Quiere o quiere que...?

PASO 1. Todos los siguientes personajes quieren algo durante el cortometraje. Completa las siguientes oraciones en la columna izquierda con el infinitivo o el presente de subjuntivo, según la oración. Luego, indica el nombre del personaje que quiere esto. Por último, indica si hay un cambio de sujeto, es decir, si el personaje quiere que OTRA PERSONA lo haga.

Antonio

Pierre

el supervisor

la empleada doméstica

el padre de Antonio

el padre y la madre de Pierre

MODELO: Quiere que Antonio <u>aprenda</u> (aprender) a tirar la pelota como José Reyes.

¿Quién lo quiere? <u>la empleada doméstica</u>

¿Quiere que alguien haga algo? <u>Sí</u>

	¿QUIÉN LO QUIERE?	¿HAY UN CAMBIO DE SUJETO? (¿QUIERE QUE OTRA PERSONA LO HAGA?) ¿SÍ O NO?
1. Quiere _____ (jugar) al béisbol.	_____	_____
2. Quiere _____ (cuidar) a Antonio y ayudar a la familia.	_____	_____
3. Quiere que el supervisor _____ (saber) que han estado trabajando mucho.	_____	_____
4. Quiere que los obreros _____ (trabajar) más.	_____	_____
5. Quieren _____ (proteger) a su hijo de la discriminación.	_____	_____
6. Quiere que su amigo _____ (venir) a su casa y que _____ (jugar) con él en su piscina.	_____	_____

 PASO 2. Escribe cinco oraciones originales para describir lo que quiere, prefiere, desea o espera uno de los personajes del cortometraje. Tu pareja debe adivinar a quién describes. Escribe por lo menos dos oraciones con un infinitivo y por lo menos dos oraciones que requieren el subjuntivo.

> **¡OJO!**
>
> The present subjunctive is used to talk about actions in the present **and the future**. When the subjunctive refers to present events several translations are possible, including the infinitive form in English: *to go, to do, to play,* etcetera. Future events may be expressed as *will + (verb)* in English. Note the following examples.
>
> | | |
> |---|---|
> | Antonio quiere que Pierre **sea** su amigo. | *Antonio wants Pierre <u>to be</u> his friend.* |
> | Antonio espera que Pierre **sea** su amigo. | *Antonio hopes that Pierre <u>is / will be</u> his friend.* |
> | Es posible que Pierre lo **invite** a jugar al béisbol. | *It is possible that Pierre <u>invites / will invite</u> him to play baseball.* |
> | La empleada doméstica se preocupa de que los padres de Antonio **sepan** que él ha salido de la casa. | *The domestic worker worries that Antonio's parents <u>know / will know</u> that he has left the house.* |

B. La identidad racial en la República Dominicana

PASO 1. Lee sobre la identidad racial en la República Dominicana. Luego, escucha las oraciones. Escribe una oración con una de las frases a continuación para explicar si la oración que oyes es cierta, falsa, posible o imposible. Por último, corrige las oraciones falsas. **¡OJO!** Algunas de las expresiones NO requieren el subjuntivo en la cláusula dependiente.

La identidad racial en la República

Portrait: © Win Initiative/Getty Images RF

Esta cédula de identidad de la República Dominicana incluye el «color de la piel» de la persona. La letra «B» indica «blanca».

La isla de la Española fue el primer lugar en las Américas al que los colonizadores europeos trajeron esclavos africanos. Sin embargo, hoy en día hay evidencia de que muchos dominicanos no se identifican como «africano». Aunque muchos son de linajes africanos, los dominicanos han utilizado términos como «indio», «mulato» o «mixto» para negar su ascendencia africana. La palabra «negro» se evita.

Hasta el año 2014, la Cédula de Identidad y Electoral incluía la raza de una persona que vivía en la República Dominicana, además de otros datos básicos, como el nombre, los apellidos, la fecha de nacimiento, la dirección, etcétera.

Antes de 2011, las categorías eran: negro, blanco, mulato, indio y amarillo (asiático). Pero en 2011 se redujeron las categorías a tres: negro, blanco y mulato. Hoy en día, el color de la piel no está incluido en la cédula. A causa de las actitudes hacia las jerarquías raciales, muchos dominicanos prefirieron identificarse como indios, en lugar de negros.

Las cuestiones de la raza y la etnia son asuntos delicados en muchas partes del mundo. Las categorías no se definen claramente y hay diferencias entre cómo alguien se identifica y cómo otros lo/la identifican.

Se ha estimado que en la República Dominicana, aproximadamente el 73% de las personas es de ascendencia mixta (de linaje africano y europeo), el 16% europeo y el 11% africano.

MODELO: *Oyes*: La mayoría de la gente en la República Dominicana es de ascendencia europea.

Escribes: No es cierto que la mayoría de la gente en la República Dominicana **sea** de ascendencia europea.

Corriges la oración incorrecta: El 16% es de ascendencia europea.

*Source: Gates, Henry Louis, "Black in Latin America," *PBS*, June 14, 2014. http://www.pbs.org; Schorow, Stephanie, "Black in Latin America Examines Perceptions of Race," *Harvard Gazette*, January 28, 2011. http://news.harvard.edu; "Dominicanos dejarán de ser de color 'indio'; nuevas cédulas aparecerán de 'mulato', 'negro', o 'blanco'," *AlternativasNoticiosas*, November 18, 2011. http://www.alternativasnoticiosas.com; de León, Viviano, "RD será de negros, blancos, y mulatos," *Listín Diario*, November 11, 2011. http://www.listindiario.com; Medrano, Nestór, "La cédula vieja vence hoy; miles acuden a centros JCE," *Listín Diario*, January 10, 2015. http://www.listindiario.com; Torres-Saillant, Silvio, "The Tribulations of Blackness: Stages in Dominican Racial Identity," *Latin American Perspectives*, 25, 3, May, 1998, 126–46.

Frases útiles

No requieren el subjuntivo

es cierto, es evidente, es obvio, es seguro, no dudar que, no hay duda de que

Requieren el subjuntivo

es dudoso, (no) es imposible, (no) es improbable, (no) es posible, (no) es probable, puede ser que

no es cierto, no es evidente, no es seguro, no es verdad

1. _____
   _____
2. _____
   _____
   _____
3. _____
4. _____
   _____
5. _____
   _____
6. _____
   _____

PASO 2. Vuelve a mirar la escena cuando el padre de Antonio saca a Pierre de su piscina. Luego, completa las oraciones usando el subjuntivo o el indicativo según el contexto.

© Freddy Vargas

1. ¿Qué quiere el padre de Antonio que haga Pierre? _____
   _____

2. ¿Por qué reacciona el padre de Antonio así cuando ve a Pierre nadando en su piscina? ¿Por qué no quiere que una familia haitiana viva cerca de él? _____
   _____

3. ¿Qué le importa a Antonio? ¿Le importa a la empleada doméstica que Pierre venga a la casa? _____
   _____

4. ¿Es posible que la madre de Antonio no sepa que Pierre está allí? _____

5. ¿Qué quiere el padre de Antonio que haga el padre de Pierre? _____
   _____

6. ¿Qué no le gusta a Antonio en esta escena? _____
   _____

C. ¿Cómo reaccionan? La perspectiva sí importa.

PASO 1. Escribe dos oraciones debajo de cada imagen para describir cómo se siente el personaje en este momento. Para la primera oración, utiliza las frases debajo de cada imagen para expresar la emoción que la persona siente y la situación o el suceso que provoca esa reacción. Para la segunda oración, escribe cómo tú te sientes ante esta situación.

MODELO:

La empleada doméstica <u>está contenta de que Antonio</u> **se divierta**.

<u>Es bueno que Antonio **tenga** una empleada doméstica, pero es injusto que la familia de Pierre no **tenga** el mismo nivel de vida.</u>

La empleada doméstica / estar contenta / que Antonio divertirse.

1. El padre de Pierre / estar frustrado / de que el supervisor maltratarlos _____

_____

2. Antonio / estar agradecido / de que Pierre ayudarlo con la bicicleta. _____

_____

3. La empleada doméstica / temer / que los padres de Antonio enojarse / con ella. _____

_____

_____

4. Todos / estar horrorizado / de que los oficiales / deportar / a la familia de Pierre. _____

_____

_____

Emociones, reacciones

- alegrarse de que
- darle lástima que
- gustarle que
- sentirse contento/ enojado/ frustrado/ horrorizado/ preocupado/ triste de que
- sorprenderle que
- temer que

Situaciónes, sucesos

- los estudiantes (saber) la respuesta
- su amigo (tirarle) la pelota
- su amigo (invitarlo) a nadar
- Antonio (venir) a su casa por la noche
- un niño haitiano (ser) el amigo de su hijo
- los haitianos (morir) de hambre
- el supervisor (despedirlos)
- el supervisor (tratarlos) mal

PASO 2. Elige una de las tablas (A o B). (La **Tabla B** está al final de este capítulo.) Mira a los personajes en tu tabla y lee la situación que causa su reacción. De la lista de **Emociones**, elige una expresión para describir la emoción/reacción del personaje. Luego, en la lista de **Situaciones**, usa el subjuntivo para conjugar el verbo que describe la causa de la emoción. Por último, trabaja con tu pareja y hazle preguntas de tipo **sí** o **no** para llenar la información que falta de tu tabla. No todas las situaciones se usan. **¡OJO!** No mires la tabla de tu pareja. Uds. deben compartir información solo conversando.

MODELO: [*Primero, llenas todos los espacios en blanco en la tabla que puedas.*]

© Freddy Vargas

¿Quién es? la maestra

¿Cómo se siente? alegrarse de que

Situación o suceso que causa la reacción: los estudiantes (saber) la respuesta

Oración: La maestra se alegra de que los estudiantes sepan la respuesta.

[*Luego, tu pareja te hace preguntas para determinar qué fotograma tienes.*]

TU PAREJA:	¿Se siente enojado el personaje?
TÚ:	No.
TU PAREJA:	¿Se siente mal el personaje?
TÚ:	No.
TU PAREJA:	¿Se alegra de algo?
TÚ:	Sí.
TU PAREJA:	¿Es este personaje un adulto?
TÚ:	Sí.
TU PAREJA:	¿Es la maestra?
TÚ:	Sí.
TU PAREJA:	¿Se alegra de que los estudiantes sepan las respuestas?
TÚ:	¡Sí!

1. ¿Quién es? _____

   ¿Cómo se siente? _____

   Situación o suceso que causa la reacción: ... los haitianos _____ (morir) de hambre

   Oración: _____

   _____

2. ¿Quiénes son? _____

   ¿Cómo se sienten? _____

   _____

   Situación o suceso que causa la reacción: _____

   Oración: _____

   _____

3. ¿Quién es? _____

   ¿Cómo se siente? _____

   Situación o suceso que causa la reacción: ... su amigo le ____ (tirar) la pelota

   Oración: _____

   _____

4. ¿Quién es? _____

   ¿Cómo se siente? _____

   Situación o suceso que causa la reacción: _____

   Oración: _____

   _____

5. ¿Quién es (la persona a la derecha)? _____

   ¿Cómo se siente? _____

   Situación o suceso que causa la reacción: ... un niño haitiano ____ (ser) amigo de su hijo

   Oración: _____

   _____

6. ¿Quién es? _____

   ¿Cómo se siente? _____

   Situación o suceso que causa la reacción: _____

   Oración: _____

   _____

D. Subjuntivo, indicativo o infinitivo?

Lee los diálogos del cortometraje. Luego, termina las frases que siguen y escribe oraciones originales para comentar o describir lo que se dice en la cita.

© Freddy Vargas

MODELO: En la clase

LA MAESTRA: Los haitianos invadieron y permanecieron aquí por veintidós años. Y fue hasta el mil ochocientos cuarenta y cuatro que logramos expulsarlos, ¿gracias a quién? ¿Antonio?

ANTONIO: A Juan Pablo Duarte.

En el salón de clase, es necesario... levantar la mano.

Es significante que la maestra... use la palabra «invadir».

La maestra cree que... Juan Pablo Duarte es una figura histórica importante.

En el carro

© Freddy Vargas

LA MADRE: Cuéntame, mi amor, ¿qué aprendiste hoy?

ANTONIO: Sobre la independencia, y sobre los haitianos que nos están invadiendo.

LA MADRE: No, pero no es así. Mira mi amor, esa gente... vienen aquí. Aquí se están muriendo de hambre. ¿No entiendes?

1. La madre no cree que... _____

2. Antonio le cuenta a su madre que... _____

3. Para la madre, es importante que Antonio... _____

En la casa

© Freddy Vargas

Gramática   323

EL PADRE: Bueno, mi amor, perdóname, pero me tengo que ir. El presidente está aprobando eso para mandarlo al Congreso inmediatamente.

LA MADRE: Bueno, pero, ¿te sirvo un cafecito, por lo menos?

EL PADRE: No, no, no, no, no. ¿No te acabo de decir que me tengo que ir? Oye, no me dejes salir al niño. Que andan muchos secuestros por aquí últimamente.

4. Es obvio que el padre de Antonio... _____

_____

5. El padre de Antonio exige que... _____

6. A la madre de Antonio le importa que... _____

_____

En el sitio de construcción

© Freddy Vargas

EL PADRE DE PIERRE: Estoy aquí sin papel. ¿Qué quieres tú que yo haga? ¿Quieres que ponga a mi familia en peligro?

EL OTRO OBRERO: Recuerda, la unión hace la fuerza. No te confíes (*Do not be overly confident*), tú sabes, no te confíes.

7. El padre de Pierre teme que su familia... _____

_____

8. El padre de Pierre necesita que el otro obrero... _____

_____

9. Según el otro obrero es importante... _____

_____

Comprueba tu progreso

Let's put into practice what you have learned about the use of the present subjunctive. In this conversation, a journalist from Radio Latina interviews the head of the Migrant Worker Protection League, Mrs. Martínez, about the upcoming protest march in Washington, D.C. Complete their conversation with the present indicative or present subjunctive of the verb in parentheses. Check your answers when you're finished!

PERIODISTA: Hola, señora Martínez. Gracias por hablar con nosotros esta mañana. Estoy seguro de que Ud. _____[1] (estar) muy ocupada con los preparativos para la manifestación[a] pero es necesario que el público _____[2] (saber) por qué ha organizado Ud. esta protesta aquí en la capital.

MARTÍNEZ: Gracias, José. Me alegra estar aquí para hablar con tu audiencia. Es muy importante que todos los ciudadanos _____[3] (informarse) sobre la situación de los trabajadores migrantes.

PERIODISTA: Efectivamente. Pues, cuéntenos, ¿por qué ha decidido Ud. dedicar su vida a la protección de los derechos de los trabajadores migrantes?

MARTÍNEZ: Para mí, es un asunto muy personal. Mi padre era un trabajador migrante. Había mucha discriminación contra los obreros en esa época y le fue sumamente difícil. Es muy importante que esta situación _____[4] (cambiar).

PERIODISTA: ¿Quiere decir que todavía existe mucha discriminación contra los obreros?

MARTÍNEZ: Pues es que me frustra que los trabajadores migrantes _____[5] (seguir) siendo discriminados. Creo que ellos _____[6] (merecer) las mismas protecciones bajo la ley que cualquier otro grupo de trabajadores. Es muy importante que nosotros _____[7] (organizarse) para cambiar la mentalidad de la gente e influir en los políticos.

PERIODISTA: Y, ¿qué quieres conseguir con esta manifestación?

MARTÍNEZ: Espero que los políticos _____[8] (darse) cuenta de que el sistema no funciona. No hay duda de que los trabajadores migrantes _____[9] (ser) esenciales para la economía de este país, pero pasan desapercibidos.[b]

PERIODISTA: Muchas gracias por su tiempo esta mañana, señora Martínez. Ha sido un placer hablar con Ud.

MARTÍNEZ: Gracias, José. ¡Ojalá que tú también _____[10] (ir) a la manifestación esta tarde!

_____
[a]demonstration, protest   [b]unnoticed

Respuestas

1. está; 2. sepa; 3. se informen; 4. cambie; 5. sigan; 6. merecen; 7. nos organicemos; 8. se den; 9. son; 10. vayas/vaya

A. La vida fronteriza*

PASO 1. Las fronteras suelen ser regiones dinámicas afectadas por una variedad de fuerzas económicas, sociales y políticas. Primero, lee las preguntas al final de cada una de las tres secciones. Luego, lee sobre tres aspectos de la vida fronteriza —los conflictos, la confluencia y las culturas nuevas— ejemplificados por tres fronteras distintas. Por último, contesta las preguntas.

Las fronteras entre el Perú, Bolivia y Chile: Un sitio de conflicto

Un mapa del año 1878 que muestra el acceso que Bolivia tenía al mar

Un cuadro que retrata la batalla de Iquique en 1879, en la bahía, entonces peruana, de Iquique

La guerra del Pacífico / de Salitre entre Chile, Bolivia y el Perú duró cuatro años entre 1879 y 1883 y cambió las fronteras de estos tres países. Antes de la guerra, las fronteras de Bolivia incluían parte de la costa Pacífica. En 1878, Bolivia impuso un impuesto en una compañía minería chilena que extraía recursos del territorio boliviano. Esta área, llamada el corredor de Atacama, tenía muchos depósitos de nitratos, componentes del salitre. El salitre se utiliza para producir fertilizantes y explosivos. Además, el corredor de Atacama está junto al océano Pacífico, haciéndolo de mucha importancia económica. Chile sostuvo que los impuestos violaban un tratado[a] entre los dos países. Como resultado de la disputa, estalló[b] una guerra. Chile invadió Antofagasta, la ciudad portuaria de Bolivia, en 1879. En respuesta, Bolivia trató de invocar un tratado secreto de alianza que tenía con el Perú, pero Chile insistió en que el Perú fuera neutral.

Chile ganó la guerra, por lo que se cambiaron las fronteras y Bolivia perdió 380 kilómetros de acceso al mar y mucho territorio rico en cobre. Un tratado de 1904 afirmó estas fronteras nuevas y se le concedió permiso a[c] Bolivia de pasar por territorios chilenos y utilizar puertos chilenos para fines comerciales. Sin embargo, las fronteras determinadas a causa de este conflicto no se dan por hecho,[d] según Bolivia. En 2015, Bolivia pidió que la Corte Internacional de Justicia de las Naciones Unidas juzgara este caso. La disputa está lejos de ser resuelta e ilustra la importancia económica de una salida al mar.

---

[a]*treaty*   [b]*broke out*   [c]*se... permission was granted to*   [d]*no... are not a settled matter*

*Source: "Melilla registra un incremento de población," Datosmacro.com, Consulted October 11, 2016. http://www.datosmacro.com; Morales Lezcano, Víctor, "Ceuta y Melilla: Historia de dos ciudades y un litigio," *Público*, November 5, 2007. http://www.publico.es; Cembrero, Ignacio, "Dos lenguas autonómicas más," *El País*, July 4, 2010. http://elpais.com; Briones, Rafael, "Encuentros: Diversidad en Ceuta y en Melilla," Icaria editorial. Barcelona, 2013, 205; Ramos, Toñy, "El CETI de Melilla se desborda tras el salto de la valla de otros 200 inmigrantes," *El País*, February 28, 2014, http://politica.elpais.com

1. ¿Qué país ganó territorio en la guerra del Pacífico? _____

2. ¿Qué perdió Bolivia en la guerra del Pacífico? ¿Qué relevancia económica tuvo esta pérdida para Bolivia? _____

3. ¿Por qué era importante la tierra sobre la cual pelearon los tres países en la guerra del Pacífico? _____

La frontera entre España y la África: Un sitio de confluencia y diversidad

Ceuta, en el lado africano del estrecho de Gibraltar, y Melilla al este, son dos ciudades autónomas españolas.

Familias musulmanas y cristianas en la calle Camoens en Ceuta, España

España tiene diecinueve comunidades y dos de ellas son Ceuta y Melilla, dos ciudades separadas de la península ibérica por el mar Mediterráneo. Estas ciudades son enclaves españoles que están en el norte de la África. Ceuta es una posesión española desde 1580 y Melilla desde 1497, pero tienen una larga historia de aportaciones[e] de múltiples civilizaciones.

Ceuta y Melilla cuentan con[f] poblaciones diversas de aproximadamente 85.000 habitantes en cada ciudad. En las comunidades conviven musulmanes, cristianos, judíos e hindúes. La mitad de ambas comunidades es musulmana de ascendencia marroquí. Muchos migrantes y refugiados de la África y del Medio Oriente tratan de llegar a uno de estos enclaves, porque esperan llegar al continente europeo. Ambas ciudades están protegidas por cercos altos y militarizados, pero no obstante en 2014, unas 4.000 personas intentaron saltar el cerco que separa Melilla de Marruecos y casi 600 pudieron llegar al otro lado. En 2016, en un salto simultáneo, más de cien inmigrantes lograron saltarlo.

La historia de estas dos ciudades autónomas es una del pluralismo religioso y cultural. En Melilla, la Ruta de los Templos, popular entre los turistas, es un paseo por los templos de las varias religiones. La gastronomía refleja este conjunto de diferentes influencias, también. Se pueden encontrar platos y alimentos de varios orígenes y tradiciones. Además del castellano, se hablan árabe y tamazig, la lengua de los bereberes del norte de la África. Incluso existe el españoltamazig, una forma de hablar que mezcla palabras de español y tamazig.

[e]*contributions*   [f]cuentan... *have, possess*

4. ¿Dónde se encuentran las ciudades de Ceuta y Melilla? _____

5. ¿Cómo se manifiesta la diversidad de Ceuta y Melilla? _____

La frontera entre México y los Estados Unidos:
Un sitio de una cultura nueva

© Arlene Richie/Media Sources/The LIFE Images
Collection/Getty Images

© Brill/ullstein bild via Getty Images

© UIG Platinum/UIG via Getty Images

Artista Selena, la «reina del tejano», el grupo musical Calexico y un plato *Tex-Mex*, chili con carne

La zona fronteriza entre México y el sur de los Estados Unidos, una región que era tierra mexicana hasta 1845, es un vibrante mosaico de constantes interacciones culturales. La fusión de costumbres, comida, arte y música ha ocasionado contrastes no discordantes, sino complementarios. El resultado no es una cultura de México ni de los Estados Unidos sino una nueva, su propia entidad que fusiona los mejores elementos de múltiples culturas.

La comida *Tex-Mex* es un ejemplo famoso; la mayoría de las comidas tradicionales de las varias regiones mexicanas, como el pozole[g] de Sinaloa y las carnitas[h] de Michoacán, se evidencia de alguna forma. Pero también se ven los ingredientes típicos estadounidenses, como los platos en que se destaca sobre todo la carne y los quesos fundidos[i] del *Midwest* americano. Los platos *Tex-Mex* son icónicos: Chile con carne, fajitas y nachos son tan populares en los Estados Unidos que la mayoría se olvida de sus orígenes fronterizos (y recientes).

La música norteña, con sus ritmos de polka, se combina con música *country and western*, llegando a ser la música tejana; mientras tanto, los sones jarochos[j] de Veracruz se mezclan con las cadencias de la música de *rock and roll*, y así se encuentra la gran variedad de grupos musicales con raíces en los dos lados de la frontera, por ejemplo Los Lobos, Texas Tornados y Santana. Estos grupos han influenciado generaciones de personas, y grupos más recientes como Calexico y Los Lonely Boys siguen esa tradición.

---

[g]*a soup or stew made with hominy, meat and vegetables* [h]*a dish made with braised or simmered pork* [i]*melted* [j]*los... traditional musical style of Veracruz, representing a blend of indigenous, African and Peninsular elements*

7. ¿Cómo refleja la comida *Tex-Mex* la fusión de culturas mexicana y estadounidense? _____

_____

8. ¿Cuáles son algunos de los elementos variados de la música norteña?

_____

_____

PASO 2. Las zonas fronterizas entre países no son los únicos ejemplos de mezclas culturales. Los boricuas de Nueva York, los cubanos de Miami y los franceses/canadienses de Nueva Orleans han tenido tremendo impacto en las culturas modernas de sus ciudades. ¿Conoces otros ejemplos de fusión cultural en tu país, estado o ciudad? En parejas, túrnense para identificar y explicar los orígenes y resultados del encuentro de culturas en uno o dos lugares.

Antes de leer

B. Los chicanos de los Estados Unidos

PASO 1. Lee la lectura y contesta las preguntas.

Los chicanos de los Estados Unidos

El término **chicano** típicamente se refiere a los estadounidenses de ascendencia mexicana que viven en los Estados Unidos. No se sabe a ciencia cierta el origen de la palabra **chicano**, pero predominan dos teorías.

© Joseph S Giacalone/Alamy

Los pueblos indígenas precolombinos se llamaban Meshicas, un nombre que después se cambió a Meshicanos y también Shicanos, el que podría haber sido la raíz de la palabra **chicano**.

Otra teoría viene de la tendencia de los mexicanos y los mexicanoamericanos de quitar el primer consonante y sustituir las consonantes **ch** por el sonido **s/c** para crear términos cariñosos como Chelo (del nombre Anselmo), Chelo (del nombre Consuelo) y Chema (del nombre José María); así que la palabra «mexicano» se convirtió en «chicano».

El uso de la palabra para referirse a estadounidenses de ascendencia mexicana se remonta a principios del siglo XX. Inicialmente, se empleó de forma peyorativa; se asociaba con el desprecio experimentado por la gente de linaje mexicano en los Estados Unidos. Más tarde, durante los movimientos por los derechos civiles, los mexicanoamericanos adoptaron el término como signo de orgullo étnico y de solidaridad con otros de la misma identidad étnica.

Comprensión

1. ¿Quiénes son los chicanos? _____

2. ¿Cuáles son las dos teorías del origen de la palabra **chicano**? _____
   _____
   _____
   _____

3. ¿Qué connotación tuvo el término **chicano** inicialmente, a principios del siglo XX? _____

4. ¿Cómo se cambió la connotación del término más tarde durante el siglo XX? _____

PASO 2. En parejas, conversen sobre la siguiente idea: Adoptar y aceptar una etiqueta o nombre que alguien te dio, aun si la palabra se creó con intenciones despectivas, puede ser una acción de empoderamiento (*empowerment*) y resistencia.

C. La raza, la historia de la identidad mexicanoamericana

PASO 1. Primero, lee las oraciones. Luego, lee sobre la historia de la identidad mexicanoamericana. Por último, decide si las oraciones son ciertas o falsas y corrige las falsas.

La raza, la historia de la identidad mexicanoamericana

La identidad y el papel de los mexicanoamericanos hoy en día, encarnados (*embodied*) en el término **la raza**, tienen sus raíces en sucesos históricos, particularmente, la guerra de 1846–1848 entre México y los Estados Unidos. El Presidente Polk de los Estados Unidos, elegido en 1844, creía en la doctrina del destino manifiesto, una idea que afirmaba el destino de los Estados Unidos de extenderse hasta el océano Pacífico. Abogaba por ocupar la tierra que hoy en día pertenece a estados en el oeste y el suroeste como Tejas, California, Arizona, Nuevo México y Oregón. Al final de la guerra, México perdió más de la mitad de su territorio y se la cedió a los Estados Unidos. El tratado de Guadalupe Hidalgo puso fin a la guerra y algunos mexicanoamericanos hoy en día consideran este acuerdo el momento naciente de los chicanos.

El mapa de los Estados Unidos de México antes de la Guerra entre los Estados Unidos y México que empezó en 1846.

Algunos creen que desde este momento, los chicanos eran una nación colonizada dentro de las fronteras de los Estados Unidos.

En el siglo XX, especialmente después de la Segunda Guerra Mundial, en la cual se estima que sirvieron unos 350.000 mexicanoamericanos, nació una concientización con respecto a la identidad y orgullo chicanos. Y la oleada[a] de activismo político de los años 60 y 70 también incluyó la participación de los chicanos, quienes participaron en manifestaciones y huelgas por sus derechos. El enfoque de la lucha

chicana fue la pérdida de su patria ancestral y una acogida de sus raíces indígenas. Un ejemplo de esto es que se referirían a su tierra perdida por su nombre original en nahuatl, **Aztlán**, enfatizando su herencia azteca. Además, la creación del partido político, «La raza unida», el que enfocaba en el nacionalismo chicano, reflejó una causa común de afirmar el orgullo de identidad y al mismo tiempo denunciar la discriminación que enfrentaba. La intersección histórica de la pérdida de territorio, primero causada por la colonización de España de las Américas y luego por los Estados Unidos, y los temas de identidad y discriminación en los siglos XX y XXI, revela la condición única de los mexicanoamericanos.

^a *wave*

	CIERTO	FALSO
1. La guerra entre México y los Estados Unidos tuvo lugar en el siglo XIX.	_____	_____
2. El Presidente Polk no estaba muy interesado en los territorios en el oeste y el suroeste de los Estados Unidos	_____	_____
3. A causa de perder la guerra, México perdió un tercio de su territorio.	_____	_____
4. Para algunos chicanos, el tratado de Guadalupe Hidalgo, que puso fin a la guerra, marcó el principio de los chicanos.	_____	_____
5. Aproximadamente 350.000 mexicano americanos sirvieron en las fuerzas armadas de los Estados Unidos durante la Segunda Guerra Mundial.	_____	_____
6. **Aztlán** es una palabra en español que se refiere a una área al sur del Río Grande, la frontera actual entre Tejas y México.	_____	_____
7. El activismo político que empezó en los años 60 se enfocó en el orgullo de la identidad chicana, la pérdida de su tierra ancestral y la lucha por sus derechos, y fue en contra de la discriminación.	_____	_____

 PASO 2. Primero, vuelve a leer la lectura. Luego, escribe tres o cuatro preguntas sobre la lectura para tu pareja. Usa palabras interrogativas en dos de las preguntas. Por último, hazle tus preguntas a tu pareja y responde a sus preguntas.

 PASO 3. En grupos, identifiquen semejanzas y diferencias entre las luchas de los mexicanoamericanos y otros grupos en los Estados Unidos o el Canadá que han luchado por sus derechos civiles.

© Annie Wells/Los Angeles Times via Getty Images

¡A leer!

© Margaret Randall

Gloria Anzaldúa nació en Raymondville, Tejas, en 1942. Durante su niñez vivió en un rancho y en varios lugares en Tejas. Sus padres trabajaron por un año como trabajadores migrantes. Era una lectora entusiasta y se especializó en inglés en sus estudios universitarios. Era escritora, activista, crítica y profesora. Sus obras literarias enfocan en temas de género, raza, sexualidad, salud y espiritualidad. Su obra, *Borderlands / La frontera: The New Mestiza*, de 1987 explora las fronteras invisibles que dividen varios grupos. Cuestiona estas divisiones y critica la colonización y la anexión de tierras indígenas por los europeos. Murió en 2004. Recibió un doctorado póstumo de la Universidad de California, Santa Cruz. El siguiente poema, dedicado a su sobrina, aparece en su libro, *Borderlands / La frontera: The New Mestiza*.

«NO SE RAJE CHICANITA»
(para Missy Anzaldúa)
— GLORIA ANZALDÚA

No se raje[a] mi prietita,[b]
apriétese[c] la faja[d] aguántese.[e]
Su linaje es antigüísimo,
sus raíces como las de los mesquites,[f]
bien plantadas, horadando[g] bajo tierra
a esa corriente, el alma de tierra madre—
tu origen.

Sí m'ijita, su gente se creó en los ranchos
aquí en el Valle cerquita del río Grande
en la mera frontera.
en el tiempo antes de los gabachos[h]
cuando Tejas era México
De los primeros vaqueros descendiste
allá en los Vergeles,[i] en Jesús María—tierra Dávila
Mujeres fuertísimas te crearon:
tu mamá, mi hermana, mi madre y yo.

Y sí, nos han quitado las tierras.
Ya no nos queda ni el camposanto[j]
donde enterraron[k] a Don Urbano, tu vis-visabuelo.[l]
Tiempos duros como pastura los cargamos
derechitas[m] caminamos.

[a]*No... Do not split yourself, do not give in* [b]*dark-skinned little girl* [c]*tighten* [d]*girdle* [e]*hang in there* [f]*tree native to the southwest in the USA and Mexico* [g]*piercing, perforating* [h]*foreigners* [i]*name of large ranch that had been in Mexico but is now part of the United States* [j]*cemetery* [k]*they buried* [l]*great great grandfather* [m]*straight ahead*

Pero nunca nos quitarán ese orgullo
de ser mexicana-Chicana-tejana
ni el espíritu indio.
Y cuando los gringos se acaban—
mira cómo se matan unos a los otros—
aquí vamos a parecer
con los horned toads y los lagartijos[n]
survivors del First Fire Age, el Quinto Sol.[ñ]

Quizá muriéndonos de hambre como siempre
pero una nueva especie
piel entre negra y bronce
segunda pestaña[o] bajo la primera
con el poder de mirar al sol ojos desnudos.[p]
Y vivas, m'ijita, retevivas.[q]

Sí, se me hace que[r] en unos cuantos años o siglos
la Raza se levantará, lengua intacta
cargando lo mejor de todas las culturas.
Esa víbora dormida, la rebeldía, saltará.
Como cuero[s] viejo caerá la esclavitud
de obedecer, de callar, de aceptar.
Como víbora relampagueando[t] nos moveremos, mujercita.
¡Ya verás!

---

[n]*lizards* [ñ]*First... First Fire Age and Quinto Sol are references to Aztec creation myths* [o]*eyelash* [p]*naked* [q]*really live* [r]*se... it seems to me that* [s]*leather* [t]*striking like lightning*

Después de leer

D. No se raje chicanita

PASO 1. Contesta las preguntas sobre el poema.

1. Según la poeta, ¿cómo es su linaje? ¿Con qué compara sus raíces?

_____

2. ¿Dónde se creó su gente? ¿Cuándo se creó su gente? _____

_____

3. ¿Quiénes crearon a la sobrina? _____

4. ¿Quiénes les quitaron las tierras? ¿Qué no les queda? ¿Qué no les quitarán?

_____

5. ¿Qué van a hacerse los gringos? ¿Cómo va a ser la nueva especie? _____

_____

_____

6. ¿Cómo va a ser la Raza en el futuro? ¿Qué hará la víbora? _____

_____

PASO 2. Busca palabras o frases en el poema que se asocian con las siguientes temáticas.

LA TEMÁTICA	PALABRAS, FRASES
1. sentimientos por su sobrina	mi prietita, _____
2. las mujeres	la faja, _____
3. la naturaleza, la tierra, los animales	los mezquites, _____
4. la identidad étnica	el espíritu indio, _____
5. los extranjeros	los gringos, _____
6. la historia, el pasado	_____
7. el dolor, el sufrimiento	tiempos duros, _____
8. dar ánimo	_____
9. los colores	_____
10. los lugares	_____

PASO 3. En parejas, busquen conexiones entre las palabras y frases que anotaron en el **Paso 2**. Luego, expliquen cómo las palabras del poema logran comentar las siguientes relaciones. Den ejemplos específicos.

1. la relación entre la historia y la identidad de la Raza _____
   _____

2. la relación entre la identidad étnica y los colores _____
   _____

3. la relación entre los animales y los lugares _____
   _____

4. la relación entre frases de ánimo y el sufrimiento _____
   _____

5. la relación entre los lugares y los extranjeros _____
   _____

6. la relación entre las mujeres y la tierra, la naturaleza _____
   _____

PASO 4. En grupos pequeños, conversen sobre las siguientes preguntas analíticas.

1. Busca palabras y frases en inglés. ¿Por qué crees que se utilizan ambos idiomas? _____

2. ¿Qué imágenes de la tierra y la naturaleza se incluyen en el poema? ¿Qué aspectos de la tierra enfatiza la poeta? ¿Por qué crees que ella incluye estas imágenes? _____
   _____
   _____
   _____

3. Analiza los colores que se usan en el poema. ¿Con qué se asocian ciertos colores? _____
   _____

4. ¿Qué detalles se asocian con el origen de los antepasados de la poeta? _____
   _____

5. ¿Cómo presenta el futuro en la última estrofa (*stanza*). ¿Presenta una visión optimista? _____

6. ¿Qué relación hay entre la naturaleza y la identidad de la poeta? ¿Qué detalles de la naturaleza son importantes? Elige un detalle y explica su papel en el poema. _____
_____

7. La poeta alterna entre el uso de tú y Ud. para hablarle a su sobrina. ¿Por qué utiliza ambas formas? _____
_____
_____
_____

 E. ¿Qué opinan los demás?

PASO 1. Las personas entrevistadas responden a las siguientes preguntas. Escribe por lo menos cinco palabras del vocabulario de este capítulo que probablemente van a incluir en sus respuestas.

- ¿Cómo llegó Ud. a este país? ¿Qué obstáculos geográficos, sociales o culturales tuvo que superar? Explique.

- ¿Qué tipo de vida tienen las dos familias en el cortometraje? ¿Hay divisiones de clase como esta en el país donde nació Ud.? ¿Cuáles son las diferencias entre la vida de la gente rica y la gente pobre de su país o comunidad? ¿Cómo se pueden superar?

- ¿Son discriminadas algunas personas en su comunidad o país? ¿Quiénes? ¿Por qué?

- ¿Qué fronteras geográficas, sociales y culturales hay en su país, comunidad o barrio? ¿Qué efectos tienen estas barreras?

1. _____ 2. _____ 3. _____ 4. _____ 5. _____

PASO 2. Para cada idea a continuaclón, expliquen si describe o no una barrera que existe en su país o comunidad.

MODELO: *La idea*: Los deportes pueden superar (*overcome*) las barreras de clase social.

Tú dices: Yo creo que sí describe mi país en parte. En mi ciudad el fútbol americano es muy popular y cuando nuestro equipo juega, la gente de toda clase social está interesada y mira el partido.

Tu pareja dice: Sí, pero hoy en día, el precio de asistir al partido profesional es muy alto, el costo de las entradas, la comida en el estadio, el costo del estacionamiento de tu carro, etcétera, hace que una persona sin dinero ya no pueda ir a ver el partido. En ese sentido, el deporte refleja las divisiones de clase social.

1. Los inmigrantes no tienen acceso a las necesidades básicas como la educación y la sanidad.

2. El mayor problema al que los inmigrantes se enfrentan es el idioma nuevo.

3. Algunos inmigrantes son discriminados por su cultura y por su religión.

4. Las principales barreras para muchas personas son económicas.

5. La clase social se revela mediante tu apellido, tu carro y tu ropa.

6. La gente nace con su clase social. No se puede cambiar.

Palabras útiles

a nivel de
speaking of
en absoluto
not at all
el flechazo
arrow shot; love
at first sight
los marroquíes
Moroccan
people
por ende
therefore, as a
result
el reto
challenge
la sanidad
health care
sobre todo
especially
superarse
to improve
oneself
el trecho
distance

Ainhoa
© McGraw-Hill Education/
Klic Video Productions

Nadja
© McGraw-Hill Education/
Klic Video Productions

May
© McGraw-Hill Education/
Klic Video Productions

	CIERTO	FALSO
1. Ainhoa conoció a su marido en los Estados Unidos.	____	____
2. El concepto de la clase social en Venezuela dependía de dónde naciste, qué carro tenías, qué ropa llevabas, el apellido de tu familia, etcétera.	____	____
3. Costa Rica ha sido un país estable y la gente lo ha visitado mucho.	____	____
4. May dice que la situación actual de Venezuela es mucho mejor que antes.	____	____
5. Nadja dice que el fútbol tiene la capacidad de hacer más pequeña la diferencia entre las clases.	____	____
6. Ainhoa dice que los marroquíes en España no son discriminados.	____	____

PASO 4. En parejas, túrnense en leer los comentarios y explicarlos en sus propias palabras. Luego, digan si Uds. se identifican con alguno de ellos y expliquen por qué.

1. Nadja: «Bueno, llegué a los Estados Unidos hace once meses y ¿cómo llegué? Pues, llegué… bueno, tuve que hacer varias cosas: trabajar tres trabajos, conseguir ahorros para poder venirme y venirme con las herramientas que quería para que no fuera tan, tan, tan difícil… Entonces eso fue lo que hice —trabajar».

2. Ainhoa: «Los mayores problemas a los que me enfrenté fueron el idioma, porque no hablaba inglés, en absoluto. Encontré muchos hispanos que me ayudaron, pero en general el círculo en el que se movía mi marido eran todos de habla inglesa. Así que tuve un poco de problemas para expresar quién, quién soy yo, ¿no?, en hacer ver quién soy yo».

3. May: «Entonces esas ideas sociales que, bueno, que no existían en mi familia, porque en mi familia todos eran trabajadores y llegaron a tener lo que tenían porque se pusieron a trabajar, ¿no? Entonces sí hay movilización, pero desafortunadamente esas ideas de clase son… afectan todo el país, a toda Latinoamérica. Yo creo que eso fue dejado de la Colonia, ¿no? Entonces, si tú eras europeo entonces ese era cierto nivel. Si tú eras moreno, entonces tú estabas abajo o indígena».

4. Nadja: «Bueno, siempre existe discriminación, en todo país, y Costa Rica no va a ser la excepción. Creo que en todos aspectos puede ser socioeconómico, pensar que también por raza puede darse. Para mí todo eso es tan absurdo. Costa Rica tiene una base muy bonita, que es el dicho "pura vida" y es llevar pura vida a todo el mundo. Entonces … se ve mucho de el "pura vida" y la filosofía "pura vida." Pero sí hay mucho más que hacer».

PASO 5. En parejas, conversen sobre sus propias ideas respecto a las preguntas del **Paso 1**. Vuelve a ver los videos cuantas veces que te sea necesario.

COMPROMISO CON LA COMUNIDAD:
AYUDAR A LOS INMIGRANTES

Para muchos inmigrantes, la transición a su hogar nuevo es difícil. Por lo tanto, en muchas ciudades hay servicios y lugares que se dedican a ayudar a los inmigrantes a completar formularios necesarios para sacar una licencia de manejar, para solicitar trabajos, para solicitar vivienda, para abrir cuentas, para comprender la cultura, para aprender a hablar inglés, etcétera. Investiga si tu comunidad ofrece estos servicios. A veces buscan voluntarios que hablen español para ayudar con estas tareas.

V. CONTEXTOS EXPRESIVOS

A. Escritura: Crear un folleto para inmigrantes nuevos

Acostumbrarse a un país nuevo es complicado y estresante. Muchos aspectos de la cultura son invisibles; es decir, las ideas, las actitudes y los valores de una cultura son implícitas y compartidas por los que forman parte de la cultura. Para los recién llegados, comprender y adaptarse a estos elementos culturales puede ser difícil y confuso. Además, los sistemas, las instituciones y las leyes pueden ser muy diferentes.

Vas a crear un folleto (*brochure*) para ayudar a los inmigrantes hispanohablantes que acaban de llegar a tu comunidad. ¿Qué información esencial deben tener? En tu folleto, vas a escribir oraciones con recomendaciones para los inmigrantes y usar verbos y frases que requieren el subjuntivo y mandatos, cuando sea posible. Puedes incluir información sobre los siguientes temas:

a. La vida diaria: ¿Qué se necesita saber para la vida diaria? ¿Dónde se compra la comida? ¿Cómo funcionan el dinero, las compras, los pagos, las cuentas? ¿Cuáles son los lugares más importantes de tu comunidad?

b. Las leyes: ¿Cuáles son algunas de las leyes y reglas más importantes? ¿Qué recomiendas que hagan y que nunca hagan? ¿Qué leyes les pueden sorprender?

c. Las normas y los valores culturales: ¿Cómo son las interacciones entre personas que se conocen, que son amigos o que no se conocen? ¿Qué valores o ideas les motivan a los miembros de tu comunidad o país?

Antes de escribir: Estrategias para justificar y apoyar tus recomendaciones
Usa una o más de las siguientes estrategias para justificar tus recomendaciones después de que hagas una lluvia de ideas sobre las recomendaciones que incluirás en tu folleto.

- **Reconocer las ideas y la perspectiva de tus lectores**: Tus recomendaciones son más persuasivas si tus lectores creen que tú entiendes su punto de vista. Utiliza frases como «Es posible que esto le parezca extraño/confuso/cómico (etcétera)... » o «Es difícil comprender esto al principio, pero... ».

- **Incluir hechos y datos**: Las estadísticas, los números y los hechos hacen más concretas y justificables tus consejos.

- **Citar a expertos o personas importantes**: Citas de personas famosas, figuras históricas o individuos importantes de la actualidad de tu comunidad o país prestan credibilidad a tus consejos. Por ejemplo:

  > Los estadounidenses valoran el optimismo, la sonrisa y la risa. El capitán de la industria de la animación cinemática, Walt Disney, dijo: «La risa es la mejor exportación de América».

- **Dar ejemplos**: Los ejemplos específicos aclaran tus recomendaciones y las hacen más impactantes.

- **Incluir imágenes, dibujos o elementos visuales**: Una foto, una imagen o algo visual puede aclarar y hacer más convincentes tus ideas.

¡A escribir!

Después de hacer una lista de tus ideas basadas en las estrategias para justificar y apoyar tus recomendaciones, escribe el primer borrador de tu folleto.

Después del primer borrador

En parejas, intercambien borradores. Lee el borrador de tu pareja y escribe al menos cinco preguntas para descubrir más sobre sus recomendaciones. Luego, inventa respuestas a las preguntas que tu pareja te haga y agrega esta información a la versión final de tu folleto.

B. Nosotros, los actores / las actrices: Que no se deporten!

PASO 1. En parejas, escriban un guion para una de las siguientes situaciones:

a. Después de que se deporta a la familia de Pierre, la empleada doméstica le confiesa a la madre de Antonio que ella ayudaba a Antonio a jugar con Pierre por las tardes. La madre de Antonio expresa compasión por los trabajadores migrantes pero explica cómo piensa su esposo sobre el tema.

b. Los padres de Pierre le hacen una confidencia (*confide in*) a la empleada doméstica. Tienen miedo del padre de Antonio y el supervisor del sitio de construcción. Dicen que temen que el gobierno los deporte. La empleada doméstica les ofrece consejos.

PASO 2. Ensayen su guion y luego interprétenlo para la clase. Presten atención a la pronunciación, el lenguaje corporal, los gestos y el tono de la voz.

C. Entrevista: Cruzar fronteras

Entrevista a una persona hispanohablante sobre fronteras literales o figurativas que ha tenido que cruzar en su vida. Pueden ser fronteras entre dos comunidades, países, razas, etnias, clases sociales, culturas, generaciones, lugares o grupos de personas.

OPCIONAL: Pregúntale al entrevistado si está bien si filmas un video de la entrevista para mostrar a la clase.

Escribe preguntas sobre su experiencia. Mientras él/ella habla, inventa preguntas de seguimiento (*follow-up questions*). Pregúntale cómo percibe estas fronteras. Por ejemplo, ¿qué oportunidades o dificultades hubo en su vida a causa de estas fronteras? ¿Qué ha aprendido de sus experiencias? Además, pídele que le dé recomendaciones a otra persona en la misma situación. Saca apuntes y está listo/a a presentar sus respuestas a la clase.

D. ¡Entrevista por videoconferencia!

Conversa con un/una hispanohablante por videoconferencia y pregúntale seis a ocho preguntas sobre uno de los siguientes temas:

a. el concepto de raza donde vive o en su país de origen

b. cómo describiría la vida de un obrero migrante

c. la definición de clase social en su país

Saca apuntes mientras conversan y prepárate para presentar la información a la clase.

E. Investigación: La inmigración, los migrantes, el racismo y las fronteras

Busca información sobre uno de los siguientes temas en tu país y otro país del mundo hispanohablante. Resume la información que encuentres e incluye datos interesantes. Preséntale la información a tu clase y compara y contrasta las semejanzas y diferencias entre los dos países.

- el racismo en un país o región
- la política de la inmigración en un país o región
- las actitudes hacia los inmigrantes en una comunidad o país
- el asilo político en los Estados Unidos o el Canadá
- los refugiados de Centroamérica en México o en los Estados Unidos
- la biografía de César Chávez
- la región fronteriza de los Estados Unidos y México

Tabla B

Gramática

C. ¿Cómo reaccionan? La perspectiva sí importa.

 PASO 2.

TABLA B

---

1. ¿Quién es? _____

   ¿Cómo se siente? _____

   Situación o suceso que causa la reacción: _____

   Oración: _____

   _____

2. ¿Quiénes son? los obreros haitianos

   ¿Cómo se sienten? _____

   Situación o suceso que causa la reacción: ...el supervisor

   los _____ (despedir)

   Oración: _____

   _____

© Freddy Vargas

3. ¿Quién es? _____

   ¿Cómo se siente? _____

   Situación o suceso que causa la reacción: _____

   Oración: _____

   _____

4. ¿Quién es? _____

   ¿Cómo se siente? _____

   Situación o suceso que causa la reacción: ...los oficiales _____

   (deportar) a la familia de Pierre

   Oración: _____

© Freddy Vargas

5. ¿Quién es? _____

   ¿Cómo se siente? _____

   Situación o suceso que causa la reacción: _____

   Oración: _____

   _____

6. ¿Quién es? el padre de Pierre

   ¿Cómo se siente? _____

   Situación o suceso que causa la reacción: ...que Antonio _____

   (venir) a su casa por la noche

   Oración: _____

   _____

© Freddy Vargas

VOCABULARIO DEL CAPÍTULO 5

Los trabajos migrantes

acostumbrarse	to get used to
amenazar	to threaten
aprovechar	to take advantage (*of an opportunity*)
capturar	to capture
cosechar	to harvest
desarraigar	to uproot
desplazarse	to be displaced
dirigirse (a)	to set off; to head (for)
emigrar	to migrate (*away from*)
inmigrar	to migrate (*to*)
llevarse (a)	to carry off; to take away
migrar	to migrate
morirse (ue) (u) de hambre	to die of hunger
no quedarle más remedio	to have no other options
sobrevivir	to survive
la aldea	village
el asentamiento	settlement
el éxodo	exodus
la huelga	strike (*as in hunger or work*)
la inseguridad	insecurity
la temporada	season (*as in harvest or growing season*)
el/la trabajador(a) huésped	guest worker
el/la trabajador(a) migrante	migrant worker
horrorizado/a	appalled, horrified

Repaso: la pobreza, duro/a

La raza y la etnia

adaptarse	to adapt
juzgar	to judge
luchar por	to fight for
el/la chicano/a	**mexicano estadounidense**

el desprecio	disdain, contempt, scorn
la herencia	inheritance, legacy
la identidad	identity
el linaje	family blood line
el orgullo	pride
el rasgo	characteristic, feature, physical trait
discriminado/a	discriminated against
étnico/a	ethnic
hereditario/a	hereditary, inherited
mestizo/a	person of mixed race (*typically European and indigenous*)

Repaso: la discriminación, discriminar

Las fronteras y las barreras

abogar por	to advocate for
arriesgar la vida	to risk one's life
cruzar	to cross
deportar	to deport
revisar	to check
el asilo	asylum
el cerco	fence
el/la ciudadano/a	citizen
el control fronterizo	border control
el coyote	smuggler who helps people cross a border illegally
la documentación	documentation
la maquiladora	assembly plant
la muralla	wall
el obstáculo	obstacle
la oportunidad	opportunity
el servicio social	social services
indocumentado/a	undocumented

Repaso: las condiciones laborales, la frontera, el peligro, peligroso/a

CAPÍTULO 6

El comercio y la comunidad

Las metas: ¿Qué debo saber
y poder hacer al final de este
capítulo?

Communicative Goals

Express past events and
conditions using the present
perfect and past perfect tenses to
talk about what has and had been
done in communities. Use the
passive voice and impersonal
expressions to describe consumer
behavior and trends.

Chapter Theme Goals

Summarize and reflect upon the
plot of the short film "**No hay
pan.**" Identify and interpret
cultural conflicts and perspectives
in the film and in interviews with
native speakers.
Analyze and compare cultural
perspectives and ideas regarding
three key intercultural topics:
Communities
Consumerism
Modernization

Geographical and Cultural Knowledge Goals

Identify the geographic location of
Chile and Honduras. Describe
cultural concepts related to
communities, consumerism, and
modernization in the Spanish-
speaking world.

Knowledge of Reading Goals

Summarize and analyze the article
"**Buscan transformar a San
Pedro Sula en una ciudad
inteligente**," recognize and
analyze the cultural attitudes
about communities and
modernization.

© Fernando Llort

Frutos de mi pueblo de Fernando Llort, El Salvador, 2013

La obra del artista Fernando Llort se ha comparado con el cubismo y el
arte pop. Este cuadro, que se titula «Frutos de mi pueblo», yuxtapone
elementos de su pueblo en El Salvador.

Identifica los objetos y las personas en el cuadro. ¿Cómo son y cómo
están organizados en el cuadro? ¿Hay una parte del cuadro que se destaque
más que alguna otra parte? ¿Cómo describirías los colores y las formas que se
usan en el cuadro? ¿Tienes una impresión positiva de este pueblo?

¿Qué implica el título del cuadro? ¿Qué significa «frutos» en el contexto
de este cuadro? ¿Cómo describirías la comunidad, y las relaciones entre
las personas? ¿Cómo es la vida de esta comunidad? ¿A qué se dedican los
habitantes de este pueblo? ¿Qué cosas se venden y se compran? ¿Es una
comunidad moderna?

Describe tu pueblo/ciudad natal. ¿Era una comunidad muy unida?
¿Había/Hay organizaciones comunitarias? ¿Celebraciones? ¿Se conocían
muy bien todos? ¿Qué actividades comerciales existían/existen?

¿Has participado alguna vez en una organización comunitaria, o en un
proyecto de voluntarios?

341

I. ANTICIPACIÓN

A. El póster del cortometraje «No hay pan»

«No hay pan» retrata las dificultades de Luis, un propietario de un negocio pequeño. Luis ya no puede encontrar pan para vender en su almacén (*small, neighborhood store*).

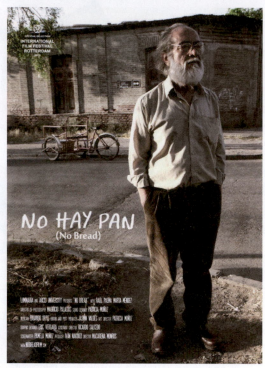

© Luminaria Chile

PASO 1. Mira el póster del cortometraje y contesta las preguntas.

1. ¿Cómo es este hombre? ¿Qué está haciendo en este momento? ¿En qué piensa?

2. ¿Cómo se siente? ¿Por qué? ¿Qué espera él que suceda en el futuro?

3. ¿Es suya la bicicleta que se ve en la calle? ¿Para qué se usa?

4. ¿Cómo es el barrio, la comunidad donde vive? ¿Es una comunidad moderna? Explica.

5. ¿Qué colores se destacan en esta imagen? ¿Qué sugiere el hecho de que la ropa que lleva el señor sea del mismo color del trasfondo?

 PASO 2. En parejas, conversen sobre las siguientes preguntas.

1. ¿Cómo es tu comunidad, tu pueblo o tu barrio? ¿Qué te gusta / no te gusta de tu comunidad?

2. Para ti, ¿es importante comprar productos que se fabriquen o que se cultiven localmente? ¿Por qué sí o no?

3. ¿Adónde vas para comprar comida? ¿Vas a los mercados? ¿Qué opinas de las cadenas de tiendas (las... *chain stores*)?

4. Cuando hay varios lugares que venden el mismo producto, ¿cómo decides dónde comprar?

B. ¡Conozcamos a los personajes!

PASO 1. Mira las imágenes de algunos de los personajes del cortometraje «No hay pan» y escribe cómo son y cómo están. Incluye todos los detalles que puedas.

© Luminaria Chile

1. **Luis, el propietario del almacén**

   ¿Cómo es Luis?

   ¿Dónde está?

   ¿Qué está haciendo?

   Otras observaciones:

   _____

   _____

2. **los propietarios de negocios pequeños**
   ¿Cómo son estas personas?
   Todos están juntos en una reunión.
   ¿Cómo se sienten?
   Otras observaciones:

   _____

   _____

© Luminaria Chile

© Luminaria Chile

© Luminaria Chile

3. **los empleados de los negocios grandes**
   En estos fotogramas hay empleados de una panadería grande y un supermercado. ¿Cómo son estos empleados?
   ¿Qué llevan?
   ¿Qué están haciendo en este momento?
   Otras observaciones:

© Luminaria Chile

© Luminaria Chile

_____

_____

En Chile, se utilizan las siguientes palabras y expresiones:

Poh: Como en varios dialectos del español, una **s** al final de una palabra muchas veces no se pronuncia. **Poh/Po** viene de la palabra **pues** y se usa al final de cualquier frase para poner énfasis.

> **No hay pan, poh.**
> There is no bread.

Ya: Esta palabra se usa en Chile para expresar la idea de **sí** o **bueno**. Se escucha con frecuencia en este cortometraje. Se puede combinar con **po**.

> **Ya po.**
> Yes, fine.

El/La + *nombre*: En Chile es bastante común poner el artículo definido antes del nombre de una persona. No se traduce al inglés.

> **Te llamó el Mateo.**
> Mateo called you.

**Repaso gramatical:
Los pronombres
preposicionales**

PASO 2. Ahora infiere lo que puedas de los fotogramas y contesta las preguntas. Usa las pistas que ves, la lógica y tu imaginación.

1. ¿Por qué tiene Luis esa bicicleta única en el primer fotograma? ¿Adónde va? ¿Qué probablemente hizo hoy? ¿Qué no hizo hoy? ¿Cómo es su vida?

2. ¿De qué están hablando los propietarios? ¿Por qué se reúnen? ¿Quieren que algún aspecto de su comunidad mejore? ¿Por qué tienen los propietarios una asociación? ¿Qué problema están tratando de solucionar?

3. ¿Cómo son estos trabajos? ¿Qué responsabilidades probablemente tienen estos empleados?

C. Lugares importantes en «No hay pan»

PASO 1. Los siguientes fotogramas muestran cuatro lugares del cortometraje. Apunta algunas características de los lugares en general. (Por ejemplo: ¿Cómo es el lugar? ¿Para qué sirve? ¿Quiénes típicamente están en el lugar? ¿Cómo están las personas cuando están allí?)

1. el almacén local

2. la sala para una reunión

3. la panadería

4. el supermercado

PASO 2. En grupos pequeños, comparen los lugares del **Paso 1** en la vida de Luis con los mismos lugares de la ciudad o pueblo donde viven Uds. Sigan el modelo.

MODELO: un almacén local

a. Luis: Para él es un lugar importante porque es su negocio. Provee muchos productos para los vecinos del pueblo pequeño que no están acostumbrados a hacer sus compras en el supermercado.

b. mis compañeros: Para ellos el almacén local no es un lugar muy importante porque hacen la mayoría de sus compras en línea.

c. yo: Para mí, el almacén local es un lugar que visito por lo menos una vez a la semana. Compro la leche y las bebidas allí y conozco bien al propietario, de hecho, a veces me da una ñapa (*little free gift*), pero compro el resto de la comida que necesito en el supermercado.

D. Situación de suspenso: Yo quisiera unos quince kilos de pan

 PASO 1. Mira el videoclip y contesta las preguntas.

© Luminaria Chile

1. ¿Qué problema tiene Luis? ¿Cómo se siente?

2. ¿Con quiénes habla para resolver su problema?

3. ¿Qué está haciendo el gerente de la panadería? ¿Qué le pide Luis que haga el gerente?

4. ¿Qué espera Luis que pase en el futuro? ¿Qué va a ocurrir después?

5. ¿Cuál es una cosa que NO va a ocurrir en la próxima escena?

6. ¿Cuáles son dos cosas que sucedieron antes de estas escenas?

Estrategia: Elegir cinco palabras clave para sintetizar la lectura

You have learned that you should look for key ideas and concepts in a reading. However, identifying those key ideas is just the first step. You must also remember the information. Learning and remembering depend strongly on what connections you make with the material and what you think about as you read. When you choose five* or so key words from the reading itself or come up with words that encapsulate a particular idea, you are not only making sense of the information, you are also creating a tool to remember it later. Since you cannot remember a text in its entirety, a single word serves as a shortcut. When you recall the information, the key words contribute to the retention of information by making you think more deeply about it. The choice of these words should be individual; the words should capture the ideas in the reading, but also be meaningful to you.

You are more likely to remember five or fewer words.

PASO 2. Lee la siguiente información sobre los almacenes, los mercados al aire libre y los supermercados. Al final de cada sección, escribe cinco palabras o frases clave que capten las ideas importantes.

El almacén†

En muchos lugares, existe una tensión entre la tienda pequeña y la grande. En Chile, la Argentina y el Uruguay, la palabra **almacén** se refiere a una tienda pequeña de barrio que no solamente vende alimentos básicos, sino que también forma una parte de la comunidad que les ofrece empleo a sus

---

†Source: Batarce, C., "Presidenta Bachelet lanza programa Almacenes de Chile," *La Tercera*, August 8, 2016. http://www.latercera.com; "Presentan nuevo programa Almacenes de Chile para mejorar los negocios de barrio," *Televisión Nacional de Chile*, August 8, 2016. http://www.24horas.cl; "Gobierno dio inicio al programa Almacenes de Chile con inversión de mil millones de pesos," *El Mostrador*, August 8, 2016. http://www.elmostrador.cl

ciudadanos. Los almacenes proveen a sus clientes alimentos y otros productos necesarios como velas,[a] pilas[b] y servilletas, pero dado que son pequeños, no pueden vender la variedad de productos disponibles en un supermercado.

En 2016, la presidenta de Chile anunció una iniciativa llamada Almacenes de Chile para fortalecer los pequeños negocios. Cuando anunció la inversión[c] de mil millones de pesos de gobierno para la iniciativa, señaló que los almacenes constituyen un 10% de las empresas chilenas. Además, puso énfasis en el aspecto social de estas empresas, dado que contribuyen a las relaciones comunitarias entre los vecinos de un barrio. Por lo tanto, el gobierno espera asegurar su sostenibilidad y competitividad.

Un almacén en Valparaiso, Chile. El letrero afuera indica que ofrece arroz, galletas, fideos, jugos, leche, té, salsa de tomate, pilas, etcétera.

[a]candles [b]batteries [c]investment

Cinco palabras clave de esta sección: _____ _____
_____ _____ _____

El mercado al aire libre

Por todas partes del mundo hispanohablante se puede comprar en los mercados al aire libre. Se venden carnes, frutas, verduras, pescado, mariscos, pan, ropa y muchos otros tipos de productos. Muchos de los alimentos frescos son cultivados por los mismos vendedores en el mercado.

Además de los alimentos, a menudo se incluyen productos hechos a mano como la alfarería[d] y la artesanía. Los

Un mercado al aire libre en Tegucigalpa, Honduras

precios no son fijos y los clientes pueden regatear.[e] Además, los mercados y los almacenes son lugares sociales que demuestran los lazos importantes de la comunidad. Los mismos clientes compran a menudo en los mercados de su barrio, y así llega a haber confianza entre los vendedores y los clientes.

[d]pottery [e]bargain/haggle

Cinco palabras clave de esta sección: _____ _____
_____ _____ _____

El supermercado

Por otra parte, los supermercados o los hipermercados les pueden ofrecer más variedad de productos a sus clientes. Además, a diferencia de las tiendas pequeñas, los clientes de los supermercados siempre pueden pagar con una tarjeta de crédito y hay múltiples cajas[f] para atenderlos. Muchos clientes prefieren comprar en el supermercado por estas ventajas. Pero los propietarios de estas empresas grandes típicamente no son

Un supermercado en Montevideo, Uruguay

ni del barrio ni de la ciudad. Y por lo general, los trabajos que hay en estas tiendas grandes no les pagan mucho a los empleados.

La tensión entre los almacenes (comercios de tamaño pequeño) y los mercados al aire libre por un lado, y los productos y empresas grandes multinacionales por otro lado, refleja un choque[g] entre la tradición y la modernidad, entre el statu quo y el cambio.

[f]*checkstands* [g]*collision*

Cinco palabras clave de esta sección: _____ _____
_____ _____ _____

PASO 3. Lee las oraciones y según lo que leíste en el **Paso 2,** indica si cada una se refiere al almacén, al mercado al aire libre o al supermercado. **¡OJO!** A veces hay más de una respuesta posible.

	EL ALMACÉN	EL MERCADO	EL SUPERMERCADO
1. Los clientes conocen a los propietarios del negocio.	_____	_____	_____
2. Se puede regatear para pedir un precio más bajo.	_____	_____	_____
3. Se puede contar con (*count on*) poder pagar con tarjeta de crédito.	_____	_____	_____
4. Hay más de una caja para pagar.	_____	_____	_____
5. Miembros de la comunidad cultivan muchos de los productos que se venden aquí.	_____	_____	_____
6. Tiene una gran variedad de alimentos.	_____	_____	_____

Repaso gramatical: Los pronombres posesivos

PASO 4. Escribe una comparación entre los lugares descritos en el **Paso 3** para comprar alimentos y otros productos con los lugares en tu comunidad. Piensa en todos los tipos de lugares como las tiendas en las cadenas de tienda, el mercado de agricultores (*farmers' market*), el supermercado, las tiendas en el Internet, etcétera.

MODELO: En los almacenes de Chile, la Argentina y el Uruguay los propietarios conocen a sus clientes personalmente.

Pero, en las tiendas de mi comunidad...

E. El pan en Chile

PASO 1. Lee sobre un tipo de pan especial y una costumbre popular en Chile. Luego, escucha las oraciones y decide si son ciertas o falsas según la información de la lectura. Si es una oración falsa, corrígela.

El pan en Chile*

Chile es el país que consume más pan en Latinoamérica. El chileno típico come casi 200 libras de pan (noventa y cinco kilogramos) en un año. La familia media gasta casi el 2% de su presupuesto en el pan. El pan tiene tanta importancia en Chile que allí el pan se ha llamado «la cara de Dios». Dos poetas chilenos famosos escribieron versos sobre el lugar venerado del pan en Chile. Gabriela Mistral escribió: «Oro más lindo que oro del Pan no está ni en fruta ni en retama».[a] Y Pablo Neruda, otro gran poeta del siglo XX, escribió: «Pan, qué fácil y qué profundo eres».

La marraqueta, también conocida como «pan francés» o «pan batido», es un tipo de pan típico chileno. Cada pan se puede dividir en cuatro partes y es uno de los panes más populares en Chile. La expresión «nacer con la marraqueta bajo el brazo» se dice para hablar de alguien que va a tener un futuro exitoso.

© Martin Bernetti/AFP/Getty Images

Según una encuesta realizada en Chile, el 45% de los consumidores compra pan en almacenes de barrio, mini-markets o quioscos. Solamente el 19% lo compra en supermercados.

El pan se consume con frecuencia en los hogares chilenos a la hora de «once». «Tomar once» es comer pan y tomar café o té entre las cinco y las nueve de la tarde, no a las once. Existen varias teorías sobre el origen del uso de la palabra **once** para hablar de una merienda que se toma por la tarde. Una explicación es que **once** es

© jantroyka/Getty Images

una traducción de la palabra *elevenses* (onces) utilizada por los ingleses para referirse a la hora de tomar té. Otra teoría es que viene del siglo XIX cuando los obreros solían tomar un trago de aguardiente[b] como merienda. Como el alcohol era prohibido, llamaban el aguardiente «once», por las once letras en la palabra y así ocultaban lo que tomaban.

[a]*flowering plant*   [b]*liquor*

*Source: "El Consumo de pan en Chile aumenta un 10% en los últimos 4 años," *Tecnomercado Retail*, Accessed November 20, 2016. http://www.tecnomercadoretail.cl; "Reporte Mensual de Pan, Área metropolitana-octubre 2015," *Servicio Nacional del Consumidor*, November 23, 2015. http://www.sernac.cl; "Chilenos prefieren comprar el pan en almacenes de barrio y no en supermercados," *Emol*, May 19, 2013. http://www.emol.com; Smith, Eileen, "In Chile, Marraqueta is the Daily Bread," *National Public Radio*, July 7, 2016. http://www.npr.org

	CIERTO	FALSO
1.	____	____
2.	____	____
3.	____	____
4.	____	____
5.	____	____
6.	____	____
7.	____	____

 PASO 2. En parejas, hablen sobre la importancia del pan o productos hechos de pan en su país. ¿Cuáles son otras costumbres mundiales asociadas con tomar una merienda por la tarde?

PARA TU INFORMACIÓN: UN CARTEL DEL PAPEL HIGIÉNICO

En 2015 el gobierno de Chile comprometió a (*implicated*) dos empresas y las acusó de conspiración y de la fijación de precios del papel higiénico (*toilet paper*). Una de las empresas fabricaba los productos Confort. Las dos empresas controlaban el 90% del mercado, según la acusación.

© Luminaria Chile

Para mucha gente, el papel higiénico se considera una necesidad, por lo que se opina que se deben procesar (*prosecute*) empresas que se pongan de acuerdo secretamente para controlar el reparto del mercado.

Repaso gramatical:
Los pronombres
preposicionales

F. ¿Qué hace? ¿Qué quieren los personajes que suceda? ¿Qué se puede inferir?

PASO 1. Lee las oraciones sobre el cortometraje. Llena cada espacio en blanco con la forma correcta del verbo de la lista o con el pronombre correcto, según el contexto. **¡OJO!** Cada verbo se usa solo una vez.

andar	encontrar	pensar	preferir	sorprender
ayudar	hornear	poder	responder	vender

1. Los propietarios de los negocios pequeños esperan que el alcalde los _____. A _____les preocupa que algunos clientes _____ comprar alimentos en el supermercado.

2. Es necesario que Luis _____ en bicicleta por su barrio porque para _____, es el modo más rápido de llegar a la casa del panadero, Carlos. Además _____ cargar todo el pan que compra de _____.

3. Un día, Luis llega a la casa de Carlos y le parece raro que no _____ a las llamadas a la puerta. Dice «aló» varias veces hasta que una vecina se asoma por la ventana y le dice que Carlos ha muerto. Según _____, la familia de Carlos fue al campo para enterrarlo. Es obvio que estas noticias le _____ a Luis.

4. Luis decide buscar otros proveedores de pan. Pasa por una panadería y observa a los empleados mientras _____ grandes cantidades de pan.

5. Habla con el gerente de una panadería pero según _____, es imposible que su panadería _____ solamente quince kilos.

6. Ojalá que Luis y los propietarios _____ una solución a sus problemas. Todos quieren que los líderes de su comunidad _____ en el bienestar de los ciudadanos y que tomen decisiones positivas para _____.

PASO 2. Lee las siguientes citas del diálogo. ¿Qué se puede inferir de lo que dijeron? ¿Y de otros aspectos de la situación? Contesta las preguntas.

> **MODELO:** Un miembro de la comunidad dice en la reunión «Lo que está matando nuestros negocios es el supermercado... Antes entraba mucha gente a mi negocio, y ahora no entran ni las moscas».
>
> ¿Qué espera Luis que suceda durante la reunión? Luis espera que los propietarios tengan ideas para solucionar el problema.
>
> ¿Cómo se siente Luis cuando escucha lo que dice uno de los otros propietarios? A Luis le preocupa que los otros propietarios se sientan desesperados. Luis está aliviado que haya otros propietarios que entienden su situación.

1. La vecina dice «Vecino, no pierda el tiempo. No le van a abrir. No hay nadie». Y Luis le pregunta, «¿No dejaron algún recado (*message*)?»

   ¿Qué espera Luis cuando le pregunta a la vecina sobre algún recado?

   _____

   ¿Qué infieres sobre cómo se siente Luis en este momento?_____

   _____

2. Después de descubrir que el panadero ha muerto, Luis llama una panadería y se escucha lo que él dice en la conversación. «Buenas tardes. Mire, eh, estaba llamando acá, la panadería, para hacer un pedido de pan... Ah, ya... Entonces, no. Ya. Ya, gracias».

   ¿Qué quiere Luis que la panadería haga?

   _____

   ¿Qué infieres sobre cómo se siente Luis cuando hace esta llamada?

   _____

3. Después de llamar una panadería, Luis va a una panadería más grande y habla con uno de los empleados. El gerente le explica lo siguiente: «Lo mínimo que trabajamos son cincuenta kilos. ... Trabajamos con ventas mayoristas (ventas... *wholesalers*)». Luis le responde: «¿Y no podría hacer una excepción?»

   ¿Qué le pide Luis al gerente?

   _____

   ¿Qué infieres sobre cómo se siente Luis al escuchar la respuesta del empleado?

   _____

   _____

G. A inferir y predecir

En parejas, miren los fotogramas y contesten las preguntas.

© Luminaria Chile

© Luminaria Chile

1. En el primer fotograma, ¿cómo se siente Luis? ¿Qué está haciendo?
2. ¿Cómo es la cocina de Luis? ¿Es parecida a la tuya?
3. ¿Dónde está Luis en el segundo fotograma? ¿Qué hay en las bolsas de plástico? ¿Cómo se siente Luis? ¿Qué esperan los clientes que los empleados del supermercado hagan?
4. ¿Qué va a pasar después? ¿Qué espera Luis que suceda en el futuro?

H. Sin sonido: Las pistas visuales

© Luminaria Chile

PASO 1. Mira el cortometraje entero sin sonido. Presta atención a las acciones y las emociones expresadas en la cara de los personajes. Basándote en las pistas visuales, escribe por lo menos cinco oraciones resumiendo lo que crees que ocurre en «No hay pan». Explica el argumento y el desenlace lo mejor que puedas. **¡OJO!** No te preocupes si no estás seguro/a. Observa y adivina. ¡Vas a mirar el cortometraje con sonido pronto!

PASO 2. Compara tu resumen del argumento (del **Paso 1**) con el de una pareja. ¿Son parecidas sus interpretaciones de las pistas visuales? ¿Cómo son diferentes?

PASO 3. Ahora, escribe cinco preguntas sobre el cortometraje. Usa cinco palabras interrogativas diferentes. Pueden ser preguntas sobre lo que sucede o de opinión. Hazle tus preguntas a tu pareja y apunta sus respuestas.

II. VOCABULARIO

A. El compromiso comunitario

PASO 1. Cuando abre un supermercado (*supermarket*) en su barrio (*neighborhood*) en Chile, sufren los pequeños negocios (*businesses*) tradicionales. En el cortometraje «No hay pan», Luis y los otros propietarios (*owners*) se reúnen para discutir sus problemas. Lee las oraciones sobre las siguientes escenas, infiere el significado de las palabras **en negrilla** y contesta las preguntas.

© Luminaria Chile

Luis vive en este **barrio.** En Chile, cada comuna, o ciudad, se divide según sus áreas vecinales y **una junta** representa los intereses de cada **barrio. Una junta** de <u>vecinos</u> es elegida para velar por (*to look out for*) el desarrollo y **el bienestar** de <u>los vecinos</u>.

© Luminaria Chile

En el cortometraje «No hay pan», hay **una reunión** de **los propietarios de los negocios** pequeños del **barrio** de Luis. Ellos hablan de los problemas que enfrentan. Se quejan de la falta de respuesta del <u>alcalde</u> o del **ayuntamiento** del **municipio** a los problemas comunitarios. Hablan de cómo **organizarse** y **colaborar** para lograr los cambios que quieren.

Más vocabulario sobre el compromiso comunitario*

colaborar	to collaborate
efectuar (ú)	to effect; to carry out
el alcalde / **la alcaldesa**	mayor
el ayuntamiento	city hall
el barrio	neighborhood
el bienestar	well-being
la junta	council; committee; board
el municipio	municipality; town hall/council
el/la vecino/a	neighbor
comunitario/a	community (*adj.*), communal
Repaso: el negocio	

1. ¿Conoces a tus vecinos? ¿Por qué sí o no? ¿Qué sabes de ellos?

2. ¿En tu barrio hay una organización de propietarios de casa o semejante grupo? ¿Qué metas trata de efectuar esta organización? ¿Tiene reuniones?

3. Si hay algún problema en tu barrio, ¿cómo se resuelve? Piensa en un problema que sucedió en tu barrio o en el barrio de alguien que conoces. Explica cómo se solucionó el problema o por qué no se solucionó.

4. ¿Qué papel desempeña el alcalde / la alcaldesa de tu pueblo o ciudad? ¿Le escribiste o lo/la llamaste alguna vez? ¿Por qué? Describe una situación o un problema que te motive a ponerte en contacto con tu alcalde/alcaldesa.

5. ¿Has ido (Has... *Have you gone*) al ayuntamiento de tu ciudad? ¿Por qué? ¿Qué tipo de servicios se ofrecen allí?

6. En tu comunidad, ¿qué esperan o quieren los ciudadanos que el ayuntamiento haga o no haga por el bienestar de todos?

PASO 2. Primero, lee lo que logró una comunidad boliviana cuando se organizó por una causa. Luego, empareja las preguntas en la columna izquierda con las respuestas en la columna derecha. Por último, llena los espacios en blanco con una palabra de vocabulario.

Vocabulary words underlined and differently colored are featured in the dialogue of the short film.

Un movimiento comunitario: La guerra del agua en Bolivia

El gobierno o <u>una empresa</u> privada les suministra[a] **los servicios públicos** como el agua, el gas y la electricidad a los ciudadanos de una comunidad. A fin de cuentas, **el municipio rige** la fiabilidad,[b] la seguridad y **los precios** asequibles[c] de estos **servicios. Los servicios públicos** son elementos esenciales de **la infraestructura** urbana.

© Roger Bacon/Reuters/Alamy

En 1999 y 2000 en Cochabamba, Bolivia, la comunidad se sublevó[d] contra la subida de **las tarifas** por **el servicio** de agua. El presidente de Bolivia había hecho un convenio con unas compañías privadas para privatizar **el servicio** de agua. Pero **las tarifas** eran tan altas que los ciudadanos no podían pagar sus necesidades básicas.

Por lo tanto, se manifestaron contra **los precios.** Una organización **comunitaria** dirigió las protestas de miles de personas. Los ciudadanos no se rindieron[e] y las protestas **se efectuaron** en varias ciudades bolivianas y otros miembros de la comunidad, como los maestros, aprovecharon el ultraje[f] para pedir aumentos de sueldo. Al final, los ciudadanos **tuvieron éxito.** El gobierno rescindió el contrato que tenía con <u>las empresas</u> privadas.

_____

[a]*provides*   [b]*reliability*   [c]*affordable*   [d]*se... rose up, revolted*   [e]*no... did not give up*   [f]*outrage*

Más vocabulario sobre un movimiento comunitario

regir (i) (i)	to govern; to regulate
tener éxito	to be successful
los servicios públicos	utilities
Repaso: el precio	

PREGUNTAS

___ 1. ¿Qué grupo administrativo rige y es responsable de los servicios públicos en una comunidad?

___ 2. ¿Cuáles son los _____ públicos que los ciudadanos necesitan en su comunidad?

___ 3. ¿Por qué no podían pagar los ciudadanos el servicio de agua en Cochabamba, Bolivia?

___ 4. ¿Qué tipo de organización dirigió las protestas de miles de personas contra las tarifas altas?

___ 5. ¿Dónde se efectuaron las protestas?

___ 6. ¿Qué pasó al final?

RESPUESTAS

a. Una organización _____ las dirigió.

b. Los ciudadanos _____ y los maestros pidieron un aumento de sueldo.

c. _____ debe asegurar que los servicios sean seguros y fiables y que los precios de las tarifas sean asequibles.

d. El agua, el gas y la electricidad son unas necesidades básicas para el _____ de la gente.

e. Hubo protestas en varias ciudades bolivianas.

f. Una _____ privada cobraba precios muy altos por el servicio de agua.

PASO 3. En parejas, conversen sobre una ocasión cuando Uds. o personas que conocen unieron fuerzas con sus vecinos para mejorar algún aspecto de la comunidad, como lo hicieron los ciudadanos de Cochabamba. Saquen apuntes para luego compartir las historias con la clase.

B. El consumismo

PASO 1. Lee sobre los problemas comerciales enfrentados por Luis y los propietarios. Luego, en parejas, túrnense para leer y reaccionar a las oraciones que siguen. Expliquen sus reacciones. Usen frases como **(no) estoy de acuerdo, es cierto/obvio/evidente que, es malo/bueno que, es dudoso que, no creo que, es posible que, (no) me sorprende que,** etcétera. **¡OJO!** Recuerden que se usa el subjuntivo después de muchas frases impersonales.

© Luminaria Chile

Todos **los propietarios** quieren que sus <u>**negocios**</u> sean **rentables**, pero están en una posición de **desventaja** competitiva porque <u>**el supermercado**</u> les ofrece una variedad de **marcas** a **los clientes** y otras conveniencias (*conveniences*).

© Luminaria Chile

Ante una situación imposible, Luis se da cuenta de que tiene que ir al <u>**supermercado**</u> para comprar pan. Compra pan aquí para luego venderlo en su <u>**almacén**</u> a **un precio** más alto. Es irónico y triste que Luis tenga que convertirse en **cliente** del <u>**supermercado**</u> para tener mercancía en su <u>**almacén**</u>. Es probable que Luis no tenga suficientes **ahorros** para seguir comprando pan en <u>**el supermercado**</u>. Ojalá que su <u>**almacén**</u> **tenga éxito** y que pueda competir.

Más vocabulario sobre el consumismo

regatear	to haggle
tener éxito	to be successful
los ahorros	savings
el almacén	small neighborhood store
la (des)ventaja	(dis)advantage
la marca	brand
el pedido	order
conveniente	convenient
rentable	profitable

Repaso: el/la cliente

MODELO: En mi comunidad, los negocios pequeños sufren porque no tienen la mercancía, las marcas o los precios que los clientes buscan.

Tú dices: Es cierto que algunos negocios pequeños sufren, pero tenemos unos restaurantes pequeños que sirven comida buena y tienen éxito. Los precios son un poco más altos pero tienen clientes. Es bueno que tengan éxito porque me gusta tener una variedad de restaurantes en mi comunidad.

Tú pareja dice: En mi comunidad, es un poco diferente. Es evidente que hay algunos negocios pequeños que tienen éxito pero es porque no tienen que competir contra las cadenas grandes.

1. En mi comunidad, las grandes tiendas tienen una ventaja competitiva.
2. En mi comunidad, hay muy pocos negocios pequeños rentables.
3. Los negocios pequeños pueden competir en el mercado si los propietarios tienen una relación personal con sus clientes.
4. Comprar mercancía de marca es más importante que comprar productos baratos.
5. En general, la conveniencia es más importante que la calidad.
6. Los negocios más rentables venden productos que los clientes compran con frecuencia.
7. Los supermercados son más convenientes que las tiendas pequeñas.

PASO 2. Lee más sobre el comercio y el consumismo y contesta las preguntas.

© Luminaria Chile

© Luminaria Chile

En **el almacén**, **los clientes** de Luis pagan en efectivo. Cuando él compra pan en **el supermercado**, también paga en efectivo. Pero es probable que **el supermercado** acepte otras formas de **pago** como **las tarjetas de crédito**. En los Estados Unidos, por ejemplo, el número de **consumidores** que compran en efectivo es mucho menos que el número que utiliza **una tarjeta de débito o crédito**.

ALBERTO, HICE MI PRIMERA COMPRA "ON LINE" AL SUPERMERCADO, AGITÁ LA PC Y FIJATE SI ADENTRO LLEGÓ EL PEDIDO

© Sergio Periotti

Comprar **en línea**, o en el Internet, se ha vuelto muy popular. Muchas **empresas** con establecimientos físicos les ofrece a sus **clientes la compra en línea**. Otras **empresas** solamente existen **en línea. Los clientes** no pueden pagar en efectivo y tienen que esperar la llegada de la mercancía.

¿QUIEN QUIERE VIVIR EN UN MUNDO MEJOR Y MAS ARMONICO?

¿QUIEN ESTA DISPUESTO A ABANDONAR ESTE MODELO DE CONSUMISMO DESENFRENADO[a] PARA ALCANZARLO?

© Lute

[a]*excessive, unstoppable*

Algunos creen que vivimos en un mundo consumista en el que el deseo de **consumir** y **adquirir productos** lleva a una vida superficial. Hoy en día, existen sistemas globales que facilitan **la venta** de **productos** que se **fabrican** en países lejos de **los consumidores**. Por lo tanto, es más fácil comprar una gran variedad de **productos, productos** de muchas **marcas** y **adquirir** más de lo que ha sido posible antes. Además, aunque **el consumismo** estimule actividad económica, también puede poner en peligro los recursos naturales. Muchos ciudadanos mundiales no tienen **el nivel de vida** para **consumir** tanto, lo cual lleva a mucha desigualdad.

Más vocabulario sobre el comercio y el consumismo

adquirir (ie) (i)	to acquire
consumir	to consume
fabricar (qu)	to manufacture
la (tienda de) cadena	chain (store)
la compra / la venta en línea	buying/selling online
las compras	purchases, shopping
el nivel de vida	standard of living
el pago	payment
la tarjeta de crédito/débito	credit/debit card

Repaso: marketing, el producto

Preguntas

1. ¿Qué te importa más cuando compras algo? ¿El precio? ¿La conveniencia? ¿La calidad del producto? ¿La atención personal en la tienda? ¿Depende del producto? Explica.

2. ¿Haces compras en línea? ¿Vendes en línea? ¿Qué tipos de productos te gusta comprar y vender en línea? ¿Por qué te gusta o no te gusta comprar en línea?

3. ¿Compran más en línea tus amigos o tus padres? ¿Qué ideas presenta la primera tira cómica sobre comprar en línea?

4. ¿Qué tiendas de cadena hay en tu comunidad? ¿Qué compras allí? ¿Hay negocios pequeños que hayan tenido que cerrar a causa del éxito de las grandes empresas?

5. ¿Qué mensaje se comunica en la segunda tira cómica sobre el consumismo? ¿Crees que el consumismo es un problema significativo? Explica.

6. ¿Crees que podemos efectuar cambios en el mundo a través de lo que compramos? ¿Se puede hacer una diferencia en el mundo comprando o evitando ciertas marcas? Da ejemplos.

PASO 3. Para cada tendencia comercial, habla con tu pareja sobre sus ventajas y desventajas. Considera la perspectiva de los consumidores y la de los propietarios.

Tendencia comercial	Para los consumidores		Para los propietarios	
	Ventaja +	Desventaja −	Ventaja +	Desventaja −
MODELO: comprar en las tiendas de cadena	Son convenientes. Los clientes conocen las marcas que se venden. Típicamente les ofrecen la compra en línea. Hay muchos productos y una gran variedad.	La atención al cliente no es muy personal. Suelen desaparecer los negocios más pequeños que no pueden competir con las cadenas. Así que, los clientes tienen menos opciones.	Pueden depender de los recursos de una empresa grande para la publicidad y apoyo. La empresa cuenta con mucho dinero y tiene acceso a un sistema de distribución grande.	Los propietarios de negocios pequeños no pueden competir. Las tiendas de cadena llevan un inventario muy grande que tienen que vender.
1. pagar en efectivo				
2. pagar con tarjeta de crédito				
3. las compras en línea				
4. comprar en una tienda tradicional				
5. adquirir productos nuevos				
6. comprar mercancía de marca				

C. Los préstamos comunitarios: Las tandas

PASO 1. Lee sobre las tandas, grupos creados por una comunidad para prestar dinero entre los miembros. Contesta las preguntas que siguen cada sección.

Los préstamos comunitarios: Las tandas*

Source: tutanda.com

Muchos **consumidores** se enfrentan al problema de no tener suficiente dinero para comprar algo. Algunos recurren a un banco para pedir **un préstamo.** Pero en muchos países, muy pocos ciudadanos tienen **cuentas bancarias,** y menos tienen **crédito** para financiar **las compras** más costosas. Según datos recientes, el 50% de los latinoamericanos no tiene **cuentas bancarias.**

1. ¿Qué hacen muchas personas cuando quieren financiar una compra costosa? _____

2. Según la lectura, ¿qué no tiene el 50% de los latinoamericanos? _____
_____

Para responder a la falta de **acceso** a los sistemas bancarios, existe un fenómeno mundial: los sistemas de **ahorros** populares. Típicamente, un grupo pequeño de personas —o familiares, o amigos o una comunidad más grande— organiza un sistema de **ahorrar** y **prestar** dinero, sin utilizar ninguna institución **bancaria.** Se utilizan varios nombres para este tipo de **arreglo**: «la tanda» en muchos países, «el susú» en el Caribe y ciertas regiones de Centroamérica, «el pasanaku» en Bolivia y «la cadena» en Colombia.

3. ¿Qué tipo de sistema ayuda a las personas que no tienen acceso a los bancos tradicionales? _____
_____

4. ¿Cuáles son tres nombres de este sistema en Latinoamérica? _____
_____

_____

*Source: "Ventajas y desventajas de las tandas," El Economista, September 20, 2016. http://eleconomista.com.mx; "Ventajas y desventajas de las tandas," Video, Dinero en Imagen, December 30, 2014. http://www.dineroenimagen.com

En algunos casos se ha formalizado un poco el proceso y en otros casos se queda puramente informal. A veces en estos **arreglos** se enfatizan ciertas metas como **el ahorro** mutuamente realizado y pagado por los miembros hasta que todos salgan igual, o se establecen para comprar algo específico, quizás algo que toda la comunidad necesita. En otros casos, se enfocan en ayudar a los inmigrantes a establecerse en su nueva comunidad; reciben **un préstamo** y se hacen miembros del **arreglo,** pagando una cuota mensual hasta que hayan pagado la cantidad original del **préstamo.** Una tanda de **ahorros** podría funcionar así:

- Se inicia una tanda entre diez personas, con la meta de **ahorrar** $10.000 (mil dólares por persona) en once meses.
- Una persona se encarga de la tanda. Cobra **los pagos** y reparte el dinero entre los miembros. Esta persona debe ser honesta y confiable.
- Cada miembro le paga al organizador de la tanda cien dólares por mes.
- Cada mes, se le paga a un miembro mil dólares (o novecientos dólares, si la tanda es de diez meses en vez de once). Puede **gastar** el dinero inmediatamente, pero tiene que seguir contribuyendo cien dólares por mes hasta que se termine la tanda.
- Al final, cada miembro de la tanda ha recibido la misma cantidad de dinero que pagó, pero con **acceso** más inmediato al dinero para los más necesitados, según un calendario decidido por el organizador y los miembros.

5. ¿Para qué objetivos se usan tandas? _____
_____
_____

6. ¿Cómo debe ser la persona que organiza la tanda y cobra los pagos? _____
_____

7. ¿De qué manera promueve una tanda la igualdad y la participación comunitaria? _____
_____

Como no hay protección legal para estos **arreglos,** claro que hay riesgos para los participantes. Uno o más miembros pueden dejar de contribuir, el/la encargado/a puede no cumplir con sus responsabilidades, o la cantidad de dinero puede reducirse a causa de la inflación, entre otros riesgos.

8. ¿Cuáles son los riesgos de las tandas? _____
_____
_____

Más vocabulario sobre el comercio tradicional en la modernidad

prestar	to lend; to provide
el arreglo	arrangement
la cuenta bancaria	bank account
el (micro)préstamo	(micro)loan

Repaso: ahorrar, gastar

PASO 2. Lee las preguntas sobre la lectura del **Paso 1.** Luego, empareja cada respuesta con la pregunta a la que responde.

_____ 1. ¿Qué porcentaje de los ciudadanos en Latinoamérica no tiene cuentas bancarias?

_____ 2. ¿Cuál es una desventaja de no tener una cuenta bancaria?

_____ 3. ¿Qué es una tanda?

_____ 4. ¿Quiénes forman parte de una tanda?

_____ 5. ¿Por qué existen estos servicios colectivos por todas partes del mundo?

_____ 6. ¿Qué debe hacer cada participante de la tanda cada mes?

_____ 7. ¿Cuáles son las desventajas de este tipo de arreglo?

a. Los miembros deben pagarle a la persona encargada de la tanda una cantidad determinada.

b. Aproximadamente la mitad de la gente de Latinoamérica no tiene acceso a los servicios de un banco.

c. Estos servicios son populares mundialmente porque muchas personas no tienen manera de comprar algo caro o ahorrar dinero.

d. Sin una cuenta bancaria, es muy difícil pedir un préstamo.

e. Hay riesgos como perder el dinero, o por la inflación, la falta de participación de los miembros o la falta de confianza en la persona encargada de la tanda.

f. Es un arreglo colectivo para que un grupo de personas pueda ahorrar dinero o comprar algo.

g. Típicamente, un grupo pequeño de miembros de una familia, unos amigos o unos vecinos de una comunidad participan.

 PASO 3. En parejas, conversen sobre las preguntas.

1. Imagínate que quieres participar en una tanda. ¿Con quiénes puedes hacer este arreglo? ¿En quiénes de tu comunidad confías más?

2. ¿Te gusta más la idea de un arreglo formal o informal? ¿Por qué?

3. ¿Qué tipo de relación debe existir entre los miembros de la tanda?

4. ¿Le has prestado dinero a alguien? ¿Te devolvió el dinero la persona? Explica la situación.

5. ¿Para qué tipos de compras se necesitan los préstamos?

6. ¿Qué haces tú cuando necesitas comprar algo caro? ¿Les pides préstamos a tu familia o a tus amigos?

7. En tu opinión, ¿cuáles son las ventajas de un arreglo como una tanda?

D. La modernización, la globalización y la tradición

PASO 1. En cada par de fotogramas del cortometraje, primero se muestra una forma tradicional de realizar cierta actividad y segundo se muestra una manera moderna de hacerla. Lee las oraciones y usa el vocabulario para llenar los espacios en blanco. Por último, escribe lo que tú opinas de la idea o la descripción presentada.

1. la mercancía

Los estantes del **almacén** no tienen mucha mercancía y **los clientes** no pueden examinar algunos de **los productos** antes de comprarlos porque están detrás del mostrador. Pero Luis les ofrece una experiencia más personal a sus **clientes.** La llegada del **supermercado**, sin embargo, **enajena** a **los propietarios** pequeños de su comunidad.

El supermercado moderno ofrece una variedad de **productos.** Llegan a la tienda a través de una cadena de suministro (*supply chain*) **compleja** que facilita la llegada de los mejores **productos** a **los precios** más bajos a **los clientes. Los clientes** pueden examinar la mercancía y compararla fácilmente. ¿**Mejora** la experiencia de comprar?

2. la escala de producción

Cuando Luis trata de hornear pan en su casa enfrenta obstáculos como el tamaño de su cocina y la falta de la tecnología moderna. Él no tiene **un nivel de vida** para comprar equipo (*equipment*) más grande y moderno.

La panadería puede producir pan **a gran escala** porque cuenta con equipo **automatizado.** Pero su presencia en el mercado **empeora el nivel de vida** de los pequeños **propietarios.**

3. la tecnología

Es necesario que Luis calcule la cantidad que los clientes pagan a mano, con un papel, un lápiz y una calculadora. **Los clientes** no compran grandes cantidades.

En cambio, **el supermercado invierte** en sistemas y **dispositivos** que escanean la mercancía, hacen los cálculos y llevan el inventario automáticamente.

empeorar	to make worse
enajenar	to alienate; to estrange
invertir (ie) (i)	to invest
mejorar	to improve
el dispositivo	el aparato elecrónico
la (tienda de) cadena	chain (store)
automatizado/a	automated
complejo/a	complex
a gran escala	on a large scale

MODELO: La llegada de las tiendas de cadena mejora el <u>nivel</u> de vida de todos los miembros de la comunidad.

En mi opinión... <u>no estoy seguro. A mí me gustan las tiendas de cadena y hago muchas compras allí, pero creo que no les pagan mucho a sus empleados. Y ahora, cada comunidad tiene las mismas tiendas. No hay la variedad que existió antes cuando había más negocios de propietarios locales.</u>

1. Algunas comunidades no permiten las tiendas de cadena porque creen que empeoran las condiciones para las tiendas comunitarias. Dicen que las tiendas de cadena les quitan a sus clientes y los _____ de la comunidad.

   En mi opinión... _____ _____

2. Los sistemas _____, como los escáner de los códigos de barras, mejoran la experiencia de hacer las compras.

   En mi opinión... _____ _____

3. El mundo es cada vez más _____. No es posible que las comunidades sigan con las tendencias tradicionales.

   En mi opinión... _____ _____

4. Las grandes cadenas no _____ mucho dinero en las comunidades. Por eso, empeora el nivel de vida de los ciudadanos.

   En mi opinión... _____ _____

5. Es necesario que todos los negocios usen los _____ más tecnológicamente avanzados para poder competir.

   En mi opinión... _____ _____

 PASO 2. En el cortometraje, Luis enfrenta unos cambios comerciales que no había esperado. Piensa en los cambios en la venta de productos después de la era digital. En parejas, expliquen cómo los abuelos o padres de Uds. compraban antes de la llegada de los siguientes elementos de la experiencia de los consumidores modernos.

1. las computadoras
2. los teléfonos celulares
3. el Internet
4. las redes sociales

5. las grandes superficies (*big-box stores, large stores that resemble a box such as Wal-Mart, Best Buy, Target, etcétera*)
6. las cadenas de restaurantes
7. ¿otro?

E. La tecnología: Lo que se gana y lo que se pierde

PASO 1. Mira la tira cómica sobre la tecnología. Luego, lee y escribe tu reacción a las oraciones que siguen. Explica cómo las ideas se relacionan con tu vida o tu opinión.

© Patricio

^a*houses, is a home for* ^b*provides*

Muchos de **los avances tecnológicos** han afectado nuestros ambientes, tanto naturales como sociales o personales.

Algunos opinan que la tecnología **mejora** nuestra vida, mientras que otros creen que la **empeora**. Paradójicamente, la tecnología agranda y empequeñece nuestro mundo al mismo tiempo. Extiende nuestro conocimiento de otros lugares, pero a veces nos puede distraer de lo que nos rodea porque estamos muy metidos en nuestro mundo personal, formados más que nunca por la tecnología. Se puede concluir que estos cambios llevan a **la deshumanización** o al olvido de los sistemas de la naturaleza de los que dependemos.

Algunas comunidades y países emprenden e **invierten** en **proyectos** del desarrollo **sostenible**. La creación de más **espacios verdes** pueden **mejorar el bienestar** de todos porque les ofrece un escape de la presión y el estrés de la vida moderna.

Más vocabulario sobre la tecnología

el acceso	access
el avance tecnológico	technological advance
la deshumanización	dehumanization
el espacio verde	green space
el invento	invention
la movilidad	mobility
el proyecto	project
conectado/a	connected

Repaso: la ciencia, la pantalla, el progreso, sostenible

MODELO: Con respecto al bienestar de la gente, los avances tecnológicos han mejorado las vidas de muchas personas.

Para mí... <u>no estoy seguro. Creo que la tecnología mejora y empeora las vidas. Yo no puedo vivir sin los dispositivos y los inventos modernos. Pero algunos inventos, como el uso de los robots en muchos trabajos, empeoran la vida de la gente que ha perdido sus trabajos a causa de ellos.</u>

1. Los inventos más importantes han sido inventados durante mi vida.

   Para mí... _____

2. Me encanta estar conectado/a todo el día.

   Para mí... _____

3. Mi comunidad tiene muchos espacios verdes.

   Para mí... _____

4. Los avances tecnológicos llevan a la deshumanización.

   Para mí... _____

5. Mis padres y mis abuelos tienen acceso a la tecnología y la usan tanto como yo.

   Para mí... _____

6. Es malo que los jóvenes pasen todo el día en frente de una pantalla.

   Para mí... _____

 PASO 2. En parejas, imaginen que Uds. tienen que cambiar la perspectiva de dos personas: una persona cree que los avances tecnológicos mejoran nuestro mundo mientras que el otro cree que empeoran nuestro mundo. Escriban un párrafo corto de persuasión para cada persona. Usen palabras de vocabulario y cuando sea posible, frases como **es importante que, es necesario que, es cierto que, es verdad que,** etcétera.

▶ F. ¿Qué opinan los demás?

PASO 1. Las personas entrevistadas contestan las siguientes preguntas. Lee las preguntas y escribe por lo menos cinco palabras del vocabulario de este capítulo que probablemente van a incluir en sus respuestas.

- ¿Cómo describiría Ud. la comunidad a la cual pertenece Luis en el cortometraje? ¿Parece una comunidad en que ha vivido Ud. o es diferente? Explique. ¿Qué aspectos de la comunidad a Ud. le gustan?

- ¿Es Ud. miembro de una comunidad a la cual no le importe su región geográfica? Por ejemplo, una comunidad en el Internet o un grupo internacional? Explique.

- ¿Qué actividades comunitarias son importantes para Ud.? ¿Para qué se reúnen los miembros de este grupo? ¿Con qué frecuencia y dónde se reúnen Uds.?

1. _____ 2. _____ 3. _____ 4. _____ 5. _____

PASO 2. En parejas, túrnense para leer las siguientes ideas expresadas en las entrevistas por Gastón, Martín e Irma y Michelle e indiquen si la oración describe o no la comunidad y/o vida de Uds.

1. En mi comunidad hay mucha conciencia sobre los temas políticos y sociales.
2. Las personas de mi comunidad se ayudan y no se dan por vencidos.
3. Me reúno con un grupo cada mes.
4. En mi comunidad hay almacenes como el almacén de Luis.
5. En mi comunidad, hacemos caminatas por ciertas organizaciones benéficas (*charitable*).
6. Participo en un grupo en Facebook.

PASO 3. Primero, lee las siguientes oraciones. Luego, mira las entrevistas. Por último, indica el nombre de la persona con quien se asocia cada descripción. Es posible que la descripción se asocie con más de una persona.

<table>
<tr>
<td>

Palabras útiles

a dos cuadras
two blocks
away
a la vuelta de la esquina
around the
corner
la caminata
walk (*n.*)
la conciencia
consciousness,
awareness

</td>
<td>

Gastón
</td>
<td>

Martín e Irma
</td>
<td>

Michelle
</td>
</tr>
</table>

_____ 1. Le gusta reunirse con un grupo de madres solteras.

_____ 2. Hacen ejercicio en un gimnasio de su comunidad.

_____ 3. Nunca ha vivido en una comunidad tan unida como la de Luis.

_____ 4. Hay muchas tiendas «de barrio» de donde viene esta persona.

_____ 5. En su comunidad hay grupos que se juntan para ayudar a la gente, pintando escuelas o construyendo infraestructura que se necesita.

_____ 6. Han participado en protestas de inmigración porque creen que se debe legalizar a la gente indocumentada.

PASO 4. Contesta las preguntas sobre las entrevistas.

1. Según Gastón, ¿de qué clase social es la comunidad de Luis? _____
   _____

2. ¿De qué temas hablaba el grupo en el que participaba Gastón en Argentina? _____

3. ¿En qué tipo de comunidad creció Martín? _____
   _____

4. ¿Qué aspectos de la ciudad le gustan a Irma? _____
   _____

5. Según Michelle, ¿cómo es el grupo de madres solteras? _____
   _____

6. ¿Quiénes están en el grupo de Facebook de Michelle? _____
   _____

PASO 5. En parejas, conversen sobre sus propias ideas respecto a las preguntas del **Paso 1.**

III. GRAMÁTICA

6.1 Luis no conoce otro trabajo. Siempre ha trabajado en este almacén.

El presente perfecto

 ¿Comprendiste?

Vas a mirar el cortometraje entero sin los subtítulos. **¡OJO!** No te preocupes si no entiendes todo. Puedes mirarlo varias veces y usar el contexto (por ejemplo, los gestos, las acciones, el sonido y el escenario) para ayudarte a entender el argumento. Enfócate en las palabras que sabes.

Antes de mirar el cortometraje, lee las siguientes descripciones de lo que han hecho ciertos personajes. Mientras lo miras, empareja las frases con el fotograma del personaje asociado con la actividad.

a. el gerente de la panadería grande

b. el jefe de la asociación de propietarios de negocios pequeños

c. Luis

d. los empleados del supermercado

e. los propietarios de negocios pequeños

f. la vecina del panadero

Palabras útiles

acumular puntos
to earn points

botados
discarded; neglected

cancelar
to pay (cancel a debt through payment)

enterrar (ie)
to bury

la fecha de vencimiento
expiration date

el hoyo
hole

la longaniza
spicy pork sausage

el recado
message

la venta mayorista
wholesaler

la vereda
sidewalk

MODELO: _c_ **Ha tenido** que vender pan que compró en el supermercado.

_____ 1. **Ha escrito** ideas en una pizarra.

_____ 2. Le **ha dicho** a Luis que el panadero ha muerto.

_____ 3. **Han expresado** sus opiniones y preocupaciones.

_____ 4. **Han escaneado** las compras y han puesto alimentos en bolsas de plástico.

_____ 5. Le **ha explicado** a Luis que solamente venden grandes cantidades de pan.

_____ 6. Se **ha preocupado** por su subsistencia y ha comprado pan en el supermercado.

PASO 2. Identifica tres otras acciones que los personajes han hecho en el cortometraje.

Actividades analíticas

El presente perfecto

¡A analizar!

En parejas, túrnense para leer los siguientes comentarios posibles en el cortometraje. Emparejen el fotograma de cada personaje con el comentario que ha hecho. **¡OJO!** Uno de los fotogramas se usa dos veces.

© Luminaria Chile

© Luminaria Chile

© Luminaria Chile

a. la cajera del supermercado

b. Marta, una cliente

c. la vecina del panadero

© Luminaria Chile

© Luminaria Chile

© Luminaria Chile

d. los propietarios de los negocios pequeños

e. Luis

f. el empleado en la panadería

____ 1. «**Hemos horneado** mucho pan hoy. Yo **he llenado** este cesto de panes que están listos para la entrega».

____ 2. «La familia de Carlos me **ha traído** malas noticias. Lamento informarle, vecino, pero Carlos **ha muerto**».

____ 3. «**Hemos venido** porque algunos supermercados nuevos han abierto y nos **han quitado** clientes».

____ 4. «Nunca en mi vida **he tenido** que comprar pan en el supermercado y encima lo **han puesto** en estas bolsas de plástico que nunca utilizo en mi almacén».

____ 5. «Hola, Luis. **He ido** al supermercado hoy pero el pan es muy caro. ¿**Has recibido** la entrega de pan hoy?»

____ 6. «**He trabajado** todo el día. Nunca **he visto** a Luis en el supermercado».

____ 7. «Nos **hemos quejado**. **Hemos tratado** de contactar al alcalde sobre las veredas pero no **ha hecho** nada».

1. The present perfect is used to describe events that have happened in the past and may continue into the present, as well as actions and events that may simply be relevant to the present in some way. In Spanish it is referred to as the **presente perfecto.**

In the first sentence below, the events in bold have happened and are relevant to the present moment.

> La familia de Carlos me **ha traído** malas noticias. Lamento informarle, vecino, pero Carlos **ha muerto.**
>
> Carlos' family <u>has brought</u> me bad news. I am sorry to inform you, neighbor, but Carlos <u>has died</u>.

> **He trabajado** todo el día.
>
> I <u>have worked</u> all day.

The first sentence expresses actions that have happened: *Carlos' family has brought bad news, Carlos has died.*

In the second sentence, the cashier describes an action that has happened and continues into the present. She has worked all day and is still working.

2. The verbs in bold in the **¡A analizar!** sentences are all in the present perfect tense. Notice how this compound tense has two parts: 1) the present tense of the verb ____ and 2) the past participle of a second verb.

Look at the **¡A analizar!** sentences and identify which of the two verbs, the first or the second, is conjugated according to the subject. _____

Now use those sentences to help you fill in the chart below.

Haber: El presente de indicativo	
yo	_____
tú	has
Ud., él/ella	_____
nosotros/nosotras	_____
vosotros/vosotras	habéis
Uds., ellos/ellas	_____

3. As noted above, the second part of the present perfect compound structure is a form called the past participle. Identify the infinitives of these past participles from the **¡A analizar!** sentences.

_____ -tenido

_____ -muerto

_____ -horneado

What vowel does the past participle always end in? _

Past participles follow a particular pattern for **-ar** verbs and another for **-er** and **-ir** verbs. There are a number of irregular forms. Use the **¡A analizar!** sentences to help you complete the steps for forming the past participles of the following verbs.

- **-ar** verbs

  Step 1: Remove the **-ar** ending

  llenar - ___

  trabajar - ____

Step 2: Add ___

llenado

trabajado

- **-er** and **-ir** verbs

Step 1: Remove the **-er** or **-ir** ending

tener - __

traer - __

venir - __

recibir - ___

Step 2: Add ___

tenido

traído

venido

recibido

In the examples above, which verb has an accent over the **i** on the **ido** ending?
_____

There are other verbs that follow this accented part participle pattern. Verbs that end ___, **-eer,** or **-oír** will have an accent on the **i** in the past participle ending.

Complete the following table.

El participio pasado: Los verbos regulares	
Los verbos -ar	
llenar	_____
tomar	_____
_____	tratado
trabajar	trabajado
Los verbos -er, -ir	
comprender	comprendido
creer	_____
_____	ido
ser	_____
_____	tenido
traer	traído
recibir	_____
venir	_____

Four of the verbs in **¡A analizar!** do not follow the pattern for **-ar, -er,** or **-ir** verbs. Complete the following table.

El participio pasado: Los verbos irregulares	
abrir	abierto
cubrir	cubierto
decir	dicho
describir	descrito
descubrir	descubierto
escribir	escrito
freír	frito
hacer	_____
morir	_____
poner	_____
resolver	resuelto
romper	roto
ver	_____
volver	vuelto

4. Note that in English, many past participle forms look the same as the simple past verb form. However, the Spanish past participle and preterite forms do not resemble each other at all.

English simple past	English past participle	Spanish preterite	Spanish past participle
I brought	*I have brought*	traje	he traído
you received	*you have received*	recibiste	ha recibido
we worked	*we have worked*	trabajamos	hemos trabajado

In other cases, the English past participle and simple past forms also differ.

English simple past	English past participle	Spanish preterite	Spanish past participle
He did	*He has done*	hizo	ha hecho
they saw	*they have seen*	vieron	han visto
I went	*I have gone*	fui	he ido

5. Notice the position of the reflexive pronouns and direct and indirect object pronouns in the **¡A analizar!** sentences.

- Reflexive pronoun: **Nos** hemos quejado.
- Direct object pronoun: Nunca en mi vida he tenido que comprar pan en el supermercado y encima **lo** han puesto en estas bolsas de plástico.
- Indirect object pronoun: La familia de Carlos **me** ha traído malas noticias.

En España, es común usar el presente perfecto para describir acciones simples que ocurrieron recientemente, en vez del pretérito. En Latinoamérica, típicamente se usa el pretérito para describir el mismo tipo de acción.

¿Qué has comprado hoy? (España)

¿Qué compraste hoy? (Latinoamérica)

Hemos ido al mercado para comprar frutas frescas. (España)

Fuimos al mercado para comprar frutas frescas. (Latinoamérica)

These pronouns must be placed _____ the verb **haber** in the present perfect form. They cannot go between the conjugated form of **haber** and the past participle. However, they CAN be attached to an infinitive form of **haber.**

Luis decide comprar pan en el supermercado, pero al final no sabe si debe haber**lo** comprado.

Luis decides to buy bread at the supermarket, but in the end, he doesn't know if he should have bought it.

Here, the direct object pronoun **lo** can be attached to **haber. Haber** cannot be conjugated since it follows the conjugated verb **deber.**

¿RECUERDAS? La palabras *hay, había* y *hubo*

The verb **haber** has several uses in Spanish. You have learned to use the forms **hay** (*there is/are*) and **había** (*there was/were*) with nouns to state that something exists. You learned that these forms are always used in the singular.

No hay pan hoy pero **había** pan ayer.

There is no bread today but there was bread yesterday.

No **hay** soluciones fáciles para Luis.

There are no easy solutions for Luis.

The preterite form **hubo** (*there was/were*) tends to be used to express that something happened, that an event occurred, and can also correspond to *took place* in English. **Había,** on the other hand, talks about the existence, not the happening, of something. As noted, it corresponds to *there was/were* in English.

Hubo una reunión importante sobre el futuro de los negocios pequeños.

There was an important meeting about the future of the small businesses.

Había unos treinta propietarios en la reunión.

There were thirty some business owners at the meeting.

As you saw in the **Actividades analíticas** section, the verb **haber** can also be used to form the present perfect. In this tense it functions as a helping (auxiliary) verb, expressing the equivalent of *have/has,* and combining with a past participle. When used as a helping verb, **haber** has six conjugations, like other Spanish verbs.

Luis nunca **ha comprado** pan en el supermercado.

Luis has never bought bread in the supermarket.

Los clientes no **han decidido** si quieren seguir comprando pan en el almacén.

The customers have not decided if they want to continue buying bread at the small store.

Actividades prácticas

A. La trama: ¿Qué (no) ha sucedido?

PASO 1. Llena los espacios en blanco con el presente perfecto de indicativo de los verbos entre paréntesis. Luego, indica si lo que se describe en la oración es cierto o falso. Si es falso, corrige la oración.

© Luminaria Chile

> **MODELO:** Luis <u>ha expresado</u> (expresar) sus opiniones en la reunión.
>
> CIERTO____ FALSO _x_
>
> Luis no ha dicho nada en la reunión. Solamente ha escuchado.

	CIERTO	FALSO
1. Los propietarios de los negocios pequeños _____ (quejarse) de los supermercados.	_____	_____
2. Carlos, el panadero de Luis, le _____ (decir) que ya no quiere venderle pan.	_____	_____
3. Luis _____ (hablar) con otra panadería y ellos le _____ (proveer) el pan que necesita.	_____	_____
4. En la panadería, Luis _____ (ver) que pueden hornear una gran cantidad de pan en poco tiempo.	_____	_____
5. Luis _____ (sentirse) muy aliviado después de ir a la panadería grande.	_____	_____
6. Los empleados del supermercado le _____ (hacer) preguntas a Luis sobre su negocio.	_____	_____

PASO 2. Imagina que Elena, otra propietaria, y Luis conversan sobre la situación del barrio. Primero, llena los espacios en blanco con el presente perfecto de indicativo de los verbos entre paréntesis. Luego, completa el diálogo con respuestas lógicas.

© Luminaria Chile

ELENA: ¿Qué onda, Luis? ¿Te _____[1] (llegar) el pan de la tarde?

LUIS: No, poh, _____[2] (*yo*: tener) que ir al supermercado para comprarlo. Y tú, ¿_____[3] (recibir) la longaniza[a] que pediste?

ELENA: _____[4]

LUIS: Don Pablo me dijo que _____[5] (estar) pensando cerrar su almacén. Y, ¿tú? ¿_____[6] (Pensar) en lo que vas a hacer?

[a]*spicy pork sausage*

ELENA: No sé, Luis. Estoy preocupada, ¿cachai? ¿Por qué _____ [7] (cambiar) tanto el barrio?

LUIS: Creo que el supermercado _____ [8] (empeorar) todo. El supermercado nos _____ [9] (quitar) a nuestros clientes. Ellos _____ [10] (empezar) a hacer sus compras allí porque el supermercado tiene de todo.

ELENA: Tú y yo _____ [11] (trabajar) toda la vida en este pueblo y creo que tienes razón. Todo _____ [12] (ser) distinto desde que el supermercado llegó.

LUIS: _____

_____ [13]

PASO 3. Piensa en tus hábitos de consumo y los de tus padres y abuelos. ¿Qué has hecho que ellos no han hecho, o viceversa? Elige ocho de las siguientes actividades de consumo e indica si tú las has hecho, si tus padres/abuelos las han hecho y por fin si Luis, el protagonista, las ha hecho. Explica por qué.

Actividades de consumo

alquilar un coche por solamente unas horas

alojarse en la casa o el apartamento de una persona que no conoces

comprar artesanía hecha a mano por un artesano en un mercado

comprar artesanía hecha a mano por un artesano que vende en el Internet solamente

comprar comida fresca de la persona que la preparó o la cultivó

contratar a alguien para realizar tareas o mandados para ti

devolver algo que compraste a la tienda

emplear a alguien de una empresa de tu pueblo o ciudad para reparar algo roto en la casa o para limpiar algo

emplear a alguien a través de una aplicación móvil para reparar algo roto en la casa o para limpiar algo

leer un libro electrónico que compraste de una librería en el Internet

hacerse socio/a (*member*) de un programa de lealtad de una tienda

pedirle dinero de un banco para comprar algo caro

buscar dispositivos de segunda mano, como teléfonos celulares, computadoras, etcétera

---

MODELO: pagar los comestibles con una tarjeta de crédito

Yo he pagado los comestibles (*food items*) con una tarjeta de crédito pero mis abuelos solamente han usado una tarjeta de crédito para comprar cosas más caras. Creo que Luis tampoco ha pagado nada con una tarjeta de crédito, pero probablemente ha comprado cosas a crédito, como el pan de Carlos, pero solo con individuos que confiaban en Luis.

B. Las tendencias de los consumidores modernos
PASO 1. Lee la lectura y contesta las preguntas.

Las tendencias de los consumidores modernos

La era digital y los efectos de globalización forman las expectativas y las decisiones de los consumidores. Aunque no todos los consumidores tengan acceso al Internet, las tendencias de consumo actuales revelan que buscan productos y compañías que sean más convenientes, más respetuosos hacia el medio ambiente y más económicos.

Muchos negocios responden al deseo por la conveniencia. Las aplicaciones, los dispositivos móviles, el Internet, los bancos digitales, etcétera, permiten que los consumidores hagan mandados[a] y que compren lo que necesitan eficiente y rápidamente. Dado que tener que ir a varios lugares para hacer las compras lleva tiempo, los servicios que les ahorra tiempo a los consumidores son populares.

Por ejemplo, la empresa tualacena.com es un servicio nicaragüense que les entrega los bienes de consumo[b] típicamente vendidos en los supermercados modernos directamente a los hogares. Le permite al consumidor seleccionar los alimentos y otros productos del supermercado que desea comprar. El consumidor hace una lista en línea y los productos se entregan directamente al hogar.

Esta publicidad para tualacena.com enfatiza que el servicio es fácil y por tanto, conveniente.

Además de la conveniencia, algunos consumidores se preocupan por el efecto del consumismo sobre el medio ambiente. Buscan productos y empresas que reduzcan el uso de materiales de envases[c] y envolturas[d] o

© Las Páginas Verdes

---

[a]*errands* [b]*los… consumer goods* [c]*containers* [d]*packaging*

que empleen materiales reciclados. Algunos investigan el impacto de la empresa en los recursos naturales o quieren comprar productos que no contribuyan al problema de la basura y los vertederos[e] ya llenos.

En Chile, Colombia, Costa Rica y México, la organización Páginas Verdes pretende ayudar a los consumidores a conocer las empresas que se comprometen[f] de una manera responsable con el cuidado del medio ambiente.* La organización Páginas Verdes espera fomentar el consumo sostenible de productos y el desarrollo económico. Su lista de empresas abarca[g] una gran variedad de categorías como la agricultura, los aparatos electrónicos, las finanzas, la educación, la energía, el hogar, la limpieza, las mascotas, el transporte, el turismo y aun más sectores económicos. La creación de este directorio refleja el interés por las marcas ecológicas. Este directorio facilita las decisiones de consumo que tomen en cuenta la sostenibilidad.

© Tiendas Soriana S.A. de C.V.

AFÍLIATE O RENUEVA TU MEMBRESÍA

SOCIO INDIVIDUAL POR **$300**   SOCIO DE NEGOCIO POR **$400**

Y TE BONIFICAMOS **$150**

La membresía en este club de precio les ofrece bonificar, o reembolsar a los consumidores.

Y, claro, los consumidores siempre han tratado de economizar. Esta tendencia sigue influyendo en los mercados. Por ejemplo, son populares los clubes que venden los productos a granel.[h] En México, por ejemplo, City Club tiene treinta y cuatro clubes de precio y les ofrece membresía[i] a los consumidores que quieren ahorrar dinero mediante la compra de productos en mayor volumen a precios más económicos. Para atraer al mercado, estos clubes también ofrecen tarjetas de crédito con beneficios especiales y otros servicios que ayudan a los consumidores a economizar.

---

[e]*garbage dump*   [f]*se... are committed*   [g]*includes*   [h]*a... in bulk*   [i]*membership*

*El nombre, «Páginas Verdes» es un juego de palabras de las «Páginas Amarillas», el nombre de un directorio de negocios de una comunidad, originalmente impreso en hojas amarillas en la guía telefónica. El término **páginas amarillas** se utiliza por todo el mundo para hablar de ese tipo de directorio.

Comprensión

1. ¿Cuáles son tres tendencias de los consumidores modernos? ¿Qué tipos de productos y compañías buscan? _____

   _____

2. ¿Cómo responden algunos negocios al deseo por la conveniencia? _____

   _____

3. ¿Qué les ofrece a los consumidores el servicio nicaragüense tualacena. com? _____

   _____

4. Para los consumidores preocupados por el medio ambiente, ¿qué esperan que los negocios hagan o que no hagan? ¿Qué aspectos del negocio les interesan? _____

   _____

5. ¿Qué son las Páginas Verdes? ¿Qué servicio proveen? _____

_____

_____

6. ¿Cómo ayuda a economizar el City Club a los consumidores? ¿Qué hace
este negocio para atraer a los clientes? _____

_____

_____

 PASO 2. En parejas, conversen sobre las preguntas.

1. ¿Cuál de las tres tendencias de los consumidores modernos te importa más
a ti? Explica.

2. ¿Has usado Apple Pay u otro sistema de pagos instantáneos por tu
teléfono móvil, reloj u otro dispositivo? ¿Cómo te fue la experiencia?

3. Cuando compras algo o un servicio, ¿piensas en su efecto en el medio
ambiente? ¿Para qué tipos de compras has considerado las consecuencias
ambientales? ¿Qué productos que compras son amigables con el medio
ambiente? Explica.

4. ¿Qué haces para economizar?

5. ¿En qué situaciones te importa más la conveniencia u otra cosa que el
precio? ¿Prefieres pagar un poco más por ciertos productos? ¿Por qué?

6. ¿Eres miembro o conoces a alguien que sea miembro de una tienda que
vende productos a granel? ¿Cuáles son las ventajas y las desventajas de
este tipo de tienda?

 PASO 3. Escribe tres preguntas para tu pareja sobre la información que leíste
en el **Paso 1** para descubrir si ha hecho algunas de las actividades
mencionadas. Usa el presente perfecto.

> **MODELO:** ¿Has investigado algún producto en línea para luego poder
> comprarlo en una tienda física? ¿O has hecho lo opuesto?

 PASO 4. Conversen sobre las tendencias descritas en la lectura en el **Paso 1**.
¿Creen que estas tendencias son importantes en el país donde viven Uds.? ¿Por
qué? ¿Qué otras tendencias son importantes? Compartan sus ideas con la clase.

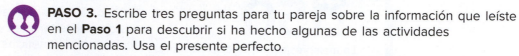 C. Atender las necesidades de los consumidores

PASO 1. Elige una de las tablas (**A** que está abajo o **B** que está al final del
capítulo) que describen algunas cosas que han hecho los siguientes negocios
para atender las necesidades de los consumidores. Trabaja con tu pareja para
completar la información que falta. Sigue el modelo y añade explicaciones
lógicas cuando puedas. **¡OJO!** No mires la tabla de tu pareja. Uds. solo deben
compartir información mediante la conversación.

> **MODELO:** E1: ¿Qué es City Club?
>
> E2: City Club es un club de precio mexicano.
>
> E1: ¿Ha hecho City Club algo para reducir los costos para los
> clientes?
>
> E2: Sí, City Club ha vendido muchos productos a granel, lo que
> les permite venderlos a precios más económicos. También, ha
> ofrecido descuentos por ser miembro de su club.
> ¿Qué ha hecho City Club para respetar el planeta?
>
> E1: Ya que vender a granel requiere menos envoltorios, City Club
> ha reducido el número de envases y envoltorios fabricados.
> También, como consecuencia, ha disminuido la cantidad de
> basura que sus clientes botan...

Compañía y país	¿Qué es?	Para reducir los costos para los clientes	Para respetar el planeta	Para ser más conveniente
MODELO: City Club, <u>México</u>	<u>City Club es un club de precio mexicano.</u>	<u>City Club ha vendido muchos productos a granel lo cual les permite venderlos a precios más económicos. También, ha ofrecido descuentos por ser miembro de su club.</u>	• reducir el número de envases y envoltorios fabricados • disminuir la cantidad de basura	• vender muchos servicios y productos diferentes • proveer mucho de lo que se necesita en un solo lugar
1. Coco Bebé, Chile	una compañía que vende productos ecológicos para bebés	_____ _____	• usar materiales ecológicos como el bambú • vender productos no desechables	–
2. Carrot, _____	_____ _____	• ofrecer la posibilidad de viajar en carro sin comprar uno propio	_____ _____ _____ _____ _____	_____ _____ _____
3. Troquer, México	una tienda en línea de ropa de segunda mano	_____ _____	• vender los artículos que ya están creados • no gastar más recursos en crear artículos nuevos	• comprar y vender una variedad de artículos de ropa, joyas y zapatos en su plataforma en línea
4. Plantsss, _____	_____ _____ _____	–	_____ _____ _____ _____ _____	• personalizar la información según la temporada del año y el lugar donde vive el consumidor

PASO 2. En parejas, conversen sobre otras compañías que Uds. conocen que han hecho algo para satisfacer las necesidades de sus clientes.

6.2 «Compré pan para el almacén, pero los clientes ya habían ido al supermercado»

Actividades analíticas

El pluscuamperfecto

¡A analizar!

El cortometraje demuestra que la vida de Luis está cambiando. La historia implica que de ahora en adelante, Luis va a tener que enfrentar una nueva realidad. Decide cuáles de las siguientes experiencias había tenido él o habían tenido los otros personajes antes del momento que retrata el cortometraje. Si no estás seguro/a, elige la respuesta más probable.

© Luminaria Chile

ANTES DE HOY, ¿QUÉ HABÍA SUCEDIDO?	PROBABLEMENTE SÍ	PROBABLEMENTE NO
1. De vez en cuando, los propietarios de los negocios pequeños **se habían preocupado** por el dinero.	_____	_____
2. Luis **había trabajado** en un supermercado grande.	_____	_____
3. **Había vendido** productos que había comprado en el supermercado.	_____	_____
4. **Había podido** contar con sus clientes regulares.	_____	_____
5. Siempre **había comprado** su pan de Carlos, el panadero.	_____	_____
6. Luis les **había dicho** a sus clientes que el supermercado era un buen lugar para comprar.	_____	_____

1. The **pluscuamperfecto**, or past perfect, is used to talk about what HAD happened before another event in the _____. That is, two distinct moments in time are always referenced or implied. Study the following examples.*

Antes de esta crisis, Luis siempre **había podido** comprar pan de Carlos.	*Before this crisis, Luis <u>had</u> always <u>been able</u> to buy bread from Carlos.*
La propietaria del almacén **había tenido** una empresa exitosa, hasta este año, cuando el supermercado llegó al barrio.	*The shop owner <u>had had</u> a successful business, until this year, when the supermarket arrived in the neighborhood.*

---

*Compare the present perfect with the **pluscuamperfecto.** Remember, the present perfect describes what *has* happened and the **pluscuamperfecto,** in contrast, refers to what *had* happened. Think about the difference in English between *have/has* and *had* plus a past participle to help you understand the same distinction in Spanish.

In the last two examples, what words that refer to time indicate that the reference point is a time in the past?

_____

2. The verbs in bold in the **¡A analizar!** sentences are all in the past perfect tense. Notice how this compound tense has two parts: 1) the _____ of the verb **haber** and 2) the past participle of a second verb.

Look at the **¡A analizar!** sentences and identify which of the two verbs, the first or the second, is conjugated according to the subject. _____

Now use the sentences to help you fill in the chart below.

El verbo *haber*: Las formas del imperfecto	
yo	había
tú	_____
Ud., él/ella	_____
nosotros/nosotras	habíamos
vosotros/vosotras	habíais
Uds., ellos/ellas	_____

In each sentence, what form of the verb comes after the verb **haber**?____

_____

Identify the infinitive of each of the past participles from the **¡A analizar!** sentences.

preocupado	_____	podido	_____
trabajado	_____	comprado	_____
vendido	_____	dicho	_____

In the past perfect does the past participle ending ever change? _____

Actividades prácticas

A. Antes de la llegada del supermercado: ¿Qué (no) había sucedido?

PASO 1. Imagina que tú tienes la oportunidad de entrevistar a los personajes del cortometraje. Primero, llena los espacios en blanco con el pluscuamperfecto de los verbos entre paréntesis. Luego, empareja cada pregunta con la respuesta más lógica.

© Luminaria Chile

MODELO: (Le hablas a Elena, una propietaria de un almacén.)

Antes de hoy, ¿siempre <u>había recibido</u> (recibir) Ud. la longaniza de Germán, su proveedor?

Ella responde: Sí. Antes de dejar de traerle mercadería del sur, él siempre <u>había sido</u> (ser) mi proveedor de carnes. No sé lo que voy a hacer. Antes, yo <u>había podido</u> (poder) comprarlas por un buen precio.

TÚ PREGUNTAS

ELLOS RESPONDEN

____ 1. (a Luis) ¿_____ (Pensar) Ud. comprar el pan de otros lugares antes de la muerte de Carlos?

____ 2. (a la vecina) Señora, ¿le ____ ____ (decir) Carlos que estaba enfermo o que tenía problemas de salud?

____ 3. (a los propietarios en la reunión) Antes de perder su clientela, ¿ _____ (comprar) Uds. alimentos en el supermercado?

____ 4. (al empleado de la panadería) ¿Dónde _____ (trabajar) Ud. antes de tener este trabajo?

____ 5. (a la cajera del supermercado) ¿Qué trabajo _____ (tener) Ud. antes de trabajar aquí?

____ 6. (a Luis) ¿_____ (Hacer) Ud. pan en el horno antes de enterarse de la muerte de Carlos?

____ 7. (al líder de la reunión) ¿Han encontrado Ud. y los propietarios de los negocios pequeños una solución al problema del supermercado? ¿____ _____ (Anticipar) Uds. este problema cuando el supermercado llegó al barrio?

a. Yo nunca _____ (tratar) de hacerlo. Es que mi horno es muy pequeño.

b. Yo _____ (hacer) muchas cosas. Yo tenía una panadería pequeña del barrio, pero luego me ofrecieron este trabajo. Es más seguro y sigo haciendo lo que más me gusta: hornear.

c. No, él no me _____ (mencionar) ningún problema. Yo no sabía nada. No lo esperaba.

d. No. Nunca se me ocurrió. Siempre _____ (confiar) en él. Su muerte fue tan inesperada.

e. Creo que no hemos resuelto este problema. No va a ser fácil. No, en realidad, no _____ (darse cuenta) de la popularidad del súper en el barrio.

f. Antes de conseguir este trabajo, yo no _____ (trabajar) en ningún lugar. Ya, ayudaba a mi abuelo en su almacén, pero no me pagaba.

g. Algunos de nosotros _____ (ir) al súper para cosas que no comprábamos con frecuencia. Pero los fideos, el café, el pan... estas cosas solamente compramos en las tiendas del barrio.

PASO 2. Primero, escucha a las siguientes tres personas que hablan de cómo sus hábitos de consumo cambiaron después de ciertos sucesos. Luego, contesta las preguntas y completa las oraciones escribiendo lo que (no) habían hecho o lo que había pasado antes de ese suceso.

Palabras útiles

las redes sociales
social networks

Dora

1. ¿Dónde está Jumbo, el supermercado? _____

2. ¿Qué compraba en el almacén de don Luis? _____

3. Su esposo perdió su trabajo. Antes de eso... _____
_____

Carola

4. ¿Cómo se comunica con sus amigos? _____
_____

5. Antes, ¿qué compraba en el mercado cerca de su casa? _____
_____

6. ¿Por qué solamente compra en el súper ahora? _____
_____

Fredy

7. ¿Qué opina de su trabajo? _____

8. Antes de empezar a comprar su café en Starbucks, ¿dónde lo había comprado Fredy? _____

9. Antes, ¿quién preparaba el café de Fredy? _____
_____

B. Antes de este momento, (no) había...

PASO 1. En parejas, escriban dos oraciones para describir una acción que había o no había pasado antes de cada escena indicada. Sean creativos. Consideren acciones posibles aunque no sabemos si habían ocurrido o no.

© Luminaria Chile

MODELO: Luis habló con la vecina de Carlos.

Antes de este momento, Luis solamente había comprado pan de Carlos. Carlos no le había dicho que tenía problemas de salud. La vecina probablemente había visto a Luis antes cuando venía por la entrega del pan.

© Luminaria Chile

© Luminaria Chile

1. Los propietarios del barrio tuvieron una reunión. Esta señora se quejaba del supermercado.

2. Luis miraba mientras un empleado trabajaba en una panadería grande.

© Luminaria Chile

© Luminaria Chile

3. Luis le preguntó al gerente de la panadería si podía comprar pan.

4. Luis compró pan en el supermercado.

PASO 2. Haz una lista de cinco a siete hitos (*milestones*) que has experimentado en tu vida. Piensa, por ejemplo, en momentos claves cuando algo importante o memorable sucedió. Para cada hito, escribe lo que habías o no habías hecho antes de ese momento y lo que (no) has hecho desde que sucedió.

MODELO: Los hitos de mi vida:

1. empecé a asistir a un colegio nuevo cuando tenía ocho años

2. mi padre murió cuando tenía quince años

3. mi abuela me enseñó a trabajar en su almacén

4. abrí las puertas de mi propio almacén

5. el supermercado llegó al barrio

Cuando empecé a asistir un colegio nuevo no **había vivido** en una ciudad grande. Solamente **había vivido** en un pueblo donde conocía a todo el mundo. No **había tenido** que hacer nuevas amistades. Pero, desde que tenía ocho años **he vivido** solamente en una ciudad. Cuando mi padre murió, tenía quince años, mi madre no **había trabajado** fuera de la casa y yo no **había tenido** que cuidar a mis hermanitos. Mi madre ha trabajado ahora en el mismo trabajo que consiguió cuando mi padre murió. Yo **he aprendido** a colaborar más en casa.

C. Antes de la era digital...

PASO 1. Lee la lista de las tendencias de consumo actuales. Luego, completa las oraciones para describir lo que había o no había sucedido antes de la era digital.

> **MODELO:** Casi todos compran y escuchan música en línea o con un dispositivo digital.
>
> Antes de la era digital, <u>nadie había comprado ni escuchado música en línea o con un dispositivo. Todos habían comprado música en discos en una tienda o había escuchado la música en vivo.</u>

1. En un hotel los clientes usan una tarjeta magnética para abrir la puerta. Antes de la era digital, _____

   _____

2. Cuando los clientes compran algo en una tienda, no reciben el recibo (*receipt*) en papel, sino (*but rather*) en el correo electrónico. Antes de la era digital, _____

3. Los productos en un supermercado llevan un código de barra que los cajeros escanean. Antes de la era digital, _____

   _____

4. Los consumidores pueden investigar y comparar productos en línea antes de comprarlos. Antes de la era digital, _____

   _____

5. En lugar de ir al cine, algunas personas pagan y miran películas en el Internet. Antes de la era digital, _____

   _____

6. Muchas personas compran y venden productos de segunda mano en el Internet. Antes de la era digital, _____

   _____

7. Los consumidores depositan dinero y pagan cuentas electrónicamente. Antes de la era digital, _____

6.3 «En verdad, no se puede».

Actividades analíticas
La voz pasiva y las frases impersonales

¡A analizar!

PASO 1. Luis y la comunidad enfrentan una variedad de obstáculos. Para cada oración de la primera columna, elige la conclusión más lógica.

© Luminaria Chile

Luis y los vecinos son afectados

_____ 1. Luis no tiene un horno grande en su almacén. Por eso, el pan que Luis vende en su almacén **es horneado por...**

_____ 2. Muchos vecinos asisten a la reunión y expresan su frustración. Durante la reunión, los problemas de la comunidad **son discutidos por...**

_____ 3. Los vecinos mencionan varios problemas de la comunidad. Según algunos vecinos, los problemas son la responsabilidad de los líderes de la ciudad. Por lo tanto, deben **ser resueltos por...**

_____ 4. Los propietarios expresan su frustración. Además, proponen soluciones. La reunión de los vecinos **es dirigida por...**

_____ 5. Los supermercados venden una gran variedad de productos. Por lo tanto, muchos productos básicos **son comprados** en los supermercados **por...**

_____ 6. Es obvio cuando Luis tiene que decirle a una cliente que no tiene pan que las ventas de su almacén van a **ser afectadas por...**

a. los propietarios de negocios pequeños.

b. la falta de los productos más básicos en su tienda.

c. un hombre que trata de apuntar (_write down_) las ideas para solucionar el problema.

d. el alcalde.

e. un panadero que vive en el barrio.

f. los consumidores que prefieren tener muchas opciones.

PASO 2. Elige el verbo que mejor completa las oraciones sobre estos problemas.

Se hacen varias actividades

_____ 1. Durante la reunión, _____ el problema de la supervivencia de los negocios pequeños.

_____ 2. Durante la reunión, muchas opiniones _____ a la vez. Por eso, el dirigente insiste en que todos no hablen al mismo tiempo.

_____ 3. Luis escucha calladamente durante la reunión. Naturalmente, la gente teme el cambio porque el cambio amenaza su bienestar, a veces. Luis ha venido porque _____ su subsistencia (_livelihood_).

_____ 4. En los hornos enormes de la panadería, _____ una gran cantidad de pan en poco tiempo.

_____ 5. En el supermercado, _____ muchos productos diferentes. Es obvio que se va al supermercado porque es conveniente.

_____ 6. Al final, a pesar de que Luis ha podido comprar pan, _____ menos porque es más caro.

_____ 7. Ojalá que _____ el problema de la disparidad entre los negocios grandes y los pequeños. Se vive mejor en la comunidad si los propietarios no se sienten enajenados.

_____ 8. Pero, es probable que _____ algunos almacenes pequeños.

a. se escuchan
b. se hornea
c. se vende
d. se discute
e. se resuelva
f. se venden
g. se cierren
h. se amenaza

1. There are two voices in Spanish, active and _____.

The active voice shows the doer/agent of the action and the verb. Often in the sentence there is also a direct object (the thing/person acted upon by the verb), represented by another noun or pronoun.

The passive voice, however, removes the focus from the doer of the action. In fact, in the passive voice, the doer may or may not appear. Instead, the passive voice emphasizes the verb and the person, place, or thing that is acted upon by the verb. This means that the direct object of the sentence also functions as the subject of the verb, even though it does not perform the action.

Look at the sentences below in English and notice how the active voice contrasts with the passive voice. The first column shows the active voice, and the second column shows two possible ways of shifting the focus and expressing that idea in the passive voice.

LA VOZ ACTIVA	LA VOZ PASIVA
The business owners express their frustration.	The frustration is expressed by the business owners.
	The frustration is expressed.
The supermarkets sell a wide variety of products.	A wide variety of products is sold by the supermarket.
	A wide variety of products is sold.

Notice that both ways to express the passive voice in English include the verb _____ and the past participle (e.g., *sold, eaten, written,* and so on) of the verb In the 2 sets of passive voice sentences above, notice that the first sentence includes the doer of the action (the business owners, the supermarket) with the word *by,* while the second passive voice sentence omits the doer altogether. Both of these English passive voice structures are similar to one of the passive voice structures in Spanish, discussed below in grammar point **2.**

2. The first way to express the passive voice in Spanish is seen in the **¡A analizar!** sentences in **Paso 1.** This structure is the one that most resembles the English passive voice structure. Use the boldfaced words in those sentences to help you determine the formula for the Spanish passive voice structure.

    the verb _____ + past participle + __ + the agent or doer of the action

    The direct object of the active voice sentence becomes the new subject in the passive voice and determines the conjugation of the verb **ser.***

Muchos productos básicos son comprados en los supermercados.	*Many basic products are bought in supermarkets.*

    Now identify the past participles and their corresponding infinitives in each of the passive voice sentences in **Paso 1.**

    horneado, hornear

    _____, _____

    resueltos, _____

    _____, dirigir

    _____, _____

    _____, afectar

    Notice that some of the past participles end in **-o,** while others end in **-a, -os,** or __. These past participles function as adjectives. What determines the adjective ending of the past participle?_____
    _____

    The past participle **discutidos** ends in -os in the example sentence above because it modifies the subject **problemas.** The word **problemas** is a masculine, plural noun. Therefore, the past participle **discutido** must have a masculine, ____ (**-os**) ending.

    Identify the noun that each of the following past participles from **Paso 1** modifies.

    horneado _____   resueltos _____   dirigida _____

    comprados _____   afectadas _____

---

*In the upcoming sentence from **¡A analizar!**, notice that the subject **productos** determines the conjugation of the verb **ser.** In an active voice sentence, **productos** would be the direct object: **Los clientes compran muchos *productos* básicos.**

3. The same idea can often be expressed in both an active and a passive voice, but there is a focal difference between the two. Let's contrast the two voices.

LA VOZ ACTIVA	LA VOZ PASIVA
El panadero hornea el pan.	El pan **es horneado** por el panadero.
The baker bakes the bread.	*The bread is baked by the baker.*

In the active voice sentences above, **el panadero** / *the baker* is the subject, **hornea**/*bakes* is the verb, and **el pan** / *the bread* is the _____ because it is the thing being baked. The bread receives the action of the verb *to bake*.

In contrast, in the passive voice sentences, **el pan** / *the bread* becomes the subject of the verb **ser** / *to be*. The doer, **el panadero** / *the baker*, comes after the word **por**/*by* to explain by whom the action is done.

Rewrite the following passive voice **¡A analizar!** sentences to express the same idea in the active voice.

Los problemas de la comunidad **son discutidos por** los propietarios de los negocios pequeños.

_____

Muchos productos básicos **son comprados** en los supermercados **por** los consumidores que prefieren tener muchas opciones.

_____
_____

It is important to note that in order to be able to convert a sentence from the active to the passive voice, a direct object MUST be present. The direct object will be promoted to the subject of the passive voice sentence.

4. The second way to express the passive voice in Spanish, seen in **Paso 2** of **¡A analizar!,** similarly is based on promoting the direct object to the subject position. In this passive structure, the emphasis is completely on the action and the person, place, or thing the action is performed upon, and there is no attention given to the _____ of the action.

Se discute el problema.	*The problem is discussed.*
Se discuten los problemas.	*The problems are discussed.*
Se escuchan las opiniones.	*Opinions are heard.*

Compare the sentences above to their active voice alternatives below. In the active voice sentences, the doers of the verbs **discutir** and **escuchar** are explicitly mentioned. These doers are the subjects and they determine the conjugation of the verb.

Los ciudadanos discuten el problema.	*The citizens discuss the problem.*
Los ciudadanos discuten los problemas.	*The citizens discuss the problems.*
Ellos escuchan las opiniones.	*They listen to the opinions.*

However, in the passive voice, the direct objects (the persons, places, or things that were acted upon) in the active voice become the subjects and determine the conjugation of the verb. Write the subjects of the passive voice sentences in **Paso 2** of **¡A analizar!**

1. problema
2. _____
3. _____
4. _____
5. _____
6. pan
7. _____
8. _____

Remember that the subject in the passive voice can come before or ___ the verb.

Muchas **opiniones** se escuchan. /
Se escuchan muchas **opiniones.**

Many opinions are heard.

La **subsistencia** se amenaza. /
Se amenaza la **subsistencia.**

The livelihood is threatened.

Use the **¡A analizar!** sentences to help you identify the pattern for passive voice sentences in which the doer of the action is not mentioned.

__ + 3rd person singular of the verb + singular subject

Se + 3rd person _____ of the verb + plural subject

5. The word **se** + the third-person _____ form of a verb can be used with intransitive verbs (verbs that do not take direct objects) to form impersonal expressions. Impersonal expressions describe what one does, what people do.

En este barrio **se vive** bien.

In this neighborhood <u>one lives / you live / they live / people live</u> well.

Es obvio que **se va** al supermercado porque es conveniente.

It is obvious that <u>one goes / you go / they go / people go</u> to the supermarket because it is convenient.

In English, we often use the pronouns *one,* __, or *they,* or the noun *people* to convey these impersonal expressions. Identify a similar sentence in number 7 of **Paso 2** of **¡A analizar!**

_____

Note that passive **se** sentences may also be translated as impersonal expressions in English. For example, the phrase **se hornea una gran cantidad de pan** could be expressed as: *a large quantity of bread is baked* or *one bakes a large quantity of bread.* Although they both communicate similar ideas, the key difference between the passive **se** and the impersonal **se** in Spanish is that the impersonal **se** is used with verbs that do not take direct objects. In contrast, remember that the passive **se** promotes the direct object to the subject position.

Actividades prácticas

A. El pan fue vendido por Luis.

PASO 1. Primero, indica si es posible convertir las oraciones a la voz pasiva. Luego, si es posible, conviértelas usando una forma de **ser** y el participio pasado.

> **MODELO:** Los propietarios discutieron los problemas.
>
> Sí, es posible. Los problemas fueron discutidos por los propietarios.

1. Murió el panadero. _____

2. El supermercado ofrece varias marcas. _____
_____

3. El supermercado es más moderno que los almacenes tradicionales. _____
_____

4. Luis exploraba soluciones para el dilema. _____
_____

5. Este problema pequeño ejemplifica las dificultades de los empresarios tradicionales. _____
_____

6. Los mayoristas (*Wholesalers*) controlan el mercado de ciertas marcas._____
_____

PASO 2. Primero, empareja los fotogramas con la frase que describe lo que fue hecho. Luego, llena los espacios en blanco con las formas correctas de **ser** + el participio pasado de los verbos entre paréntesis. Conjuga el verbo **ser** en el pretérito.

© Luminaria Chile

a.

© Luminaria Chile

b.

© Luminaria Chile

c.

© Luminaria Chile

d.

© Luminaria Chile

e.

© Luminaria Chile

f.

> **MODELO:** __d__ Los números fueron escritos (escribir) por Luis en su cuaderno.

____ 1. Las ventas de la tienda _____ (calcular) por Luis.

____ 2. El horno de gas _____ (encender) por Luis.

____ 3. Varios problemas _____ (discutir) por los propietarios.

____ 4. Escribió las soluciones que _____ (proponer) por ellos.

____ 5. Muchos panecitos _____ (comprar) por la clientela del supermercado.

____ 6. El pan _____ (hornear) en un horno grande e industrial por los empleados.

PASO 3. Escucha las oraciones en la voz activa sobre las actividades diarias en una comunidad y cámbialas a la voz pasiva. **¡OJO!** En las últimas dos oraciones, el verbo se conjuga en el imperfecto y por eso, usa el imperfecto para conjugar **ser** en las oraciones pasivas.

> **MODELO:** *Oyes*: (anunciar) El alcalde anunció las leyes nuevas.
>
> *Escribes*: Las leyes nuevas fueron anunciadas por el alcalde.

1. (expresar) _____
2. (reformar) _____
3. (cerrar) _____
4. (proponer) _____
5. (preferir) _____
6. (controlar) _____

B. Se vende de todo en los mercados al aire libre.

PASO 1. Primero, lee la lectura. Luego, empareja la información en la columna izquierda con la frase más lógica de la columna derecha.

Los mercados al aire libre y mercados municipales*

Un fenómeno mundial, el mercado al aire libre es un sistema de negocio sumamente importante. Ha servido desde el período medieval en Europa y la época precolombina en Latinoamérica de punto de contacto entre los agricultores rurales y los clientes urbanos. Los artesanos también utilizan los mercados al aire libre para vender sus productos, junto con los vendedores de todo tipo de bienes.[a]

Típicamente están abiertos durante ciertos días; El Rastro en Madrid, por ejemplo, un famoso mercado al aire libre que ha operado desde el siglo XV, está abierto los domingos y durante los días feriados. Hay cientos de puestos[b] donde se puede comprar una enorme variedad de cosas: las necesidades cotidianas,[c] la ropa, los muebles, los objetos de arte, los libros, la música e

El Rastro en Madrid

© Cristina Arias/Cover/Getty Images

---

[a]*stalls* [b]*street market* [c]*everyday*

Source: *Delfín Guillamín, Martha. "Un breve comentario sobre la historia de los tianguis y los mercados en México", www.historiacocina.com, November 2010; "El Rastro de Madrid", www. disfrutamadrid.com, undated; Paré, Luisa. "Tianguis: y economía capitalista", Nueva Antropología: Revista de Ciencias Sociales, #2. Universidad Autónoma de México, 2007. 85-93; Delgado, Natalia. "San Juan, el mercado de carnes exóticas", El Universal, June 29, 2015; Young, James and Alfredo Balanescu. "Comida Exótica: The Illustrious and Exquisite Mercado de San Juan Pugibet", Culinary Backstreets, March 19, 2014.*

PARA TU INFORMACIÓN: LOS TIANGUIS

Desde los tiempos precolombinos, los mercados al aire libre, o los «tianguis» (la palabra náhuatl), han servido a las comunidades rurales y urbanas en México y Centroamérica. Durante La Conquista, los españoles se asombraron ante la grandeza del tianguis de Tlatelolco. Uno de los conquistadores, Bernal Díaz del Castillo, comentó que «...no habíamos visto tal cosa, quedamos admirados de la multitud de gente y mercaderías que en ella había y del gran concierto y regimiento que en todo tenían». En vez de oro o plata, los compradores utilizaban «quatchtli» (capas de algodón) y granos de cacao para pagar sus compras. Hoy en día, operan de la misma manera, típicamente abiertos durante ciertos días y especialmente durante los días feriados, y sirven como punto de venta de productos artesanales y otros artículos. Los vendedores también compran las necesidades que no pueden producir ni obtener fácilmente donde viven y el regateo es ubicuo.

instrumentos musicales, hasta animales domésticos. Claro que también se encuentran las comidas y bebidas necesarias para servir a los miles de clientes que lo visitan.

A lo largo de los siglos, los gobiernos han intentado reglamentar los mercados al aire libre para asegurar el pago de impuestos y para proteger la reputación del mercado y sus localidades. Han intentado garantizar la calidad de los productos alimenticios y vigilar la piratería y otros tipos de explotación[d] comercial. A fin de hacer eso, muchos municipios tienen mercados públicos, edificios grandes en los que los vendedores pueden operar sus

Mercado de San Juan Pugibet en la Ciudad de México

puestos, con acceso fácil a agua y electricidad y con más protección de la naturaleza, a cambio de una módica suma. El Mercado de San Juan Pugibet en la Ciudad de México, por ejemplo, es un mercado interior que está en el mismo lugar que un «tianguis»[e] precolombino. El edificio de hoy en día se construyó en 1955 y el mercado es famoso por la gran variedad de comida que tiene, especialmente carnes exóticas de animales como venado, avestruz,[f] cocodrilo,[g] hasta león.[h] Tiene más de 300 locales[i] y se considera uno de los mejores mercados en Latinoamérica.

---

[d]*exploitation* [e]*street market* [f]*ostrich* [g]*crocodile* [h]*lion* [i]*stalls*

____ 1. Es famoso por su comida exótica.

____ 2. Representan una tradición precolombina.

____ 3. Son parte de un intento de reglamentar los mercados al aire libre.

____ 4. Existen en todas partes del mundo.

____ 5. Es un mercado famoso en Madrid.

a. los tianguis

b. los mercados al aire libre

c. el mercado de San Juan Pugibet

d. El Rastro

e. los mercados municipales

PASO 2. Escribe de nuevo las siguientes oraciones, cambiándolas de la voz activa a la voz pasiva, usando la construcción **se** + verbo. **¡OJO!** Presta atención al tiempo verbal.

MODELO: Los agricultores rurales y los artesanos <u>utilizaban</u> los mercados al aire libre para vender sus bienes.   <u>Se utilizaban</u> los mercados al aire libre para vender sus bienes.

1. La gente compra todos tipos de bienes en los mercados al aire libre. _____
_____

2. La gente urbana necesitaba acceso a los productos agrícolas. _____
_____

3. Establecieron El Rastro en España durante la Edad Media. _____
_____

4. Algunos gobiernos han intentado reglamentar a los mercados al aire libre.
_____

5. ¿Por qué es famoso el El Mercado de San Juan Pugibet en la Ciudad de
México? _____

PASO 3. Primero, lee la lectura sobre el regateo. Luego, indica si las siguientes oraciones describen lo que probablemente hace el vendedor / la vendedora o el/la cliente.

El regateo

De larga tradición mundial, la costumbre de regatear en los mercados al aire libre parece ser igual por todas partes del globo. En vez de decidir un precio fijo, el comerciante le ofrece algo a un cliente a un precio alto (relativo al valor percibido del objeto). El cliente responde al precio de salida[a] declarándolo demasiado caro y pide un descuento, directamente o implícitamente. El comerciante responde con un precio más bajo y así continúa la transacción hasta que se ponen de acuerdo en cuanto al precio final.

Una cliente regatea en un mercado en Caracas, Venezuela.

© Meridith Kohut/Bloomberg via Getty Images

Eso dicho, hay diferencias regionales que se deben tomar en cuenta antes de regatear. En algunos lugares, especialmente las zonas turísticas, los comerciantes suelen suponer que se regatearán, y suponen que llegan los clientes con la misma idea, y el precio de salida puede ser mucho más alto que el valor del objeto o servicio. Por otro lado, un cliente demasiado agresivo puede ofenderle al comerciante, por subvalorar lo que vende. Los turistas deben tomar en cuenta las diferencias de economía cuando deciden regatear; un descuento de 50% puede tener un impacto mucho más profundo para un comerciante cuya moneda ya no vale mucho comparada con la del cliente.

_____
[a]*initial price*

LA ACTIVIDAD	EL/LA VENDEDOR(A)	EL/LA CLIENTE
1. Decide el precio de salida.	____	____
2. Pide dinero en efectivo.	____	____
3. Declara que el precio es muy alto.	____	____
4. Dice que no puede venderlo a un precio tan bajo.	____	____
5. Pide un descuento.	____	____

PASO 4. Escribe de nuevo las siguientes oraciones, cambiándolas de la voz activa a la voz pasiva, usando la construcción **ser** + participio + **por** + agente. **¡OJO!** Presta atención al tiempo verbal y al género y número del nuevo sujeto.

1. El comerciante le ofrece algo a un cliente. _____

_____

2. Los compradores piden un descuento, directamente o implícitamente. _____

_____

3. Un cliente demasiado agresivo puede ofenderle al comerciante. _____

4. Algunos vendedores ponen precios altos cuando esperan regatear. _____

_____

5. Los turistas deben tomar en cuenta las diferencias de economía. _____

 PASO 5. En el país donde viven Uds., ¿cuándo es admisible regatear? ¿Cuándo no es posible? ¿Han regateado Uds. alguna vez? ¿Tuvieron éxito? Describan la experiencia.

C. La comida que se compra*

PASO 1. Primero, lee y estudia los siguientes datos sobre los hábitos de consumo en el mundo hispanohablante. Luego, escucha las oraciones y decide si son ciertas y falsas. Si la oración es falsa, corrígela.

MODELO: En México, unos investigadores estudiaron los gastos de los consumidores. Descubrieron que los ciudadanos más pobres gastan aproximadamente la mitad de sus ingresos en las siguientes categorías: los alimentos, las bebidas y el tabaco, mientras que los hogares con más recursos económicos gastan el 22,8% de sus ingresos en esos productos...

Oyes: En México en los hogares de menos recursos se gasta un porcentaje más bajo de los ingresos en los alimentos y las bebidas que en los hogares con más recursos económicos.

_____ Cierto   __X__ Falso

Escribes: Se gasta un porcentaje más alto en los hogares con ingresos más bajos.

---

*Source: Justo, Marcelo, "¿Qué países tienen la canasta básica más cara (y barata) en América Latina?", *BBC Mundo*, February 26, 2016. www.bbc.com; Silver, Mark, "Guess Which Country Has the Biggest Increase in Soda Drinking", *National Public Radio*, June 19, 2015, npr.org; "Countries with the Highest Levels of Soft Drink Consumption", *World Atlas*, Accessed January 10, 2017. www. worldatlas.com; Arias, Juan Pablo, "Hogares pobres gastan más en alimentación, los ricos en transporte", *La Nación*, September 15, 2014. www.nacion.com; Largaespada, Massiell, "El consumidor más pobre de Centroamérica", *El Nuevo Diario*, April 30, 2013. www.elnuevodiario.com.ni; Silver, Mark, "Guess Which Country Has the Biggest Increase in Soda Drinking", *National Public Radio*, June 19, 2015; www.npr.org "Countries with the Highest Levels of Soft Drink Consumption", *World Atlas*, Accessed January 10, 2017. www.worldatlas.com; Arias, Juan, "Hogares pobres gastan más en alimentación, los ricos en transporte", *La Nación*, September 15, 2014.; Largaespada, Massiell, "El consumidor más pobre de Centroamérica", *El Nuevo Diario*, April 30, 2013. www.elnuevodiario.com. ni; Santa Rica, Ilse, "¿En qué gastan más los mexicanos?" *El economista*, July 21, 2013, http://eleconomista.com.mx

La alimentación

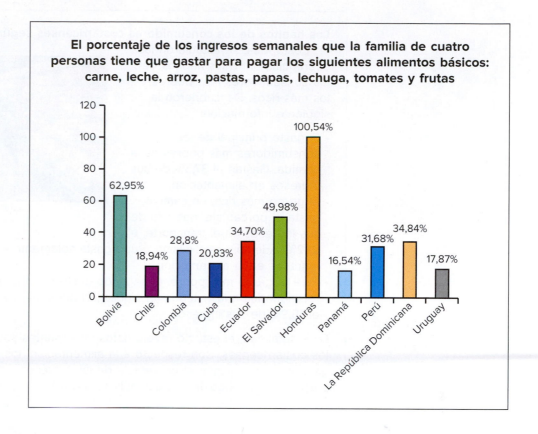

El porcentaje de los ingresos semanales que la familia de cuatro personas tiene que gastar para pagar los siguientes alimentos básicos: carne, leche, arroz, pastas, papas, lechuga, tomates y frutas

Los refrescos

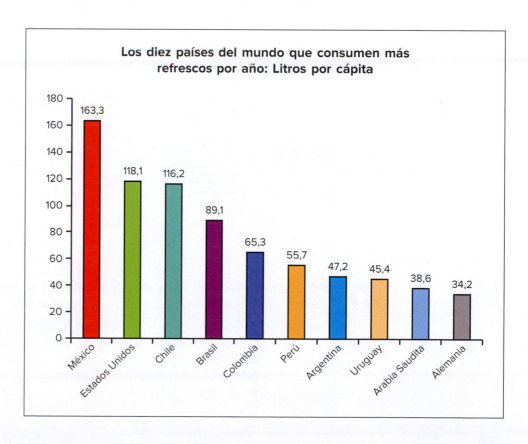

Los diez países del mundo que consumen más refrescos por año: Litros por cápita

Costa Rica

Los hábitos de los consumidores costarricenses según sus ingresos

En Costa Rica, se estudiaron las
diferencias entre los hábitos de
los consumidores más pobres y
los más ricos. Descubrieron la
siguiente información:

© Kumar Sriskandan/Alamy

• El gasto principal de los
  consumidores más pobres es la
  comida. Gastan el 37,5% de sus
  ingresos en alimentación.
• El grupo más rico, en cambio,
  gasta el porcentaje más alto de
  sus ingresos en el transporte, el
  21,2%. Además, este mismo grupo gasta solamente el 13,8% de sus
  ingresos en la alimentación.
• Para el grupo más pobre, el segundo gasto es lo que pagan por gastos
  relacionados a la vivienda (el alquiler, el agua, el gas). Este grupo gasta
  el 15,9% de sus ingresos.

En la totalidad, el estudio reveló datos interesantes sobre las compras de
los costarricenses. Con respecto a la alimentación, los cuatro gastos
gastronómicos, según el porcentaje de los ingresos, son: las comidas
preparadas, las bebidas no alcohólicas, el arroz y los panes.

	CIERTO	FALSO
La alimentación		
1.	_____	_____
2.	_____	_____
Los refrescos		
3.	_____	_____
4.	_____	_____
5.	_____	_____
Costa Rica		
6.	_____	_____
7.	_____	_____
8.	_____	_____

PASO 2. En parejas, para cada sección del **Paso 1**, escriban dos a tres
oraciones con el **se** pasivo para resumir la información.

MODELO: (*Según la lectura en el **MODELO** del Paso 1*) En México, entre las
familias con menores ingresos, aproximadamente la mitad de los
ingresos se gasta en los alimentos, las bebidas y el tabaco. En
general, se gasta más en el transporte y las comunicaciones que
en la ropa.

D. ¿Qué se hace en estos lugares? ¿Qué se hizo o hacía en el cortometraje?

PASO 1. Para cada lugar que se presenta, escribe dos o tres oraciones para hablar de lo que **se hace** típicamente en estos lugares. Luego, escribe una oración para decir lo que **se hizo** o **se hacía** en ese lugar en el cortometraje. **¡OJO!** Recuerda que algunos verbos son intransitivos, requiriendo el uso del **se** impersonal.

> **MODELO:** **una panadería**
>
> En general: **Se trabaja** temprano, **se compran** los ingredientes necesarios, como la harina para hacer la masa. **Se prepara** la masa y **se hornea** en hornos grandes.
>
> En el cortometraje: Vimos que **se preparaban** los panes para el horno. Después de sacarlos del horno, **se pusieron** en una canasta.

© Luminaria Chile

© Luminaria Chile

1. la casa

_____

_____

© Luminaria Chile

2. la reunión

_____

_____

© Luminaria Chile

3. la calle

_____

_____

© Luminaria Chile

4. el almacén

_____

_____

© Luminaria Chile

5. el supermercado

_____

_____

© Luminaria Chile

6. la oficina

_____

_____

PASO 2. En parejas, túrnense para describir algunos lugares importantes de la comunidad donde viven Uds. Cada uno debe nombrar las actividades que se hacen en el lugar, pero sin mencionar el nombre del lugar. La pareja debe adivinarlo. Cada uno debe describir por lo menos tres lugares.

MODELO: E1: Aquí se admiran obras de arte, se encuentran esculturas y cuadros y se inspiran muchos artistas.

E2: Es un museo.

 E. ¿Qué opinan los demás?

PASO 1. Las personas entrevistadas contestan las siguientes preguntas. Lee las preguntas y escribe por lo menos cinco palabras del vocabulario de este capítulo que probablemente van a incluir en sus respuestas.

- ¿Dónde prefiere comprar Ud. los alimentos? ¿En un mercado, en una tienda de conveniencia, en un supermercado, etcétera? ¿Por qué le gusta ir de compras a ese lugar? ¿Cuáles son las ventajas de cada lugar?

- Si Ud. es de otro país, explique cómo es diferente o parecida la experiencia de hacer las compras aquí y allí.

- ¿Compra Ud. muchas cosas con una tarjeta de crédito o prefiere pagar en efectivo? ¿Por qué?

- ¿Están desapareciendo los negocios pequeños de su barrio o comunidad? ¿Se debe tratar de rescatar estos tipos de negocios? ¿O piensa Ud. que es inevitable que los grandes comercios y las grandes empresas tengan más éxito que los pequeños comercios? ¿Por qué?

1. _____ 2. _____ 3. _____ 4. _____ 5. _____

PASO 2. En parejas, lean las ideas expresadas en las entrevistas que van a mirar. Expliquen si Uds. se identifican con la idea.

MODELO: Compro la carne de un carnicero porque es más fresca que la carne empaquetada y se corta a tu gusto.

E1: Bueno, yo no compro mucha carne porque es cara, pero típicamente la compro en un supermercado porque no hay carnicerías cerca de mi casa. Pero en el supermercado tienen carne empaquetada y carne fresca.

E2: Tampoco compro carne con frecuencia, pero para mí es porque vivo en el colegio mayor y no tengo una cocina. Mi familia prefiere comprar la carne en el supermercado porque no hay una carnicería cerca. Además, la carne que se vende en el supermercado es bastante buena y fresca.

1. Tengo que comprar en las cadenas grandes porque en mi barrio no hay pequeñas tiendas.

2. Me gusta ir al supermercado porque encuentro todo y es muy conveniente.

3. Pago todo con tarjeta de crédito.

4. Compro el pan fresco todos los días.

5. En cada esquina de una comunidad, hay negocios pequeños donde se puede comprar productos como huevos, panes y queso.

PASO 3. Primero, lee las siguientes oraciones. Luego, mira las entrevistas. Por último, indica si las oraciones son ciertas o falsas según las entrevistas y si la oración es falsa, corrígela.

© McGraw-Hill Education/ Klic Video Productions
Gastón

© McGraw-Hill Education/ Klic Video Productions
Martín e Irma

© McGraw-Hill Education/ Klic Video Productions
Michelle

	CIERTO	FALSO
1. Gastón compraba en los mercados pequeños argentinos antes de venir a los Estados Unidos.	_____	_____
2. Gastón explica que en la Argentina es necesario ir de compras solamente una vez al mes.	_____	_____
3. En México no hay supermercados grandes.	_____	_____
4. A Michelle no le gustan los mercados de aire libre porque los productos cuestan mucho.	_____	_____
5. En la casa de la tía de Michelle era posible encontrar muchas frutas en el patio.	_____	_____
6. En la República Dominicana, los negocios pequeños han desaparecido.	_____	_____

PASO 4. Lee las citas de las entrevistas y escribe una comparación con tu comunidad o con los hábitos de los miembros de tu comunidad. Usa la voz pasiva en tu respuesta.

MODELO: Michelle dijo: «En República Dominicana... es un país de bajos recursos y literalmente en cada esquina hay unos negocios pequeños donde tú puedes ir incluso y comprar tres huevos, dos panes, media libra de queso y todavía existen».

Escribes: En mi pueblo, hay solamente dos negocios pequeños. Uno es una peluquería y el otro es un café. Los huevos, pan y queso se compran en un supermercado que está a quince minutos de mi pueblo. Pero, es un supermercado pequeño. Hay que ir a la ciudad para comprar ropa y otros productos que se venden en las grandes superficies. Allí se pueden encontrar restaurantes que sirven una gran variedad de comida.

1. Gastón dijo: «Prefiero el efectivo y la tarjeta de débito porque si no tengo la plata no la voy a gastar... muchas de las personas jóvenes aprendieron mucho, de quizás errores de nuestros padres. Y, entonces estamos empezando a dejar el crédito. No, yo no uso tarjeta de crédito».

2. Irma dijo: «Me gusta ir al supermercado, ¿Por qué? Porque encuentro todo, allí es más conveniente. ¿La desventaja? Es que tengo que manejar. Entonces algunas veces sí compro en el mercado de la esquina».

3. Gastón dijo: «En Argentina no están desapareciendo. Porque lo que están haciendo es vender productos que quizás en estas grandes cadenas no puedas encontrar. O lo que ellos hacen es cerrar bien tarde, como para que puedas, porque lo que pasa es que en Argentina los grandes supermercados cierran temprano».

 PASO 5. En parejas, conversen sobre sus propias ideas respecto a las preguntas del **Paso 1.**

Comprueba tu progreso

Let's put into practice what you have learned about the use of the present and past perfect, as well as the passive voice and impersonal constructions. In this conversation, Luz, Jorge, and Raúl visit a large chain store in search of a special gift. Complete their conversation with the present or past perfect of the verb in parentheses, or the correct form of the passive construction. Check your answers when you're finished!

LUZ: ¡Esta tienda es increíble! Yo nunca _____[1] (ver) tanta variedad de aparatos electrónicos en un lugar.

JORGE: ¡Yo sabía que te iba a gustar! Es uno de mis lugares favoritos. Antes de mudarme a la ciudad yo _____[2] (hacerse) miembro de Amazon Prime pero ya casi no lo uso ya que aquí _____[3] (se vende / se venden) los mejores productos y accesorios electrónicos, y todo a un buen precio.

RAÚL: Pues, sí. José y yo _____[4] (venir) aquí muchas veces para comprar móviles, tabletas, videojuegos... Hasta tienen muchos productos que no _____[5] (se encuentra / se encuentran) en el Internet.

JORGE: Parece mentira, pero la última vez que estaba aquí el dependiente me dijo que ellos _____[6] (importar) unas tabletas de la China que _____[7] (fueron fabricados / fueron fabricadas) exclusivamente para esta tienda.

DEPENDIENTE: Buenas tardes, señores. ¿En qué les puedo ayudar?

LUZ: Busco un regalo especial para mi sobrino. Le interesan mucho los videojuegos pero tiene muy poca experiencia. Él nunca _____[8] (jugar) hasta hace un año cuando sus padres le regalaron un PlayStation.

DEPENDIENTE: Muy bien. ¿Esta es la primera vez que Uds. _____[9] (comprar) con nosotros? ¿Saben que aquí _____[10] (se ofrece / se ofrecen) todo tipo de dispositivo a un precio incomparable?

RAÚL: Claro que sí. Es por eso que _____[11] (*nosotros*: decidir) venir aquí antes de buscar en el Internet.

DEPENDIENTE: _____[12] (Se ve / Se ven) que Uds. son muy prácticos. Miren, los llevo a nuestra colección de videojuegos y veremos unos títulos apropiados que _____[13] (ha sido evaluado / han sido evaluados) por nuestros clientes...

LUZ: Muchas gracias por su ayuda. ¡Ya entiendo por qué la gente se vuelve loca por este lugar!

Respuestas

1. he visto; 2. me había hecho; 3. se venden; 4. hemos venido; 5. se encuentran; 6. habían importado; 7. fueron fabricadas; 8. había jugado; 9. han comprado; 10. se ofrece; 11. hemos decidido; 12. Se ve; 13. han sido evaluados

IV. CONTEXTOS SOCIALES

A. La modernización y la comunidad

Primero, lee sobre la modernización y la comunidad. Luego, en parejas, conversen sobre las preguntas.

La modernización y la comunidad

La palabra **modernización** típicamente implica progreso y con frecuencia supone el uso de la tecnología para mejorar una sociedad, pero la modernización también incluye ideas. Puede conllevar[a] paradigmas nuevos que tengan el potencial de reformar o mejorar sistemas y las maneras en que llevamos la vida.

La silueta de rascacielos en la Ciudad de Panamá

Más recientemente, lo moderno se relaciona con la globalización. La globalización se refiere a un mundo interconectado en muchos ámbitos:[b] comerciales, económicos, culturales y tecnológicos. Pero ya que la integración mundial también puede poner en peligro la diversidad cultural y la variedad de tradiciones locales, la globalización se puede conceptualizar como una fuerza poderosa[c] que crea ganadores y perdedores económicos y culturales.

Y mientras crea trabajos nuevos, la modernización puede hacer obsoletos otros. Cuando los robots u otros avances tecnológicos como el escaneador del supermercado empiecen a quitarles trabajos a los seres humanos, será necesario buscar soluciones innovadoras. Por otra parte, no hay duda de que los cambios modernos han mejorado la vida de muchas personas. Por lo tanto, cuando consideramos la modernización, hay que tener en cuenta[d] los dos lados de la moneda.

---

[a]*entail* [b]*spheres* [c]*powerful* [d]*tener... keep in mind*

1. Piensa en las tiendas y los negocios de tu comunidad. ¿Qué cambios modernos has observado en la actividad comercial de tu comunidad? ¿Cuáles son las ventajas y las desventajas de estos cambios?

2. ¿Cómo ha afectado la modernización otros aspectos de tu comunidad? Considera los servicios públicos y los medios de transporte. Piensa en los lugares como los parques, las carreteras, los hospitales, los cines, las salas de conciertos, los museos, las escuelas, etcétera. ¿Qué cambios modernos has notado en estos lugares?

3. Piensa en la perspectiva de tus abuelos o bisabuelos. ¿Qué cambios se destacarían (se... *would stand out*) para ellos? ¿Qué costumbres tradiconales o modos de hacer algo les llamarían la atención (les... *would draw their attention*)?

4. ¿Cómo defines tú la modernización? ¿Tiene que ver solamente con la tecnología? ¿Qué otros aspectos de tu vida asocias con la modernización?

Antes de leer

B. El urbanismo y las ciudades inteligentes

PASO 1. Primero, lee la lectura. Luego, indica si las oraciones sobre la lectura son ciertas o falsas. Si son falsas, corrígelas.

El urbanismo[a] y las ciudades inteligentes

Durante el siglo XVI, España fundó[b] ciudades y asentamientos[c] por muchas partes de Latinoamérica. Docenas[d] de las ciudades principales de la región tuvieron su origen en esta época, como por ejemplo La Habana, Cuba (1519); San Juan, Puerto Rico (1521); San Salvador, El Salvador (1525); Maracaibo, Venezuela (1529); Quito, Ecuador (1534).

La Plaza de Armas y el Palacio de Gobierno en Lima, Perú

© Victor J. Blue/Bloomberg via Getty Images

Las ciudades coloniales, a diferencia de las ciudades europeas, se planearon de forma a la vez clásica y estratégica. La estructura se basó en las *Leyes de las Indias*, una compilación de libros creados por los monarcas[e] españoles en el siglo XV. Esos libros describieron las leyes que debían regir las nuevas colonias. Siguiendo estas leyes, se diseñaron[f] las calles en forma cuadrícula[g] y la ciudad se construyó alrededor de una Plaza de Armas. Un palacio, una catedral y el ayuntamiento rodeaban[h] la plaza. Su ubicación[i] central facilitaba el acceso de los ciudadanos nuevos a estas instituciones y, además, refleja cuán[j] importantes eran en las colonias españolas. Otras calles perpendiculares y paralelas rodeaban la plaza. Las calles se construyeron para favorecer el paso de los caballos y las tropas.[k]

La fundación de las ciudades latinoamericanas es un ejemplo del urbanismo, es decir, la planificación y el desarrollo de una ciudad. Históricamente, el urbanismo ha sido una actividad compleja que se preocupa por el uso óptimo de la tierra, la organización de los espacios, el desarrollo económico, la competitividad económica, el transporte y la infraestructura para mejorar la calidad de vida de los residentes. El urbanismo del siglo XXI tiene que pelear[l] con los efectos perjudiciales en el medio ambiente, la seguridad y la calidad de vida causados por el crecimiento[m] demográfico. Al mismo tiempo, debe responder a las necesidades sociales, económicas y de salud de muchas personas.

Hoy en día la infraestructura de una ciudad incluye elementos menos obvios. El concepto de la ciudad «inteligente» es relativamente nuevo y refleja el objetivo de optimizar e integrar de forma armónica los varios elementos de la vida urbana contemporánea. Las siguientes características generales definen una ciudad inteligente:

- Genera la energía de modo sostenible.

- A través de los dispositivos móviles, los ciudadanos tienen acceso a los servicios del gobierno, como la seguridad y el transporte.

---

[a]*urban planning* [b]*founded* [c]*settlements* [d]*dozens* [e]*monarchs* [f]*se... were designed* [g]*grid* [h]*surrounded* [i]*location* [j]*how* [k]*troops* [l]*grapple* [m]*growth*

- Los ciudadanos se conectan entre sí[n] y con el gobierno digitalmente; reciben alertas acerca del tráfico, del tiempo y de otros peligros.

- Se emplean redes[ñ] y lugares inteligentes para solucionar problemas de congestión de tráfico, crimen, contaminación y accesibilidad a servicios.

- Los servicios públicos se realizan[o] de manera más eficiente y responden a las necesidades personales y sociales de los ciudadanos.

Un tablero digital en una zona histórica de Santander, España, indica el número de plazas libres de aparcamiento.

Algunas de las tecnologías asociadas con las ciudades inteligentes incluyen lo siguiente:

- Sistemas de telecomunicación y de informática que emplean sensores, el reconocimiento facial, la comunicación de campo cercano (NFC—Near Field Communication) entre los dispositivos para sistemas de transporte y seguridad.

- Sistemas amigables con el medio ambiente: estaciones de carga[p] para vehículos electrónicos, paneles solares, la iluminación LED.

- Edificios y casas inteligentes que emplean procedimientos[q] automatizados para controlar el uso de electricidad, agua, calefacción,[r] aire acondicionado, ventilación y seguridad.

- Las videocámaras, la iluminación, los drones y GPS para responder y solucionar problemas de seguridad y delincuencia.[s]

- Los grandes archivos[t] de datos, creados por los individuos y por los sistemas urbanos, alimentan la ciudad inteligente. Por lo tanto, requiere sistemas para procesar, dirigir y analizar enormes cantidades de información.

- La robótica para realizar actividades que los seres humanos no pueden o no deben hacer.

- El uso de sensores corporales que les pueden enviar datos a los profesionales de salud, quienes cuentan con[u] grandes bases de datos de información para recetar[v] medicina personalizada.

La nueva tecnología de las ciudades inteligentes sería irreconocible para nuestros antepasados,[w] pero tiene las mismas metas[x] que buscaban alcanzar los arquitectos de las ciudades coloniales: mejorar la vida de los ciudadanos y hacer habitables los espacios compartidos por tantas personas.

---

[n]entre... *among themselves* [ñ]*networks* [o]*se... are carried out* [p]estaciones... *charging stations* [q]*procedures* [r]*heating* [s]*crime* [t]*files* [u]cuentan... *have* [v]*prescribe* [w]*ancestors* [x]*goals*

	CIERTO	FALSO

1. Muchas de las ciudades latinoamericanas más conocidas se fundaron en el siglo XVI.

2. Las leyes que debían regir en las nuevas colonias fueron establecidas por los pueblos indígenas en las ciudades latinoamericanas.

3. Una Plaza de Armas era y es un lugar importante y céntrico en las ciudades latinoamericanas.

4. El urbanismo es una estrategia simple del municipio para el crecimiento rápido de una ciudad.

5. El urbanismo moderno es único, en parte, a causa de los efectos y los desafíos de la alta densidad de población.

6. Una ciudad inteligente integra de modo armónico muchos sistemas de la infraestructura, el transporte y la comunicación de una ciudad.

PASO 2. En parejas, contesten las preguntas.

1. ¿Cuáles son las características principales de las ciudades fundadas por España en Latinoamérica? _____

2. ¿Qué información tenían las *Leyes de las Indias*? _____

3. Identifica tres aspectos importantes que el urbanismo tiene que tener en cuenta. _____

4. Identifica dos características clave de una ciudad inteligente. _____

5. ¿Qué tecnologías e ideas innovadoras intentan responder a preocupaciones ambientales? _____

6. ¿Qué tecnologías e ideas innovadoras tienen que ver con la seguridad y el bienestar de los ciudadanos? _____

PASO 3. En grupos pequeños, comenten las preguntas. Compartan sus ideas con la clase.

1. Comparen la organización de la ciudad típica colonial en Latinoamérica con la comunidad donde viven Uds. ¿Existe un lugar céntrico como una plaza en su comunidad? ¿Se construyó su comunidad en forma cuadrícula? ¿Por qué es una buena idea usar esa forma?

2. Comenten los aspectos del urbanismo donde viven Uds. ¿Cómo se refleja la planificación cuidadosa en algún aspecto o algún lugar de la comunidad? ¿Se nota la falta de la planificación cuidadosa en su comunidad? Identifiquen ejemplos específicos.

3. ¿Cuáles son los desafíos más importantes para las ciudades del futuro, en su opinión? ¿Que problemas debe resolver su comunidad en el futuro? ¿Hay aspectos de una ciudad inteligente en su ciudad? ¿Cuáles son?

4. ¿Cuáles son las mejores ideas para las ciudades inteligentes, en su opinión? ¿Por qué les gustan estas ideas? Identifiquen problemas que pueden resultar de estos tipos de tecnologías.

C. Actividades y valores

Primero, lee la lectura. Luego, llena los espacios en blanco con una palabra apropiada según la lectura. Por último, empareja cada oración con la iniciativa que describe.

Actividades y valores

La ciudad inteligente no solamente se tiene que enfocar en la construcción de lugares y de infraestructura, sino que[a] también debe reformar leyes e implementar programas que mejoren la calidad de vida de los ciudadanos. A continuación hay cuatro ejemplos de iniciativas que intentan hacer esto.

---

[a]sino... *but rather*

Santiago Respira

En Santiago de Chile, el gobierno efectuó[b] nuevas medidas[c] para descontaminar el aire en la ciudad. Se espera reducir en 60% las emisiones contaminadoras de los automóviles y de la leña.[d] Además de construir 300 kilómetros de ciclovías, el gobierno crea leyes que prohíben ciertos productos, como las cocinas a leña[e] y las chimeneas de hogar abierto. Restringe[f] el uso de los vehículos que no tengan convertidor catalítico.

Adopta una Mascota

En 2012, Medellín, Colombia recibió un premio internacional por sus esfuerzos de proteger a los animales. La ciudad colombiana implementó varias medidas para el tratamiento humanitario de animales callejeros[g] y caballos que participan en desfiles municipales. Cambió las leyes previas que permitían el sacrificio de los animales que llevaban más de treinta días en un albergue.[h] Ha efectuado programas para la esterilización y la adopción de animales callejeros.

Salud al Paso

El alcalde de Quito, Ecuador, dirige una iniciativa llamada «Salud al Paso» para mejorar las condiciones de salud. Ha creado veintiún puntos por toda la ciudad para recibir atención médica preventiva. Disponen de algunos instrumentos médicos para la toma de presión arterial,[i] por ejemplo, y de especialistas entrenados en la prevención de ciertas enfermedades. En algunos de los puntos hay «bioferias», mercados pequeños que venden alimentos orgánicos y ecológicamente cultivados, que les ofrecen mejores opciones nutritivas a los ciudadanos.

Centros de creatividad

La Ciudad Creativa Digital de Guadalajara, México, es una iniciativa urbana que intenta apoyar las actividades creativas digitales como el cine, la animación, los videojuegos, la televisión y las aplicaciones móviles. Desea revitalizar una zona céntrica e histórica de la ciudad mediante[j] el trabajo digital creativo y de ese modo captar la sinergia entre los trabajadores. Al concentrar este tipo de actividad creativa, se espera que la colaboración de tanta gente talentosa cree oportunidades económicas y que mejore la calidad de la vida del barrio. El proyecto pretende crear unos 10.000 empleos en las artes digitales, especialmente para los jóvenes.

---

[b]*carried out* [c]*measures* [d]*firewood* [e]cocinas... *wood stoves* [f]*It restricts* [g]*stray* [h]*shelter*
[i]presión... *blood pressure* [j]*through*

__d__ **MODELO:** Espera revitalizar una zona céntrica
e <u>histórica</u> de la ciudad.

_____ 1. Los ciudadanos pueden comprar alimentos orgánicos y _____ cultivados.

_____ 2. Prohíbe ciertos productos, como _____ a leña.

_____ 3. Espera crear unos 10.000 _____ en las artes digitales.

_____ 4. Promueve el tratamiento _____ de los animales callejeros.

_____ 5. Restringe el uso de _____ que no tengan convertidor catalítico.

_____ 6. Creó puntos por toda la ciudad para la atención _____ preventiva.

a. Santiago Respira

b. Adopta una Mascota

c. Salud al Paso

d. Centros de creatividad

PASO 2. Escribe una descripción breve en tus propias palabras de cada programa e identifica dos beneficios para cada uno. Luego, en parejas, comparen sus ideas. ¿Han identificado los mismos beneficios? Al final, decidan cuál es el mejor programa en su opinión y por qué.

¡A leer!

© blickwinkel/Alamy

San Pedro Sula, Honduras, es la segunda ciudad más grande de Honduras con más de 700.000 habitantes. La ciudad hondureña más grande es Tegucigalpa, la capital. San Pedro Sula se enfrenta con grandes problemas causados por las pandillas y la corrupción. Ha sido identificada como una de las ciudades más violentas del mundo. Sin embargo, es el centro de la industria y las finanzas en Honduras.

Ha emprendido (Ha... *It has undertaken*) un plan para emplear los avances tecnológicos con el fin de mejorar la calidad de vida en la ciudad.

«BUSCAN TRANSFORMAR A SAN PEDRO SULA EN UNA CIUDAD INTELIGENTE»

— Lisseth García

El concepto de ciudades inteligentes («smart city», en inglés) es un término de moda que tiene encantadas a las autoridades municipales de la ciudad.

«Por soñar[a] no se pagan impuestos», dijo el alcalde Armando Calidonio en el cabildo[b] abierto al mostrar videos con proyectos de una San Pedro soñada.

Está claro que su propuesta[c] es la tecnología, por lo que desde ya anunció el lanzamiento[d] de una app que es una aplicación de software que se instalará en dispositivos[e] móviles para ayudar a las personas a navegar por la ciudad. También la instalación de semáforos[f] inteligentes, cámaras de seguridad, ciclovías y transporte masivo.

Calidonio expresó que en San Pedro Sula se tiene muy claro hacia dónde se quiere llegar, teniendo aún más claro el camino a tomar, el cual nos lleva a una San Pedro Sula más moderna, ordenada, transparente, de oportunidades para todos, más humana y más inteligente, haciendo siempre lo correcto aunque sea más difícil.

El alcalde anunció que para poder efectuar todo lo anterior es necesario tener un Plan Maestro de Desarrollo, con una visión a largo plazo,[g] por lo que ya se iniciará con el proceso de licitación[h] pública internacional y que se hará[i] con fondos municipales.

Dentro de esos proyectos, se enmarcan[j] obras a futuro[k] sobre la construcción de mercados zonales, el mercado de la Gran Terminal de Buses, así como el ordenamiento[l] comercial del Distrito Central de Negocios, la ampliación peatonal de la segunda calle y segunda avenida, así como el acceso al mercado Central.

---

[a]Por... *For dreaming* [b]*town council* [c]*proposal* [d]*launch* [e]*devices* [f]*traffic lights* [g]a... *long term* [h]*request for bids* [i]se... *will be done* [j]se... *belong* [k]a... *in the future* [l]*set of laws*

Para conocer más la temática[m] a impulsar, una comitiva[n] municipal viajará a una feria en Puebla, México, a conocer más sobre lo planteado[ñ] anteriormente. En la página web de esa feria se describe el evento como la cita más importante en Latinoamérica sobre ciudades inteligentes, que reúne a las principales instituciones y personalidades que lideran[o] el cambio y la transformación urbana.

Expectativa

Las temáticas que se abordarán[p] son: ciudades sustentables,[q] ciudades equitativas, tecnologías urbanas y emprendimiento[r] digital, ciudades vivas y participativas y movilidad urbana.

Todos son temas, que al juicio del[s] ingeniero, Francisco Saybe, deben ser incluidos en el Plan Maestro del Desarrollo Urbano.

Saybe se siente esperanzado[t] por lo visto y escuchado en el cabildo abierto. «El año 2016 es el año de despegue[u] en San Pedro Sula», dice.

A su juicio, el primer paso es tener el Plan Maestro de Desarrollo Urbano que permitirá crecer de manera ordenada porque ahí se plasma[v] qué zonas se pueden planificar mejor, dónde deben estar las arterias principales de la ciudad, cómo se debe movilizar el tráfico y dónde se tienen que permitir cierto tipo de construcciones.

«El hecho de que el peatón[w] tiene que tener más consideraciones que el automóvil es parte de mejorar la movilidad urbana», manifestó el profesional de la ingeniería.

El concepto de ciudades inteligentes se refiere a todas aquellas urbes comprometidas con[x] su entorno,[y] que desarrollan las soluciones tecnológicas más avanzadas y que apuestan por[z] la sostenibilidad para hacer la vida más fácil a sus ciudadanos.

Esa descripción es compartida por el exvicealcalde Osmín Bautista, quien dice que San Pedro tiene las características para convertirse en una ciudad inteligente como lo es Curitiba, Brasil, que ha servido de modelo para muchas metrópolis.

Hemos insistido en que la ciudad tiene un instrumento de planificación desfasado[aa] y es urgente. «Vemos ideas innovadoras e interés de que la ciudad sea moderna y se ve que hay una ruta», dijo.

Bautista asegura[bb] que la movilidad y el transporte son fundamentales en este concepto de ciudad y ayudan a los planificadores[cc] a comprender mejor esas necesidades.

---

[m]*topic; subject matter* [n]*group* [ñ]*lo... what was outlined, proposed* [o]*lead* [p]*se... will be dealt with, addressed* [q]*sostenible* [r]*endeavor, undertaking* [s]*al... according to, in the opinion of* [t]*hopeful* [u]*año... start-up year, a year of taking off* [v]*se... is manifest* [w]*pedestrian* [x]*comprometidas... committed to* [y]*surroundings, environment* [z]*apuestan... bet on* [aa]*outdated* [bb]*affirms* [cc]*planners*

D. Después de leer

PASO 1. Lee las oraciones sobre las ciudades inteligentes e indica si son ciertas o falsas, según el artículo. Si es una oración falsa, corrígela.

	CIERTO	FALSO
1. El alcalde de San Pedro Sula presentó una propuesta de su ciudad convertida en una ciudad inteligente.	_____	_____
2. El alcalde anunció una app que se instalará en dispositivos móviles para ayudar a las personas a encontrar restaurantes.	_____	_____
3. El alcalde espera mejorar muchos aspectos de la ciudad. Expresó que quiere que sea más moderna.	_____	_____
4. San Pedro Sula es la única ciudad latinoamericana interesada en las ciudades inteligentes.	_____	_____
5. El alcalde cree que se deben priorizar las necesidades de los conductores de automóviles sobre los peatones.	_____	_____
6. La sostenibilidad es importante para las ciudades inteligentes.	_____	_____

PASO 2. En parejas, contesten las preguntas.

1. ¿Por qué crees que el alcalde dice, «por soñar no se pagan impuestos»?

   _____

   _____

2. ¿Cómo se propone pagar el Plan Maestro?_____

3. Además de la app para ayudar a la gente a moverse por la ciudad, nombra dos otras soluciones que se incluyen en la propuesta. _____

   _____

4. ¿Por qué es importante la feria en Puebla, México? ¿Por qué van a ir unos oficiales municipales de San Pedro Sula a Puebla, México? _____

   _____

   _____

5. ¿Qué quiere decir el alcalde cuando habla de crear una ciudad más humana? _____

   _____

6. Menciona dos opiniones del exvicealcalde, Osmín Bautista, con respecto al Plan Maestro. _____

   _____

   _____

PASO 3. En grupos pequeños, hablen de los propósitos de una ciudad inteligente. Identifiquen dos o tres problemas que existen en su propia ciudad: dilemas de seguridad, transporte, salud, etcétera. ¿Qué medidas o iniciativas han tomado los oficiales para enfrentar los problemas y mejorar la calidad de vida de los ciudadanos? Hagan una lista de tres o cuatro medidas que incluirían Uds. en un Plan Maestro de Desarollo Urbano para tratar estos problemas en su ciudad.

E. ¿Qué opinan los demás?

PASO 1. Las personas entrevistadas contestan las siguientes preguntas. Lee las preguntas y escribe por lo menos cinco palabras del vocabulario de este capítulo que probablemente van a incluir en sus respuestas.

- Para Ud., ¿qué es la modernización? ¿Diría Ud. que el lugar (la ciudad o el pueblo) donde nació es moderno? ¿Por qué?
- ¿Qué cambios tecnológicos han pasado durante su vida? En su opinión, ¿han mejorado o empeorado estos cambios la vida de los seres humanos?
- Para Ud., ¿es importante comprar los aparatos tecnológicos más nuevos? ¿Cómo nos van a cambiar la vida en diez o veinte años?
- ¿Cómo definiría Ud. el progreso social, económico, político o tecnológico?
- En su opinión, ¿qué actividades o prácticas tradicionales son importantes mantener?

1. _____   2. _____   3. _____   4. _____   5. _____

 PASO 2. En parejas, túrnense para leer las ideas expresadas en las entrevistas. Expliquen si están de acuerdo.

MODELO: Me interesa todo lo nuevo. He aprendido mucho de los aparatos nuevos y son importantes para sobrevivir en el mundo hoy en día.

E1: Tengo que confesar que me gusta comprar los aparatos nuevos cuando salen. Dependo mucho de mi teléfono móvil y me encanta tener el modelo más nuevo pero como cuesta tanto, no siempre puedo comprarlo. Una vez esperé en una cola larga en frente de una tienda para comprar un teléfono que había acabado de salir al mercado. Estaba obsesionado por ser el primero de mis amigos en tenerlo.

E2: Nunca he hecho cola para comprar un dispositivo nuevo el día que salió como tú, pero es cierto que me encanta mi computadora. La utilizo para todo, para las clases, para ver películas, para llamar por Skype, etcétera. Pero ya que funciona muy bien, no es tan importante tener el modelo más nuevo. Estoy satisfecho con lo que tengo.

1. El sistema de transporte público de mi ciudad es muy avanzado y funciona muy bien.
2. El entretenimiento en el hogar, como la televisión, la música y las películas, ha avanzado mucho desde que yo soy chico/a.
3. Hay que cuidar la conversación tradicional porque la comunicación moderna puede cortar la conexión entre las personas.
4. Para mí, no es importante comprar lo más nuevo.
5. Están prohibidos los aparatos en la mesa a la hora de la cena.
6. Los avances médicos son uno de los mejores ejemplos del progreso.

Palabras útiles

acceder
  to gain access to

acortar distancias
  to shorten distances

cada vez más
  increasingly

contar con
  to count on; to take for granted

estar a la vanguardia
  to be at the forefront

estar pendiente de
  to keep an eye on; to be aware of

el hoyo
  hole

poner lo suyo
  to do one's part

el reproductor de música
  music player (device)

PASO 3. Primero, lee las oraciones sobre las entrevistas. Luego, mira las entrevistas. Por último, indica si cada oración es cierta o falsa. Si es falsa, corrígela.

Gastón

Martín e Irma

Michelle

	CIERTO	FALSO
1. Gastón considera Buenos Aires una ciudad muy moderna.	_____	_____
2. Martín e Irma prefieren estar al día con la tecnología.	_____	_____
3. Michelle cree que los avances de las comunicaciones modernas han sido puramente positivos.	_____	_____
4. Martín e Irma dicen que el progreso tecnológico ayuda a todos igualmente.	_____	_____
5. Gastón define el progreso como avances que benefician a todos.	_____	_____
6. Michelle ha visto muchos cambios positivos en la República Dominicana.	_____	_____

PASO 4. Contesta las preguntas sobre los comentarios de los entrevistados.

1. ¿Cuáles son los cambios tecnológicos más importantes desde que Gastón es chico? Para él, ¿es importante comprar los aparatos más nuevos? _____

2. Según Gastón, ¿cuáles son los aspectos negativos de la tecnología y los avances? _____

3. ¿Por qué dice Martín que el progreso solamente se aplica a la gente del gobierno? Según él, ¿cuáles son las únicas maneras de progresar? _____

4. Según Irma, ¿qué tradición se mantiene en su casa? _____

5. ¿Qué avances tecnológicos le parecen importantes a Michelle? _____

6. Según Michelle, ¿cuáles son algunos ejemplos del progreso en la República Dominicana? _____

 PASO 5. En parejas, conversen sobre sus propias ideas respecto a las preguntas del **Paso 1.**

El cambio, especialmente los avances tecnológicos, puede ser difícil para mucha gente. Además, a veces los beneficios de la tecnología no llegan a ciertas personas de una comunidad. Busca maneras de ayudar a gente de tu comunidad que necesite entrenamiento o asistencia con las aplicaciones tecnológicas en los dispositivos móviles, las computadoras u otros elementos modernos que no haya tenido la oportunidad de incorporar en su vida. Sé voluntario en una escuela u otro programa que les sirva a los niños que no tengan acceso a aparatos tecnológicos educativos. Además, hay oportunidades para el trabajo voluntario en organizaciones que ayudan a adultos que estén buscando trabajos nuevos y que necesiten mejorar algunas de sus habilidades, especialmente respecto al uso de la tecnología. En los asilos y las residencias donde vive la gente mayor, debe haber oportunidades de enseñarles a los residentes a usar una variedad de servicios y aparatos modernos que se hayan inventado recientemente.

V. CONTEXTOS EXPRESIVOS

 A. Escritura: ¿Qué has hecho en tu comunidad?

Todos nosotros somos miembros de varios grupos o comunidades. Al nivel nacional, somos ciudadanos de un país, pero nuestra vida también está compuesta por varios grupos. Por ejemplo, considera los siguientes tipos de comunidades: equipos deportivos, organizaciones de barrio, organizaciones políticas, clubes, organizaciones benéficas, fraternidades/hermandades, sindicatos, grupos de trabajadores, grupos de personas unidas por un pasatiempo, etcétera. Piensa en una de las comunidades de la que tú formas parte. ¿Cómo has participado en o contribuido a esa comunidad? ¿Qué actividades has hecho? ¿Qué has aprendido? Al final de esta actividad vas a escribir un ensayo corto para describir tu participación en esa comunidad. Para empezar, elige uno de los siguientes tipos de comunidades:

> **Estrategia: Palabras y frases de transición**
>
> Transitional phrases can you help clarify your writing. Specifically, they can serve as bridges between your ideas so that your readers can better understand what you are trying to express. Transitions are often used at the beginning of sentences to signal the relationship between the current idea and the previous sentence or paragraph. A wide range of possible types of relationships may exist between sentences and paragraphs: cause and effect, contrast, emphasis, conclusions, summary, and time.

a. Una organización, un equipo o una actividad en tu escuela secundaria o en tu universidad

b. Una organización o una actividad que recaude fondos (*fundraises*)

c. Una actividad para ayudar a las personas necesitadas de tu comunidad

d. ¿Otro grupo o comunidad?

Ahora lee sobre la estrategia para esta tarea, las palabras y frases de transición.

Antes de escribir: Estrategias para comunicar más claramente con palabras y frases de transición

Las frases de transición sirven para conectar oraciones y párrafos. Ayudan a tus lectores a comprender el hilo de tus ideas. Sin frases de transición, el movimiento de una idea a otra puede ser abrupto o confuso. Por ejemplo, lee las siguientes tres oraciones de un párrafo sin transiciones.

- Los propietarios de negocios pequeños le han escrito al alcalde.
- Los propietarios están muy frustados y enojados.
- El alcalde no les ha respondido.

Hay varias relaciones posibles entre las oraciones. Pero, sin palabras o frases de transición es difícil determinar estas relaciones. Examina las siguientes conexiones entre las oraciones y observa cómo las transiciones crean diferentes tipos de «puentes».

> **Puesto que** los propietarios de negocios pequeños están enojados y frustrados, le han escrito al alcalde. **Sin embargo,** el alcalde no les ha respondido.
>
> Los propietarios de negocios pequeños le han escrito al alcalde. Pero, el alcalde no les ha respondido. **Como consecuencia,** los propietarios están muy frustrados y enojados.

En el primer párrafo, la frustración que los propietarios sienten ocurre primero. En el segundo párrafo, es una consecuencia de la falta de una respuesta por parte del alcalde.

Estudia otras oraciones sobre el mismo tema. Fíjate en cómo las frases y palabras de transición cambian lo que se comunica.

- El alcalde les ha dicho que pueden tener una reunión con él.
- Los propietarios han pedido ayuda económica para competir contra el supermercado.

Primero, los propietarios han pedido ayuda económica para competir contra el supermercado. **Por fin,** el alcalde les ha dicho que pueden tener una reunión con él.

Dado que el alcalde les ha dicho que pueden tener una reunión con él, los propietarios han pedido ayuda económica para competir contra el supermercado.

Como es de esperar, los propietarios han pedido ayuda económica para competir contra el supermercado. **Para la sorpresa de todos,** el alcalde les ha dicho que pueden tener una reunión con él.

En contraste con lo que esperaban, el alcalde les ha dicho que pueden tener una reunión con él. **Además,** los propietarios han pedido ayuda económica para competir contra el supermercado.

A continuación hay diferentes relaciones que pueden existir entre oraciones y las frases o palabras que expresan esta relación.

PARA AGREGAR INFORMACIÓN	**además**	moreover, additionally
	aparte de	besides
	basado en	based on
	como	because, since
	como resultado de	as a result of
	con respecto a	with respect to, regarding
	conviene + *infinitivo*	it is well to, it is important to
	dado que	given that
	de todos modos	in any case; anyway
	debido a	due to, owing to, because of
	en cuanto a	inasmuch as, insofar as, with respect to
	es decir	that is, in other words
	no obstante	nevertheless, regardless, notwithstanding, in spite of
	puesto que	since, because
	sin embargo	however
	sobre todo	above all; principally
PARA CONCLUIR	**al fin y al cabo**	in the end, in the final analysis
	así	thus
	después de todo	in the end
	en conclusión	in conclusion
	en consecuencia / por consiguiente	consequently
	en resumen	in summary
	por lo general	in general
	por lo tanto	therefore
PARA COMPARAR Y CONTRASTAR	**a pesar de +** *sustantivo*	in spite of
	a pesar de que + *frase*	despite the fact that
	al contrario	on the contrary
	con relación a	in relation to
	de la misma manera	in the same way
	en cambio	instead, on the other hand
	en contraste con	in contrast
	en vez de	instead of, rather than, in place of
	por un lado... por otro lado	on the one hand . . . on the other hand
	tal como	just like, just as

PARA RESUMIR	a causa de	because of
	al final	at the end
	al principio	at the beginning
	dado que	since, given that
	entonces	then, so
	luego	then, later, after
	por lo tanto	therefore
	por eso	that's why, and so
	resulta que	it turns out that, it follows that, it proves to be

¡A escribir!

Ahora vas a escribir un ensayo de por lo menos cuatro párrafos explicando cómo has participado en una comunidad. Vas a usar frases de transición para mostrar la relación entre tus oraciones y al principio de cada párrafo para indicar la conexión con el párrafo anterior. Sigue los pasos y sé creativo/a.

Primero, haz un bosquejo de tu ensayo. Anota las actividades principales que has hecho.

Segundo, escribe las oraciones de cada párrafo. Añade detalles sobre tus acciones.

Tercero, piensa en la relación entre cada oración. ¿Es una relación de causa y efecto?, ¿de repetición?, ¿de conclusión?, ¿se agrega información?, ¿se resume una idea?

Cuarto, agrega palabras y frases de transición para conectar las oraciones y para conectar los párrafos. La primera oración de un párrafo debe conectar de alguna forma con la última oración del párrafo anterior.

Después del primer borrador

En parejas, intercambien ensayos. Lee el ensayo de tu pareja y escribe al menos cinco preguntas para descubrir más sobre los detalles de los sucesos. Piensa en respuestas a las preguntas que tu pareja te haga y agrega esta información a la versión final de tu ensayo.

B. Nosotros, los actores / las actrices: Luis habla con gente de su comunidad

PASO 1. En parejas, imaginen la conversación entre los personajes y escriban un guion para una de las siguientes situaciones:

a. Luis comparte su experiencia y sus preocupaciones en la reunión de los propietarios.

b. Luis se comunica con el alcalde del municipio.

c. Luis y sus clientes hablan de los supermercados.

d. Luis habla con el dueño del supermercado.

PASO 2. Ensayen su guion y luego interprétenlo para la clase. Presten atención a la pronunciación, el lenguaje corporal, los gestos y el tono de la voz.

C. Entrevista: Cambios en la comunidad

Entrevista a una persona hispanohablante sobre cambios en su comunidad. Escribe preguntas con por lo menos cinco palabras interrogativas para entrevistarlo/la. Por ejemplo, hazle preguntas sobre cambios en la comunidad en general y para los consumidores. Pregúntale cómo estos cambios lo/la han afectado. Saca apuntes y está listo/a a presentar sus respuestas a la clase.

OPCIONAL: Pregúntale al entrevistado si está bien si filmas un video de la entrevista para mostrar a la clase.

D. ¡Entrevista por videoconferencia!

Conversa con un/una hispanohablante por videoconferencia y pregúntale seis a ocho preguntas sobre uno de los siguientes temas:

a. la comunidad donde vive, cómo es, cómo es su barrio

b. cambios que ha notado en lo que compra o consume y cómo lo compra

c. las ventajas y las desventajas de la modernización

Saca apuntes mientras conversan y prepárate a presentar la información a la clase.

E. Investigación: Las comunidades del futuro

Busca información sobre uno de los siguientes temas en tu país y otro país del mundo hispanohablante. Resume la información que encuentres e incluye datos interesantes. Preséntale la información a tu clase y compara y contrasta las semejanzas y diferencias entre los dos países.

- el efecto de los servicios económicos compartidos y colaborativos por consumidores
- los hábitos de consumo
- las tiendas pequeñas con propietarios individuales
- cómo las ciudades en el mundo hispanohablante mejoran su infraestructura
- las tiendas más populares en un país o países
- el efecto de los cambios rápidos en un país

Tabla B

Gramática

C. Atender las necesidades de los consumidores

TABLA B

Compañía y país	¿Qué es?	Para reducir los costos para los clientes	Para respetar el planeta	Para ser más conveniente
MODELO: City Club, México	un club de precio	• vender muchos productos a granel para poder venderlos a precios más económicos • ofrecer descuentos a cambio de su membresía	<u>Ya que vender a granel requiere menos envoltorios, City Club ha reducido el número de envases y envoltorios fabricados. También, como consecuencia, ha disminuido la cantidad de basura que sus clientes botan.</u>	<u>City Club ha vendido una variedad de productos para que sus clientes puedan comprar todo lo que necesitan en un solo lugar. Como resultado, los clientes pueden hacer sus compras con menos frecuencia y no tienen que ir a muchas tiendas.</u>
1. Coco bebé, ___	_____ _____ _____ _____	• crear pañales que se pueden reutilzar	_____ _____ _____ _____	–
2. Carrot, México	una compañía que alquila coches	_____ _____ _____	• reducir por veinte carros el número de carros circulando por cada carro aquilado • reducir la huella ecológica	• crear sitios por la ciudad para recoger y devolver el carro
3. Troquer, _____	_____ _____ _____	• reducir el costo de los artículos	_____ _____ _____ _____	_____ _____ _____ _____
4. Plantsss, Chile	una aplicación que ofrece información óptima del cultivo de plantas	–	• informar a sus usuarios sobre diferentes tipos de plantas • ayudar a encontrar un lugar cercano donde comprar plantas	_____ _____ _____

VOCABULARIO DEL CAPÍTULO 6

I. La comunidad

colaborar	to collaborate
efectuar (ú)	to effect; to carry out
organizarse (c)	to get organized / organize oneself
regir (i) (i)	to govern; to regulate
tener éxito	to succeed
el alcalde / la alcaldesa	mayor
el ayuntamiento	city hall
el barrio	neighborhood
el bienestar	well-being
la infraestructura	infrastructure
la junta	council; committee; board
el municipio	municipality; town hall/council
la reunión	meeting
los servicios públicos	utilities
el/la vecino/a	neighbor
comunitario/a	community

II. El consumismo

adquirir (ie) (i)	to acquire
consumir	to consume
fabricar (qu)	to manufacture
prestar	to lend; to provide
regatear	to haggle
los ahorros	savings
el almacén	small neighborhood store
el arreglo	arrangement
la (tienda de) cadena	chain (store)
el/la cliente	client, customer
las compras	purchases, shopping
el/la consumidor(a)	consumer
el consumismo	consumerism
la cuenta bancaria	bank account
la (des)ventaja	(dis)advantage
la empresa	business; company

la marca	brand
el (micro)préstamo	(micro)loan
el pago	payment
el pedido	order
el precio	price
el/la propietario/a	owner
la tarifa	tariff; rate
la tarjeta de crédito/débito	credit card
conveniente	convenient
rentable	profitable
la compra / la venta en línea	buying/selling online

Repaso: ahorrar, gastar, el negocio, el producto, el supermercado

III. La modernización

empeorar	to make worse
enajenar	to alienate; to estrange
invertir (ie) (i)	to invest
mejorar	to improve
el acceso	access
el avance tecnológico	technological advancement
la deshumanización	dehumanization
el dispositivo	el aparato electrónico
el espacio verde	green space
el invento	invention
la movilidad	mobility
el nivel de vida	standard of living
el proyecto	project
automatizado/a	automated
complejo/a	complex
conectado/a	connected
electrónico	electronic
a gran escala	on a large scale

Repaso: la ciencia, la pantalla, el progreso, sostenible

CAPÍTULO 7

La política económica y el pueblo

Las metas: ¿Qué debo saber y poder hacer al final de este capítulo?

Communicative Goals

Describe embargoes, trade restrictions and shortages using adjective clauses that include the subjunctive usage when necessary. Express the key aspects of the Cuban Revolution, the causes and effects of embargoes, trade restrictions, and shortages, and various modes of transportation.

Chapter Theme Goals

Summarize and reflect upon the plot of the short film **"Pedaleando."** Identify and interpret cultural conflicts and perspectives in the film and in interviews with native speakers.

Analyze and compare cultural perspectives and ideas regarding three key intercultural topics:

The Cuban Revolution
Embargoes, trade restrictions, and shortages
Transportation

Geographical and Cultural Knowledge Goals

Identify the geographic location of Cuba. Describe cultural concepts related to the Cuban Revolution, causes and effects of shortages, and various types of transportation in the Spanish-speaking world.

Knowledge of Reading Goals

Summarize and analyze the short story **"El guardagujas,"** recognize and analyze the cultural value of transportation.

© Michael Honegger/Alamy

Huye Batista, propaganda de la Revolución cubana en El Museo de la Revolución, La Habana, Cuba

¿Qué ocurre en este cuadro? Describe los elementos más sobresalientes. ¿Cómo se retratan a los revolucionarios? ¿Y a la gente cubana? ¿Qué importancia tiene el cartel que dice «Huye Batista»? Describe las caras de los participantes que se ven. ¿Por qué no se pueden ver más caras?

¿Tiene el cuadro un tono optimista? ¿Has visto otras obras de arte que retraten momentos históricos o temas políticos? ¿En qué momento de la revolución ocurre este cuadro? ¿Qué sabes acerca de la Revolución cubana?

I. ANTICIPACIÓN

DATOS CINEMATOGRÁFICOS

Director: Lluís Hereu

Fecha: 2005

Personajes: Lázaro, Pedrito

Escenario: las carreteras y calles de Cuba

País: Cuba

A. El póster del cortometraje «Pedaleando»

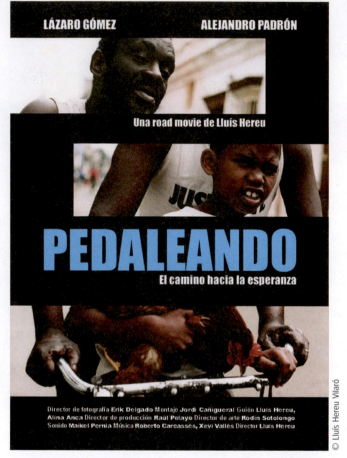

El cortometraje «Pedaleando» trata de dos personas, Lázaro y Pedrito, y un viaje que tienen que hacer.

PASO 1. Mira el póster del cortometraje y contesta las preguntas.

1. ¿Cuál es la relación entre estas dos personas?
2. ¿Adónde andan en bicicleta? ¿Viajan por obligación o por placer?
3. ¿Qué puede significar el subtítulo: «El camino hacia la esperanza»?
4. ¿Qué importancia tiene la gallina?

 PASO 2. En parejas, conversen sobre las siguientes preguntas.

1. ¿Has tenido que hacer un viaje importante o difícil alguna vez en tu vida? Describe la experiencia.
2. ¿Cuál fue el mejor regalo que recibiste de niño/a? ¿Quién te lo regaló? ¿Por qué te fue tan especial?
3. ¿Has recibido un paquete de un ser querido por correo alguna vez? ¿De quién fue? ¿Qué contenía el paquete? ¿Cómo te sentiste después de recibir el paquete? ¿Sabías que te lo iba a enviar o fue una sorpresa?
4. ¿Te gusta andar en bicicleta? ¿Es fácil andar en bicicleta en tu pueblo o ciudad? ¿Por qué sí o no?

B. ¡Conozcamos a los personajes!

PASO 1. Mira las imágenes de algunos de los personajes del cortometraje «Pedaleando» y escribe cómo son y cómo están. Incluye todos los detalles que puedas.

© Lluís Hereu Vilaró

1. **Lázaro, el padre**
   ¿Cómo es Lázaro?
   ¿Cómo está en esta escena? ¿Qué tipo de relación tiene con su hijo?
   Otras observaciones:

© Lluís Hereu Vilaró

2. **Pedrito, el hijo**
   ¿Cómo es Pedrito?
   ¿Cómo está en este momento?
   Otras observaciones:

© Lluís Hereu Vilaró

3. **los amigos de Lázaro**
   ¿Cómo son sus amigos?
   ¿Cómo están en este momento?
   Otras observaciones:

© Lluís Hereu Vilaró

4. **la recepcionista del hotel**
   ¿Cómo es la recepcionista en este hotel?
   ¿Cómo está en esta escena?
   Otras observaciones:

PASO 2. Ahora infiere lo que puedas de los fotogramas y contesta las preguntas.

1. ¿De qué hablan Lázaro y su hijo en el primer fotograma? ¿Por qué lleva Pedrito un uniforme? ¿Qué quiere Lázaro que su hijo haga?
2. ¿Por qué tiene Pedrito una gallina? ¿Cómo es la vida de Pedrito? ¿Qué ha hecho hoy?
3. ¿De qué hablan Lázaro y sus amigos? ¿Qué han hecho hoy?
4. ¿Cómo es el trabajo de la recepcionista? ¿Qué responsabilidades tiene? ¿Qué ha hecho hoy? ¿De qué hablan ella y el cliente?

Hay mucha variación regional en Cuba, especialmente en cuanto a la pronunciación. Una tendencia muy común es la pronunciación suave de los consonantes, especialmente al final de las palabras. Por ejemplo:

**cumpleaños – cumpleaño
después – depué
usted – uté
verdad – verdá**

La **d** entre dos vocales, cuando la primera lleva el énfasis, muchas veces no se pronuncia, por ejemplo:

**descarado – descara(d)o – descarao
entendido – entendi(d)o – entendio**

La **s** con frecuencia se convierte en **j** y otras veces desaparece por completo:

**estable – ejtable
estudiar – ejtudiá
la misma cosa – la mima cosa**

También, la **r** al final de una palabra con frecuencia se pronuncia como una **l**:

**mayor – mayol
regalar – regalal
saber – sabel**

Repaso gramatical: III. Los adjetivos y los pronombres demostrativos

C. Lugares importantes en «Pedaleando»

PASO 1. Los siguientes fotogramas muestran cuatro lugares del cortometraje. Primero, apunta algunas características de los lugares en general. (Por ejemplo: ¿Cómo es el lugar? ¿Para qué sirve? ¿Quiénes suelen estar en el lugar? ¿Cómo están las personas cuando están allí?) Luego, escribe dos ejemplos de lo que se hace típicamente en estos lugares.

1. un pueblo pequeño   2. una carretera

3. una ciudad grande en la costa   4. un hotel

PASO 2. En parejas, digan si Uds. han estado en los lugares del **Paso 1** y qué han hecho allí.

PASO 3. Primero completa las siguientes oraciones con tu opinión. Luego, justifica tus respuestas.

1. El pueblo más amable en mi provincia/estado es...
2. El modo más rápido de viajar es...
3. La ciudad costera más bonita es...
4. El hotel más lujoso es...

D. Situación de suspenso: Andando en bicicleta en la carretera

PASO 1. Mira el videoclip y contesta las preguntas.

1. ¿Qué acaba de suceder en esta escena? ¿Por qué están corriendo Lázaro y Pedrito?
2. ¿Qué ha hecho Lázaro hoy día antes de esta escena? ¿Qué noticias ha recibido?
3. ¿Cuál es el problema con el paquete para Pedrito? ¿Qué le preocupa a Lázaro? ¿Qué duda el amigo de Lázaro?
4. ¿Qué va a ocurrir después? ¿Qué esperan Lázaro y Pedrito que ocurra?
5. ¿Cuál es una cosa que NO va a ocurrir en la próxima escena?

PASO 2. Mira estos fotogramas de la situación de suspenso y escribe oraciones para describir lo que está pasando. Para cada uno, usa el adjetivo o pronombre demostrativo indicado.

MODELO: *these neighbors, that (very far away) bike*

Estos vecinos le gritan al hombre que anda en aquella bicicleta.

1. *this telegram*

_____

_____

2. *those (very far away) cyclists*

_____

_____

3. *this bicycle*

_____

_____

4. *this chicken, that boy*

_____

_____

5. *those cyclists, that (very far away) person*

_____

_____

6. *that man, that bicycle*

_____

_____

Estrategia: Visualizar

Images and visual aids of any kind are powerful tools for learning and understanding. Pausing to visualize or make a mental image of the ideas in a text makes information concrete, comprehensible, and meaningful. As a result, you are better able to retrieve that information. The text itself may provide detailed descriptions that easily evoke images. Or, it may include only broad contours of something. Periodically pause and create a mental image of what you read. Rely on descriptive language or information about context to visualize places, people, actions, moods, events, or situations. What you visualize is unique to you, and thereby allows you to connect what you are reading to something that reflects your personal experiences and perspective.

Cuba tiene quince provincias y ciento sesenta y ocho municipios. Los protagonistas del cortometraje «Pedaleando» empiezan su viaje en una comunidad cubana pequeña que se llama Calimete. Calimete es un municipio en la provincia Matanzas, a unos doscientos kilómetros (aproximadamente 125 millas) al este de la capital. El turismo, el cultivo de la caña de azúcar, los plátanos, las frutas cítricas y el arroz constituyen las bases de la economía de Matanzas.

E. El socialismo

PASO 1. Primero, lee la lectura sobre el socialismo en Cuba y llena los espacios en blanco con un pronombre o adjetivo demostrativo adecuado. Luego, vuelve a leer la lectura y pausa después de cada sección para visualizar lo que acabas de leer. Escribe una descripción breve de las imágenes que tienes en mente.

El socialismo*

La palabra **socialismo** está cargada de múltiples significados e implicaciones. Efectivamente, _____[1] palabra ha sustentado[a] y alimentado[b] numerosos conflictos y movimientos políticos de los siglos XX y XXI. Tiene que ver con grandes cuestiones sobre la división justa de recursos y cómo se deben controlar y repartir.[c] Por _____,[2] es uno de los temas más complicados de la historia reciente.

Lázaro y Pedrito andan en bicicleta en frente de un cartel que dice «Socialismo o muerte».

Aunque se definen _____[3] ideas políticas y económicas de varias maneras, en términos generales el socialismo se trata de[d] una ideología sobre la organización económica y política de una nación.

_____[4] teoría favorece la posesión colectiva o estatal[e] de los instrumentos y materiales necesarios para fabricar o crear productos y servicios, en contraste con la posesión privada. Asimismo,[f] las ideas socialistas suelen establecer metas que abordan las grandes diferencias entre las clases sociales de una nación capitalista. Según las teorías socialistas, _____[5] divisiones de clases se deben reducir o eliminar. El debate con frecuencia se centra en cómo lograr _____.[6]

_____
[a]_underpinned_   [b]_fueled_   [c]_distribute, divide up_   [d]_se... deals with, is about_   [e]_state_   [f]_Also_

Visualización: _____
_____

*Source: Heywood, Andrew. _Political Ideologies: An Introduction_, 4th ed. New York, NY: Palgrave Macmillan, 2012, 97–140.

En la organización de su economía y su política, la mayoría de las naciones mundiales manifiesta algunas características socialistas y capitalistas. Se utiliza la palabra **público** para hablar de las industrias, productos o servicios creados o mantenidos por el gobierno. Por ejemplo, una biblioteca pública depende de los impuestos pagados por los ciudadanos, por lo que _____[7] servicio se considera un bien público disponible[g] para y pagado por toda la comunidad. Se cobra[h] solamente lo que se necesita para gestionar[i] la biblioteca, sin fines lucrativos.[j] Un negocio o servicio **privado,** en cambio, es la parte de la economía controlada por individuos o compañías y que venden algo con fines lucrativos.

[g]*available*   [h]*Se... Is charged*   [i]*manage, run*   [j]*sin... non-profit*

Visualización: _____

En los Estados Unidos y el Canadá, por ejemplo, los servicios de emergencia de los bomberos y la policía se pagan con los impuestos de la comunidad. Las carreteras son construidas por el gobierno local, estatal o federal. Otros servicios, como la atención médica, los medios de transporte, los medios de comunicación y/o los servicios públicos de agua, luz o gas se proveen gracias a una combinación de recursos públicos y/o privados. A pesar de la aparente tranquilidad de _____[8] balance entre lo privado y lo público en algunos lugares, la historia mundial de los últimos dos siglos evidencia muchas polémicas nacionales e internacionales desatadas[k] por los términos y las ideas que implican.

[k]*unleashed*

Visualización: _____

En Latinoamérica, muchos de los movimientos socialistas surgieron de la desigualdad tremenda entre las clases ricas y las grandes masas de personas pobres. Para los que abogaron por una revolución socialista, el capitalismo y la promesa de la magia del mercado libre habían fracasado[l] porque no pudieron mejorar las condiciones de la gente más pobre. Además, el control económico ejercido por los Estados Unidos en _____[9] región, y el dominio económico de las compañías multinacionales, fueron culpados[m] por la pobreza y la opresión de _____[10] clases marginadas.

[l]*failed*   [m]*blamed*

Visualización: _____

PASO 2. Empareja las descripciones de la lectura con las ideas, los términos o las personas que se describen. Luego, llena los espacios en blanco con un adjetivo demostrativo. **¡OJO!** Una respuesta se usa dos veces.

_____ 1. Existen grandes divisiones de clase en el mundo y una de las metas de _____ teoría es eliminar o disminuir _____ divisiones.

_____ 2. Con respecto a la organización de su economía, muchas naciones tienen una combinación de _____ dos sistemas económicos.

_____ 3. Muchas comunidades ofrecen servicios pagados por los impuestos cobrados por el gobierno. Algunos de _____ servicios incluyen las bibliotecas y las calles y carreteras.

_____ 4. _____ tipo de sistema favorece la posesión colectiva de los materiales necesarios para fabricar algo o proveer un servicio.

_____ 5. En _____ parte de una economía, los individuos, los negocios y las compañías venden productos o servicios para obtener ganancias (*to make a profit*).

_____ 6. Según algunos, este sistema no ha podido abordar los problemas de las clases pobres. Por eso, se cree que se necesita otro sistema para mejorar la vida de _____ personas marginadas.

a. el socialismo y el capitalismo

b. el socialismo

c. el capitalismo

d. el sector privado

e. el sector público

PASO 3. Contesta las preguntas.

1. Después de leer la información sobre el socialismo en Cuba en el **Paso 2,** ¿cambia tu opinión sobre lo que va a suceder en el cortometraje? Explica.

2. ¿A qué se refiere el título de este cortometraje? ¿A qué otras cosas puede referirse el título?

3. ¿Cómo va a llegar Lázaro a la Habana?

F. El período especial en Cuba

PASO 1. Lee el siguiente texto. Es la primera toma que se ve al empezar el cortometraje y trata del «período especial» en Cuba, que empezó en 1989 y duró durante la década de los 90. Algunos de los efectos todavía se sentían después del año 2000. Después de leer el texto, contesta las preguntas.

Cuba año 97.
Crisis general que por arte del realismo mágico, los cubanos eufemísticamente "Período Especial".
Se vive en recuerdos y esperanzas.
Se colapsan los sistemas de transporte.
La bicicleta y el coche de caballos sustituyen los artefactos mecánicos.
Se pierde todo menos el humor, la solidaridad y la dignidad.

© Lluís Hereu Vilaró

1. En el año 1997, Cuba hace frente a una crisis general. ¿Cómo se llamaba y por qué dice el texto que lo llamaban así eufemísticamente los cubanos? Busca el significado de «eufemismo» si no sabes lo que significa. _____

   _____

   _____

2. Según el texto, ¿qué problemas tenía Cuba durante este período? ¿Cómo era la vida? _____

   _____

3. Ya que el cortometraje tiene lugar en 1997 y los problemas empezaron unos años antes y siguieron por varios años después, ¿qué infieres sobre la seriedad y la profundidad de los problemas? _____

   _____

4. Basándote en el texto, ¿qué se puede inferir sobre el espíritu cubano? _____

   _____

PASO 2. Lee más sobre el período especial. Contesta las preguntas y para cada segmento escribe una comparación usando **más/menos que** o **tan/tanto como**.

El período especial*

En las décadas después de la Revolución, las relaciones entre Cuba y los Estados Unidos se deterioraron severamente y Cuba se alió con[a] la Unión Soviética. La Unión Soviética exportó petróleo y otros productos a la isla. En 1989, cuando la Unión Soviética empezó a desintegrarse, Cuba sufrió efectos económicos. Esta época de crisis económica ahora se llama **el período especial**.

© Sovfoto/UIG via Getty Images

Fidel Castro, líder de Cuba de 1959 a 2008, conoce a Mikhail Gorbachev, el secretario general del partido comunista de la Unión Soviética en 1989.

_____
[a]*se... allied itself with*

1. ¿Con qué potencia mundial estaba Cuba más aliado después de la revolución socialista en 1959? _____

   Compara la Unión Soviética / los Estados Unidos: _____

   _____

*Source: Hunt, Nigel, "Special Period and Recovery," *Cubahistory.org*, Accessed January 10, 2017. http://www.cubahistory.org; Pérez Luis, Cuba: Between Reform and Revolution, New York, NY: Oxford University Press, 2015, 303–307; Pino, Irina, "Cuba's Special Period Remembered," *The Havana Times*, March 12, 2014, http://www.havanatimes.org

Durante este período, los cubanos enfrentaron una escasez del combustible,[b] los medicamentos y los alimentos. Había cortes[c] de electricidad y la gente empezó a andar más en bicicleta, ya que era difícil comprar gasolina. Se cerraron fábricas y refinerías y mucha gente perdió su trabajo. Cuba perdió el 80% de sus exportaciones y el 80% de sus importaciones. Sobre todo, era difícil importar el petróleo. El transporte se dificultó y aparecieron modos de transporte para las masas.

Una familia comparte una bicicleta durante el período especial en Cuba.

[b]*fuel* [c]*cuts*

2. ¿Qué productos estaban escasos a partir del período especial? _____
_____

3. ¿Qué efecto tuvo la escasez del período especial en el transporte? _____
_____
_____

4. ¿Cuáles fueron otras consecuencias negativas del período especial? _____
_____

Compara la escasez de productos y servicios en Cuba y los Estados Unidos:
_____
_____
_____

Además, como había una escasez de carne de res, se prohibió matar el ganado por carne. Durante este período, el sacrificio de estos animales fue el delito más común. Muchos pasaron hambre y la carne se consideraba un lujo. Algunos campesinos evitaron los castigos al dejar a los animales en la autopista o atarlos a las líneas férreas para que murieran por accidente. El consumo de los alimentos llegó a ser un quinto de lo que había sido antes y el cubano promedio perdió nueve kilogramos.

5. ¿Qué acción era prohibida y considerado un delito durante el período especial? _____

6. ¿Qué hacían algunos campesinos para evitar el castigo por el delito de matar ganado? _____
_____

Compara el consumo de la carne de res en tu país y Cuba: _____

La adopción de la ley estadounidense «Helms-Burton» en 1996 empeoró la ya débil economía cubana. La meta de la ley fue fortalecer el embargo impuesto por los Estados Unidos a Cuba. La ley impuso represalias severas en compañías extranjeras que comerciaran con Cuba. Por tanto, las compañías no norteamericanas tuvieron que elegir entre tener relaciones comerciales con los Estados Unidos o con Cuba. La gente cubana siguió sufriendo y la meta de cambiar el sistema político cubano no se realizó. De hecho, los líderes cubanos podían culparle a esta ley, en lugar de la política cubana, por las dificultades enfrentadas por los ciudadanos.

7. ¿Qué era la ley «Helms-Burton»? _____
_____

8. ¿Qué efecto tuvo la ley en Cuba? _____
_____

Compara la vida de los ciudadanos medios de tu país y los ciudadanos cubanos: _____

Durante el período especial, las tiendas se vaciaron y era muy difícil encontrar comida y otros productos esenciales. Una broma que captó la dificultad se basaba en la canción de un cantautor cubano famoso, Enrique Corona, cuya letra era: «Es la hora de gritar revolución, es la hora de tomarnos de las manos». La versión burladora del período especial era: «Es la hora de gritar que no hay jabón, es la hora de bañarnos con las manos».

9. ¿Qué efecto tuvo el período especial en las tiendas? _____
_____

10. ¿Cómo se cambió la letra de una canción cubana para destacar los problemas del período? _____

Compara antes y después del período especial: _____
_____
_____

G. Hay que llegar a La Habana.

PASO 1. Primero, lee las oraciones sobre la reacción de los personajes a lo que ha sucedido durante el período especial. Luego, llena los espacios en blanco con la forma correcta del presente perfecto de uno de los siguientes verbos. **¡OJO!** Recuerda que se debe usar el subjuntivo en cláusulas dependientes después de reacciones.

darse cuenta	**informar**	**regalar**
decir	**llegar**	**robar**
dejar	**recibir**	**salir**
enviar		

MODELO: Los vecinos de Lázaro y su hijo están preocupados de que Lázaro y Pedrito <u>hayan salido</u> del pueblo en una bicicleta que no tiene frenos.

1. El cartero siente mucho que el telegrama _____ tarde. Él le _____ a Lázaro que hay muchos problemas con la entrega de los telegramas, como la falta de tinta y las máquinas que se rompen.

2. Pedrito está muy contento que Lázaro le _____ un viaje de ida y vuelta a La Habana por su cumpleaños.

3. Los amigos de Lázaro le _____ que hoy es el diez del mes, y ellos esperan que Lázaro y Pedrito lleguen a tiempo a La Habana.

4. Lázaro y Pedrito están muy frustrados de que el joven les _____ la bicicleta.

5. Flecha es un buen amigo y le da lástima que Lázaro no _____ la información sobre el paquete hasta hoy.

6. Pedrito está muy contento de que su madre le _____ un paquete en La Habana para él.

PASO 2. En parejas, miren los fotogramas y escriban unas comparaciones de los personajes, de algo que Uds. observan en el fotograma o de lo que sucede. Para cada fotograma, escriban por lo menos dos oraciones.

MODELO: El cartero ha viajado **más distancia** hoy **que** los otros personajes.

El cartero es **tan amable como** los amigos de Lázaro.

Lázaro y sus amigos no han trabajado hoy **tanto como** el cartero.

El pueblo en que ellos viven es **más pequeño que** la capital, La Habana.

El trabajo del cartero es **mejor que** muchos otros trabajos.

La vida del cartero es **tan difícil como** la vida de Lázaro y sus amigos.

El cartero es **mayor que** los otros hombres.

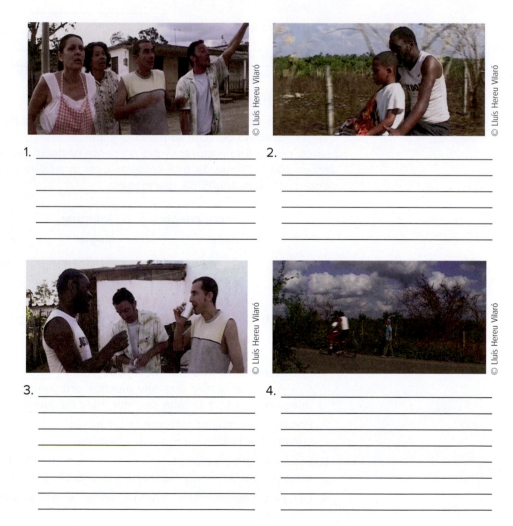

1. _____
_____
_____
_____
_____

2. _____
_____
_____
_____
_____

3. _____
_____
_____
_____
_____
_____

4. _____
_____
_____
_____
_____
_____

H. A inferir y predecir

En parejas, miren los fotogramas y contesten las preguntas.

© Lluís Hereu Vilaró

© Lluís Hereu Vilaró

1. ¿Qué problema ha ocurrido en el primer fotograma? ¿Cómo se sienten estas personas?
2. ¿Qué probablemente ha hecho Lázaro en el primer fotograma? ¿Es probable que haya ayudado a las personas?
3. ¿Dónde está Lázaro en el segundo fotograma? ¿Ha llegado a La Habana? ¿Qué ha hecho antes de este momento? ¿Qué ha pasado? ¿Cómo se siente que esto haya pasado?
4. ¿Qué va a pasar en el futuro?

I. Sin sonido: Las pistas visuales

© Lluís Hereu Vilaró

PASO 1. Mira el cortometraje entero sin sonido. Presta atención a las acciones y las emociones expresadas en la cara de los personajes. Basándote en las pistas visuales, escribe por lo menos cinco oraciones resumiendo lo que crees que ocurre en «Pedaleando». Explica el argumento y el desenlace lo mejor que puedas. **¡OJO!** No te preocupes si no estás seguro/a. Observa y adivina. ¡Vas a mirar el corto con sonido pronto!

PASO 2. Compara tu resumen del argumento (del **Paso 1**) con el de una pareja. ¿Son parecidas sus interpretaciones de las pistas visuales? ¿Cómo son diferentes?

PASO 3. Ahora, escribe cinco preguntas sobre el cortometraje. Usa cinco palabras interrogativas diferentes. Pueden ser preguntas sobre lo que sucede o de opinión. Hazle tus preguntas a tu pareja y apunta sus respuestas.

II. VOCABULARIO

A. Cuba y su revolución

PASO 1. Lee sobre la Revolución cubana, infiere el significado de las palabras **en negrilla** y contesta las preguntas.

Cuba y su revolución*

Fulgencio Batista dirige un discurso público para contrarrestar[a] una manifestación estudiantil en 1957.

Fulgencio Batista fue elegido presidente de Cuba en 1940 y su término duró cuatro años. Luego, en las elecciones de 1952, se postuló[b] de nuevo como candidato presidencial. Unos meses antes de las elecciones, cuando se hizo claro[c] que iba a perder, tomó poder por segunda vez mediante **un golpe de estado.** Durante **la dictadura** de Batista, el gobierno **se alió** con los dueños[d] ricos de las plantaciones de la caña de azúcar y **protegió** la riqueza de las grandes empresas **extranjeras.** Además, oprimió a los ciudadanos, **censuró** la expresión, usó la tortura contra los presos y asesinó a adversarios políticos.

Motivados por **derrocar** el gobierno dictatorial de Batista en los años 50, Fidel Castro, Ernesto «Che» Guevara y Raúl Castro, junto con algunos obreros y campesinos, formaron un grupo armado revolucionario llamado el Movimiento 26 de Julio. **Lograron** su meta en 1959

Ernesto «Che» Guevara y Fidel Castro en Cuba, 1961

[a]*resist, stand up against* [b]se… *he ran for office* [c]se… *it became clear* [d]*owners*

y Batista **huyó** del país con millones de dólares que había acumulado por medio de[e] la corrupción.

La Revolución cubana empezó en 1959 y continúa hasta hoy en día. En Cuba, «la Revolución» se refiere al proceso continuo de efectuar cambios económicos y políticos para crear **una economía** socialista y una sociedad más igual. **Los ideales** originales de la Revolución incluyeron una sociedad sin **la propiedad privada.** Se enfocaba en eliminar la desigualdad causada por el capitalismo y la corrupción de **la dictadura** de Batista. En la práctica, sin embargo, Castro terminó empleando medidas autoritarias y no cumplió con[f] sus promesas iniciales de restaurar ciertos derechos civiles.

Entre otras reformas, el gobierno les **abastece** servicios sociales, la educación y la atención médica a todos los ciudadanos del país. Además, les garantiza a todos los cubanos un trabajo. En 1958, antes de la Revolución, el 40% de la mano de obra[g] en Cuba estaba desempleada[h] o subdesempleada[i] y el 25% trabajaba en la industria de la caña de azúcar, que les aseguraba a estos obreros poca seguridad laboral o económica. La Revolución implementó cambios radicales para mejorar las condiciones de vida del sector menos privilegiado de la sociedad cubana, a costa del poder[j] y de los privilegios arraigados[k] de la clase alta.

Para **lograr la reforma** agraria, el gobierno nuevo de Fidel Castro les confiscó las tierras a los grandes terratenientes[l] y las **repartió** entre los campesinos. Antes de la Revolución, muchos de los propietarios de las plantaciones pertenecían[m] a empresas **extranjeras,** lo cual Castro buscó cambiar. Con el objetivo de realizar **la reforma** agraria, la Ley de Reforma Agraria de 1959 nacionalizó muchas de **las propiedades privadas** que habían estado en manos de empresas estadounidenses; es decir, la posesión y el control de ellas pasaron al gobierno cubano. El 40% de la tierra rural se nacionalizó. Se limitó a mil acres la máxima cantidad de tierra que un propietario podía tener. Los cubanos con más de dos **propiedades** tuvieron que cederle **la propiedad** excedente[n] al estado cubano. Como consecuencia, los cubanos más ricos perdieron muchos de sus privilegios repentinamente.[ñ]

Muchos críticos sostienen que este sistema socialista, que controla y limita firmemente la actividad económica en Cuba, ha fracasado[o] y que los ciudadanos carecen de[p] libertad. Mantienen estos críticos que el sistema económico no ha podido responder a las necesidades más básicas de sus ciudadanos. Además, hay un solo **partido** político, lo cual ha impedido la resolución de problemas. Dado que la constitución cubana permite la expresión libre solamente de acuerdo con las metas del gobierno socialista, muchos tipos de expresión se **censuran**: la música, la prensa, la televisión, el cine y el Internet. Aunque Fidel Castro murió en 2016, su legado continúa bajo el liderazgo de Raúl Castro, quien promete cederle la presidencia a su vice-presidente, Miguel Díaz-Canel, en 2018.

---

[e]por... *through*   [f]no... *he did not fulfill*   [g]la... *the work force*   [h]*unemployed*   [i]*underemployed*   [j]a... *at the expense of the power*   [k]*entrenched*   [l]*land owners*   [m]*belonged*   [n]*in excess, surplus*   [ñ]*suddenly*   [o]*failed*   [p]carecen... *lack*

*Source: Brener, Philip, et al., *A Contemporary Cuba Reader: Reinventing the Revolution.* Lanham, MD, Rowman & Littlefield, 2008, 7–10; García, Anne-Marie, "In Cuba, Many Are on the Job, but not at Work," *Dallas Morning News*, July 18, 2010, p. 22A, http://homepages.se.edu; "Fulgencio Batista, *PBS: American Experience Television Series*, Accessed November 5, 2016. http://www.pbs.org; Sierra, Jerry A., "Batista," *historyofcuba.com*, Accessed January 16, 2017, http://www.historyofcuba.com; Bell, Maya, "Quite a Mute, Mighty Roll Call of Cuba's Revolution Victims," *The Orlando Sentinel*, March 13, 1994. http://articles.orlandosentinel.com

Más vocabulario sobre Cuba y su revolución[*]

alejarse	to get away from; to move away
aliarse (í)	to unite, join, bring together
censurar	to censor
derrocar (qu)	to topple; to overthrow
lograr	to achieve; to manage to do something
patrocinar	to sponsor; to finance
repartir	to divide up; to distribute
el/la dictador(a)	dictator
el golpe de estado	coup d'etat
el ideal	ideal
el partido	party (*political*)
la propiedad privada	private property
la reforma	reform

Repaso: proteger, la dictadura, la economía, extranjero/a

[*]*Vocabulary words underlined and differently colored are featured in the dialogue of the short film.*

Comprensión

1. ¿Quién era el dictador de Cuba que Fidel Castro quería derrocar? ¿Cómo era su dictadura? _____

   _____

2. ¿Cuándo logró el Movimiento 26 de Julio su meta? ¿Quiénes acompañaron a Fidel Castro en su revolución armada? _____

   _____

3. ¿Cuáles eran los ideales de la Revolución cubana? _____

4. ¿Qué hizo Fidel Castro con algunas tierras al tomar control del gobierno?

   _____

5. ¿Qué tipos de servicios les abastece el gobierno cubano a los ciudadanos?

   _____

6. ¿Qué critican los detractores del socialismo cubano? _____

   _____

PARA TU INFORMACIÓN: FIDEL CASTRO[†]

Es imposible hablar de la historia de Cuba del siglo XX sin reconocer el papel central de Fidel Castro. No solo dirigió la Revolución cubana sino que también fue arquitecto de una política económica y gubernamental que afectaría la vida de millones de cubanos, tanto en la isla como entre la comunidad de exiliados en los Estados Unidos. Cuando murió a los noventa años en 2016, llevaba más años en poder que cualquier otro líder vivo.

Nacido en 1926 en una familia rica, su padre era propietario de una plantación de azúcar. Después de ingresar en la Universidad

© Adalberto Roque/AFP/Getty Images

[†]Source: "Fidel Castro, Biography," *Biography.com*, Accessed January 12, 2017. http://www.biography.com; DePalma, Anthony, "Fidel Castro, Cuban Revolutionary who Defied the U.S., Dies at 90," November 26, 2016. https://www.nytimes.com

de La Habana para estudiar el derecho, se interesó por la política y los temas de la justicia social, el socialismo y el anti-imperialismo. Fue a la República Dominicana en 1947 para participar en un golpe de estado sin éxito para derrocar al dictador Rafael Trujillo. Luego, intentó acabar con la dictadura de Fulgencio Batista en 1953, pero fracasó y estuvo encarcelado por dos años. Siguió planeando la Revolución cubana y cuando tuvo éxito en 1959, fue recibido por multitudes entusiásticas en La Habana. Sin embargo, sus críticos señalan que los ideales de la Revolución no se realizaron y muchos cubanos no solamente han sufrido privaciones, sino que también han vivido sin los derechos básicos de libertad, como por ejemplo la libertad de expresión. Cuando murió, el país no se había desviado mucho de cómo era en los primeros años de la Revolución.

PASO 2. En parejas, conversen sobre otras revoluciones que conozcan. ¿Por qué ideales o metas lucharon los participantes? ¿Qué lograron/perdieron?

PASO 3. En parejas, miren los siguientes carteles que se ven en Cuba. Usen las imágenes y las palabras para interpretar qué revela cada cartel sobre la Revolución cubana. Escriban por lo menos dos oraciones para analizar cada cartel y usen palabras de vocabulario cuando sea posible.

1.

© Lluís Hereu Vilaró

2.

© Huw Downing/Alamy RF

3.

© nobleIMAGES/Alamy

4.

© James Quine/Alamy

5.

© Paul Harris/Getty Images

6.

© dov makabaw Cuba/Alamy RF

Palabras útiles

la exigencia
 demand for what needs to be done
perdurar
 to live on; to endure
rendirse
 to surrender

© Barry Lewis/Alamy

A causa de su papel en la Revolución cubana, Ernesto «Ché» Guevara ha adquirido la categoría de icono no solo en Cuba, sino en todo el mundo.

Nacido en la Argentina, Guevara hizo un viaje inspirador por varios países de Sudamérica durante el que la pobreza y la injusticia que vio le provocaron indignación. Motivado por lo que presenció en este viaje, se involucró en varios conflictos mundiales con la intención de derrotar la injusticia y desigualdad que le atribuyó al sistema capitalista.

Después de su muerte en 1967 en Bolivia, llevada a cabo por las fuerzas armadas bolivianas con la ayuda de la Agencia de Inteligencia Central, su legado todavía se debate. Algunos creen que era un rebelde que inspiró al mundo a luchar contra la opresión del gobierno y del capitalismo, una lucha casi imposible de ganar. Mientras tanto, otros creen que era un simple asesino, culpable de los fusilamientos de sus adversarios y de castigar a los homosexuales y a otras personas por ser «anormales».

B. Las promesas de la Revolución: El derecho a la salud y la educación†

PASO 1. Primero, mira las tiras cómicas y lee las descripciones sobre los sistemas de salud y educación cubanos e infiere el significado de las palabras **en negrilla**. Luego, empareja cada pregunta de la primera columna con su respuesta.

El sistema de salud cubano

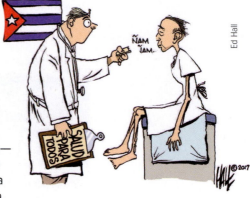

Ed Hall

El sistema de asistencia médica en Cuba se basa en un modelo preventivo[a] y todos los servicios médicos **son abastecidos** —y pagados— por el gobierno. Cada ciudadano tiene el derecho a recibir la atención médica que necesite sin tener que pagar nada. Sin embargo, el sistema no siempre puede atender a la gente en seguida y muchos de los servicios se deterioraron, especialmente después del período especial. El gobierno gasta el 8,8% del su Producto Nacional Bruto (PNB)[b] en la salud de sus ciudadanos. Los cuidados primarios se prestan en consultorios familiares y las policlínicas ofrecen servicios más especializados como la odontología,[c] la cardiología, la pediatría, etcétera. Sin embargo, a pesar de[d] la promesa de la atención **gratuita** e igual para todos, los críticos del sistema señalan que las élites reciben un servicio superior al que se les da al resto de los ciudadanos.

---

[a]*preventative*   [b]Producto… *Gross National Product*   [c]*dentistry*   [d]a… *in spite of*

*Source: Lacey, Marc, "40 Years After Che Guevara's Death, his Image is a Battleground," *The New York Times*, October 8, 2007; Kirchick, James, "Fidel Castro's Horrific Record on Gay Rights," *The Daily Beast*, November 27, 2016. http://www.thedailybeast.com; "Che Guevara (Ernesto Guevara)," *Biografías y vidas*, Accessed November 30, 2016. http://www.biografiasyvidas.com

†Source: González, Ivet, "Private Schools Gain Popularity in Cuba," *Aljazeera*, January 4, 2014. http://www.aljazeera.com; Gomez, Andy S., "How Education Shaped Communist Cuba," *The Atlantic Monthly*, February 26, 2015. https://www.theatlantic.com; "10 Things to Know about Revolutionary Cuba's Literacy Program," *Telesur*, September 8, 2016. http://www.telesurtv.net; Ojito, Mirta, "Doctors in Cuba Start Over in the U.S.," *The New York Times*, August 3, 2009. http://www.nytimes.com;

Hay también el problema de **la escasez**. Además de **la escasez** de las medicinas y el equipo médico, existe también **una escasez** de médicos. El sueldo para los médicos es bajo, solamente unos $65 mensuales. El sueldo medio cubano es $19 por mes. Muchos profesionales de salud han optado por[e] emigrar del país. Por ejemplo, entre 2003 y 2009, unos seis mil profesionales de salud salieron de Cuba para trabajar en otros países. Además, el gobierno cubano gana mucho dinero cuando permite que sus médicos trabajen en países necesitados. Esos países le pagan al gobierno cubano por los servicios de los médicos cubanos. **La escasez** afecta la atención médica en Cuba porque a veces hay que depender de estudiantes médicos que no han recibido su título todavía.

El sistema de educación cubano

¿Y QUÉ GRADO COMENZÓ EL NIÑO?

SÉPTIMO, PERO POR LA TALLA DEL UNIFORME, NOVENO

© Osval

El gobierno cubano gasta el 10% de su presupuesto[f] en la educación. Fidel Castro le dio prioridad a reformar este sistema y en el año 1960 prometió eliminar **el analfabetismo.** En aquel año, los datos mostraban que en una población de siete millones, un millón de adultos era **analfabeto** y muchos niños no tenían acceso a la educación. En los primeros años de la Revolución, el índice de **alfabetismo** subió al 96%. Además, durante esta época, Castro cerró las escuelas privadas, muchas de ellas dirigidas por[g] la Iglesia Católica.

Fidel Castro diseñó el sistema educativo para fortalecer[h] los ideales de la Revolución. Los materiales académicos tienen que ser aprobados[i] por el gobierno y no se permite la crítica de **las políticas** del gobierno. Desde la crisis económica del período especial, el país ha tenido **una escasez** de maestros. A pesar del predominio del sistema educativo público, en los últimos años, unos tutores y cursos especializados privados se han vuelto populares.

Los uniformes y las comidas que se sirven durante el año escolar **son abastecidos** por el gobierno. Para recibir el uniforme, las familias reciben **un bono,** pero ya que el gobierno no les **abastece bonos** para un uniforme nuevo cada año, la talla[j] del uniforme a veces no le sirve al niño / a la niña. Les queda grande o pequeño. Asimismo,[k] como las familias tienen que intercambiar[l] su **bono** en ciertas tiendas particulares de su región, no siempre encuentran las tallas apropiadas. Muchos uniformes se venden en el mercado negro y en Miami, Florida.

---

[e]han... *have opted to, have chosen to*   [f]*budget*   [g]dirigidas... *run by*   [h]*strengthen*   [i]*approved*   [j]*size*   [k]*Also*   [l]*exchange*

Sources (continued): "Cuba Hikes Salaries for Doctors, Nurses to as much as $67 a Month," *Fox News World*," March 21, 2014. http://www.foxnews.com/world; Dresang, Lee T., "Family Medicine in Cuba: Community-Oriented Primary Care and Complimentary and Alternative Medicine," *Journal of the American Board of Family Medicine*, April 8, 2005. http://www.jabfm.org; Domínguez-Alonso, Emma & Eduardo Zacca, "Sistema de Salud de Cuba," Salud Pública de México, 53, 2, 2011, 168–176.; Frist, Bill, "Cuba's Most Valuable Export: Its Health Care Expertise," *Forbes*, June 8, 2015. http://www.forbes.com; Darias, Idolidia, "A falta de médicos cubanos reciben atención de estudiantes «sin la debida preparación»," *Martí Noticias*, January 25, 2017. http://www.martinoticias.com; Whitefield, Mimi, "Study: Cubans Don't Make Much but It's More than State Salaries Indicate," *The Miami Herald*, July 12, 2016. http://www.miamiherald.com

Comprensión

_____ 1. ¿Cómo reciben los ciudadanos cubanos la atención médica?

_____ 2. ¿Qué servicios proveen las policlínicas?

_____ 3. ¿Cuánto cuestan los servicios médicos?

_____ 4. ¿Cuál es una razón por la que hay una escasez de médicos en Cuba?

_____ 5. ¿Qué prometió eliminar Fidel Castro en 1960?

_____ 6. ¿Cuántos adultos cubanos eran analfabetos en 1960?

_____ 7. ¿Qué organización dirigió muchas de las escuelas que Fidel Castro cerró poco después de la Revolución?

_____ 8. ¿Qué no se permite en las escuelas cubanas?

_____ 9. Para recibir el uniforme escolar, ¿qué tienen que intercambiar las familias?

_____ 10. ¿Cuál es un problema con la talla de los uniformes?

a. El analfabetismo

b. La crítica de las políticas del gobierno

c. Son gratuitos.

d. La Iglesia católica

e. No siempre le sirve al niño / a la niña. La talla del uniforme a veces le queda grande o pequeña.

f. El sueldo bajo

g. Ofrecen servicios especializados como la odontología, la cardiología o la pediatría.

h. Bonos en tiendas particulares

i. Uno de cada siete

j. Es abastecida y pagada por el gobierno

 PASO 2. En parejas, conversen sobre las siguientes preguntas.

1. ¿Qué semejanzas existen entre los sistemas cubanos de educación y salud y los sistemas que tú conoces? ¿Qué diferencias hay?

2. ¿Cuáles son los ideales de la Revolución cubana ejemplificados en los sistemas de educación y salud?

3. ¿Qué opinas tú de la idea de la asistencia médica gratuita?

4. ¿Asististe/Asistes a una escuela pública o privada? ¿Cuáles son las ventajas y desventajas de los dos sistemas?

5. ¿Llevaste uniforme en la escuela primaria o secundaria? ¿Qué opinas de los uniformes en las escuelas?

6. ¿Qué opinas sobre el papel del gobierno en la salud y la educación?

C. Cuba y los Estados Unidos

PASO 1. Primero, lee sobre la historia entrelazada (*intertwined*) de Cuba y los Estados Unidos desde la Revolución cubana hasta la muerte de Fidel Castro. Luego, contesta las preguntas.

La Bahía de Cochinos[a] y la crisis de los misiles*

Fidel Castro y su ideología sobrevivieron a pesar de tensión y conflictos con diez presidentes estadounidenses.

La Bahía de Cochinos

Muy poco después de que Fidel Castro asumió el poder en 1959, el gobierno de los Estados Unidos empezó a planear una operación encubierta[b] para **derrocar** al líder revolucionario de Cuba. A solamente unos meses de la inauguración del Presidente Kennedy, en 1961, el gobierno estadounidense lanzó[c] una invasión de Cuba con el objetivo de acabar con el régimen de Castro. La invasión tomó lugar en la Bahía de Cochinos, en la costa suroeste de la isla. La Agencia de Inteligencia Central había reclutado y entrenado a cubanos exiliados que vivían en Miami para llevar a cabo la invasión. La invasión fracasó y el gobierno de Castro encarceló a más de mil personas, a quienes liberó entre 1962 y 1965 a cambio de $53.000.000 de alimentos y medicina recibidos del gobierno estadounidense.

Los contrarrevolucionarios que fueron capturados por el ejército de Castro después de la Invasión fracasada en la Bahía de Cochinos

La crisis de los misiles

La próxima crisis tuvo lugar en 1962. Los Estados Unidos y la Unión Soviética casi entraron en guerra cuando unos misiles nucleares soviéticos se descubrieron en el puerto de la Bahía de Mariel en Cuba. El Presidente Kennedy anunció **un bloqueo** naval para impedir que la Unión Soviética entregara más misiles a Cuba. El líder soviético, Nikita Khrushchev, y el Presidente Kennedy se comunicaron durante este período de extrema tensión. Las dos superpotencias[d] estuvieron a punto de lanzar una guerra nuclear. Por fin, Khrushchev se rindió[e] y se sacaron los misiles de Cuba.

Esta foto fue sacada en 1962 por una misión militar de reconocimiento (*military reconnaissance mission*) y muestra que la Unión Soviética había puesto misiles nucleares en el Puerto de Mariel en Cuba.

---

[a]*La... The Bay of Pigs* [b]*undercover* [c]*launched* [d]*superpowers* [e]*se... surrendered*

*Source: "Bay of Pigs Invasion," Encyclopedia Britannica, March 12, 2008. https://www.britannica.com

Comprensión

1. Qué presidente estadounidense decidió invadir la Bahía de Cochinos? ¿En qué año tuvo lugar? _____

2. ¿Qué quería lograr los Estados Unidos cuando lanzó la invasión? ¿Qué preparativos hizo para la invasión? _____
_____

3. ¿Tuvo éxito la invasión? ¿Qué sucedió después? _____
_____
_____

4. ¿Qué era la crisis de los misiles soviéticos? ¿Cómo se resolvió? _____
_____
_____
_____

5. ¿Por qué era la crisis de los misiles tan peligrosa? _____
_____

 PASO 2. Primero, lee la lectura sobre los balseros cubanos. Luego, escucha las oraciones y decide si son ciertas o falsas según el texto. Si una oración es falsa, corrígela.

Los cubanos que huyen del país*

En las últimas tres décadas, la Guardia Costera de los Estados Unidos ha interceptado más de 70.000 migrantes en las aguas entre Cuba y Florida. Aunque miles de cubanos han seguido intentando cruzar el estrecho de Florida, en 1994, un trasfondo[a] de circunstancias económicas desesperadas en la isla llevó a otra gran oleada[b] de migración por mar.

---

[a]*background*   [b]*llevó... led to another great wave*

*Source: Barbero, Luis, "35 años del gran éxodo del Mariel," *El País*, September 13, 2015, http://internacional.elpais.com; "Castro Announces Mariel Boatlift," *The History Channel*, Accessed January 19, 2017. http://www.history.com; "El gobierno cubano abre el puerto de Camarioca para quienes quieren dejar la isla," *The History Channel*, Accessed January 19, 2017. http://mx.tuhistory.com; Taylor, Alan, "20 Years After the 1994 Cuban Raft Exodus," *The Atlantic Monthly*, November 12, 2014. http://www.theatlantic.com; "Between Despair and Hope: Cuban Rafters at the U.S. Naval Base, 1994–1996," *University of Miami Libraries: Digital Libraries*, Accessed January 19, 2017. http://scholar.library.miami.edu; Armario, Christine, "Balseros cubanos muertos, los desaparecidos," *El Nuevo Herald*, November 27, 2014, http://www.elnuevoherald.com; Rusin, Sylvia, Zong, Jie, Btalova, Jeanne, "Cuban Immigrants in the United States," *Migration Information Source: The Online Journal of the Migration Policy Institute*, April 7, 2015. http://www.migrationpolicy.org; "Bay of Pig Invasion," *Encyclopedia Britannica*, March 12, 2008, https://www.britannica.com; Silva, Cristina, "Why Cubans Are Still Risking Their Lives on Flimsy Rafts to Leave the Island," *International Business Times*, May 5, 2015. http://www.ibtimes.com

De nuevo, Castro anunció que los que deseaban dejar la isla, podían. A este grupo se le llamaba **balseros.** Tenían este nombre porque intentaron llegar a los Estados Unidos, o menos frecuentemente a otros países caribeños, en embarcaciones improvisadas, hechas de llantas, madera, metal, Styrofoam, puertas, cuerda[c] y piezas de carros. Unos 35.000 cubanos salieron. Como <u>las balsas</u> eran desvencijadas,[d] el viaje de atravesar las noventa millas entre Florida y Cuba era peligroso. Entre los pasajeros, había niños, mujeres embarazadas,[e] gente mayor o enferma. Algunas <u>balsas</u> se volcaron y la Guardia Costera de los Estados Unidos interceptó a unos 30.000 **balseros** y los llevó a la base militar estadounidense en Guantánamo, Cuba. Pasaron meses en los campamentos de Guantánamo en un limbo, esperando saber si iban a poder por fin inmigrar a los Estados Unidos o si iban a tener que volver a Cuba. Al final, todos los que no tuvieran antecedentes criminales[f] recibieron permiso para ir a los Estados Unidos.

© Janis Lewin/AFP/Getty Images

Pero en 1995, el presidente estadounidense Bill Clinton estableció límites sobre qué emigrantes cubanos recibirían[g] la residencia estadounidense de ese momento en adelante. **La política** nueva se llamaba «pies secos, pies mojados»[h] y permitía que los emigrantes que lograban llegar a la tierra seca se quedaran,[i] mientras que a los que se interceptaban en el mar, los con los pies mojados, se devolvían a Cuba. En 2017, en los últimos días de su presidencia, el Presidente Barack Obama puso fin[j] a **la política** de «pies secos, pies mojados». El Presidente Obama explicó que el fin de esta **política** pone a todos los grupos de personas a pie de igualdad, dado que **la política** «pies secos, pies mojados» les había dado trato preferencial a los cubanos. Según datos de 2015, hay unos 1,8 millones de inmigrantes cubanos que viven en los Estados Unidos.

---

[c]*rope* [d]*rickety, ramshackle* [e]*pregnant* [f]*antecedentes... a criminal past* [g]*would receive* [h]*wet* [i]*were allowed to stay* [j]*ended*

	CIERTO	FALSO
1.	_____	_____
2.	_____	_____
3.	_____	_____
4.	_____	_____
5.	_____	_____
6.	_____	_____
7.	_____	_____
8.	_____	_____

PASO 3. En parejas, miren la tira cómica y conversen sobre las preguntas.

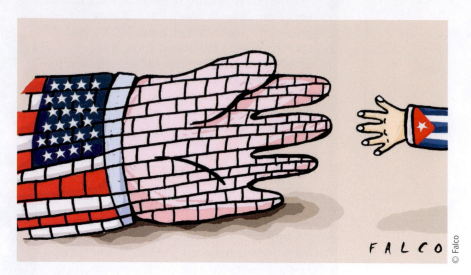

1. ¿Cómo es el brazo a la izquierda? Además de la bandera de los Estados Unidos, ¿qué más se ve en el brazo? ¿Por qué? ¿Cómo es el brazo a la derecha? ¿Por qué es más grande la mano a la izquierda?

2. ¿Cómo son distintas las perspectivas de los dos países? ¿Cómo influye la historia de sus relaciones de las últimas décadas en esta perspectiva? ¿Ofrece la tira cómica un punto de vista positivo en relación con el futuro? Explica.

3. ¿Cómo ven los dos países su papel en el mundo? ¿Crees que comparten algunas de las mismas metas?

D. La escasez y los efectos de la Revolución cubana

PASO 1. Lázaro y Pedrito enfrentan varios problemas a causa de la escasez (*scarcity*) de ciertos productos y servicios. Lee las siguientes descripciones, infiere el significado de las palabras **en negrilla** y contesta las preguntas.

El cartero explica que el telegrama llegó tarde a causa de **la escasez** de **abastecimientos** como papel, tinta y herramientas para **reparar** máquinas.

Como Cuba tiene un sistema de **racionamiento,** muchos vendedores ambulantes venden comidas que están **escasas.** Todas las tiendas son **estatales**; es decir, el gobierno controla **el abastecimiento** y el precio de todos los productos. Además, en 1960, el Presidente Kennedy impuso **un bloqueo** de **exportaciones** de los Estados Unidos a Cuba.

Vocabulario sobre la escasez y los efectos de la Revolución cubana

abastecer (zco)	to supply
agotar	to exhaust; to use up
hacer cola	to stand in line
promover (ue)	to promote
subsidiar	to subsidize
el abastecimiento	supply
el bloqueo	blockade
el embargo	embargo
la escasez	scarcity
el estante	shelf
la exportación	export, exportation
la importación	import, importation
el producto básico	staple
el racionamiento	rationing
la restricción	restriction
asignado/a	assigned
escaso/a	scarce
estatal	of the State

1. ¿Hay una escasez de algún producto donde vives? ¿Son escasos algunos recursos naturales como el agua?

2. Para ti, ¿cuáles son los productos básicos? ¿Puedes encontrar estos productos sin problema? ¿Qué productos se agotan rápidamente?

3. ¿En qué situaciones tienes que hacer cola? ¿Cómo te sientes cuando tienes que hacer cola?

4. ¿Hay racionamiento de algo donde vives o trabajas? ¿Qué productos nunca deben ser racionados, en tu opinión? ¿Crees que el racionamiento es una buena idea para lograr el acceso igual para todos los ciudadanos?

5. ¿Has notado algún problema con el abastecimiento de la comida u otro producto a causa de un evento, como antes de una tormenta, un día feriado o una tragedia, etcétera? ¿Qué hiciste o qué hicieron los afectados para enfrentarlo?

PASO 2. Lee un poco más sobre el sistema de abastecimiento de productos alimenticios.* Luego, elige la mejor opción para completar las oraciones.

Una bodega es una tienda del gobierno donde los cubanos reciben sus raciones. En esta bodega en Cuba, hay **estantes** vacíos. En 1963, durante un período de **escasez,** Fidel Castro creó la libreta de **racionamiento** para los ciudadanos a los que se les permite comprar en tiendas especiales, llamadas

© ZUMA Press, Inc./Alamy

Una mujer espera el abastecimiento de raciones en una bodega.

---

*Source: Pérez, Yusnaby, "La libreta de racionamiento en Cuba," *Yusnaby Post*, April 1, 2014. http://yusnaby.com; Grant, Will, "¿Qué significa para los cubanos la libreta de racionamiento?," *BBC Mundo*, October 27, 2015. http://www.bbc.com/mundo; "La cartilla de racionamiento cumple 52 años en Cuba y sigue, sigue, sigue...," *Lainformación.com*, March 12, 2015. http://blogs.lainformacion.com

bodegas, donde se venden productos subsidiados. Los cubanos tienen que comprar en su bodega asignada. Al principio, estas bodegas ofrecían una amplia selección de alimentos como la leche fresca, la carne, el pescado, el café y la cerveza. Luego, había menos productos disponibles.

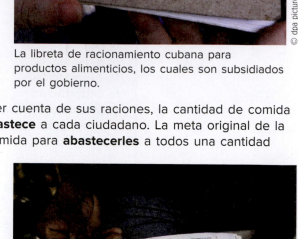

La libreta de racionamiento cubana para productos alimenticios, los cuales son subsidiados por el gobierno.

Desde hace más de cincuenta años, los cubanos llevan su libreta de **abastecimiento** a una bodega para recibir y mantener cuenta de sus raciones, la cantidad de comida que el gobierno cubano le **abastece** a cada ciudadano. La meta original de la Revolución era **subsidiar** la comida para **abastecerles** a todos una cantidad mínima de nutrición.

Por mes, una persona recibe cinco huevos, dos y un cuarto kilos de arroz, un cuarto de kilogramo de frijoles y un tercio de kilo de carne, típicamente pollo. Aunque las raciones son económicas y convenientes, la comida solo suele durar unos diez días, no el mes entero. Para el resto del mes, muchos cubanos no tienen más remedio que buscar sus necesidades en sitios mucho menos económicos. Algunos compran de los vendedores ambulantes o en las tiendas en moneda, donde los precios pueden ser altísimos. Otros compran de los agricultores que, a pesar de ser obligados a cultivar una porción de su cosecha para el gobierno, guardan una porción para venderle directamente al público. Aun otros recurren al mercado sumergido. Ya que existe una escasez de muchos productos básicos, el mercado sumergido es vigoroso.

Esta libreta de racionamiento incluye pescado, huevo y yogurt de soya.

Comprensión

_____ 1. Los cubanos reciben raciones...

_____ 2. Los productos en las bodegas son...

_____ 3. Ahora, con frecuencia hay estantes vacíos en las bodegas pero antes había una amplia selección de...

_____ 4. Para recibir sus raciones en la bodega, los cubanos tienen que llevar su...

_____ 5. Los alimentos que se reciben por mes...

_____ 6. A causa de la escasez de comida, existe...

a. alimentos.

b. subsidiados.

c. típicamente duran unos diez días.

d. un mercado sumergido vigoroso.

e. en una bodega.

f. libreta de abastecimiento.

PASO 3. En parejas, conversen sobre un sistema de racionamiento. Piensen en cómo es la vida de una persona que depende de un sistema de racionamiento en contraste con una persona en un sistema más capitalista. ¿Cómo son distintas estas vidas? ¿Cuáles son las ventajas y desventajas en ambos sistemas?

E. Los medios de transporte

PASO 1. Vemos varias escenas que muestran cómo Lázaro, sus vecinos y amigos planificaron el viaje para La Habana para recoger el paquete que la madre de Pedrito le había mandado por su cumpleaños. Entre estas escenas se intercalan otras (*others are mixed in*) que muestran las dificultades del viaje. Lee las oraciones sobre las siguientes escenas, infiere el significado de las palabras **en negrilla** y contesta las preguntas.

© Lluís Hereu Vilaró

El 10 de mayo, Lázaro y Pedrito salen de su **punto de partida,** Calimete, rumbo a La Habana. Después de que un ladrón les roba su bicicleta, ellos continúan su viaje a pie. Se encuentran con este **conductor** cuyo carro no **funciona** porque **se ha descompuesto.** Lázaro le ofrece ayuda y trata de **repararlo. El conductor** y sus **pasajeros** están muy agradecidos.

© Lluís Hereu Vilaró

Ya que su bicicleta no tiene <u>frenos</u>, Lázaro y Pedrito no la pueden parar con facilidad. **Chocan con un peatón,** un señor que vende comida al lado de **la carretera.**

© Lluís Hereu Vilaró

Para cruzar la Bahía de La Habana, Lázaro y Pedrito **toman** <u>una</u> <u>lancha</u>. **Abordan** <u>la lancha</u> en el muelle (*dock*) y **se bajan** en La Habana.

© Lluís Hereu Vilaró

Lázaro y Pedrito llegan a la capital donde hay muchos tipos de **medios de transporte** y **peatones** que caminan por las calles. En este fotograma casi han llegado a su **destino,** lo cual quiere decir que casi han viajado la mitad de su viaje **de ida y vuelta.**

PARA TU INFORMACIÓN:
ALGUNAS EXPRESIONES CUBANAS

Las palabras y las expresiones cubanas reflejan una influencia variada. Se nota la influencia de las lenguas africanas, los inmigrantes españoles y los pueblos indígenas. Las siguientes palabras y expresiones tienen que ver con los amigos, la familia y el transporte.

asere/acere
Se usa para hablarle a una persona de confianza, un amigo / una amiga.

¿Qué bola?
What's up? How's it going?

una botella
(*n.*) *ride in a car*

los chamas
children

compay
compadre

hay que echar pa´ alante
you have to keep going (despite the difficulties)

el Chevi
taxi estatal

el nave
un carro

Más vocabulario sobre los medios de transporte

abordar	to board
aguantar	to put up with, tolerate
bajarse	to get out/off of (*mode of transportation*)
chocar con (qu)	to crash into, run into
descomponer (*like* poner)	to break down; to malfunction
funcionar	to function, work
subirse	to get on
tomar	to catch (*mode of transportation*); to take
la autopista	freeway
la carretera	road; highway
el/la conductor(a)	driver
el destino	destination (*literal*); fate (*figurative*)
el freno	brake
la lancha	ferry; motorboat
la parada	stop (*n., as in bus stop*)
el/la pasajero/a	passenger
el peatón / la peatona	pedestrian
el punto de partida	point of departure
el tranvía	streetcar, tram
de ida y vuelta	round trip

Repaso: el metro

---

1. ¿En qué medios de transporte has viajado? ¿En un tranvía, un tren, una balsa, una lanchita, un avión, un taxi, etcétera? ¿Qué te gusta de esos medios de transporte?

2. ¿Qué sistemas de transporte público hay donde vives? ¿Los utilizas mucho? ¿Por qué (no)?

3. ¿Cuántos años tenías cuando aprendiste a andar en bicicleta? ¿Quién te enseñó? ¿Dónde estabas? ¿Cómo fue la experiencia?

4. ¿Cómo te sientes cuando tu carro o tu bicicleta se descompone? ¿Qué haces cuando no funciona tu carro o tu bicicleta?

5. ¿Has chocado con algo mientras manejabas tu carro o andabas en bicicleta?

6. ¿Qué tipo de conductor(a) eres? ¿Te gusta manejar? ¿Respetas el límite de velocidad y las otras reglas de tránsito? ¿Hay muchos vehículos en las carreteras cerca de donde vives?

PASO 2. Usa palabras de vocabulario (del **Paso 1**) para completar la conversación imaginada entre Lázaro y Flecha después de que Lázaro vuelve de su viaje.

¡Qué viaje!

LÁZARO: ¿Qué bola, asere?

FLECHA: Hola, compay. ¿Cómo les fue el viaje de _____[1] a La Habana? ¡Cuéntame, compañero!

LÁZARO: ¡Estuvo difícil pero chévere para Pedrito! Flecha, gracias por tu ayuda con la bici, la llamada a La Habana... Bueno, fue un viaje largo, largo pero Pedrito _____[2] hasta el final.

FLECHA: ¿Y la bici? ¿Tuvieron problemas?

LÁZARO: ¡Ay sí! Bueno, la bici _____[3] más o menos aunque no tenía _____.[4] Pero, un ladrón nos la robó mientras buscábamos al pollo que se había escapado.

FLECHA: ¡Qué mala suerte, asere!

LÁZARO: Muy mala suerte. Luego, nos pusimos a caminar. Pues, que no teníamos otra opción.

FLECHA: Pero regresaste con la bici, entonces, ¿atrapaste al ladrón?

LÁZARO: Bueno, sí y no. Mientras caminábamos, nos encontramos con un hombre cuyo carro se había _____,[5] vimos al ladrón. Dejó la bici al lado de la carretera y huyó corriendo.

LÁZARO: Yo ayudé al _____[6] a _____[7] el carro y luego nos ofreció una botella a La Habana. Nos subimos y fuimos con él un rato pero dijeron algunas cosas feas sobre la madre de Pedrito y _____[8] del carro.

FLECHA: ¿Qué hiciste entonces?

LÁZARO: Ay, Flecha. Tantas cosas nos pasaron. Pero te cuento después, estoy tan cansado.

F. ¿Cómo son estos medios de transporte?

Elige una de las tablas (A o B). (La **Tabla B** está al final de este capítulo.) Mira las categorías y las fotos de los medios de transporte posibles. Llena tu tabla según lo que sabes sobre los medios de transporte indicados. Luego, en parejas, túrnense para hacerse preguntas sobre los medios de transporte que faltan. Escriban la información necesaria en la tabla mientras conversan. **¡OJO!** No mires la tabla de tu pareja. Uds. solo deben compartir información mediante la conversación.

MODELO:
E1: ¿Cuántos pasajeros pueden viajar en este medio de transporte?

E2: Muchos. Más de 25.

E1: ¿Se necesitan asientos reservados?

E2: No.

E1: ¿Dónde opera este medio de transporte? ¿En la tierra o el agua?

E2: En la tierra.

E1: ¿Es una guagua?

E2: ¡Sí!

a. la bicicleta

b. el carro

c. el burro

d. la lancha

e. La «guagua» es la palabra cubana para el autobús.

f. el taxi

g. el tren

h. El «coco taxi» es un tipo de taxi cubano con tres ruedas y un motor.

i. el avión

¿Cómo son estos medios de transporte?								
Características del modo de transporte	1. a	2. e	3. f	4. __	5. c	6. __	7. d	8. __
aire, agua o tierra	tierra	tierra						
efectivo, tarjeta de crédito, otro	gratis (una vez comprada)	efectivo						
dónde se recoge a los pasajeros	donde quieras	en paradas designadas						
los pasajeros se sientan o están de pie	el pasajero se sienta (pero hay algunos que saben hacer trucos en que se ponen de pie mientras montan)	cuando hay espacio, sí, pero cuando está lleno se ponen de pie						
número de pasajeros que viajan a la vez	normalmente 1, pero hay tipos de este medio de transporte que se hacen para 2 personas	más de veinticinco						
público	no	sí						
número de ruedas	2 (los niños a veces tienen una con más ruedas)	¿seis u ocho? (depende del tamaño, pero normalmente más de cuatro)						
se sirve comida	no	no, pero a veces entran vendedores ambulantes						
asientos reservados	no	no						
vivo	no	no						

▶ G. ¿Qué opinan los demás?

PASO 1. Las personas entrevistadas contestan las siguientes preguntas. Lee las preguntas y escribe por lo menos cinco palabras del vocabulario de este capítulo que probablemente van a incluir en sus respuestas.

- ¿Qué sabe Ud. de la nación de Cuba? ¿Le gustaría viajar a Cuba?
- ¿Qué opina Ud. sobre los sistemas económicos socialistas?
- ¿Qué tipo de sistema económico tiene su país? ¿Cómo es diferente del sistema económico aquí?
- ¿Qué sabe Ud. de Fidel Castro o Che Guevara? ¿Son figuras respetadas en su comunidad o país? O, ¿son desconocidos?

1. _____ 2. _____ 3. _____ 4. _____ 5. _____

PASO 2. Completa las ideas expresadas por los entrevistados con una de las siguientes palabras. Es necesario cambiar la forma de los verbos.

alejarse de	**la economía**	**lograr**
censurar	**una escasez**	**la política**
la dictadura	**los ideales**	**socialistas**

MODELO: A causa de las condiciones socialistas en Venezuela, hay <u>una escasez</u> de necesidades básicas.

1. Yo creo en la inclusión y me parece que es uno de _____ del socialismo.

2. En la Argentina, hemos _____ crear un sistema capitalista, pero un sistema en el que también hay muchos programas sociales que incorporan ideas _____.

3. Yo sé que _____ del régimen de Castro muestra que no acepta la homosexualidad y hace imposible tanto la salida del país como la entrada.

4. Hay semejanzas entre _____ de Colombia y la de los Estados Unidos; están los ricos, está la clase media y está la clase muy baja.

5. Aunque tenemos votaciones, el sistema en Venezuela es el socialismo y _____. El gobierno no cambia nunca. Después de la muerte de Chávez, el líder nuevo, Nicolás Maduro _____ las políticas de Chávez.

6. La política cubana es muy triste. El gobierno _____ la expresión. O sea, le quita el derecho a hablar a la gente.

PASO 3. Primero, mira las entrevistas. Luego, en parejas, túrnense para leer en voz alta las siguientes oraciones. Por último, indiquen quién dijo cada cita: Gastón, Andrés o May.

Gastón	**Andrés**	**May**

© McGraw-Hill Education/ Klic Video Productions

Palabras útiles

un arma de doble filo
a double-edged weapon (*sword*)

cálido/a
warm (*caring person*)

castrista
of or relating to Fidel Castro

deberíamos
we ought

duro
hard, difficult

encarcelado/a
jailed, imprisoned

metido/a en
involved in

parecido/a
similar

se les hace
it is made (for them)

si fuese
if it were

sobre todo
above all, particularly

MODELO: <u>Gastón</u> «Hay gente que no elige estar como está. Hay gente que quizás sí, pero no por esa gente, esos pocos que eligen a estar así, los demás vamos a dejar de ayudarlos, o de hacer que tengan acceso a lo que tenemos acceso todos los demás, que quizás tuvimos más suerte».

_____ 1. «Pero también entiendo que muchas personas somos más ambiciosas que otras. Entonces cuando nos queremos salir de esa igualdad, deberíamos tener el derecho de hacerlo, si queremos trabajar más fuerte porque queremos ganar más dinero».

_____ 2. «La diferencia con Estados Unidos es que la educación es pública, la universidad es pública y la salud es pública».

_____ 3. «Lo que hizo fue que todo el dinero que entraba del petróleo comenzó a dar dinero a estos movimientos socialistas que estaban saliendo y naciendo en otros países dentro de Suramérica».

_____ 4. «La gente cubana, mira conozco muchos. Son lindos... Son personas cálidas, son lindas, son fiestones, les fascina el trago, no?»

_____ 5. «De Fidel Castro sé que es un líder cubano, el cual ha creado un imperio global. Es muy respetado en Cuba, sobre todo antes. La población lo respetaba muchísimo. Los jóvenes lo veían como el líder de la Revolución».

_____ 6. «Lo que sé de Cuba es que tienen una creencia política muy fuerte, que es en el comunismo... Bueno, también sé que tienen muy buenos doctores... Me gustaría ir, sí. Me gustaría ver cómo se vive con otra realidad distinta a la que estoy acostumbrado».

PASO 4. Contesta las preguntas sobre las entrevistas.

1. ¿Por qué dice Gastón que Che Guevara es conocido en la Argentina? ¿Qué ejemplos hay de su fama en ese país? _____

_____

2. ¿Qué pasa en la Argentina, según Gastón, si una persona tiene una emergencia? _____

3. ¿Por qué es el socialismo un arma de doble filo, según Andrés? _____

_____

_____

4. ¿Por qué le interesa a Andrés ir a Cuba? _____

5. ¿Qué dice May sobre las votaciones en Venezuela? _____

_____

_____

6. ¿Qué dice May sobre el presidente venezolano, Nicolás Maduro, y el socialismo en Venezuela? _____

_____

_____

PASO 5. En parejas, conversen sobre sus propias ideas respecto a las preguntas del **Paso 1.**

III. GRAMÁTICA

7.1 «Es un paquete que manda tu mamá por el día de tu cumpleaños».

Los pronombres relativos y las cláusulas adjetivales

¿Comprendiste?

Vas a mirar el cortometraje entero sin los subtítulos. **¡OJO!** No te preocupes si no entiendes todo. Puedes mirarlo varias veces y usar el contexto (por ejemplo, los gestos, las acciones, el sonido y el escenario) para ayudarte a entender el argumento. Enfócate en las palabras que sabes.

PASO 1. Antes de mirar el cortometraje, lee las siguientes oraciones. Mientras lo miras, empareja cada personaje con su descripción.

© Lluís Hereu Vilaró

____ 1. La recepcionista es la empleada que...

© Lluís Hereu Vilaró

____ 2. Lázaro es el hombre que...

© Lluís Hereu Vilaró

____ 3. Caridad es la vecina que...

© Lluís Hereu Vilaró

____ 4. Pedrito es el niño que...

© Lluís Hereu Vilaró

____ 5. Flecha es el amigo de Lázaro que...

© Lluís Hereu Vilaró

____ 6. El cartero es la persona que...

a. exclama, «¡¿Hoy es 10 de mayo?!»
b. le promete a Lázaro portarse bien.
c. le amenaza a Lázaro con llamar a la seguridad.
d. les explica a los vecinos todos los problemas que causaron el atraso.
e. le trae a Lázaro una bicicleta.
f. le pide un favor a Lázaro.

PASO 2. Basándote en los eventos del cortometraje, nombra otra cosa que dice o hace cada uno de los personajes del **Paso 1**. Completa las seis oraciones de arriba de una manera original.

> **MODELO:** La recepcionista es la empleada que...
>
> <u>ayuda a Lázaro a encontrar a Michael Hope.</u>

Palabras útiles

advertir (ie, i)
to warn

dale, vamos
come on, let's go

el delco
distributor (*the automotive part; named for manufacturer Delco Remy*)

la jeva
la novia

¡me cago en Dios, coño!
expletive to express frustration

no jodas
Don't mess with me! (*vulgar*)

la pacotilla
trash

el retraso
delay

sordo/a
deaf

la tinta
ink

vivir felices y comer perdices
to live happily ever after

Actividades analíticas

Las cláusulas adjetivales

© Lluís Hereu Vilaró

A analizar!

Para cada imagen, identifica qué / a quién describe la cláusula dependiente (la parte **en negrilla**).

> **MODELO:** «Es un paquete **que manda tu mamá por el día de tu cumpleaños**».
>
> ¿Qué / a quién describe?: paquete

---

*Source: Horowitz, Evan, "Why Are Cuba's Streets Filled with Classic American Cars?," *The Boston Globe*, July 21, 2015. https://www.bostonglobe.com; Rainsford, Sarah, "Cubans Shocked at Prices as Foreign Cars Go on Sale," *BBC News,* January 4, 2014. http://www.bbc.com

1. El cartero lamenta de los problemas, diciendo, «Papel **que no hay**, la tinta **que no aparece...**» _____

2. La madre de Pedrito tiene un amigo estadounidense **que está de vacaciones en La Habana.** _____

3. Flecha menciona el problema **que hay con la gasolina.** _____

4. La bicicleta **que consigue Flecha** es «un transporte socialista y revolucionario». _____

5. La tía **que está enferma** vive en La Habana. __

6. Lázaro dice, «Yo solo quiero recoger un paquete **que me ha traído Michael Hope**». _____

1. The phrases in bold in the **¡A analizar!** sentences are examples of dependent adjectival clauses. They serve the same function as adjectives that are single words, in that they _____ a noun or pronoun (known as the antecedent). The nouns you identified are the antecedents: the people or things being described.

Tengo un amigo cubano.	*I have a Cuban friend.*
Tengo un amigo **que es cubano.**	*I have a friend <u>who is Cuban</u>.*
Michael Hope trae un paquete para Pedrito.	*Michael Hope is bringing a package for Pedrito.*
El paquete **que trae Michael Hope** es para Pedrito.	*The package <u>that Michael Hope is bringing</u> is for Pedrito.*

In the first pair of sentences above, what does **que** mean? ___

In the second pair of sentences above, what does **que** mean? ___

2. Note the position of the following dependent adjectival clauses. They can be placed ___ the main clause, or they can be inserted in the middle of it.

Flecha consigue una bicicleta **que no tiene frenos.**	*Flecha gets a bike <u>that doesn't have brakes</u>.*
La bicicleta **que no tiene frenos** es bastante vieja.	*The bike <u>that doesn't have brakes</u> is pretty old.*

3. The subject of the conjugated verb in the dependent clause does NOT have to be different from the subject of the main clause.

Mi tía (**que vive en La Habana**) está muy enfermita.	*My aunt (<u>who lives in Habana</u>) is very sick.*

In the sentence "Lázaro lee el telegrama que llegó tarde," identify the following:

the main clause _____

the subject of the main clause _____

the dependent clause _____

the subject of the dependent clause _____

In the sentence "La madre de Pedrito, que se fue a los Estados Unidos, le mandó un paquete," identify the following:

the main clause _____

the subject of the main clause _____

the dependent clause _____

the subject of the dependent clause _____

Los pronombres relativos

¡A analizar!

Lee la oración debajo de cada fotograma. Las palabras **en negrilla** son pronombres relativos —o el adjetivo cuyo— y se refieren a un sustantivo. Para cada oración, identifica el sustantivo a qué se refiere.

1. Lázaro lee el telegrama **que** le trae el cartero. _____

2. El cartero les explica los problemas, **los cuales** causaron la demora (delay). _____

3. La bicicleta, **la que** no tiene frenos, te va a servir bien. _____

4. Los amigos de Lázaro, **quienes** eran del mismo pueblo, le dieron consejos. _____

5. Lázaro, **cuyos** vecinos eran tan amables, decidió llevar a Pedrito en la bicicleta también. _____

6. Estas personas, **cuyo** carro está descompuesto, se encuentran con Lázaro y Pedrito en la carretera. ___

7. Michael Hope, **quien** está de visita en Cuba, tiene el paquete. _____

8. Por fin Lázaro llega al hotel, **donde** espera encontrar a Michael Hope. ___

9. Michael Hope está en el taxi, **el cual** acaba de salir. __

4. The boldfaced words above are called *relative pronouns*. You will remember that a pronoun stands in for, or refers to, a ___. A RELATIVE pronoun relates, or refers back, to a noun mentioned earlier. The noun may be a single thing or it may be an entire idea. In English, the most common relative pronouns are *that*, *which*, *whose*, and *who(m)*.

Lázaro le agradece al cartero **que** le trae el telegrama.	*Lázaro thanks the mail carrier* <u>who</u> *brings him the telegram.*

In the above sentence, the relative pronoun **que** refers back to the previously mentioned noun _____.

5. A relative pronoun introduces a clause that contains a conjugated verb. The entire clause serves to describe a noun in the sentence.

Busco a Michael Hope, **quien está de visita aquí.**	*I am looking for Michael Hope,* <u>who is visiting here</u>.

In the sentence above, the relative pronoun **quien** means ___ and is the subject of the verb ___.

6. There are several relative pronouns. Look at the boldfaced relative pronouns from the **¡A analizar!** sentences and identify their English equivalent from the following possibilities: *that, which, who, whom, whose, that which.*

Los pronombres relativos			
Pronombre		**Oración**	**¿Qué significa?**
que	The most commonly used relative pronoun.	Lázaro lee el telegrama **que** le trajo el cartero.	*Lázaro reads the telegram _____ the mail carrier delivered.*
quien(es)	Used when the antecedent is a person, but only when preceded by a preposition or in a non-essential clause.* It will be singular when referring to a singular antecedent and plural when referring to a plural antecedent.	Los amigos de Lázaro, **quienes** eran del mismo pueblo, le dieron consejos.	*Lázaro's friends, _____ were from the same town, gave him good advice.*
		Michael Hope, **quien** está de visita en Cuba, tiene el paquete.	*Michael Hope, _____ is visiting Cuba, has the package.*
el/la/los/las que	Somewhat more specific than **que,** because the article must agree with the gender of the antecedent, and sometimes translated as "*the one(s) that*" or "*the ones who.*" Sometimes used to specify the antecedent, either because it's one of many, or because the sentence itself contains more than one possible antecedent.	La bicicleta, **la que** no tiene frenos, te va a servir bien.	*The bike, _____ doesn't have brakes, will serve you well.*

_____
*See the "¡OJO! Essential vs. Non-essential clauses" box on page 471.

el/la cual, los/ las cuales	Used in the same manner as **el/la/ los/las que,** and largely interchangeable. Especially common after prepositions / prepositional phrases of more than two syllables.*	Michael Hope está en el taxi, **el cual** acaba de salir.	*Michael Hope is in the taxi, _____ just left. (It is one of many taxis.)*
		El cartero les explica los problemas, **los cuales** causaron la demora.	*The mail carrier explains the problems, _____ caused the delay.*
lo que, lo cual	Used when the antecedent refers to a whole clause, rather than a specific noun/pronoun.	Por fin pudieron conseguir el paquete, **lo que / lo cual** le agradó mucho a Lázaro.	*They finally managed to get the package, _____ pleased Lázaro very much. (Not the package, but the fact that they managed to get it.)*
cuyo/a(s)†	Although this serves the same function as the relative pronouns above (to join the main clause and the dependent clause), this is actually a relative adjective.	Caridad, **cuya** tía vive en La Habana, le pide un favor.	*Caridad, _____ aunt lives in La Habana, asks him for a favor.*
		Lázaro, **cuyos** vecinos eran tan amables, decidió llevar a Pedrito en la bicicleta también.	*Lázaro, _____ neighbors were so kind, decided to take Pedrito on the bike, too.*
donde	Used when describing a place.	Por fin Lázaro llega al hotel, **donde** espera encontrar a Michael Hope.	*At last, Lázaro arrives at the hotel, _____ he hopes to find Michael Hope.*

*See Grammar point 8 for relative pronouns with prepositions.

†Note that **cuyo** is a relative adjective, rather than a relative pronoun. You may wish to explain the distinction in more detail to your students, or simply classify it as an exception. Either way, it is critical that students understand that **cuyo** must agree with the possessed, rather than the possessor.

7. The word **cuyo** means *whose* and is used in an adjective clause. Because it is an adjective, it has four possible forms: **cuyo, cuya, _____, cuyas,** and serves to modify a noun. The gender and number of **cuyo** offer a clue as to the noun that is being modified.

> Lázaro, **cuyos** vecinos eran tan amables, decidió llevar a Pedrito en la bicicleta también.
>
> *Lázaro, <u>whose</u> neighbors were so kind, decided to take Pedrito on the bike, too.*

In the above sentence, notice that **cuyos** is used rather than **cuyo.** It modifies the noun that follows, **vecinos.** Review the other example with **cuyo,** found in the **¡A analizar!** activity above.

> Estas personas, **cuyo** carro está descompuesto, se encuentran con Lázaro y Pedrito en la carretera.
>
> *These people, <u>whose</u> car is broken down, run into Lázaro and Pedrito on the road.*

Notice the discrepancy between the gender and number of **personas** and the adjective **cuyo. Personas** is plural and _____. **Cuyo** es masculine and singular. What does **cuyo** modify? _____

The number and gender of **cuyo** should match the noun that follows, which refers to the item that is owned or possessed, rather than to the possessor.

Los pronombres relativos con preposiciones

¡A analizar!

Empareja la parte **en negrilla** de cada oración con su significado en inglés.

___ 1. Los amigos **con quienes** hablaba Lázaro lo ayudaron mucho.

___ 2. Las calles **entre las cuales** andaban eran muy distintas de los caminos de su pueblo.

___ 3. En La Habana, había rieles (*rails*) elevados, **debajo de los cuales** andaba la gente.

___ 4. El hotel **en el que** se quedaba Michael Hope era lujoso.

    a. with whom
    b. underneath which
    c. among which
    d. in which

8. In the **¡A analizar!** sentences, identify the words that immediately precede each of the relative pronouns. What part of speech are they?

1. con – preposition
2. _____ – preposition
3. debajo de – _____
4. ___ – _____

The relative pronouns **que, quien(es), el que/cual, la que/cual, los que/ cuales,** and **las que/cuales** often take _____. They can be single, short prepositions, or longer prepositional phrases. Some common prepositions are:

a	de	desde	entre	por
al lado de	debajo de	detrás de	hacia	según
con	delante de	en	para	sin

Note that, in Spanish, prepositions always PRECEDE relative pronouns. While in English we might say, "The people (that) we're going with are very nice," in Spanish it will be the equivalent of "The people with whom we are going are very nice": «Las personas con quienes vamos son muy amables».

Actividades prácticas

A. ¿Qué o a quién se describe?

PASO 1. Las siguientes oraciones incluyen cláusulas adjetivales para describir los eventos del cortometraje. Escribe qué significa en inglés cada pronombre/adjetivo relativo **en negrilla.**

MODELO: Lázaro habla con el hombre **cuyo** carro se ha descompuesto. <u>whose</u>

_____ 1. Lázaro fue tras el hombre **que** robó la bicicleta.

_____ 2. La recepcionista con **quien** hablaba Lázaro no comprendía el problema.

_____ 3. El hermano de la mujer, **el que** vive en Calimete, también va a visitar a su tía.

_____ 4. El hermano de la mujer, **la que** vive en Calimete, también va a visitar a su tía.

_____ 5. Caminaban en la playa, desde **la cual** había bellas vistas del mar.

PASO 2. En parejas, túrnense para expresar la cláusula independiente (Estudiante 1) y la cláusula dependiente (Estudiante 2). Decidan la mejor manera de combinarlas.

> **MODELO:** E1: El período especial describe una época
>
> E2: en que la gente vivía de recuerdos y esperanzas
>
> COMBINADAS: El período especial describe una época en que la gente vivía de recuerdos y esperanzas.

LA CLÁUSULA INDEPENDIENTE	LA CLÁUSULA DEPENDIENTE	ORACIÓN COMPLETA
1. El cartero explicó la situación	en que no había ni papel ni tinta	_____ _____
2. Buscaban a Michael Hope, un turista	que estaba de visita en La Habana	_____ _____
3. Los hombres eran sus amigos	con quienes hablaba Lázaro	_____ _____
4. Las carreteras estaban en mal estado	por las cuales andaban	_____ _____
5. El pueblo era pequeño	donde vivían	_____

B. Este es el pollo...

PASO 1. Completa las oraciones debajo de cada fotograma con una cláusula adjetival lógica.

> **MODELO:** Este es el pollo... que se escapó / que Pedrito por fin encontró / que Caridad quiere regalarle a su tía.

1. Este es el telegrama... _____ _____

2. Este es el pueblo... _____ _____

3. Este es el conductor... _____ _____ _____

4. Esta es el medio de transporte... _____ _____ _____

5. Este es el lugar... _____ _____ _____

6. Esta es la lancha... _____ _____ _____

C. El embargo contra Cuba

PASO 1. Primero, lee las oraciones sobre el bloqueo económico contra Cuba y en cada una subraya la cláusula dependiente. Luego, escucha la narración e indica si cada oración es cierta (C) o falsa (F). Si es falsa, corrígela.

> **MODELO:** El embargo que impuso los Estados Unidos contra Cuba empezó en 1959.
>
> *Subrayas*: El embargo <u>que impuso los Estados Unidos contra Cuba</u> empezó en 1959.
>
> *Indicas*: _F_
>
> *Corriges:* <u>El embargo que impuso los Estados Unidos contra Cuba empezó en 1962.</u>

_____ 1. Batista fue el dictador contra el que luchó Castro. _____

_____ 2. La nacionalización es un proceso en que el gobierno le da el control de industrias básicas a compañías privadas. _____

_____

_____ 3. Un producto exportado de Cuba que prohibió el gobierno de los Estados Unidos fue el azúcar. _____

_____ 4. El bloque permite la exportación de petróleo a Cuba, lo cual ha sido importante para su economía. _____

_____

_____ 5. Las tensiones políticas que empezaron poco después de la Revolución continúan hasta hoy. _____

PASO 2. Primero, en parejas, miren el informe gráfico y usen la información para emparejar las oraciones básicas de la primera columna con las cláusulas relativas apropiadas de la segunda columna. Luego, combínenlas para formar oraciones más detalladas.

Embargo de Estados Unidos a Cuba

El embargo en detalle

Pérdida total*: US$ 93.000 millones

2007: 3.700   2006: 4.100

Países que apoyan el fin del embargo

1992: 59   2008: 185

Bajo el embargo que EE. UU. impuso contra Cuba, los cubanos no pueden:

- Utilizar el dólar estadounidense en ningún banco internacional
- Hacer negocio con empresas estadounidenses, ni para exportar, ni para importar
- Ofrecer servicios turísticos a los estadounidenses
- Recibir más de una cantidad mezquina de dinero por año desde familiares residentes de EE. UU.

Además, según las restricciones del embargo, otras naciones no pueden:

- Prestar dinero al gobierno de Cuba
- Utilizar puertos estadounidenses cuando sus barcos visitan Cuba, lo cual casi elimina el negocio directo con muchos países

*según La Habana

ORACIONES BÁSICAS

____ **MODELO: Los trescientos dólares** no son suficientes para ganarse la vida.

_____
_____
_____
_____

____ 1. **El embargo** ha durado más de cincuenta años.

_____
_____
_____

____ 2. Cuba no puede recibir **turistas.**

_____
_____

____ 3. Algunas de **las condiciones** no han cambiado mucho desde la revolución.

_____
_____
_____

____ 4. **Los cubanos residentes en los Estados Unidos** también hacen frente a restricciones, debido al bloqueo.

_____
_____
_____
_____
_____

____ 5. **La encuesta** muestra un gran cambio entre 1992 y 2008.

_____
_____
_____

CLÁUSULAS RELATIVAS

a. bajo las cuales han vivido los cubanos

b. en la que se puede ver el número de países en contra del embargo

c. quienes a veces quieren enviar dinero a sus familiares en Cuba

d. cuyos efectos han sido negativos para la mayoría de los cubanos

e. que los cubanos residentes en los Estados Unidos pueden enviar cada cuatro meses.

f. que vienen de los Estados Unidos

7.2 Buscamos a alguien que nos lleve a La Habana.

Actividades analíticas

El subjuntivo en cláusulas adjetivales

¡A analizar!

En su viaje, Lázaro, Pedrito, Flecha (el amigo de Lázaro), el ladrón de la bicicleta y el conductor del carro viejo necesitan, buscan y quieren ciertas cosas. Primero, empareja las oraciones con la imagen del cortometraje que describen. Luego, conjuga el verbo indicado en el presente de subjuntivo.

© Lluís Hereu Vilaró

© Lluís Hereu Vilaró

a.

© Lluís Hereu Vilaró

b.

© Lluís Hereu Vilaró

c.

© Lluís Hereu Vilaró

d.

© Lluís Hereu Vilaró

e.

© Lluís Hereu Vilaró

f.

_____ 1. Lázaro y Pedrito tienen que ir a La Habana para recoger el paquete que la madre de Pedrito le ha enviado. Andan en una bicicleta descompuesta. Es una bicicleta que sus vecinos les prestan para ir a La Habana. Necesitan una bicicleta que _____ (tener) frenos pero no tienen una.

_____ 2. Flecha busca una solución que _____ (ayudar) a Lázaro a llegar a La Habana hoy. Desafortunadamente, no hay soluciones fáciles. Flecha llama al hotel donde Michael Hope se queda.

_____ 3. El conductor tiene un modo de transporte que puede llevar a varios pasajeros. Pero, lamentablemente se descompone. Él prefiere manejar un carro que _____ (funcionar) sin problemas. Parece que en Cuba no hay ningún coche que sea moderno.

_____ 4. El ladrón quiere una bicicleta que _____ (ser) fácil de robar. No sabe que está robando una bicicleta que no tiene frenos. ¿No conoce el ladrón a alguien que _____ (tener) una bicicleta?

_____ 5. Después del choque con la bicicleta de Lázaro y Pedrito, el señor que vende comida en la carretera se lastima y le duele la pierna. Por eso, Lázaro y Pedrito necesitan encontrar una clínica donde él _____ (poder) recibir tratamiento médico.

_____ 6. La Habana es una ciudad grande. Por lo tanto, Lázaro y Pedrito buscan medios de transporte que los _____ (llevar) rápidamente al hotel. Ellos se suben a esta lancha que cruza la Bahía de La Habana. Esperan encontrar al hombre Michael Hope, a quien la madre de Pedrito le entregó el paquete.

1. You have learned that the subjunctive mood is used in certain types of noun clauses. For example, when the independent clause expresses doubt, emotions/reactions, or a wish/request that something occur, the _____ _____ is triggered in the noun clause.

The subjunctive may also be used in a dependent clause that functions as an adjective in a sentence. Remember that an adjective can be a single word or an entire _____. An adjective _____ a noun.

In the first **¡A analizar!** item, the single word **descompuesta** is an adjective that describes the bicycle.

Lázaro y Pedrito andan en una bicicleta **descompuesta.**	_Lázaro and Pedrito ride a broken-down bike._

But notice how the bike can also be further described with an entire adjectival clause. The adjectival clause is a dependent clause and it serves to describe a noun in the independent clause. In the following example, it describes the noun _____, revealing that the neighbors are lending it to Lázaro and Pedrito.

Es una bicicleta **que sus vecinos les prestan para ir a La Habana.**	_It is a bicycle that their neighbors lend to them in order to go to La Habana._

Remember that a dependent clause contains a subject and a verb, but cannot stand alone.

In the following sentences from **¡A analizar!,** identify either the single-word adjective or the adjectival clause that describes the noun in boldface.

Desafortunadamente, no hay **soluciones** fáciles. _____

No sabe que está robando una **bicicleta** que no tiene frenos. _____

_____

Después del choque con la bicicleta de Lázaro y Pedrito, **el señor** que vende comida en la carretera se lastima y le duele la pierna. _____

_____

La Habana es una **ciudad** grande. _____

2. Verbs in an adjectival clause may be in the subjunctive or the indicative mood, and deciding which mood to use depends on what is happening in the independent clause.

Review the following **¡A analizar!** sentences. In each, the adjectival clause is in boldface. Remember, adjectival clauses may start with the words **que, cuyo, donde,** and other relative pronouns. What is the antecedent of the clause (the noun being described) in each of these adjectival clauses?

Ellos se suben a esta lancha **que cruza la Bahía de La Habana.** _____

El conductor tiene un vehículo **que puede llevar a varios pasajeros.**

_____

Flecha llama al hotel **donde Michael Hope se queda.** _____

Identify the three verbs in the adjectival clauses above: _____

Are the verbs in the adjectival clauses above in the indicative or the subjunctive mood? _____

Now study this **¡A analizar!** example, which contains two adjectival clauses, but only one verb in the subjunctive.

Flecha busca una solución que ayude a Lázaro a llegar a La Habana hoy. Desafortunadamente, no hay soluciones fáciles. Flecha llama al hotel donde Michael Hope se queda.	*Flecha is looking for a solution that will help Lázaro get to Habana today. Unfortunately, there are no easy solutions. Flecha calls the hotel where Michael Hope is staying.*

The adjectival clause **que ayude a Lázaro a llegar a La Habana hoy** describes **una solución.** The type of *solution* he is looking for is unknown at the time, and may not even exist. The verb **ayude** is in the present subjunctive.

In contrast, the adjectival clause **donde Michael Hope se queda** describes **el hotel,** a place that definitely exists. The verb **se queda** is in the indicative.

Review these **¡A analizar!** sentences. They contain adjectival clauses that have verbs in the subjunctive. Identify the noun, or antecedent, each clause describes.

Necesitan una bicicleta **que tenga frenos.** _____

Flecha busca una solución que **ayude a Lázaro a llegar a La Habana hoy.** _____

Parece que en Cuba no hay ningún coche **que sea moderno.** _____

Identify the verbs in the adjectival clauses above: _____

Are the verbs in these adjectival clauses in the indicative or the subjunctive mood? _____

Compare the following two sentences.

Es una bicicleta **que sus vecinos les prestan para ir a La Habana.**	*It is a bicycle <u>that their neighbors lend them in order to go to La Habana.</u>*
Necesitan una bicicleta **que tenga frenos.**	*They need a bicycle <u>that has brakes.</u>*

Both adjectival clauses describe the noun, **bicicleta.** The verb in the adjectival clause of the second sentence, however, is in the subjunctive. What is the difference? The difference is that the **bicicleta** in the _____ sentence is something Lázaro and Pedrito want, but do not have and may not get. It is merely a hypothetical bicycle. In contrast, the **bicicleta** in the ___ sentence exists. It is the bicycle that they will ride to the capital.

Now compare the adjectival clauses in each of the **¡A analizar!** sentences. Each numbered description contains at least one adjectival clause with a verb in the indicative, and one with a verb in the subjunctive. Think about the difference between the adjectival clauses that contain a verb in the indicative and those whose verb is in the subjunctive. Look for a pattern.

What do you notice about the antecedent in the sentences in which the verb in the adjectival clause is in the indicative mood? _____

_____

What do you notice about the antecedent in the sentences in which the verb in the adjectival clause is in the subjunctive mood? _____

_____

Notice that certain types of verbs/phrases tend to put the existence of the antecedent in doubt: **buscar, preferir, querer, necesitar,** and so on.

> buscar un lugar donde...
> preferir algo que...
> querer una solución que...
> necesitar una persona / alguien que...

When you *look for*, *prefer*, *want*, or *need* something or someone that is unknown to you, its existence is in doubt. You cannot point to it. Likewise, when you ask if someone/something exists—**¿Hay? ¿Conoces a...?**—the existence of the antecedent is in doubt.

Meanwhile, a declaration that something/someone does NOT exist—**No hay nadie, ningún,** and so on—refers back to an antecedent that is non-existent. You also cannot point to it.

The following kinds of independent clauses will introduce nouns that may not exist or do not exist. The lack of certainty about the existence of the noun, or the description of a noun that does not exist, means that the verb in the adjectival clause will be in the subjunctive mood.

> ¿Conoces a alguien que...?
> ¿Conoces un lugar donde...?
> ¿Hay alguien que...?
> ¿Tienes algún carro que...?
> No hay nadie que...
> No hay ningún lugar donde...
> No tiene ninguna bicicleta que...

Therefore, the pattern is that when the adjectival clause points back to an antecedent that may not ____ or does not exist, use the subjunctive mood of the verb. On the other hand, when the adjectival clause points back to an antecedent that does exist, use the _____ mood of the verb.

Keep in mind that the existence of the noun should be determined from the perspective of the subject in the sentence. For example, consider the following sentences.

El conductor tiene un modo de transporte que puede llevar a varios pasajeros. Pero, lamentablemente se descompone. Él prefiere manejar un carro que funcione sin problemas.	*The driver has a mode of transportation that can carry several passengers. But, sadly it breaks down. He prefers to drive a car that works without problems.*

We can be certain that a car exists somewhere in the world that works without problems, but from this driver's perspective, that car does not exist and so is not real for him. Consequently, the verb **funcionar** is in the subjunctive.

¡OJO!

The relative pronouns **cual(es)** and **quien(es)** have variant forms that correspond to the *-ever* suffix in English.

cualquiera/cualesquiera* que   *whichever*
quienquiera/quienesquiera que   *whoever*

These are likely to be followed by the subjunctive, since *whichever* and *whoever* often imply the unknown.

Quienesquiera que sean....   *Whoever they may be...*

However, they should not be memorized as automatic subjunctive triggers, since they sometimes describe known things.

Quienesquiera que participaron recibieron certificado.   *Anyone/Everyone who participated received a certificate.* (These are known people.)

---

*When preceding a singular noun, **cualquiera** takes the shortened form **cualquier.**

Actividades prácticas

A. ¿Existe o no?

PASO 1. Imagina que alguien le hace las siguientes preguntas a Lázaro sobre su vida y sobre el viaje a La Habana. Decide si su respuesta va a ser afirmativa o negativa. Selecciona la respuesta más lógica. Para cada verbo en **negrilla,** identifica si está conjugado en el modo indicativo o el modo subjuntivo.

© Lluís Hereu Vilaró

_____ 1. Lázaro, ¿conoces a alguien que **viva** en La Habana? _____

    a. Sí, conozco a alguien que **vive** en La Habana. _____

    b. No, no conozco a nadie que **viva** en La Habana. _____

_____ 2. Lázaro, ¿hay alguien en tu pueblo que **conozca** a alguien en La Habana?_____

    a. Sí, hay alguien en mi pueblo que **conoce** a alguien en La Habana. La tía de mi vecina Caridad vive en la capital. _____

    b. No, no hay nadie en mi pueblo que **conozca** a alguien en La Habana. _____

_____ 3. Lázaro, ¿hay un tren que **vaya** de Calimete para La Habana hoy? _____

    a. Sí, hay un tren que **va** de Calimete para La Habana hoy a las tres de la tarde. _____

    b. No, no hay ningún tren que **vaya** de Calimete para La Habana hoy. _____

_____ 4. Lázaro, ¿tienes algún amigo que te **ayude** a llegar a La Habana? _____

    a. Sí, tengo un buen amigo que me **ayuda.** Se llama Flecha. _____

    b. No, no tengo ningún amigo que me **ayude.** _____

_____ 5. Lázaro, ¿conoce la madre de Pedrito a alguien que **esté** en La Habana hoy? _____

    a. Sí, ella conoce a alguien que está en La Habana hoy. Se llama Michael Hope. _____

    b. No, ella no conoce a nadie que **esté** en La Habana hoy. _____

_____ 6. Lázaro, ¿tienes un carro fiable (_reliable_) que **puedas** manejar a La Habana hoy? _____

    a. Sí tengo un carro nuevo que puedo manejar a La Habana hoy. _____

    b. No, no tengo ningún carro que **pueda** manejar a La Habana hoy. _____

PASO 2. Primero, lee las descripciones de momentos clave del cortometraje y llena los espacios en blanco con el indicativo o el subjuntivo del verbo, según el contexto. Luego, empareja cada oración con el fotograma correcto.

© Lluís Hereu Vilaró
a.

© Lluís Hereu Vilaró
b.

© Lluís Hereu Vilaró
c.

© Lluís Hereu Vilaró
d.

© Lluís Hereu Vilaró
e.

© Lluís Hereu Vilaró
f.

_____ 1. Lázaro ayuda al hombre con quien Lázaro y Pedrito _____ (chocar).

_____ 2. Al principio, ella dice que no conoce a nadie que _____ (tener) un paquete para Pedrito.

_____ 3. Buscan al pollo que _____ (deber) llevar por su vecina a La Habana.

_____ 4. Flecha les presta una bicicleta en que _____ (poder) viajar a La Habana.

_____ 5. El carrito de juguete, que Pedrito _____ (acabar) de recibir, es un modelo moderno y deportivo.

_____ 6. ¿Hay alguien que los _____ (llevar) en su carro?

PASO 3. Completa las descripciones de las personas y los objetos del cortometraje con una cláusula adjetival. **¡OJO!** Usa pistas en la oración para determinar el modo verbal: el subjuntivo o el indicativo.

MODELO: Lázaro y Pedrito están afortunados porque viven en un pueblo en el que...
<u>los vecinos quieren ayudar</u>.

1. Lázaro tiene amigos que... _____

_____

_____

2. El amigo de Lázaro decide llamar al hotel donde... _____

_____

_____

3. La bicicleta es el único medio de transporte que... _____

_____

_____

4. Lázaro prefiere viajar con un conductor que no... _____

_____

_____

5. En La Habana, Lázaro y Pedrito no conocen a nadie que... _____

_____

_____

6. En el hotel, Lázaro busca al turista que... _____

_____

_____

B. ¿Qué tienen, quieren, necesitan y buscan?

PASO 1. Lee las oraciones y determina qué personaje del cortometraje probablemente las expresa. Llena el espacio en blanco con la forma correcta del verbo.

MODELO: _a_ En La Habana hay un paquete que <u>contiene</u> (contener) mi regalo de cumpleaños. No sé qué hay adentro, pero prefiero un regalo que <u>sea</u> (ser) un juguete divertido.

© Lluís Hereu Vilaró
a. Pedrito

© Lluís Hereu Vilaró
b. Caridad

© Lluís Hereu Vilaró
c. los vecinos

© Lluís Hereu Vilaró
d. el vendedor de comida

© Lluís Hereu Vilaró
e. el conductor

© Lluís Hereu Vilaró
f. la recepcionista

____ 1. «En nuestro pueblo hay un teléfono público que todos nosotros _____ (poder) utilizar pero preferimos teléfonos que _____ (ser) privados».

____ 2. «Tengo un trabajo que me _____ (permitir) conocer a muchos visitantes internacionales pero busco un trabajo que me pague más».

____ 3. «Tengo un carro que funciona a veces pero quiero un carro que no _____ (descomponerse) tanto».

____ 4. «Conozco a algunos muchachos de mi pueblo que _____ (tener) pelotas o muñecas, pero no hay nadie en mi pueblo que _____ (tener) un carrito deportivo de juguete como el mío».

____ 5. «Tengo este pollo que quiero regalarle a mi tía, quien está mala. Busco a alguien que se lo _____ (llevar) a La Habana».

____ 6. «Vendo comida fresca que les _____ (gustar) a muchos cubanos pero prefiero vender comida por la que pueda cobrar más».

PASO 2. En parejas, conversen sobre cinco objetos, personas o experiencias que Uds. tienen en su vida, y luego describan cinco objetos, personas o experiencias que prefieran, quieran, necesiten o busquen. Usen una cláusula adjetival para describir todos los sustantivos.

MODELO: Tengo unos amigos que **estudian** la misma especialización que yo.

Tengo un teléfono móvil que **contiene** mucha memoria para guardar fotos y videos.

Tengo unos padres que me **quieren** mucho.

Busco un trabajo que **esté** cerca de la universidad.

Prefiero un compañero de cuarto que **se acueste** más temprano.

Necesito encontrar un compañero / una compañera de clase que **sepa** más que yo sobre la física.

C. La escasez de productos básicos en Venezuela*

PASO 1. Primero, lee sobre una crisis de escasez reciente en Venezuela. Luego, completa las oraciones sobre la lectura usando cláusulas adjetivales adecuadas.

La escasez de productos básicos en Venezuela

El gobierno venezolano de las últimas décadas ha implementado políticas socialistas y se ha aliado con el gobierno cubano. El antiguo presidente, Hugo Chávez, fue el padre ideológico de «la Revolución bolivariana» en Venezuela. Esta revolución empezó en 1999 y es nombrada por el gran libertador sudamericano del siglo XIX, Simón Bolívar.

Un cliente hace las compras en Caracas, Venezuela, en un supermercado con estantes casi vacíos.

© Carlos Becerra/Anadolu Agency/Getty Images

Tal como en Cuba, el gobierno opera y subsidia algunos supermercados en el país. Subsidia productos «esenciales». Pero recientemente ha habido una escasez de muchos de estos productos básicos, como el aceite, el arroz, la harina, la leche, el pollo, los pañales y el papel higiénico. Encima, hay una escasez de medicina. La escasez ha llevado al racionamiento.[†]

---

*Source: García Marco, Daniel, "El impactante contraste entre la escasez y la abundancia en los supermercados de Venezuela," *BBC Mundo*, September 12, 2016. http://www.bbc.com; Gillespie, Patrick, "5 razones por las que Venezuela está en crisis," *CNN en español*, January 19, 2016. http://cnnespanol.cnn; Gladstone, Rick, "How Venezuela Fell into Crisis and What Could Happen Next," *The New York Times*, May 27, 2016. https://www.nytimes.com

[†]Además de la escasez de productos básicos, Venezuela enfrenta una crisis monetaria y la hiperinflación. A partir del año 2015, el índice de inflación empezó a subir mucho, del 80% en 2015 al 800% a fines de 2016. Por lo tanto, la moneda venezolana, el bolívar, perdió tanto valor que el billete de cien bolívares valía unos centavos del dólar. Como un tercio de la economía venezolana es informal, muchos ciudadanos han tenido que llevar la moneda en efectivo en bolsas y mochilas grandes.

Las raíces de estos problemas radican[a] en las políticas y las fuerzas económicas: la inflación, los controles de precio de muchos productos, el control del cambio[b] y la dependencia de la economía del petróleo y sus precios fluctuantes. Existen supermercados privados con un mayor abastecimiento de productos, pero muchos venezolanos no pueden pagar los precios más altos.

Los venezolanos hacen cola para recibir productos básicos para el hogar.

La escasez agobia[c] a muchos venezolanos. Si no se llega a una tienda a la hora apropiada, se encuentran los estantes vacíos. Por lo tanto, muchos venezolanos dedican mucho tiempo y esfuerzo a investigar dónde hay productos disponibles y cuándo hay que ir a comprarlos. Las redes sociales,[d] los mensajes de texto y otras formas de comunicación se han vuelto herramientas[e] esenciales en la búsqueda de alimentos y productos necesarios. Algunos venezolanos han utilizado la información que investigan para comprar reservas. Luego, trafican con estos productos, vendiéndolos a precios más altos.

La desigualdad entre la demanda y la oferta de ciertos productos ha ocasionado otra crisis: la de las colas. Algunos consumidores pasan todo el día esperando en colas para comprar. El promedio es pasar entre cinco y doce horas por semana esperando en colas para comprar productos básicos.

[a]*have their root cause in* [b]*el... foreign exchange rate* [c]*overwhelms* [d]*Las... social networks* [e]*tools*

1. Hugo Chávez fue el líder venezolano que... _____

2. En Venezuela el gobierno subsidia productos que... _____

3. La inflación y la dependencia de la economía en el petróleo son algunos de los factores que... _____

4. En la vida diaria de los venezolanos, la escasez de productos básicos ha causado muchos problemas. Por ejemplo, las personas tienen que esperar en colas por muchas horas para entrar en tiendas donde... _____ _____

5. Muchos venezolanos han tenido que utilizar las redes sociales y otras maneras de comunicación por medio de las cuales... _____ _____

🔊 **PASO 2.** Escucha las preguntas sobre la lectura del **Paso 1** y contéstalas.

MODELO: *Oyes*: En Venezuela, ¿hay algunas políticas socialistas que se parezcan a las políticas cubanas?

Escribes: Sí. Hay algunas políticas socialistas que se parecen a las políticas cubanas.

1. _____
2. _____
3. _____
4. _____
5. _____
   _____
6. _____

PASO 3. En parejas, conversen sobre las preguntas.

1. ¿Qué alimentos y productos consideras esenciales para tu vida? ¿Dónde los compras?

2. ¿Has tratado de comprar un producto o servicio que sea difícil de encontrar? ¿Cómo lo encontraste o qué hiciste para intentar encontrarlo?

3. ¿Hay / Ha habido una escasez de algo en tu comunidad? Explica.

4. ¿Conoces a alguien que viva en una comunidad donde haya una escasez de agua o de servicio de Internet, por ejemplo?

5. ¿Conoces a alguien que compre una reserva de algún producto (o de entradas para un concierto o un partido) para luego venderlo a un precio más alto?

PARA TU INFORMACIÓN: LOS BACHAQUEROS EN VENEZUELA

Bachaquear se ha vuelto una palabra muy conocida en Venezuela. Los bachaqueros se dedican al **bachaqueo**, es decir, comprar productos escasos para venderlos a un precio más alto. El bachaco es un tipo de hormiga (*ant*) que se come. El nombre se deriva de la capacidad de las hormigas de transportar volúmenes mucho más grandes que ellas.

© Jan Sochor/Latincontent/Getty Images

Contrabandistas llevan productos básicos entre Venezuela y Colombia.

D. ¿Qué opinan los demás?

Las personas entrevistadas contestan las siguientes preguntas. Lee las preguntas y escribe por lo menos cinco palabras del vocabulario de este capítulo que probablemente van a incluir en sus respuestas.

- ¿Le sorprenden los tipos de escasez que se muestran en el cortometraje?

- ¿Le gusta el final del cortometraje? ¿Por qué? ¿Qué importancia tiene el hecho de que el regalo para Pedrito sea un carro?

- ¿Ha habido escasez de productos o recursos naturales en su comunidad o país? ¿Qué productos o recursos naturales son escasos?

1. _____ 2. _____ 3. _____ 4. _____ 5. _____

PASO 2. Empareja la primera parte de una de las ideas expresadas por los entrevistados con la cláusula más lógica. Luego, completa los espacios en blanco con la forma correcta del verbo entre paréntesis.

____ 1. Es muy simbólico el carrito de juguete...

____ 2. Cuba y Venezuela son países...

____ 3. En la Argentina, el gobierno quiere una economía...

____ 4. «Pedaleando» tiene un final...

____ 5. En Colombia hay una escasez de ciertos productos alimenticios, y por eso hay comunidades...

____ 6. En Venezuela existe un mercado negro porque no hay tiendas...

a. que me _____ (encantar) pero al mismo tiempo que me ____ (dar) mucha tristeza.

b. en las cuales algunas personas _____ (tener) que luchar mucho por ellos.

c. que Pedrito _____ (recibir) de su madre en los Estados Unidos.

d. que _____ (vender) las cosas básicas como la comida.

e. donde ____ (haber) una escasez de muchos productos.

f. que no _____ (depender) tanto de las importaciones.

PASO 3. Primero, lee las siguientes citas. Luego, mira las entrevistas e identifica quién hace cada comentario, Gastón, Andrés o May.

Palabras útiles

atrasar
to delay; to be slowed

la bendición
blessing

el consuelo
consolation

la mano de obra
labor

la rabia
anger

convenir
to be convenient or advantageous

tomar algo por añadidura
(*colloquially*) to take something for granted*

Gastón   **Andrés**   **May**

_____ 1. «No me sorprende el [sic] escasez que existe en Cuba dentro del cortometraje. Mira, es muy desafortunada. Porque al... al entrar estos gobiernos, ¿no? Entonces, las... todas las compañías se van. Las compañías, no solamente americanas, pero las europeas, todo».

_____ 2. «Me sorprenden mucho los tipos de escasez que se muestran en el cortometraje "Pedaleando". Pero, al mismo tiempo, no deberían sorprenderme, porque ya los sé. Me sorprenden porque se me olvidan. Porque tengo la bendición de vivir en un país como en el que vivo».

_____ 3. «A mí me fascinó la... el final del cortometraje. Era tan, era tan lindo. Porque sí, porque la madre fue y trabajó para darle un... algo mejor al hijo, ¿no?»

_____ 4. «Yo vi ese final como un consuelo al niño. Porque después de todo lo que tuvo que hacer para ir a buscar su regalo y que casi no encuentran al hombre porque se está yendo al aeropuerto».

_____ 5. «No, no hubo, no, no hay escasez de productos naturales. Sí, lo que puedo mencionar es que lo que a veces falta, o lo que a veces no llega tanto, es la tecnología».

_____ 6. «Y otra parte de mí siente que el regalo... yo como televidente, yo estaba esperando que esto fuera algo que les iba cambiar la vida. No sé, ¿dólares, un carro de verdad, un caballo? Entonces es muy sorprendente ver que, pues, para ellos tal vez sí les pudo cambiar la vida porque es algo lindo, es algo nuevo».

PASO 4. En parejas, contesten las preguntas.

1. Según Gastón, ¿de qué había una escasez en la Argentina? ¿Qué se ha hecho para remediar esta escasez? _____

_____

2. ¿Por qué empezó a cerrar las importaciones de productos tecnológicos el gobierno argentino anterior? _____

_____

3. Según Andrés, ¿qué recursos les faltan a algunos de los pueblos colombianos lejos de las ciudades? _____

_____

4. ¿Qué opina Andrés del cortometraje? ¿Qué va a hacer algún día con respecto a los altos niveles de escasez? _____

_____

5. Según May, ¿qué productos son escasos en Venezuela?_____

_____

6. ¿Cuáles son algunas consecuencias de la crisis económica en Venezuela?

_____

_____

*In standard Spanish, *to take something for granted* is most often expressed as **dar algo por sentado**, while **por añadidura** generally denotes *in addition; as an add-on*.

PASO 5. En parejas, conversen sobre sus propias ideas con respecto a las preguntas del **Paso 1.**

Comprueba tu progreso

Let's put into practice what you have learned about the use of relative pronouns and the subjunctive in adjectival clauses. In this conversation, a journalist is speaking with Sr. Pérez, the head of the Transportation Committee, about his proposal for upgrading the city's public transportation system. Complete their conversation with the appropriate relative pronoun, or the present indicative or present subjunctive of the verb in parentheses. Check your answers when you're finished!

PERIODISTA: Hola, señor Pérez. Gracias por hablar con nosotros sobre las nuevas iniciativas _____[1] (que / los cuales / cuyas) Ud. _____[2] (proponer) para mejorar el sistema de transporte público de esta ciudad.

PÉREZ: Es un placer. Creo que los cambios que tenemos previstos, _____[3] (quienes / donde / los cuales) han sido aprobados por el Ministerio de Transporte, van a contribuir a una mejor calidad de vida para todos los ciudadanos.

PERIODISTA: Pero no hay ninguna ciudad en este país que _____[4] (invertir) tanto dinero en las obras públicas. Hay muchos oponentes a _____[5] (que / cuyos / quienes) les parece irresponsable en este tiempo de crisis económica.

PÉREZ: La gente que se opone a los cambios, _____[6] (quienes / los cuales / cuyos) planes han sido rechazados por el Ministerio, no se da cuenta de que los autobuses _____[7] (que / donde / los que) _____[8] (*nosotros:* tener) en esta ciudad, por ejemplo, llevan más de veinte años. _____[9] (Cuya / Lo que / Que) proponemos hacer es cambiarlos por unos tranvías eléctricos que no _____[10] (contaminar) el aire de la ciudad, _____[11] (que / lo cual / cuyo) va a resultar en un sistema más limpio, eficiente y económico.

PERIODISTA: Parece una buena solución, pero ¿hay otras opciones que no _____[12] (costar) tanto?

PÉREZ: Mira, hay una reunión esta tarde en _____[13] (la que / cuya / lo que) vamos a discutir y evaluar todas las opciones que _____[14] (existir). Si la mayoría no está de acuerdo con las nuevas iniciativas, vamos a buscar una solución que _____[15] (ser) más apropiada.

Respuestas

1. que; 2. propone; 3. los cuales; 4. invierta; 5. quienes; 6. cuyos; 7. que; 8. tenemos; 9. Lo que; 10. contaminan; 11. lo cual; 12. cuesten; 13. la que; 14. existen; 15. sea

IV. CONTEXTOS SOCIALES

A. El transporte

Los sistemas de transporte siguen evolucionando, tanto para los medios individuales como para los medios masivos. Los medios de transporte influyen en los ámbitos económicos, sociales y personales de todos los seres humanos. Por ejemplo, la falta de acceso a medios de transporte puede impedir que una persona tenga empleo, compre la alimentación o reciba atención médica. En cambio, la habilidad de llegar al otro lado del mundo en menos de un día ha creado nuevas oportunidades y conexiones.

Los autobuses, carros y motocicletas en la Ciudad de México, México

No hay duda de que los sistemas asequibles y seguros tienen el potencial de mejorar la vida de muchas personas. En el futuro habrá que tomar en cuenta el costo, la disponibilidad y el efecto ambiental de todos los medios de transporte existentes, como el carro, el bus y el avión, tanto como proyectos futuros. Por otra parte, el transporte refleja desigualdades económicas. El acceso al transporte pone en evidencia que los ciudadanos pobres viven lejos de las oportunidades económicas, por lo que gastan más para acercarse a los trabajos.

Las grandes ciudades del mundo tienen que crear sistemas de transporte que le sirvan a una gran variedad de ciudadanos de diferentes niveles económicos y que tienen diferentes necesidades.

PASO 1. Primero, mira la información sobre el transporte en la Ciudad de México. Luego, según esa información, completa las siguientes oraciones.

La Ciudad de México es una de las áreas metropolitanas más grandes del mundo. Según una encuesta de 2015, los habitantes de este centro urbano utilizan los siguientes medios de transporte para ir a su trabajo.

Los pasajeros se bajan de una combi, un tipo de transporte público.

MEDIO DE TRANSPORTE	PORCENTAJE QUE USA ESTE MEDIO PARA IR A SU TRABAJO*
la bicicleta	3%
a pie	18%
el metro	20%
el carro	25%
un taxi, una combi† o un colectivo	46%

*Es de notar que muchos residentes de la capital de México dependen de una combinación de medios de transporte.

†Una combi es una camioneta (*van*) originalmente fabricada por la compañía Volkswagen (Kombi), pero ahora de varias marcas. Un colectivo es un autobús pequeño.

Existe desigualdad en lo que se refiere a la cantidad de tiempo que los residentes de varias delegaciones (*municipalities*) o barrios pasan para llegar a su trabajo.

NOMBRE DE LA DELEGACIÓN (dentro de la Ciudad de México)	PORCENTAJE DE LOS RESIDENTES EN SITUACIÓN DE POBREZA	EL TIEMPO PARA LLEGAR A SU TRABAJO	PORCENTAJE QUE PASA MÁS DE UNA HORA PARA LLEGAR
Benito Juárez	8,7%	El 50% de la población llega en menos de 30 minutos	7%
Miguel Hidalgo	14,3%	El 50% de la población llega en menos de 30 minutos	10%
Iztapalapa	37,4%	El 34% de la población llega en menos de 30 minutos	45%
Tláhuac	38,5%	El 30% de la población llega en menos de 30 minutos	30–40%

MODELO: El metro es un medio de transporte en la Ciudad de México que... el 20% de los residentes usa para llegar al trabajo / es menos popular que ir en carro.

1. El medio de transporte más popular en la Ciudad de México es... _____
   _____

2. La bicicleta es un medio de transporte que... _____

3. Llegar al trabajo por carro es menos común que... _____

4. Según la información en la segunda tabla, se puede inferir que... _____
   _____
   _____

5. Tláhuac es una delegación donde... _____
   _____

6. Benito Juárez es una delegación donde... _____
   _____

7. En Iztapalaba, hay muchos residentes (casi la mitad) que... _____
   _____

PASO 2. Completa las oraciones sobre los medios de transporte. Justifica tus respuestas.

MODELO: El medio de transporte que requiere mucha paciencia...

es un vuelo en un avión comercial porque hay que hacer cola y pasar por el control de seguridad. Con frecuencia eso demora mucho.

Un vuelo en un avión privado es un medio de transporte que...

solamente las personas más ricas pueden costear. Cuesta mucho más que un boleto de avión en una aerolínea comercial.

1. El medio de transporte que cuesta más es... _____

2. El carro es un medio de transporte que... _____
   _____

3. El medio de transporte más económico es... _____

4. El metro es un medio de transporte que... _____

5. El medio de transporte más conveniente es... _____

6. El taxi es un medio de transporte que... _____

 PASO 3. En parejas, conversen sobre las preguntas.

1. ¿Qué medio de transporte usas con más frecuencia? ¿Con qué frecuencia lo usas? ¿Por qué lo prefieres?

2. En tu comunidad, ¿hay autobuses? ¿Cómo son? ¿Por qué prefieren muchos viajeros el autobús?

3. ¿Has llamado un taxi? ¿Lo llamaste desde la calle o con una app? ¿Cuáles son las ventajas o desventajas de los taxis?

4. ¿Cuál fue el viaje más largo que has hecho en carro? Descríbelo.

5. ¿Por qué crees que son tan populares las películas de la carretera, *road movies*?

6. ¿Cómo fue tu primer viaje en avión? ¿Adónde fuiste y con quién? Describe la experiencia. (Si no has viajado en avión, ¿crees que es un buen medio de transporte? Explica. ¿Conoces a alguien que viaje en avión todas las semanas por su trabajo? ¿Le gusta?)

7. ¿Vamos a depender menos del petróleo para los medios de transporte en el futuro? Explica.

Antes de leer

B. El ferrocarril en el mundo hispano*

PASO 1. Lee sobre unos sistemas de ferrocarril en el mundo hispano. Luego, elige la frase que mejor complete las oraciones sobre el texto.

_____

*Source: "El AVE, quinto tren más rápido del mundo y el segundo de Europa," *El País*, February 29, 2016, http://economia.elpais.com; Beatón Ruíz, Betty, "Ferrocarril cubano: Historia, tradición, futuro," *Trabajadores: Órgano de la central de trabajadores*," January 29, 2015. http://www.trabajadores.cu; "El tren por la Nariz del diablo, en Ecuador," *Canalviajes*, Accessed January 24, 2017. http://canalviajes.com; Avilés Pino, Efrén, "Ferrocarril Ecuador," *Enciclopedia del Ecuador*, Accessed January 25, 2017. http://www.enciclopediadelecuador.com; "El ferrocarril de la Nariz del Diablo, en Ecuador," *Destino Infinito*, June 5, 2016. http://destinoinfinito.com

El ferrocarril[a] en el mundo hispano

En 1837, Cuba fue el segundo país americano, después de los Estados Unidos, en tener un sistema ferrocarril. Hoy día hay unos 9.300 kilómetros (5.800 millas) de vías férreas[b] en Cuba. El sistema conecta todas las ciudades principales del país. Existen diferentes tipos de trenes, algunos ofrecen comodidades como el aire acondicionado o la comida. Los

PRIMERA LOCOMOTORA.

© The Print Collector/Print Collector/Getty Images

Ferrocarriles de Cuba es una empresa del gobierno cubano. El sistema fue nacionalizado por Fidel Castro poco después de la Revolución.

© Ammit/Alamy RF

El Ecuador tiene dos ciudades principales: Guayaquil, en la costa, y Quito, la capital, que está a unos 2.850 metros de altitud (9350 pies, 1,77 millas) en la cordillera de los Andes. En 1899, el gobierno ecuatoriano, junto con unos contratistas[c] estadounidenses, decidió construir un sistema ferrocarril para conectar las dos ciudades. Aunque las dos ciudades se sitúan a solamente 268 kilómetros (167 millas) por avión, el proyecto de construcción se enfrentó al desafío[d] de la altura de las montañas y, en particular, una montaña llamada «La nariz del diablo», cuyas paredes son casi perpendiculares, y que está a unos 1.900 metros sobre el nivel del mar. El proyecto se llamó «el ferrocarril más difícil del mundo». Los trabajadores ecuatorianos sufrieron enfermedades, inundaciones,[e] mordeduras de serpiente,[f] actividades sísmicas,[g] enfermedades y muchos obstáculos durante la construcción de esta obra increíble de ingeniería, especialmente para la época. Para subir la montaña, se tuvo que construir tramos[h] serpentinos[i] al lado de la montaña. A causa de las malas condiciones de trabajo, los trabajadores ecuatorianos no terminaron el trabajo. Por lo tanto, se trajeron a 4.000 presos[j] de Jamaica para trabajar en el proyecto y muchos de ellos murieron trabajando en condiciones peligrosas. Se terminó en 1908 y después de muchos años el sistema se deterioró. Pero en 2011, el gobierno ecuatoriano volvió a inaugurar unas vías del ferrocarril después de reconstruirlas y mejorarlas. Es ahora una ruta popular entre los turistas e importante para las comunidades andinas.

El AVE en España es un tren de alta velocidad que puede llegar a una velocidad de 300 kilómetros (186 millas) por hora. Las siglas

© Xabier Mikel Laburu/Bloomberg via Getty Images

---

[a]railroad [b]vías... railway lines, railroad tracks [c]contractors [d]challenge [e]floods [f]mordeduras... snake bites [g]seismic [h]segments, stretches of track [i]winding, zig zag [j]prisoners

representan Alta Velocidad Española y no es por casualidad que deletrean la palabra **ave** que significa **pájaro**, un animal que se asocia con la rapidez con la que vuela por el aire. España cuenta con una red[k] extensa de vías férreas; 3.100 kilómetros de ellas son para el tren de alta velocidad. Es la red más larga de vías para trenes de alta velocidad de Europa y la segunda más larga del mundo. En España, hay otros trenes más lentos y sus boletos se venden a un precio más económico. El tren AVE puede llevar a sus pasajeros de Madrid a Barcelona, una distancia de 621 kilómetros (385 millas), en dos horas y cuarenta y cinco minutos. Haciendo este viaje por carro, se tarda unas seis horas en llegar.

[k]*network*

Comprensión

_____ 1. El sistema ferrocarril de Cuba es una empresa...

_____ 2. La red ferrocarril cubana es extensa y consiste en...

_____ 3. Aunque Quito y Guayaquil están separados por menos de 300 kilómetros, el proyecto de ingeniería para conectar las dos ciudades con vías de tren fue un desafío tremendo a causa de...

_____ 4. Los trabajadores en el proyecto ecuatoriano sufrieron extremas dificultades como, por ejemplo,...

_____ 5. Además de los trabajadores ecuatorianos, para completar el proyecto...

_____ 6. El AVE significa **pájaro** y es...

_____ 7. La red ferrocarril española es extensa y hay...

_____ 8. Se puede viajar por tren entre Barcelona y Madrid...

a. se trajó a presos de Jamaica, muchos de los cuales murieron.

b. 9.300 kilómetros de vías.

c. un tren de alta velocidad.

d. estatal, es decir, operada por el gobierno.

e. en solamente dos horas y cuarenta y cinco minutos.

f. 3.100 kilómetros de vías férreas, con la red más larga de vías para los trenes de alta velocidad.

g. las inundaciones, las enfermedades y las mordeduras de serpiente.

h. una montaña muy alta con paredes perpendiculares llamada «La nariz del diablo».

PASO 2. En parejas, conversen sobre las preguntas.

1. ¿Has hecho un viaje en tren? Describe tu experiencia. Incluye detalles como tu punto de partida, tu destino, con quién fuiste, qué servicios ofrecieron en el tren, cuánto tiempo duró el viaje, etcétera.

2. ¿Te fascinaban los trenes cuando eras niño/a? ¿Por qué crees que les fascinan los trenes y las maquetas de trenes (maquetas... *miniature train sets*) a tantas personas, tanto a niños como a adultos?

3. En general, ¿cuáles son las ventajas y las desventajas de viajar por tren?

C. El ferrocarril en México*

PASO 1. Lee sobre el ferrocarril en México y luego contesta las preguntas.

El sistema ferroviario[a] mexicano

El sistema ferroviario mexicano comenzó a construirse en el siglo XIX. Para el año 1910, México tenía un sistema de 24.000 kilómetros de vías de ferrocarril. Después de la Revolución mexicana (1910–1920), el sistema se nacionalizó. Pero a mediados del siglo XX, el sistema se deterioraba por el descuido[b] y la falta de inversión[c] en las infraestructuras ferroviarias. El servicio para los pasajeros era inferior, lento y a

Un tren mexicano en 1895 en Guadalupe, Zacatecas, México

veces peligroso. Eventualmente, el sistema se privatizó en la década de los 90. Luego, en el siglo XXI, el presidente mexicano Enrique Peña Nieto anunció planes, algunos de ellos ya realizados, para modernizar y mejorar varios elementos del sistema ferrocarril para pasajeros.

La Bestia

El sistema de trenes de carga[d] más infame del mundo es La Bestia, conocido también como «el tren de la muerte». Estos trenes de carga mexicanos que atraviesan el país llevan productos de consumo, combustibles y otros materiales, pero también son usados por los emigrantes, la mayoría de ellos centroamericana, para su travesía[e] a los Estados Unidos. Viajan al norte desde la frontera

con Guatemala a través de México hacia los Estados Unidos. Medio millón de centroamericanos se sube al techo[f] del tren cada año. Como no hay vagones para pasajeros, los emigrantes se ven forzados a subirse encima del tren. Es un viaje horroroso y los peligros son constantes, pero ya que muchos de los emigrantes huyen de la violencia de pandillas[g] y la pobreza extrema, deciden arriesgar la vida y hacer el viaje. Los viajeros sufren sed, hambre, calor y

---

[a]*railway*   [b]*neglect*   [c]*la... lack of investment*   [d]*freight*   [e]*journey*   [f]*roof*   [g]*gangs*

*Source: Miroff, Nick, "President of Mexico Outlines Plan to Rejuvenate Passenger Rail Service," *Washinton Post*, February 4, 2013. https://www.washingtonpost.com. ; "Hambre, violaciones, extorsión: El calvario de los migrantes que persiguen el sueño americano subidos al tren de la muerte," *Todo Noticias*, January 22, 2017. http://tn.com.ar; Sayre, Wilson, "Riding The Beast Across Mexico to the U.S. Border," *National Public Radio*, June 5, 2014, http://www.npr.org; Villegas, Paulina, "Stowaways are Stranded in Mexico by Train Ban," *The New York Times*, May 10, 2014. https://www.nytimes.com; Grant, Will, "Las Patronas: The Mexican Women Helping Migrants," *BBC Mundo*, July 31, 2014. http://www.bbc.com; Arce, Alberto, "Subidos al lomo de La Bestia o no, los migrantes seguirán buscando la manera de llegar a Estados Unidos," *The New York Times*, August 25, 2015. http://www.nytimes.com; Dubove, Adam, "La Bestia: El tren que transporta las esperanzas de inmigrantes illegales a EE. UU.," *Panam Post*, September 3, 2014. https://es.panampost.com

tormentas.[h] No pueden dormirse por causa del riesgo de caerse. Las subidas y las bajadas son peligrosas y muchos se matan o son lesionados.[i] Corren el riesgo de ser secuestrados[j] por carteles narcotraficantes. Es más, algunas estimaciones sugieren que el 60% de las mujeres es violado[k] y el 80% de los viajeros es extorsionado por las pandillas a lo largo de la ruta. Aunque las autoridades mexicanas empezaron a hacer cumplir una prohibición de los polizones[l] en 2014, muchos emigrantes desesperados siguen tratando de abordar los trenes o hacer el viaje al norte a pie. Estas medidas por parte del gobierno mexicano han impedido que algunos emigrantes viajen en el tren, que era un medio de transporte, aunque peligroso, muy barato.

_____
[h]*storms*   [i]*injured*   [j]*kidnapped*   [k]*raped*   [l]*stowaways*

Comprensión

1. Cuándo empezó a construirse el ferrocarril en México? _____

2. ¿Qué pasó con el sistema ferrocarril después de la Revolución mexicana?
   _____

3. ¿Qué cambios ocurrieron con el ferrocarril mexicano en el siglo XX y XXI?
   _____
   _____

4. ¿Qué es La Bestia? ¿Para qué se usa? _____
   _____
   _____

5. ¿En qué parte del tren viajan los pasajeros de La Bestia? _____

6. ¿Por qué es tan difícil el viaje en La Bestia? ¿Por qué es tan peligroso? ____
   _____
   _____

 PASO 2. En parejas, conversen sobre la importancia que tienen o no tienen los trenes en la comunidad o el país donde viven Uds. En su opinión, ¿van a ser más importantes en el futuro?

PARA TU INFORMACIÓN: EL/LA GUARDAGUJAS

El/La guardagujas (*switch operator*) tiene uno de los trabajos más importantes de la estación ferroviaria. Tiene que accionar (*activate*) mecanismos que controlan las agujas (*track switches*) de los rieles (*rails*) para cambiar el sentido (*direction*) de los trenes y así facilitar la llegada y la salida de los trenes. Su trabajo es esencial porque controla las vías en las que viajan los trenes y tiene que prevenir que dos trenes ocupen la misma vía. Antes de que muchos sistemas de ferrocarril automatizaran algunos de sus trabajos, se podía ver al guardagujas con un farol (*lantern*) por la noche esperando los trenes.

© Jack Delano/Buyenlarge/Getty Images

¡A leer!

© AP Images

Juan José Arreola fue un autor mexicano, nacido en 1918 en Jalisco, México, en una familia de catorce hermanos. Durante su vida, publicó cuentos, ensayos y novelas, pero es más conocido por sus relatos breves. Tienen elementos fantásticos, absurdos, irónicos y experimentales. Arreola publicó el cuento «El guardagujas» en 1952. Murió en 2001 y es considerado uno de los cuentistas mexicanos más importantes del siglo XX.

En este cuento, «El guardagujas», Arreola incluye elementos fantásticos para comentar lo absurdo de la condición humana. El cuento también refleja un contexto político, social y económico mexicano y mundial a mediados del siglo XX. En los años 40, México experimentó crecimiento industrial y económico. Al mismo tiempo, el sistema ferrocarril mexicano empezó a verse afectado por la falta de inversión. El cuento critica los fallos de este proyecto de infraestructura mientras cuestiona los efectos supuestamente positivos de las máquinas y la industrialización de una sociedad.

«EL GUARDAGUJAS»

— JUAN JOSÉ ARREOLA

El forastero[a] llegó sin aliento[b] a la estación desierta. Su gran valija,[c] que nadie quiso cargar, le había fatigado en extremo. Se enjugó el rostro con un pañuelo,[d] y con la mano en visera[e] miró los rieles[f] que se perdían en el horizonte. Desalentado[g] y pensativo, consultó su reloj: la hora justa en que el tren debía partir.

Alguien, salido de quién sabe dónde, le dio una palmada muy suave. Al volverse, el forastero se halló[h] ante un viejecillo de vago aspecto ferrocarrilero. Llevaba en la mano una linterna roja, pero tan pequeña, que parecía de juguete. Miró sonriendo al viajero, que le preguntó con ansiedad:

—Usted perdone, ¿ha salido ya el tren?

—¿Lleva usted poco tiempo en este país?

—Necesito salir inmediatamente. Debo hallarme en T. mañana mismo.

—Se ve que usted ignora las cosas por completo. Lo que debe hacer ahora mismo es buscar alojamiento en la fonda[i] para viajeros —y señaló un extraño edificio ceniciento[j] que más bien parecía un presidio.

—Pero yo no quiero alojarme,[k] sino salir en el tren.

—Alquile[l] usted un cuarto inmediatamente, si es que lo hay. En caso de que pueda conseguirlo, contrátelo por mes, le resultará más barato y recibirá mejor atención.

—¿Está usted loco? Yo debo llegar a T. mañana mismo.

---

[a]*stranger* [b]*sin... out of breath* [c]*suitcase* [d]*se... he wiped off his face with a handkerchief* [e]*con... with his hand shading his eyes* [f]*rails* [g]*discouraged* [h]*se... he found himself* [i]*inn* [j]*ash-gray color* [k]*stay the night* [l]*rent*

—Francamente, debería abandonarlo a su suerte.[m] Sin embargo, le daré unos informes.

—Por favor...

—Este país es famoso por sus ferrocarriles, como usted sabe. Hasta ahora no ha sido posible organizarlos debidamente,[n] pero se han hecho grandes cosas en lo que se refiere a la publicación de itinerarios y a la expedición de boletos.[ñ] Las guías ferroviarias abarcan y enlazan[o] todas las poblaciones de la nación; se expenden boletos hasta para las aldeas más pequeñas y remotas. Falta solamente que los convoyes cumplan las indicaciones[p] contenidas en las guías y que pasen efectivamente por las estaciones. Los habitantes del país así lo esperan; mientras tanto, aceptan las irregularidades del servicio y su patriotismo les impide cualquier[q] manifestación de desagrado.[r]

—Pero, ¿hay un tren que pasa por esta ciudad?

—Afirmarlo equivaldría a cometer una inexactitud.[s] Como usted puede darse cuenta, los rieles existen, aunque un tanto averiados.[t] Dadas las condiciones actuales, ningún tren tiene la obligación de pasar por aquí, pero nada impide que eso pueda suceder.

—¿Me llevará ese tren a T.?

—¿Y por qué se empeña usted en[u] que ha de ser precisamente a T.? Debería darse por satisfecho si pudiera abordarlo.[v] Una vez en el tren, su vida tomará efectivamente un rumbo.[w] ¿Qué importa si ese rumbo no es el de T.?

—Es que yo tengo un boleto en regla[x] para ir a T. Lógicamente, debo ser conducido a ese lugar, ¿no es así?

—Cualquiera diría[y] que usted tiene razón. En la fonda para viajeros podrá usted hablar con personas que han tomado sus precauciones. Por regla general, las gentes previsoras[z] compran pasajes para todos los puntos del país.

—Yo creí que para ir a T. me bastaba un boleto. Mírelo usted...

—El próximo tramo[aa] de los ferrocarriles nacionales va a ser construido con el dinero de una sola persona que acaba de gastar su inmenso capital en pasajes de ida y vuelta para un trayecto ferroviario, cuyos planos, que incluyen extensos túneles y puentes, ni siquiera han sido aprobados por los ingenieros de la empresa.

—Pero el tren que pasa por T., ¿ya se encuentra en servicio?

—Y no sólo ése. En realidad, hay muchísimos trenes en la nación, y los viajeros pueden utilizarlos con relativa frecuencia, pero tomando en cuenta[bb] que no se trata de un servicio formal y definitivo. En otras palabras, al subir a un tren, nadie espera ser conducido al sitio que desea.

—¿Cómo es eso?

—En su afán[cc] de servir a los ciudadanos, la empresa debe recurrir a[dd] ciertas medidas desesperadas. Hace circular trenes por lugares intransitables.[ee] Esos convoyes expedicionarios emplean a veces varios años en su trayecto, y la vida de los viajeros sufre algunas transformaciones importantes. Los

---

[m]debería... *I should abandon you to your fate* [n]*properly* [ñ]la... *the issuing of tickets* [o]*connect* [p]Falta... *Now all that is needed is for the trains to follow the instructions* [q]*any* [r]*displeasure* [s]Afirmarlo... *to affirm it would be incorrect* [t]*broken down* [u]se... *you insist on* [v]debería... *you ought to be satisfied if you could board it* [w]*direction* [x]en... *in order* [y]Cualquiera... *Anyone would say* [z]*with foresight* [aa]*section, segment* [bb]tomando... *taking into account* [cc]*eagerness* [dd]recurrir... *to resort to* [ee]*impassable*

fallecimientos[ff] no son raros en tales[gg] casos, pero la empresa, que todo lo ha previsto,[hh] añade a esos trenes un vagón capilla ardiente[ii] y un vagón cementerio. Es motivo de orgullo para los conductores depositar el cadáver de un viajero lujosamente embalsamado[jj] en los andenes[kk] de la estación que prescribe su boleto. En ocasiones, estos trenes forzados recorren trayectos en que falta uno de los rieles. Pero hay otros tramos en que faltan ambos rieles, allí los viajeros sufren por igual, hasta que el tren queda totalmente destruido.

—¡Santo Dios!

—Mire usted: la aldea de F. surgió a causa de uno de esos accidentes. El tren fue a dar en un terreno impracticable. Los viajeros pasaron tanto tiempo, que de las obligadas conversaciones triviales surgieron amistades estrechas. Algunas de esas amistades se transformaron pronto en idilios,[ll] y el resultado ha sido F., una aldea progresista llena de niños traviesos que juegan con los vestigios enmohecidos[mm] del tren.

—¡Dios mío, yo no estoy hecho para tales aventuras!

—Necesita usted ir templando[nn] su ánimo; tal vez llegue usted a convertirse en héroe. No crea que faltan ocasiones para que los viajeros demuestren su valor y sus capacidades de sacrificio. Recientemente, en la ruta faltaba el puente que debía salvar[ññ] un abismo. Pues bien, el maquinista, en vez de poner marcha atrás, arengó[oo] a los pasajeros y obtuvo de ellos el esfuerzo necesario para seguir adelante. Bajo su enérgica dirección, el tren fue desarmado pieza por pieza y conducido en hombros al otro lado del abismo. El resultado de la hazaña[pp] fue tan satisfactorio que la empresa renunció[qq] definitivamente a la construcción del puente, conformándose con hacer un atractivo descuento en las tarifas de los pasajeros que se atreven a afrontar esa molestia suplementaria.

—¡Pero yo debo llegar a T. mañana mismo!

—¡Muy bien! Me gusta que no abandone usted su proyecto. Al llegar un convoy, los viajeros, irritados por una espera demasiado larga, salen de la fonda en tumulto para invadir ruidosamente la estación. En vez de subir ordenadamente se dedican a aplastarse[rr] unos a otros; por lo menos, se impiden para siempre el abordaje, y el tren se va dejándolos amotinados[ss] en los andenes de la estación. Los viajeros, agotados y furiosos, maldicen su falta de educación, y pasan mucho tiempo insultándose y dándose de golpes.

—¿Y la policía no interviene?

—Se ha intentado organizar un cuerpo de policía en cada estación, pero la imprevisible llegada de los trenes hacía tal servicio inútil y sumamente costoso. Además, los miembros de ese cuerpo demostraron muy pronto su venalidad,[tt] dedicándose a proteger la salida exclusiva de pasajeros adinerados[uu] que les daban a cambio de esa ayuda todo lo que llevaban encima. Se resolvió entonces el establecimiento de un tipo especial de escuelas. Allí se les enseña la manera correcta de abordar un convoy, aunque esté en movimiento y a gran velocidad.

—Pero una vez en el tren, ¿está uno a cubierto de nuevas contingencias?[vv]

—Relativamente. Sólo le recomiendo que se fije muy bien en las estaciones. Podría darse el caso de que creyera haber llegado a T., y sólo fuese una

---

[ff]*deaths* [gg]*such* [hh]*que... which has forseen everything* [ii]*capilla... funeral chapel* [jj]*embalmed* [kk]*station platforms* [ll]*romances* [mm]*vestigios... rusty vestiges* [nn]*moderating, tempering* [ññ]*covered, spanned* [oo]*rallied* [pp]*achievement* [qq]*gave up* [rr]*crush* [ss]*in a state of tumult* [tt]*corruption, immorality* [uu]*wealthy* [vv]*está... is one / are you subject to new contingencies (/ does everything change)*

ilusión. Hay estaciones que son pura apariencia: han sido construidas en plena selva y llevan el nombre de alguna ciudad importante. Pero basta poner un poco de atención para descubrir el engaño.[ww] Las personas que figuran en ellas están llenas de aserrín.[xx] Esos muñecos revelan fácilmente los estragos de la intemperie,[yy] pero son a veces una perfecta imagen de la realidad: llevan en el rostro las señales de un cansancio infinito.

—Por fortuna, T. no se halla muy lejos de aquí.

—Pero carecemos[zz] por el momento de trenes directos. Sin embargo, no debe excluirse la posibilidad de que usted llegue mañana mismo, tal como desea. Vea usted, hay personas que ni siquiera se han dado cuenta de lo que pasa. Compran un boleto para ir a T. Viene un tren, suben, y al día siguiente oyen que el conductor anuncia: «Hemos llegado a T». Sin tomar precaución alguna, los viajeros descienden y se hallan efectivamente en T.

—¿Podría yo hacer alguna cosa para facilitar ese resultado?

—Claro que puede usted. Lo que no se sabe es si le servirá de algo.[aaa] Inténtelo de todas maneras. Suba usted al tren con la idea fija de que va a llegar a T. No trate a ninguno de los pasajeros. No ponga los pies en el andén antes de que vea en T. alguna cara conocida.

—Pero yo no conozco en T. a ninguna persona.

—Si mira usted por las ventanillas, está expuesto a caer en la trampa de un espejismo.[bbb] Las ventanillas están provistas de ingeniosos dispositivos[ccc] que crean toda clase de ilusiones en el ánimo de los pasajeros. No hace falta ser débil para caer en ellas. Ciertos aparatos, operados desde la locomotora, hacen creer, por el ruido y los movimientos, que el tren está en marcha.[ddd] Sin embargo, el tren permanece detenido semanas enteras, mientras los viajeros ven pasar cautivadores[eee] paisajes a través de los cristales.

—¿Y eso qué objeto tiene?

—Todo esto lo hace la empresa con el sano propósito de disminuir la ansiedad de los viajeros y de anular en todo lo posible las sensaciones de traslado.[fff] Se aspira a que un día se entreguen plenamente al azar,[ggg] en manos de una empresa omnipotente, y que ya no les importe saber adónde van ni de dónde vienen.

—Y usted, ¿ha viajado mucho en los trenes?

—Yo, señor, solo soy guardagujas. A decir verdad, soy un guardagujas jubilado, y sólo aparezco aquí de vez en cuando para recordar los buenos tiempos. No he viajado nunca, ni tengo ganas de hacerlo. Pero los viajeros me cuentan historias. Sé que los trenes han creado muchas poblaciones además de la aldea de F, cuyo origen le he referido. Ocurre a veces que los tripulantes[hhh] de un tren reciben órdenes misteriosas. Invitan a los pasajeros a que desciendan de los vagones, generalmente con el pretexto de que admiren las bellezas de un determinado lugar. Se les habla de grutas,[iii] de cataratas o de ruinas célebres: «Quince minutos para que admiren ustedes la gruta tal o cual», dice amablemente el conductor. Una vez que los viajeros se hallan a cierta distancia, el tren escapa a todo vapor.

—¿Y los viajeros? Vagan desconcertados de un sitio a otro durante algún tiempo, pero acaban por congregarse y se establecen en colonia. Estas

---

[ww]*deception* [xx]*sawdust* [yy]los... *ravages of the bad weather* [zz]*we lack* [aaa]si... *if it will help you, do any good* [bbb]la... *the trap of a mirage* [ccc]ingeniosos... *ingenious devices* [ddd]está... *is moving* [eee]*captivating* [fff]*moving* [ggg]se... *they will give themselves over completely to chance, fate* [hhh]*crew* [iii]*cave*

paradas intempestivas se hacen en lugares adecuados, muy lejos de toda civilización y con riquezas naturales suficientes.

En ese momento se oyó un silbido[jjj] lejano. El guardagujas dio un brinco, y se puso a hacer señales ridículas y desordenadas con su linterna.

—¿Es el tren? —preguntó el forastero.

El anciano echó a correr por la vía, desaforadamente. Cuando estuvo a cierta distancia, se volvió para gritar:

—¡Tiene usted suerte! Mañana llegará a su famosa estación. ¿Cómo dice que se llama?

—¡X! —contestó el viajero.

En ese momento el viejecillo se disolvió en la clara mañana. Pero el punto rojo de la linterna siguió corriendo y saltando entre los rieles, imprudente, al encuentro del tren.

Al fondo del paisaje, la locomotora se acercaba como un ruidoso advenimiento.[kkk]

[jjj]*whistle*   [kkk]*ruidoso... noisy advent, coming*

Después de leer

D. El guardagujas

PASO 1. Indica si las oraciones sobre el cuento son ciertas o falsas. Si es una oración falsa, corrígela.

	CIERTO	FALSO
1. El forastero quiere llegar a un lugar que se llama T.	____	____
2. Según el guardagujas, el país tiene un sistema de ferrocarriles famoso pero desorganizado y los ciudadanos de este país aceptan las irregularidades del sistema ferrocarril.	____	____
3. El guardagujas sugiere que el forastero hable con los viajeros prudentes en la fonda que han comprado boletos para todos los puntos del país.	____	____
4. En este país el servicio ferroviario es definitivo y los viajeros esperan llegar adónde quieren ir.	____	____
5. En algunos trenes expedicionarios, faltan rieles en las vías y algunas personas mueren.	____	____
6. Los pasajeros pueden mirar por las ventajas para ver donde están y hay letreros que indican claramente la estación a la que han llegado.	____	____
7. En algunos trenes, los tripulantes engañan a los pasajeros y los invitan a salir a ver algo y luego el tren los abandona en este sitio.	____	____
8. El forastero por fin llega a T.	____	____

PASO 2. Contesta las preguntas sobre el cuento.

1. ¿Adónde quiere llegar el forastero? ¿Qué le recomienda el guardagujas que haga? _____

2. ¿Cómo es el sistema de ferrocarril de este país? _____
_____
_____

3. ¿Qué les pasa a algunos de los viajeros en los convoyes expedicionarios?
_____

4. ¿Cómo es la aldea F y cómo se formó? _____
_____
_____

5. ¿Cómo se convirtieron algunos pasajeros en héroes cuando faltaba un puente en una de las rutas? _____
_____

6. ¿Qué sucedió cuando intentaron organizar un cuerpo de policía? _____
_____
_____

7. ¿Cómo son las estaciones que el guardagujas describe como «pura apariencia»? _____
_____

8. ¿Qué ocurre con algunas de las ventanillas para engañarles a los pasajeros? _____

9. ¿Cómo les engañan los tripulantes a algunos pasajeros cuando les hablan de las bellezas de algún lugar? _____
_____

10. Al final, ¿cómo se llama el lugar adónde quiere llegar el forastero? _____

PASO 3. En parejas, conversen sobre las preguntas de análisis. Saquen apuntes y estén listos a compartir sus respuestas con la clase.

1. ¿Por qué crees que los nombres de los lugares en este país son solamente letras como T o F? _____
_____

2. ¿Cómo responde el guardagujas a las preguntas que el forastero le hace? Por ejemplo, cuando el forastero le pregunta si hay un tren que pasa por esta ciudad, el guardagujas le dice: «Afirmarlo equivaldría a cometer una inexactitud… Dadas las condiciones actuales, ningún tren tiene la obligación de pasar por aquí, pero nada impide que eso pueda suceder». ¿Cuáles son dos otros ejemplos de esta manera de responderle al forastero? _____
_____
_____
_____
_____
_____
_____ _____

3. Busca dos contradicciones en las descripciones del guardagujas. ¿Qué importancia tienen? _____
_____
_____

4. Ni el forastero ni el guardagujas tiene nombres. ¿Por qué? _____
_____

5. El guardagujas habla del gobierno, «la empresa» y otras instituciones como la policía. ¿Cómo actúan estos grupos? ¿Qué efectos producen sus acciones? _____

_____

6. El guardagujas le habla al forastero de ilusiones y engaños asociados con los viajes en tren. ¿Cuáles son los resultados de estos engaños? ¿Cómo se manifiesta el tema de una realidad incierta e ilusoria? _____

_____

_____

_____

_____

_____

7. ¿Qué puede representar el tren en este cuento? _____

_____

_____

E. ¿Qué opinan los demás?

PASO 1. Las personas entrevistadas contestan las siguientes preguntas. Escribe por lo menos cinco palabras del vocabulario de este capítulo que probablemente van a incluir en sus respuestas.

- ¿Qué medios de transporte son importantes en su comunidad o país? ¿Qué ventajas y desventajas tiene cada uno?

- ¿Es común tener un carro en su país?

- ¿Le gusta manejar? ¿Por qué sí o no? ¿Adónde ha viajado en carro? ¿Le interesa la idea de un carro que se maneja solo, o sea, sin conductor?

- ¿Cuáles van a ser los medios de transporte más importantes en el futuro?

1. _____ 2. _____ 3. _____ 4. _____ 5. _____

PASO 2. En parejas, túrnense para leer en voz alta las ideas expresadas por los entrevistados. Expliquen si sus ideas describen las ideas y comunidades de Uds.

> **MODELO:** *La idea*: Bueno, a mí me fascina manejar. Me fascina porque siempre hemos viajado, yo siempre he manejado cuando hemos viajado. Entonces tomamos muchos, muchos viajes en carro.
>
> E1: Uf, no. A mí me aburre manejar. Cuando empecé a manejar a los dieciséis años, al principio me encantaba manejar porque era algo nuevo. Pero, ahora es aburrido. Tengo un carro pero es un poco viejo y de vez en cuando tiene algún problema mecánico. Para mí, manejar es solamente una necesidad.
>
> E2: Al contrario, para mí manejar no es solo una necesidad, es un pasatiempo divertidísimo. Me encanta. En mi carro tengo la radio satélite y hay muchos canales y programas, por lo que nunca estoy aburrido. Me gusta tomar viajes largos en carro. A mí también me gusta manejar cuando mi familia y yo viajamos.

1. La gente tiene [carro] por comodidad. No porque lo necesite porque el transporte (público) es muy bueno.

2. Todos los medios de transporte son importantes. Desde el caballo, hasta el burro, hasta la moto, el carro, el bus, los camiones.

3. Recuerdo que cuando mi madre nos criaba no teníamos carro. Le tocaba montar en bus todo el tiempo y nos transportábamos en bus y a pie.

4. Me gusta la idea de un carro automático porque es algo nuevo, entonces me encantaría explorar algo nuevo. Pero la adrenalina de tener las manos en el manubrio (*steering wheel*) y poder tener ese poder donde tú dices, ¿para dónde voy? No hay comparación.

PASO 3. Primero, lee las oraciones sobre las entrevistas. Luego, mira las entrevistas. Por último, empareja cada oración con la persona a la cual corresponde: Gastón, Andrés o May. **¡OJO!** A veces hay más de una posibilidad.

Gastón

Andrés

May

_____ 1. Les fascina manejar.

_____ 2. El metro es un medio de transporte importante.

_____ 3. Le interesa la idea de un carro que maneje solo porque no le gusta manejar.

_____ 4. Es común tener un carro y es común no tener un carro.

_____ 5. Le interesa la idea de un tren (túnel transatlántico) en el futuro que lleve a pasajeros entre los Estados Unidos y Europa.

_____ 6. Los autobuses son un medio de transporte importante.

PASO 4. Contesta las preguntas sobre las entrevistas.

1. Según Gastón, ¿por qué son importantes el colectivo y el tren en Buenos Aires? _____ _____ _____

2. Según Gastón, ¿cuál va a ser el medio de transporte más importante en el futuro? _____

3. ¿Cómo es el «carromoto» que Andrés describe? _____ _____ _____

Un carromoto, o mototaxi, en Mompox, Colombia

4. ¿A Andrés le gusta manejar? Describe un viaje que hizo él en los Estados Unidos. ¿Por qué le tomó tanto tiempo? _____ _____

5. ¿Qué medios de transporte importantes en Venezuela menciona May? _____

6. Según May, ¿cómo va a ser el transporte del futuro? _____ _____

PASO 5. En parejas, conversen sobre sus propias ideas sobre las preguntas del **Paso 1.**

V. CONTEXTOS EXPRESIVOS

 A. Escritura: Comparar dos modos de transporte

Piensa en dos medios de transporte en tu pueblo, ciudad o país. ¿Cuáles son las ventajas y las desventajas de cada medio de transporte? Considera el costo, la conveniencia, la eficiencia y el efecto en el medio ambiente. Considera tanto la perspectiva de los viajeros como la de la sociedad en su conjunto. Al final de esta actividad, vas a escribir un ensayo en que compares estos dos medios de transporte actuales. Primero, revisa la estrategia.

> **Estrategia: Hacer una lista**
>
> One of the challenges of writing is organizing your thoughts. Clear, effective writing depends on coherent and convincing ideas. As part of the pre-writing process, you can use lists to clarify and improve your thinking, which will in turn, make your writing more effective. You can use listing in a variety of ways: to brainstorm preliminary thoughts, to list elements of a sub topic in your writing (everything you associate with air travel, for example), and to begin to see connections and patterns in your thinking. Make lists without worrying about organization or the use of complete sentences. Write everything that comes to mind. Later, examine the list(s) and look for connections or ways that items cluster together. You can use these categories to begin to visualize a structure for your writing.

Antes de escribir: Hacer listas para organizar tus ideas antes de escribir.
Selecciona los dos medios de transporte que vas a comparar. Considera los siguientes medios: caminar, andar en bicicleta, andar en motocicleta, andar a caballo/burro, el metro, el carro privado, el taxi, el carro alquilado, el carro autónoma, el tranvía, el tren, el avión pequeño, el avión comercial/grande, el autobús, otros vehículos con motor, el teleférico, el bote, la balsa, la lancha, la mochila cohete (*jet pack*), el hyperloop, el segway, carros voladores, etcétera.

Una vez elegidos los dos medios de transporte en que vas a enfocarte, piensa en las listas que puedes hacer. Como por ejemplo: las características generales de cada medio de transporte, las ventajas/desventajas del medio de transporte, la perspectiva de los viajeros, la perspectiva de una comunidad, las características de la comunidad (el tamaño o el clima, por ejemplo) que afecten la viabilidad de un medio, la historia, los cambios recientes, o las perspectivas futuras (*future prospects*) de este medio de transporte, etcétera.

Escribe ideas sobre los dos medios de transporte en cada lista. Si piensas en más categorías mientras escribes, añádelas.

Reflexiona sobre las ideas en las listas, muchas de las cuales probablemente tienen algo en común. Observa las diferencias y las semejanzas entre cada medio. Busca maneras de organizar las ideas en grupos para crear tres o cuatro puntos clave. Estos puntos clave van a servir como la base para tus párrafos.

¡A escribir!

Forma párrafos anotando algunas ideas para cada punto clave. Considera cómo los párrafos se relacionan entre sí y cuál podría ser una oración de tesis que mejor capte la evidencia y las observaciones que has hecho.

Escribe una oración de tesis que resuma tu idea sobre la relación entre los dos medios de transporte. La siguiente oración es una tesis posible.

En la comunidad XYZ, andar en bicicleta es preferible a manejar un carro, tanto para el individuo como para la comunidad en general, por tres razones principales: los problemas de la congestión de tráfico, el clima agradable para las actividades que se hacen afuera, la gran cantidad de ciclovías y la disponibilidad de bicicletas para alquilar.

Por último, finaliza un borrador de tu ensayo.

Después del primer borrador

En parejas, intercambien borradores. Lee el borrador de tu pareja y escribe al menos cinco preguntas para descubrir más sobre los detalles de los sucesos. Inventa respuestas a las preguntas que tu pareja te haga y agrega esta información a la versión final de tu ensayo.

B. Nosotros, los actores / las actrices: Hablando del viaje a La Habana

PASO 1. En parejas, imaginen la conversación entre los personajes y escriban un guion para una de las siguientes situaciones:

a. Lázaro o Pedrito y la madre de Pedrito hablan por teléfono y le cuenta sobre la odisea a La Habana.

b. Lázaro y Michael Hope conversan en el hotel en La Habana.

c. Lázaro o Pedrito hablan con sus vecinos. Describen su viaje y cuentan con orgullo todo lo que hicieron para llegar a La Habana.

PASO 2. Ensayen su guion y luego interprétenlo para la clase. Presten atención a la pronunciación, el lenguaje corporal, los gestos y el tono de la voz.

C. Entrevista: Lo bueno y lo malo del transporte donde Ud. vive

Entrevista a una persona hispanohablante sobre los medios de transporte donde él/ella vive actualmente o donde vivía antes. Escribe preguntas acerca de sus preferencias y opiniones sobre diferentes medios de transporte. Pregúntale cómo el transporte le afecta la vida para bien o para mal. Pídele que te cuente sobre una experiencia memorable que haya tenido en un medio de transporte particular o un viaje que haya hecho. Saca apuntes y está listo/a a presentar sus respuestas a la clase.

OPCIONAL: Pregúntale al entrevistado si está bien si filmas un video de la entrevista para mostrar a la clase.

D. ¡Entrevista por videoconferencia!

Conversa con un/una hispanohablante por videoconferencia y pregúntale seis a ocho preguntas sobre uno de los siguientes temas:

1. lo que sabe u opina sobre la Revolución cubana y/o el bloqueo de los Estados Unidos contra Cuba

2. los productos o los recursos escasos donde vive o donde vivió

3. por qué prefiere ciertos medios de transporte y cómo han cambiado los medios de transporte durante su vida

Saca apuntes mientras conversan y prepárate a presentar la información a la clase.

E. Investigación: Los medios de transporte

Busca información sobre uno de los siguientes temas. Resume la información que encuentres e incluye datos interesantes. Preséntale la información a tu clase.

- los medios de transporte más comunes en una ciudad en Latinoamérica o España
- el transporte en Cuba
- una innovación en un sistema de transporte en Latinoamérica o España
- los medios de transporte en alguna zona montañosa de Latinoamérica o España
- los medios de transporte en algún lugar que tenga masas de agua como un lago grande, un río, o el mar en Latinoamérica o España

Tabla B

Vocabulario

F. ¿Cómo son estos medios de transporte?

TABLA B

¿Cómo son estos medios de transporte?								
Características del modo de transporte	1. <u>a</u>	2. d	3. _	4. i	5. _	6. b	7. _	8. g
aire, agua o tierra	<u>tierra</u>	tierra						
efectivo, tarjeta de crédito, otro	<u>efectivo</u>	efectivo						
dónde se recoge a los pasajeros	<u>donde quieras</u>	en paradas designadas						
los pasajeros se sientan	<u>el pasajero se sienta (pero hay algunos que saben hacer trucos en que se ponen de pie mientras montan)</u>	cuando hay espacio, sí, pero cuando está lleno se ponen de pie						
número de pasajeros que viajan a la vez	<u>normalmente uno, pero hay tipos de este medio de transporte que se hacen para dos personas</u>	más de veinticinco						
público	<u>no</u>	sí						
número de ruedas	<u>2 (los niños a veces tienen una con más ruedas)</u>	¿seis u ocho? (depende del tamaño, pero normalmente más de cuatro)						
se sirve comida	<u>no</u>	no, pero a veces entran vendedores ambulantes						
asientos reservados	<u>no</u>	no						
vivo	<u>no</u>	¡No!						

VOCABULARIO DEL CAPÍTULO 7

La Revolución cubana

alejarse	to get away from; to move away
aliarse (í)	to unite, join, bring together
censurar	to censor
derrocar (qu)	to topple; to overthrow
huirse (y)	to flee
lograr	to achieve; to manage to do something
patrocinar	to sponsor; to finance
repartir	to divide up; to distribute
el (an)alfabetismo	(il)literacy
la balsa	raft
el/la balsero/a	refugee who flees Cuba by raft/boat
el bono	voucher
el/la dictador(a)	dictator
el/la expatriado/a	expat(riot)
el golpe de estado	coup d'etat
el ideal	ideal
el partido	party (*political*)
la política	policy
la propiedad privada	private property
la reforma	reform
analfabeto/a	illiterate
gratuito/a	free

Repaso: la dictadura, la economía, extranjero/a

Los embargos, las restricciones y la escasez

abastecer (zco)	to supply
agotar	to exhaust; to use up
aguantar	to put up with, tolerate
hacer cola	to stand in line
promover (ue)	to promote
subsidiar	to subsidize
el abastecimiento	supply
el bloqueo	blockade
el embargo	embargo
el estante	shelf

la escasez	scarcity
la exportación	export, exportation
la importación	import, importation
el producto básico	basic product, staple
el racionamiento	rationing
la restricción	restriction
asignado/a	assigned
escaso/a	scarce
estatal	of the State

Repaso: proteger (j)

El transporte

abordar	to board
bajarse de	to get out/off of (*mode of transportation*)
chocar (qu) con	to crash/run into
descomponer (*like* **poner**)	to break down; to malfunction
funcionar	to function, work
reparar	to repair, fix
subirse a	to get on
tomar	to catch (*mode of transportation*); to take
la autopista	freeway
la carretera	road; highway
el/la conductor(a)	driver
el destino	destination (*literal*); fate (*figurative*)
el freno	brake
la lancha	ferry; motorboat
el medio de transporte	mode of transportation
la parada	stop (*n., as in bus stop*)
el/la pasajero/a	passenger
el peatón / la peatona	pedestrian
el punto de partida	point of departure
el tranvía	streetcar, tram
de ida y vuelta	round trip

Repaso: el metro

CAPÍTULO 8

La independencia y las metas personales

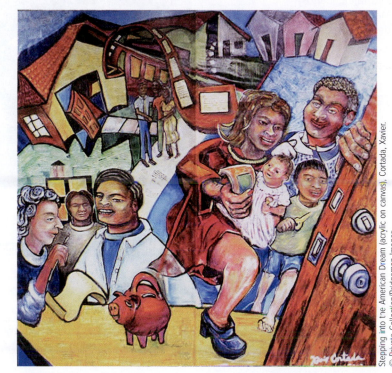

Stepping into the American Dream (acrylic on canvas), Cortada, Xavier.
© Private Collection/Bridgeman Images

Entrando al sueño americano del artista estadounidense Xavier Cortada, 2002

Este cuadro es un mural comisionado para representar una iniciativa del gobierno de los Estados Unidos para fomentar la propiedad de vivienda por minorías.

Describe los elementos prominentes de este cuadro. ¿Cómo son las personas que se retratan? Describe sus emociones. Además de las personas, ¿cuáles son otros objetos y elementos interesantes? ¿Qué importancia tiene la alcancía (*piggy bank*) que se ve en el primer plano? Las personas parecen estar en marcha (en... *in motion, on the move*). ¿Por qué? ¿Qué valores y costumbres de la vida en los Estados Unidos se pueden inferir?

El título se refiere al «sueño americano». ¿Qué asocias con este concepto? ¿Cuál es el sueño de muchas personas de tu país? ¿Es posible realizar este sueño en tu país o es solamente un mito? ¿Es una realidad para algunas personas solamente? ¿Por qué crees que esta obra se creó para enfocarse en las minorías en los Estados Unidos?

I. ANTICIPACIÓN

DATOS CINEMATOGRÁFICOS

Director: Javier Marco

Fecha: 2014

Personajes: Carlos, Marta, el padre, la dependienta

Escenario: una casa

País: España

A. El póster del cortometraje «Casitas»

© Javier Marco Rico

El cortometraje «Casitas» nos presenta a Carlos y Marta, una pareja española joven, que tiene muchas ilusiones.

PASO 1. Mira el póster del cortometraje y contesta las preguntas.

1. ¿De qué hablan Carlos y Marta, el hombre a la izquierda y la mujer a la derecha? ¿Cómo se sienten en este momento?

2. ¿Quién es el hombre que está entre Carlos y Marta? ¿Qué está pensando él en este momento?

3. ¿Dónde están los tres?

 PASO 2. En parejas, conversen sobre las siguientes preguntas.

1. ¿Cómo se sabe cuando alguien es adulto/a?

2. ¿Qué actividades asocias con la madurez? ¿Qué actividades se dejan de hacer cuando uno ya es adulto/a?

3. ¿Qué metas tienen muchas parejas jóvenes?

4. ¿Vives con tus padres, o con tu padre o madre? ¿Cuáles son las ventajas y las desventajas de vivir con los padres y las ventajas y desventajas de vivir en tu propia casa?

B. ¡Conozcamos a los personajes!

PASO 1. Mira las imágenes de cuatro de los personajes del cortometraje «Casitas» y escribe cómo son y cómo están. Incluye todos los detalles que puedas.

© Javier Marco Rico

1. **Marta, la mujer (esposa) de Carlos**
   ¿Cómo es ella?
   ¿Cómo está en este momento?
   Otras observaciones:

© Javier Marco Rico

2. **Carlos, el marido (esposo) de Marta**
   ¿Cómo es él? ¿Cómo está en este momento?
   Otras observaciones:

© Javier Marco Rico

3. **Manuel**
   ¿Cómo es Manuel? ¿Cómo está en este momento?
   Otras observaciones:

© Javier Marco Rico

4. **La dependienta de una tienda de muebles**
   ¿Cómo es la dependienta? ¿Cómo está en esta escena?
   Otras observaciones:

PASO 2. Ahora infiere lo que puedas de los fotogramas y contesta las preguntas. Usa las pistas que ves, la lógica y tu imaginación.

1. ¿Dónde está Marta en el primer fotograma? ¿A quién mira?
2. ¿Cómo es la relación entre Marta y Carlos? ¿Cómo es su vida?
3. ¿Cuál es la relación entre Manuel y Marta?
4. ¿De qué hablan la dependienta de la tienda y Manuel?

C. Lugares importantes en «Casitas»

PASO 1. Los siguientes fotogramas muestran cuatro lugares del cortometraje. Apunta características de los lugares en general. (Por ejemplo: ¿Cómo es el lugar? ¿Para qué sirve? ¿Quiénes típicamente están en el lugar? ¿Cómo están las personas cuando están allí?)

1. el comedor

2. la sala

3. la habitación / el cuarto

4. la tienda de muebles

Repaso gramatical: Los usos del presente de subjuntivo: Las cláusulas adjetivales

PASO 2. En parejas, completen las frases usando el presente de subjuntivo.

> **MODELO:** Para mí, una cocina ideal es una que **tenga** los electrodomésticos más modernos.

1. Para mí, un comedor ideal es uno que...
2. Quiero una sala que...
3. La habitación de mis sueños es una que...
4. Busco una tienda de muebles que...

Repaso gramatical: Los mandatos indirectos

PASO 3. En parejas, piensen en las conversaciones que se pueden tener en los lugares del **Paso 1.** Imagínense que una persona tiene que darle un mandato indirecto a otra persona. ¿Qué tipos de mandatos probablemente se dicen en estos lugares? Identifiquen tres mandatos indirectos para cada lugar.

> **MODELO:** el comedor
>
> Que los niños pongan la mesa.
>
> Que tu padre se siente aquí.
>
> Que vengas a cenar con nosotros.

D. Situación de suspenso: Hay un hombre sentado en nuestra cama

 PASO 1. Mira el videoclip y contesta las preguntas.

© Javier Marco Rico

1. ¿Qué sucede en esta escena?
2. ¿Quién es este hombre? ¿A qué o a quién mira?
3. ¿Cómo se siente este hombre? ¿Conoce este hombre a Carlos?
4. ¿Qué va a ocurrir después? ¿Qué NO va a ocurrir en la próxima escena?

Palabras útiles	
a la hortelana	garden-style
con mogollón de	with loads of / lots of
escondido/a	hidden
liar	to get tied up with
no se me nota nada	you still can't tell / I'm not showing yet
no te enfades	don't get mad
tripita	a little belly, stomach

PASO 2. Empareja cada frase con la descripción correcta.

PERSONA

1. ____ Marta es la persona...
2. ____ Rocky es el perro...
3. ____ Pepe es el hombre...
4. ____ Carlos es la persona...
5. ____ Marta y Carlos son las personas...
6. ____ La habitación de Marta y Carlos es el lugar...

DESCRIPCIÓN

a. que ve a un hombre sentado en la cama.
b. con quien salió Carlos.
c. que está en el jardín, según Marta.
d. cuya cena es a la hortelana.
e. donde buscan al ladrón.
f. que no ve a nadie en la cama.

Estrategia: Parafrasear

When you paraphrase a reading, you are talking about it in your own words. Paraphrasing and citing someone else's ideas may be part of writing, but it is also key to understanding and retaining what you read. Reading superficially is a common pitfall and results in remembering almost nothing of the reading. Paraphrasing forces you to engage more actively with the information. After you read several times, write down the main ideas without referring to the text.

E. La vivienda en España

PASO 1. Primero, lee la siguiente información sobre la vivienda en España y para cada párrafo, resume la información en tus propias palabras. Luego, escribe una pregunta sobre la lectura y una pregunta personal relacionada a la vivienda. Por último, en parejas, túrnense para hacerse sus preguntas.

La vivienda en España*

La mayoría de los españoles vive en un piso, es decir, un apartamento en un edificio de varias plantas. España es el país europeo con el mayor porcentaje de hogares en edificios de diez o más pisos. En general, un piso típico incluye una cocina con lavadora, una o más habitaciones, una sala y uno o dos cuartos de baño. En lugar de secar la ropa en una secadora, muchas familias tienden la ropa en un tendedero[a] al aire libre. A veces los pisos tienen un balcón

La fachada de un edificio de apartamentos o pisos en Valencia, España

pequeño o una terraza más amplia. Pero no es común tener jardines o garajes personales, los cuales son característicos de algunas casas separadas de los Estados Unidos y el Canadá.

---

[a]*clothesline*

Resumen del párrafo en tus propias palabras: _____

Una pregunta sobre la lectura: _____

Una pregunta personal: _____

Los bloques de pisos[b] con frecuencia disponen de un portero / una portera,[c] un miembro de la comunidad del edificio que vigila[d] la entrada del edificio.

«Salir afuera» para muchos estadounidenses o canadienses puede tratarse de disfrutar del jardín o un patio trasero[e] en el propio territorio de la casa. En cambio, los españoles, especialmente en los centros urbanos, viven en la calle. O sea,

Calle de Preciados en Madrid.

cerca de su casa existe una comunidad en la que se encuentran tiendas, restaurantes y mercados. El 78,8% de las viviendas en España está en propiedad, en lugar de ser viviendas de alquiler.

---

[b]*Los... Apartment buildings* [c]*doorperson* [d]*guards* [e]*patio... back patio*

*Source: "En piso y en propiedad: el 66,5% de españoles viven en pisos y el 78,8% son dueños de su vivienda," *20 Minutos*, November 28, 2015. http://www.20minutos.es; "Different Types of Spanish Houses," *Euroresidentes*, Accessed February 10, 2017. https://www.euroresidentes.com; "Vivienda en España," *Mequieroir*, Accessed February 10, 2017. http://www.mequieroir.com; "Spain, Types of Properties: Apartments, Townhouses, Villas, and Country Properties," *Justlanded*, Accessed February 10, 2017. https://www.justlanded.com

Resumen del párrafo en tus propias palabras: _____

Una pregunta sobre la lectura: _____

Una pregunta personal: _____

Además de los pisos, los otros tipos de vivienda en España incluyen un chalé o una villa, que son casas unifamiliares, independientes. Una casa adosada[f] se construye al lado de otras casas y comparte paredes con otras viviendas. Este tipo de vivienda se está volviendo más popular en las afueras de las ciudades grandes. Puede tener tres o cuatro pisos, un sótano y/o un garaje y piscinas o parques infantiles comunitarios. En las zonas rurales, hay casas tradicionales como el caserío[g] o la barraca.[h] Las construcciones de estas casas reflejan las actividades agrícolas de una finca.[i]

Casas adosadas en Casares, España.

© Michelle Chaplow/Alamy

_____
[f]*attached* [g]*farmhouse* [h]*cottage* [i]*farm*

Resumen del párrafo en tus propias palabras: _____
Una pregunta sobre la lectura: _____
Una pregunta personal: _____

Repaso gramatical: Los números ordinales

PASO 2. Tú y tu pareja están buscando vivienda y acaban de ver las siguientes seis propiedades. Repasen los apuntes sobre cada lugar y túrnense para comparar y comentar las propiedades, basándose en los aspectos indicados. Usen los comparativos y los superlativos. No se olviden de usar los números ordinales para identificar cada propiedad.

¿Dónde viviremos (*will we live*)?

1ª propiedad

Superficie: 90 m^2

Habitaciones: 2

Baños: 1

Planta: 5

Antigüedad: Entre 30 y 40 años

Comentarios: Terraza, cerca de un parque, portero disponible 24 horas al día

Precio: 155.000€

2ª propiedad

Superficie: 129 m^2

Habitaciones: 3

Baños: 2

Planta: Planta baja

Antigüedad: Entre 10 y 20 años

Comentarios: Plaza de garaje por 60.000€ adicionales; mascotas pequeñas bienvenidas

Precio: 299.000€

3ª propiedad

Superficie: 80 m^2

Habitaciones: 2

Baños: 2

Planta: 6

Antigüedad: Entre 10 y 15 años

Comentarios: Balcón y trastero (*storage room*); no mascotas; vista a la ciudad

Precio: 175.000€

4ª propiedad

Superficie: 80 m^2

Habitaciones: 1

Baños: 1

Planta: 3

Antigüedad: Entre 40 y 50 años

Comentarios: Jardín comunitario; estacionamiento en la calle cerca de la universidad

Precio: 175.000€

5ª propiedad

Superficie: 200 m^2

Habitaciones: 5

Baños: 3

Planta: 3

Antigüedad: Entre 5 y 8 años

Comentarios: Aire acondicionado, jardín y piscina comunitarios

Precio: 500.000€

6ª propiedad

Superficie: 150 m^2

Habitaciones: 3

Baños: 2

Planta: 1

Antigüedad: Entre 20 y 30 años

Comentarios: Amueblado, terraza, parrilla (*grill*) comunitaria, jacuzzi

Precio: 345.000€

MODELO: planta:

E1: De todos los apartamentos que vimos, el tercer apartamento está en la planta más alta. Eso me gusta, especialmente porque así tiene una vista a la ciudad.

E2: Estoy de acuerdo. Me gusta la idea de poder ver la ciudad desde nuestro balcón.
Pero el segundo apartamento está en la planta más baja y también me gusta eso porque...

1. tamaño:

2. número de habitaciones:

3. número de baños:

4. edad del edificio:

5. precio:

6. preferencia:

F. A inferir y predecir

En parejas, miren los fotogramas y contesten las preguntas.

1. ¿Cuál es el tono de la conversación en el primer fotograma? ¿De qué hablan?
2. ¿Qué está pensando Manuel?
3. ¿Qué está indicando Manuel en el segundo fotograma? ¿Qué le dice a la dependienta? ¿Cómo le va a responder la dependienta?
4. ¿Qué va a ocurrir en el futuro? ¿Qué es algo que NO va a ocurrir?

G. Sin sonido: Las pistas visuales

PASO 1. Mira el cortometraje entero sin sonido. Presta atención a las acciones y las emociones expresadas en la cara de los personajes. Basándote en las pistas visuales, escribe por lo menos cinco oraciones resumiendo lo que crees que ocurre en «Casitas». Explica el argumento y el desenlace lo mejor que puedas. **¡OJO!** No te preocupes si no estás seguro/a. Observa y adivina. ¡Vas a mirar el cortometraje con sonido pronto!

PASO 2. Compara tu resumen del argumento (del **Paso 1**) con el de una pareja. ¿Son parecidas sus interpretaciones de las pistas visuales? ¿Cómo son diferentes?

PASO 3. Ahora, escribe cinco preguntas sobre el cortometraje. Utiliza cinco palabras interrogativas diferentes. Pueden ser preguntas sobre lo que sucede o de opinión. Hazle tus preguntas a tu pareja y apunta sus respuestas.

II. VOCABULARIO

A. La vivienda

PASO 1. El escenario de «Casitas» es un piso tradicional español. Lee las descripciones e infiere el significado de las palabras **en negrilla.** Luego, contesta las preguntas.

© Javier Marco Rico

© Javier Marco Rico

Marta les sirve la cena a Carlos y Manuel en el comedor de su **hogar.** Ellos viven en **un piso** típico en España. Un **piso** es **una vivienda** en **un edificio** que incluye múltiples **pisos** en cada **planta. La planta** baja es **el piso** al mismo nivel que la calle. Para subir a otros **pisos**, hay que usar el ascensor o las escaleras.

Los pisos pueden tener **una terraza** o **un patio** afuera, y algunos **edificios de pisos** les ofrecen **comodidades** como una piscina o un parque infantil a sus residentes.

Para muchas personas, **la vivienda** es uno de los componentes más importantes del concepto del **hogar.**

En esta escena, Marta y Carlos están en la habitación de su **piso.** La habitación típica tiene una cama individual o una cama matrimonial / de dos plazas. **Los muebles** que suelen encontrarse en una habitación incluyen el colchón, la mesita de noche y el armario. Se puede vivir en **un hogar amueblado,** es decir, que ya tiene muebles, o uno no **amueblado.**

Vocabulario sobre la vivienda*	
construir (y)	to build
el balcón	balcony
el barro	clay
la chimenea	fireplace
la comodidad	comfort; amenity
la madera	wood
la piedra	stone
el piso	apartment, flat; floor
la planta	floor (*as in story of a building*)
la vivienda	housing
acogedor(a)	cozy
espacioso/a	spacious
Repaso: el edificio, el hogar, el mueble	

*Vocabulary words underlined and differently colored are featured in the dialogue of the short film.

Preguntas

1. ¿Qué te importa mucho cuando buscas un apartamento o una casa? ¿Por qué?
2. ¿Cuáles son las ventajas y las desventajas de la vivienda amueblada?
3. ¿En qué planta prefieres vivir? ¿Por qué?
4. Cuando tus amigos o tus familiares te visitan, ¿en qué parte de tu casa se reúnen Uds.? ¿Por qué?
5. ¿Cómo defines el concepto de un hogar?

PASO 2. En parejas, describan las siguientes imágenes. Consideren el número de pisos, el material del que están hechos estos edificios y casas, el número de familias que pueden vivir allí, lo que está cerca, etcétera.

1. Un bloque de apartamentos en Madrid, España

2. Una casa en La Fortuna, Costa Rica

3. Una casa en Antofagasta, Chile

4. Un edificio en Santiago, Cuba

5. Una casa en el Lago Titicaca, Bolivia

6. Unas casas en Guayaquil, Ecuador

PASO 3. En parejas, conversen sobre las preguntas.

1. ¿Cómo es la casa ideal para ti?

2. ¿Te gusta vivir cerca de tus vecinos? ¿Por qué? ¿Prefieres vivir en una ciudad, una zona rural o un pueblo?

3. ¿Cuál es el cuarto más importante para ti cuando estás buscando un lugar para vivir? ¿Qué aspecto de la casa o del apartamento te importa menos? ¿Por qué?

4. Para ti, ¿es importante vivir en un hogar donde tengas mucha privacidad? ¿Te importa compartir cuartos con otras personas? Cuando eras niño/niña, ¿tenías que compartir una habitación o un cuarto de baño con otra persona?

5. ¿De las casas en el **Paso 2,** ¿cuál te gusta más y por qué?

B. ¿Alquilar o comprar?: Las tendencias en el mundo hispanohablante*

PASO 1. Lee la información, mira la tabla y contesta las preguntas.

Unos pisos en alquiler y en venta en Madrid, España

En los años cincuenta y sesenta, debido a las dificultades económicas de la posguerra y las decisiones de política del dictador Francisco Franco que ignoraban la migración urbana e intentaban reconstruir la España prebélica,[a] **alquilar una vivienda** era más común que comprar. Resultó que hasta los pocos que tenían los recursos para poder pagar **hipoteca** no pudieron encontrar un hogar para comprar a causa de la falta de propiedades disponibles en las ciudades. Pero en las siguientes décadas, en parte a causa de unas políticas como la desgravación,[b] la tasa de propiedad aumentó mucho. Para el año 2001, la tasa de propiedad era 84,5%, una figura sin precedente en el país, y la tasa de <u>alquiler</u> era solamente el 9,6%, un porcentaje muy bajo. Pero en 2008 España sufrió una crisis económica y el porcentaje de **vivienda** en propiedad bajó considerablemente. Según datos recientes, la tasa de propiedad de **vivienda** es el 70,1% mientras que el 29,9% de las viviendas está alquilado. La tendencia actual es que el número de personas que alquilan está aumentando, especialmente entre los jóvenes.

En Latinoamérica, la tasa de propiedad varía entre países y localidades dentro de los países. Aunque sea contraintuitivo, las economías locales fuertes suelen corresponder con una tasa relativamente alta de <u>alquiler</u>. Por otra parte, en algunos lugares de pobreza endémica, la tasa de propiedad puede ser alta, debido en parte a los esfuerzos del gobierno y organizaciones internacionales de mitigar los efectos severos de la pobreza.

Las tasas de alquiler versus propiedad en algunas ciudades en Latinoamérica

CIUDAD	ALQUILER	PROPIEDAD
Bogotá	41%	42%
Buenos Aires	15%	57%
la Ciudad de México	20%	70%
Santiago	21%	63%

En las ciudades latinoamericanas de más de un millón de habitantes, en promedio, el 22% de **los hogares se alquila.** En los Estados Unidos, el 35% de **los hogares se alquila.**

---

[a]*pre-war* [b]*tax exemption*

*Source: Ramos, Patricia, "¿Cuántas personas rentan o tienen casa propia en América Latina?", *CNN Español,* March 24, 2015, www.cnnespanol.cnn.com; "Quick Facts: Resident Demographics," National Multifamily Housing Council, October 2016, www.nmhc.org/Content.aspx?id-4708; Blanco Blanco, Andrés, "Se busca vivienda en alquiler: Opciones de política en América Latina y el Caribe," Banco interamericano de desarrollo, April 2014, https://publications.iadb.org; Muzzini, Elisa, Beatriz Eraso Puig, Sebastian Anapolski, Tara Lonnberg and Viviana Mora, "Leveraging the Potential of Argentine Cities: A Framework for Policy Action," *World Bank Publications,* November 14, 2016; "El 21,2% de españoles ya vive de alquiler," *El Mundo,* November 23, 2015, www.elmundo.es; "Estudio del BID: América Latina y el Caribe encaran creciente déficit de vivienda," Banco Interamericano de Desarrollo, May 14, 2012, www.iadb.org; Oregui, Piedad, "El alquiler gana terreno a la propiedad," *El País,* January 30, 2015; Cave, Damien, "Cuba to Allow Buying and Selling of Property, with Few Restrictions," *The New York Times,* November 3, 2011, www.nytimes.com

> **Más vocabulario sobre ¿alquilar o comprar?**
>
> **alquilar**   to rent
>
> **el alquiler**   rent
> **la hipoteca**   mortgage
> **el pago mensual**   monthly payment
>
> **Repaso: mudarse**

Comprensión

1. En los años cincuenta y sesenta, después de la Guerra Civil en España, ¿qué solían hacer los españoles? ¿Alquilar o comprar una vivienda? _____
_____

2. ¿Cómo cambió el número de personas que compraba en España? ¿Por qué? Hoy en día ¿qué porcentaje de españoles es propietario de su hogar?
_____
_____

3. ¿Qué tendencias se manifestan hoy en día en España. _____

4. ¿En qué ciudad se ve la mayor diferencia entre la tasa de propiedad y la tasa de alquiler? _____

5. Nota que los porcentajes de alquiler y propiedad no se suman al 100%. ¿Cuáles son las posibles causas de esta falta de datos? Es decir, ¿cuáles son las posibles situaciones en que uno no alquila ni compra vivienda, temporariamente o permanentemente? _____
_____
_____

6. Compara y contrasta los datos de Bogotá y la Ciudad de México. _____
_____
_____

 PASO 2. En parejas, conversen sobre las preguntas.

1. ¿Alguna vez has alquilado un apartamento? Describe lo que hiciste para alquilarlo. ¿Cómo era el proceso?

2. ¿Cuáles son las ventajas de alquilar un apartamento o una casa?

3. ¿Cuánto es el alquiler mensual típico en tu comunidad? ¿Te parece mucho o poco este pago mensual?

4. ¿Hay una ciudad en tu país donde el alquiler sea muy alto? ¿Cómo es este lugar?

5. ¿Qué sabes del proceso de comprar una casa?

6. ¿Cuáles son las ventajas de comprar una vivienda? ¿Qué riesgos hay?

C. La hipoteca y la crisis de los desahucios*

PASO 1. Lee la lectura y contesta las preguntas.

En muchas provincias españolas, resulta más económico pagar **una hipoteca** cada mes que pagar <u>el alquiler</u>. Por ejemplo, el pago de **una hipoteca** para **un piso** de 80 metros cuadrados (860 pies cuadrados) podría costar €810 mientras que <u>el alquiler</u> sería €992.

Una mujer española en Madrid espera la llegada de la policía para desahuciarla.

© Rodrigo Garcia/NurPhoto/Corbis via Getty Images

A fines de la primera década del siglo XXI, España experimentó una crisis económica. **La burbuja inmobiliaria** que empezó en los Estados Unidos contagió los sistemas bancarios internacionales, cuando la crisis de **hipotecas** de alto riesgo[a] estadounidense inició una reacción en cadena por muchas partes del mundo. En España, un país de alta tasa de propiedad, los efectos eran especialmente graves. Desde el principio de la crisis, unas 600.000 familias han sido desalojadas, o desahuciadas, por no pagar **la hipoteca**. Como consecuencia, estallaron manifestaciones[b] por todo el país, denunciando las prácticas comerciales abusivas por parte de los bancos. Como consecuencia de la depresión económica global, **la tasa de desempleo** subió a 22%, y **desahuciaron** a más de 180 **hogares** cada día en 2014.

En 2016, las cortes dictaminaron que algunos bancos eran culpables de decepcionar a sus clientes, debido a la inclusión de «cláusulas suelo» (cláusulas no aparentes que exigen un pago mínimo) en **las hipotecas**. Impusieron una multa de 5 mil millones de dólares contra estos bancos.

Más vocabulario sobre la hipoteca y la crisis de los desahucios

desahuciar	to evict
los bienes raíces	real estate
la burbuja inmobiliaria	real estate bubble
el desahucio	eviction
la facilidad de pago	payment plan
los intereses	interest charges
el saldo	balance (*as in remaining amount*)
la tasa de interés	interest rate
a plazos	installment payments

---

[a]hipotecas... *high-risk or subprime mortgages; loans given to people who may have trouble repaying the loan*   [b]estallaron... *protests broke out*

*Source: Sanz, Elena, "Pagar una hipoteca resulta ya más barato que un alquiler en la mayor parte de España," *El Confidencial,* February 13, 2016, www.elconfidencial.com; Muñoz, Alberto, "100.000 familias perdieron su vivienda habitual en los dos últimos años," *El Mundo,* June 23, 2015, www.elmundo.es; Sánchez de la Cruz, Diego, "La 'okupación se multiplica por más de siete en Madrid," *Libre Mercado,* December 17, 2016, www.libremercado.com; Burgen, Stephen, "Spanish consumers win victory over mortgage payments," *The Guardian,* April 8, 2016, www.theguardian.com; Shalaby, Maram and Riana Ghosn, "Spaniards blame the government and banks for their housing situation," Spain Housing Situation, undated, spainhousingsituation.wordpress.com; "Crisis financiera mundial de 2008," Crash Bolsa, undated, www.crashbolsa.com

Comprensión

1. ¿Por qué deciden muchos españoles comprar un hogar en vez de alquilar?
   _____

2. ¿Cómo empezó la crisis de los desahucios en España? _____

3. ¿Qué efectos ha tenido la crisis económica en España? _____

4. ¿Por qué protestaron muchos españoles? _____

5. ¿Qué es una «cláusula suelo»? _____

 PASO 2. En parejas, conversen sobre las preguntas.

1. ¿Conoces a alguien que tenga una hipoteca? ¿Quién y cuándo la consiguió?
2. ¿Cuáles son los beneficios y los peligros de una hipoteca?
3. ¿Qué tipos de compras suelen cobrar intereses?
4. ¿Qué opinas de los préstamos? ¿Cuáles son las ventajas y las desventajas?
5. ¿Conoces a alguien que haya sido desahuciado de su casa? Si no conoces a nadie personalmente, ¿ha tenido tu país una crisis inmobiliaria? ¿Qué sabes de ella?

PARA TU INFORMACIÓN: EL MOVIMIENTO OKUPA EN ESPAÑA

El movimiento social **Okupa y resiste** intenta enfrentar la crisis económica e inmobiliaria en España mediante unas medidas (*measures*) activistas. La palabra **okupa** significa ocupación y se trata de ocupar y apoderarse de (apoderarse... *take over*) edificios, pisos o cuartos desocupados. Al ocupar estos espacios, el movimiento critica la falta de alternativas de vivienda para una generación de jóvenes puesta en desventaja por (puesta... *disadvantaged by*) el paro (*unemployment*). El movimiento comenzó en los años sesenta y setenta, pero sus actividades recientes han estado en aumento y han llamado más la atención debido a las crisis en España.

El logo del movimiento, Okupa y Resiste, pintado en el techo de un edificio en Barcelona, España en 2013.

© dpa picture alliance/Alamy

   Los lugares ocupados sirven como vivienda y también como un centro social y político para el movimiento. El número de condenas (*criminal sentences*) por el delito de la usurpación (*seizure*) ha estado subiendo todos los años desde 2008, lo cual implica que el gobierno, que considera ilegal la apropiación de estas propiedades, no cierra los ojos ante sus actividades. El movimiento existe en otros países también, como en la Argentina y Chile.

D. El desempleo: Las causas y los efectos*

PASO 1. Primero, lee sobre la dificultad de medir el índice de desempleo, algunas de sus causas y efectos. Luego, contesta las preguntas.

El desempleo es complicado de medir[a] porque la definición de la palabra «desempleado» puede variar. Por ejemplo, hay personas sin trabajo que no se cuentan en datos oficiales porque se frustran y se sienten desanimadas,[b] por lo que dejan de buscar un trabajo. O considera el caso de alguien que pierde su trabajo y encuentra

Algunas personas desempleadas hacen cola en frente de la Oficina de Empleo en Madrid en 2013.

otro que solamente paga una pequeña fracción de lo que la persona ganaba antes. Esta persona está empleada, pero probablemente sufre de los mismos efectos dañinos producidos por **el desempleo.** Sin embargo, en muchos países esta persona no podría recibir subsidios de **desempleo.**[c] Además, como ciertos aspectos de una economía son invisibles, como la economía informal, calcular y establecer datos exactos es un reto. A pesar de que estos factores complican la situación, <u>estar en paro</u>, es decir **el desempleo,** se puede definir como un estado en el cual una persona quiere trabajar y busca trabajo, pero no tiene éxito.

Los efectos negativos de estar desempleado son obvios. Para la persona desempleada, se amenaza su habilidad de sobrevivir o llevar una vida plena,[d] segura y sana. Para la economía en general, se producen efectos negativos porque la gente sin trabajo no puede comprar mucho, y así no puede contribuir a la economía, lo cual puede ocasionar un ciclo vicioso de más **desempleo.** Además de las consecuencias negativas, para el individuo y la economía los servicios públicos se ven afectados porque los ciudadanos desempleados no pueden pagar los impuestos necesarios para el funcionamiento apropiado de los gobiernos.

---

[a]*to measure*   [b]*discouraged*   [c]subsidios... *unemployment benefits*   [d]*full*

*Source: Chislett, William, "Five reasons why Spain has a stubbornly high unemployment rate of 26%," Oxford University Press Blog, May 27, 2014, blog.oup.com; Thompson, Derek, "Why is Unemployment in Spain So Unbelievably High?," *The Atlantic*, December 1, 2011, www.theatlantic.com; O'Regan, Evangeline, "Spain hampered by rigid labor laws," *USA Today*, June 11, 2012, usatoday30.usatoday.com; Pasquali, Valentina, "Unemployment Rates Around the World," *Global Finance*, November 23, 2015, www.gfmag.com

Más vocabulario sobre el desempleo

endeudarse	to go into debt
estar en paro	to be unemployed
llenar una solicitud	to fill out an application
solicitar	to apply for
la capacitación	training
la carrera	career, major
el currículum (vitae)	CV / resumé
la destreza	skill
el plan de estudios	curriculum
el requisito	requirement
la tasa de desempleo	unemployment rate
el título académico	academic degree
de tiempo completo/parcial	full-time / part-time

Repaso: contratar, independizarse, el (des)empleo, la deuda, la entrevista, el puesto

Preguntas

1. ¿Conoces a alguien que esté desempleado? ¿Por qué perdió su trabajo? ¿Qué ha intentado hacer esta persona? O, si no conoces a nadie desempleado, ¿qué probablemente hace una persona en esta situación?

2. ¿Hay una tasa de desempleo alta en tu comunidad o país? ¿Cuáles son las causas y los efectos?

3. ¿Hay alguna empresa grande que haya abandonado la comunidad, causando que muchos empleados pierdan sus trabajos? ¿Cuáles son los trabajos que van a necesitar más empleados en el futuro?

4. ¿Trabajas de tiempo completo o parcial? ¿Cómo conseguiste el puesto? Si no trabajas, describe a alguien que conoces que tenga un trabajo.

5. ¿Cuáles son las ventajas y desventajas de un trabajo de tiempo parcial? ¿De un trabajo de tiempo completo?

6. ¿Qué carrera esperas tener en el futuro? ¿Es importante que tengas cierta capacitación o un título universitario para tener esta carrera? ¿Qué destrezas debes tener?

7. ¿Has hecho un currículum vitae? ¿Qué información incluiste? Si no has hecho uno, ¿qué información se debe incluir?

 PASO 2. En parejas, miren la tira cómica y expliquen qué significa.

E. La mayoría de edad y las metas en la vida*

PASO 1. Lee la lectura y contesta las preguntas.

La mayoría de edad y las metas en la vida

La mayoría de edad es a los dieciocho años en la mayor parte del mundo y se trata de la edad a la que una persona se considera responsable. Además, se le conceden ciertos derechos, como el derecho a votar. Sin embargo, **la independencia,** es decir irse del **hogar** familiar, puede ocurrir mucho más tarde por una variedad de razones sociales y económicas.

Un joven vota en las elecciones generales de 2016 en Madrid.

© Denis Doyle/Stinger/Getty Images

En España, la edad media de **independizarse** es 28,9 años. De hecho, el 80% de los jóvenes españoles menores de 30 años y el 25% de los adultos entre 30 y 34 años todavía vive con sus padres. En México, los jóvenes **se independizan,** en promedio, a los 28 años. En los Estados Unidos, la situación ha estado cambiando. En 2016, había más jóvenes entre 18 y 35 años que vivían con sus padres que en cualquier otro arreglo. El 31,6% vive con una pareja o esposo/a en su propia casa, mientras que el 32,1% vive con sus padres. En la Argentina, un estudio indica que el 74,5% de los adultos entre 18 y 35 años aún vive con sus padres.

Llegar a **la mayoría de edad** no necesariamente significa que uno sabe **a** lo que quiere **dedicarse** en la vida. De hecho, **las metas que nos fijamos** en la vida suelen cambiar a medida que pasamos por las etapas de la vida. A veces **alcanzamos** nuestras **metas** y a veces no. Pero en general, la gente concibe un plan para **alcanzar** sus **metas.** Para **lograrlas,** la educación o algún tipo de **capacitación** son necesarios. Otras **metas** son a **corto plazo.** Muchas culturas tienen la costumbre de hacer buenos propósitos[a] de Año Nuevo, por ejemplo. Para muchos, el comienzo del año trae simbólicamente la oportunidad para reflexionar sobre su vida, hacer un inventario personal de lo positivo, lo negativo y lo posible en los meses que vienen. Se prometen cumplirse con una variedad de propósitos: evitar las acciones e influencias negativas; enfocarse en los hábitos positivos y el pensamiento positivo; mejorar las relaciones personales, u obtener otra **meta** personal.

---

[a]*resolutions*

*Source: http://economia.elpais.com; "Los jóvenes españoles tienen la tasa de emancipación más baja en 15 años," *El País,* July 3, 2015. http://elpais.com; Domonoske, Camila, "For First Time in 130 Years, More Adults Live with Parents than with Partners," National Public Radio, May 24, 2016, www.npr.org; "¿A qué edad se independizan los jóvenes en México?," *El Economista,* July 5, 2016, eleconomista.com.mx; Nafría, Ismael, "¿A qué edad se van de casa los jóvenes europeos?," *La Vanguardia,* April 17, 2015, www.lavanguardia.com; "Hijos en casa: la mayoría de los que siguen viviendo con los padres son hombres," Infobae, August 17, 2014, www.infobae.com

Más vocabulario sobre la mayoría de edad y las metas en la vida

alcanzar (c)	to reach
darle la gana	to feel like
dedicarse (qu) a	to work in/as
fijarse una meta	to set a goal
fingir (j)	to pretend
graduarse (ú) en	to graduate in/from
intentar	to try
jubilarse	to retire
lograr	to achieve; to manage to do something
matricularse	to enroll, register
la ilusión	dream, hope, wish
la mayoría de edad	legal age
las metas a corto/largo plazo	short/long-term goals

Repaso: realizar, soñar con

Comprensión

1. ¿Con qué derecho(s) legal(es) suele corresponder la mayoría de edad? _____
   _____

2. ¿Cómo se compara la mayoría de edad en España con la de muchos otros países? _____

3. ¿Cómo se compara la edad de independencia en España con la mayoría de edad? _____

4. ¿Cómo se compara la edad de independencia en España con la de México? _____

5. ¿Cómo está cambiando la edad de independencia en los Estados Unidos?
   _____

6. ¿En qué momentos de la vida típicamente se fijan metas a corto plazo? ¿A largo plazo? ¿Por qué? _____
   _____

 PASO 2. En parejas, conversen sobre las preguntas sobre las metas a corto plazo.

1. ¿Has hecho buenos propósitos de Año Nuevo alguna vez? ¿Qué eran? ¿Los cumpliste? ¿Por qué sí o no?

2. Imagínate que hoy es el primero de enero. Haz una lista de por lo menos tres cosas que quieres cambiar este año.

3. En tu opinión, ¿cuáles son los buenos propósitos más comunes?

4. En tu opinión, ¿cuáles son algunos obstáculos que te hacen difícil lograr las metas de vida, sean de corto o de largo plazo?

F. ¿Qué opinan los demás?

PASO 1. Las personas entrevistadas contestan las siguientes preguntas. Lee las preguntas y escribe por lo menos cinco palabras del vocabulario de este capítulo que probablemente van a incluir en sus respuestas.

- En su país, ¿a qué edad debe salir una persona de la casa de sus padres? ¿Es común que las parejas jóvenes tengan su propio piso?
- ¿Vive Ud. actualmente con sus padres? Si no, ¿a qué edad empezó a vivir independientemente? ¿Qué factores afectan la decisión de independizarse de los padres?
- ¿Dónde vive la mayoría de la gente en su país? ¿Cómo es una casa típica?
- Para la gente de su comunidad o país, ¿cómo es la casa ideal? ¿Está Ud. de acuerdo?

1. _____ 2. _____ 3. _____ 4. _____ 5. _____

PASO 2. Lee las ideas expresadas por los entrevistados y completa los espacios en blanco con la palabra más apropiada del banco de palabras. **¡OJO!** Es necesario cambiar la forma de los verbos.

alquilar	**endeudarse**	**intereses**
alquiler	**hipoteca**	**mudarse**
construir	**independencia**	**una terraza**

1. Me fui de la casa cuando tenía 21 años. Yo _____ a la capital, más al centro de la ciudad.

2. Muchas parejas suelen _____ su casa adelante o atrás o arriba de la casa de su familia, de sus padres. Eligen si en la casa del novio o de la novia, pero va a ser siempre en el mismo lugar.

3. La mayoría de la gente vive de _____. Hasta hace poco la gente se arriesgaba a comprar apartamentos, es decir, tener una propiedad.

4. La casa ideal sería una casa con un mínimo de dos cuartos para dormir, dos baños y sobre todo _____, una zona exterior. Ah, nos gusta estar en el exterior y poder invitar a amigos.

5. Ahora las nuevas generaciones están cambiando y ya vas viendo a gente queriendo encontrar su propia _____, teniendo su propia casa. Pero no es lo más común.

6. Muchos jóvenes ya no quieren comprar una casa porque los bancos cobran _____ muy altos y no quieren correr el riesgo de _____.

Palabras útiles

a sus espaldas
on their backs/ shoulders
adinerado/a
wealthy
la arcilla
clay
céntrico/a
central, downtown
el departamento
apartment
desprenderse
to leave; to part with
en ese sentido
in that sense
presionado/a
pressured

PASO 3. Primero, lee los comentarios. Luego, mira las entrevistas e indica quién hizo cada comentario: Gastón, Ainhoa o Nadja.

Gastón

Ainhoa*

Nadja

© McGraw-Hill Education/ Klic Video Productions

_____
*Ainhoa dice que la mayoría de los españoles se independiza a los 18 años, pero la edad media de independizarse en España es 28,9 años. El 80% de los españoles menores de 30 años vive con sus padres.

_____ 1. «Y ya cuando terminé la escuela regresé a mi casa y mis padres fallecieron. Entonces en mi caso, a los... a los 20 ya yo estaba viviendo por mi... por mi cuenta y siendo independiente».

_____ 2. «La mayoría de la gente, sí, vive en casas. No hay tantos departamentos, como aquí [en los Estados Unidos]. Hay muchos, pero más que nada hay casas».

_____ 3. «Lo más tradicional es no irse de la casa hasta que uno se case. Entonces la gente puede durar mucho tiempo en la casa de los papás. Y es algo tradicional, pues. El padre deja ir a su hija con su nuevo marido».

_____ 4. «Sobre todo este tipo de cosas en el que construyeron su casa arriba, o atrás o adelante. Y hay múltiples familias viviendo en cada casa. Y por lo general se compone de los padres, los hermanos chicos y los hermanos grandes, con sus parejas. A veces en una casa puede haber mucha gente».

_____ 5. «La mayoría de la gente vive de alquiler. Hasta hace poco la gente se arriesgaba a comprar apartamentos. A tener una propiedad».

 PASO 4. En parejas, contesten las preguntas.

1. ¿Qué le sorprende a la pareja de Gastón sobre la independencia de los jóvenes en la Argentina? ¿Cuántos años tenía Gastón cuando se mudó de la casa de sus padres? _____
_____

2. ¿De que manera refleja la vivienda en la Argentina el valor cultural de mantener lazos familiares cercanos? _____
_____
_____

3. Según Ainhoa, ¿en qué tipo de vivienda vive la mayoría de los españoles? ¿Dónde prefieren vivir y por qué no viven en ese tipo de vivenda? _____
_____
_____

4. Para Ainhoa, ¿cómo es la casa ideal? _____
_____

5. Según Nadja, ¿cuándo se independizan los jóvenes en Costa Rica? _____
_____

6. ¿Qué cambios se han visto recientemente en Costa Rica en relación con la vivienda? ¿Cómo es la casa típica en Costa Rica? _____
_____
_____

PASO 5. En parejas, conversen sobre sus propias ideas respecto a las preguntas del **Paso 1.**

III. GRAMÁTICA

8.1 Bueno, pero no se pensará quedar en esta casa, ¿no?

El futuro

 ¿Comprendiste?

Vas a mirar el cortometraje entero sin los subtítulos. **¡OJO!** No te preocupes si no entiendes todo. Puedes mirarlo varias veces y usar el contexto (por ejemplo, los gestos, las acciones, el sonido y el escenario) para ayudarte a entender el argumento. Enfócate en las palabras que sabes.

© Javier Marco Rico

PASO 1. Mientras miras el cortometraje, adivina lo que va a suceder. Después de mirar los primeros tres minutos, escribe cinco oraciones para hablar de las acciones futuras. Usa (no) **ir** + **a** + **el infinitivo** de un verbo.

> **MODELO:** El hombre que estaba en el dormitorio va a volver.
>
> Marta y Carlos van a gritarse.
>
> Carlos no va a tranquilizarse.

PASO 2. En el fotograma anterior, Carlos confronta a Marta porque su «suegro» está cotilleando (*snooping around*) todo. ¿Qué sucederá después de este momento? Después de ver el cortometraje, pon los sucesos en orden para describir lo que sucederá después del momento retratado en el fotograma. Usa #1 para lo que pasa primero.

____ La dependienta le **explicará** a Manuel que Carlos y Marta están jugando a las casitas.

____ Manuel les **servirá** el pan invisible.

____ Marta le **preguntará** a Manuel si le gustan las lentejas y él **dirá** que «no hay nada en el plato».

____ Marta le **pedirá** a Manuel que se siente a comer.

____ Manuel **insistirá** que él no es el padre de Marta.

____ Todos **verán** una película y tomarán té.

Palabras útiles

cotillear
  to snoop

echar una tripita
  to start to get a paunch / a little weight around the stomach

flamante
  fabulous, brand-new

hortelana
  from the garden, made with vegetables

jugar a las casitas
  to play house

las lentejas
  lentils

un mogollón
  loads, a lot

la monja
  nun

los netos anuales
  yearly net salary

piripi
  drunk

las tasaciones
  appraisal

no es para tanto
  it's not a big deal

Actividades analíticas

El futuro

¡A analizar!

Lee las oraciones y emparéjalas con los fotogramas a los cuales corresponden.

a.   b.   c.

d.   e.   f.

____ 1. Marta, tu padre no **vendrá** a vivir en nuestra casa. No **cabrá.** Tenemos una sola alcoba. Él **tendrá** que encontrar otro lugar para quedarse. Él **comprenderá** la situación. ¿Se lo **explicarás**?

____ 2. Mañana **volverán** y **jugarán** a las casitas. **Habrá** otro juego mañana. Y yo no **sabré** hasta mañana lo que **será** mi papel. He sido la del gas, vendedora de enciclopedias, presidenta de la comunidad y Testigo de Jehová. Mañana me lo **dirán.**

____ 3. Carlos, no **estarás** insinuando que tengo un amante escondido en la habitación, ¿no? ¿**Pensarás** que yo te he sido infiel? ¿**Estarás** loco?

____ 4. ¿Qué película **querrás** ver mañana, Marta? **Saldré** de mi trabajo temprano mañana, **iré** al mercado y **compraré** comida para la cena. **Podremos** cenar juntos y ver películas. **Tomaremos** té y lo **pasaremos** genial. ¿Manuel, **vendrás** mañana también?

____ 5. ¡Enhorabuena, mi amor! ¡Guau! ¡Siéntate en la cama y cuéntame todo! ¡**Serás** el subdirector del departamento de tasaciones! Seguro que te **aumentarán** el sueldo. **Compraremos** un piso más grande. Nos **hará** falta el espacio cuando llegue el bebé.

____ 6. Carlos, hueles a alcohol. No te **permitiré** cenar en esta ropa apestosa. Vete a cambiar. Pero rápido. Se **enfriarán** las lentejas. ¿Qué **harás** mañana? ¿**Irás** de tapas con Pepe?

1. Up until now in this program, in order to express a forthcoming action you have been using the compound future tense, a tense whose formula is **ir** + **a** + _____.

Voy a solicitar el puesto.   *I am going to apply* for the job.

But as you can see in the **¡A analizar!** sentences, there is another way to express things that have not yet happened but will. Notice all of the boldfaced words. This tense is called the simple future tense and it is the equivalent of *will* + (*verb*) in English.

Mañana **volverán** y **jugarán** a las casitas.   *Tomorrow they will return and will play house.*

Remember, however, that to talk about immediate future actions in Spanish, you can also use the **present** indicative.

Nos vemos esta tarde.   We _will see each other_ this afternoon.

¿Qué **haces** mañana?   What _are you doing_ tomorrow?

2. For regular verbs in the future tense, the endings are attached to the _____ form of the verb. Study the **¡A analizar!** sentences to help you complete the chart.

El futuro: Las formas			
	-ar	**-er**	**-ir**
yo	_____	_____	-é
tú	_____	_____	_____
Ud., él/ella	_____	_____	_____
nosotros/nosotras	_____	_____	-emos
vosotros/vosotras	-éis	-éis	-éis
Uds., ellos/ellas	_____	-án	_____

What is the difference between **ar, er,** and **ir** verb endings? _____
_____

Which conjugation does NOT include a vowel with an accent mark? _____

Based on the **¡A analizar!** sentences and the chart above, complete the following table of regular verbs.

El futuro: Los verbos regulares			
	tomar	**volver**	**ir**
yo	tomaré	volveré	_____
tú	tomarás	_____	_____
Ud., él/ella	_____	volverá	irá
nosotros/nosotras	_____	volveremos	iremos
vosotros/vosotras	tomaréis	volveréis	iréis
Uds., ellos/ellas	tomarán	_____	_____

Based on the information above, which other verbs in **¡A analizar!** are regular verbs? Give both the conjugated form in the future and the infinitive.

_____
_____

3. There are several irregular verbs in the simple future tense. The endings remain the same, but certain modifications are made to the infinitives before they are added. Use the **¡A analizar!** sentences to help you identify the changes.

	poder	____	querer	salir	tener	decir	____
El futuro: Los verbos irregulares							
yo	podré	cabré	_____	_____	tendré	diré	haré
tú	podrás	cabrás	_____	saldrás	_____	dirás	____
Ud., él/ella	____	____	querrá	saldrá	_____	dirá	___
nosotros/nosotras	_____	cabremos	_____	saldremos	tendremos	_____	haremos
vosotros/vosotras	podréis	cabréis	querréis	saldréis	tendréis	diréis	haréis
Uds., ellos/ellas	podrán	cabrán	querrán	_____	tendrán	___	harán

The verbs **poder, caber,** and **querer** drop the letter ___ from their infinitive before adding the simple future tense endings. The following verbs also adhere to this pattern. Write their infinitives.

> _____ – sabrán
>
> _____* – habrá

The verbs **salir** and **tener** experience a different irregular change. The letter **e** or **i** in their infinitive is replaced by the letter ___. The following verbs also adhere to this pattern. Write their infinitives.

> _____ – vendré
> _____ – valdréis
> _____ – pondrás

Review the irregular verbs **decir** and **hacer.** The letter **c** disappears in both. And, both lose a vowel in their ending (the **i** in decir and the __ in hacer). In addition to those changes, the **e** in the verb **decir** changes to an **i.**

¡OJO!

Verbs whose root contains **tener** or **poner** will show the same irregularities that the root infinitive does, and this rule applies to verb conjugation in all verb tenses. So, for example, if the future tense **yo** form of **poner** is **pondré,** then the **yo** form of **suponer** is **supondré.** Likewise, if the third person plural form of **tener** is **tendrán,** then the third person plural form of **contener** is **contendrán.** Here are some more examples:

detener	componer
mantener	disponer
obtener	proponer

---

*As in other moods and tenses, when **haber** is used as a main verb expressing the existence of something, there is only one conjugation. In this case, **habrá** means *there will be.*

4. Another use of the simple future tense is to express uncertainty or probability. Note that in the sentences below, the boldfaced verbs are conjugated in the future tense, however there are no time indicators to indicate a future time yet to come such as **mañana, la próxima semana, en diez años,** and so on. That's because the future tense Spanish verbs in the following sentences are not being used to talk about a future time; they're being used to communicate some conjecture in the present.

Carlos, no **estarás** insinuando que tengo un amante escondido en la habitación, ¿no?	*Carlos, you would not be insinuating that I have a lover hidden in the bedroom, right?*
Serás tonto... anda, déjame.	*You must be silly. Go on, let me go.*
Bueno, pero no **se pensará** quedar en esta casa, ¿no?	*Okay, but he is probably not planning to stay in this house, right?*
¿Por qué **estará** este hombre desconocido en nuestra habitación?	*I wonder why this strange man is in our bedroom?*

Identify some possible English translations for the following sentences that use the future tense for conjecture.

Habla con mi padre porque él estará algo deprimido hoy, por lo que ha sucedido con Mamá.

_____

_____

Ellos se sentirán decepcionados y el juego será un tipo de escape, un mecanismo para afrontar una situación difícil. _____

_____

Context will help you determine when a verb with future endings is a true future action or one that wonders about or expresses probability about an action.

Actividades prácticas

A. La trama: ¿Qué sucederá?

PASO 1. Primero, lee el diálogo que corresponde a cada fotograma. Luego, para cada fotograma, elige la oración a continuación que describe lo que sucederá justo después de ese momento. Por último, llena los espacios con el futuro del verbo entre paréntesis. **¡OJO!** Los fotogramas se encuentran en orden cronológico.

© Javier Marco Rico

CARLOS: ¡Uy! Lentejitas... con mogollón de chorizo como me gustan a mí.

MARTA: Son a la hortelana. Solo tienen verdura.

CARLOS: Ah... ¿sí? Bueno... pues mejor, así guardo la línea.

MODELO: Justo después de este momento... _a_

1.   MARTA: Vete a cambiar. Venga. Antes de que se enfríen las lentejas.

    CARLOS: Martita, no te enfades.

    MARTA: Por favor.

    CARLOS: Que tenemos algo que celebrar.

Justo después de este momento... ___

2.   MARTA: No voy a ser tan tonta de tener a un hombre en nuestro cuarto. No, cariño.

    CARLOS: Bueno, eso es verdad. No tiene ninguna lógica.

    MARTA: No.

    CARLOS: Bueno, pues, entonces es un ladrón. Tenemos que llamar a la policía o algo.

    MARTA: Sí. Pero espera, déjame a mí primero.

    CARLOS: No. Ten cuidado, ten cuidado. Cariño, por favor, que estaba ahí...

Justo después de este momento... ___

3.   MARTA: Acaba de llegar mi padre.

    CARLOS: ¿Tu padre? ¿Otra vez tu padre? ¿No tiene casa propia o qué pasa?

Justo después de este momento... ___

4.   MARTA: Con mi libro. Por cierto, no te había contado.

    CARLOS: ¿Qué?

    MARTA: Que ha sido record de ventas esta semana.

Justo después de este momento... ___

5.   MANUEL: Pan, pan, pan.

    MARTA Y CARLOS: ¿Pan?

    MANUEL: Voy a por pan. De toda la vida de Dios las lentejas se han comido con pan.

Justo después de este momento... ___

6.   DEPENDIENTA: Ah... sí. Los conozco.

    MANUEL: ¿Los conoce? Es que están haciendo cosas, o sea, cosas raras.

    DEPENDIENTA: Son buenos chavales... vienen mucho por aquí.

Justo después de este momento... ___

a. Carlos <u>confesará</u> (confesar) que huele a alcohol porque Pepe lo invitó a salir.

b. todos _____ (cenar) una cena invisible. Manuel les _____ (contar) que no es el padre de Marta.

c. Carlos _____ (criticar) a su «suegro» por cotillear sus cosas. Marta le _____ (pedir) que tenga paciencia con su padre.

d. Carlos _____ (encontrar) a un hombre desconocido sentado en la cama de su habitación.

e. Marta no _____ (poder) ver al hombre en la habitación y Carlos le ____ (decir) que ha recibido un ascenso de trabajo.

f. Carlos les _____ (servir) una taza de té a Manuel y Marta _____ (quejarse) de las películas de horror.

g. Manuel _____ (salir) y _____ (conversar) con la dependienta sobre el comportamiento raro de Carlos y Marta.

PASO 2. Escribe cinco oraciones para predecir el futuro de los personajes. ¿Qué harán? ¿Qué no harán? ¿Dónde vivirán? ¿Qué metas (no) lograrán? Piensa en acciones posibles y acciones imposibles o improbables. Sé creativo/a.

B. Mi futuro ideal

 PASO 1. Elige **Tabla A** (que está en la página siguiente) o **B** (que está al final del capítulo). Los dibujos en las tablas indican las metas de estas personas. Identifica qué representa cada dibujo en tu tabla y trabaja con tu pareja para completar la información que falta. **¡OJO!** No mires la tabla de tu pareja. Uds. solo deben compartir información mediante la conversación.

MODELOS: E1: En la década que viene, ¿qué hará Antonia?

E2: Ella tomará el examen para entrar en la escuela médica. Saldrá muy bien en el examen y se hará estudiante de la medicina.

E2: ¿Qué hará Belén en la década que viene?

E1: Belén solicitará su primer pasaporte. Usará su nuevo pasaporte para viajar. Irá a la Isla de Pascua.

TABLA A

En la década que viene...		
1. Antonia	Antonia tomará el examen para entrar en la escuela médica. Saldrá muy bien en el examen y se hará estudiante de la medicina.	
2. Belén		
3. Beto		
4. Ramón		
5. Sergio		
6. Patricia y Marco		
7. Jaime		
8. Alejandra		

PASO 2. Primero, lee la lista de sucesos y metas. Luego, en parejas, usen los sucesos y metas de la lista para hacerse preguntas sobre su futuro ideal. Cada estudiante debe elegir cinco sucesos o metas y usarlos para hacerle por lo menos cinco preguntas sobre su vida futura a su pareja. Usen palabras interrogativas (**cuándo, cómo, cuántos, dónde, por qué,** etcétera) y también preguntas de seguimiento.

ahorrar dinero y pagar deudas	**dedicarse a un proyecto importante**	**recibir un ascenso**
buscar un trabajo de tiempo completo	**jubilarse**	**tener hijos**
casarse	**mudarse de dónde vives ahora**	**viajar**
comprar una casa	**realizar alguna actividad para mejorar el mundo**	**vivir independiente**

MODELO: E1: En tu futuro ideal, ¿comprarás una casa?

E2: Creo que sí. Creo que algún día compraré una casa.

E1: ¿Cuándo comprarás una casa? ¿En diez años? ¿Cuando tengas 30 años? ¿Cómo será tu casa ideal?

C. ¿Por qué será?

PASO 1. Primero, lee lo que dicen los personajes. Luego, elige una de las frases en la columna derecha que conjetura sobre la situación. Cambia el verbo al tiempo futuro para expresar conjetura y probabilidad.

© Javier Marco Rico

MODELO: «A ver... al parecer estos dos están en paro. ¡Sí, cada uno vive con sus padres! Imagínese... a su edad. Pues, una pena. Y como no tienen otra cosa mejor que hacer... ¿pues qué se les ocurre? Venir aquí. A jugar».

¿<u>Sabrán</u> (Saber) sus padres que vienen aquí todos los días?

¿QUÉ DICE?

1. ___ «Hay un hombre sentado en nuestra cama».

2. ___ «Te vas a enfadar, porque estoy segurísima de que te vas a enfadar. Acaba de llegar mi padre».

3. ___ «¡Qué no se puede ir a casas ajenas y ponerse a abrir cajones! Nada más llegar a casa y él ya está cotilleando todo».

4. ___ «¿Qué os pasa? Pero que esto es un error. Que yo no soy el padre de esta chica... qué no hay aquí nada, no hay nada aquí en el plato».

5. ___ «Le quería hacer una consulta. Mire, esos chicos de allí. Los que están en la mesa de comedor sentados... es que están haciendo, o sea, cosas raras».

¿POR QUÉ SERÁ?

a. Viene a nuestra casa piripi. ¿Cuántos vinos _____ (haber) tomado antes de llegar aquí?

b. ¿Esta pareja me _____ (gastar) una broma? ¿Ellos me _____ (conocer)? ¿No _____ (ver) ellos que no hay nada de comida aquí?

c. Carlos, no _____ (estar) insinuando que tengo un amante escondido en la habitación, ¿no?

d. Pobre hombre, pero no se _____ (pensar) quedar en esta casa, ¿no?

e. ¿_____ (Saber) Ud. por qué actúan así? ¿_____ (Sufrir) de algún trastorno mental?

PASO 2. En tu opinión, ¿cómo se explicará lo siguiente?

1. ¿Por qué les permitirá la dependienta a Carlos y Marta quedarse en la tienda, aunque no van a comprar nada?

2. ¿Por qué decidirá Manuel jugar a las casitas con ellos?

8.2 «Vamos, que hacen el paripé (hacen... *put on a show*) de lo que debería ser su vida, supongo».

Actividades analíticas

El condicional

¡A analizar!

En el cortometraje, Carlos y Marta fingen ser «adultos normales», exitosos en sus carreras y con su propia casa. Pero es pura fantasía; debido a las malas condiciones económicas, no tienen ni casa ni empleo. Por eso, se imaginan cómo **sería** la vida en otras circunstancias.

Lee una descripción de cómo es su vida. Luego, elige la respuesta lógica para describir cómo sería su vida en mejores circunstancias.

1. Carlos vivía en la casa de sus padres e iba a esta tienda todos los días para jugar a casitas con Marta. Les dijo que **conseguiría** un trabajo, pero hasta ahora no ha tenido suerte. En mejores circunstancias... __

   a. Carlos **viviría** en casa de sus padres y no **saldría** nunca. **Se envejecería** solo.
   b. Carlos **empezaría** una empresa nueva, **ganaría** mucho y **podría** pagar el alquiler de su propio piso.
   c. ellos les **pedirían** un préstamo a sus padres.

2. Marta se reunía con Carlos en esta tienda todas las noches y preparaba una cena invisible. En mejores circunstancias, Marta... __

   a. **sería** una chef famosa y muchas personas **comerían** su comida y le **dirían**, «Querríamos cenar en tu restaurante. ¿**Podrías** invitarnos a cenar allí algún día?»
   b. **haría** cola en la oficina de empleo todos los días.
   c. **se enojaría** con Carlos y le **diría**, «**Deberíamos** separarnos. Estoy harta de vivir así contigo. Yo **sería** exitosa si no fuera por ti (si... *if it weren't for you*)».

3. Marta servía la cena invisible y Carlos jugaba el papel de su marido. Él decía que la comida estaba riquísima. En mejores circunstancias... __

   a. Manuel no **tendría** que jugar el papel del padre. Marta y Carlos **se casarían** y diariamente todos sus parientes en paro **irían** a la tienda para jugar con ellos.
   b. Carlos y Marta le **dirían** a Manuel, «¿**Vendrías** otra vez mañana? **Estaríamos** encantados jugar contigo más y la verdad es que no tenemos nada más que hacer».
   c. Manuel les **preguntaría** a Marta y Carlos, «¿**Estaríais** interesados en trabajar para mí? Tengo una empresa y busco unos empleados nuevos. ¿Os **gustaría** una entrevista?»

4. La dependienta jugaba todos los días con Marta y Carlos. Ella les aseguró que siempre **haría** un papel en su juego. En mejores circunstancias... __

   a. **habría** puestos de trabajos para la gente joven. **Podrían** trabajar y ganar dinero. **Sabrían** ahorrar suficiente dinero para comprar una casa.
   b. la dependienta **se enfadaría** con ellos y ya no **jugaría** a las casitas.
   c. la dependienta **cerraría** la tienda y Carlos y Marta **saldrían** muy tristes.

1. The conditional* is used to describe actions and conditions that can only occur if certain circumstances (conditions) are met. The conditional mode corresponds to the English construction _____ + (verb), as in *I would not do that if I were you.*

   All of the verbs in boldface in the **¡A analizar!** sentences are in the conditional. Note the special circumstances in each sentence.

¡OJO!

Remember that English also uses the "would + verb" construction to express past habitual actions (equivalent to the Spanish imperfect). When expressing a "would + verb" idea in Spanish, ask yourself if you're describing a potential action/condition, or something that *used to* happen. An easy way to determine which meaning you're referring to is to try substituting *used to* for *would* in the English sentence. If it makes sense, then you are describing the past and should use the imperfect tense. If it does not make sense, then you are describing a potential action and should use the conditional.

   When I lived there, I would visit that place all the time is the same as *When I lived there, I used to visit that place all the time,* so it should be expressed in the imperfect:

   Cuando vivía allí, **visitaba** ese lugar muchísimo.

However, *I would go there right now if I could* is NOT the same as *I used to go there right now if I could.* The second sentence does not make sense, so it should be expressed in the conditional:

   Iría allí ahora mismo si pudiera.

---

2. The conditional verb conjugations closely resemble the future tense conjugations in that they both attach an ending to the _____ of the verb.

   Study the **¡A analizar!** sentences to help you complete the chart of conditional endings.

El condicional: Las formas			
	-ar	**-er**	**-ir**
yo	_____	_____	-ía
tú	-ías	-ías	_____
Ud., él/ella	_____	_____	_____
nosotros/nosotras	_____	_____	-íamos
vosotros/vosotras	_____	-íais	-íais
Uds., ellos/ellas	_____	_____	_____

What is the difference between **-ar, -er,** and **-ir** verb endings? _____
_____

Which conjugations carry written accent marks? _____

Based on the **¡A analizar!** sentences and the chart above, complete the following table of regular verbs.

---

*The conditional is commonly referred to as a tense but it is also called **el modo potencial** in Spanish because it describes possible and hypothetical actions.

El condicional: Los verbos regulares

	alquilar	comer	ir
yo	alquilaría	comería	_____
tú	alquilarías	_____	irías
Ud., él/ella	_____	comería	iría
nosotros/nosotras	alquilaríamos	comeríamos	_____
vosotros/vosotras	alquilaríais	comeríais	iríais
Uds., ellos/ellas	_____	comerían	_____

3. The list of verbs that conjugate irregularly in the future and conditional is identical, and in both future and conditional, the same changes are made to the infinitive of these irregular verbs prior to adding the verb endings. As with future tense formation, the same conditional verb endings are used for both regular and irregular verb formation. Use the **¡A analizar!** sentences to help you identify the changes.

El condicional: Los verbos irregulares

	poder	_____	querer	venir	tener	_____	hacer
yo	podría	sabría	_____	vendría	_____	diría	haría
tú	podrías	sabrías	querrías	_____	tendrías	dirías	harías
Ud., él/ella	_____	sabría	querría	_____	_____	diría	_____
nosotros/nosotras	podríamos	sabríamos	_____	vendríamos	tendríamos	diríamos	_____
vosotros/vosotras	podríais	sabríais	querríais	vendríais	tendríais	diríais	haríais
Uds., ellos/ellas	_____	_____	querrían	vendrían	tendrían	_____	harían

¡OJO!

As you learned with future tense conjugation, in the formation of all verb tenses, verbs that have a "root" that is an irregular infinitive will show the same irregularities that the root infinitive shows. For example, with conditional formation, if the **yo** form of **poner** is **pondría,** then the **yo** form of **suponer** is **supondría.** Likewise, if the third person plural conditional form of **tener** is **tendrían,** then the conditional third person plural form of **contener** is **contendrían.**

The verbs **poder, saber,** and **querer** drop the letter ___ from their infinitive before adding the conditional endings. The following verbs also adhere to this pattern. Write their infinitives.

_____ - cabríamos

_____* - habría

The verbs **venir** and **tener** experience a different irregular change. The letter **e** or **i** in their infinitive is replaced by the letter _. The following verbs also adhere to this pattern. Write their infinitives.

___ - saldrían

___ - valdríais

____ - pondría

Review the irregular verbs **decir** and **hacer.** The letter **c** disappears in both. And, both lose a vowel in their ending (the **i** in **decir** and the __ in **hacer**). In addition to those changes, the **e** in the verb **decir** changes to an **i.**

---

*As in other moods and tenses, when **haber** is used as a main verb expressing the existence of something, there is only one conjugation. In this case, **habría** means *there would be.*

4. The conditional can also be used to describe planned, but unfulfilled (at the time) actions. This usage is especially common in past tense sentences of indirect communication, in which verb phrases such as **decir que, escribir que, informar que,** and so on, appear. These sentences tell what "would happen" but might not have happened—in the present or past.

| La dependienta les aseguró que siempre **haría** un papel en su juego. | *The employee assured them that she would always play any role in their game.* |
| Les dijo que **conseguiría** un trabajo, pero hasta ahora no ha tenido suerte. | *He told them that he would get a job, but so far he hasn't had any luck.* |

5. Additionally, the conditional can be used to "soften" requests (make them more polite), instead of using the present tense or commands. This usage is especially common with the verbs **querer, gustar,** and **poder,** but can be used with other verbs that imply requests. Notice the following examples of polite requests. Identify the English equivalents.

| **Querríamos** cenar en tu restaurante. **¿Podrías** invitarnos a cenar allí algún día? | _____ *to have dinner at your restaurant.* _____ *invite us to eat dinner there some day?* |
| ¿Os **gustaría** una entrevista? | *Would you (plural) like an interview?* |

El condicional para especular sobre el pasado

¡A analizar!

Imagínate que el próximo día, Carlos y María hablan de lo que sucedió ayer. ¿Qué dirían sobre estos tres momentos? Completa los espacios con el condicional del verbo indicado.

CARLOS: ¡Qué raro lo del hombre sentado en nuestra cama ayer! ¿No crees? No me dijo nada.

MARTA: ¿_____ (estar)[1] perdido? ¿Nos _____ (pensar)[2] robar?

CARLOS: No tengo idea, cariño, pero ya no estaba allí cuando volví a entrar en nuestra habitación por la noche. _____ (Ser)[3] las ocho o las nueve. Entré y ese señor había desaparecido.

MARTA: Pobre papá. Mamá le dijo ayer que no iba a volver a casa. Lo abandonó. Por eso vino a nuestra casa. No quería cenar solo.

CARLOS: Pero, tu mamá no se lo _____ (decir)[4] en serio. Ella _____ (estar)[5] enfadada, nada más.

MARTA: Tienes razón, Carlos. Ella lo _____ (llamar)[6] anoche. ¿Le _____ (pedir)[7] perdón? ¿_____ (reconciliarse)?[8]

© Javier Marco Rico

CARLOS: Cariño, me pareció que tu papá no quería cenar con nosotros, como tuviste que forzarlo.

MARTA: Bueno, por fin se sentó en la mesa. _____ (tener)[9] hambre como era tan tarde y claro por el disgusto que tuvo con mamá, ella no le _____ (preparar)[10] nada. _____ (salir)[11] sin comer nada.

CARLOS: No dijo qué le parecieron las ricas lentejas que preparaste. Pero, le _____ (encantar).[12]

6. The conditional can also be used to conjecture or express probability about events in the _____. Notice how in the **¡A analizar!** sentences Marta and Carlos speculate about past situations, what probably happened or might have happened, rather than talk about what would happen.

Actividades prácticas

A. ¿Qué haríamos en otras circunstancias?

PASO 1. Carlos y Marta sueñan con tener una vida normal. Si fuera (Si… *If it were*) realidad en vez de fantasía, ¿qué sucedería? Lee las oraciones y completa los espacios con el condicional del verbo indicado.

© Javier Marco Rico

1. Carlos _____ (llegar) a casa después de celebrar con un colega.

2. Ellos _____ (invitar) a sus amigos y familiares a ver televisión y tomar té con ellos.

3. Carlos _____ (anunciar) su promoción, y _____ (dar) las buenas noticias sobre su libro.

4. El padre real de Marta _____ (venir) a su casa y todos _____ (cenar) juntos. Carlos le _____ (pedir) a Marta que no le sirviera más vino a su padre.

 PASO 2. En parejas, túrnense para decir qué harían Uds. en las siguientes situaciones. Usen los verbos en la segunda columna para formar una reacción original.

MODELO: *Situación*: Pierdes tu trabajo.

Reacción: Empezaría a… buscar otro trabajo inmediatamente.

SITUACIÓN	REACCIÓN
1. No quieres vivir con tus padres, pero no ganas lo suficiente para comprar una casa.	Hablaría con...
2. Una compañía te ofrece un puesto en un lugar ideal, pero el sueldo es bajo.	Buscaría...
3. Te pones enfermo/a y no tienes seguro médico.	(No) aceptaría...
4. Una compañía te ofrece un trabajo en una ciudad lejos de tu familia y tus amigos.	(Les) pediría...
5. Tienes una entrevista mañana, pero no te has preparado.	Iría a...
6. Ya puedes independizarte, pero no sabes dónde quieres vivir.	(No) invitaría a...
7. Recibes una oferta de trabajo ideal, con buen sueldo y beneficios, pero tendrías que mudarte inmediatamente. Por razones familiares, tu pareja no puede mudarse.	(No) me mudaría...
8. Tu suegro es anciano y no puede cuidarse, pero la familia no tiene suficiente dinero para alojarlo en un asilo de ancianos.	Alquilaría...

B. ¿Se conocerían en el colegio mayor?

PASO 1. No sabemos mucho sobre el pasado de los personajes. Elige el verbo más adecuado para cada caso y úsalo en el condicional para completar las especulaciones sobre el pasado de los personajes.

© Javier Marcc Rico

MODELO: La dependienta

conseguir / perder

este trabajo hace varios años.

<u>La dependienta conseguiría este trabajo hace varios años.</u>
(*The saleswoman probably got this job years ago.*)

1. Carlos y Marta conocerse / divorciarse en la universidad. _____

2. Marta jubilarse / estudiar la contabilidad, pero no encontró trabajo. _____

3. Los padres de Carlos celebrar / tenerle compasión cuando no pudo independizarse. _____

4. Manuel llegar a / graduarse en la tienda de muebles sin idea de lo que iba a encontrar. _____

5. En la vida real, Carlos y el padre de Marta intentar jubilarse / llevarse muy bien. _____

6. Al final, todos llenar una solicitud / mirar la tele juntos después de que se cerró la tienda. _____

PASO 2. Lee sobre diferentes situaciones relacionadas al desempleo, la búsqueda de trabajo y la independencia. Para cada una, escribe por lo menos dos oraciones para especular sobre lo que pasaría antes.

Verbos útiles

ahorrar	estudiar	matricularse
alquilar	fijarse en una meta	pedir
dedicarse a	graduarse en	sentirse
desahuciar	intentar	solicitar
endeudarse	llenar una solicitud	tener (miedo de / ganas de / suerte)

MODELO: El joven preparó su currículum vitae y enumeró sus destrezas, las cuales incluyeron su habilidad de hablar inglés y francés.

El joven estudiaría los idiomas en la universidad.

Viajaría a Francia o Inglaterra para perfeccionar sus habilidades.

Buscaría un trabajo en el extranjero.

1. El padre de una familia perdió su trabajo de construcción. Compró una casa con hipoteca hace diez años. Después de perder su trabajo, ya no podía hacer el pago mensual. _____

2. Una joven llenó una solicitud para un trabajo y tuvo una entrevista, pero no consiguió el trabajo. _____

3. Un joven tiene 28 años y todavía vive con sus padres. Se fijó la meta de independizarse antes de cumplir 30 años. _____

4. Una mujer se ha fijado una meta a largo plazo de trabajar como médica en el extranjero en el futuro. _____

5. Una pareja joven ha decidido alquilar un piso en el centro de Madrid. _____

6. El banco acaba de desahuciar a una pareja mayor que ya no podía pagar su hipoteca. _____

C. Los ninis: No trabajan ni estudian, ¿qué haría yo?*

PASO 1. Primero, lee sobre «los ninis», jóvenes que **ni** estudian **ni** trabajan. Luego, contesta las preguntas.

Los ninis son jóvenes entre 15 y 29 años que ya no asisten a una escuela, pero tampoco tienen un trabajo. El problema de los ninis se ve por todo el mundo.

---

*Source: "Desempleo de España," *Datosmacro.com*, Accessed February 8, 2017. http://www. datosmacro.com/paro/espana; Sanmartín, Olga, "Baja el porcentaje de ninis en España: el 22% de los jóvenes ni estudia ni trabaja," *El Mundo*, September 15, 2016. http://www.elmundo.es; "Youth not in Education, Employment or Training: NEET, 2015 Data," *Organzation for Economic Cooperation and Development*, Accessed February 9, 2017. https://data.oecd.org; de Hoyos, Rafael, "Ninis en América Latina: 20 millones de jóvenes en busca de oportunidades," *Grupo Banco Mundial*, 2016. https://openknowledge.worldbank.org

En España en 2015, el 22,8% de los jóvenes se consideraron ninis, unos 1,6 millones de personas. De los países de la Organización para la Cooperación y el Desarrollo Económicos, solamente Turquía, Italia y Grecia tuvieron tasas más altas que la de España en 2015. Islandia, Holanda y Suiza son las naciones con menos ninis.

Aun entre los españoles que son cualificados para trabajar, casi el 30% de este grupo está en paro. Pero, existe una correlación entre los títulos universitarios y el empleo. El 78% de los españoles con un grado se encuentra empleado.

© Dominique Faget/AFP/Getty Images

Miles de jóvenes manifestaron en 2011 en España con pancartas (*signs*) que decían «Sin curro (*job*), sin casa, sin pensión, Juventud sin miedo. Recuperando nuestro futuro. Esto es solo el principio...»

La tasa de desempleo: España diciembre 2016

	TODOS	HOMBRES	MUJERES
Total	18,4%	17%	20%
Menores de 25 años	42,9%	42,9%	42,8%
Mayores de 25 años	16,7%	15,2%	18,5%

El porcentaje medio de los ninis en Latinoamérica entre 15 y 24 años es 20%, pero las mujeres constituyen dos tercios de los ninis, por lo que muchas se casan y tienen hijos antes de cumplir 18 años. Además, existen diferencias entre los países, como es de esperar. Por ejemplo, la tasa es 10,9% en el Perú, pero más de 25% en Honduras y El Salvador. Es de notar que muchos de los ninis en América Latina no han podido terminar su educación. Según datos de 2010, el 25% de los niños no había terminado la escuela primaria. Es más, el 43% no había podido completar los estudios secundarios.

Porcentaje de los jóvenes entre 15 y 29 años que son ninis*

PAÍS	PORCENTAJE EN 2015
Canadá	13,2%
Chile	18,8%
Colombia	21%
Costa Rica	20,1%
España	22,8%
Estados Unidos	14,4%
México	21,9%

La difícil situación en la que se encuentran muchos adultos jóvenes, por todas partes del mundo, tiene y tendrá repercusiones futuras. Según algunos economistas, este problema mundial de los ninis nos debe preocupar porque contribuye a la desigualdad económica y en algunos casos a la delincuencia.

*De los países de la Organización para la Cooparación y Desarrollo Económicos, Islandia tiene el porcentaje más bajo, el 6.2% y Turquia tiene el más alto, el 28,8%.

	CIERTO	FALSO

1. El término «ninis» se refiere a los jóvenes que toman clases universitarias pero nunca han trabajado.

2. Cuando se habla de los ninis, se trata de las personas menores de 30 años.

3. Un poco más de 20% de los jóvenes españoles se consideran ninis.

4. Holanda y Suiza tienen porcentajes de ninis más altos que el porcentaje de España.

5. Según la tabla que muestra la tasa de desempleo en España, no hay mucha diferencia entre la tasa para los hombres y la tasa para las mujeres.

6. En Latinoamérica, aproximadamente el 30% de los ninis son mujeres.

7. Las mujeres que son ninis no suelen casarse ni tener hijos.

8. México y Colombia tienen porcentajes de ninis parecidos al porcentaje en España.

 PASO 2. En parejas, túrnense para leer en voz alta estas situaciones imaginarias. Expliquen lo que Uds. harían.

1. Acabas de graduarte, pero no has podido encontrar un trabajo en tu campo de interés.

2. Tienes 18 años y acabas de terminar con la educación secundaria, pero ninguno de tus amigos va a ir a la universidad o participar en algún tipo de capacitación.

3. Tienes 24 años y llevas dos años buscando un trabajo. No tienes muchas destrezas ni un título académico.

4. Tienes 16 años y acabas de dejar de estudiar. Ninguno de tus padres estudió después del octavo grado.

8.3 Pues no sé. Estaba por aquí hace un momento... habrá salido al jardín.

Actividades analíticas

El futuro perfecto

Para mañana, Carlos y Marta **habrán inventado** otro juego.

¡A analizar!

Imagínate que Carlos, Manuel y Marta conversan sobre lo que (no) ha sucedido en su vida hasta ahora e imaginan lo que **habrán hecho** o lo que **habrá sucedido** en el futuro. También conjeturan sobre eventos en el pasado. Lee los comentarios y elige a la persona que probablemente dijo cada uno.

a. Carlos

b. Marta

c. Marta y Carlos

d. Manuel

e. la dependienta

f. el cliente

_____ 1. Yo no he tenido un trabajo en una empresa todavía. Pero en cinco años **habré encontrado** un estupendo trabajo. Recibiré muchos ascensos de trabajo. Antes de hacerme el director ejecutivo de toda la empresa, yo **habré sido** el flamante subdirector del departamento de tasaciones por dos años.

_____ 2. Y antes de recibir las noticias sobre tu primer ascenso de trabajo, **habremos tenido** dos preciosos hijos. Y claro, serán muy inteligentes y aun antes de ir al colegio, ellos ya **habrán aprendido** a leer. Carlos, me imagino que ya **habrás elegido** los nombres para nuestros hijos futuros, ¿no?

_____ 3. Ha sido un placer conoceros. Gracias por invitarme a la cena invisible. ¡Ánimo! Seguro que en un año o dos vosotros **habréis recibido** geniales ofertas de trabajo.

_____ 4. Me gusta estar seguro antes de hacer una compra y por eso antes de comprar una cama nueva, ya **habré probado** varias más.

_____ 5. He trabajado en esta tienda durante diez años. En diez años, yo ya **me habré jubilado** y **habré realizado** mi sueño de viajar a muchos países extranjeros.

_____ 6. No he publicado un libro todavía pero antes de cumplir 40 años **habré escrito** varios libros populares. Antes de publicar mi segunda novela un director de cine **habrá descubierto** mi obra y me **habrá dicho** que quiere hacer una película basada en la historia.

1. The future perfect is used to talk about what _will have happened_ by a particular time in the future or before another action has happened. It corresponds to _____ + (_past participle_) in English.

No he publicado un libro todavía pero antes de cumplir cuarenta años, **habré escrito** varios libros populares.	_I haven't published a book yet but before / by the time I turn forty years old, I will have written several popular books._
En diez años, yo ya **me habré jubilado.**	_In ten years, I will have retired._

In the two examples above, notice that future events are talked about in terms of another event or a point in time also in the _____. The future action of writing several books will occur _before_ another event in the future, turning forty years old. Similarly, in the second sentence, when the employee thinks ahead to a point in the future ten years from now, retiring is something that she will have done before that ten-year period is up. The events above will occur in this order:

1) **escribir varios libros populares,** then 2) **cumplir cuarenta años**

1) **jubilarse,** then 2) **acabar diez años**

Which means, in contrast to the future tense, which just expresses that something will take place, the future perfect talks about future actions in _____ to another particular time. Study the beginnings of two sentences from the first item in the **¡A analizar!** activity. They establish what could be thought of as a something of a future "due date" in the speaker's mind. By the time this "due date" comes around, the future perfect action will have already happened. Identify what the speakers say _will have happened_ before each of the two future time markers.

Pero en cinco años... _____

Antes de hacerme el director ejecutivo de toda la empresa...

_____

Similarly, study these actions from the **¡A analizar!** sentences that will have occurred. Identify the time period or other future action before which they will have occurred.

habremos tenido dos preciosos hijos _____

_____

habrán aprendido a leer _____

habréis recibido geniales ofertas de trabajo _____

2. In Spanish, the future perfect is composed of the future tense of the verb **haber** + the past _____.*

Use the pattern and the **¡A analizar!** sentences to help you complete the following chart.

El futuro perfecto	
realizar (yo)	_____
elegir (tú)	_____
decir (él)	habrá dicho
tener (nosotros)	_____
recibir (vosotros)	habréis recibido
aprender (ellos)	_____

As you have learned with other compound tenses such as present perfect, the past participle form never changes. When used in the formation of a verb tense, the past participle form always ends in the letter _, regardless of the subject of the verb **haber.**

3. Just as the future tense may be used to speculate about events in the present, the future perfect may be used to speculate about what must have happened / might have happened / probably happened in the _____. Notice the English equivalents of the following **¡A analizar!** sentences.

¿Dónde está Rocky? Pues no sé. Estaba por aquí hace un momento... **habrá salido** al jardín.	Where is Rocky? I don't know. He was around here a moment ago... he <u>must have gone out</u> to the garden.
Carlos, me imagino que ya **habrás elegido** los nombres para nuestros hijos futuros, ¿no?	Carlos, I imagine that you <u>have probably</u> already <u>chosen</u> the names for our future children, right?

Unlike the other use of the future perfect, these are not actions that the characters *will have* done. Rather, these are activities that they might have or probably have done. The speaker does not know and is speculating about the past. Identify the English equivalent of the following sentences.

Habrá pensado que era necesario probar el colchón primero.

_____

Habrá estado interesado en comprar muebles nuevos. Ya **habrá comprado** o alquilado su propio piso.

_____

_____

Notice that the English equivalents may vary somewhat and include words like *might / must / probably / wonder.*

_____

*For a review of the past participle forms, see **Grammar 6.1.**

El condicional perfecto

¡A analizar!

Basándonos en la historia de «Casitas», inferimos sobre el pasado de los personajes y las circunstancias. ¿Qué habría sucedido o qué habrían hecho los personajes si se imaginara (si... *if one were to imagine*) un pasado distinto? Empareja la descripción de lo que habría sucedido o lo que alguien habría hecho con un pasado distinto. **¡OJO!** Cada letra se usa solo una vez.

© Javier Marco Rico

UN PASADO DISTINTO

____ 1. Marta y Carlos se casaron y compraron su propio piso.

____ 2. No hubo nunca una crisis económica en España.

____ 3. Carlos encontró un estupendo trabajo en una empresa.

____ 4. Marta y Carlos ahorraron dinero y les sobraba dinero cada mes.

____ 5. Marta escribió un libro premiado que fue muy bien acogido (*received*) por el público.

____ 6. El padre real de Marta vivía cerca de Marta y Carlos.

¿QUÉ HABRÍA SUCEDIDO?

a. Ellos **habrían comido** carne para la cena más a menudo, **habrían ido** de vacaciones todos los veranos y **habrían podido** pagar la hipoteca sin problema.

b. Él **se habría puesto** un traje y una corbata todos los días y **habría pasado** mucho tiempo en un edificio grande en el centro de la ciudad. Les **habría dicho** a sus padres, «Yo no **habría conseguido** este trabajo sin mi título académico».

c. Marta habría invitado a su padre a cenar con ellos y a menudo **le habría dicho,** «Papá, no **habríamos podido** lograr todo esto sin tu apoyo». Y su padre les **habría dicho,** «¡Qué va! Vosotros **habríais tenido** éxito sin mí».

d. Ella **habría escrito** más libros y **se habría dedicado** a ser una escritora de tiempo completo. Le **habría agradecido** a Carlos por su apoyo. Carlos le **habría dicho,** «Tú **habrías hecho** lo mismo por mí, cariño».

e. Muchos jóvenes no **habrían emigrado** de España en busca de oportunidades de empleo; muchos **se habrían independizado** más temprano.

f. Ellos **habrían comprado** un perro verdadero, sus dos hijos **habrían tenido** su propia habitación y **habrían pasado** mucho tiempo en su jardín.

5. The conditional perfect is used to talk about what _____ *happened* in a particular situation had the circumstances been different. Note the English equivalents of the following **¡A analizar!** sentences.

Habrían comido carne para la cena más a menudo, **habrían ido** de vacaciones todos los veranos, y **habrían podido** pagar la hipoteca sin problema.

They would have eaten meat for dinner more often, they would have gone on vacation every summer, and they would have been able to pay their mortgage without any problems.

Give the English equivalents of the following examples of the conditional perfect from ¡A analizar!

Se habría puesto un traje _____

Habrían tenido su propia habitación _____

6. The verb **haber** is conjugated in the _____ form and followed by a past participle. Use the pattern and the **¡A analizar!** sentences to help you complete the chart.

El condicional perfecto	
conseguir (yo)	_____
hacer (tú)	habrías hecho
escribir (ella)	_____
poder (nosotros)	habríamos podido
tener (vosotros)	habríais tenido
independizarse (ellos)	_____

Actividades prácticas

A. En diez años, ¿qué habrá sucedido?

PASO 1. Escucha las descripciones de las situaciones presentadas en el cortometraje y cómo habrán cambiado en cinco años. Escribe los ejemplos del futuro perfecto que oyes. Luego, indica si esta idea es probable o improbable.

© Javier Marco Rico

MODELO: *Oyes*: Uno de los sueños de Marta es escribir un libro. En cinco años ella habrá escrito veinte libros y habrá recibido el Premio Nobel.

Escribes: habrá escrito, habrá recibido
Probable ___ Improbable _X_

	PROBABLE	IMPROBABLE
1. _____	___	___
2. _____	___	___
3. _____	___	___
4. _____	___	___
5. _____	___	___
6. _____	___	___
7. _____	___	___
8. _____	___	___

PASO 2. En parejas, túrnense para leer en voz alta lo que habrá pasado en cien años. Para cada predicción, explica si estás de acuerdo o no con esta predicción.

1. La gente habrá colonizado la Luna y los astrónomos se habrán comunicado con seres extraterrestres en otra galaxia.

2. Habremos dejado de utilizar el petróleo. Habremos inventado coches voladores eléctricos.

3. Habremos eliminado las armas nucleares.

4. Los científicos habrán curado el cáncer y la enfermedad Alzheimer.

5. Muchas personas habrán cumplido 125 años.

6. Las computadoras habrán eliminado el 90% de los trabajos.

7. Los elefantes se habrán extinguido.

8. Las tiendas físicas habrán desaparecido.

PASO 3. Primero, escribe tres eventos que habrán sucedido en tu vida personal para el año 2030. Luego, trabajen en grupos para compartir sus predicciones y determinar qué tienen en común. Por último, identifiquen cinco eventos que habrán sucedido en el mundo en general para el año 2030.

B. ¿Qué habrá pasado?

PASO 1. Lee las siguientes situaciones del cortometraje y para cada una escribe una oración lógica para especular sobre otros sucesos relevantes que habrán sucedido antes de ese momento. Usa palabras del vocabulario y el futuro perfecto.

> **MODELO:** Manuel no conoce a Marta y Carlos. Pero ellos le hablan y parecen conocerlo.
>
> Manuel habrá pensado que eran locos porque estaban fingiendo ser sus familiares.

1. Aunque son mayores de edad, Marta y Carlos todavía viven con sus padres.

2. Carlos habla de recibir un trabajo nuevo como el subdirector del departamento de tasación.

3. Marta habla de publicar un libro popular.

4. Marta y Carlos juegan a las casitas en una tienda de muebles y le dan papeles en su juego a la empleada.

5. Marta y Carlos fingen estar casados.

6. Carlos juega el papel del hombre que no se lleva bien con su suegro.

Palabras útiles

el currículum vitae
fijarse una meta
fingir
el hogar
la ilusión
llenar una solicitud
la meta a largo plazo / a corto plazo
el piso
soñar con

PASO 2. Primero, escribe cinco oraciones para enumerar cinco sucesos importantes de tu vida. Luego, en parejas, compartan sus oraciones. Por último, túrnense para usar el futuro perfecto para especular sobre las oraciones de su pareja.

MODELO: *Escribes*: Cuando tenía 11 años, mi familia se mudó a una ciudad nueva, lejos de la casa donde siempre había vivido.

Tu pareja dice: Habrás echado de menos a tus amigos. Habrás estado un poco nervioso/a. Habrás conocido a amigos nuevos.

C. ¿Qué habría hecho en otras circunstancias?

Primero, lee sobre algunas situaciones y acciones pasadas. Luego, escribe lo que habría pasado o habría hecho alguien si esta situación hubiera sido distinta (hubiera... *had been different*). Usa el condicional perfecto para completar cada descripción, dando dos conjeturas.

MODELO: Una estudiante se graduó con un título académico que le permitió empezar su carrera como contadora. Consiguió un trabajo de tiempo completo y alquiló su primer apartamento. En cambio, si hubiera conseguido (hubiera... *had gotten*) un trabajo de tiempo parcial, <u>no habría alquilado un apartamento, habría seguido viviendo con sus padres</u>.

1. Una pareja ahorró mucho dinero y obtuvo una hipoteca para comprar una casa. Hacían pagos mensuales y estaban muy contentos viviendo en esa casa. En cambio, si uno de ellos hubiera perdido (hubiera... *had lost*) su trabajo... _____
   _____

2. El padre de una familia murió y la madre estaba desempleada. Ya no podía pagar su hipoteca y los intereses subían cada año. Al final, el banco desahució a la familia de su casa mientras unos manifestantes protestaban en frente de su casa. En cambio, si su esposo no hubiera muerto (no... *had not died*) y si los intereses no hubieran subido (no... *had not gone up*) cada año... _____
   _____

3. Un hombre joven siguió un plan de estudios para ser farmacéutico. Después de graduarse, sin embargo, ya no le daba la gana de trabajar en esta carrera y le parecía que en realidad no tenía las destrezas necesarias para hacer el trabajo. Creía que le habría gustado más ser director de cine. Si hubiera seguido (hubiera... *had followed*) un plan de estudios diferente... _____
   _____

4. Una pareja mayor se jubiló después de trabajar por más de cuarenta años. Como habían ahorrado dinero y tenían una pensión muy buena, pudieron realizar su sueño de viajar al extranjero después de jubilarse. Además, hicieron mucho trabajo voluntario. Si no hubieran ahorrado y recibido (no... *had not saved and received*) una pensión... _____
   _____

▶ D. ¿Qué opinan los demás?

PASO 1. Las personas entrevistadas responden a las siguientes preguntas. Escribe por lo menos cinco palabras del vocabulario de este capítulo que probablemente van a incluir en sus respuestas.

- ¿Le sorprendió descubrir lo que de verdad pasa con Marta y Carlos? ¿Qué opina Ud. de la manera en que Marta y Carlos enfrentan la situación de estar desempleados? En su opinión, ¿qué critica este cortometraje?

- ¿Ha perdido Ud. un trabajo? ¿Ha estado Ud. desempleado/desempleada por mucho tiempo? ¿Qué hizo / está haciendo para encontrar otro trabajo?

- En su país, ¿hay ayuda del gobierno o de otras organizaciones para alguien que haya perdido su trabajo? ¿Qué tipos de trabajos son difíciles de encontrar en su país?

- ¿Cómo es el proceso de encontrar un trabajo en su país? ¿Qué papel tiene la formación académica o vocacional en la preparación para una carrera o un trabajo?

1. _____ 2. _____ 3. _____ 4. _____ 5. _____

PASO 2. Primero, lee las siguientes ideas expresadas en las entrevistas. Luego, para cada idea escribe por lo menos dos oraciones para especular sobre la vida de la persona o del país.

> **MODELO:** *El comentario*: «Los trabajos que son difíciles de encontrar en mi país son los que tienen que ver con el arte».
>
> *Tu especulación*: Esta persona será artista. Habrá buscado trabajos como artista sin éxito. Tendrá otro trabajo para poder pagar sus gastos. En este país los trabajos más prácticos pagarán sueldos más altos.

1. «Para encontrar un trabajo, es muy importante que termines la escuela secundaria y que sepas hablar inglés».

   _____
   _____

2. «Una de las soluciones que yo busqué fue salir fuera de mi país. No hablaba el idioma, pero decidí arriesgarlo todo e irme a buscar algo mejor. Encontré cosas positivas».

   _____
   _____

3. «La forma de encontrar trabajo normalmente es a través del currículum, o bien una recomendación de alguien que te conocía o conoce a los jefes».

   _____

4. «He sido desempleada y actualmente incluso estando aquí, que tengo 11 meses, ya se me están acabando los ahorros».

   _____

5. «Los trabajos que a uno le gustan cuestan mucho a veces posicionarse porque hay mucha competitividad».

   _____

PASO 3. Primero, miren las entrevistas. Luego, en parejas, túrnense para leer en voz alta las oraciones sobre los comentarios de las personas entrevistadas e indiquen si cada oración es cierta o falsa. Por último, corrijan las oraciones falsas.

Gastón

Ainhoa

Nadja

© McGraw-Hill Education/ Klic Video Productions

	CIERTO	FALSO
1. Según Gastón, desafortunadamente en la Argentina, no hay mucha ayuda para la gente desempleada.	_____	_____
2. En la Argentina, para encontrar un trabajo es importante que se hable inglés.	_____	_____
3. Según Ainhoa, en España, si no tienes trabajo «la bolsa del paro» te paga lo que cobrabas antes en tu trabajo.	_____	_____
4. Ainhoa dice que en España el proceso de conseguir trabajo es rápido y fácil si uno depende de los amigos.	_____	_____
5. Según Nadja, en Costa Rica las habilidades matemáticas son muy importantes para conseguir trabajo.	_____	_____
6. Nadja explica que como el servicio al cliente es importante en los trabajos en Costa Rica, es necesario cuidar la apariencia física.	_____	_____

Palabras útiles

a nivel de
speaking of, with respect to

causar gracia
to be funny, amusing

como que

fuéramos
what if we were

el crecimiento
growth

la lesión
injury

lidiar con
cope with

la herramienta
tool

si bien
while, although

sobre todo
especially

te deja pensando
it leaves you thinking

PASO 4. En parejas, túrnense en leer citas de las entrevistas. Luego explica si estás de acuerdo o si refleja tu experiencia.

MODELO: Nadja dijo: «Bueno, el cortometraje "Casitas" me encantó. Me pareció súper bonito porque juega mucho con la imaginación. Y creo que de una forma muy positiva, a pesar de estar desempleados, es una forma muy creativa de lidiar con esa dificultad... Entonces tal vez la crítica es que, que dejamos de jugar, que dejamos de imaginar. Pero yo lo vi más de una forma muy positiva.

Tú dices: Yo también puedo ver el lado positivo del cortometraje porque Carlos y Marta se llevan muy bien y se divierten a pesar de estar en paro, pero me pareció trágica su situación. Es evidente que Manuel y la dependienta les tienen lástima a ellos.

Tu pareja dice: Manuel y la dependienta sí les tienen lástima, pero a la vez ellos acaban jugando con Carlos y Marta. O sea, creo que Carlos y Marta han ayudado a ellos de alguna manera. Les han recordado de la importancia de jugar y del potencial que todos tenemos de imaginar otra realidad...

1. Gastón dijo: «Sí, me sorprendió ver el final. Porque entendí que era una comedia pero no sabía a qué estaba yendo hasta que me di cuenta que estaban en un mercado... Sí, me parece que lo manejan con humor, con mucho humor, pero siempre detrás del humor también hay una tragedia... Y en realidad se ven jóvenes. Quizás creo que lo que critican es ese estereotipo de la gente que critica a esta gente porque todavía no se ha ido de la casa».

2. Gastón dijo: «Los trabajos que son difíciles de encontrar son los que tienen que ver con el arte... Entonces hay poca gente que lo hace, en el sentido de que hay poca gente que puede vivir haciendo eso. Y sí, lo que falta es capital, falta dinero para si uno quiere ser actor o pintor o cantante».

3. Ainhoa dijo: «La preparación académica es importante para trabajos, para trabajos cualificados, que necesitan que tengas una noción de ese trabajo. Como podría ser un arquitecto, por ejemplo. Para los demás tipos de trabajo más simples, quizá puede que te den una oportunidad incluso si no tienes una carrera».

4. Nadja dijo: «Bueno, trabajos difíciles de encontrar en Costa Rica es... son bastantes porque es un país donde no hay tantísima diversidad a nivel laboral. A nivel artístico es muy limitado. Todo es muy limitado a nivel de carreras».

 PASO 5. En parejas, conversen sobre sus propias ideas respecto a las preguntas del **Paso 1.** Vuelve a ver los videos cuantas veces que te sea necesario.

Comprueba tu progreso

Let's put into practice what you have learned about the simple future tense, the conditional tense, the future perfect, and the conditional perfect. Here, Miguel talks about the goals set forth by certain political candidates. Complete his statements with the simple future tense, the conditional, the future perfect, or the conditional perfect of the verb in parentheses. Check your answers when you're finished!

Los candidatos políticos siempre hacen muchas promesas que no se cumplen. Pero José Ángel es distinto. Dice que, si gana las elecciones, _____¹ (dedicarse) a mejorar la calidad de vida de todos los ciudadanos de este país y que no _____² (rendirse) ante la presión política de las grandes empresas. Según el candidato, hay muchas cosas que habrá hecho en cinco años. Por ejemplo, su gobierno _____³ (bajar) la tasa de desempleo al cinco por ciento, y para el 2022 los Ministros de Asuntos Exteriores _____⁴ (resolver) los conflictos económicos, políticos y sociales con nuestros países vecinos.

Mi amiga Marta dice que ella no _____⁵ (poder) apoyar a un candidato como José Ángel. Cree que él no _____⁶ (tener) éxito como presidente porque la gente no se fía de él.

Pero no estoy de acuerdo con Marta. Yo _____⁷ (votar) por él, aunque hay otros candidatos que también me llaman la atención. Antes de tomar una decisión, me _____⁸ (gustar) saber más sobre cada uno de ellos. Creo que _____⁹ (ser) irresponsable dar mi voto a un candidato sin ser informado sobre la postura de los otros.

La semana que viene, todos los candidatos _____¹⁰ (salir) en un debate en la tele. Seguro que la gente les _____¹¹ (hacer) muchas preguntas incómodas y difíciles porque nadie quiere que se repita el desastre que fue el último presidente. Si no fuera por los millones que gastó en su campaña electoral, nunca _____¹² (ganar) las elecciones y nosotros no _____¹³ (perder) cuatro años marcados por la corrupción.

Respuestas

1. se dedicará; 2. se rendirá; 3. habrá bajado; 4. habrán resuelto; 5. podría/podrá; 6. tendría/tendrá; 7. votaría; 8. gustaría; 9. sería; 10. saldrán; 11. hará; 12. habría ganado; 13. habríamos perdido

IV. CONTEXTOS SOCIALES

A. Las metas personales

Cuando establecemos metas en nuestra vida, podemos visualizar el futuro que queremos tener. En lugar de dejar que los sucesos de la vida determinen nuestro destino, o sea, vivir la vida a la deriva (*adrift*), formular objetivos nos da la oportunidad de llevar nuestra vida plenamente (*fully, thoroughly*). Sin duda, no podemos controlar muchos aspectos del mundo o de nuestras vidas, pero dentro de los límites de nuestra situación particular, podemos determinar metas para nuestra vida. Uno se puede fijar objetivos en varias facetas de nuestra vida: el trabajo / la carrera, las finanzas, la actitud, la familia, las relaciones personales, las amistades, la educación, la salud, el arte, el servicio público/benéfico.

PASO 1. Mira las tiras cómicas y contesta las preguntas.

PUEDES HACER LO QUE QUIERAS CON TU FUTURO, RAULITO. PERO A TU MADRE Y A MÍ NOS PREOCUPA QUE ESTÉS ELIGIENDO UNA CARRERA CON UN CAMPO LABORAL LIMITADO.

Alberto Jose Montt Moscosco. Used with permission of Puentes Agency.

1. ¿Qué implica la primera tira cómica del pez que quiere ser bombero?

2. ¿Cómo impiden nuestras circunstancias particulares lo que podemos hacer en el futuro?

3. ¿Cómo afecta el lugar donde vive una persona el tipo de trabajo que tiene? Por ejemplo, ¿qué tipos de trabajos son más comunes en una zona rural o en un clima muy frío?

4. ¿Crees que hay desigualdad en cuanto a la posibilidad de tener metas en la vida? Es decir, ¿hay personas que tengan más oportunidad de establecer objetivos en la vida? Explica.

ES TAN DIFÍCIL ESCOGER ENTRE TANTA CARRERA NUEVA, GORLAK. AÚN NO SÉ SI DE GRANDE QUIERO SER CAZADOR O RECOLECTOR.

Alberto Jose Montt Moscosco. Used with permission of Puentes Agency.

5. ¿Cuáles son las dos opciones de carrera en la segunda tira cómica? ¿De qué aspecto de nuestra vida se burla?

6. ¿Tienes demasiadas opciones o pocas opciones de carrera, como los dos jóvenes prehistóricos? ¿Es una ventaja o una desventaja tener muchas opciones? Explica.

 PASO 2. En parejas, conversen sobre las preguntas.

1. ¿Qué metas tuviste cuando eras niño/a? ¿Todavía tienes las mismas metas? ¿Por qué?

2. ¿Cuál es una meta que ya has alcanzado en tu vida? Explica cómo la lograste y por qué te era importante.

3. ¿Cuál es una de tus metas a corto plazo? ¿A largo plazo? ¿Qué tendrás que hacer para lograr estas metas?

4. ¿En qué carrera te graduarás? ¿Por qué elegiste esa carrera?

5. Además de metas de familia o carrera, ¿a qué te dedicarás en el futuro? Por ejemplo, ¿intentarás aprender una nueva habilidad, como tocar un instrumento u otras actividades como jugar mejor un deporte, ayudar alguna organización, viajar a algún lugar, resolver algún problema de tu comunidad, ahorrar dinero para comprar algo, etcétera?

6. Si no hubiera ningún (*If there weren't any*) obstáculo, ¿con qué metas soñarías?

7. Muchas personas abandonan algunas de sus metas a lo largo de los años. A veces hay razones muy lógicas, pero resulta que lamentan la decisión. ¿Cuál es una meta personal que te arrepentirías de abandonar?

B. El idealismo ante la realidad

PASO 1. Primero, lee sobre Alonso Quijano, el protagonista y famoso soñador de una de las primeras novelas modernas, *El ingenioso hidalgo Don Quijote de la Mancha*. Luego, escucha las preguntas y empareja cada una con su mejor respuesta.

Don Quijote de la Mancha: Soñar una realidad

La novela *El ingenioso hidalgo Don Quijote de la Mancha*, escrita en 1605 (parte I) y 1615 (parte II) por el escritor español Miguel de Cervantes, capta uno de los temas fundamentales de la época moderna: el poder[a] de los ideales y la imaginación para crear una realidad que deseamos. Asimismo, la novela explora la tensión entre soñar una realidad y resignarse a una que no se puede cambiar, o sea, entre el idealismo y el realismo.

Un azulejo cerámica que retrata a don Quijote y Sancho Panza

Alonso Quijano, un hidalgo[b] común y corriente,[c] se declara un caballeros andante[d] llamado Don Quijote de la Mancha. Los caballeros andantes son los protagonistas de los libros de caballerías que Alonso Quijano lee, y ya que las aventuras de estos héroes giraban en torno a[e] la magia, los hechizos[f] y la valentía[g] sobrehumana, Alonso Quijano aspira a esa identidad. Cree en la posibilidad de trazar[h] su propio destino, asumir su identidad preferida y mejorar el mundo al mismo tiempo. Para él, los molinos de viento[i] son gigantes, una fonda[j] es un castillo, las personas comunes y corrientes son prisioneros, princesas o caballeros malvados. Al imponerles su interpretación inventada a las personas con las que se encuentra, Don Quijote les obliga a adaptarse a su realidad imaginaria, lo cual implica que su realidad es «real» para otros también.

En cambio, el escudero[k] de Don Quijote, Sancho Panza, encarna[l] la perspectiva contraria, un punto de vista realista que parece burlarse de[m] nuestro esfuerzo de vencer los obstáculos que se nos interponen.[n]

Se puede decir que esta novela pertenece a la época moderna que emerge después de la Edad Media en Europa porque propone la subjetividad de la realidad, la posibilidad de moldear una identidad y un futuro según nuestra imaginación. No es una coincidencia que la novela se publique un poco antes de la época de la Ilustración,[ñ] cuando los intelectuales europeos exploraron el potencial de la mente de crear realidades y solucionar problemas.

[a]*power* [b]*low nobleman* [c]común... *ordinary* [d]caballero... *knight errant* [e]giraban... *revolved around* [f]*spells, curses* [g]*bravery* [h]*devise, plot* [i]molinos... *windmills* [j]*inn* [k]*squire* [l]*embodies* [m]burlarse... *mock, make fun of* [n]que... *that get in our way* [ñ]la... *the Enlightenment*

Comprensión

____ 1.   a. el realismo

____ 2.   b. unos monstruos

____ 3.   c. los libros de caballerías

____ 4.   d. Alonso Quijano

____ 5.   e. en el siglo XVII, un poco antes de la Ilustración europea

____ 6.   f. tenían historias sobre la magia, los hechizos y la valentía sobrehumana

____ 7.   g. el sueño contra la realidad

PASO 2. En parejas, conversen sobre las siguientes preguntas.

1. ¿Te consideras una persona optimista, realista o pesimista acerca del futuro? ¿Por qué?

2. ¿Cuáles son otros personajes o personas reales que encarnen el idealismo o la posibilidad de lograr las metas, aunque sean difíciles de lograr? ¿Cómo tratan de lograr estas metas?

3. ¿Crees que una persona realista o aun pesimista puede llegar a ser una persona idealista? ¿Por qué?

4. ¿Tienes metas idealistas? ¿Cuáles son algunos obstáculos que puedan interferir con estas metas?

Antes de leer

C. La fuerza laboral puertorriqueña*

PASO 1. Lee la información sobre la economía puertorriqueña y los trabajos del futuro y contesta las preguntas.

El cultivo de azúcar en Puerto Rico alrededor de 1910

La economía de Puerto Rico ha dependido de una variedad de industrias. El azúcar fue una de las más importantes hasta el final del siglo XX.

Para mediados del siglo XIX, había 789 plantaciones de azúcar en Puerto Rico. Antes de la abolición de la esclavitud en el siglo XIX, los esclavos trabajaron en las plantaciones. La industria alcanzó su auge[a] en las primeras décadas del siglo XX. En esa época, Puerto Rico era uno de los mayores productores mundiales de azúcar. Para la producción, se necesitaba a muchos obreros, quienes trabajaban en muy malas condiciones. Entre 1898 y 1930, la industria azucarera representaba el 30% de la economía y el 50% de la mano de obra agrícola. A pesar de tener una cosecha de máxima producción en 1952, la industria empezó a derrumbarse[b] y hoy la caña se cultiva mucho menos. Ahora se necesita, sobre todo, para la producción de melaza[c] y el ron que se exportan.

Mientras que durante la primera mitad del siglo XX las exportaciones principales eran el azúcar, el café y el tabaco, en los años más recientes, la economía puertorriqueña ha cambiado. Las exportaciones principales de Puerto Rico en la actualidad incluyen: los productos farmacéuticos, los químicos, la electrónica, el ron, los concentrados para bebidas y el equipo médico. En los años recientes, Puerto Rico ha estado enfrentando una crisis económica ocasionada por la deuda pública de la isla. A causa de una política fiscal que favorecía la compra y la venta de los bonos del gobierno, Puerto Rico se endeudó mucho y no ha podido hacer los pagos, lo cual ha llevado a muchos recortes en los servicios públicos.

[a]*peak* [b]*collapse* [c]*molasses*

*Source: "Welcome to Puerto Rico: Economy," *Welcometopuertorico.org*, Accessed February 8, 2017. http://welcome.topuertorico.org; Llórens Vélez, Eva, "Puerto Rico's 3 Biggest Exports in Decline," *Caribbean Business*, May 3, 2016. http://caribbeanbusiness.com; "Puerto Rico: Agriculture," *The Nations Encyclopedia,* Accessed February 10, 2017. http://www.nationsencyclopedia.com

© Keystone-France/Gamma-Keystone via Getty Images

Los diez trabajos por los cuales habrá más demanda en Puerto Rico para el año 2022
1. Los maestros de la educación primaria
2. Los contadores y los auditores
3. Los maestros de la educación secundaria
4. Los gerentes generales y de operaciones
5. Los gerentes financieros
6. Los tecnólogos de laboratorios clínicos y médicos
7. Los analistas de investigación del mercado
8. Los trabajadores sociales
9. Los ingenieros civiles
10. Los encargados de cumplimento[d]

[d]Los... *Compliance managers*

Comprensión

1. ¿De qué dependió la economía de Puerto Rico durante la primera mitad del siglo XX? ¿Cuándo alcanzó su auge esta industria? _____
   _____

2. ¿Cómo eran los trabajos para el cultivo de la caña de azúcar? ¿Quiénes hicieron estos trabajos en el siglo XIX? _____
   _____

3. ¿Cuáles son las exportaciones más importantes ahora? ¿Para qué se cultiva el azúcar? _____
   _____

4. ¿Hay mucha variedad de trabajos en la lista de los trabajos para el año 2022? ¿Cuáles son algunas diferencias y semejanzas? _____
   _____
   _____

5. ¿Qué destrezas y títulos son necesarios para los trabajos que se necesitarán en el futuro? ¿Se necesita un título académico? _____
   _____
   _____
   _____

 PASO 2. En parejas, conversen sobre las siguientes preguntas.

1. ¿Cuáles son algunas de las exportaciones más importantes de tu país? ¿Cómo han cambiado en los últimos cincuenta años?

2. ¿Qué semejanzas hay entre una cosecha (*crop*) importante de la historia de tu país y la caña de azúcar en Puerto Rico?

3. ¿Qué carreras son muy solicitadas en tu país? ¿Eran muy solicitadas en el pasado o es más una tendencia reciente? ¿Por qué?

4. En tu opinión, en diez años, ¿para qué trabajos habrá más demanda en tu país? ¿Y menos demanda? Explica.

5. En tu país, ¿qué relación hay entre el sueldo de un trabajo y las habilidades y la formación profesional de los trabajadores? ¿Existe una correlación entre el sueldo y otros factores como el riesgo o la dificultad del trabajo? Da ejemplos.

¡A leer!

Juan Luis González* fue un autor, profesor, periodista e intelectual puertorriqueño. Nació en 1926 en la República Dominicana, pero su familia tuvo que huir del país a causa de la dictadura de Leónidas Trujillo. Para escaparse, se trasladaron a Puerto Rico. En 1943, publicó su primera colección de relatos. Luego, se fue a vivir a Nueva York a finales de los 40. Después, trabajó en París y Praga como periodista. Se unió al partido marxista. Por lo tanto, cuando regresó a Puerto Rico durante la Guerra Fría, por sus ideas políticas no pudo encontrar trabajo en Puerto Rico. Como resultado, renunció a su ciudadanía estadounidense. Se hizo ciudadano de México en 1955.

Sus relatos son retratos realistas y trágicos y tratan temas sociales y económicos de la vida puertorriqueña, tanto en centros urbanos como Nueva York como pueblos y zonas rurales. El siguiente cuento, «El ausente», se publicó en 1973 en una colección de cuentos titulada *En Nueva York y otras desgracias*.

«EL AUSENTE»

—José Luis González

Muchos en el lugar lo recordaban. Y eso que hacía diez años que nadie lo veía. Diez largos años en los que doña Casiana había mantenido vivo, a fuerza de lágrimas, el recuerdo del hijo ausente.[a]

Siempre pareció que el muchacho iba a darse bueno.[b] A los once años dejó la escuela para ayudar al padre en las talas.[c] El hombre iba delante, tras el arado[d] y los bueyes[e] lentos, viejos ya. El muchacho lo seguía, depositando la simiente[f] en la húmeda desgarradura[g] de los surcos.[h]

Pero un día —«cosas que hace el diablo»— se fue a pescar camarones a la quebrada[i] y se olvidó del trabajo. El padre lo aguardó con una soga doblada en tres.[j] La zurra[k] fue de las que no se olvidan.

Aquella misma noche, mientras los demás dormían, los pies descalzos[l] de Marcial hollaron[m] con rencorosa[n] determinación el polvo[ñ] todavía caliente del camino real. La madrugada lo sorprendió en la carretera.

Una tarde, meses después, al regresar sudoroso de las talas, el padre «cogió un aire». Duró dos días con sus noches, recriminando al hijo ingrato[o] en el delirio intermitente de la fiebre.

Casiana no quedó sola. Se fue a vivir con el menor de sus dos hijos, a casa de un hermano.

Y un mediodía, al cabo de[p] los diez años, uno de los muchachos de la casa llegó corriendo hasta el batey:[q]

—¡La procuran, tía!

Un hombre esperaba a la vera[r] del camino. La vieja —vejez prematura de cuarenta y cinco años— salió al encuentro del desconocido. Los que estaban en la casa se alarmaron al oír el grito de la mujer. Desde la puerta la vieron exangüe[s] en brazos del extraño, que la abanicaba[t] con su sombrero. Cuando se

---

[a]*absent* [b]*darse... turn out well* [c]*cutting of the sugar cane* [d]*plow* [e]*oxen* [f]*seed* [g]*tearing* [h]*furrows, grooves* [i]*ravine* [j]*soga... knotted up rope* [k]*thrashing* [l]*pies... bare feet* [m]*trod* [n]*angry* [ñ]*dust* [o]*ungrateful* [p]*al... after* [q]*outbuilding* [r]*a... by the roadside* [s]*collapsed* [t]*was fanning*

*Source: "Autógrafo, Series ordinarios con vidas extraordinarias: José Luis González," *People Television Inc.*, Accessed February 3, 2017. http://autografo.tv/jose-luis-gonzalez

allegaron[u] y el hombre irguió[v] la cabeza para saludar, un murmullo de admiración se desprendió[w] del grupo. Bajo la barba de varios días, los más viejos reconocieron a Marcial.

El hombre —¡y qué hombre, membrudo y gallardo[x] como un toro!, apreció con codicia el joven mujerío[y] del barrio— empezó a contar sus andanzas[z] un lunes a la prima noche y concluyó al amanecer del miércoles.

Cuando abandonó el hogar paterno, encontró trabajo de aguador en un cañaveral.[aa] Crecido ya, entró en el corte. Allí aprendió lo que es trabajar de seis a seis, con el sol o la lluvia sobre el cuerpo, las manos atacadas sin piedad por la hoja filosa[bb] de la caña y el estómago aguijoneado[cc] por el hambre malamente satisfecha. Entonces no se conocía eso de «las ocho horas». Se levantaba con el último temblor de las estrellas y salía de las piezas cuando el sol se dejaba contemplar sin lastimar los ojos. Se hastió[dd] de aquello.

Del cañaveral pasó a una cantera.[ee] Picar[ff] piedra no era trabajo menos duro, pero ya el primer oficio le había fortalecido el ánimo y los músculos. Y allí no se trabajaba como bestia. A las cinco de la tarde sonaba un silbatazo[gg] que ponía fin a la jornada.[hh] Cerca de la cantera había un río y los hombres se bañaban al atardecer en una poza[ii] de agua transparente y mansa.[jj] Dormían frescos, sin la molestia del sudor resecado[kk] sobre la piel. Y lo mejor de todo; se comía caliente, con relativa abundancia.

Hizo amistad con un ingeniero que a veces, cuando quedaban solos, le hablaba de cosas que nunca llegaba a explicar bien, pero que sin duda le interesaban mucho, a juzgar por la pasión con que aludía a «las inconsecuencias del gallego Iglesias»[ll] y otros asuntos que solían despertar en Marcial una efímera[mm] curiosidad. Cuando el ingeniero se marchó a trabajar en una represa[nn] que estaban construyendo por Comerío, le insistió en que se fuera[ññ] con él.

Salió ganando con el cambio. Al cabo de dos meses lo hicieron capataz. Comenzó a juntar plata. Conoció a una muchacha que vendía frituras[oo] en las obras, le robó la virginidad y después, cuando se enteró de que estaba embarazada, se casó con ella (no por obligación, sino porque descubrió que le quería). El vástago[pp] fue un varón,[qq] muy parecido a él según la opinión de todos. El ingeniero seguía protegiéndolo; las cosas no podían marchar mejor.

Pero aquella ventura[rr] fue solo un paréntesis. Cierto día una carga de dinamita mal colocada hizo trizas[ss] al ingeniero. Para Marcial fue como perder a un padre, un padre deparado[tt] por la vida en sustitución de aquél cuyos azotes[uu] él no había sabido perdonar. Poco después, para remate de desgracias,[vv] la mujer se le alzó con otro,[ww] llevándose al hijo que aún no aprendía a caminar.

Entonces a Marcial le dio por pensar en lo que el paso de los años había ido convirtiendo en un recuerdo cada vez más débil: el primer hogar y la madre y el hermano abandonados. Casi con sorpresa vino a darse cuenta de que habían transcurrido diez años desde la noche en que el rencor y la amargura[xx] lo empujaron a la fuga.[yy]

---

[u]se... *gathered around* [v]*lifted* [w]se... *burst from* [x]membrudo... *robust and striking* [y]*women* [z]*adventures* [aa]*sugar cane plantation* [bb]*sharp* [cc]*tormented* [dd]se... *grew tired* [ee]*quarry* [ff]*breaking* [gg]*whistle* [hh]*shift* [ii]*pool* [jj]*peaceful* [kk]*dried up* [ll]las... *Iglesias' crazy stories* [mm]*fleeting, short-lived* [nn]*dam* [ññ]le... *insisted that he go* [oo]*fried food* [pp]*offspring* [qq]*boy, male* [rr]*happiness* [ss]hizo... *ripped to shreds* [tt]*offered* [uu]*lashings* [vv]para... *to cap all the misfortunes off* [ww]se... *ran off with another (man)* [xx]rencor... *resentment and bitterness* [yy]lo... *compelled him to run away*

Al día siguiente de una noche igual que aquella, no volvieron a verlo en la represa.

Ahora trabaja de nuevo en las talas, junto al hermano adolescente y el tío que va haciéndose viejo. Por las noches, los parientes y los vecinos se sientan en torno al fogón^{zz} apagado que duerme su sueño de ceniza^{aaa} fría y él relata una vez más algún episodio de su vida errante (nunca ha contado, sin embargo, que tuvo una mujer y un hijo). La chiquillería^{bbb} del lugar lo admira como a un héroe, y en más de una ocasión ha sido requerido como árbitro en las disputas de los mayores. Su reputación de hombre que «ha visto mundo» lo rodea de una aureola^{ccc} de prestigio y méritos con los que él no soñó jamás.

Pero se mentiría a sí mismo^{ddd} si afirmara que es feliz aquí. El monótono trabajo de las talas lo aburre sin trajín^{eee} de la maquinaria omnipotente, el horario regular y el seguro tiempo libre, la cercanía de la ciudad, el salario infalible cada sábado. Eso sobre todo. Aquí se trabaja para comer. Esta vida lo ahoga.

Una madrugada, el vecindario acudió a^{fff} los gritos desesperados de doña Casiana. La pobre mujer extendía su brazo endeble^{ggg} en dirección del camino. Los que siguieron el ademán^{hhh} con la mirada, alcanzaron a columbrarⁱⁱⁱ la corpulenta figura que se iba borrando en la distancia.

Jose Luis Gonzalez, *"El Ausente"* from *En Nueva York y Otras Descracias.* Copyright © Siglo XXI Editores. Used with permission.

---

^{zz}*camp-fire* ^{aaa}*ash* ^{bbb}*kids* ^{ccc}*halo* ^{ddd}*se... he would be lying to himself* ^{eee}*hustle and bustle* ^{fff}*acudió... responded to* ^{ggg}*unsteady* ^{hhh}*expression* ⁱⁱⁱ*glimpse*

Después de leer

D. El ausente

PASO 1. Indica si las siguientes oraciones son ciertas o falsas según el cuento. Si es una oración falsa, corrígela.

	CIERTO	FALSO
1. Doña Casiana sabía dónde estaba su hijo y estaba segura que iba a volver.	____	____
2. Marcial dejó de asistir a la escuela cuando tenía once años.	____	____
3. Al padre de Marcial, no le importó cuando a Marcial se le olvidó el trabajo.	____	____
4. Marcial abandonó a su familia y su pueblo después de la muerte de su padre.	____	____
5. Cuando Marcial volvió al pueblo después de diez años, nadie lo reconoció.	____	____

6. Durante su ausencia, Marcial no hizo trabajos duros; tuvo suerte porque sus trabajos eran fáciles de hacer. _____ _____

7. En su segundo trabajo en la cantera, Marcial podía dejar de trabajar a las cinco de la tarde y comía bien. _____ _____

8. Cuando trabajaba en la represa, conoció a una mujer con la que se casó y tuvo un hijo. _____ _____

9. Marcial volvió a su hogar con su esposa y su hijo. _____ _____

10. Marcial volvió a trabajar en las talas y vivió con su madre hasta el día de la muerte de ella. _____ _____

PASO 2. En parejas, túrnense para contestar las preguntas sobre el cuento «El ausente».

____ 1. ¿Qué tipos de trabajo hizo el hijo cuando era joven?

   a. Trabajó como maestro.

   b. Ayudó a su madre a cuidar a su hermano.

   c. Ayudó a su padre en la cañaveral.

____ 2. ¿Cómo reaccionó el padre de Marcial cuando supo que un día no había trabajado?

   a. Lo golpeó.

   b. Lo perdonó después de que Marcial le explicó lo que había pasado.

   c. Le dijo que ya no necesitaba trabajar.

____ 3. ¿Cómo fue su primer trabajo después de salir del pueblo?

   a. Era el jefe de los otros hombres que trabajaron en las talas.

   b. Trabajó todo el día, doce horas con el sol o la lluvia.

   c. Trabajó en una tienda que vendía alimentos en su pueblo.

____ 4. ¿Cómo era el próximo trabajo de Marcial en la cantera después de trabajar en el cañaveral?

   a. Las condiciones de trabajo eran un poco mejores.

   b. Trabajaba de las seis a las seis todos los días.

   c. Marcial les traía el agua a los trabajadores.

____ 5. ¿Qué eventos significativos ocurrieron cuando trabajaba en la represa?

   a. Recibió una carta de su madre.

   b. Su hermano vino a vivir con él y a trabajar con él en la represa.

   c. Se casó y tuvo un hijo.

____ 6. Después de regresar a su pueblo, ¿qué hace Marcial por las noches después de trabajar en las talas?

   a. Mientras ayuda a su hermano a aprender a leer y escribir, le cuenta de la esposa que lo abandonó.

   b. Les cuenta sus aventuras a los otros miembros del pueblo y a su familia.

   c. Hace otros trabajos importantes en el pueblo.

PASO 3. En grupos, conversen sobre las preguntas de análisis. Saquen apuntes y estén listos a compartir sus respuestas con la clase.

1. ¿Por qué crees que el cuento se titula «El ausente»? ¿Qué efecto habría tenido otro título como «La ausencia» o «La familia abandonada»?

2. Marcial volvió a su pueblo después de diez años. El cuento revela un poco pero no todo de lo que pasó durante todos esos años. ¿Qué efecto tiene esta información en los lectores?

3. ¿Qué semejanzas hay entre el motivo de Marcial por la salida del pueblo y el motivo por el regreso al pueblo? ¿Qué paralelos existen entre su padre y el ingeniero de su último trabajo?

4. El cuento está escrito en el tiempo pasado hasta que Marcial deja su trabajo en la represa. Luego, aparece la siguiente frase, «Ahora trabaja de nuevo en las talas, junto al hermano adolescente y el tío que va haciéndose viejo». ¿Qué significa este cambio temporal?

5. ¿Por qué no es feliz Marcial trabajando otra vez en las talas? ¿Qué opinan las otras personas del pueblo de él? ¿Qué diferencias hay entre Marcial y los otros residentes de su pueblo?

6. Analiza el final del cuento. ¿Qué ideas se destacan? ¿Sería distinto el final si supiéramos (si… *if we knew*) adónde fue y qué le pasó a Marcial?

E. ¿Qué opinan los demás?

PASO 1. Las personas entrevistadas responden a las siguientes preguntas. Escribe por lo menos cinco palabras del vocabulario de este capítulo que probablemente van a incluir en sus respuestas.

- En su cultura o comunidad, ¿cómo se define el éxito?

- El independizarse, poder comprar una casa y tener éxito en la carrera se presentan en el cortometraje como metas comunes. ¿Qué otras metas puede tener una persona? ¿Tiene Ud. algún objetivo personal, algo que quiera hacer algún día?

- ¿Cómo será su futuro? ¿Qué hará o no hará Ud. probablemente?

- ¿Le preocupa el futuro de su país? Explique. ¿Le preocupa el futuro del mundo? ¿Qué problemas mundiales espera que se solucionen en el futuro?

- ¿Cómo será el mundo en cien años? ¿Viviremos en la Luna o en otro planeta? ¿Estarán encargados los robots? ¿Se curarán muchas enfermedades? ¿Tendrán los seres humanos una esperanza de vida mucho más larga?

1. _____ 2. _____ 3. _____ 4. _____ 5. _____

 PASO 2. En parejas, túrnense para leer en voz alta las ideas expresadas en las entrevistas. Explica tu opinión sobre cada idea.

MODELO: Tengo mucha esperanza de que antes de que podamos ir a otro planeta, se pueda solucionar muchas enfermedades aquí.

E1: Estoy de acuerdo. Yo creo que los viajes espaciales parecen interesantes, pero requieren muchos recursos económicos y humanos. Debemos dedicar los pocos recursos que hay a la investigación científica que ayude a reducir el sufrimiento causado por problemas de salud.

E2: Yo también estoy de acuerdo. Pero, hemos aprendido mucho a través de la exploración espacial. ¿No hay suficientes recursos para hacer ambas cosas?

Palabras útiles

a nivel de
speaking of
alejarse
to move away from
ambicionar
to really want something, to aspire to
la atadura
tie, tether
cauteloso/a
careful, cautious
fijo/a
fixed, set
hoy por hoy
at the present, currently
igual de capaz
equally capable
pronosticar
to forecast; to predict
sanar
to cure
sustentar
to support; to sustain

1. En la Argentina, el éxito se define a través de las buenas relaciones. Prestamos mucha atención a las relaciones con nuestra familia y con nuestros amigos.

2. Muchas de las metas están cambiando. La gente ya no se quiere tanto endeudar en alquileres, más bien (más... *rather*) las metas son ir a correr, hacer una maratón, tener tiempo de hacer eso, ir a disfrutar de los chiquitos en el parque.

3. Me preocupan los recursos naturales. Costa Rica se ha hecho un gran esfuerzo por querer ser parte de proteger la biodiversidad. E incluso tiene la meta para ser carbono neutral en el 2021.

4. No sé cómo será el mundo en cien años pero tengo mucha confianza en la humanidad.

5. Y creo que uno de los problemas más importantes es la intolerancia a todo: a la religión, a cuánta plata tenés en el bolsillo, a qué es lo que hacés, a cómo te vestís, a cómo hablás, a si tenés un acento o no tenés un acento.

6. El dinero no influye en la felicidad.

PASO 3. Primero, lee las siguientes oraciones. Luego, mira las entrevistas. Por último, indica si cada oración es cierta o falsa según los comentarios de los entrevistados. Si la oración es falsa, corrígela.

Gastón **Ainhoa** **Nadja**

© McGraw-Hill Education/Klic Video Productions

	CIERTO	FALSO
1. Una de las metas de Gastón es tener un trabajo con un horario fijo en una oficina.	___	___
2. Para Gastón, es importante que se solucionen las enfermedades como el cáncer en el futuro.	___	___
3. En el futuro, a Ainhoa le gustaría ser una psicóloga para niños. Quiere ayudarlos a realizar sus sueños.	___	___
4. Ainhoa está preocupada por el futuro de los jóvenes en España porque ya no quieren trabajar.	___	___
5. Najda espera que su futuro esté lleno de felicidad. Para ella, las experiencias son más importantes que las cosas.	___	___
6. El problema que más le preocupa a Nadja es el desempleo.	___	___

PASO 4. Contesta las preguntas.

1. Según Gastón, ¿cómo reflejan las redes sociales la importancia que les prestamos a nuestras familias y a nuestros amigos? _____
   _____

2. ¿Qué ejemplos de la intolerancia menciona Gastón? _____
   _____

3. Según Ainhoa, ¿por qué están dejando de estudiar muchos jóvenes en España? _____

4. Según Nadja, ¿cómo han cambiado las metas de muchas personas? _____
   _____
   _____

5. Según Nadja, ¿por qué piensan algunas personas que es mejor no tener hijos? _____
   _____

 PASO 5. En parejas, conversen sobre sus propias ideas respecto a las preguntas del **Paso 1.**

 COMPROMISO CON LA COMUNIDAD:
LAS METAS COMUNITARIAS

Fijarse una meta es difícil porque no sabemos lo que pasará en el futuro. Sin embargo, el proceso de pensar en los deseos y las necesidades individuales o comunitarias futuras puede ser útil porque nos obliga a identificar nuestras prioridades, limitaciones y habilidades. Muchas organizaciones y grupos tienen que revisar sus metas continuamente. Para lograr esto, establecen declaraciones de misión. Puedes participar en este tipo de planificaciones en un grupo del que eres miembro. Por ejemplo, puedes formar parte del proceso de tomar de decisiones en una organización estudiantil universitaria, el ayuntamiento de tu comunidad, una organización benéfica o un consejo escolar. Piensa en cómo se pueden adaptar las metas que se fijen a las condiciones variables y desconocidas del futuro.

V. CONTEXTOS EXPRESIVOS

 ## A. Escritura: Escribir una carta para solicitar un trabajo

Imagínate que te estás preparando para solicitar un trabajo. Al final de esta actividad vas a escribir una carta de presentación que acompaña tu currículum en la que explicas la experiencia laboral que tienes y tus metas para el futuro.

Antes de escribir: Conocer las fórmulas de una carta formal y planear tu mensaje

PASO 1. Una carta formal, sea una carta escrita en papel o en un correo electrónico, tiene las siguientes partes y debes empezar por conocerlas bien.

La fecha: Se incluye el lugar desde el que se escribe la carta. Se da la fecha en el siguiente orden: el día, el mes y el año.

> Guayaquil, Ecuador, lunes 10 noviembre de 2017

El encabezado: Se incluyen el nombre de la persona a quien se dirige la carta y el título de esa persona.

> Sra. Claudia Andrade Salazar
> Directiva ejecutiva del Banco del Pacífico
> Avenida Bolívar 323
> 130105 Portoviejo, Manabí

El saludo: El saludo se cierra con dos puntos.

> Estimado/a:
> A quién le corresponda:

La introducción, el primer párrafo: Preséntate al recipiente de la carta y explícale el propósito de la carta.

Me pongo en contacto con Ud. para comunicarle…	*I am contacting you to communicate/convey . . .*
Le(s) escribo con motivo de…	*I am writing to you about . . .*
Me dirijo a Ud. con el fin de / para…	*I am writing to you in order to . . .*
Con referencia a…	*With regard to . . .*
Me es grato comunicarle(s)…	*It is my pleasure to convey . . .*

Cuerpo: Cada párrafo del cuerpo debe enfocarse en un aspecto pertinente del propósito de la carta.

Despedida:

> Atentamente,
> Un saludo cordial,
> Saluda atentamente a Ud(s).,
> Sin otro particular, se despide,
> En espera de sus noticias,
> Atentamente le(s) saluda,
> Quedo a la espera de sus noticias,

Firma: Aquí pones tu nombre completo.

Estrategia: Escribir una carta formal

A formal letter has a clear purpose and conforms to a set of guidelines. Whether the letter is sent electronically or by mail, it generally contains a date, the name and address of the writer and the recipient, a greeting, a body, a closing, and a signature.

A cover letter is a specific type of formal letter written to apply for a job. In addition to the standard parts of a letter, it is customary to begin by introducing yourself, and explaining the reasoning for applying for the job and why you would be a good fit. Stress your educational background, your hard and soft skills, and positive personal qualities. Focus on aspects of your resumé that require further explanation or emphasis. Conclude the letter with a paragraph that highlights your skills and reiterates your interest in the job.

PASO 2. Una vez bien conocidas las partes de una carta formal, saca apuntes para cada una.

- Para el encabezado y el saludo, busca el nombre y el título de la persona a la cual debe ir dirigida tu carta.

- Para la introducción, escribe varias introducciones posibles. Anota cómo te enteraste del trabajo. Si estás solicitando un trabajo concreto que se anunció, revisa la descripción del trabajo y fíjate en las cualidades y las experiencias que el puesto requiere. Si estás presentándote ante un empleador / una empleadora para trabajos futuros posibles, considera qué tipo de habilidades necesitará la compañía. Menciona estas habilidades o cualidades en tu primer párrafo.

- Para el resto del cuerpo, identifica tres o cuatro logros o experiencias de tu currículum que sean los más relevantes para este puesto. Saca apuntes mientras consideras cómo estas experiencias te han preparado para el puesto. También busca información sobre la compañía para saber sus metas. Considera tus propias metas profesionales con respecto a las suyas.

¡A escribir!
Ahora, usa tus apuntes para escribir una carta concisa para solicitar un trabajo. Cada párrafo debe incluir una oración tópica, con varias oraciones de expansión sobre tu experiencia previa y aptitud para ser un empleado valioso / una empleada valiosa.

Además, fíjate que con frecuencia en una carta formal se usa el modo condicional para la cortesía.

Me interesaría… / Estaría interesado/a en…	*It would interest me / I would be interested in . . .*
Yo podría / ¿Podría Ud.... ?	*I would be able to / Would you be able to . . . ?*
Querría…	*I would like . . .*
Sería un placer / ¿Sería conveniente?	*It would be a pleasure / Would it be convenient?*
¿Tendría Ud.... ?	*Would you have . . .? Might you have . . .?*

Luego, escribe el párrafo sobre tus metas profesionales. Usa el tiempo futuro y ten en cuenta las metas de la compañía.

Por último, despídete del recipiente y firma tu carta.

Después del primer borrador
En parejas, intercambien borradores de sus cartas y háganse por lo menos cinco preguntas que harían los empleadores al leerlos. Luego, contesta las preguntas que tu pareja te haga y agrega esta información a la versión final de tu carta.

B. Nosotros, los actores / las actrices: Cambios posibles en el futuro para Carlos y Marta

PASO 1. En parejas, imaginen la conversación entre los personajes y escriban un guion para una de las siguientes situaciones:

a. Carlos o Marta consigue un trabajo de tiempo parcial o de tiempo completo y se lo explica al otro / a la otra. Le dice que ya no podrá jugar a casitas.

b. Carlos o Marta decide abandonar el hogar familiar para vivir en su propio piso. Explica cómo es el piso y por qué ha decidido dar este paso adelante.

c. Carlos y Marta hablan con Manuel y le explican por qué juegan a las casitas todos los días. Manuel expresa comprensión y simpatía y les sugiere que soliciten un trabajo en una empresa donde él trabaja. Le explica los detalles del trabajo, las habilidades y la experiencia que se necesitan.

PASO 2. Ensayen su guion y luego interprétenlo para la clase. Presten atención a la pronunciación, el lenguaje corporal, los gestos y el tono de la voz.

C. Entrevista: Los objetos de la vida

Entrevista a una persona hispanohablante sobre los objetivos de su vida. Si es joven, ¿qué objetivos e ilusiones tiene y cómo espera realizarlos? Si es mayor, ¿qué opina de las metas que tenía? ¿Qué metas cambiaría? ¿Qué comprende ahora acerca de su vida que le habría ayudado cuando era más joven?

OPCIONAL: Pregúntale al entrevistado si está bien si filmas un video de la entrevista para mostrar a la clase.

D. ¡Entrevista por videoconferencia!

Conversa con un/una hispanohablante por videoconferencia y pregúntale seis a ocho preguntas sobre uno de los siguientes temas:

a. Su vivienda ideal y cómo define el concepto del hogar

b. Si ha estado desempleado/a en su vida, qué hizo o qué haría en esa situación

c. Las metas de su vida, si han cambiado y cómo espera lograrlas

Saca apuntes mientras conversan y prepárate a presentar la información a la clase.

E. Investigación: Los objetivos de la vida

Busca información sobre uno de los siguientes temas en tu país y otro país del mundo hispanohablante. Resume la información que encuentres e incluye datos interesantes. Preséntale la información a tu clase y compara y contrasta las semejanzas y diferencias entre los dos países.

- la mayoría de edad
- la jubilación
- las vacaciones
- el trabajo caritativo

Tabla B

Gramática

 B. Mi futuro ideal

TABLA B

En la década que viene...		
1. Antonia		
2. Belén	Belén solicitará su primer pasaporte. Usará su nuevo pasaporte para viajar. Irá a la Isla de Pascua.	
3. Beto		
4. Ramón		
5. Sergio		
6. Patricia y Marco		
7. Jaime		
8. Alejandra		

VOCABULARIO DEL CAPÍTULO 8

La vivienda

alquilar	to rent
construir (y)	to build
el alquiler	rent
el balcón	balcony
el barro	clay
la chimenea	fireplace
la comodidad	comfort; amenity
la facilidad de pago	payment plan
la hipoteca	mortgage
los intereses	interest charges
la madera	wood
el pago mensual	monthly payment
el patio	patio
la piedra	stone
el piso	apartment, flat; floor
la planta	floor (*as in story of a building*)
el saldo	balance (*as in the remaining amount*)
la tasa de interés	interest rate
la terraza	terrace
la vivienda	housing
acogedor(a)	cozy
amueblado/a	furnished
espacioso/a	spacious
a plazos	installment payments

Repaso: mudarse, los bienes raíces, el edificio, el hogar, el mueble

El desempleo

desahuciar	to evict
endeudarse	to go into debt
estar en paro	estar desempleado
llenar una solicitud	to fill out an application

solicitar	to apply for
la capacitación	training
la carrera	career; college major
el currículum (vitae)	CV, resumé
el desahucio	eviction
la destreza	skill
el plan de estudios	curriculum
el requisito	requirement
la tasa de desempleo	unemployment rate
el título académico	academic degree
de tiempo completo/ parcial	full-time / part-time

Repaso: contratar, el (des)empleo, la deuda, la entrevista, el puesto

La independencia y las metas

alcanzar (c)	to reach
darle la gana	to feel like
dedicarse (qu) a	to work in/as
fijarse una meta	to set a goal
fingir (j)	to pretend
graduarse (ú) en	to graduate in/from
intentar	to try
jubilarse	to retire
lograr	to achieve; to manage to do something
matricularse	to enroll, register
la burbuja inmobiliaria	real estate bubble
la ilusión	dream, hope, wish
la independencia	independence
la mayoría de edad	legal age
las metas a corto/ largo plazo	short/long-term goals

Repaso: independizarse, realizar, soñar con

CAPÍTULO 9

La muerte y las creencias religiosas

© Brooklyn Museum of Art, New York, USA/Museum Expedition 1941, Frank L. Babbott Fund/Bridgeman Images

Este cuadro, de un artista desconocido, se pintó a fines del siglo XVIII en Bolivia. La figura central es la Madona («Madonna» es el término italiano que corresponde a «mi dama»), una representación de la Virgen María, con el niño Jesús. Además de ella, se destacan dos santos de la Iglesia católica: Domingo de Guzmán, nacido en Castilla en 1170 y fundador de la Orden de los Dominicos; y Francisco de Asís, nacido en Italia en 1181 y fundador de la Orden de los Franciscanos.

Las dos órdenes tuvieron un papel fundamental en la evangelización de la Nueva España y fue un fraile dominico, Bartolomé de las Casas, quien les llamó la atención a los europeos sobre los abusos de los indígenas por parte de los conquistadores. Así empezó la «Controversia de Valladolid» en España, un debate cuyos resultados eventualmente formarían la base de las ideas modernas de los derechos humanos universales.

Describe los elementos más notables de este cuadro. ¿Quiénes son las personas al pie de la Madona? ¿Por qué es importante su inclusión? ¿Qué puedes inferir de la importancia de los santos, según esta representación? Comenta las figuras de ángeles y otros elementos artísticos del cuadro. ¿Qué simboliza la paloma (*dove*)? ¿Se puede comparar esta obra con otras obras religiosas que conoces? ¿Qué influencia tiene el concepto de Dios en muchas religiones en cómo se entienden la vida y la muerte?

I. ANTICIPACIÓN

DATOS CINEMATOGRÁFICOS

Director: Frank Benítez

Fecha: 2011

Personajes: Orfa, Teo

Escenario: un pueblo pequeño

País: Colombia

A. El póster del cortometraje «Minuto 200»

El cortometraje «Minuto 200» trata de doña Orfa y don Teo, vecinos en un pueblo rural colombiano.

PASO 1. Mira el póster del cortometraje y contesta las preguntas.

1. ¿Qué estará mirando esta señora y cómo se sentirá?

2. ¿Por qué estará detrás de una puerta? Parte de la cerradura le está bloqueando la cara. ¿Qué significado tendrá eso?

3. ¿Dónde estará? ¿Cómo será el resto de este edificio? ¿Qué habrá dentro?

4. ¿Cómo será el barrio en que se encuentra este edificio?

5. ¿Qué significará la frase en el póster que dice «lo único que cuenta es el tiempo»? ¿Tendrá algo que ver con el título?

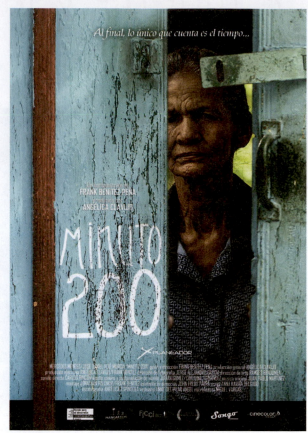

© Frank Benitez Peña

PASO 2. En parejas, conversen sobre las siguientes preguntas.

1. ¿Has vivido solo/a? ¿Te gusta? ¿Cuáles son las ventajas y las desventajas?

2. ¿Has vivido al lado de un buen vecino / una buena vecina?, ¿o al lado de un mal vecino / una mala vecina? Explica.

3. ¿Has vivido en un pueblo pequeño?

4. ¿Qué papel tienen los teléfonos celulares en nuestra sociedad?

B. ¡Conozcamos a los personajes!

PASO 1. Mira las imágenes de cuatro de los personajes del cortometraje «Minuto 200» y escribe cómo son y cómo están. Incluye todos los detalles que puedas.

© Frank Benitez Peña

1. **doña Orfa**

   ¿Cómo es doña Orfa?

   ¿Cómo está en esta escena?

   ¿Qué tiene en la mano?

   ¿Qué está haciendo?

   Otras observaciones:

© Frank Benitez Peña

2. **don Teo**

   ¿Cómo es don Teo?

   ¿Cómo está en este momento?

   ¿Qué está mirando?

   ¿Qué está haciendo?

   Otras observaciones:

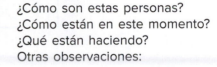
© Frank Benitez Peña

3. **los clientes**

   ¿Cómo son estas personas?

   ¿Cómo están en este momento?

   ¿Qué están haciendo?

   Otras observaciones:

© Frank Benitez Peña

PASO 2. Ahora infiere lo que puedas de los fotogramas y contesta las preguntas.

1. ¿En qué pensará doña Orfa? ¿En qué mueble estará sentada? ¿Qué asocias con este mueble?

2. A doña Orfa, ¿cómo le gustará pasar sus días?

3. ¿Estará solo don Teo o hablará con alguien?

4. ¿Cuál será la relación entre don Teo y doña Orfa?

5. ¿Por qué necesitarán usar el teléfono de doña Orfa las personas en el tercer y el cuarto fotograma?

6. ¿De qué hablará la mujer en el cuarto fotograma? ¿Será una conversación personal o profesional?

© Frank Benitez Peña

El cortometraje «Minuto 200» se rodó en el pueblo colombiano llamado Cambao. Está en el departamento de Cundinamarca, en el centro del país, y tiene unos cinco mil habitantes.

Todos los actores eran de este pueblo. Los actores que protagonizan el cortometraje, Mercedes Méndez (doña Orfa) y José Ruiz (don Teo), están casados en la vida real y llevan cincuenta años de matrimonio.

C. Lugares importantes en «Minuto 200»

PASO 1. Los siguientes fotogramas muestran cuatro lugares del cortometraje. Apunta características de los lugares en general. (Por ejemplo: ¿Cómo es el lugar? ¿Para qué sirve? ¿Quiénes típicamente están en el lugar? ¿Cómo están las personas cuando están allí?)

1. el umbral de una casa

2. el porche de una casa

3. la calle

4. el río

PASO 2. Completa las oraciones de una forma lógica.

> **MODELO:** En las calles de un pueblo pequeño, es importante que los vecinos... <u>se saluden cuando se ven.</u>

1. Cuando alguien toca la puerta esperamos que... _____

2. Algunas personas prefieren un porche que... _____

3. Una persona que vive en un pueblo pequeño quiere que sus vecinos... ____
   _____

4. Es imposible que los vecinos de un pueblo pequeño... _____

5. A muchas personas les gusta que un río... _____

PARA TU INFORMACIÓN: EL USO DE *UD.* EN COLOMBIA

Notarás que en este cortometraje todos los personajes utilizan **Ud.** en lugar de **tú** aun cuando hablan con personas que conocen bien o personas con quienes tienen una relación más formal.

Has aprendido que **Ud.** se utiliza cuando hay más distancia interpersonal. En cambio, **tú** (y **vos**) se emplea(n) cuando el trato es más informal, cuando se comunica con la familia o amigos.

Sin embargo, en algunas regiones de Colombia, **Ud.** se usa para expresar *you* en cualquier situación, sea informal o formal. En este cortometraje, cuando don Teo le habla a doña Orfa, o cuando el hijo le escribe a su madre, emplean **Ud.**

> Don Teo hablándole a doña Orfa: «¿Cómo está Ud., doña Orfa?»
>
> En la carta, el hijo le dice a su madre: «El teléfono está cargado con 200 minutos para que los venda Ud.».

Además, en unas regiones de Colombia, la palabra **tú** se usa para el trato más formal, es decir, el uso opuesto al de muchos países hispanohablantes. En otras regiones colombianas, la gente emplea el **vos** para situaciones informales, tal como se hace en muchos otros países como la Argentina, Costa Rica, Nicaragua, etcétera.

D. Situación de suspenso: ¿Cuántos minutos es que tiene?

 PASO 1. Mira el videoclip y contesta las preguntas.

1. ¿Qué sucederá en esta escena?

2. ¿Qué habrán hecho estas personas esta mañana?

3. ¿Qué harán estas personas después?

4. ¿Cuál es una cosa que estas personas nunca harían?

5. ¿Qué espera ella que suceda en el futuro? ¿Y él?

© Frank Benítez Peña

PASO 2. Lee la siguiente información sobre las remesas en Latinoamérica. Luego, para cada segmento de la lectura, elige la inferencia más lógica.

Las remesas y el apoyo financiero a lo lejos*

Una remesa es una transferencia internacional de dinero. Muchas personas que viven en los Estados Unidos, sean ciudadanos, inmigrantes, residentes o trabajadores indocumentados, envían fondos, típicamente electrónicamente, a otro país a miembros de su familia.

Source: Western Union

Un anuncio para Western Union, una empresa que envía dinero electrónicamente

___ 1. Infiero que...
   a. es ilegal enviar fondos a otros países.
   b. para enviar fondos, no se le requiere documentación de residencia o ciudadanía.
   c. los receptores de los fondos piensan tratar de inmigrar al país donde vive el familiar que les envía dinero.

*Source: Jordan, Miriam, "Remittances to Latin America, Caribbean Hit $68.3 billion in 2015," *The Wall Street Journal*, Februrary 16, 2016. https://www.wsj.com; Romans, Christine, "México gana más por las remesas que por el petróleo," *CNN en español*, September 1, 2016. http://cnnespanol.cnn.com; "Remesas recibidas en El Salvador aumentaron un 3% en 2015," *La Prensa Gráfica*, January 19, 2016. http://www.laprensagrafica.com; Álvarez Hidalgo, Wendy, "Ingresos por remesas en Nicaragua superan los US $1,000 millones," *La Prensa*, December 22, 2016. http://www.laprensa.com.ni; Pocasangre, Henry, "Remesas llegan a Q43 mil millones durante el 2015," *Prensa Libre*, December 16, 2015. http://www.prensalibre.com; "Remesas aportan crecimiento económico con el 18% del PIB," *La Tribuna*, August 14, 2016. http://www.latribuna.hn; "¿Qué hace el mexicano con su celular?" *SIPSE*, June 18, 2015. http://sipse.com; Pautasio, Leticia, "Estadísticas: mercado de telefonía móvil de Colombia," *Telesemana.com*, May 6, 2016. http://www.telesemana.com

En general, las personas que envían las remesas trabajan en un país de mayores recursos económicos, por lo que pueden ayudar a sus familiares más necesitados con el dinero que les sobra. Sus familiares solamente pueden recoger las remesas en bancos u otros negocios que ofrezcan este servicio. Pero estos sitios son bastante comunes.

___ 2. Infiero que...
     a. existen sistemas para facilitar la transferencia de dinero incluso en países de menos recursos.
     b. los receptores de las remesas también tienen que mandarles dinero a sus familiares que viven en extranjero.
     c. el dinero enviado solamente ayuda a las familias un poco.

El dinero enviado desde el Canadá o los Estados Unidos a los países del mundo hispanohablante, por ejemplo, no solamente ayuda a mantener a muchos individuos que tienen un familiar en el extranjero, sino que también constituye un elemento esencial de las economías de los países donde se recibe el dinero.

___ 3. De este segmento infiero que...
     a. las personas que envían las remesas viven en las ciudades grandes de los Estados Unidos y el Canadá.
     b. la eliminación de las remesas tendría un efecto perjudicial (*detrimental*) en la economía de algunos países hispanos.
     c. las personas que reciben las remesas no tienen trabajo.

Por ejemplo, en 2015, México recibió 24,77 mil millones de dólares por las remesas enviadas al país. De hecho, la cantidad de dinero que se envía a México es mayor que la cantidad que el país gana por la exportación del petróleo, 23,2 mil millones de dólares, y de la cantidad ganada por el turismo o la inversión extranjera. La cantidad media de una remesa que se envía a México es de 300 dólares.

___ 4. Infiero que...
     a. las exportaciones del petróleo están bajando cada año.
     b. México va a fortalecer la industria turística para tratar de eliminar su dependencia de las remesas.
     c. muchas personas envían cantidades relativamente pequeñas de dinero a México.

En 2015, Honduras recibió 3,72 mil millones de dólares; El Salvador, 4,28 mil millones; Guatemala 6,3 mil millones; Colombia 4,64 mil millones. La importancia de las remesas es aun más destacada cuando se fija en el porcentaje del Producto Interno Bruto que representan de un país. Por ejemplo, las remesas que se enviaron a El Salvador y Guatemala constituyeron el 16% y el 10,2% del PIB en 2015. De manera similar, se informó que las remesas representaron el 18% del PIB de Honduras y el 9,3% del PIB de Nicaragua en 2016. Este apoyo financiero es importante tanto para las personas que lo reciben como para la economía de su comunidad y país. Cuando los receptores gastan el dinero en productos y servicios, estimulan la economía, lo cual beneficia a muchas personas.

___ 5. De este párrafo infiero que...
   a. las remesas representan una parte relativamente pequeña del Producto Interno Bruto de estos países.
   b. los receptores centroamericanos ahorran el dinero que reciben y no lo gastan.
   c. otros sectores de la economía de algunos países centroamericanos dependen mucho de las remesas.

> En este cortometraje, doña Orfa no recibe dinero, sino un teléfono móvil de su hijo. Como hace diez años que no se ven, se infiere que el hijo ya no vive en el país (o por lo menos vive lejos). Y como doña Orfa vive en un pueblo bastante pequeño, no podemos estar seguros de si ella tiene una cuenta bancaria donde podría recibir una transferencia internacional de dinero fácilmente. Por lo tanto, el teléfono podría ser parecido a una remesa; el hijo puede ayudar a su madre a mantenerse sin que ella tenga que ir al banco o tener una cuenta bancaria.

___ 6. Infiero que...
   a. doña Orfa tiene pocas otras fuentes de ingresos.
   b. la gente que vive en el pueblo de doña Orfa no sabe hacer llamadas en un teléfono móvil.
   c. el hijo de doña Orfa no tiene trabajo ni cuenta bancaria.

> Muchos individuos en Latinoamérica no compran planes con contratos y pagos mensuales para los teléfonos móviles. En cambio, compran una tarjeta prepago o compran minutos del teléfono de otra persona. Por ejemplo, en México, los datos de 2015 revelan que solamente el 15,3% de los usuarios de teléfonos móviles tenía contratos con compañías de servicio móvil, mientras que el 84,7% de ellos prepagó el saldo de minutos / plan de Internet. En Colombia, se ven datos parecidos: el 20% de los usuarios tiene contratos y la gran mayoría, el 80%, prepaga los minutos y el plan de Internet del teléfono móvil. Es decir, tienen que recargar sus minutos cuando se acaban.

___ 7. Infiero que...
   a. un negocio como el de doña Orfa de vender minutos ocupa un nicho importante en su comunidad.
   b. la gente no puede usar móviles inteligentes ni conectar al Internet si depende de los planes de tipo prepago.
   c. los planes de contrato son más económicos pero mucho más inconvenientes.

Repaso gramatical: Un repaso de los usos del subjuntivo

PASO 3. Completa las siguientes oraciones sobre el teléfono móvil que el hijo de doña Orfa le manda. **¡OJO!** En algunos casos es necesario usar el subjuntivo.

© Frank Benítez Peña

MODELO: Es bueno que el hijo de doña Orfa... <u>le mande un paquete.</u>

1. Es evidente que el hijo de doña Orfa... _____

2. Es posible que doña Orfa... _____

3. Es importante que la camioneta de envíos... _____

4. El hijo quiere que su madre... _____

5. Don Teo y doña Orfa viven en un pueblo que/donde... _____
   _____

6. Estará triste doña Orfa que... _____

PASO 4. En grupos pequeños, conversen sobre las preguntas.

1. ¿Te manda dinero con frecuencia alguien de tu familia? ¿En qué gastas este dinero? Si nadie te manda dinero, ¿qué comprarías o en qué gastarías el dinero si alguien te lo mandara (si... *if someone sent it to you*)?

2. ¿Le has enviado dinero a otra persona? ¿Cómo lo has hecho? ¿Qué infieres sobre las familias que dependen de las remesas?

3. ¿Qué infieres sobre la relación entre doña Orfa y su hijo?

E. La historia del teléfono público en el mundo hispanohablante

PASO 1. Lee sobre la desaparición de los teléfonos públicos. Indica si las siguientes oraciones son ciertas o falsas, según la lectura. Si son falsas, corrígelas.

La historia del teléfono público en el mundo hispanohablante*

No hace muchos años que el teléfono público era la única forma que la gente tenía para hacer llamadas telefónicas, especialmente para las personas que no tenían teléfonos en casa. Además de los teléfonos públicos en la calle, existían centros de cabinas de teléfono adonde la gente iba para hacer llamadas. Era un lugar de varias cabinas telefónicas. Un empleado / Una empleada marcaba[a] el número y te decía qué cabina debías usar y te conectaba con la persona a la que llamabas.

El teléfono público se está desapareciendo, ya que el uso del teléfono móvil se ha vuelto tan popular. Por ejemplo, en España en el año 2000, había unas 100.000 cabinas. En 2015 este número había bajado a solamente unas 25.000. En 2016, de las pocas cabinas telefónicas, en la mitad no hubo una sola llamada. Asimismo, en la Argentina, entre 2013 y 2016, el número se bajó de unos 68.000 hasta 42.000. En la capital colombiana Bogotá, existen unos 8.000 teléfonos públicos tarjeteros.[b] Es decir, a diferencia de usar monedas, se puede comprar tarjetas cargadas con minutos para hacer llamadas en los teléfonos públicos. Para algunas personas, las tarjetas para uso en un teléfono público pueden resultar más económicas que un plan de móvil.

A pesar de que muchos están en desuso, algunas personas sostienen que los teléfonos públicos todavía son importantes en lugares como las universidades, los colegios, las cárceles, los parques y las estaciones de autobús, por ejemplo. En México, el empresario Carlos Slim Helú ha propuesto que se conviertan las cabinas de los teléfonos públicos en puntos de conectividad que tendrían pantallas y teclados para acceder al Internet mediante wifi. Otros creen que las cabinas podrían ser usadas por las personas hablando por su teléfono móvil. Les daría un lugar privado para conversar y los demás no tendrían que escuchar conversaciones ajenas en lugares públicos.

Dos personas haciendo llamadas en cabinas telefónicas en Medellín, Colombia

© Christian Kober/Robert Harding/Alamy

[a]*would dial*   [b]*teléfonos... public phones that accept pre-paid cards*

*Source: Del Castillo, Ignacio. "La cabina telefónica: Historia de un declive," *Expansión*, December 30, 2016. http://www.expansion.com

Source: Verdú, Daniel, "Historia de la cabina 7313U," *El País*, february 8, 2015. http://politica.elpais.com

Source: Genolet, Mariana, "Para qué se usan en el mundo las viejas cabinas telefónicas," *Infobae*, March 17, 2016. http://www.infobae.com

Source: Loureiro, Guilherme, "¿Y los teléfonos públicos de Slim?," *El Financiero*, June 13, 2016. http://www.elfinanciero.com.mx

Source: Motoa Franco, Felipe, "El silencioso ocaso de los teléfonos públicos," *El Tiempo*, November 7, 2016. http://www.eltiempo.com

	CIERTO	FALSO
1. En el pasado, los teléfonos públicos eran importantes para las personas que no tenían teléfono en casa.	_____	_____
2. En muchos lugares existían centros de cabinas telefónicas donde se podían hacer llamadas gratis.	_____	_____
3. En España, en un período de solamente unos quince años, se desaparecieron 75.000 teléfonos públicos.	_____	_____
4. En tres años en la Argentina se desaparecieron 68.000 teléfonos públicos.	_____	_____
5. En un teléfono público tarjetero se paga en efectivo por la llamada.	_____	_____
6. Los teléfonos públicos todavía son necesarios en ciertos lugares.	_____	_____
7. El empresario Carlos Slim Helú cree que las casetas de los teléfonos públicos deben ser usadas para que la gente tenga un lugar privado para hacer llamadas.	_____	_____

PASO 2. Imagínate que viajaste al extranjero hace unos cuarenta o cincuenta años, antes de que los teléfonos móviles fueran inventados. ¿Qué habrías hecho en las siguientes situaciones?

1. Acababas de llegar al aeropuerto en una ciudad que no conoces. No tenías dónde alojarte esa noche. ¿Qué habrías hecho?

2. Era tu primer día en esta ciudad nueva. Tenías un amigo que vivía en esa ciudad, pero no tenías su número de teléfono. ¿Qué habrías hecho?

3. En esta ciudad nueva, la moneda (*currency*) era distinta de la moneda que usabas. Cambiaste la moneda pero solamente tenías billetes y necesitabas hacer una llamada en una cabina telefónica. ¿Qué habrías hecho?

4. Un día perdiste tu cartera con tu pasaporte y tu identificación. ¿Qué habrías hecho?

F. Peticiones y reacciones

Repaso gramatical: Un repaso de los usos del subjuntivo

Primero, empareja la primera parte de las frases con la segunda parte más lógica. Luego, llena los espacios en blanco con el subjuntivo o el indicativo del verbo entre paréntesis, según el contexto de cada oración.

___ 1. Don Teo le sugiere a doña Orfa que ella...

___ 2. Doña Orfa se siente triste de que...

___ 3. Es posible que el hijo de doña Orfa...

___ 4. Es necesario que don Teo le...

___ 5. El hijo de doña Orfa no vive en el pueblo. ¡Qué lástima que...

___ 6. No es verdad que...

___ 7. Es obvio que don Teo...

___ 8. Doña Orfa cree que...

a. ya no _____ (vivir) en Colombia.

b. _____ (hacer) diez años que no se ven!

c. _____ (desear) pasar más tiempo con doña Orfa.

d. sus comadres _____ (estar) muertas.

e. _____ (ser) un pecado cuando don Teo la invita a vivir con él.

f. doña Orfa _____ (aceptar) la invitación de don Teo de dar un paseo al río.

g. _____ (leer) la carta a doña Orfa.

h. _____ (sacar) su mecedora afuera para conversar con él.

G. A inferir y predecir

En parejas, miren los fotogramas y contesten las preguntas.

© Frank Benitez Peña

© Frank Benitez Peña

1. En el primer fotograma, ¿qué estará haciendo don Teo? ¿Qué dirá el letrero que está mirando? ¿Por qué lo habrá puesto en la pared?

2. ¿De quién serán las monedas en el segundo fotograma? ¿Para qué las necesitará?

3. ¿Qué fotograma refleja lo que pasa primero? ¿Están en orden cronológico? ¿Cómo lo sabes?

4. ¿Qué pasará en el futuro?

H. Sin sonido: Las pistas visuales

© Frank Benitez Peña

PASO 1. Mira el cortometraje entero sin sonido. Presta atención a las acciones y las emociones expresadas en la cara de los personajes. Basándote en las pistas visuales, escribe por lo menos cinco oraciones resumiendo lo que crees que ocurre en «Minuto 200». Explica el argumento y el desenlace lo mejor que puedas. **¡OJO!** No te preocupes si no estás seguro/a. Observa y adivina. ¡Vas a mirar el corto con sonido pronto!

PASO 2. Compara tu resumen del argumento (del **Paso 1)** con el de una pareja. ¿Son parecidas sus interpretaciones de las pistas visuales? ¿Cómo son diferentes?

PASO 3. Ahora, escribe cinco preguntas sobre el cortometraje. Usa cinco palabras interrogativas diferentes. Pueden ser preguntas sobre lo que sucede o de opinión. Hazle tus preguntas a tu pareja y apunta sus respuestas.

Anticipación   573

II. VOCABULARIO

A. Las actitudes relacionadas a la muerte y la esperanza de vida

 PASO 1. En este cortometraje, doña Orfa es una señora mayor que vive sola. Dice que se morirá cuando se usen los doscientos minutos cargados al teléfono móvil que su hijo le envía. Lee las oraciones sobre las siguientes escenas e infiere el significado de las palabras **en negrilla.** Luego, en parejas, conversen sobre las preguntas.

© Frank Benitez Peña

© Frank Benitez Peña

Doña Orfa prefiere <u>quedarse adentro</u>, encerrada en su casa. Parece que no **teme la muerte,** sino que la espera. Algunas personas creen que hay una vida después de **la muerte** y lugares como **el cielo** y **el infierno.** Es posible que doña Orfa sea **creyente** y piense que su **alma** va a ir al **cielo** después de su **muerte.**

Ella recibe un paquete de su hijo y por alguna razón asocia el contenido con su **muerte** inminente. Empieza a ahorrar dinero para su propio <u>entierro</u>.

Don Teo también está solo porque **falleció** su esposa. Ahora él y doña Orfa son **viudos,** pero don Teo trata de convencer a doña Orfa de que salga y que disfrute de la vida. Doña Orfa le responde a su invitación: «¿Para qué si todas mis comadres está muertas?» En algunas culturas, **los dolientes,** y sobre todo **los viudos,** deben **estar de luto** por un período de tiempo.

Más vocabulario sobre las actitudes relacionadas a la muerte y la esperanza de vida*

enterrar (ie)	to bury
estar de luto	to be in mourning
fallecer (zco)	to die
<u>quedarse adentro</u>	to stay inside
temer	to fear
el alma (*pl.* las almas)	soul
el cielo	heaven
la creencia	belief
el/la difunto/a	deceased person
el/la doliente	mourner
<u>el entierro</u>	burial
la esperanza de vida	life expectancy
el/la fallecido/a	deceased person
el infierno	hell
la muerte	death
el/la viudo/a	widower/widow

Repaso: <u>morir</u>

---

*Vocabulary words underlined and differently colored are featured in the dialogue of the short film.

Preguntas

1. ¿Se habla de la muerte abiertamente en tu cultura o comunidad? Explica.

2. ¿Aceptan o temen muchas personas la muerte? Explica.

3. ¿Crees que la persona difunta va al cielo después de la muerte? ¿Crees en el destino o que todo pasa por una razón, aun los sucesos malos?

4. Según los creyentes, ¿cómo es el cielo? ¿Cómo es el infierno? ¿Cómo se determina si un alma va al cielo o al infierno?

5. Si supieras (*Si... If you knew*) que ibas a morir pronto, ¿qué harías?

6. ¿Cómo piensas pasar los últimos años de tu vida? ¿Qué retos (*challenges*) enfrentan los viudos?

PASO 2. Revisa la tabla que muestra la esperanza de vida y las principales causas de muerte en los siguientes países y contesta las preguntas.

Región	La esperanza de vida, años		Las tres mayores causas de muerte
	♂	♀	
Norteamérica			
Canadá	80,2	84,1	• la enfermedad cardíaca coronaria • la enfermedad de Alzheimer • el cáncer de pulmón
Estados Unidos	76,9	81,6	• la enfermedad cardíaca coronaria • la enfermedad de Alzheimer • el cáncer de pulmón
México	73,9	79,5	• la diabetes • la enfermedad cardíaca coronaria • el derrame cerebral
Centroamérica			
Costa Rica	77,1	82,2	• la enfermedad cardíaca coronaria • el derrame cerebral • el cáncer del próstata
El Salvador	68,8	77,9	• la enfermedad cardíaca coronaria • la violencia • la influenza y la neumonía
Guatemala	68,5	75,2	• la influenza y la neumonía • la violencia • la enfermedad cardíaca coronaria
Honduras	72,3	77	• la enfermedad cardíaca coronaria • el derrame cerebral • la violencia
Nicaragua	71,5	77,9	• la enfermedad cardíaca coronaria • el derrame cerebral • las enfermedades renales
Panamá	74,7	81,1	• la enfermedad cardíaca coronaria • el derrame cerebral • la violencia

Región	La esperanza de vida, años		Las tres mayores causas de muerte
	♂	♀	
El Caribe			
Cuba	76,9	81,4	• la enfermedad cardíaca coronaria • el derrame cerebral • el cáncer del próstata
República Dominicana	70,9	77,1	• la enfermedad cardíaca coronaria • el derrame cerebral • el cáncer del próstata
Europa			
España	80,1	85,5	• la enfermedad cardíaca coronaria • el derrame cerebral • el cáncer de pulmón
Sudamérica			
Argentina	72,7	79,9	• la enfermedad cardíaca coronaria • el derrame cerebral • la influenza y la neumonía
Bolivia	68,2	73,3	• la enfermedad cardíaca coronaria • el derrame cerebral • la influenza y la neumonía
Chile	77,4	83,4	• el derrame cerebral • la enfermedad cardíaca coronaria • el cáncer del próstata
Colombia	71,2	78,4	• la enfermedad cardíaca coronaria • la violencia • el derrame cerebral
El Ecuador	73,5	79	• la enfermedad cardíaca coronaria • el derrame cerebral • la influenza y la neumonía
Paraguay	72,2	76	• la enfermedad cardíaca coronaria • el derrame cerebral • la diabetes
Perú	73,1	77	• la influenza y la neumonía • la enfermedad cardíaca coronaria • el derrame cerebral
Uruguay	73,3	80,4	• la enfermedad cardíaca coronaria • el derrame cerebral • el cáncer del próstata
Venezuela	70	78,5	• la enfermedad cardíaca coronaria • el derrame cerebral • la violencia

Preguntas

1. ¿Qué tres países tienen la esperanza de vida más alta? ¿Qué tres países tienen la esperanza de vida más baja? _____
_____
_____

2. En general, ¿qué diferencia hay entre la esperanza de vida para los hombres y las mujeres? ¿En qué país se nota la mayor diferencia? _____
_____
_____

3. ¿Cuál es la mayor causa de muerte en la mayoría de estos países? _____
_____

4. Compara la esperanza de vida en Cuba y los Estados Unidos. ¿Qué observas? _____

5. ¿Qué país norteamericano tiene la esperanza de vida más alta? ¿Y la más baja? ¿Qué semejanzas y diferencias observas entre las causas de muerte en Norteamérica? _____
_____

6. ¿Qué país centroamericano tiene la esperanza de vida más alta? ¿Y la más baja? ¿Qué causa(s) de muerte hay en Centroamérica que no es(son) prevalente(s) en otras regiones? _____
_____
_____
_____
_____
_____

PARA TU INFORMACIÓN: OCTAVIO PAZ: *EL LABERINTO DE LA SOLEDAD Y LAS IDEAS SOBRE LA MUERTE*

Octavio Paz con su esposa en Nueva York en 1990

© Fred R. Conrad/New York Times Co./Getty Images

El famoso escritor mexicano, Octavio Paz (1914–1998), ganador de muchos premios, incluso el Premio Nobel, escribió sobre la identidad mexicana. En su célebre colección de ensayos, *El laberinto de la soledad* (1950), Paz explora la identidad mexicana y cómo su cultura conceptualiza la muerte y su relación esencial con la vida. En su ensayo, «Todos Santos, Día de Muertos», Paz profundiza en las expresiones socio-culturales vinculadas (*linked*) a la muerte y dice lo siguiente: «Nuestra muerte ilumina nuestra vida. Si nuestra muerte carece de sentido (carece... *lacks meaning*), tampoco lo tuvo nuestra vida» y «Una civilización que niega a la muerte acaba por negar a la vida». Sus observaciones se enfocan en la muerte como parte de la vida y en las diferencias culturales entre las culturas indígenas y otras culturas en México. Afirma que no se puede eliminar la muerte de las representaciones culturales.

B. Las costumbres relacionadas a la muerte

PASO 1. Lee sobre las costumbres asociadas con la muerte alrededor del mundo hispanohablante y contesta las preguntas.

Las actitudes culturales hacia la muerte varían por región y país en el mundo hispanohablante. La religión suele afectar el proceso de expresar **el luto** y despedirse de la persona **fallecida**. En la tradición católica, después de **la muerte** de alguien, la comunidad y la familia tienen **un velorio**, **una misa** de **funeral** y <u>un entierro</u>, **ritos** en los cuales **el cura** está involucrado.

El velorio tiene lugar primero. **El difunto / La difunta** descansa en **un ataúd** abierto en un lugar que ofrece servicios funerarios o en la casa. Los familiares y los amigos de la familia vienen al **velorio** para acompañar a **los dolientes** y **darles el pésame.**

Una misa es **una ceremonia** para conmemorar y repetir el sacrificio de Jesucristo. **El cura bendice** la hostia (*communion wafer*) y el vino, los cuales representan el cuerpo y la sangre del salvador, y se los da a los fieles.

La misa de **funeral** es **una misa** especial que se hace después del **velorio** pero, según algunas tradiciones, se repite a los siete y a los treinta días de **la muerte** de la persona.

Durante <u>el entierro</u>, **el ataúd es enterrado** en **un cementerio** o en un mausoleo. Dejar **ofrendas** de flores en **el velorio**, en **el funeral** y en **el cementerio** es otra costumbre importante.

Además, **se reza** el novenario, una serie de **oraciones** distintas por **el alma del difunto / de la difunta** que se realizan cada día por nueve días después del fallecimiento de alguien. Se cree que durante este tiempo, **el alma** de la persona está en purgatorio, un estado de transición para purificar **las almas** antes de pasar al **cielo.**

Más vocabulario sobre las costumbres relacionadas a la muerte	
darle condolencias / el pésame a alguien	to give condolences to someone
el ataúd	coffin
el cementerio	cemetery
la ceremonia	ceremony
el cura	priest
el funeral	funeral
la ofrenda	offering
el rito	rite, **ritual**
la tumba	tomb
el velorio	wake
mi más sentido pésame	my deepest sympathy
que en paz descanse	rest in peace

Preguntas

1. ¿Cómo son los ritos asociados con la muerte en tu comunidad o país?

2. ¿Has asistido a o participado en una ceremonia para conmemorar a un ser querido fallecido? ¿Cómo era?

3. En tu opinión, ¿cuáles son los ritos más bonitos para conmemorar a una persona fallecida?

4. ¿Conoces a alguien que no quiera tener un funeral o que no quiera estar enterrado cuando fallezca? ¿Cómo lo sabes? ¿Cómo surgió este tema tan íntimo?

5. ¿Cómo das condolencias por la muerte? ¿Qué dices? ¿Qué no dices? ¿Por qué?

C. Mi más sentido pésame

El abuelo de Carlos acaba de fallecer y sus seres queridos están de luto. Los amigos de la familia quieren dar condolencias por la muerte del abuelo. Elige **Tabla A** (que está en la próxima página) o **B** (que está al final del capítulo). Los dibujos en las tablas indican un modo de dar condolencias. Identifica qué representa cada dibujo en tu tabla y usa los verbos y expresiones útiles para hacerle preguntas a tu pareja de tipo **sí** o **no** para adivinar las acciones de cada persona y completar la información que falta. Tus preguntas deben incorporar el modo subjuntivo en una cláusula adjetival, según el modelo. **¡OJO!** No mires la tabla de tu pareja. Uds. solo deben compartir información mediante la conversación.

Ser querido: Tatiana

MODELO: E1: ¿Es un acto de bondad (un... *act of kindness*) que <u>se haga</u> en persona?

E2: No.

E1: ¿Es un acto de bondad que <u>tenga que ver</u> con la religión?

E2: No.

E1: ¿Es algo que <u>cueste</u> dinero?

E2: Sí.

E1: ¿Es algo que se le <u>mande</u> a la casa de los dolientes?

E2: No.

E1: ¿Es una donación de dinero?

E2: Sí, es una donación de dinero a una organización benéfica que le importaba al fallecido.

Oración: <u>Tatiana hace una contribución...</u>

*Source: Gómez Melenchón, Isabel, "Lo que queda del luto," *La Vanguardia*, October 31, 2014. http://www.lavanguardia.com; "¿Por qué nos vestimos de negro en el luto," *ABC.es*, March 25, 2014. http://www.abc.es; Moreno García, José-María & Carmen Pérez-Olivares Robles, "Entierros, lutos, y cementerios," *Madridejos.net,* Accessed February 8, 2017. http://www.madridejos.net

Verbos y expresiones útiles

costar dinero
deber hacer el día o un día después de la muerte del ser querido
enviarle/mandarle a la casa o a la funeraria (*funeral home*)
hacer / deber hacer solo/a
involucrar un elemento religioso
mostrar
necesitar comunicación directa
ofrecer
poder hacer desde lejos
requerir mucho tiempo
tener que ver

Ser querido	Su acto de bondad	Oración
1. Ignacia		
2. Lucas	¿Es un acto de bondad / algo que...?	
3. Rodolfo		
4. Mateo	¿Es un acto de bondad / algo que...?	
5. Luciana		
6. Jazmín	¿Es un acto de bondad / algo que...?	
7. Iván		
8. Federico	¿Es un acto de bondad / algo que...?	

D. Los medios de comunicación

PASO 1. Primero, lee sobre la comunicación e infiere el significado de las palabras **en negrilla**. Luego, en parejas, conversen sobre las preguntas.

© iStockphoto/Getty Images RF

© Image Source RF

El teléfono fijo, o el teléfono con cuerda, no ha desaparecido por completo pero ha perdido terreno frente al **teléfono móvil. El teléfono móvil,** como su nombra indica, permite la movilidad. Mientras en el pasado era necesario **marcar** todos los números uno por uno para **hacer una llamada,** ahora con **los teléfonos móviles** solo hay que tocar el nombre de la persona en la lista de contactos.

En la época del **teléfono fijo,** la electricidad proporcionaba la energía a través de la cuerda, por lo que no era necesario preocuparse por tener **cargador** a la mano para cargar pilas. Además, con los móviles existe el problema de no **tener señal** en ciertas áreas donde no haya torres celulares. **El teléfono fijo,** en comparación, era bastante fiable.

El teléfono móvil también permite que **nos pongamos en contacto** con alguien en cualquier momento o lugar. Antes, con **un teléfono fijo** solamente era posible **ponerse en contacto** con alguien cuando esta persona estaba en casa.

La comunicación, a todos los niveles, ha cambiado radicalmente en las últimas décadas. Al nivel personal, la comunicación interpersonal se ha socializado. **Las redes sociales** han expandido las conexiones interpersonales pero también las han hecho más públicas. **Los usuarios** suelen crear una identidad pública, la que puede diferirse de su identidad privada, y luego **comunican** en su **red social** para el consumo de sus amigos.

Tal como la gente muestra una preferencia por lo digital en muchos ámbitos, **la prensa,** cuyo trabajo es informarle al público de **las noticias,** también se ve afectada por los diarios en línea, en lugar de en papel. Además, la información ya no fluye solamente de **una fuente,** como un periódico o un programa de televisión, directamente al **usuario,** sino que **los usuarios** se interponen en esta relación. Para muchos, esto es un cambio positivo. Para otros, cuando hay muchas voces, se problematiza nuestra habilidad de **enterarse de** lo que pasa en el mundo y **comprobar** hechos sobre la realidad que nos rodea.

Más vocabulario sobre los medios de comunicación

colgar (ue, gu)	to hang up
comprobar (ue)	to verify; to check
comunicar (qu)	to communicate
enterarse de	to learn of
hacer una llamada (telefónica)	to make a (phone) call
marcar (qu)	to dial
ponerse en contacto	to get in touch with
tener señal	to get/have a signal
la aplicación	application
el cargador	charger
la fuente	source
las noticias	news
la prensa	press/media
las redes sociales	social networks
el teléfono fijo	land line telephone
el/la usuario/a	user
prepagado/a	prepaid

Repaso: cargar, **textear, el (teléfono) móvil/celular**

Preguntas

1. ¿Has usado un teléfono fijo? ¿Qué desventajas habrá ocasionado este tipo de teléfono para los usuarios del pasado?

2. ¿Tiene tu familia un teléfono fijo? ¿Por qué sí o no? Si no, ¿tenía uno en el pasado? ¿Cuándo dejó de usarlo?

3. ¿Cuándo dejarán de usar los teléfonos fijos, probablemente?

4. ¿Crees que el uso de los teléfonos móviles se ha vuelto una obsesión o una adicción para algunas personas? ¿Por qué?

5. ¿Cómo prefieres ponerte en contacto con otras personas? ¿Prefieres hacer una llamada telefónica? ¿Qué redes sociales usas tú / usan otras personas que conozcas? ¿Por qué las usas / usan?

6. ¿Cómo te enteras de lo que sucede en el mundo? Cuando quieres enterarte de las noticias locales/nacionales/internacionales, ¿qué fuentes de información usas?

PASO 2. En parejas, expliquen las siguientes tiras cómicas. ¿Qué comentarios hacen sobre la comunicación en nuestra sociedad?

E. La religión

PASO 1. Lee sobre la religión e infiere el significado de las palabras **en negrilla.** Luego, escucha las preguntas y empareja cada una con su respuesta más lógica.

© Carlos Lebrato/Anadolu Agency/Getty Images

Las ideas espirituales varían tremendamente. En muchas partes del mundo hispanohablante, se cree en varios **dioses,** muchas veces conectados a los elementos naturales como el agua, el cielo o el sol. Otra creencia común es la vida después de **la muerte.** Para algunos **creyentes** existe **un cielo** o **un infierno** en el que se vive eternamente. Para otros, **el alma** o la esencia de la persona **se reencarna,** o sea, vuelve para habitar el cuerpo de un animal u otra persona. Según encuestas del año 2014, aproximadamente un cuarto de los hispanoamericanos cree en **la reencarnación.** Otras personas no mantienen **creencias sobrenaturales** o espirituales y se consideran a sí mismos **ateos.**

A pesar de sus varias diferencias, muchas religiones tienen elementos en común. Por ejemplo, típicamente se cree en **un dios** o **unos dioses** con poderes **sobrenaturales.** En algunas religiones es importante que **los creyentes recen** y traten de **comunicar** con el poder divino. **Las oraciones** también son importantes en **los ritos** asociados con ciertos hitos (*milestones*) de la vida como el bautismo, el matrimonio o **la muerte.**

Los altares forman parte de **las ceremonias** y **los ritos** religiosos. En la tradición cristiana, **el cura** utiliza esta mesa especial para preparar y **bendecir** la eucaristía que conmemora el sacrificio de Jesucristo. **El altar** también es un lugar **sagrado** sobre el que se dejan **ofrendas** de comida o flores en los ritos de algunas religiones indígenas.

© RosalreneBetancourt 10/Alamy

© Dorling Kindersley/Getty Images RF

Las **leyendas** de una comunidad tienen un valor simbólico y están cargadas de mucho significado dentro de la cultura. Por ejemplo, el libro del pueblo maya, el *Popol Wuj* (o *Popol Vuh*), contiene relatos que intentan explicar el origen del universo y otros aspectos de la naturaleza. Tiene **leyendas** de importancia histórica y espiritual y a veces incluyen **profecías** sobre el futuro.

Más vocabulario sobre la religión

bautizar (c)	to baptize
bendecir (*irreg.*)	to bless
honrar	to honor
meditar	to meditate, reflect upon
reencarnar	to reincarnate
rezar (c)	to pray
el/la agnóstico/a	agnostic
el altar	altar
el ateo / la atea	atheist
la bendición	blessing, benediction
el dios / la diosa	god / goddess
la fe	faith
la leyenda	legend
la oración	prayer
la profecía	prophecy
la reencarnación	reincarnation
sagrado/a	sacred
sobrenatural	supernatural

Comprensión

1. ___ a. Se usa para bendecir la eucaristía.
2. ___ b. En el cielo o el infierno.
3. ___ c. Las leyendas.
4. ___ d. Vuelve para habitar el cuerpo de un animal u otra entidad.
5. ___ e. Rezan oraciones.
6. ___ f. Un ateo / Una atea.

PASO 2. En parejas, comenten la relevancia de cuatro palabras de la lista de vocabulario en su vida.

MODELO: el ateo

E1: Mi padre no es religioso. Dice que es ateo. Creció católico y de niño asistía a la misa con mi abuela, pero ya no cree en el cielo y el infierno como ella y el resto de mi familia. Mi abuela le pide a Dios que bendiga a mi padre, ya que no es creyente y ella tiene miedo por su alma. Pero para mi padre es más importante ser buena persona que creyente. No reza, sino que medita.

E2: Mi tía también es atea y su situación me parece muy parecida a la de tu padre. Era muy religiosa de joven, pero hace unos años dejó de asistir a la misa. La mayoría de mi familia está preocupada por su alma, pero...

F. ¿Qué opinan los demás?

PASO 1. Las personas entrevistadas contestan las siguientes preguntas. Lee las preguntas y escribe por lo menos cinco palabras del vocabulario de este capítulo que probablemente van a incluir en sus respuestas.

- Cuando alguien muere, ¿qué ritos son importantes en su comunidad? ¿Qué papel tienen los líderes religiosos, espirituales? ¿Qué papeles tienen los familiares del difunto?

- ¿Qué cree Ud. sobre lo que pasa con un ser humano después de que se muere?

- ¿Se habla de la muerte en su comunidad? ¿Tiene mucha gente de su comunidad miedo a la muerte? ¿Es un tema prohibido?

- ¿Hay días feriados en su país o cultura que tengan que ver con la muerte? ¿Qué imágenes o símbolos que representan la muerte son importantes en su comunidad?

1. _____ 2. _____ 3. _____ 4. _____ 5. _____

PASO 2. Completa las siguientes ideas expresadas en las entrevistas con la mejor palabra o frase, empleando la forma correcta de todos los verbos y el adjetivo.

Palabras/Frases posibles		
cielo	fallecido	los ritos
los creyentes	el luto	temer
el difunto	reencarnar	un velorio
enterrar	rezar	

1. Después de la muerte de alguien, los familiares del _____ tienen que primero pasar por la pérdida y la aceptación del _____.

2. _____ probablemente temen la muerte menos porque creen que van a un lugar mejor y finalmente en unión de Dios.

3. Al día siguiente que se _____ o se crema (*cremate*) a la persona _____, se empieza el ritual que es un novenario y haces nueve días donde viene la gente más allegada (*closer, more intimate*) y tú _____ por el descanso de la persona.

4. Yo creo que nosotros _____ en, no necesariamente en otra persona, pero puede ser una planta, un animal. En México es común. La gente piensa que cuando uno se muere, reencarna uno ya sea en una persona o en un animal.

5. Cuando alguien muere en Puerto Rico, _____ que se hacen son individualmente por religión. Hay religiones que hacen diferentes tipos de ceremonias y otras no. Por lo general se hace _____ en donde la gente se presenta en la funeraria y hablan acerca del difunto.

6. En Puerto Rico no pienso que la gente le _____ tanto a la muerte, especialmente ahora y yo pienso que hay otras personas que están más emocionadas por morir que estar vivos. Porque hablan mucho de ir al _____.

PASO 3. Primero, lee los comentarios. Luego, mira las entrevistas e indica quién hizo cada comentario: Nadja, Martín, Irma o Steve.

allegado/a
closer, more intimate
el novenario
novena (Catholic tradition of nine successive days of prayer)
el rosario
rosary

Nadja

Martín e Irma

Steve

_____ 1. «Sí, existe el Día de los Muertos y es algo muy grande en todo el país. Se celebra. Hay disfraces de, muy tradicionales, que se disfrazan de muertos los hombres. Y las mujeres se disfrazan, se llaman Catrinas, y representan la muerte».

_____ 2. «Yo crecí católico y siempre creíamos en el cielo y el infierno. Pero ahora que he crecido, pues, he tenido mis diferentes cambios mentales».

_____ 3. «Tradiciones, tenemos una muy grande que es hacer un rosario, se llama novenario, y por después al siguiente, no el día en que fallece la... que se entierra o se crema a la persona, pero al día siguiente, ese, se empieza este ritual que es un novenario y haces nueve días donde viene la gente más allegada y rezas por el descanso de la persona».

_____ 4. «Sí, hay celebraciones. El día de la muerte es un día bonito. Es un día para ir a, ya sea ir al cementerio a dejar flores, presenciar y agradecer a los antepasados por todo lo que hicieron por uno. Y creo que en general sí, hay mucho respeto a la muerte. Es lo que nos hace aprovechar la vida».

_____ 5. «Por lo general se hace un velorio en donde la gente se presenta en la funeraria y hablan acerca del difunto, de diferentes tipos de experiencias que tuvieron con ellos. Y los líderes de iglesia y familiares toman la posición de hablar de su perspectiva».

PASO 4. Contesta las preguntas sobre las entrevistas.

1. ¿Por qué dice Nadja que las tradiciones relacionadas a la muerte son importantes? _____

2. ¿Qué piensa Steve de «sensacionalizar» la muerte en las noticias? _____
_____

3. Según Nadja, ¿por qué hace incómodas a algunas personas hablar de la muerte? _____

4. ¿Piensa Martín que la muerte es un tema prohibido? ¿Por qué? _____
_____

5. ¿Qué dice Steve sobre las ceremonias comunes entre varias religiones? ____
_____

6. ¿Qué opina Irma en cuanto a la cuestión de qué le pasa a una persona después de la muerte? ¿Está de acuerdo su esposo? _____
_____

PASO 5. En parejas, conversen sobre sus propias ideas respecto a las preguntas del **Paso 1.**

III. GRAMÁTICA

9.1 «Mamá, aquí le mando este teléfono para que se mantenga».

El subjuntivo en cláusulas adverbiales

 ¿Comprendiste?

Vas a mirar el cortometraje entero sin los subtítulos. **¡OJO!** No te preocupes si no entiendes todo. Puedes mirarlo varias veces y usar el contexto (por ejemplo, los gestos, las acciones, el sonido y el escenario) para ayudarte a entender el argumento. Enfócate en las palabras que sabes.

PASO 1. Mientras miras el cortometraje, haz una lista de por lo menos cinco acciones que uno de los personajes quiere, prefiere, aconseja o pide que otro personaje haga. Puedes usar otros verbos o expresiones de influencia o deseo. Luego, escribe una oración para cada una. No te olvides de conjugar el segundo verbo en el subjuntivo.

doña Orfa

don Teo

el hijo

el cliente

© Frank Benítez Peña

MODELO: El hijo de doña Orfa le **aconseja** que ella **venda** minutos del teléfono móvil.

Expresiones y verbos de influencia y de deseo		
le aconseja que	desea que	prefiere que
es importante que	espera que	quiere que
es mejor que	le permite que	le recomienda que
es necesario que	le pide que	le sugiere que

 PASO 2. Primero, conjuga los verbos en las oraciones de la columna izquierda en el presente de subjuntivo. Luego, en parejas, túrnense para leer en voz alta las oraciones y decidir si son ciertas o falsas. Corrijan las oraciones falsas.

	CIERTO	FALSO

1. Don Teo invita a doña Orfa a un baile **para que** ___ (salir) de su casa.

2. Doña Orfa niega salir. Prefiere estar en su propia casa **en caso de que** ____ (morir).

3. El hijo de doña Orfa la visitará pronto **cuando** ella ____ (cumplir) años.

4. Los vecinos le tienen que pagar a doña Orfa, **después de** ___ (usar) su teléfono.

5. Don Teo quiere compartir su vida con alguien **antes de que** ___ (ser) demasiado tarde.

6. A doña Orfa le gusta salir de su casa **con tal de que** no ___ (hacer) mucho calor.

Actividades analíticas

El subjuntivo en cláusulas adverbiales de propósito y contingencia

¡A analizar!

Primero, lee las descripciones de los personajes. Luego, escribe la letra del fotograma del personaje que corresponde a cada una. **¡OJO!** Algunos de los fotogramas se usan más de una vez.

a. doña Orfa

b. el hijo de doña Orfa

c. don Teo

d. los clientes

___ 1. Para él las cosas ahora están difíciles y no volverá **a menos que** la situación se mejore.

___ 2. Le manda el teléfono **para que** su madre se mantenga. Envía instrucciones de cómo utilizar el teléfono **en caso de que** su madre no sepa usarlo.

___ 3. Doña Orfa le dice que necesita sentarse **antes de que** él empiece a leerle la carta de su hijo.

___ 4. Hace un letrero que dice «Minuto 200» <u>para</u> anunciar que hay minutos que se venden.

___ 5. Ellos utilizan el teléfono <u>para</u> tratar de resolver problemas. <u>Antes de</u> poder usarlo, tienen que pagarle a doña Orfa. Pueden seguir usando su teléfono **con tal de que** no se acaben los minutos.

___ 6. Dirige su negocio <u>sin</u> salir de su casa. Rehúsa salir porque prefiere estar en su propia casa **en caso de que** muera. Y, no conversa con don Teo **a menos que** él venga a su casa.

___ 7. Al final, va al río **sin que** don Teo la acompañe.

1. In addition to noun and adjectival clauses, the subjunctive may occur in adverbial clauses. An adverbial clause is a type of dependent clause* that functions as an _____. It modifies the verb in the _____ clause and tells us when, why, where, to what degree, or under what condition the action occurs.

2. The words in bold in **¡A analizar!** are adverbial conjunctions that introduce an adverbial clause. Remember, a conjunction is a word that _____ _____ the independent and the dependent clause. Review the following **¡A analizar!** sentence.

> Para él las cosas ahora están difíciles y no volverá **a menos que** la situación se mejore.
>
> *Things are difficult now for him and he will not return unless the situation improves.*

In the sentence above, the conjunction **a menos que** means *unless*. It introduces the clause, **la situación se mejore** / *the situation gets better*. That phrase *the situation gets better* modifies the action in the main clause **no volverá** because it tells us more about the conditions under which he will or will not return. He will not return **unless** the situation gets better. The clause *unless the situation gets better* is an adverbial clause because it stipulates when / under what condition the action of returning may occur.

Use the **¡A analizar!** sentences to help you complete the following chart of adverbial conjunctions with the appropriate English equivalents: *before*, *in case*, *so that*, and *unless*.

Las conjunciones adverbiales de propósito y contingencia		
Conjunción	**Oración**	**¿Qué significa?**
a menos que	No conversa con don Teo **a menos que** él venga a su casa.	*She doesn't talk with don Teo ____ he comes to her house.*
antes (de) que	Doña Orfa le dice que necesita sentarse **antes de que** él empiece a leerle la carta de su hijo.	*Doña Orfa tells him that she needs to sit down ____ he begins to read her the letter from her son.*
con tal (de) que	Pueden seguir usando su teléfono **con tal de que** no se acaben los minutos.	*They can keep using the telephone <u>provided that</u> the minutes aren't used up.*
en caso (de) que	Rehúsa salir. Prefiere estar en su propia casa **en caso de que** muera.	*She refuses to go out. She prefers to stay in her own house ____ she dies.*
para que	Le manda el teléfono **para que** su madre se mantenga.	*He sends her the telephone ____ his mother (can support/) supports herself.*
sin que	Al final, va al río **sin que** don Teo la acompañe.	*At the end, she goes to the river <u>without</u> don Teo accompanying her.*

*Remember that a dependent clause contains a verb, but it cannot stand alone. So far, you have learned about the use of the subjunctive in noun and adjectival clauses. Those clauses function as nouns and adjectives, respectively.

The adverbial conjunctions presented in the chart above always introduce an adverbial clause in the _____ mood. This is because these conjunctions introduce actions that are conditional or contingent; that is, the action depends on something that may or may not happen. For example, the customers can continue to use the phone under a particular condition: that the minutes do not run out. The use of the phone is, therefore, conditional upon there being enough minutes. As a result, these adverbial clauses are inherently uncertain. The subjunctive mood is frequently used to talk about actions that are unknown or haven't yet happened.

3. Although all of these conjunctions above trigger the use of the subjunctive in the adverbial clause, a few can be shortened to just a preposition when there is no change in _____. (Notice the underlined words in the **¡A analizar!** sentences.) In these cases, remember that after prepositions in Spanish, such as **a, con, sin, de, por, para,** or **en,** an _____ is always used, rather than a conjugated verb.

Doña Orfa le dice que necesita sentarse **antes de que** él empiece a leerle la carta de su hijo.	*Doña Orfa tells him that she needs to sit down <u>before</u> he begins to read her the letter from her son.*
Doña Orfa le dice que necesita sentarse **antes de** escuchar el mensaje de su hijo.	*Doña Orfa tells him that she needs to sit down <u>before</u> hearing the message from her son.*

Look again at the chart above. What other adverbial conjunctions can be shortened to yield the following prepositions if there is no change in subject?

Conjunction: _____   Preposition: sin
Conjunction: _____   Preposition: para

The English equivalent may be the same with both the use of a preposition and a conjugated verb, or it may change slightly when just the preposition is used.

(Doña Orfa) Dirige su negocio **sin** salir de la casa.	*She conducts her business <u>without</u> leaving the house.*
Al final, va al río **sin que** don Teo la acompañe.	*At the end, she goes to the river <u>without</u> don Teo going with her.*
Hace un letrero que dice «Minuto 200» **para** anunciar que hay minutos que se venden.	*He makes a sign that says «200 Minutes» <u>in order to</u> announce that there are minutes that are sold / that are being sold.*
Le manda el teléfono **para que** su madre se mantenga.	*He sends her the telephone <u>so that</u> his mother can support herself.*

Notice that in the first sentence, there is only one subject in the sentence: doña Orfa. She conducts her business without leaving the house. The action of leaving is an action that *she* does not do, rather than another character. On the other hand, the next sentence includes two subjects: she goes (**ella va**) and don Teo does not accompany her (**don Teo la acompañe**). Since a second subject—don Teo—is introduced in the adverbial clause, the verb must be conjugated and **sin que** must be used.

Review the sentences on the previous page that contrast **para** and **para que** and identify the subject(s) in each sentence.

> Hace un letrero que dice «Minuto 200» **para** anunciar que hay minutos que se venden.
>
> Sujeto _____
>
> Le manda el teléfono para que su madre se mantenga.
>
> Sujeto 1 _____ Sujeto 2 _____

In the first sentence, **para** is used (followed by the infinitive) because there is no change of _____ between the clauses. It is don Teo who makes the sign and don Teo who is trying to announce the sale of the minutes.

In the second sentence, **para que** is used followed by the _____ of the verb because there is a change of subject from one clause to the other. The son mails the phone but the person who must use it in order to support herself is doña Orfa. If the son were mailing the phone in order to support himself there would be no change of subject and **para** + *infinitive* would be used.

El subjuntivo en cláusulas adverbiales de tiempo

¡A analizar!

Lee las descripciones de las actividades del cortometraje y para cada una decide si la acción es completa (C), habitual (H) o una actividad que se hará en el futuro (F).

© Frank Benítez Peña

Don Teo acaba de pegar el letrero, «Minuto 200», a la pared. **En cuanto** termina, le pasa las intrucciones a doña Orfa. A él le gusta ayudar a doña Orfa **cuando** ella necesita su ayuda. **Tan pronto como** la gente vea el letrero, va a comprar minutos para hacer llamadas.

___ 1. **Cuando** el hijo de doña Orfa tenga suficiente dinero, va a venir al pueblo para visitarla.

___ 2. **Después de que** los clientes usen el teléfono de doña Orfa, tendrán que pagarle por los minutos.

___ 3. Doña Orfa suele sentarse en su mecedora para escucharlos **cuando** hablan por teléfono.

___ 4. Doña Orfa cree que **en cuanto** se acaben los doscientos minutos, se morirá.

___ 5. Piensa quedarse en su casa **hasta que** se muera. Cree que se morirá después de vender los doscientos minutos.

___ 6. Doña Orfa dice que quiere vender minutos para pagar su entierro. Don Teo le responde, «¿Ud. todavía con esa idea? Más bien, ¿por qué no salimos? Yo la acompaño». Pero, **después de que** don Teo la invita a salir, ella le dice que no.

___ 7. **Tan pronto como** las personas del pueblo ven el letrero de doña Orfa, aprovechan la oportunidad y compran unos minutos para hacer sus llamadas.

___ 8. Doña Orfa está muy sola y no habla con nadie **hasta que** llega don Teo a su puerta cada día.

4. Adverbial conjunctions of time introduce clauses that tell us ____ certain actions or circumstances occurred, usually occur, or will occur. They include the Spanish equivalents of *after, as soon, as, before, when*, and *until*.

Use the examples from **¡A analizar!** to complete the following chart of conjunctions of time.

Las conjunciones adverbiales de tiempo*		
Conjunción	Oración	¿Qué significa?
cuando	**Cuando** el hijo de doña Orfa tenga suficiente dinero, va a venir al pueblo para visitarla.	____ doña Orfa's son has enough money, he is going to come to the town to visit her.
después de que	**Después de que** los clientes usen el teléfono de doña Orfa, tendrán que pagarle por los minutos.	___ the customers use doña Orfa's telephone, they will have to pay her for the minutes.
en cuanto	Doña Orfa cree que **en cuanto** se acaben los doscientos minutos, se morirá.	Doña Orfa believes that <u>as soon as</u> the minutes are used up, she will die.
hasta que	Piensa quedarse en su casa **hasta que** se muera.	She plans to stay in her house ___ she dies.
tan pronto como	**Tan pronto como** las personas del pueblo ven el letrero de doña Orfa, aprovechan la oportunidad y compran unos minutos para hacer sus llamadas.	_____ people from the town see doña Orfa's sign, they take advantage of the opportunity and they buy minutes to make their calls.

---

*Antes de que** is a conjunction of time that always introduces a verb in the subjunctive, since by definition, it implies an anticipated event, an action that is done before another action. It appears with the first group of conjunctions in **¡A analizar!** since it is always followed by the subjunctive. However, like **para que, sin que,** and **después de que,** it can be shortened to a preposition, **antes de,** which is followed by the infinitive, when there is no change of subject.

5. Unlike the conjunctions of purpose and contingency that always trigger the subjunctive, when the conjunctions of time seen above introduce an adverbial clause, the verb in that clause may or may __ be in the subjunctive mood, depending on the context.

To determine whether or not the subjunctive is needed in the adverbial clause after one of these conjunctions, you will need to look at what is happening in the independent clause, the other part of the sentence. Decide whether that action is one that is complete, habitual, or anticipated. Look again at your responses to the **¡A analizar!** activity.

> For all of the sentences that express complete actions (the ones you marked "C"), is the verb in the adverbial clause in the indicative or subjunctive mood? _____

> For all of the sentences that express habitual actions (the ones you marked "H"), is the verb in the adverbial clause in the indicative or subjunctive mood? _____

> For all of the sentences that express future, anticipated actions (the ones you marked "F"), is the verb in the adverbial clause in the indicative or subjunctive mood? _____

In these sentences we can see that if the action is an anticipated event, rather than one that is completed or regularly occurs, we use the subjunctive for the verb after the conjunction of time.

Compare these two sentences with the conjunction of time **cuando.** Which one introduces the subjunctive and which one does not? _____

_____

Cuando el hijo de doña Orfa tenga suficiente dinero, va a venir al pueblo para visitarla.	*When doña Orfa's son has enough money, he is going to come to the town to visit her.*
Doña Orfa suele sentarse en su mecedora para escucharlos **cuando hablan por teléfono.**	*Doña Orfa tends to sit in her rocking chair to listen to them when they talk on the phone.*

Now look at the verbs in the independent clauses: **va a venir** and **hablan. Va a venir** indicates a future or pending action, whereas **hablan** refers to a typical or habitual action.

The subjunctive is therefore used after **cuando** in the first sentence because the action of doña Orfa's son coming to town to visit her depends on a future action of him having enough money. Having enough money in the future might not happen, so his ability to visit his mother also might not happen since it depends on something else. Remember that the subjunctive is often used to talk about actions that might not occur.

In contrast, the second sentence uses the conjunction **cuando** in a different way. In the independent clause, the verb **hablan** describes a habitual action, one that typically occurs. Since the action is customary, the indicative is used.

Identify the pending action that caused the adverbial clause to trigger the subjunctive in these **¡A analizar!** sentences.

Después de que los clientes usen el teléfono de doña Orfa, tendrán que pagarle a ella por los minutos. _____

Piensa quedarse en su casa hasta que se muera. Cree que se morirá después de vender los doscientos minutos. _____

Doña Orfa cree que en cuanto se acaben los doscientos minutos, se morirá. _____

Notice that the future tense and the **ir** + **a** + *infinitive* structure clearly point to an anticipated action that is pending in the future. However, such actions may also be expressed by other verb forms. For example, **piensa quedarse,** *she is planning to stay,* also points to a something she intends to do, and therefore may not happen.

¡OJO!

Notice that **antes de que** is a conjunction of time and by definition always triggers the subjunctive, since *before* means that an action is anticipated.

6. As with **para que** and **sin que, después (de) que** and **antes (de) que** may be shortened to their prepositions, **después de** and **antes de,** when there is no change in subject between the clauses.

Después de recibir el paquete de su hijo, doña Orfa se sienta.	*After receiving the package from her son, doña Orfa sits down.*
Después de que doña Orfa recibe el paquete de su hijo, don Teo se pone las gafas y le lee la carta.	*After doña Orfa receives the package from her son, don Teo puts on his glasses and reads his letter to her.*

Actividades prácticas

A. Le mando este teléfono para que...

PASO 1. Primero, para cada par de fotogramas, completa la descripción con la preposición o la conjunción adverbial indicada según el contexto. Luego, escribe la forma correcta del verbo indicado. **¡OJO!** Recuerda que se usa el infinitivo después de la preposición.

MODELO: sin / sin que

Don Teo le entrega las instrucciones <u>sin que ella las mire</u> (ella / mirarlas).

Don Teo regresa a su casa <u>sin aceptar</u> (aceptar) la oferta de doña Orfa de tomar un tinto (*coffee*).*

1. para / para que

Don Teo le dice a doña Orfa que puede sacar la mecedora de la casa _____ _____ (ellos / conversar) afuera un rato.

La camioneta viaja a los pueblos pequeños _____ (entregarles) paquetes a las personas que viven allá.

2. sin / sin que

Doña Orfa se abanica (se... *fans herself*) mientras escucha a don Teo leyendo la carta de su hijo, _____ (saber) lo que hay dentro del paquete.

Después de leerle la carta, don Teo le pregunta, «¿Hace cuánto que no ve a su hijo?». Ella se queda pensativa y luego le responde que han pasado diez años ___ _____ (ella y su hijo / verse).

_____

*Doña Orfa invita a don Teo a tomar un café cuando le pregunta, «¿Le provoca un tinto, don Teo?» El tinto en Colombia es un tipo de café hecho con el agua de panela (*sugar cane water*). En contraste, el tinto en España se refiere al vino tinto, o sea vino de color rojo.

3. para / para que

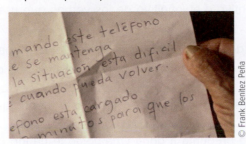

El hijo de doña Orfa le escribe: «El teléfono está cargado con doscientos minutos _____ (Ud. / venderlos)».

Don Teo pega un letrero en la pared de la casa de doña Orfa _____ (anunciar) que se venden minutos.

PASO 2. Primero, elige la conjunción o la preposición adecuada para completar las oraciones. Luego, llena el espacio en blanco con el subjuntivo o el infinitivo del verbo entre paréntesis. Por último, empareja la oración con el fotograma que describe.

MODELO: Don Teo ayuda a doña Orfa con la puerta (a menos que / <u>para que</u>) ella <u>pueda</u> entrar en su casa.

a.

b.

c.

d.

e.

f.

___ 1. El hijo de doña Orfa le escribe, «Le mando también las instrucciones ___ ___ (para / para que) le ___ (pedir) el favor a algún vecino que le explique o que se las escriba en una cartelera grande».

___ 2. La voz de móvil indica el saldo de minutos _____ (para que / en caso de que) el usuario ___ (saber) cuánto tiempo le queda para hacer llamadas. Doña Orfa escucha la información para saber cuánto tiempo le queda antes de morirse.

___ 3. Doña Orfa no quiere salir _____ (a menos que / con tal de que) sus comadres ___ (estar) con ella y desafortunadamente estas ya no están vivas.

___ 4. La camioneta de envíos llega al pueblo ___ (para / para que) _____ (repartir) paquetes y le entrega uno a doña Orfa. Doña Orfa pide que don Teo lo abra _____ (sin / sin que) ellos ___ (saber) de quién es.

___ 5. Don Teo no puede leerle a doña Orfa la carta de su hijo ___ (sin / sin que) _____ (ponerse) las gafas primero.

PASO 3. Completa las oraciones de una manera lógica. **¡OJO!** Vas a elegir entre el subjuntivo o el infinitivo de los verbos que usas para completar las oraciones.

1. El hijo de doña Orfa quiere que ella use el móvil para... _____

2. Don Teo tiene que hacer un letrero antes de que doña Orfa... _____
_____

3. Los clientes no pueden hacer llamadas a menos que..._____
_____

4. Don Teo le pregunta a doña Orfa cómo le ha ido con el negocio. Ella dice que lo único que hace es escuchar problems. Don Teo responde que ella no tiene que preocuparse con tal de que _____

5. Don Teo le trae el ventilador a doña Orfa en caso de que... _____

6. Doña Orfa dice que no quiere cobrar por los minutos pero no puede pagar su entierro sin... _____

B. Antes de que sea tarde

PASO 1. Completa las oraciones de la columna izquierda con la frase más lógica de la columna derecha.

___ 1. Se puede inferir que el hijo de doña Orfa no volverá al pueblo...

___ 2. Doña Orfa piensa que va a morir...

___ 3. El cortometraje muestra que se pierde el deseo de vivir...

___ 4. Es obvio que don Teo se siente decepcionado...

___ 5. Don Teo se pone el sombrero...

___ 6. Al final, después de que don Teo toca la puerta de doña Orfa, el público no sabe que él morirá...

a. **después de que** doña Orfa rechaza su última oferta del ventilador.

b. **antes de ir** a la casa de doña Orfa por última vez.

c. **en cuanto** regrese a su casa.

d. **cuando** alguien se siente muy solo.

e. **hasta que** tenga suficiente dinero.

f. **tan pronto como** venda los doscientos minutos.

PASO 2. Primero, indica si cada oración describe una acción habitual (**H**), completa (**C**) o futura (**F**). Luego, llena los espacios en blanco con la forma correcta del verbo entre paréntesis.

MODELO: _F_ En su carta, el hijo dice que no podrá volver hasta que ahorre (ahorre) más dinero.

___ 1. Don Teo abre el paquete después de que el repartidor se lo _____ (entregar).

___ 2. La llegada del teléfono móvil a doña Orfa le parece una señal (*sign*) de que va a morir tan pronto como se _____ (vender) los minutos.

___ 3. Don Teo mira todo desde su porche y cuando algún cliente _____ (comprar) minutos, él anota el tiempo que queda en su cuaderno.

___ 4. Un día, en cuanto una cliente le _____ (devolver) el teléfono a doña Orfa, ella marca unos números para verificar su saldo, y el móvil le informa, «su saldo es 142 minutos».

___ 5. Doña Orfa le pide a don Teo que él se encargue de todo después de que ella ____ (morir).

___ 6. Los clientes no le pagan a doña Orfa hasta que _____ (terminar) con su llamada.

PASO 3. En parejas, túrnense para contestar las preguntas.

1. ¿Qué hace don Teo cuando doña Orfa le pide un favor? _____

2. ¿Qué no quiere hacer doña Orfa en caso de que se muera? _____
   _____

3. ¿Qué trata de hacer don Teo varias veces para que doña Orfa salga de su casa? _____

4. Después de que mueren sus esposos, ¿qué actitudes hacia la vida tienen don Teo y doña Orfa? _____

5. ¿Qué hizo doña Orfa tan pronto como terminó el funeral de don Teo? _____

6. Ya que don Teo ha muerto, ¿qué hará doña Orfa antes de que sea demasiado tarde? _____
   _____

C. Un mundo interconectado

PASO 1. Primero, lee los datos sobre la posesión de los teléfonos en el mundo hispanohablante. Luego, contesta las preguntas.

Un mundo interconectado*

A finales del siglo XX, el teléfono móvil se volvió un bien de consumo[a] común y su popularidad no ha dejado de crecer. En un mundo de 7,4 mil millones de personas, la mayoría tiene un teléfono móvil. En 2013, se reportó que había más personas en el mundo que tenía acceso a un teléfono móvil que a un inodoro.[b]

Postes telefónicos en el desierto de Atacama, Chile

Es más, el número de usuarios de teléfonos móviles inteligentes en el mundo llegará a 6,1 mil millones para el año 2020. En 2017, el 95% de los estadounidenses tenía un teléfono móvil. Aunque solamente el 35% de los estadounidenses tenía un teléfono móvil inteligente en 2011, para el año 2017, el 77% tenía uno. En México en 2015, había 62,5 millones de usuarios de teléfonos móviles inteligentes en un país de 130 millones. No hay duda de que esta tecnología ha llegado a casi todos los rincones de la Tierra. Se puede argumentar que la rapidez con la que este aparato ha dominado la comunicación humana no tiene equivalente en la historia.

---

[a]*un... a consumer good*   [b]*toilet*

*Source: "Posesión de bienes," Latinobarómetro, Accessed February 20, 2017. http://www .latinobarometro.org "CEPAL: Aumenta fuertemente el uso y el acceso a Internet en América Latina y el Caribe," Comisión Económica para América Latina y el Caribe, September 12, 2016. http://www .cepal.org/es; "Population Using Improved Sanitation Facilities, by Country," World Health Organization, December 8, 2015. http://apps.who.int/gho/data; Wang, Yue, "More People Have Cell Phones than Toilets, U.N. Study Finds," *Time*, March 25, 2013. http://newsfeed.time.com; "Nueve de cada diez hondureños tienen celular," *El Heraldo*, September 4, 2015. http://www.elheraldo.hn; Scarpinelli, Luján, "La venta de smartphones no puede imponer los abonos en los ceulares; aún gana el prepago," La Nación, September 20, 2015. http://www.lanacion.com.ar; "México; El número de usuarios de smartphones alcanza los 62,5 millones," Marketingdirecto.com, October 16, 2015. https://www.marketingdirecto.com

Porcentaje de personas por país y por tipo de teléfono en 2015

País	Porcentaje que tiene un teléfono móvil personalmente o en su hogar	Porcentaje que tiene un teléfono fijo
Argentina	96,3	57,5
Bolivia	85,4	20,2
Chile	85,7	47,1
Colombia	94,3	37,5
Costa Rica	88,0	45,6
Ecuador	91,8	57,2
El Salvador	73,3	25,2
España	96,7	78,5
Guatemala	79	14,3
Honduras	88,7	16,2
México	75,2	47,4
Nicaragua	76,1	11,8
Panamá	87,7	27,9
Perú	74,2	35,9
República Dominicana	85,2	32
Uruguay	90,3	63,1
Venezuela	91,5	56,2

La magnitud de la revolución móvil, la cual no solamente incluye teléfonos, sino también otros dispositivos móviles como tabletas, es aun más increíble cuando se compara con otros bienes necesarios en el mundo. A continuación, hay unos datos notables, dado el porcentaje de usuarios de teléfonos móviles en el mundo.

- Menos de 50% de los hogares tiene lavadora en los siguientes países, lo cual significa que hay que lavar la ropa a mano: Bolivia (17,1%), El Salvador (22,7%), Guatemala (13,7%), Honduras (14,2%), Nicaragua (7,7%), Paraguay (49,1%), el Perú (33,9%).

- En ningún país, menos en España, se supera[c] el 50% de las personas que dice que alguien de su hogar posee un carro.

- En Latinoamérica, en solamente tres países más del 50% tiene agua caliente de cañería[d] en su hogar.

- En unos países (Bolivia, Guatemala, Honduras, Nicaragua y Panamá), el porcentaje de hogares que tiene inodoro, sea conectado a un sistema de alcantarillado[e] o una letrina exterior,[f] es inferior al porcentaje que tiene teléfono móvil. En el Perú los porcentajes son casi iguales.

---

[c]*goes above*   [d]agua... *hot water from the tap*   [e]un... *a sewer system*   [f]una... *an outdoor latrine*

Comprensión

1. ¿Qué país o región del mundo hispanohablante tiene el mayor porcentaje de gente que tiene un teléfono móvil? _____

2. ¿En qué países/regiones hay una discrepancia notable entre la posesión de teléfonos móviles y los fijos? ¿Por qué crees que existe esta diferencia? ____
_____
_____
_____
_____

3. ¿Cuáles son los tres países con el mayor porcentaje de personas con un teléfono móvil? ¿Cuáles son los tres países con el menor porcentaje? _____
_____
_____

4. Compara los datos en relación con los teléfonos y con los datos sobre la lavadora o el carro. ¿Cuál será una explicación por estos datos? _____
_____
_____
_____

5. Compara los datos en relación con los teléfonos y las comodidades en los hogares como el agua caliente y el inodoro. Nombra un dato notable. ¿Cuál será una explicación por estos datos? _____
_____
_____

PASO 2. Completa las oraciones según lo que leíste en el **Paso 1.**

1. Los datos revelan que hay muchas personas que poseen un teléfono móvil sin... _____

2. El uso creciente y extendido del teléfono móvil sugiere que mucha gente prefiere o puede comprar un teléfono móvil antes de... _____
_____

3. Se puede inferir que mucha gente no puede comunicarse a menos que...
_____

4. La tasa de posesión de otros bienes o comodidades como el agua caliente y el inodoro es más baja que la posesión de los teléfonos móviles. Por lo tanto, se puede inferir que será necesario que las comunidades inviertan más fondos para que... _____

5. Se puede inferir que las comunidades disponen de servicios relacionados con el agua (la lavadora, el inodoro, el agua caliente) con tal de que... _____
_____

6. Los datos sugieren que la tasa de posesión de los teléfonos móviles inteligentes va a crecer aun más antes de que... _____
_____

 PASO 3. En parejas, túrnense para completar las oraciones sobre su uso del teléfono móvil.

1. Yo no salgo de la casa sin mi teléfono móvil a menos que... _____

2. Utilizo mi teléfono móvil para... _____

3. En caso de que necesite acceder al Internet, _____

4. Activo el modo vibración de mi móvil antes de que... _____
_____

5. Nunca apago mi móvil a menos que _____

6. Para que la pila de mi móvil nunca esté descargada,... _____

9.2 «¡Que me haga el favor y me llame!»

Actividades analíticas

Otros usos del subjuntivo

© Frank Benitez Peña

¡A analizar!

Lee los comentarios posibles y empareja cada uno con el fotograma que le corresponde.

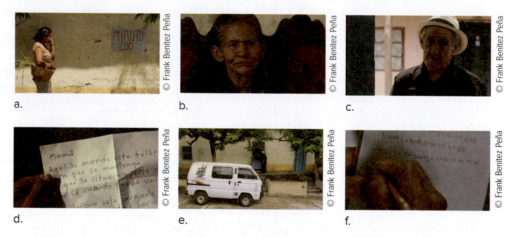

a.

b.

c.

d.

e.

f.

___ 1. «Solo podemos hablar brevemente. **Aunque** tengo tiempo, esa señora me cobra por minuto. Pero no te preocupes. **Pase lo que pase,** regresaré mañana cuando tenga más plata y hablaré más contigo».

___ 2. «Doña Orfa, Ud. es la persona más testaruda (*stubborn*) que conozco. Pero soy su amigo y voy a invitarla a pasear otra vez mañana, **aunque** me diga que no. **Dondequiera que** Ud. prefiera, iremos».

___ 3. «¿Un paquete para mí? Ud. se equivoca, nunca recibo correo... A ver. Pues, tiene razón. **Que yo sepa,** no hay nadie más por aquí que se llame Ortiz».

___ 4. «Don Teo, **el hecho de que** Ud. quiera pasear conmigo me sorprende. Mientras vivía su esposa, éramos mejores amigas, y no sería decente».

___ 5. «Don Teo graba los minutos que usan los clientes, **de modo que** sepa cuántos minutos quedan».

___ 6. «Mamá, le mando este teléfono porque no sé cuándo pueda volver a Cambao. **Mientras** tenga este trabajo, voy a trabajar lo más que puedo».

1. Besides the adverbial conjunctions of contingency and of time, there is a third type of adverbial conjunction that can trigger either the indicative or the _____. The determining factor with these conjunctions is whether the action being described is known or _____. Look at the following two examples from the **¡A analizar!** sentences and complete the chart.

	IS THE ACTION BEING DESCRIBED KNOWN OR UNKNOWN?	SUBJUNCTIVE OR INDICATIVE?
«Doña Orfa, voy a invitarla a pasear otra vez mañana, **aunque me diga que no**». _Doña Orfa, I'm going to invite you again to take a walk tomorrow, <u>even if you say no / even though you might say no</u>._	_____ What specifically is known or not known? Whether or not Orfa will say no.	_____
«Solo podemos hablar brevemente. **Aunque tengo tiempo**, esa señora me cobra por minuto». _We can only talk briefly. <u>Even though I have time</u>, that lady charges me by the minute._	_____ What specifically is known or not known? That I definitely have time.	_____

The following adverbial conjunctions can all trigger either the indicative or the subjunctive. When the action being described is known / has occurred, the adverbial conjunction will trigger the _____. When the action being described is unknown/pending, the adverbial conjunction will trigger the _____.

Las cláusulas adverbiales: Lo conocido y lo desconocido			
Conjunción adverbial	**Inglés**	**Acción conocida/ocurrida**	**Acción desconocida/pendiente**
aunque*	even though / even if	Voy a pasear, aunque llueve. (It's raining now.)	Voy a pasear, aunque llueva. (It might rain.)
según	according to	Siempre lo hago según las instrucciones que me dan.	Hazlo según las instrucciones que te den.
por mucho que	as much as	Por mucho que me esfuerzo, no cambia.	Por mucho que te esfuerces, no podrás hacerlo.
mientras (que)	while / as long as	Mientras estuvieron aquí, los ayudó.	Mientras que estén aquí, los ayudará.
siempre que	whenever	Siempre que me escribe, manda un regalito.	Siempre que haya oportunidad de hacerlo, favor de llamarme.
de manera que	so that	Lo hacen de manera que sale todo muy bien.	Lo harán de manera que todo salga muy bien.
de modo que	so that	Ocurrió rápido, de modo que no me di cuenta.	Lo vamos a hacer rápido, de modo que nadie se dé cuenta.
cómo / comoquiera que†	how / however	Lo hizo cómo/comoquiera que le dijiste.	Lo hará cómo/comoquiera que le digas.

*Note that the English meanings of **aunque** vary and the particular use determines whether the indicative or subjunctive is used.
†Note that the **-quiera** conjunctions are more likely to be followed by the subjunctive, since "_however/wherever/whenever_" often imply the unknown.

Las cláusulas adverbiales: Lo conocido y lo desconocido			
Conjunción adverbial	Inglés	Acción conocida/ocurrida	Acción desconocida/pendiente
cuando / cuandoquiera que*	when / whenever	Nos llaman cuando/cuandoquiera que tienen tiempo.	Podemos ir cuando/cuandoquiera que nos llamen.
donde / dondequiera que*	where / wherever	Ponlo donde/dondequiera que prefieren. (You know where they want it placed.)	Ponlo donde/dondequiera que prefieran. (You don't yet know where they want it placed.)

*Note that the **-quiera** conjunctions are more likely to be followed by the subjunctive, since "*however/wherever/whenever*" often imply the unknown.

2. You have learned that certain phrases in main clauses trigger the use of the subjunctive in dependent noun clauses; for example: **Dudo que vengan** or **Es posible que vayamos.** Occasionally however, dependent noun clauses can precede the independent clause that contains the trigger phrase. When this happens, it is common for the dependent noun clause to contain the phrase **el hecho de que** or its shortened form, **el que.** While this phrase literally translates as *the fact that*, it's just a rhetorical device, and the subjunctive is still used when the main clause contains a trigger phrase. Look closely at the following three sentences and identify the two subjunctive triggers. Note also that similar phrases, such as **la idea de que** can substitute for **el hecho de que.**

«Don Teo, **el hecho de que** Ud. quiera pasearse conmigo me sorprende».	*Don Teo, the fact that you want to take a walk with me surprises me.*	Subjunctive trigger: __ _____
El hecho de que don Teo trata de ayudar a doña Orfa lo hace un personaje atractivo.	*The fact that don Teo tries to help doña Orfa makes him an attractive character.*	Subjunctive trigger: None, Indicative
El que no se dé por vencido es admirable.	*The fact that he doesn't give up is admirable.*	Subjunctive trigger: __ _____

And notice, as in the example sentence below, that you may also see one of these rhetorical device phrases used in a sentence that shows the usual "independent + dependent" clause order.

No me molesta **la idea de que** vaya a pasar.	*The idea that it's going to happen does not bother me.*	Subjunctive trigger: __ _____

3. Finally, there are **modismos**, or *set phrases*, in Spanish that always require the _____. Like other set phrases in Spanish, you can simply memorize these.

Que yo sepa, no hay nadie más por aquí que se llame Ortiz.	*As far as I know, nobody else around here is named Ortiz.*
Pase lo que pase, regresaré mañana cuando tenga más plata y hablaré más contigo.	*No matter what, I'll come back tomorrow when I have more money, and I'll talk with you more.*

Modismos que requieren el subjuntivo	
cueste lo que cueste	*whatever it costs*
pase lo que pase	*come what may, no matter what*
que yo diga / que digamos	*so to speak*
que yo sepa	*as far as I know*
quieras o no (quieras)	*whether you want (thing/action) or not*
sea lo que sea	*whatever happens, happens; be that as it may*

Actividades prácticas

A. Lo conocido y lo desconocido

Lee las siguientes oraciones, y decide por qué se usa el indicativo o el subjuntivo.

> **MODELO:** <u>b</u> Necesito ahorrar dinero cada mes, de manera que pueda comprar el modelo de teléfono inteligente que va a salir el próximo año.
>
> a. Ya ahorré dinero y compré el teléfono que quería.
>
> b. Ahorro dinero para el futuro.

___ 1. Voy a pasear, aunque hace calor.

    a. Hace calor ahora.

    b. Es posible que haga calor pronto.

___ 2. La cliente que usa el teléfono de doña Orfa habla en voz alta, de modo que la señora puede oírla.

    a. La señora la puede oír sin problema.

    b. Tienen una conexión mala, y casi tiene que gritar para que la señora la oiga.

___ 3. Por mucho que lo repita, nadie se lo cree.

    a. Ha repetido la misma cosa muchas veces.

    b. Es probable que vaya a repetir la misma cosa varias veces en el futuro.

___ 4. Mientras doña Orfa se abanica, mira afuera.

    a. Se ha abanicado y mirado afuera al mismo tiempo.

    b. Va a abanicarse y mirar afuera al mismo tiempo.

___ 5. Siempre que la vida te dé la oportunidad de no estar solo, aprovecha.

    a. Nunca estás solo porque has tenido oportunidades de estar con otros.

    b. Debes disfrutar de la compañía de otros cuándo puedas.

___ 6. Aunque los esposos de doña Orfa y don Teo están muertos, siguen en sus pensamientos diarios.

    a. Sabemos que murieron sus esposos.

    b. No sabemos si murieron o no.

B. Que yo sepa, ella no tiene familia.

PASO 1. Completa las descripciones de los siguientes fotogramas con uno de los siguientes modismos.

cueste lo que cueste	**pase lo que pase**
que digamos	**quiera o no**

1. «Don Teo, sea realista. La muerte nos llega pronto, lo _____».

2. «La respeto absolutamente, doña Orfa, pero no acepto que se quede en casa todo el día. _____, seguiré invitándola a pasear conmigo».

3. «Sí, sé que pago por minuto, pero necesitamos discutir esto. _____ ____, vamos a hablar hasta que lleguemos a un acuerdo».

4. «Todavía estoy aquí de visita. Regreso pronto a Bogotá. Sí, ¡vamos a rumbiar (*party*)! En este pueblo no hay montón de cosas que hacer, _____».

PASO 2. En parejas, túrnense para crear un diálogo original de por lo menos diez oraciones entre un/una cliente de doña Orfa y la persona con quien habla. Incluyan cuantos modismos del **Paso 1** que les sea posible.

C. Las redes sociales en Latinoamérica

PASO 1. Lee sobre el uso de redes sociales en Latinoamérica y decide si cada oración es cierta o falsa. Si es falsa, corrígela.

Las redes sociales en Latinoamérica*

Aunque el uso de redes sociales ha llegado a ser ubicuo en muchas partes del globo, Latinoamérica ocupa un lugar especial: comparado con el resto del globo, las redes sociales se utilizan más, y por más tiempo, en Latinoamérica que en ninguna otra región del mundo, según estudios realizados por la Comisión Económica para América Latina y el Caribe (CEPAL) y ComScore.

---

*Source: "La nueva revolución digital," *Comisión Económica para América Latina y el Caribe (CEPAL — Naciones Unidas) para la Quinta Conferencia Ministerial sobre la Sociedad de la Información de América Latina y el Caribe*, August 5, 2015. http://www.antel.com.uy/ documents/263859/415788/la-nueva-revolucion-digital.pdf/ceddc52e-3d99-4e8c-bb42-83ed33bbc075;

El uso de redes sociales depende de la penetración de Internet en cada país/región, y por eso varía mucho: el 70% de chilenos es usuario del Internet, mientras en Nicaragua solo 20% de la población tiene acceso.

Pero según CEPAL, entre los usuarios de Internet, la gran mayoría, el 78%, utiliza redes sociales. Y entre los usuarios de redes sociales, predomina Facebook, con más de 120 millones de usuarios registrados en Latinoamérica, entre la población total de 620 millones. En México hay más de 23 millones de usuarios de Facebook, casi el 20% de la población total. En Chile, el número de usuarios son 10 millones, que tal vez no parece mucho, pero hay que tomar en cuenta que es un país de 18 millones de personas.

Entre los usuarios de redes sociales en Latinoamérica, Facebook es el sitio más popular.

Más asombroso que los números de usuarios es la cantidad de tiempo que pasan algunos latinoamericanos en redes sociales: un promedio de más de 7,5 horas cada mes según ComScore, número que supera al resto del mundo fácilmente. Obviamente, este promedio comprende[a] una gran variedad de hábitos de consumo, desde los adictos que lo usarían veinticuatro horas al día si pudieran, hasta otros que lo utilizan una o dos veces por mes.

Porcentaje de la población que usa Facebook, por país

(gráfico de barras: Argentina, Bolivia, Chile, Colombia, Costa Rica, Ecuador, El Salvador, Guatemala, Honduras, Nicaragua, Panamá, Paraguay, Perú, República Dominicana, Uruguay, Venezuela. Eje vertical: 0%, 12%, 24%, 36%, 48%, 60%)

[a]*includes*

Sources, continued: "Usuarios de Facebook en América Latina," *Lainx.com*, April 26, 2011. www.lainx.com; "Latinoamérica: ¿Una región fanática de Facebook?," *América Económica*, March 9, 2016. www.tecno.americaeconomica.com; "Latinoamérica es la región que más tiempo pasa dentro de las redes sociales," *La Voz*, June 15, 2012. www.lavoz.com.ar; *Corporación Latinobarómetro*, undated. www.latinobarometro.org

	CIERTO	FALSO
1. El uso de redes sociales en Latinoamérica es igual al de otras regiones del globo.	_____	_____
2. Existe una relación entre el uso de redes sociales y el acceso al Internet.	_____	_____
3. Más de la mitad de la población ecuatoriana utiliza Facebook.	_____	_____
4. Por cada tres personas en México, una tiene cuenta en Facebook.	_____	_____
5. Se puede inferir que el acceso al Internet es limitado en El Salvador.	_____	_____
6. Todos los latinoamericanos pasan más de 7,5 horas por mes en redes sociales.	_____	_____

PASO 2. Primero, llena los espacios en blanco con el subjuntivo de cada verbo entre paréntesis. Luego, según la información que leíste en el **Paso 1,** elige la palabra lógica para completar cada oración.

1. Me sorprende el hecho de que las redes sociales _____ (ser) _____ (tan / poco) populares en Latinoamérica.

2. ¡La idea de que _____ (más / menos) de la mitad de los argentinos _____ (utilizar) Facebook es increíble!

3. El hecho de que algunas personas _____ (pasar) _____ (más / menos) de siete horas mensuales en redes sociales me asombra.

4. ¿Te extraña el que _____ (haber) _____ (más / menos) usuarios de redes sociales en Nicaragua que en Chile?

5. El hecho de que muchos chilenos _____ (ser) usuarios de Facebook refleja la disponibilidad del Internet en el país.

▶️ D. ¿Qué opinan los demás?

PASO 1. Las personas entrevistadas responden a las siguientes preguntas. Escribe por lo menos cinco palabras del vocabulario de este capítulo que probablemente van a incluir en sus respuestas.

- ¿Le sorprende el final de este cortometraje? ¿Qué pensaba Ud. que iba a suceder al final?

- ¿Tiene Ud. un teléfono celular? ¿Para qué tipos de comunicación lo utiliza? ¿Cómo prefiere Ud. comunicarse?

- ¿Cómo han cambiado los medios de comunicación durante su vida? ¿Qué opina Ud. de estos cambios?

- ¿Nota Ud. alguna diferencia entre la generación mayor y la generación más joven en cuanto a la manera en que se comunican? ¿Cuáles son algunas de estas diferencias?

- ¿Qué importancia tienen las redes sociales en su vida? ¿Cree Ud. que tienen una influencia positiva por la mayor parte? ¿Por qué sí o no?

1. _____ 2. _____ 3. _____ 4. _____ 5. _____

PASO 2. Primero, empareja las oraciones complejas de manera lógica. Luego, llena los espacios en blanco con el presente de indicativo o subjuntivo de los verbos entre parentesis, según el contexto.

___ 1. Me parece que doña Orfa está muerta en vida y don Teo lucha. El cortometraje muestra que la muerte llega rápido...

___ 2. Me parece que don Teo está contando los minutos porque también cree que ella va a morir...

___ 3. Después de la llegada de Facebook, los celulares y los medios sociales,...

___ 4. Aunque ___ (tener) celular y lo uso mucho,...

___ 5. Cuandoquiera que ___ (haber) nueva tecnología social,...

___ 6. Según lo que ___ (decir) Irma,...

a. a veces la gente se mete en problemas a causa de las redes sociales.

b. prefiero comunicarme en persona.

c. sin que alguien lo ___ (esperar).

d. cuando _____ (terminar) los doscientos minutos.

e. algunas personas se comunican menos verbalmente, a menos que lo ___ (hacer) deliberadamente.

f. los jóvenes la van a adoptar fácilmente.

PASO 3. Primero, lee las siguientes citas. Luego, mira las entrevistas e identifica quién hace cada comentario, Nadja, Martín e Irma o Steve.

Nadja

Martín e Irma

Steve

© McGraw-Hill Education/ Klic Video Productions

Palabras útiles

acoplarse
   to adapt
chiva
   cool
los lazos globales
   global bonds
malinterpretar
   misinterpret, misunderstand
predecible
   predictable
renunciado/a
   resigned
un sinnúmero
   a great many

_____ 1. «Han cambiado en los últimos años muchísimo, yo creo que para bien. Especialmente en la computadora, ahora puedes encontrar prácticamente todo, todo lo que quieras ahí lo encuentras de cualquier parte del mundo, cualquier pregunta, cualquier país».

_____ 2. «En donde veo que la generación menor es mucho más rápida en acoplarse a las nuevas maneras de comunicación. Y son mucho más rápidos en aprender, en cómo se mueve la tecnología, que las personas de generación mayor».

_____ 3. «Para mí el mensaje era no hay que estar esperando a la muerte. Hay que vivir la vida y que la muerte llegue y le llegó más rápido a él que a ella y ella está muerta en vida».

_____ 4. «Yo prefiero comunicarme frente a frente, pero no se puede todo el tiempo, así que una llamada telefónica normalmente me gusta más que un mensaje de texto, ya que los mensajes de texto se pueden malinterpretar, como me ha pasado muchas veces».

_____ 5. «Las redes sociales tienen una influencia positiva porque la forma, es dependiendo de cómo uno lo utilice. La forma en que lo utilizo es para hacer que esos lazos globales se unan y tenga la capacidad de comunicarme a nivel internacional con gente».

_____ 6. «Una de las cosas que yo noto más y yo creo que Irma también, de que las generaciones mayores siempre hablamos, hablan mucho. Los jóvenes o es texto o es Facebook o son emails».

PASO 4. En parejas, contesten las preguntas.

1. Según Nadja, ¿cuál era el mensaje central de «Minuto 200»? _____
_____

2. ¿Por qué le sorprendió a Martín el final del cortometraje? _____
_____

3. ¿En qué difieren Martín e Irma, en cuanto al uso del celular? _____
_____

4. ¿Cómo describe Steve su niñez, en cuanto a la comunicación con los amigos? ¿Cómo es diferente hoy? _____
_____
_____

5. ¿Qué diferencias generacionales ve Nadja en la manera en que las personas se comunican? _____

PASO 5. En parejas, conversen sobre sus propias ideas con respecto a las preguntas del **Paso 1.**

Comprueba tu progreso

Let's put into practice what you have learned about the subjunctive in adverbial clauses and set phrases. Here, Pedro and Elisa are speaking with their father about the role of social media in their lives. Complete their conversation with the present indicative, the present subjunctive, or the infinitive of the verb in parentheses. Check your answers when you're finished!

PADRE: Uds. viven en un mundo que yo no conozco. Antes de que _____[1] (*Uds:* levantarse) ya están pegados al móvil. Mientras _____[2] (*Uds.:* desayunar) ni se miran, y el hecho de que nosotros no _____[3] (ser) capaces de comunicarnos cara a cara me parece vergonzoso.

PEDRO: Pero, Papá, por mucho que _____[4] (*tú:* quejarse) del tiempo que pasamos en las redes sociales, la situación no va a cambiar a menos que todos nuestros amigos _____[5] (dejar) de usar sus móviles.

ELISA: Pedro tiene razón. Aunque yo _____[6] (reconocer) que no es sano, es la realidad del mundo en que vivimos. Para que _____[7] (*tú:* poder) comprender, las redes sociales son para nosotros como una tertulia (*discussion group*) constante.

PADRE: ¡Sí, pero es una conversación en la que yo no puedo participar!

PEDRO: Y ¿por qué no? ¡Tú también nos puedes textear cuando _____[8] (querer)!

ELISA: Y yo te voy a invitar a mi página de Facebook, ¡de modo que todos nosotros _____[9] (empezar) a comunicarnos más!

PEDRO: Mira, Papá, _____[10] (*tú:* querer) o no, el mundo virtual es el mundo en que nos movemos. Hasta que no _____[11] (inventarse) otra forma de comunicación más efectiva, tenemos que adaptarnos a esta realidad.

PADRE: Ay, pero no sé ni dónde empezar. ¡Es como lanzarme del trampolín sin _____[12] (tener) entrenamiento previo!

Respuestas

IV. CONTEXTOS SOCIALES

A. Las creencias religiosas*

El naturalismo busca explicar el mundo según un punto de vista científico, el que aborda[a] la realidad empírica que se puede observar, medir y comprobar. Lo sobrenatural, en cambio, describe fenómenos que la ciencia no explica, sino que transcienden o que pueden estar más allá del conocimiento científico.

Los elementos sobrenaturales caracterizan la mayoría de las religiones. Una religión generalmente incluye la creencia en un dios o dioses, mitos que explican varios aspectos del mundo y de los seres humanos, algún tipo de comunicación con la divinidad y rituales que se asocian con la práctica de esta religión. La historia religiosa de Latinoamérica refleja múltiples influencias que se manifestaron de un modo único en esta región.

Para los mayas, los animales mitológicos son dioses que protegen su medio ambiente.

© McGraw-Hill Education/Barry Barker

---

[a]el... *one that deals with*

 PASO 1. Lee la información sobre la religión en el mundo hispanohablante. Luego, escucha las siguientes oraciones y determina si son ciertas o falsas según los datos. Si la oración es falsa, corrígela.

La religión en el mundo hispanohablante

Hoy en día la Iglesia tiene influencia en los hitos[a] de la vida —el bautismo, el matrimonio y los funerales— pero la mayoría de los españoles ya no asiste a la misa. Aunque el 69% de la población se identifica como católico, muy pocos practican una religión habitualmente, solamente el 13,7%. Una minoría de la población, el 3%, profesa una creencia en otra religión aparte del catolicismo. De hecho, unos datos mundiales revelan que España es el quinto país del mundo con el mayor número de ateos. Aproximadamente el 25% de los españoles se identifica como no creyentes o como ateos.

Actualmente en Latinoamérica, el 84% de las personas informa que fue criado católico, pero solamente el 69% dice que es católico hoy en día. Aunque el catolicismo todavía predomina en Latinoamérica, el protestantismo va en aumento.[b] Mientras solamente el 9% dice que fue criado protestante, el 19% se identifica como protestante hoy en día. El 8% de los latinoamericanos informa que no tiene ninguna afiliación religiosa.

---

[a]*milestones*   [b]va... *is on the rise, is increasing*

*Source: "Religion in Latin America," *Pew Research Center*, November 13, 2014. http://www.pewforum.org; "Creencias religiosas en España," *EU Business School*, Accessed February 27, 2017. http://www.studycountry.com/es/guia-paises/ES-religion.htm; de Diego, Sara, "España, el quinto país del mundo con mayor número de ateos. Tailandia, el más creyente," *El Confidencial*, April 13, 2015. http://www.elconfidencial.com; Nafría, Ismael, "Creencias y prácticas religiosas en España," April 2, 2015. *La Vanguardia*. http://www.lavanguardia.com

La religión en Hispanoamérica					
PAÍS	% CATÓLICO	% PROTESTANTE	% SIN AFILIACIÓN	% OTRO	% ASISTE A UN SERVICIO RELIGIOSO CADA SEMANA
Argentina	71	15	11	3	20
Bolivia	77	16	4	3	41
Chile	64	17	16	3	19
Colombia	79	13	6	2	50
Costa Rica	62	25	9	4	51
Ecuador	79	13	5	3	38
El Salvador	50	36	12	3	61
Estados Unidos (los hispanos)	55	22	18	5	40
Guatemala	50	41	6	3	74
Honduras	46	41	10	2	64
México	81	9	7	4	45
Nicaragua	50	40	7	4	55
Panamá	70	19	7	4	48
Perú	76	17	4	3	35
Puerto Rico	56	33	8	2	47
República Dominicana	57	27	18	2	48
Uruguay	42	15	37	6	13
Venezuela	73	17	7	4	26

CIERTO   FALSO

1. _____   _____

2. _____   _____

3. _____   _____

4. _____   _____

5. _____   _____

6. _____   _____

7. _____   _____

8. _____   _____

PASO 2. Es difícil sobrestimar (*to overestimate*) la influencia del cristianismo, en particular la de la Iglesia católica, en la historia del mundo hispanohablante. Lee sobre el catolicismo y contesta las preguntas.

El catolicismo

El cristianismo llegó a la península ibérica en los primeros siglos d.C.[a] cuando era parte del Imperio romano. En el año 711 d.C., unos grupos de seguidores[b] de la religión del islam invadieron y pocos años después empezó el esfuerzo por parte de los cristianos de reconquistar el territorio, una época de casi ocho siglos de batallas entre los musulmanes y los cristianos. El mismo año en que los cristianos vencieron el último reino musulmán, Cristóbal Colón hizo su primer viaje para las Américas, lo cual abriría el paso para la colonización de Latinoamérica, motivada en parte por intereses económicos y el celo[c] de llevar el cristianismo al Nuevo Mundo.

© Hulton Archive/Getty Images

El cuadro *El primer desembarco* del pintor español Dióscoro Puebla, del año 1862, muestra la llegada de Cristóbal Colón y los otros marineros llevando cruces y banderas.

---

[a]después de Cristo [b]*followers* [c]*zeal*

Después del encuentro entre los pueblos indígenas y los españoles, la monarquía española siguió comprometida[d] a explotar a los indígenas y salvar sus almas por el dios cristiano, a la fuerza.

España rechazó y luchó contra las reformas protestantes europeas del siglo XVI, las cuales echaron raíces[e] en Inglaterra y los Países Bajos.[f] Las sangrientas guerras entre los países católicos y los protestantes, la secta cristiana nueva, caracterizarían esta época de la historia europea. Los protestantes criticaban el poder, la jerarquía, el énfasis en los rituales y la corrupción del catolicismo.

A pesar de la influencia del protestantismo en otros países europeos, la Iglesia católica, liderada por el Papa en el Vaticano, siguió influyendo en muchos aspectos la vida de los españoles y los latinoamericanos, incluso en los gobiernos. Por ejemplo, durante la Guerra Civil española, la Iglesia apoyó a los nacionalistas en el conflicto y el otro lado, los republicanos, cometió actos anticlericales[g] para expresar su ira contra el poder de esta institución. Durante la dictadura de Francisco Franco, líder de los nacionalistas en la Guerra Civil, la Iglesia católica apoyó su gobierno. Por otra parte, en algunos momentos históricos, los curas se han desviado de[h] la política oficial de la Iglesia católica por motivos políticos y sociales. Por ejemplo, en la lucha por la independencia de México de España, los curas jugaron un papel importante en la rebelión contra la corona española. De la misma manera, durante las guerras civiles centroamericanas, algunos curas promovieron la teología de liberación, una ideología que promovía la justicia social para los pobres, en contra de la doctrina oficial de la Iglesia católica, según algunos Papas.

---

[d]*committed* [e]*echaron... became established* [f]*The Low Countries, an area of western Europe that includes the Netherlands and Belgium* [g]movimiento político en contra de la influencia religiosa en el gobierno y la sociedad [h]*se... have not turned away from*

Comprensión

___ 1. ¿Cuándo apareció la religión cristiana en la península ibérica?

    a. en el quinto siglo a.C.

    b. en el año 711 d.C.

    c. en los primeros siglos d.C.

___ 2. Durante la Reconquista entre 718 y 1492, ¿qué religiones lucharon entre sí por el control de la península ibérica?

    a. el islam y el cristianismo

    b. el catolicismo y el protestantismo

    c. el islam y el judaísmo

___ 3. ¿Qué ideas tenía la monarquía española sobre la religión en las tierras descubiertas en las Américas?

    a. A los reyes les interesaba incorporar algunas de las ideas religiosas de los pueblos indígenas a las creencias católicas.

    b. Los reyes católicos aceptaron el judaísmo, el islam o el cristianismo en sus colonias.

    c. Los reyes se comprometieron a (se... *were committed to*) obligar a los pueblos indígenas a que se convirtieran al cristianismo.

___ 4. ¿En el siglo XVI, cómo reaccionó España a la reforma protestante?

    a. La aceptó como una variación de la religión cristiana.

    b. La rechazó.

    c. La reconoció como una secta musulmana válida.

___ 5. En el siglo XX, ¿cómo se manifestó la presencia de la Iglesia católica en el estado y la política españoles?

a. Apoyó a los nacionalistas durante la Guerra Civil y al dictador Francisco Franco durante su régimen.

b. Expresó su frustración por el liderazgo de Francisco Franco durante la Guerra Civil.

c. Participó en acciones anticlericales.

___ 6. ¿Qué papel tuvieron algunos curas en conflictos en Latinoamérica?

a. Ayudaron a los españoles que vivían en Latinoamérica durante la lucha por la independencia en el siglo XIX a escaparse de estos países.

b. Apoyaron la rebelión contra la corona española en el siglo XIX y la teología de liberación en las guerras centroamericanas del siglo XX.

c. Se negaron a involucrarse en la política en Centroamérica durante el siglo XX, aunque la Iglesia católica exigía su participación.

 PASO 3. En parejas, conversen sobre las preguntas.

1. ¿Qué elementos de las varias tradiciones cristianas observas a tu alrededor?

2. ¿Qué papel tiene la religión al nivel nacional en tu país?

3. ¿Cómo caracterizarías las creencias de las personas de tu familia o comunidad?

4. ¿Hay conflictos en tu comunidad o país con relación a las creencias religiosas? Explica.

5. ¿Por qué crees que la religión ha provocado tantos conflictos durante la historia del ser humano?

PARA TU INFORMACIÓN: LA VIRGEN DE GUADALUPE

La Virgen de Guadalupe es la santa patrona de México, inspiración de fe para millones de personas. Según la tradición católica y relatos en náhuatl, en 1531 un campesino, Juan Diego Cuauhtlatoatzin, oyó una voz llamándolo a la cumbre (*summit*) de un cerro (*hill*). Allí, vio a la Señora, quien le dijo que debería construir un templo en su nombre. Ante las dudas del obispo y los demás franciscanos, realizó varios milagros con la ayuda de la Señora —debido a los cuales lo canonizaron (lo... *declared him a saint*)— y construyeron el templo de María Siempre Virgen, y Nuestra Señora de Guadalupe se convirtió en la figura religiosa más importante de la época moderna en Latinoamérica.

© Yuri Cortez/AFP/Getty Images

Un peregrino (*pilgrim*) en camino a la Basílica de Guadalupe en la Ciudad de México muestra dos imágenes de la Virgen de Guadalupe.

B. El sincretismo religioso en Latinoamérica

Primero, lee sobre el sincretismo religioso en Latinoamérica. Luego, empareja los términos con sus descripciones.

El sincretismo religioso en Latinoamérica*

Cuando emprendieron[a] los españoles la conquista del Nuevo Mundo, uno de los propósitos era propagar la fe cristiana. Los indígenas de las Américas se vieron obligados a abandonar sus propias creencias o enfrentarse a la ira de los conquistadores, quienes ya tenían permiso del Papa y los Reyes Católicos de matar a los enemigos de la Iglesia (todos los que no aceptaron convertirse al cristianismo se consideraron

San Simón de Guatemala, figura sincrética de un santo católico y la deidad maya «Maam»

automáticamente en enemigos del catolicismo). Pero, a pesar de los intentos de borrar completamente las creencias paganas, perduraron muchos elementos de estas religiones.

El sincretismo religioso se refiere a la conciliación de múltiples creencias de distintas religiones. Los santos católicos se parecían, según algunos antropólogos, a la multitud de dioses menores de las tradiciones prehispánicas, y para algunos de los primeros cristianos indígenas era una simple cuestión de transferencia de nombres. El énfasis en los santos por parte de los indígenas era causa de preocupación entre los clérigos en la época colonial. La figura de la Virgen, por ejemplo, es especialmente venerada por los católicos latinoamericanos; como la madre de Dios, según algunos historiadores, correspondía a una figura importante en las creencias de los indios mexicas: Tonantzín, la madre de los dioses. Se puede considerar la aceptación de la Virgen por parte de los indígenas como emblemática del sincretismo religioso en Latinoamérica.

Una adivina de la santería en La Habana, Cuba

Otro ejemplo del sincretismo religioso es la santería, una religión afrocubana en la que se combinan las creencias de la gente yoruba (gente africana que se trajo al Caribe como esclavos) con algunas creencias católicas.

Los dioses o espíritus de la santería se llaman **orishas.** A veces se parecen a los seres humanos en sus representaciones. Cada orisha tiene ciertas características y habilidades, como la habilidad de

---

[a]*undertook; set forth on*

*Source: "Sincretismo religioso en América Latina y su impacto en Colombia," *Seminario Bíblico de Colombia,* undated. www.unisbc.edu.co; "Sincretismo," *caserita.info,* undated. www.info.caserita.com; "Los orígenes de la celebración de la Virgen de Guadalupe," *Correo del Sur,* September 14, 2005. www.correodelsur.com; "Santeria," *BBC Religion,* undated. www.bbc.co.uk/religion

curar enfermedades. Además, se asocian con ciertos números o colores. Actualmente, en Cuba, los orishas son combinados con los santos católicos. Tanto los hombres como las mujeres pueden ser sacerdotes de la santería y se llaman **santeros** o **santeras.** Se comprometen a servirle a un orisha particular. Los rituales incluyen el sacrificio de animales para darles de comer a los orishas y consultar a los antepasados por medio de los orishas para consejos sobre matrimonios y otros eventos importantes.

Comprensión

___ 1. La Virgen

___ 2. Los orishas

___ 3. Tonantzín

___ 4. Los yoruba

___ 5. La santería

a. Los espíritus que ayudan a los seres humanos, según sus creyentes

b. Un grupo étnico originalmente de África

c. Una combinación de creencias católicas y tradiciones del pueblo yoruba

d. La madre de Jesucristo, y la santa patrona de millones de católicos

e. Una figura religiosa indígena, parecida a La Virgen María

Antes de leer

C. La gente k'iche'*

PASO 1. Primero, lee la lectura. Luego, en parejas, lean las oraciones que siguen. Todas son falsas. Túrnense para corregirlas.

La gente k'iche'

La civilización maya consiste en varios grupos étnicos que vivían y cuyos descendientes todavía viven en partes de México, Belice, Guatemala y Honduras. La palabra **k'iche'** o **quiché,** que quiere decir «muchos árboles», se refiere a la gente k'iche', uno de los grupos indígenas de la gran civilización maya de Centroamérica.

Una señora y un niño mayas en Chichicastenango, Guatemala, una ciudad donde la mayoría de la gente es de la etnia k'iche'.

K'iche' también se refiere a la lengua que habla la mayoría del grupo étnico k'iche'. Actualmente, más de un millón de guatemaltecos hablan k'iche', la mayor de las 23 lenguas mayas de Guatemala. Es el mismo idioma precolombino que se ve en las crónicas de la Conquista, y en el famoso *Popol Wuj* (o *Popol Vuh*), el libro sagrado del pueblo maya guatemalteco. Como la Biblia del cristianismo, el *Popol Wuj*, o «libro de consejo», narra la creación del mundo y de los primeros seres humanos. Se exponen también los valores culturales, el pensamiento filosófico y el conocimiento científico de esa gran civilización.

---

*Source: "K'iche," *UNESCO*, undated. http://www.unesco.org.uy/ci/fileadmin/phi/aguaycultura/ Guatemala/k_ichie__-_informacion_principal.pdf; Hart, Thomas, *The Ancient Spirituality of the Modern Maya*, University of New Mexico Press, 2008.

Hoy en día, las creencias y ceremonias de la gente k'iche' reflejan las tradiciones precolombinas. El agua pura es de alta importancia en los rituales. Simboliza los chacs (aspectos del dios de la lluvia) que corresponden a los cuatro puntos cardinales.[a] Los puntos cardinales figuran en los rituales, el arte y el folclor de la gente k'iche' y se asocian con ciertos colores: rojo para el este, negro para el oeste, blanco para el norte y amarillo para el sur. Significan la importancia de las fuerzas naturales en la vida y en la comprensión de la realidad por parte de los seres humanos.

Otra idea fundamental en la cultura maya es la predestinación. La predestinación es la idea de que el principio de la vida (del mundo o de una persona, por ejemplo) determina su futuro. El calendario maya de 260 días, que hasta hoy establece las fechas ceremoniales, es la base de un sistema astrológico complejo, y el nombre del día en que nace una persona predice los rasgos de su personalidad.

_____
[a]puntos... *compass points*

¡A corregir!

MODELO: E1: La civilización maya se encuentra en Sudamérica.

E2: No es cierto. La civilización maya se encuentra en Centroamérica.

1. La lengua de la gente k'iche' es náhuatl. _____

2. K'iche' es la única cultura maya. _____
   _____

3. El *Popol Wuj* (*Popol Vuh*) es una traducción (*translation*) de la Biblia. _____
   _____
   _____

4. No se observan los antiguos rituales religiosos hoy en día. _____
   _____

5. El libre albedrío (*free will*) es un tema importante en las creencias del pueblo k'iche'. _____

6. El calendario moderno ha reemplazado el antiguo calendario maya. _____
   _____

 PASO 2. En parejas, conversen sobre las preguntas.

1. ¿Qué sabes de la predestinación? ¿Qué opinas de esta creencia? ¿Crees que hay eventos predestinados en la vida?

2. En general, ¿qué asocias con ciertos colores? Da por lo menos tres ejemplos. Por ejemplo, ¿asocias algunos colores con emociones como la felicidad, la ira o la tristeza?

3. ¿Qué valor cultural o simbólico tiene el agua? ¿Con qué asocias el agua?

¡A leer!

© Glenn Bartley/All Canada Photos/Getty Images

Un quetzal es uno de los animales más venerados y valorados en las culturas mesoamericanas. Sus plumas servían de decoración simbólica en las prendas de ropa y los tocados (*headdresses*).

Como es el caso de muchas leyendas y mitos por todas partes del globo, los mitos k'iche' son de tradición oral, y algunos se han convertido en cuentos folclóricos: versiones simplificadas y modernizadas que explican el origen y las circunstancias del mundo. Como «La leyenda del colibrí», que explica la imposibilidad de guardar en jaulas el pequeño ave, o «El conejo y la Luna», que explica una de las figuras que se imaginan en la luna, «Quetzal no muere nunca» trata de una leyenda popular que hace alusión al antiguo mundo prehispánico de múltiples dioses y animales personificados.

«QUETZAL NO MUERE NUNCA»

—LEYENDA DE LOS K'ICHE' DE GUATEMALA

Quetzal era un valiente muchacho, hijo del poderoso cacique[a] de una tribu quiché. Era admirado y querido por todos. Esperaban de él grandes hazañas,[b] pues desde el día de su nacimiento habían notado en Quetzal muchas señales[c] de predestinación.

Cuando el joven llegó a la mayoría de edad y pudo participar en todos los asuntos de los guerreros[d] quichés, se reunió la tribu en un gran claro[e] del bosque para celebrar la ocasión. Primero, los músicos tocaron los tambores, después las flautas y más tarde la marimba. Entonces llegó el momento tan esperado cuando se daría a conocer el destino de Quetzal.

En medio de un silencio expectante, el adivino[f] más anciano se levantó de su asiento bajo el árbol de color coral. Lentamente y con dignidad, arrojó[g] a su alrededor con sabia mano los granos coralinos.[h] Los estudió por unos momentos, algo perplejo[i] y lleno de admiración. Al fin anunció claro y firme:

—Tu destino está decidido, Quetzal. No has de morir[j] nunca. Vivirás eternamente a través de generaciones de quichés.

Todas las personas reunidas se quedaron perplejas ante aquella profecía, y la admiración y el entusiasmo que tenían por Quetzal aumentaron.

Pero no toda la tribu amaba al muchacho. Había una persona a quien los éxitos de Quetzal le molestaban. Era Chiruma, el hermano del cacique.

Chiruma era casi tan joven como Quetzal y había soñado toda su vida con ser cacique. Pero ahora, después de escuchar la profecía del adivino, ¿cómo podría él realizar su ambición? Era indudable que Quetzal, admirado por todos y considerado casi un dios, sería el jefe de la tribu al morir su padre.

[a]*chief* [b]*deeds* [c]*signs* [d]*warriors* [e]*clearing* [f]*seer* [g]*threw* [h]*los... coral beads* [i]*perplexed* [j]*No... you will not die*

Poco después de la ceremonia en honor de Quetzal, él y los otros jóvenes de su edad participaron en una lucha contra el enemigo del sur. Chiruma aprovechó esta ocasión para no perder de vista[k] a Quetzal. Estaba perplejo al notar que las flechas[l] que rodeaban al joven nunca lo herían.[m] ¿Sería cierta la profecía que el adivino había hecho? Pero no, ¡aquello era imposible! ¿Cómo iba a vivir Quetzal a través de generaciones?

De pronto, Chiruma tuvo una idea.

—Ya sé —pensó—. Ya sé por qué la muerte respeta a Quetzal. Tiene algún amuleto poderoso[n] que lo protege y yo voy a robárselo cuando esté durmiendo.

Esa misma noche, cuando Quetzal dormía profundamente sobre su estera,[ñ] Chiruma se acercó a él con paso silencioso. Miró su pecho. El amuleto no estaba allí. Iba ya a irse cuando vio en la cabeza de la estera donde dormía el joven una pluma de colibrí.[o] Chiruma no dudó ni por un momento de que aquello era lo que buscaba. Con todo el cuidado posible, sacó la brillante pluma mientras sonreía de felicidad.

Entonces recordó lo que había dicho el adivino cuando nació Quetzal: que el colibrí era el símbolo de la buena suerte del niño.

Pasó algún tiempo y murió el cacique. Inmediatamente los ancianos eligieron a Quetzal para ser el nuevo jefe.

Chiruma, por supuesto, no dio ninguna seña[p] de su enojo. Estaba seguro de que muy pronto el nuevo cacique sin su amuleto poderoso podría ser vencido.

Cierta tarde, Quetzal, el nuevo cacique, paseaba por el bosque, solitario, armado de su arco y sus flechas. De súbito un colibrí hermoso descendió de un árbol y sin miedo se posó[q] sobre su hombro.

—Escúchame, Quetzal. Soy tu protector y vengo a prevenirte[r] de que la muerte te persigue. Guárdate de cierto hombre.

—¿De cuál hombre he de guardarme, hermoso colibrí? —preguntó el joven.

Pero el pájaro no pronunció ni una palabra más. Después de mirar unos instantes a Quetzal, emprendió el vuelo[s] y desapareció.

El joven, con una seña de incomprensión, continuó su camino. De pronto un agudo silbido[t] llegó hasta él y una flecha quedó clavada[u] en su pecho. Cayó sobre la hierba verde y cerró los ojos dispuesto a morir.

Pero los dioses habían predicho[v] su inmortalidad y Quetzal quedó convertido en un hermoso pájaro. Su cuerpo tomó el color verde de la hierba sobre la que había caído y su pecho conservó el color de la sangre. El sol dorado de la tarde puso en su larga cola una gran variedad de colores.

Así como lo predijo el adivino, y como lo quisieron los dioses, el joven y valiente cacique vive y vivirá para siempre en el país de los maya-quiché.

---

[k]perder... *to lose sight of* [l]*arrows* [m]*wounded* [n]*powerful* [ñ]*mat* [o]*hummingbird*
[p]*sign* [q]se... *landed on* [r]*warn you* [s]emprendió... *took flight* [t]un... *a sharp whistle* [u]*stuck in*
[v]*foretold*

Después de leer

D. Quetzal no muere nunca

PASO 1. Indica si las oraciones sobre la leyenda son ciertas o falsas. Si es una oración falsa, corrígela.

	CIERTO	FALSO
1. El padre de Quetzal era una persona poderosa e importante.	____	____
2. Durante una ceremonia entre los guerreros de la tribu, el adivino estudió la formación de las nubes en el cielo para saber el destino de Quetzal.	____	____
3. El destino de Quetzal era que iba a matar a otro hombre por venganza.	____	____
4. Chiruma quería matar a Quetzal porque le tenía celos.	____	____
5. El colibrí se posó sobre el hombro de Quetzal y le dijo que él tenía que matar a Chiruma.	____	____
6. El título, «Quetzal no muere nunca», se refiere al hecho de que aunque el joven ha dejado de ser humano, sigue viviendo con su gente en la forma de un pájaro.	____	____

PASO 2. Contesta las preguntas.

1. ¿Por qué esperaba la tribu muchas hazañas grandes de Quetzal? _____
   _____

2. ¿Qué actividades realizó la tribu para celebrar el momento cuando se daría a conocer el destino de Quetzal? _____
   _____

3. ¿Qué hizo el adivino más anciano para determinar el destino de Quetzal? Según el adivino, ¿cuál fue el destino de Quetzal?_____
   _____
   _____

4. ¿Quién era Chiruma? ¿Qué le parecían los éxitos de Quetzal? ¿Qué notó Chiruma durante una de las batallas en las que participaron él y Quetzal?
   _____
   _____
   _____

5. ¿Qué hizo Chiruma una noche mientras Quetzal dormía? ¿Qué esperaba lograr? _____
   _____

6. ¿Qué le dijo a Quetzal el colibrí que se posó sobre su hombro? _____
   _____

7. Poco después de recibir el mensaje del colibrí, ¿qué le sucedió a Quetzal?
   _____
   _____

PASO 3. En parejas, conversen sobre las siguientes preguntas.

1. ¿Crees que existe alguna fuerza que te controle la vida?

2. ¿Crees que algunas personas pueden adivinar el futuro? ¿Has visitado una vez a un adivino / una adivina? ¿Qué te dijo? ¿Se hizo realidad? ¿Qué aprendiste?

3. ¿Qué es un amuleto? ¿Conoces a alguien que tenga algún tipo de amuleto? Explica.

4. ¿Qué piensas de la idea de la reencarnación?

5. ¿Qué aspectos de la vida real (no sobrenaturales) se representan en esta leyenda? ¿Qué elementos de la sicología humana revela esta leyenda?

6. En tu opinión, ¿por qué se creó esta leyenda?

PASO 4. En grupos pequeños, piensen en otras leyendas que Uds. conocen que expliquen algún aspecto de nuestro mundo. Descríbanlas.

PARA TU INFORMACIÓN: EL SANTO NIÑO DE ATOCHA

© Brian Snyder/Reuters/Alamy

La figura del Santo Niño de Atocha se remonta a una leyenda del siglo XIII en Atocha, España, un pueblo cerca de Madrid. Atocha fue conquistado por los musulmanes. Los conquistadores encarcelaron a los cristianos y sus familias tenían que llevarles la comida. Sin esta ayuda, pasarían hambre (pasarían... *they would go hungry*). Pero, el califa (*caliph, Muslim leader*) de Atocha decretó que solamente los niños menores de 12 años tenían permiso para traerles comida a los prisioneros. Algunos prisioneros no tenían familiares tan jóvenes. Por consiguiente, algunas mujeres preocupadas por esta orden le rezaron a la Virgen de Atocha. Le pidieron un milagro para poder mantener a sus familiares encarcelados.

Luego, los niños del pueblo que iban a la cárcel informaron que habían visto a un niño que venía a la cárcel por la noche. El niño misterioso tenía un jarro de agua que nunca se vaciaba y una canasta que siempre tenía pan. Las mujeres que le habían pedido un milagro a la Virgen empezaron a sospechar que ella había mandado a su propio hijo, Jesucristo, para salvar la vida de los hombres. Se fijaron en que los zapatos de la estatua del niño Jesús estaban gastados, una señal de que había estado caminando mucho. Para comprobar su teoría, reemplazaron los zapatos gastados con zapatos nuevos. Pero, cuando volvieron, los zapatos estaban gastados de nuevo.

El niño se retrata vestido como un peregrino (*pilgrim*) del Camino de Santiago de la Edad Media. Lleva sombrero y una capa con la imagen de una concha (*shell*), símbolo importante para los peregrinos. En su mano izquierda, lleva un bastón (*cane*) sobre el que hay un jarro para el agua. En la mano derecha sostiene una canasta para la comida. Los españoles llevaron la leyenda del niño a las Américas y es popular en algunos países del mundo hispanohablante. Se cree que el Santo Niño de Atocha todavía les hace milagros a los que primero le pidan ayuda a su madre, la Virgen María.

E. ¿Qué opinan los demás?

PASO 1. Las personas entrevistadas contestan las siguientes preguntas. Escribe por lo menos cinco palabras del vocabulario de este capítulo que probablemente van a incluir en sus respuestas.

- ¿Qué papel tiene la religión en su cultura o país? ¿Tiene mucho poder una organización religiosa? ¿Es la religión una fuerza positiva en su comunidad?
- ¿Cuáles son algunas de las creencias religiosas comunes de su comunidad o país?
- ¿Qué historias o figuras religiosas son importantes en su familia?
- ¿Cree Ud. en el destino? ¿Cree Ud. que existe alguna fuerza o espíritu que afecte las vidas de los seres humanos?
- ¿Tiene Ud. algunas supersticiones? ¿Cuáles son?

1. _____ 2. _____ 3. _____ 4. _____ 5. _____

PASO 2. En parejas, túrnense para leer en voz alta las ideas expresadas por los entrevistados. Expliquen si sus ideas describen las ideas y comunidades de Uds.

> **MODELO:** La idea: Mi madre fue la que me puso en la Iglesia católica. Me hizo ir a, básicamente, la escuela bíblica y hacer mi bautismo y mi comunión y mi confirmación y todo eso. Ella me estaba criando bastante tradicionalmente.
>
> E1: En mi comunidad, hay dos iglesias católicas y tienen un papel importante en el pueblo. Pero mis padres no me criaron para ser una persona religiosa. Ellos no iban a ningún servicio religioso y me decían que podía tomar una decisión sobre esto en el futuro.
>
> E2: Mi experiencia era más como la de Steve. Mi familia es judía y mis padres me hicieron participar en todas las celebraciones sagradas de mi religión.

1. La religión tiene muchísimo poder en mi país.
2. Creo en el espíritu o una fuerza mayor que nos mueve, pero súper abierta, o sea, Dios, Alá, ya no importa.
3. Cuando dos cucharas caen en forma de cruz, en mi casa me decía mi mamá, «¡Quita esa cruz! porque cuando pasa eso, estás atrayendo la muerte. Que alguien se va a morir».
4. Las figuras religiosas que tenemos son Jesucristo, la Virgen María, el Niño Jesús y la Virgen de Guadalupe.
5. Mucha gente va a misa todos los domingos, a veces hasta dos, tres, cuatro veces por semana y algo que se toma sumamente serio.
6. Creo en el destino. Pienso que todos nosotros estamos destinados a hacer una o dos cosas.

PASO 3. Primero, lee las oraciones sobre las entrevistas. Luego, mira las entrevistas. Por último, empareja cada oración con la persona a la cual corresponde: Nadja, Martín e Irma o Steve. **¡OJO!** A veces hay más de una posibilidad.

© McGraw-Hill Education/ Klic Video Productions

© McGraw-Hill Education/ Klic Video Productions

© McGraw-Hill Education/ Klic Video Productions

Nadja   **Martín e Irma**   **Steve**

<table>
<tr><td>_____</td><td>1. Jesucristo es una figura religiosa muy importante.</td></tr>
<tr><td>_____</td><td>2. Una superstición común es la idea de que no debes caminar debajo de una escalera.</td></tr>
<tr><td>_____</td><td>3. Domina sobretodo el catolicismo en su país.</td></tr>
<tr><td>_____</td><td>4. Cree en algún tipo de destino.</td></tr>
<tr><td>_____</td><td>5. Cree que el gobierno y la religión deben de ser separados.</td></tr>
<tr><td>_____</td><td>6. En su región natal, el Santo Niño de Atocha es muy importante.</td></tr>
</table>

PASO 4. Contesta las preguntas sobre las entrevistas.

1. ¿Cuáles son las creencias religiosas de Nadja? _____
   _____

2. Según los Delfín, además del catolicismo, ¿cuáles son otras religiones importantes en México? _____

3. ¿En qué superstición creía la mamá de Martín? _____
   _____

4. ¿Con qué frecuencia va a la misa mucha gente en Puerto Rico, según Steve?_____

5. ¿Qué celebraciones religiosas son importantes en Puerto Rico? _____

6. ¿Qué superstición menciona Steve? _____
   _____

 PASO 5. En parejas, conversen sobre sus propias ideas sobre las preguntas del **Paso 1.**

 COMPROMISO CON LA COMUNIDAD: CONOCER A LAS COMUNIDADES RELIGIOSAS

Casi todas las organizaciones religiosas se comprometen a realizar actividades benéficas en su comunidad. Muchas agradecen ayuda de individuos que no formen parte de su comunidad religiosa. Además, algunos grupos organizan celebraciones o festivales que están abiertos al público. Investiga estos tipos de oportunidades para ayudar y conocer a gente de diferentes religiones y creencias religiosas que difieran de las tuyas. La comprensión mutua beneficia toda la comunidad.

Palabras útiles

al fin y al cabo
  in the end
inculcar
  to instill; to teach
persignarse
  to make the sign of the cross
la rasta
  Rastafari, a religion created in Jamaica in the 1930s
el riesgo
  risk
el roce
  an area of friction

V. CONTEXTOS EXPRESIVOS

A. Escritura: El papel de la religión en mi comunidad, país o la sociedad en general

Al final de esta actividad vas a escribir una entrada de blog en la que presentas un argumento sobre la relación entre la religión y tu comunidad, país o la sociedad en general.

Antes de escribir: Formular tu tesis

La tesis debe tener tres elementos básicos, los cuales se pueden expresar en más de una oración.

- la hipótesis: lo que propones probar, introducido con una frase de concesión cuando sea posible
- las razones por las cuales se debe aceptar la hipótesis
- una explicación de por qué a tu lector/lectora le debe importar este tema

Pasos para escribir una tesis

Paso 1. Elige uno de los siguientes temas.

- el derecho de rezar en las escuelas públicas
- la ordenación de mujeres como curas u otros líderes religiosos
- la posibilidad de la coexistencia de la religión y la ciencia
- el derecho de negarse a tener ciertos tratamientos médicos por motivos religiosos
- la separación entre iglesia y estado
- los efectos de la introducción del protestantismo evangélico en las culturas hispanas católicas o en otras culturas del mundo

Paso 2. Crea unas preguntas sobre el tema que eliges.

TEMA MODELO: la expectativa de que un candidato político / una candidata política debe profesar sus creencias religiosas durante una campaña

¿Deben los candidatos políticos compartir sus creencias religiosas durante una campaña? ¿Cuáles son los efectos, positivos o negativos, de esta tradición? ¿Por qué existe esta tradición? ¿Cuándo empezó? ¿Qué pasaría si un candidato ateo / una candidata atea se postulara para ser presidente? ¿Deben los votantes tener en cuenta las creencias religiosas de un candidato / una candidata?

Paso 3. Elige una de las preguntas.

¿Deben los votantes tener en cuenta las creencias religiosas de un candidato / una candidata?

Paso 4. Crea tu respuesta a esta pregunta.

No, en general no deben tenerlas en cuenta, a menos que sean ideas peligrosas.

Paso 5. A base de tu respuesta, escribe una oración (o oraciones) de tesis preliminar(es) para explicar lo que vas a decir sobre este tema. Además, se debe admitir la perspectiva de alguien que tenga otra opinión. A continuación hay un ejemplo de una oración de tesis fuerte y algunas oraciones débiles.

Estrategia: La tesis

A thesis is a statement that presents a hypothesis about a topic for which there is disagreement or uncertainty. A thesis does not simply announce the topic of a paper, rather it attempts to answer an important question and make an argument. A thesis should not make a statement about something that is merely an observation, is obvious, or about which there is no reasonable disagreement. For example, stating that many people believe a certain thing would not be a thesis. Similarly, arguing that access to education, health care, or communication systems is important would probably not elicit many counter-arguments. A thesis may consist of one statement or of several statements, which are tied together in a logical manner. In constructing your thesis you can expect revisions, even after completing several drafts.

Frases útiles para una oración de tesis

a causa de
because of
a diferencia de
unlike, in contrast to
a pesar que
despite, in spite of
aunque muchas personas
although many people
creen/dicen/ observan/opinan
believe/say/ observe/think
dado que
given that
debido a
due to
en vista de que
considering that
está relacionado con
is related to
por las siguientes razones
for the following reasons
pretendo/deseo argumentar que
I intend to argue that

EJEMPLO DE UNA TESIS FUERTE

Aunque muchas personas opinan que una creencia religiosa refleja el carácter moral de un candidato político / una candidata política, pretendo argumentar que los votantes no deben considerar sus creencias religiosas —a menos que sean peligrosas— por dos razones. Primero, no existe una relación entre el carácter moral personal y las creencias religiosas. Segundo, la discusión de la religión en nuestro discurso político puede tener una influencia negativa en la democracia. Una democracia vibrante debe rechazar la tradición política de celebrar las creencias religiosas personales de los candidatos políticos.

EJEMPLOS DE TESIS QUE SON INSUFICIENTES	CRÍTICA
Cuando se estudia el papel de la religión en la política se nota que para ser elegido, es necesario profesar sus creencias abiertamente. En este ensayo, se examinarán ejemplos de esta tendencia.	Esta oración no contiene una conclusión sobre lo que se pretende demostrar. Es más bien una descripción de cómo se piensa llevar adelante el trabajo, cómo se presentará la información.
Algunos políticos se aprovechan de la religión para beneficiarse o para inflamar la discriminación en contra de un grupo religioso.	La oración es una descripción obvia de lo que hacen algunos políticos.
Hay que tener fe en los líderes políticos porque nadie es perfecto y todos tienen sus puntos fuertes y sus puntos débiles.	La idea contiene unos clichés, «nadie es perfecto», y «todos tienen sus puntos fuertes y sus puntos débiles». Presenta una idea obvia y demasiado general.
En mi opinión, todo está en las manos de Dios. Por lo tanto, no debemos preocuparnos por lo que digan los políticos durante la campaña, porque Dios elegirá al mejor candidato / a la mejor candidata.	Esta idea depende de la perspectiva personal del escritor / de la escritora en lugar de evidencia objetiva.

¡A escribir!

Ahora, elige uno de los temas (del **Paso 1**) relacionados al papel de la religión en la sociedad. Sigue los pasos de arriba para formular tu tesis. Escribe una entrada para tu blog de por lo menos cinco párrafos, con una introducción y una conclusión. Tu tesis debe aparecer al final de la introducción. Muestra evidencia en el ensayo que demuestre que has tenido en cuenta las ideas en contra de lo que propones. Por último, repasa todo el ensayo y haz cualquier cambio necesario a la tesis o al ensayo en general.

Después del primer borrador

En parejas, intercambien borradores y háganse por lo menos cinco preguntas que haría alguien que tuviera otro punto de vista al leerlos. Luego, contesta las preguntas que tu pareja te haga y agrega esta información a la versión final de tu entrada de blog.

B. Nosotros, los actores / las actrices: Conversando con doña Orfa

PASO 1. En parejas, imaginen la conversación entre los personajes y escriban un guion para una de las siguientes situaciones:

a. El hijo de doña Orfa la llama en el teléfono móvil que él le regaló.

b. Doña Orfa por fin acepta la invitación de don Teo de salir afuera y conversan sobre la vida que han tenido y su actitud hacia la muerte.

c. Uno de los clientes de minutos inicia una conversación con doña Orfa y le hace preguntas sobre su vida.

PASO 2. Ensayen su guion y luego interprétenlo para la clase. Presten atención a la pronunciación, el lenguaje corporal, los gestos y el tono de la voz.

C. Entrevista: El papel de la religión en su vida

Entrevista a una persona hispanohablante, religiosa o no, sobre su opinión respecto al papel de la religión en su vida, en su comunidad y en la sociedad en general.

OPCIONAL: Pregúntale al entrevistado si está bien si filmas un video de la entrevista para mostrar a la clase.

D. ¡Entrevista por videoconferencia!

Conversa con un/una hispanohablante por videoconferencia y pregúntale seis a ocho preguntas sobre uno de los siguientes temas:

a. los ritos y rituales de su familia o comunidad asociados con la muerte, las condolencias, el funeral, etcétera

b. cómo prefiere comunicarse con otras personas, la importancia de las redes sociales en su vida y lo que opina de estas formas de comunicarse

c. sus ideas y creencias religiosas

Saca apuntes mientras conversan y prepárate a presentar la información a la clase.

E. Investigación: La muerte, las supersticiones y la comunicación

Busca información sobre uno de los siguientes temas en tu país y otro país del mundo hispanohablante. Resume la información que encuentres e incluye datos interesantes. Preséntale la información a tu clase y compara y contrasta las semejanzas y diferencias entre los dos países.

- las tradiciones funerarias
- los conceptos de la muerte
- las supersticiones
- el papel de las redes sociales en un país / una región
- el periodismo y las fuentes de información en un país / una región

Vocabulario A

C. Mi más sentido pésame

TABLA B

Ser querido	Su acto de bondad	Oración
1. Ignacia	¿Es un acto de bondad / algo que…?	
2. Lucas		
3. Rodolfo	¿Es un acto de bondad / algo que…?	
4. Mateo		
5. Luciana	¿Es un acto de bondad / algo que…?	
6. Jazmín		
7. Iván	¿Es un acto de bondad / algo que…?	
8. Federico		

VOCABULARIO DEL CAPÍTULO 9

La muerte

darle condolencias / el pésame a alguien	to give condolences to someone
enterrar (ie)	to bury
estar de luto	to be in mourning
fallecer (zco)	to die
quedarse adentro	to stay inside
temer	to fear
el ataúd	casket, coffin
el cementerio	cemetery
el/la doliente	mourner
el/la difunto/a	deceased person
el entierro	burial
la esperanza de vida	life expectancy
el/la fallecido/a	deceased person
el funeral	funeral
la muerte	death
la ofrenda	offering
la tumba	tomb
el velorio	wake
el/la viudo/a	widow/widower
mi más sentido pésame	my deepest sympathy
que en paz descanse	rest in peace

Repaso: morir

La comunicación

colgar (ue, gu)	to hang up
comprobar (ue)	to verify; to check
comunicar (qu)	to communicate
enterarse de	to learn of
hacer una llamada (telefónica)	to make a (phone) call
marcar (qu)	to dial
ponerse en contacto	to get in touch with
tener señal	to have/get a signal
la aplicación	application
el cargador	charger

la fuente	source
las noticias	news
la prensa	press/media
las redes sociales	social networks
el teléfono fijo	land line telephone
el/la usuario/a	user
prepagado/a	prepaid

Repaso: cargar, textear, el (teléfono) móvil/ celular

Las creencias religiosas

bautizar (c)	to baptize
bendecir (*irreg.*)	to bless
honrar	to honor
meditar	to meditate; to reflect upon
reencarnar	to reincarnate
rezar (c)	to pray
el/la agnóstico/a	agnostic
el alma (*f.* las almas)	soul
el altar	altar
el/la ateo/a	atheist
la bendición	blessing
la ceremonia	ceremony
el cielo	heaven
la creencia	belief
el/la creyente	believer
el cura	priest
el/la dios(a)	god/goddess
la fe	faith
el infierno	hell
la leyenda	legend
la misa	mass
la oración	prayer
la profecía	prophecy
la reencarnación	reincarnation
el rito	rite
sagrado/a	sacred
sobrenatural	supernatural

CAPÍTULO 10

La violencia política y la guerrilla

© Ton Koene/Alamy

Un mural cerca del Parque Rubén Darío en Leon, Nicaragua, que retrata la masacre de estudiantes en contra del Presidente Somoza en 1959

Esta foto muestra parte de un mural que retrata una matanza que ocurrió en Nicaragua en 1959. Cuatro estudiantes universitarios fueron muertos por las fuerzas gubernamentales durante una manifestación contra la dictadura de Luis Somoza. Poco después, empezó una guerra civil que duró treinta años (1960–1990).

Describe el mural detrás de los cuatro jóvenes. ¿Qué sucede? ¿Cómo reacciona la gente en el mural? ¿Qué objetos se destacan? ¿Dónde tiene lugar? ¿Cuál es el tono predominante del cuadro? ¿De qué perspectiva se presentan los sucesos de este cuadro? ¿Cómo se define la libertad en este cuadro?

¿Qué símbolos asocias con la guerra? ¿Te conmueve esta representación de la violencia? ¿Cuáles son algunas representaciones artísticas de la guerra o la violencia en general que conoces? Piensa en unos ejemplos específicos. ¿Cuál es el objeto de este cuadro? ¿Qué metas tienen otras obras artísticas que tratan el tema de la guerra?

¿Qué asocias con las guerras civiles, en contraste con otros tipos de conflictos armados? ¿Qué conflictos actuales te preocupan más? ¿Qué efectos tienen las representaciones de violencia en tu opinión? ¿De qué manera sirven estas representaciones como protestas en contra de la violencia? ¿Crees que el arte puede efectuar el cambio positivo? ¿Por qué? ¿Qué otros ejemplos conoces del activismo social o político?

I. ANTICIPACIÓN

A. El póster del cortometraje «Kalashnikov»

El cortometraje «Kalashnikov» trata de Guillermo, un padre soltero que vive con su hijo, Andrés. Un día algo inesperado se cae del cielo y aterriza (*lands*) en su patio.

PASO 1. Mira el póster del cortometraje y contesta las preguntas.

1. ¿Cómo es Guillermo, el personaje que aparece en el póster?
2. ¿Dónde estará Guillermo en este momento?
3. ¿Cómo está Guillermo?
4. ¿Qué efecto se produce al presentar la cara de Guillermo en primer plano (en... *close-up*)? ¿En qué pensará?
5. ¿Qué asocias con la fuente (*typeface*) de las letras en el título en este póster? ¿Qué importancia tendrá aquí? ¿Qué implica la formación de la letra **N**?

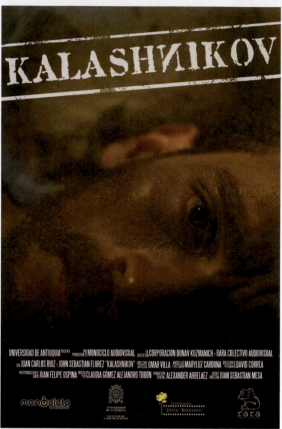

© Kalashnikov - Monociclo Cine/Archivo Ibv.co.

 PASO 2. En parejas, conversen sobre las siguientes preguntas.

1. Guillermo es un padre soltero. ¿Qué dificultades enfrentan los padres y madres solteros? ¿Qué tienen que hacer, a veces, para proteger a sus hijos de estas dificultades? ¿Qué esperan muchos hijos que viven con solamente uno de sus padres?
2. ¿Has encontrado algún objeto o algo único o inesperado? ¿Qué?
3. ¿Qué harías si encontraras (si... *if you found*) algo peligroso?

B. ¡Conozcamos a los personajes!

PASO 1. Mira las imágenes de cuatro de los personajes del cortometraje «Kalashnikov» y escribe cómo son y cómo están. Incluye todos los detalles que puedas.

© Kalashnikov - Monociclo Cine/Archivo Ibv.co.

1. **Guillermo, el padre de Andrés**
   ¿Cómo es Guillermo?
   ¿Cómo está en esta escena?
   Otras observaciones:

© Kalashnikov - Monociclo Cine/Archivo Ibv.co.

2. **Andrés**
   ¿Cómo es Andrés?
   ¿Cómo está en este momento?
   Otras observaciones:

© Kalashnikov - Monociclo Cine/Archivo Ibv.co.

3. **Don Rafael, el patrón**
   ¿Cómo es Don Rafael?
   ¿Qué está haciendo en este momento?
   Otras observaciones:

© Kalashnikov - Monociclo Cine/Archivo Ibv.co.

4. **Doña Marina, la abuela de Andrés**
   ¿Cómo es la abuela de Andrés?
   ¿Cómo está en esta escena?
   Otras observaciones:

PASO 2. Ahora infiere lo que puedas de los fotogramas y contesta las preguntas. ¡Usa las pistas y sé creativo/a!

1. ¿En el primer fotograma, ¿qué quiere Guillermo que haga su hijo? ¿Qué día es? ¿Qué tienen que hacer?

2. En el primer fotograma, Guillermo lleva unos collares religiosos: un rosario y un collar escapulario devocional (*a scapular consists of two small rectangular pieces of cloth, wood, or paper on which religious texts or images are written*). ¿Qué nos indica el hecho de que Guillermo lleve estos tipos de collar? ¿Llevas tú algún tipo de amuleto (*good-luck charm*)? Explica.

3. ¿Con quién habla Andrés en el segundo fotograma? ¿Qué quiere que esta persona haga?

4. ¿Por qué le paga don Rafael a Guillermo? ¿De qué es don Rafael el patrón? ¿Qué hará Guillermo con el dinero? ¿Qué preferiría Andrés?

5. ¿Qué tipo de relación existe entre la abuela y su nieto Andrés? ¿Qué hace doña Marina para Guillermo y su nieto?

C. Lugares importantes en «Kalashnikov»

PASO 1. Los siguientes fotogramas muestran cuatro lugares del cortometraje. Apunta características de los lugares en general. Por ejemplo: ¿Cómo es el lugar? ¿Para qué sirve? ¿Quiénes típicamente están en el lugar? ¿Cómo están las personas cuando están allí?

1. la plantación de café

2. la casa rural

3. la iglesia

4. el bar

PASO 2. En parejas, digan si Uds. van a los lugares del **Paso 1** y con qué frecuencia. ¿Con quiénes van o con quiénes irían? ¿Qué hacen o qué harían Uds. allí?

PASO 3. Completa las oraciones de una forma lógica.

> **MODELOS:** El patrón tiene que emplear a muchos campesinos (*farmers*) en las plantaciones para que... <u>se cultive el café.</u>
> Muchas personas van al bar para... <u>descansar / celebrar.</u>

1. Las plantaciones de café tendrán una buena cosecha con tal de que... _____
   _____

2. Los campesinos seguirán cultivando el café en las plantaciones a menos que... _____

3. Los campesinos trabajan todo el día en las plantaciones hasta que... _____
   _____

4. En unas casas rurales, la gente cría gallinas (cría... *raise chickens*) para (que) _____

5. Los niños irán a la iglesia cuando... _____

6. Algunas personas van al bar después de (que)... _____
   _____

D. Situación de suspenso: ¿Qué es eso?

PASO 1. Mira el videoclip y contesta las preguntas.

© Kalashnikov - Monociclo Cine/Archivo lbv.co.

1. ¿Qué hacen Guillermo y los otros campesinos en la plantación? ¿Cómo es su rutina diaria?

2. ¿Por qué no acepta Guillermo la invitación de Arturo? ¿Qué le preocupa?

3. ¿Cómo se siente Guillermo cuando el televisor no funciona? ¿Qué necesita que haga Andrés?

4. ¿Qué habrías hecho tú al escuchar un ruido por la noche fuera de tu casa?

5. ¿Qué piensas que hay en el cajón (*crate, large box*) que ellos descubren?

6. ¿Qué sucederá después? ¿Cuál es una cosa que NO sucederá en la próxima escena?

> ### Estrategia: Identificar y comprender las causas y los efectos
>
> Many readings seek to explain why certain events occur or why people behave in a certain way. Identifying and understanding the causes or reasons for events and other phenomena as well as the effects is essential for reading about complex topics. As you read, look for multiple reasons for events as well as various consequences. Make flow charts, cause-and-effect diagrams, or other types of graphic organizers to clarify the link between cause and effect. Also, look for key vocabulary that often sets off causes and effects: *as a result, consequently, is due to, because of, led to, explains, in order to*, and so on.

PASO 2. Lee la lectura sobre la historia del fusil de asalto (fusil... *assault rifle*), Kalashnikov. Luego, completa la tabla que resume las causas y los efectos de varios sucesos en la historia de esta arma.

El fusil Kalashnikov: El arma de fuego que ha matado el mayor número de personas en el mundo*

Diseñado para el ejército soviético por Mikhail Kalashnikov en 1947, este rifle de asalto (también conocido por el nombre, AK-47) representa el 20% de todas las armas de fuego mundiales. Durante la Segunda Guerra Mundial, las armas de los soldados rusos[a] eran menos sofisticadas que las alemanas, lo cual les motivó a crear una mejor arma automática. Se dice que mientras el Sr. Kalashnikov estaba en el hospital con un hombro herido, decidió crear un fusil[b] mejor después de escuchar a los otros soldados soviéticos heridos[c] que se quejaron de la inferioridad de sus armas.

© Kalashnikov - Monociclo Cine/Archivo lbv.co.

    Esta arma fue diseñada para ser fácil de utilizar y fabricar. Puede hacer rondas de unas 600 balas por minuto. Además, se diseñó para ser fiable[d] en condiciones climáticas adversas. En los años que siguieron, el fusil se convirtió

---

[a]*Russian*   [b]*rifle*   [c]*wounded*   [d]*reliable*

---

*Source: Blair, David, "AK-47 Kalashnikov: The Firearm Which Has Killed More People than Any Other," *The Telegraph*, July 2, 2015. http://www.telegraph.co.uk; Keefe, Mark, "A History of the AK-47, the Gun that Made History," *The Washington Post*, October 29, 2010. http://www.washingtonpost.com; López, Karisa, "Venezuela reiniciará construcción de fábrica de Kalashnikov," *El Nuevo País Zeta,* March 30, 2016. http://enpaiszeta.com; "Kaláshnikov: 21 curiosidades acerca del fusil de asalto AK-47 y su creador," *RT en español*, December 24, 2013. https://actualidad.rt.com; Springer, Natalia, "¡Kalashnikov!," *El Tiempo*, August 20, 2006. http://www.eltiempo.com

en el arma del hombre común. Su presencia mundial es extensa. Se estima que hay más de 100 millones de estos rifles y que 250.000 personas mueren cada año matadas por las balas de los Kalashnikovs. Durante la guerra de Vietnam, muchos soldados estadounidenses murieron porque el ejército norvietnamita estaba armado con Kalashnikovs. Los soldados de los Estados Unidos pronto reconocieron la superioridad del fusil y así se los tomaron de los soldados vietnamitas muertos.

Durante la Guerra Fría, la Unión Soviética y los Estados Unidos eran las dos grandes superpotencias globales que querían imponer su sistema económico y político en otros países. Aunque no se pelearon directamente, se enfrentaron en guerras ajenas,[e] especialmente en Latinoamérica, por lo que les enviaron armas a varios países donde había guerras civiles. Las armas soviéticas, en particular el Kalashnikov, se mandaron a Centroamérica durante las guerras civiles de Guatemala (1960–96), El Salvador (1980–92) y Nicaragua (1972–91). Los Estados Unidos y la Unión Soviética les mandaron armas a estos países para apoyar uno de los lados del conflicto. Por la proximidad, algunas de las reservas de estas armas llegaron a Colombia.

El director y el guionista[f] de este cortometraje, Juan Sebastián Mesa, no pudo olvidarse de un incidente ocurrido en 1999 en el departamento de Guainia en Colombia. Diez mil fusiles Kalashnikov cayeron en paracaídas[g] destinados para uno de los grupos guerrilleros.[h] Este suceso dio origen a una idea suya sobre un caso parecido hipotético que se explora en el cortometraje.

---

[e]guerras... *foreign wars*   [f]*scriptwriter*   [g]*parachute*   [h]*guerilla warfare*

CAUSAS	EFECTOS
1. Las armas soviéticas eran inferiores a las alemanas. Los soldados heridos se quejaron de sus armas.	_____ _____ _____
2. El Kalashnikov puede hacer rondas de 600 balas por minuto.	_____ _____ _____ _____
3. _____ _____	Se convirtió en el arma del hombre común.
4. _____ _____ _____	Las dos superpotencias les enviaron armas para apoyar un lado de muchos conflictos armados.
5. Entre los 70 y los 90 hubo varias guerras civiles centroamericanas.	_____
6. _____ _____	Como consecuencia, el director decidió escribir un guion que cuenta la historia de un incidente parecido. Escribió «Kalashnikov».

Repaso gramatical: I. Un repaso de los pronombres

Repaso gramatical: II. El orden de los pronombres

PASO 3. Elige el pronombre adecuado (de sujeto, reflexivo, de complemento directo o de complemento indirecto) para llenar los espacios en blanco. **¡OJO!** Algunos espacios en blanco requieren más de un pronombre.

MODELO: El Kalashnikov es un fusil automático creado por Mikhail Kalashnikov. Él _ creó para el ejército soviético. Durante la guerra, _ era soldado y _ lastimó el hombro.

Cuando Mikhail Kalashnikov estaba en el hospital, los otros soldados _____[1] hablaron de la inferioridad de sus armas. _____[2] _____[3] quejaron de sus armas y por eso, Mikhail Kalashnikov quería mejorar_____[4] Esta experiencia _____[5] dio la inspiración para crear un arma más sofisticada. Mikhail Kalashnikov fabricó este fusil para ser fiable en las condiciones adversas. Hay 600 balas y el fusil _____[6] dispara en un solo minuto. El Kalashnikov _____[7] volvió popular y se estima que ahora hay 100 millones en el mundo. Cada año se mata a unas 250.000 personas a causa de estos fusiles. Por ejemplo, los soldados norvietnamitas _____[8] usaron durante la guerra de Vietnam. Durante la guerra, los soldados estadounidenses reconocían su calidad superior y _____[9] quitaban a los soldados norvietnamitas muertos. A causa de la Guerra Fría, los Estados Unidos y la Unión Soviética _____[10] mandaban armas a varias regiones donde había conflictos armados, como por ejemplo la guerra civil colombiana.

E. ¿Qué opinas tú?

En parejas, conversen sobre las preguntas.

1. ¿Qué opinas de las armas? ¿Cómo describirías las varias opiniones sobre las armas en tu país o comunidad?
2. ¿Qué pasaría si nadie pudiera (*could*) poseer armas? ¿Crees que el mundo sería mejor o peor? Explica.
3. ¿Debe haber restricciones sobre los tipos de armas legales? Explica.
4. Las guerras y los conflictos armados son una presencia constante en la historia de la humanidad. Si tuvieras el poder (Si... *If you had the power*), ¿qué harías tú para reducir este tipo de violencia?

PARA TU INFORMACIÓN: LOS DIMINUTIVOS

Habrás notado que los diminutivos como **-ito/-ita** se emplean para referirse a algo pequeño, para expresar cariño y para agregar un tono amable a lo que se dice. Se usan con sustantivos, adjetivos o adverbios.

Hay varios tipos de diminutivos en el mundo hispanohablante. En Colombia, y en otros países, **-ico/-ica** se utilizan con palabras cuyo último consonante es la letra **t**. En el diálogo de la situación de suspenso, el personaje usa la forma diminutiva de la palabra **un rato** (*a little bit, a while*): **ratico**. Otros ejemplos:

corto	cortico	short
gato	gatico	cat
momento	momentico	moment
pregunta	preguntica	question

A veces, **-ico/-ica** se añade al final de palabras que ya tienen el diminutivo, **-ito/-ita.**

ahora	ahorita	ahoritica	right now, right away
perro	perrito	perritico	puppy, little dog

F. Lo que hacen los personajes

PASO 1. Elige el pronombre adecuado (demostrativo, posesivo, preposicional o relativo) para llenar los espacios en blanco.

> **MODELO:** Guillermo trabaja en las plantaciones de café. Después de trabajar, el patrón, don Rafael, el hombre para <u>quien</u> (quien / cuyo) trabaja Guillermo, le paga. Guillermo conversa con su amigo Arturo y se ve que hay mucha confianza entre <u>ellos</u> (ellos / los).

1. Arturo le da el traje _____ (quien / que) Guillermo le pidió a _____ (él / ellos). Guillermo le promete pagar luego, porque ahora no tiene la plata _____ (que / lo que) le debe a Arturo. Arturo le responde que _____ (Ud. / eso) está bien y lo invita a tomar una cerveza.

2. Al final del día de trabajo, Andrés, el hijo de Guillermo, sale de la escuela y Guillermo se encuentra con _____ (él / nosotros). Hay otros campesinos con _____ (que / quienes) trabaja Guillermo. Los otros campesinos traen su almuerzo y Andrés recoge _____ (los suyos / el suyo) de la casa de su abuela, _____ (quien / cuya) casa está en camino de regreso de la escuela.

3. Obviamente _____ (que / lo que) Andrés quiere es que Guillermo le regale una bicicleta. Guillermo no tiene mucha plata. Por eso, para _____ (él / ella), es imposible regalarle una bicicleta a su hijo, _____ (la cual / lo cual) les pone tristes a Guillermo y a Andrés.

4. Una noche un cajón se cae del cielo, _____ (que / lo cual) asusta mucho a Guillermo y Andrés mientras duermen. Para _____ (ellos / Uds.) es una sorpresa grande descubrir _____ (el que / lo que) hay dentro. Encuentran ametralladoras (*machine guns*) y _____ (estos / estas) probablemente eran destinadas a los soldados, no a Guillermo y Andrés. Aunque no son _____ (suyos / suyas), ¿tratarán de hacer algo con _____ (ellas / suyas)?

PASO 2. Vas a crear oraciones complejas empleando las conjunciones adverbiales y preposiciones que siguen. Para formar la primera parte de cada oración, combina el sujeto y la frase verbal, formando una cláusula independiente. Luego, en parejas, inventen una conclusión lógica para la oración, usando una conjunción o preposición adecuada. **¡OJO!** Pueden referirse a los fotogramas de los personajes en la **Actividad B**.

a menos que	**después de (que)**	**para (que)**
antes de (que)	**en caso de que**	**sin (que)**
con tal de que	**en cuanto**	**tan pronto como**
cuando	**hasta que**	

> **MODELO:** Guillermo: pagarle a Arturo
>
> *Tú escribes*: Guillermo le pagará a Arturo...
>
> *Uds. dicen*: Guillermo le pagará a Arturo en cuanto ahorre el dinero.

1. Guillermo: no poder comprarle una bicicleta a Andrés _____
_____

2. Los campesinos: seguir trabajando en los campos de café _____
_____

3. Arturo y Guillermo: salir a tomar una cerveza _____
_____

4. Guillermo: recibir su sueldo de don Rafael _____
_____

5. Guillermo: no poder mirar televisión _____
_____

6. Guillermo y Andrés: (no) sacar las armas del cajón. _____
_____

G. A inferir y predecir

En parejas, miren los fotogramas y contesten las preguntas.

© Kalashnikov - Monociclo Cine/Archivo lbv.co.

© Kalashnikov - Monociclo Cine/Archivo lbv.co.

Junto con el bautismo, la primera comunión es un «sacramento de iniciación» según la teología de la Iglesia católica. La primera comunión suele tener lugar cuando el niño / la niña tiene la edad del uso de la razón, a los siete u ocho años. Antes de comulgar (to receive/take communion), o sea, recibir la eucaristía, los niños deben confesarse sus pecados con el cura. La eucaristía representa el sacrificio de Jesucristo y es la parte de la misa cuando los católicos se levantan, se acercan al cura y reciben el cuerpo (la hostia) y la sangre (el vino) de Dios, los dos consagrados por el cura.

1. ¿Qué se pone Andrés en el primer fotograma? ¿Por qué se lo pone? ¿Será para una ocasión especial? ¿Qué harán ellos después de que Andrés se lo ponga?

2. ¿Quiénes están en el segundo fotograma? ¿Cómo están vestidas las personas? ¿Qué sucederá después? ¿Adónde van?

3. En el segundo fotograma, ¿están en un pueblo, una ciudad o el campo? ¿Qué día será? ¿Para qué tienen una celebración?

4. ¿Crees que Andrés y Guillermo irán al pueblo de modo que participen en esta celebración? ¿Es tan importante esta celebración que irán ellos, pase lo que pase?

H. Sin sonido: Las pistas visuales

PASO 1. Mira el cortometraje entero sin sonido. Presta atención a las acciones y las emociones expresadas en la cara de los personajes. Basándote en las pistas visuales, escribe un párrafo de por lo menos cinco oraciones resumiendo lo que crees que ocurre en «Kalashnikov». Explica el argumento y el desenlace lo mejor que puedas. **¡OJO!** No te preocupes si no estás seguro/a. Observa y adivina. ¡Vas a mirar el cortometraje con sonido pronto!

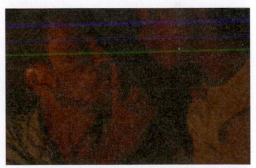

© Kalashnikov - Monociclo Cine/Archivo lbv.co.

PASO 2. Compara tu resumen del argumento (del **Paso 1**) con el de una pareja. ¿Son parecidas sus interpretaciones de las pistas visuales? ¿Cómo son diferentes?

PASO 3. Ahora, escribe cinco preguntas sobre el cortometraje. Usa cinco palabras interrogativas diferentes. Pueden ser preguntas sobre lo que sucede o de opinión. Hazle tus preguntas a tu pareja y apunta sus respuestas.

II. VOCABULARIO

A. Los cultivos*

PASO 1. La diversidad geográfica permite el cultivo (*farming, cultivation*) de una gran variedad de alimentos en el mundo hispanohablante. En el cortometraje, Guillermo y Andrés llevan una vida agraria (*agrarian*). Lee las descripciones de la vida agraria e infiere el significado de las palabras **en negrilla.** Luego, lee las definiciones que siguen y escribe la palabra de vocabulario que se define.

© Kalashnikov - Monociclo Cine/Archivo lbv.co.

© Kalashnikov - Monociclo Cine/Archivo lbv.co.

El café **se cultiva** en muchos países latinoamericanos: Costa Rica, el Ecuador, El Salvador, Guatemala, Honduras, México, Nicaragua, Panamá, el Perú, la República Dominicana y Venezuela. Colombia es el cuarto productor mundial más grande de café y el mayor productor de café suave. Este tipo de café **se cultiva** a una altura mínima de 400 metros sobre el nivel del mar. Cuando **los granos** están maduros, se llaman cerezas (*cherries*) de café porque su color rojo se parece a la cereza.

Se requiere una mano de obra grande para **recoger** todas las cerezas de las plantas y a veces hay una escasez (*shortage*) de recolectores. Los sueldos que **los patrones** les pagan a **los campesinos** son bajos y la vida **agraria** puede ser dura. Los sueldos dependen de los precios del mercado, la calidad y la cantidad de la cosecha. Además del café, las flores, la caña de azúcar y el aceite de palma son otros productos **agrícolas** colombianos importantes.

© Kalashnikov - Monociclo Cine/Archivo lbv.co.

La agricultura da forma a la vida económica, social y diaria de muchas personas del mundo hispanohablante. Por ejemplo, el 80% de los centroamericanos depende de la agricultura. Desde Centroamérica se exportan productos como el azúcar, el banano y el café pero además, algunas hortalizas (*vegetables*) **se siembran** en **huertas** pequeñas destinadas a la venta local. También, algunos **campesinos** dependen de la agricultura de subsistencia para **alimentar** a su familia.

*Source: "Descripción de Café Arábica Suave Lavado," Países Productores de Café Arabica Suave Lavado. http://www.mildwashedcoffees.org; Sanabria, Hector, "La agricultura en Centroamérica," Interempresas.net, January 31, 2003.http://www.interempresas.net/Horticola/Articulos/70220-La-agricultura-en-Centroamerica.html; "Llegó la cosecha pero hay escasez de recolectores," Portafolio, April 8, 2015. http://www.portafolio.co; Workman, Daniel, "Coffee Exports by Country," World Top Exports, September 2, 2016. http://www.worldstopexports.com/coffee-exports-country/; "América Latina Exporta Más Café," *América Latina Business Review*, May 23, 2013. http://www .businessreviewamericalatina.com; "Venezuela incrementa la producción del café para abastecer la red de industria," Noticias24.com, April 24, 2014; "Ecuador con aroma de café," Instituto Ecuatoria de la Propiedad Intelectual, July 18, 2014. http://www.propiedadintelectual.gob

Algunos campesinos cultivan productos ilícitos, como la marihuana, la hoja de coca o la amapola (*poppy*), cultivos que prevalecen a pesar de los esfuerzos para erradicarlos, lo cual ha provocado conflictos sociales en algunos países como Colombia. Como parte de la guerra contra las drogas, los Estados Unidos, junto con el gobierno de Colombia, ha promovido la sustitución de cultivos ilícitos por productos como el café, el banano o la piña. Pero estos productos son perecederos (*perishable*) y los campesinos ganan menos cultivándolos.

En la guerra civil colombiana, tanto los grupos paramilitares como los grupos guerrilleros se involucraron en el narcotráfico para financiar el conflicto armado. Los campesinos que cultivan los productos enfocados en la guerra contra las drogas han estado entre la espada y la pared (entre... *caught in the middle*) de un conflicto multifacético.

Tras años de fumigaciones aéreas, algunos grupos de las zonas rurales donde se cultivan la coca, la amapola o la marihuana han pedido la legalización de estos productos y han declarado su papel cultural en las comunidades campesinas.

Más vocabulario sobre los cultivos*

el cultivo	farming; cultivation
el/la terrateniente	landowner
agrícola	agricultural

Repaso: el árbol, el bosque, el campo

Vocabulary words underlined and differently colored are featured in the dialogue of the short film.

Definiciones

1. El acto de poner las semillas de una planta en la tierra para cultivar esta planta: _____

2. Un área grande o pequeña creada para hortalizas: _____

3. Una persona que lleva una vida agraria. Su vida diaria gira en torno a (*revolves around*) los cultivos, la tierra y los animales: _____

4. En una plantación grande de café, los campesinos recogen los granos de café y esta persona les paga: _____

5. El acto de darle de comer para sustentar una persona o un animal: _____

6. Una persona o una familia que es el dueño / la dueña de la tierra. Históricamente, han controlado vastas áreas de tierras y los campesinos ganaban poco trabajándolas: _____

PASO 2. Responde a las preguntas.

1. ¿Cómo es la vida agraria en tu opinión? ¿Tranquila, aburrida, simple, dura? ¿Cuáles son las ventajas y las desventajas?

2. En tu opinión, ¿cómo deben alimentarse los seres humanos? ¿Debemos (no) depender de las huertas personales, los cultivos locales, las carnes, los granos, las grandes empresas agrícolas, etcétera?

3. ¿Qué productos agrícolas se cultivan en tu estado o en tu comunidad? ¿Los consumes tú? ¿Por qué?

4. ¿Tienes una huerta en tu casa? ¿Qué siembras o típicamente se siembran dónde vives? ¿Son populares las huertas urbanas? ¿Depende tu familia o dependían tus antepasados de la vida agrícola para sobrevivir?

5. ¿Tomas café? ¿Sabes de qué país viene el café que compras o que ves en los mercados? ¿Te importa la sostenibilidad ambiental? ¿Compras productos agrícolas sostenibles o de comercio justo? ¿Por qué?

[†]Source: "Constituyente nacional de campesinos colombianos cultivadores de coca, amapola, marihuana," Encod.org, June 6, 2015, http://www.encod.org; "Q & A: Colombia's Civil Conflict," BBC News, May 23, 2013. http://www.bbc.com; Hetzer, Hannah, "Colombia Ends Aerial Spraying of Illicit Crops," *Worldpost*, May 15, 2015, http://www.huffingtonpost.com; Cruz Olivera, Luis Felipe, "La sustitución de cultivos ilícitos es insuficiente," *Semana*, July 15, 2016. http://www.semana.com/; Aranda, Salvador, "Cultivos ilícitos, territorios y drogas en Latinoamérica: Perspectivas comparativas," *Dilemas: Revista de Estudios de conflicto e controle social*, October 4, 2012. http://revistadil. dominiotemporario.com

B. Los animales de la finca*

PASO 1. Primero, lee las oraciones sobre los animales de la finca e infiere el significado de las palabras **en negrilla.** Luego, en parejas, túrnense para responder a las preguntas. Por último, comparte las respuestas de tu pareja con la clase.

© Kalashnikov - Monociclo Cine/Archivo lbv.co.

Guillermo y Andrés **crían gallinas** en el gallinero (*chicken coop*). **Las gallinas** les proporcionan **seguridad** alimentaria porque ponen huevos y se pueden comer. Algunos **campesinos** tienen **fincas** donde **crían** animales.

El Canadá, España, los Estados Unidos y México figuran en la lista de los diez mayores productores de carne del mundo. Entre los diez consumidores de carne más grandes del mundo se encuentran la Argentina, Australia, el Canadá, Chile, los Estados Unidos y el Uruguay. En Colombia, las carnes más consumidas por porcentaje son: la carne de pollo (el 47,5%), la carne de res (el 31,1%), la carne de **cerdo** (el 11,6%), y el pescado (el 9,8%).

© Christopher Pillitz/Getty Images

En Colombia, aproximadamente tres cuartos de la tierra para la agricultura se dedica a **la ganadería**. En la Argentina, el Uruguay y otros países, **el ganado** bovino, o sea, los toros y <u>las vacas</u>, es un elemento económico esencial para la producción de leche y carne. La figura emblemática del «gaucho» de las llanuras de la Argentina y el Uruguay surge de la vida **agraria** moldeada por **la ganadería.**

© Cris Bouroncle/AFP/Getty Images

Los animales como la alpaca, la llama y la vicuña **se crían** en la cordillera de los Andes. **Los pastores** andinos los **crían** para las fibras que se fabrican del pelaje (*fur*) de los animales.

Más vocabulario sobre los animales de la finca	
el cerdo	pig; pork
la (in)seguridad	(in)security
Repaso: el paisaje	

---

*Source: "Ganadería," *Todo-Argentina.net*, 2016. http://www.todo-argentina.net; "Panorama del consumo de carnes en Colombia en la última década," *contextoganadero.com*, October 30, 2015. http://www.contextoganadero.com/; Myers, Joe, "These Countries Eat the Most Meat," *World Economic Forum*, July 29, 2015. https://www.weforum.org; Steiner, Roberto & Vallejo, Hernán, "Agriculture in Colombia: A Country Study," *Library of Congress Federal Research Division*, 2010. https://www.loc.gov

Algunas
expresiones
comunes
colombianas son:

listo
  Está bien.

apuntarse
  to accompany
  others; to do
  what others are
  doing

A la orden.
  You're welcome;
  At your service; I
  am here if you
  need anything.

chévere
  great, terrific

¿Cómo así?
  What do you
  mean?

dizque (dice que)
  they say that

¿Qué más?
  How are you?

¡Qué pena!
  I am sorry.

¿Quihubo?
  What's up?

Preguntas

1. ¿Comes carne o eres vegetariano/a? Si comes carne, ¿qué tipos de carne consumes? ¿Por qué?

2. ¿Qué animales se crían cerca de donde vives para la producción de carne? ¿En qué partes de tu país es importante la ganadería? ¿Se consume más carne de res, carne de pollo, carne de cerdo o pescado en tu comunidad?

3. Por varias razones, hay algunas personas que creen que debemos comer menos carne. ¿Cuáles son algunas de las razones? ¿Estás de acuerdo? ¿Por qué?

4. Además de la vaca, ¿qué animales asocias con la vida agraria? ¿Cuáles son las dificultades de criar estos animales? ¿Cuáles son las ventajas?

5. ¿Qué asocias con la vida de un pastor / una pastora? ¿Qué animales asocias con esa vida? ¿Hay personas en tu comunidad que tengan llamas o alpacas?

PASO 2. Usa palabras de vocabulario (de las actividades anteriores) para completar la conversación imaginada entre Guillermo y su amigo Arturo, a quién le debe (*owes*) dinero.

GUILLERMO: ¿Qué más, Arturo? ¿Todo bien?

ARTURO: Hola, Guille. ¿Quihubo?

GUILLERMO: Pues, qué pena con Ud., Arturo, pero, ahoritica le pago la plata que le debo. Dizque la cosecha del café no es muy buena esta temporada. Vamos a ver. Pero, creo que hemos _____¹ muchos _____² de café cereza hoy. Ojalá que _____³ nos pague pronto. ¿Listo?

ARTURO: Tranquilo. No se preocupe. Mi primo tiene _____⁴ en el pasto[a] de su _____⁵ y piensa vender algunos animales. Él va a compartir la platica que gane conmigo porque lo ayudé a _____⁶ y cuidar a algunas de las _____⁷ lecheras que tiene. Le presto a Ud. lo que le haga falta si Ud. quiere comprar algo más para la primera comunión de Andrés.

GUILLERMO: Se lo agradezco, Arturo. Las cosas están duras.

ARTURO: A la orden.

GUILLERMO: ¿Sabe qué? Creo que voy a hacer una _____⁸ al lado del gallinero. Compro unas semillas y _____⁹ zanahoria, cebolla, lechuga y tal vez yuca al lado de mi casa. Tenemos unas _____¹⁰ que ponen unos huevos todos los días, pero con unas hortalizas comemos mejor.

ARTURO: Menos mal que[b] las semillas se pueden comprar por poca plata.

GUILLERMO: Disculpe, Arturo, Me tengo que ir. M'ijo me está esperando. Que le vaya bien, Arturo. Adiós.

ARTURO: Hasta mañana.

---

[a]*grass*   [b]Menos... *Luckily*

C. ¿Son del Nuevo Mundo?

En parejas, hablen sobre las plantas y los animales de Latinoamérica. Uno/a de Uds. va a usar **MAPA** y **TABLA A** y el otro / la otra va a usar **MAPA** y **TABLA B**. (**MAPA** y **TABLA B** están al final de este capítulo.) Hazle preguntas a tu pareja para obtener la información que no tienes en tu mapa y tabla. Una vez que Uds. hayan llenado las primeras cuatro columnas, colaboren para terminar las descripciones en la última columna. Den todos los detalles que puedan. **¡OJO!** No mires el mapa ni la tabla de tu pareja. Uds. deben compartir información solamente conversando.

MAPA A

Dibujos: G la llama, I el cacao, C las papas/las patatas, F la vaca, B la caña de azúcar

TABLA A

Letra que corresponde a este animal o planta	Nombre	¿Animal o planta?	Origen	Descripción
1. ___	la _____	_____	El Nuevo Mundo: _____	Es un tubérculo (*tuber*) y muchas veces se asocia con...
2. ___	el _____	una planta	El Nuevo Mundo: Centroamérica	_____ _____
3. ___	la _____	_____	El Nuevo Mundo: _____	Migró a Sudamérica después de millones de años de vivir en otro continente. Hoy se usa para...

4. __	el _____	una planta	El Nuevo Mundo: Norteamérica y Sudamérica	_____ _____
5. __	el _____	_____	El Nuevo Mundo: _____	Se fermenta y se seca esta semilla para producir una variedad de alimentos, algunos muy dulces, otros amargos. También es...
6. __	el _____	una planta	El Nuevo Mundo: México	_____ _____
7. __	la _____ _____	_____ _____	El Viejo Mundo: __ _____	Es un tipo de hierba que crece muy larga.
8. __	el ____	una planta	El Viejo Mundo: África	_____ _____
9. __	la ____	_____	El Viejo Mundo: _____ ____	Es domesticada. De ella se usan la carne, la leche y la piel. Es...
10. __	la _____	una planta	El Viejo Mundo: el Sudeste asiático	_____ _____

D. La guerrilla en Latinoamérica

PASO 1. Lee sobre el término **la guerrilla** y su relevancia para muchos conflictos mundiales. Luego, escucha las preguntas sobre la información y emparéjalas con sus respuestas. **¡OJO!** Cada respuesta se usa solo una vez.

Dos de Mayo Uprising: defending the artillery barracks of Monteléon (detail). Oil. 19th centrury. Spanish School/Museo de Historia-Pinturas, Spain/© Album/ Art Resource, NY

© Luis Acosta/AFP/Getty Images

La palabra **guerrilla** se usa tanto en español como en inglés y significa «guerra pequeña». El uso del término para describir a combatientes informales se remonta al siglo XIX durante la Guerra de Independencia en España cuando **los campesinos** españoles trataron de **echar** a los invasores franceses de su tierra. El pueblo español **se levantó contra** <u>los soldados</u> franceses. Durante el **levantamiento**, **los campesinos lucharon** en grupos pequeños no organizados contra los franceses usando métodos como emboscadas (*ambushes*). Eran más móviles que <u>el ejército</u> oficial y con sus tácticas al final lograron **echar** a los franceses.

En Latinoamérica, durante el siglo XX ha habido varias **luchas** armadas en las que <u>los guerrilleros</u> han desempeñado un papel importante. En general, en Latinoamérica, los movimientos <u>guerrilleros</u> se asociaban con las ideologías marxistas y su meta era emplear **medidas** violentas para <u>acabar con</u> los regímenes de su país. Había o hay grupos <u>guerrilleros</u> que apoyan varios tipos de ideologías **izquierdistas** en la Argentina, Bolivia, Colombia, Chile, Cuba, El Salvador, Guatemala, México y Nicaragua, entre otros lugares. En Cuba, Nicaragua, y Venezuela, estas **luchas** llevaron a gobiernos **izquierdistas**. En otros casos, las insurgencias fueron aplastadas (*crushed*).

En general, estos grupos <u>guerrilleros</u> **se oponen** y **se oponían** a las ideologías **derechistas**, ideas que favorecen el estatus quo. Según algunos grupos <u>guerrilleros</u>, las ideas derechistas **promueven** la desigualdad política y socio-económica. En cambio, los grupos <u>guerrilleros</u>, con sus acciones violentas, **exigen** cambios fundamentales a las estructuras y sistemas de una sociedad.

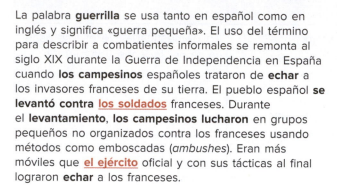

Más vocabulario sobre la guerrilla	
echar	to kick out
oponerse a	to oppose
la medida	measure; means

Repaso: <u>acabar con</u>, promover la política

Comprensión

1. ___   a. la política izquierdista
2. ___   b. el marxismo
3. ___   c. la política derechista
4. ___   d. La Guerra de Independencia
5. ___   e. Francia
6. ___   f. las medidas violentas, luchar en grupos pequeños, emboscadas

PASO 2. Completa las siguientes oraciones con una palabra del vocabulario.

1. Típicamente, los guerrilleros luchan contra _____ regular de un país.

2. En muchos conflictos políticos, la política izquierdista _____ la política derechista.

3. Los guerrilleros son más móviles, emplean tácticas distintas a las de un ejército regular, y están dispuestos a usar _____ violentas para lograr sus metas.

4. Durante la Guerra de Independencia, el pueblo español _____ los _____ franceses. Después de luchar seis años, lograron _____ al ejército francés.

PASO 3. Responde a las preguntas.

1. Los términos «izquierdista» y «derechista» se usan de forma general en muchos países del mundo. ¿Qué ideas generales promueve cada grupo político? ¿A qué ideas y metas se opone cada grupo?

2. Como se sabe, el mundo no es tan simple como para abarcar (*to cover*) la política en dos polos opuestos. ¿Cuáles son algunos ejemplos de tu país que demuestren la complejidad de la política?

3. ¿Qué levantamientos históricos conoces? ¿Se los puede considerar luchas guerrilleras? ¿Por qué?

E. Las raíces del conflicto armado colombiano*

PASO 1. Antes de leer toda la lectura sobre las raíces de la polarización política en Colombia y la guerra civil colombiana, lee solamente el PRIMER párrafo y escribe tres preguntas que tienes sobre el tema que esta lectura pueda contestar. Imagina que después de leer todo el texto, tendrás que explicarle el tema a otra persona.

Las raíces del conflicto armado colombiano

La guerra civil colombiana **ha involucrado** varios grupos, ha durado unos cincuenta años y ha dejado a unas 225.000 personas **muertas**. Además, el conflicto ha engendrado muchas más **víctimas** de la violencia, la desconfianza y **la inseguridad** de un país sacudido por una guerra civil. Algunos sostienen[a] que en realidad el conflicto ha durado unos cien años.

© Gerardo Gomez/AFP/Getty Images

[a]*maintain*

*Source: Durán, Paula, "Colombia rechaza el acuerdo de paz con las Farc y entra en un momento de incertidumbre", *The New York Times*, October 2, 2016; "Colombian conflict has killed 220,000 in 55 years, commission finds", *The Guardian*, July 25, 2013; "Movimiento Guerrillero FARC: La violencia que generó más violencia", www.colombia.com, 2002; Cragin, Kim and Bruce Hoffman, "Arms Trafficking and Colombia", RAND National Defense Institute, 2003.

Pregunta 1: _____

Pregunta 2: _____

Pregunta 3: _____

PASO 2. Ahora lee todo el texto. Escribe respuestas a las preguntas del **Paso 1**. Si el texto no contestó tu pregunta, indica la información que todavía te falta. Luego, escribe dos o tres preguntas que todavía tienes.

La continuación de «Las raíces del conflicto armado colombiano»

... El conflicto es complejo y tiene raíces políticas, económicas y sociales. La complejidad tiene que ver, en parte, con el hecho de que haya cuatro grupos que están en conflicto: el gobierno colombiano, grupos **guerrilleros**, grupos **paramilitares** y narcotraficantes.

Los conflictos que se manifiestan hoy en día se originan en la desigualdad que ha existido desde la época colonial entre los pocos ricos, generalmente de ascendencia europea y la mayoría de etnia mixta, indígena o africana.

Se puede rastrear[b] el origen del conflicto a principios del siglo XX cuando había una gran disparidad entre **los terratenientes** ricos del **cultivo** de café y **los campesinos** pobres que trabajaban en esos campos. El problema de la distribución desigual de la tierra llevó a muchos **campesinos** a identificarse y apoyar movimientos políticos **izquierdistas** y a veces comunistas. Como consecuencia, se formaron grupos **guerrilleros** que aseguraban **estar luchando** por los derechos de **los campesinos**.

Como respuesta a la amenaza percibida de las actividades comunistas en Colombia y otros países latinoamericanos, especialmente durante la Guerra Fría, los Estados Unidos también **se involucró** en el conflicto, muchas veces a través de operaciones encubiertas.[c]

Algunos de los liberales organizaron grupos **guerrilleros** que se inspiraron por ideas marxistas/comunistas. Al principio, **lucharon** contra el gobierno, pero luego **se involucraron** grupos adicionales.

El grupo **guerrillero** colombiano más grande, las Fuerzas Armadas Revolucionarias de Colombia, se formó en 1964 y declaró que su objetivo era crear un estado nuevo y «**acabar con** las desigualdades sociales, políticas y económicas, la intervención militar y de capitales estadounidenses en Colombia». En este contexto, la palabra «capital» se refiere a las inversiones extranjeras y los intereses económicos.

Pero, a través del tiempo, terminó empleando **medidas** violentas, como **asesinatos** y **secuestros**. En respuesta a las actividades **guerrilleras** en muchas zonas, algunos grupos **paramilitares** surgieron[d] para combatir los grupos como las FARC, y así creció y se inflamó el conflicto armado.

Los cuatro grupos involucrados en el conflicto acumularon **armas**, lo cual creó un ambiente de **inseguridad**, con mucha gente atrapada en medio. A pesar de que mucha gente quería evitar problemas y no aliarse con un lado u otro, muchos han sido **víctimas** de extorsiones y sobornos.[e]

Además, los intereses y los motivos de los varios participantes en el conflicto a veces coincidían. Algunos grupos **guerrilleros se involucraron en** el narcotráfico para ganar dinero y por tanto, protegieron a los cultivadores de la hoja coca, un producto **agrícola** que el gobierno quería erradicar. En general, había personas corruptas en todos los lados, aunque los partidarios[f] de un lado u otro hubieran justificado sus acciones porque los objetivos las requerían.

[b]*trace*   [c]*covert*   [d]*emerged*   [e]*bribes*   [f]*supporters*

En 2016, el gobierno colombiano y las FARC acordaron un cese de fuego,[g] según el que las FARC tendrían que dejar **las armas**, las cuales les han dado **seguridad** y un estatus social alto. Pero en octubre del mismo año, los votantes colombianos rechazaron un acuerdo de paz con las FARC que habría acabado la guerra y les habría otorgado diez puestos en el Congreso a los representantes de las FARC. Este voto de muy estrecho margen (49,76% a favor, 50,23% en contra) demostró que, a pesar del alto de fuego, Colombia se quedaba fuertemente dividida.

[g]cese... *ceasefire*

Más vocabulario sobre la guerra

herir (ie)	to wound
matar	to kill
el asesinato	murder
el/la paramilitar	militia member
el secuestro	kidnapping
el soldado / **la mujer soldado**	soldier
contra la voluntad de alguien	against someone's will
seguro/a	sure; safe

Repaso: la violencia

Respuesta 1: _____

Respuesta 2: _____

Respuesta 3: _____

Información que me falta todavía:

_____

PASO 3. Determina si las oraciones son ciertas o falsas según la lectura. Corrige las oraciones falsas y llena los espacios en blanco con palabras de vocabulario.

	CIERTO	FALSO
1. El conflicto colombiano era bastante sencillo. Solamente había dos lados que _____	_____	_____
2. Los guerrilleros y los grupos paramilitares no se oponían. Es decir, _____ en el mismo lado.	_____	_____
3. La guerra civil duró por lo menos cincuenta años y _____ a unas 225.000 personas.	_____	_____
4. Los guerrilleros no emplearon _____ violentas como los secuestros y _____. Solamente el gobierno y los grupos paramilitares eran violentos.	_____	_____

5. Muchos colombianos son _____ de la violencia llevada a cabo por todos lados del conflicto.   _____ _____

6. En 2016, como parte de un cese de fuego, el gobierno acordó dejar sus _____, pero los grupos guerrilleros y los paramilitares no tenían que dejar las suyas.   _____ _____

 PASO 4. En varias escenas del cortometraje, se alude al conflicto armado que sirve como telón de fondo (telón... *backdrop*). Lee los diálogos, escucha las definiciones de las palabras y escribe la palabra o frase que se describe. **¡OJO!** Cada palabra **en negrilla** en los diálogos se usa solo una vez en las respuestas.

© Kalashnikov - Monociclo Cine / Archivo lbv.co.

© Kalashnikov - Monociclo Cine / Archivo lbv.co.

ANDRÉS: ¡Ay, metralletas!ᵃ
GUILLERMO: Chí, deje esa bulla,ᵇ m'ijo.
ANDRÉS: Pa', hay que decirles a **los soldados**.
GUILLERMO: Pero, ¿cómo? ¿Ud. se embobó,ᶜ hombre? No ve que despés dicen que somos **guerrilleros**.
ANDRÉS: Ay, pa', me regala una para **matar** gallinazos.ᵈ

GUILLERMO: Ah, no, Don Rafael, además yo no sé nada de esas **armas**.
DON RAFAEL: Yo tengo una amistad en **el ejército** que nos va a ayudar. Además de eso, mire extorciones, vacunas,ᵉ cartas, **secuestros**, nos tienen locos, van a **acabar con** nosotros.

_____

ᵃ*submachine gun*   ᵇ*commotion*   ᶜ*¿Ud... Did you become dumb?*   ᵈ*vultures*   ᵉ*payment required in an extortion*

MODELO: *Escuchas:* una frase que significa terminar o matar

Escribes: <u>acabar con</u>

1. _____   4. _____
2. _____   5. _____
3. _____   6. _____

F. El activismo*

PASO 1. Lee los textos sobre el activismo e infiere el significado de las palabras **en negrilla**. Luego, completa la tabla según la información de las lecturas.

¿Qué es ser activista? Hay muchos tipos de activismo, pero en general los activistas intentan **mejorar** las condiciones, o cambiar las acciones o actitudes de otras personas. Se dedican a **un tema**, como los derechos de mujeres, minorías u otros grupos; buscan **hacer correr la voz** de su causa, a veces al **hacer campañas** políticas, o al **boicotear** una empresa. Una forma de protesta muy popular es la marcha, o **manifestación**. A continuación hay algunos ejemplos de **manifestaciones** populares.

© Sebastian Castañeda/Andolu Agency/Getty Images

© Markus Matzel/ullstein bild via Getty Images

El activismo ambiental

El activismo ambiental puede tener consecuencias peligrosas. En Latinoamérica, algunos de los defensores más vocales del medio ambiente han sido asesinados. El 40% de **los asesinatos** era de la gente indígena que vive en zonas rurales de muchos recursos naturales.

En 2015, miles de **manifestantes protestaron** un proyecto de minería de cobre en el sur del Perú, inquietados por la posibilidad de contaminación ambiental. Hubo choque entre **los manifestantes** y la policía y murieron tres personas.

El activismo político

Uno de los movimientos más famosos de Latinoamérica es Las Madres de la Plaza de Mayo. Marchan en la Plaza de Mayo en Buenos Aires cada semana para **protestar** la violencia estatal. La ubicación de la Plaza de Mayo es significativa porque se sitúa frente a la Casa Rosada, la sede oficial de la presidencia de la Argentina. En **las pancartas** que llevan hay fotos de sus hijos y nietos desaparecidos que **exigen** su aparición con vida (aparición... *safe return*) o información sobre lo que les pasó durante la guerra sucia, un período (1976–1983) en que el gobierno argentino **desapareció** y asesinó a miles de ciudadanos. El número oficial de personas desaparecidas es aproximadamente 10.000, pero algunas de las madres de hijos desaparecidos dicen que había más de 25.000.

---

*Source: Segovia, M., C. Urquieta and M. Jiménez, "El 21 de mayo en la calle: las manifestaciones que preocupan a La Moneda", *El Mostrador*, May 19, 2016; Cuiza, Paulo, "Discapacitados inician su octava semana de protestas con marchas en La Paz y Cochabamba", *La Razón Digital*, June 6, 2016; "El millonario proyecto minero mexicano que desata las protestas en Perú", *BBC Mundo*, May 15, 2015; Sánchez, Felipe, "El asesinato de ecologistas bate récords," *El País*, June 20, 2016. http://internacional.elpais.com

© Jorge Bernal/AFP/Getty Images

© Marcelo Benitez/LatinContent/Getty Images

El activismo por los derechos de los discapacitados

En 2016, un grupo de **manifestantes** discapacitados marcharon en La Paz, Bolivia, **protestando** las malas condiciones de vida. **Hicieron una campaña** para **exigir** un aumento de beneficios para los que no pueden trabajar debido a su discapacidad. En 2015, el sueldo mínimo para los trabajadores en Bolivia fue 1.800 bolivianos por mes, pero una persona discapacitada recibía solo 1.000 bolivianos (menos de 150 dólares) por año del gobierno. Los **manifestantes** discapacitados **exigieron** un bono mensual (bono... *monthly voucher*) de 500 bolivianos.

El activismo estudiantil

En 2015, cientos de estudiantes **protestaron** mediante una sentada (*sit-in*) en Valparaíso, **exigiendo** cambios al sistema de educación en Chile. **Condenaban** el sistema en el que los individuos tienen que pagar la educación, diciendo que tal sistema agrava las diferencias socioeconómicas, porque favorece a la clase alta y negar las oportunidades a la clase baja. **Promueven** un sistema educativo gratis, proclamando que la educación debe ser derecho de todos.

Más vocabulario sobre el activismo ambiental, político y social

apuntarse a algo	to sign up for
desaparecer (zco) (a alguien)	to "disappear" someone (*abduct/murder*)
hacer correr la voz	to spread the word
oponerse a	to oppose
el levantamiento	uprising
la posición / la postura	position (*ideological*)

Repaso: la elección, el golpe de estado, la organización sin fines de lucro

---

	Problema o situación que les motivó a los activistas	Lo que quieren lograr	Las medidas que tomaron para lograr sus objetivos	Un ejemplo de este tipo de activismo en mi país
1. el activismo ambiental	_____ _____	_____ ____	_____ _____	_____
2. el activismo político	_____ _____ _____	_____ _____ _____	_____ _____	_____
3. el activismo por los derechos de los discapacitados	_____ _____ _____	_____ _____ _____	_____ _____ _____ _____	_____
4. el activismo estudiantil	_____ _____ _____ _____	_____ _____	_____ _____	_____

 PASO 2. En grupos pequeños, respondan a las preguntas.

1. De los cuatro tipos de activismo descritos en los textos, ¿qué tipo de activismo te parece más eficaz, más importante, más difícil de lograr?
2. ¿Has participado en algún tipo de protesta? ¿Has visto una manifestación? ¿Qué protestaban?
3. Identifica y explica algunos resultados posibles (positivos y/o negativos) de las manifestaciones u otros tipos de activismo.

G. ¿Qué opinan los demás?

PASO 1. Las personas entrevistadas contestan las siguientes preguntas. Lee las preguntas y escribe por lo menos cinco palabras del vocabulario de este capítulo que probablemente van a incluir en sus respuestas.

- ¿Cuáles son los centros agrícolas en su país de origen? ¿Qué cultivos y productos agrícolas son importantes en su país?
- ¿Hay alguna verdura o fruta de su país que no se pueda encontrar aquí? ¿Qué y cómo es?
- ¿Ha vivido/trabajado Ud. en una finca, criado animales para vender o comer, o cultivado algún alimento en un jardín? Si no lo ha hecho, ¿le gustaría hacerlo?

1. _____ 2. _____ 3. _____ 4. _____ 5. _____

PASO 2. Lee las siguientes descripciones de alimentos que van a mencionar los entrevistados. Empareja la descripción con la imagen que le corresponda.

____ 1. Esta fruta que se convierte en mermelada y se come con el queso manchego.

____ 2. En la Argentina, el mate es una infusión hecha de las hojas de un árbol, la yerba mate. Al mate se pueden agregar estas plantas para que tenga sabor.

____ 3. Esta fruta se parece a una piña y es amarilla. También puede ser rosada. Por dentro es como el algodón.

____ 4. Esta fruta verde es muy dulce, blanca por dentro y tiene semillas.

____ 5. Esta fruta es amarilla y es como una naranja pequeña. Tiene chuzos (*spines*).

____ 6. Esta fruta tiene la forma de una gota (*droplet*) o un corazón. Es de color café por fuera y anaranjado por dentro.

a. el madroño

b. el zapote

c. el membrillo

d. la chirimoya

e. las hierbas

f. la pitaya

PASO 3. Primero, lee las oraciones. Luego, mira las entrevistas. Por último, llena los espacios en blanco con una palabra de vocabulario e identifica quién hizo cada comentario.

Palabras y frases útiles

la avena
   oats, oatmeal
los chucitos
   little spines
la chufa
   tiger nut / Florida almond
el cultivo de secano
   dry farming (rain only, no irrigation)
la gota
   droplet
el marrano
   pig
el matadero
   slaughterhouse
la soja
   soy (soybeans)
triturar
   crush, grind

Gastón

Andrés

Ainhoa

agrícola   creció   crié   cultivar   cultivos   finca   vacas

_____ 1. «En Colombia, hay muchos _____ de vegetales y de fruta. La naranja en especial es un producto bastante colombiano».

_____ 2. «He vivido en una _____. He cultivado alimentos. Sí, he cultivado animales para vender y para comer. Y no sé qué tan orgulloso me sienta de eso».

_____ 3. «Quizá la zona del sur de España es la zona más _____. Es donde crecen la mayoría de nuestros cultivos».

_____ 4. «Cuando era pequeño, me _____ entre la ciudad y el campo. Y en el campo teníamos _____, pollos, marranos y caballos».

_____ 5. «En la Argentina, son importantes la soja, que últimamente _____ mucho, el comercio de soja, y también todas las frutas que te puedas imaginar, y sobre todo la carne».

_____ 6. «Me gustaría _____ mis propios cultivos en un jardín, sí. Porque me parece que es importante que tomemos conciencia de que eso es algo que siempre estuvo con nosotros, con la raza humana».

PASO 4. En parejas, túrnense para leer los siguientes comentarios de los entrevistados. Luego, explica si, a base de su comentario, tienes algo en común con la persona entrevistada.

MODELO: Ainhoa dijo: Los principales productos de nuestro país son el aceite, el aceite de oliva, muy famoso.

Tú dices: Me encanta el aceite de oliva y lo uso para cocinar. Creo que también se produce en los Estados Unidos, en estados como California que tienen el clima óptimo para el cultivo de olivas.

Tu pareja dice: Sí, se produce en los Estados Unidos, pero los aceites de España son famosos por una razón. Son excelentes. He probado algunos. A mí me encanta usar el aceite de oliva como una salsa para pan fresco. Añado un poco de sal y pimienta al aceite y está riquísimo.

1. Andrés dijo: «Gran parte de mi familia es vegetariana. El hecho de que mi familia fuera vegetariana sí tuvo una influencia grande en la decisión de para de vender animales».

2. Gastón dijo: «No me gustaría trabajar en una finca y nunca trabajé tampoco. Pero sí me gustaría... tener mi propio cultivo en un jardín... es más saludable y más económico que lo tengamos en nuestro propio jardín».

3. Andrés dijo: «En el campo teníamos vacas, pollos, marranos, y el pueblo al cual pertenecíamos específicamente era vacuno. Se vendían muchas vacas. Entonces era un negocio familiar, las ordeñábamos (_milked_), las mandaban al matadero, las mataban para carne».

4. Gastón dijo: «Nosotros tomamos una infusión que se llama mate, no sé si lo escuchaste, que se le pone yerba mate adentro de un recipiente, con una bombilla (_straw_) y hay que, y se le pone agua caliente».

PASO 5. En parejas, conversen sobre sus propias ideas respecto a las preguntas del **Paso 1**. Vuelve a ver los videos cuantas veces que te sea necesario.

III. GRAMÁTICA

10.1 «Sí m'ijo, lo ideal sería que el niño estuviera con su mamá».

El imperfecto y pluscuamperfecto de subjuntivo

 ¿Comprendiste?

Mira el cortometraje entero sin los subtítulos. **¡OJO!** No te preocupes si no entiendes todo el diálogo del cortometraje. Míralo varias veces y usa el contexto (por ejemplo, los gestos, las acciones, el sonido y el escenario) para ayudarte a entender el argumento. Enfócate en las palabras que sabes.

PASO 1. Mientras miras el cortometraje, fíjate en lo que los personajes quieren que otras personas hagan. Escribe cinco oraciones para describir lo que una persona quiere, prefiere, pide, recomienda, aconseja, etcétera, que otra persona haga, o que no haga. También puedes empezar tus oraciones con frases impersonales como «es importante/necesario/mejor que», «es triste/bueno/malo/sorprendente que», etcétera. Recuerda usar el presente de subjuntivo en la cláusula dependiente.

© Kalashnikov - Monociclo Cine / Archivo lbv.co.

MODELOS: Para Guillermo, es muy importante que Andrés no le **cuente** a nadie que tienen las armas.
Guillermo le exige que Andrés no **diga** nada sobre las armas.
Es muy sorprendente que **encuentren** armas en su tierra.

PASO 2. En parejas, túrnense para poner las oraciones que siguen en orden cronológico. Escribe **1** para lo que sucedió primero, **2** para lo que sucedió después y así sucesivamente (y... *and so on*). Luego, decidan a qué fotograma corresponde cada una.

© Kalashnikov - Monociclo Cine / Archivo lbv.co.

a.

© Kalashnikov - Monociclo Cine / Archivo lbv.co.

b.

© Kalashnikov - Monociclo Cine / Archivo lbv.co.

c.

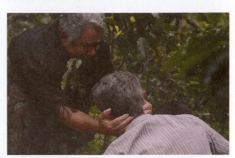

© Kalashnikov - Monociclo Cine / Archivo lbv.co.

d.

© Kalashnikov - Monociclo Cine / Archivo lbv.co.

e.

© Kalashnikov - Monociclo Cine / Archivo lbv.co.

f.

_____ Guillermo quería que don Rafael, el patrón, comprara el Kalashnikov.
Fotograma: _____

_____ Andrés le pidió a su padre que le comprara una bicicleta.
Fotograma: _____

_____ A Guillermo y Andrés les sorprendió que un cajón de armas cayera
del cielo.
Fotograma: _____

_____ Era trágico que Guillermo y doña María sintieran un dolor insoportable.
Fotograma: _____

_____ Guillermo estaba contento de que Andrés se confesara por primera vez.
Fotograma: _____

_____ Andrés quedó muy contento de que su padre hablara con el vendedor de
la bicicleta.
Fotograma: _____

Actividades analíticas

El imperfecto de subjuntivo

¡A analizar!

Mira los fotogramas que están en orden cronológico y lee las descripciones. Llena los espacios en blanco con el pretérito de los verbos entre paréntesis, usando la forma tercera persona plural. Luego, lee las oraciones numeradas (*numbered*) que expresan qué querían o cómo reaccionaron los personajes. Para cada oración, escribe la letra del fotograma que más lógicamente le corresponde.

© Kalashnikov - Monociclo Cine / Archivo lbv.co.

a. Andrés le trajo el almuerzo a su padre y luego _____ (almorzar) juntos.

© Kalashnikov - Monociclo Cine / Archivo lbv.co.

b. Para cruzar un río, _____ (caminar) encima de unos troncos de árboles. _____ (Usar) palos y _____ (tener) mucho cuidado al cruzar para no caerse en el agua.

© Kalashnikov - Monociclo Cine / Archivo lbv.co.

c. Guillermo y Andrés _____ (criar) gallinas. Las _____ (albergar) en un gallinero y les _____ (dar) granos para comer.

© Kalashnikov - Monociclo Cine / Archivo lbv.co.

d. Guillermo y Andrés _____ (ir) a la iglesia donde Andrés y los otros niños _____ (confesarse) con el cura.

© Kalashnikov - Monociclo Cine / Archivo lbv.co.

e. Estos chicos _____ (bajarse) de sus bicicletas y le _____ (tirar) piedras a un gato. ¿Por qué lo _____ (hacer)? ¿No _____ (sentir) compasión por el animal?

© Kalashnikov - Monociclo Cine / Archivo lbv.co.

f. Guillermo y Arturo _____ (estar) toda la noche en un bar. El día siguiente, doña Marina le gritó a Guillermo por ser irresponsable.

© Kalashnikov - Monociclo Cine / Archivo lbv.co.

© Kalashnikov - Monociclo Cine / Archivo lbv.co.

g. Guillermo y doña Marina no _____ (poder) encontrar a Andrés. Trágicamente, poco después, _____ (saber) que estaba muerto.

h. Ellos _____ (enterrar) a Andrés en el cajón que se había caído del cielo y que contenía las armas. Lo _____ (vestir) en el traje que su padre había comprado para su Primera Comunión. El cajón y el traje _____ (ser) objetos inocentes y simples que simbolizaron la tragedia.

____ 1. Para la gente religiosa del pueblo, era importante que los niños **fueran** a la iglesia y que **se confesaran** antes de comulgar por primera vez. Era esencial que **recibieran** la primera comunión y que **comprendieran** el significado de la Eucaristía.

____ 2. Nos conmovió que **enterraran** a Andrés en el cajón que contenía las armas y que lo **vistieran** en el traje para la Primera Comunión. Ojalá que no **hubiera** una guerra civil y que Andrés no **fuera** su víctima.

____ 3. Era horrible que no **pudieran** encontrar a Andrés. Por la expresión en su cara, es como si Guillermo ya **supiera** que algo terrible había pasado. Ojalá que Andrés **estuviera** vivo.

____ 4. A Doña Marina le enojó que Guillermo y Arturo **estuvieran** toda la noche en el bar. A ella le preocupó que Andrés **estuviera** solito en la casa.

____ 5. Todos los días era necesario que Guillermo y Andrés **caminaran** a casa al final del día. Al cruzar el río era importante que **usaran** palos y que **tuvieran** mucho cuidado.

____ 6. Además de trabajar para ganarse la vida, era bueno que Guillermo y Andrés **criaran** gallinas y que las **albergaran** en un gallinero. Ese día, Guillermo le pidió a Andrés que les **diera** de comer.

____ 7. A Andrés le molestaba mucho que estos chicos le **tiraran** piedras a un gato inocente. Él les dijo que no lo **hicieran**. Andrés dudaba que **sintieran** compasión por el animal.

____ 8. Andrés dijo que era posible que en bicicleta él **pudiera** traerle el almuerzo más rápido a su padre. Pero Guillermo dijo que era imposible que ellos **compraran** la bicicleta, porque no tenían la plata.

1. The past subjunctive, also known as the imperfect subjunctive, is triggered by the same kinds of situations as the present subjunctive (expressions of volition, reactions, doubt, and so on). While the present subjunctive is used to talk about actions in the present or the future, the past subjunctive is necessary when the actions or events occurred in the past.

The following are categories of phrases and verbs that trigger the subjunctive. Look for additional examples of these categories in the numbered **¡A analizar!** sentences. The verbs in bold are in the past subjunctive.

- Will, volition, influencing behavior: Ese día, Guillermo le pidió a Andrés que les **diera** de comer. _____

  _____

  _____

- Emotional reaction or judgment: A Andrés le molestaba mucho que estos chicos le **tiraran** piedras a un gato inocente. _____

  _____

  _____

  _____

- Doubt, denial that something is possible or true, uncertainty: Andrés dijo que era posible que en bicicleta él **pudiera** traerle el almuerzo más rápido a su padre. _____

  _____

2. What similarities do you note between the third person plural forms of the preterite (that you used to complete the descriptions of the still frames) and the past subjunctive? _____

_____

There are no irregular verbs in the past subjunctive; however, there are a number of irregular forms in the preterite, which are reflected in the imperfect subjunctive forms. To form the imperfect subjunctive, follow these three steps.

Step 1: Write the 3rd person plural of the preterite form of the verb.
estar - estuvieron
promover - promovieron
sentir - sintieron

Step 2: Remove **-ron**.
estuvie-
promovie-
sintie-

Step 3: Add the appropriate -**ra** endings.

yo	-ra
tú	-ras
Ud., él/ella	-ra
nosotros/nosotras	-´ramos*
vosotros/vosotras	-rais
Uds., ellos/ellas	-ran

estuviera, estuvieras, estuviera, estuviéramos, estuvierais, estuvieran

promoviera, promovieras, promoviera, promoviéramos, promovierais, promovieran

sintiera, sintieras, sintiera, sintiéramos, sintierais, sintieran

Follow the patterns and fill out the following chart with the missing imperfect subjunctive conjugations. The **¡A analizar!** statements and questions will help you.

---

*The accent mark that precedes the letter **r** in this ending indicates that in this conjugation an accent mark is required on the vowel that precedes the **r**, be it an **a** or **e**.

El imperfecto de subjuntivo			
	caminar	**hacer**	**recibir**
3ᵃ persona plural pretérito	caminaron	_____	recibieron
yo	caminara	hiciera	_____
tú	caminaras	_____	recibieras
Ud., él/ella	_____	hiciera	recibiera
nosotros/nosotras	_____	hiciéramos	recibiéramos
vosotros/vosotras	caminarais	hicierais	recibierais
Uds., ellos/ellas	caminaran	hicieran	_____

PARA TU INFORMACIÓN: LAS OTRAS TERMINACIONES DEL IMPERFECTO DE SUBJUNTIVO: -**SE**

Hay otro grupo de terminaciones para formar el imperfecto de subjuntivo: **-se, -ses, -se, -´semos, -seis** y **-sen**

En general, las terminaciones **-ra** y **-se** se usan en las mismas situaciones pero las terminaciones con **-se** son más comunes en España y en el lenguaje escrito.

Guillermo quería que su hijo fuera/fuese a la iglesia.

Guillermo wanted his son to go to the church.

Andrés esperaba que su padre le comprara/comprase una bicicleta.

Andrés hoped his father would buy him a bicycle.

---

3. When a subjunctive trigger is present in an independent clause, its verb tense will help you determine whether the present or the imperfect subjunctive should be used in its dependent clause.

   Notice how the tense of the subjunctive changes when two of the past tense examples from **¡A analizar!** are changed to the present.

   - Para la gente religiosa del pueblo, <u>era imporante que</u> los niños **fueran** a la Iglesia y que **se confesaran** antes de comulgar (*take communion*) por primera vez.

   - Para la gente religiosa del pueblo, <u>es importante que</u> los niños **vayan** a la Iglesia y que se **confiesen** antes de comulgar por primera vez.

   - A Andrés <u>le molestaba mucho que</u> estos chicos le **tiraran** piedras a un gato inocente. Él les <u>dijo que</u> no lo **hicieran**. Andrés <u>dudaba que</u> **sintieran** compasión por el animal.

   - A Andrés <u>le molesta mucho que</u> estos chicos le **tiren** piedras a un gato inocente. Él les <u>dice que</u> no lo **hagan**. Andrés <u>duda que</u> **sientan** compasión por el animal.

   In the previous examples, in what tenses are the verbs in the independent clauses that are triggering the PAST subjunctive? the preterite and the _____

Are the verbs **vayan**, **confiesen**, **tiren**, **hagan**, and **sientan** in the present or past subjunctive? _____

Are the verbs in the independent clauses (**es**, **molesta**, **dice**, **duda**) that trigger the PRESENT subjunctive in the present or past tense? _____

Notice how the temporal shift in these sentences from past indicative to present indicative in the independent clause likewise changes the verb in the dependent clause from _____ subjunctive to _____ subjunctive.

Study the following variations of a sentence from **¡A analizar!** to infer the rules for when to use the past vs. the present subjunctive.

Past (preterite): Guillermo le <u>pidió</u> a Andrés <u>que</u>... *Guillermo asked Andrés . . .*	**Past subjunctive** ... les **diera** de comer a las gallinas. *. . . to feed the chickens.*
Past (imperfect): Guillermo siempre le <u>pedía</u> a Andrés que... *Guillermo always asked Andrés . . .*	
Present (indicative): Guillermo le <u>pide</u> a Andrés <u>que</u>... *Guillermo asks Andrés . . .*	**Present subjunctive** ... les **dé** de comer a las gallinas. *. . . to feed the chickens.*
Present perfect (indicative): Guillermo le <u>ha pedido</u> a Andrés <u>que</u>... *Guillermo has asked Andrés . . .*	
Future: Guillermo le <u>pedirá</u> a Andrés <u>que</u>... *Guillermo will ask Andrés . . .*	
Future perfect: Guillermo le <u>habrá pedido</u> a Andrés <u>que</u>... *Guillermo will have asked Andrés . . .*	

In what verb mood is the verb **dar** in all of the last four examples? _____

Which verb tenses appear in those independent clauses? _____
_____

In the following sentence, the imperative (a command) also triggers the **present** subjunctive.

> Andrés, no permitas que Golondrina les **quite** la comida a las otras gallinas.
>
> *Andrés, don't let Golondrina <u>take</u> the food <u>away</u> from the other chickens.*

Therefore: If the verb in the independent clause is in the present indicative, the present perfect, the future, the future perfect, or the imperative, and a subjunctive trigger is present, the verb in the dependent clause will be in the _____

4. **Ojalá** and **Ojalá que** are always followed by the subjunctive, either present or past.

Normally, when you have a trigger phrase in the independent clause, the tense of the verb in the trigger phrase determines whether you use the present or the past subjunctive. But the word **Ojalá** is unique because it is not, strictly speaking, a verb. Nevertheless, **Ojalá** + the present subjunctive and **Ojalá** + the past subjunctive express two different meanings.

Look at the following sentence with two instances of **Ojalá** plus the **present** subjunctive. Contrast it with the three examples of **Ojalá** plus the **past** subjunctive in **¡A analizar!**

Andrés piensa: «Ojalá que mi mami **pueda** venir a verme comulgar y ojalá que le **guste** mi traje nuevo».

Which verb mood follows **Ojalá** in the sentence above? _____

In this sentence, Andrés is expressing a hope or wish that his mother might come to his first communion and that she will like his new suit. **Ojalá que** is followed by verbs in the present subjunctive because those actions have not happened and may not happen. Andrés is talking about a possible future action. The English equivalent is *"I hope that my mom can come."*

On the other hand, the imperfect subjunctive after **Ojalá que** communicates a different idea. In this case, the verbs do **not** express a hope about the future. Instead, for example, the sentence **Ojalá que no hubiera una guerra civil** would be expressed in English as *I wish / Oh, if only there were not a civil war* (*happening*). The sentence using past subjunctive conveys a wish that things were different than they really are.

Ojalá que Andrés no **fuera** víctima.	*I wish that Andrés <u>were not</u> a victim (but he is).*

How would the other use of **Ojalá que** plus the past subjunctive in **¡A analizar!** be expressed in English?

Ojalá que Andrés estuviera vivo. _____

5. The phrase **como si** means *as if* and is always followed by the past subjunctive, never by the present subjunctive.

Which verb in the past subjunctive is preceded by **como si** en **¡A analizar!**? _____

Por la expresión en su cara, es **como si** Guillermo ya **supiera** que algo terrible había pasado.	*From the expression on his face, it is <u>as if</u> Guillermo already <u>knew</u> that something terrible had happened.*

PARA TU INFORMACIÓN: EL USO DEL IMPERFECTO DE SUBJUNTIVO DE LOS VERBOS **DEBER, PODER** Y **QUERER**

El imperfecto de subjuntivo de **deber**, **poder** y **querer**, tanto como el condicional, se usa para hacer recomendaciones, peticiones y deseos con cortesía.

El imperfecto de subjuntivo

Ud. no debiera decirle a nadie que encontré las armas.	*You should not tell anyone I found the weapons.*
¿Pudiera Ud. ayudarme a conseguir un traje para su primera comunión?	*Could you help me get a suit for his first communion?*

El condicional

Querría regalarle una bicicleta a Guillermo.	*I'd like to give Guillermo a bike.*

El pluscuamperfecto de subjuntivo

¡A analizar!

En cada par de sucesos, el fotograma a la izquierda representa algo que sucedió primero y el fotograma a la derecha muestra algo que sucedió después. Para cada uno, escribe la letra de la oración que resume cómo se sentían o qué pensaban los personajes sobre el suceso anterior.

© Kalashnikov - Monociclo Cine / Archivo lbv.co.   © Kalashnikov - Monociclo Cine / Archivo lbv.co.

____ 1. Andrés le dijo a Guillermo que el padre de uno de sus compañeros le había comprado una bicicleta. Y le pidió una bicicleta a Guillermo. ¿Cómo se sentía Guillermo después de que Andrés le pidió una bicicleta?

© Kalashnikov - Monociclo Cine / Archivo lbv.co.   © Kalashnikov - Monociclo Cine / Archivo lbv.co.

____ 2. Una noche, oyeron un ruido y encontraron un cajón en frente de la casa. La abrieron y encontraron armas. ¿Cómo se sentía Guillermo después de que encontraron las armas?

© Kalashnikov - Monociclo Cine / Archivo lbv.co.   © Kalashnikov - Monociclo Cine / Archivo lbv.co.

____ 3. Cuando Guillermo pensó en lo que había en el cajón, se sintió preocupado y asustado. ¿Cómo se sintió Guillermo después de venderle el arma a don Rafael?

© Kalashnikov - Monociclo Cine / Archivo lbv.co.

© Kalashnikov - Monociclo Cine / Archivo lbv.co.

____ 4. Los niños le tiraron piedras al gato negro. Andrés les suplicó que no lo hicieran. ¿Cómo se sentía o qué pensaba Andrés después?

© Kalashnikov - Monociclo Cine / Archivo lbv.co.

© Kalashnikov - Monociclo Cine / Archivo lbv.co.

____ 5. Guillermo pasó toda la noche tomando. Se durmió en la calle y cuando se despertó, los niños iban a la iglesia para la Primera Comunión. ¿Cómo se sentía o qué pensaba cuando regresó a casa?

a. Le puso triste que los niños **hubieran maltratado** al animal. ¡Ojalá que la gente no fuera cruel!

b. Se sintió frustrado de que Andrés le **hubiera pedido** una bicicleta porque no tenía la plata para regalársela. ¡Ojalá que pudiera comprar una bicicleta!

c. Le molestó que doña Marina le **hubiera gritado.** Pero, Guillermo no estaba seguro de todo lo que **hubiera sucedido** la noche anterior. ¡Ojalá que no **hubiera pasado** la noche en el bar y que Andrés no **hubiera** muerto!

d. Le sorprendió que las armas **hubieran caído** del cielo y que **hubieran aterrizado** en su tierra.

e. Guillermo se sintió aliviado de que don Rafael **hubiera comprado** el Kalashnikov. ¡Ojalá que nunca **hubiera abierto** ese cajón!

6. The pluperfect subjunctive is formed by combining the imperfect subjunctive form of the verb **haber** plus the past participle (**-ado, -ido**). Remember that the imperfect subjunctive forms are based on the 3rd person plural conjugation of the verb in the preterite tense. In this case, **hubieron**.

Based on the previous sentences, what are the forms of **haber** in the imperfect subjunctive?

> yo: hubiera
>
> tú: hubieras
>
> Ud., él/ella: _____
>
> nosotros/nosotras: hubiéramos
>
> vosotros/vosotras: hubierais
>
> Uds., ellos/ellas _____

The perfect forms in both the indicative and the subjunctive consist of the verb **haber** plus the past participle. The pluperfect subjunctive is also composed of the imperfect subjunctive form of **haber** plus the past participle. What are the infinitives of the past participles used above?

abierto _____	gritado _____	pasado _____
aterrizado _____	maltratado _____	pedido _____
caído _____	muerto _____	sucedido _____
comprado _____		

Remember, as with all perfect tenses—present perfect indicative, present perfect subjunctive, future perfect, conditional perfect, and so on, the past participle form (**-ado, -ido**) ending never changes. It always ends in an **-o**, regardless of the subject. The verb **haber** is conjugated according to the subject.

7. The pluperfect subjunctive is used when all three of the following conditions are met:

- First, the content of the independent clause triggers the subjunctive in the dependent clause.
- Second, the verb in the independent clause is in the past tense or the conditional.
- Last, the event in the dependent clause happened **before** the action in the independent clause.

Study this example from **¡A analizar!**

> Le puso triste que los niños hubieran maltratado al animal.
>
> *It made him sad that the children had mistreated the animal.*

What triggers the subjunctive in the independent clauses? _____

What is the tense of the verb in the independent clause? _____

Which event happened first? The action in the independent clause (Andrés felt sad) or the action in the dependent clause (the children mistreated the animal)? _____

Contrast these sentences. One uses the past subjunctive and the other the pluperfect subjunctive.

> Guillermo quería que don Rafael **comprara** el Kalashnikov.
>
> *Guillermo wanted don Rafael to buy the Kalashnikov.*

> Guillermo se sintió aliviado de que don Rafael **hubiera comprado** el Kalashnikov.
>
> *Guillermo felt relieved that don Rafael (had) bought the Kalashnikov.*

Both independent clauses express emotion about an action.

In the first sentence, Guillermo wants something to happen at that moment. In other words, the event he wants to happen—that don Rafael buy the Kalashnikov—has not yet happened, and may not.

In contrast, in the second, Guillermo feels relieved about an event that happened earlier, that don Rafael (had) bought the Kalashnikov.

8. When **Ojalá (que)** is followed by the pluperfect subjunctive, it expresses a wish that something had or had not happened in the past.

> Ojalá que Guillermo no **hubiera pasado** la noche en el bar y que Andrés **no hubiera muerto.**
>
> I wish / If only Guillermo _had not spent_ the night in the bar and Andrés _had not died_.

The pluperfect subjunctive (**haber** + imperfect subjunctive) **no hubiera pasado, no hubiera muerto** refers to an event that happened before the final scene in the film.

Why is the subjunctive needed in the sample sentence above? _____
_____

Find another sentence from **¡A analizar!** that includes the pluperfect subjunctive.

_____

Contrast the following sentences:

> Ojalá que Guillermo no hubiera pasado la noche en el bar.
>
> Ojalá que Andrés estuviera vivo.

Which sentence communicates regret about a past event? _____

Which sentence expresses a wish that something were different in the present? _____

Write the English equivalent of each of the two sentences above.

> Ojalá que Guillermo no hubiera pasado la noche en el bar. _____
> _____
>
> Ojalá que Andrés estuviera vivo. _____

Ojalá (que) plus the pluperfect subjunctive expresses regret about a past action, whereas **Ojalá (que)** plus the past subjunctive conveys regret about a present circumstance.

Actividades prácticas

A. La trama: ¿Qué sucedió?

PASO 1. ¿Qué sucedió primero, luego y al final? Lee las descripciones de lo que sucedió en el cortometraje. Completa las oraciones con el imperfecto de subjuntivo de los verbos entre paréntesis. Luego, empareja cada oración con el fotograma que le corresponde más lógicamente. Por último, ponlas en orden cronológico, entre el primer suceso y el sexto (primero, segundo, tercero, cuarto, quinto, sexto). El cuarto suceso ya ha sido indicado.

__cuarto__ 1. En camino a la casa de doña Marina, la abuela de Andrés, los paramilitares les exigieron a Guillermo y Andrés que <u>pararan</u> la mula.

Fotograma: _b_

_____ 2. Guillermo le dijo a Andrés que era muy importante que él no le _____ (decir) a nadie que tenían las armas.

Fotograma: ___

_____ 3. Guillermo necesitaba que Andrés le_____ (ayudar) a mover la antena del televisor.

Fotograma: __

_____ 4. Era sumamente triste e irónico que Guillermo _____ (tener) que enterrar a Andrés en el cajón de los Kalashnikov.

Fotograma: __

_____ 5. Guillermo le recomendó a Andrés que le _____ (pedir) la bicicleta al niño Jesús.

Fotograma __

_____ 6. Don Rafael estuvo contento de que Guillermo le _____ (vender) el arma.

Fotograma: __

© Kalashnikov - Monociclo Cine / Archivo lbv.co.

a.

© Kalashnikov - Monociclo Cine / Archivo lbv.co.

b.

© Kalashnikov - Monociclo Cine / Archivo lbv.co.

c.

© Kalashnikov - Monociclo Cine / Archivo lbv.co.

d.

© Kalashnikov - Monociclo Cine / Archivo lbv.co.

e.

© Kalashnikov - Monociclo Cine / Archivo lbv.co.

f.

PASO 2. Elige dos de los siguientes fotogramas, y para cada uno, usa una de las frases útiles para describir lo que retrata la imagen. Escribe en el pasado y usa el imperfecto de subjuntivo. **¡OJO!** Puedes usar las oraciones del **Paso 1** como modelo.

Frases útiles para empezar una oración que requiere el subjuntivo

Necesitó / Necesitaron / Necesitaba(n) que...
Pidió / Pidieron / Pedía(n) que...
Quería(n) que...
Era importante/mejor/necesario que...

Dudó / Dudaron / Dudaba(n) que...
No era cierto/verdad que...
(No) Era imposible/improbable que...
(No) Era posible/probable que...

(No) Le gustó / disgustó / gustaba / disgustaba que...
(No) Le molestó / molestaba que...
Le pareció / parecía bueno/malo/terrible que...
(No) Le puso / ponía contento/triste/enojado...
Se alegró / alegraba de que...
Se preocupó / preocupaba de que...
Era bueno/extraño/increíble/malo/preocupante/terrible/trágico/triste que...

MODELO: A Andrés le pareció terrible que sus compañeros **maltrataran** al gato.

Les pidió que **dejaran** de tirarle piedras. Era posible que esta escena **fuera** un mal agüero (un... *bad omen*) de lo que iba a pasar.

© Kalashnikov - Monociclo Cine / Archivo lbv.co.

© Kalashnikov - Monociclo Cine / Archivo lbv.co.

a.

© Kalashnikov - Monociclo Cine / Archivo lbv.co.

b.

© Kalashnikov - Monociclo Cine / Archivo lbv.co.

c.

© Kalashnikov - Monociclo Cine / Archivo lbv.co.

d.

PASO 3. Escribe un párrafo de por lo menos cuatro oraciones desde la perspectiva de uno de los personajes del cortometraje. Describe cómo se sentía, qué esperaba, quería, qué le pareció algo que sucedió, qué le molestaba, preocupaba, etcétera. Usa cuatro frases distintas del **Paso 2** para empezar tus oraciones. Luego, léeselas a tu pareja. Él/Ella debe adivinar quién eres.

B. Ojalá que no fuera así. Ojalá que no hubiera pasado.

PASO 1. El cortometraje presenta muchas situaciones lamentables. Elige frases de la caja para escribir oraciones sobre los sucesos desafortunados. Para los primeros tres fotogramas, usa el pasado de subjuntivo para describir las circunstancias que se presentan en ese momento. Para los últimos tres fotogramas, usa el pluscuamperfecto de subjuntivo para lamentar las acciones pasadas.

© Kalashnikov - Monociclo Cine / Archivo lbv.co.

Frases posibles

Andrés no extrañar a su madre tanto
Andrés haberle + decir a su padre lo que el cura le dijo
Guillermo no haber + sacar el Kalashnikov del cajón
Guillermo y doña Marina haber + encontrar a Andrés vivo
la madre de Andrés poder verlo en su traje
la madre de Andrés vivir en su casa
los amigos de Andrés no ser crueles
los amigos de Andrés no haber maltratar al gato

MODELO: Los amigos de Andrés no le tienen compasión al gato.
Ojalá que los amigos de Andrés no <u>fueran crueles</u>.
Los amigos de Andrés le tiraron piedras al gato.
Ojalá que no <u>hubieran maltratado al gato</u>.

© Kalashnikov - Monociclo Cine / Archivo lbv.co.

© Kalashnikov - Monociclo Cine / Archivo lbv.co.

© Kalashnikov - Monociclo Cine / Archivo lbv.co.

1. Guillermo y Andrés viven solos en esta casa.
   Ojalá que... _____
   _____

2. Guillermo es el único que ve a Andrés en su traje nuevo.
   Ojalá que... _____
   _____
   _____

3. Guillermo escucha a su padre y a su abuela hablando de su madre.
   Ojalá que... _____
   _____

4. Guillermo le vendió el Kalashnikov a don Rafael porque necesitaba la plata. Ojalá que... _____ _____

5. El cura le dijo algo a Andrés y Guillermo le preguntó sobre lo que dijo. Ojalá que... _____ _____

6. Guillermo y doña Marina buscaron desesperadamente a Andrés. Ojalá que... _____ _____

PASO 2. Piensa en situaciones lamentables en el mundo hoy día y que ocurrieron en el pasado. Escribe tres oraciones para describir situaciones actuales, usando la palabra **ojalá** para decir que te gustaría que la situación fuera diferente. Luego, escribe tres oraciones sobre sucesos pasados/ históricos, usando la palabra **ojalá** para expresar que habría sido mejor que ese suceso no hubiera pasado. Puedes usar situaciones de la lista o pensar en otras.

Situaciones

Algunos activistas ambientales son asesinados.
La gente discapacitada todavía enfrenta obstáculos y discriminación.
Muchos campesinos no tienen acceso a su propia tierra.
Muchas personas no votan en las elecciones políticas.
La esclavitud existió por muchos siglos.
La guerra civil colombiana duró más de cincuenta años.
Las mujeres no tuvieron el derecho de votar hasta el siglo XX.
Los Estados Unidos y la Unión Soviética les enviaron armas a conflictos armados.
Mikhail Kalashnikov inventó el fusil Kalashnikov.
La Gran Depresión era una época de mucha inseguridad económica por todo el mundo.
La guerra civil española dividió el país y causó mucho sufrimiento y destrucción.
El holocausto sucedió durante la Segunda Guerra Mundial en Europa.

MODELO: Muchas personas no votan en las elecciones políticas.

Ojalá que más personas **votaran** en las elecciones políticas.

Las mujeres no tuvieron el derecho de votar hasta el siglo XX.

Ojalá que las mujeres **hubieran tenido** el derecho de votar antes del siglo XX.

C. La guerra civil colombiana: Décadas de uno de los conflictos armados de más larga duración

PASO 1. La siguiente lectura trata de las raíces del conflicto armado en Colombia. Primero, lee el texto una vez para entender lo esencial (lo... *the gist*) de la lectura. No busques ninguna palabra en el diccionario. Luego, basándote en la información de la lectura, completa la actividad que sigue.

La guerra civil colombiana*

Durante la primera mitad del siglo XX en Colombia, la tensión entre los conservadores y los liberales culminó en una época de violencia extrema, acertadamente llamada «La Violencia», diez años de conflicto armado entre 1948 y 1958. La Violencia tuvo lugar en su mayoría en las zonas rurales y esta foto muestra lo que algunos consideran su catalizador:[a] el «Bogotazo», diez horas de disturbios en la capital después del asesinato de un candidato liberal a la presidencia, Jorge Eliécer Gaitán que tenía apoyo del pueblo colombiano.

© William J. Smith/AP Images

Durante las manifestaciones, la gente se armó de herramientas[b] que encontraron en ferreterías.[c] La policía mató a algunos de los manifestantes y otros policías se unieron a ellos. Además, se saquearon[d] unos edificios públicos, hubo incendios[e] y más de cien edificios en Bogotá se destruyeron. La violencia en Bogotá se extendió a otras ciudades colombianas.

Unas cinco mil personas se mataron a causa del Bogotazo, y unas trescientas mil personas, o quizás más, murieron debido a los diez años de guerra durante La Violencia. Es una época que pesa mucho en la mente colectiva colombiana. Los grandes escritores colombianos como Gabriel García Márquez, Hernando Téllez y Gustavo Álvarez Gardeazábal, entre otros, escribieron ficción sobre este momento sangriento, tanto catalizador como síntoma de tensiones e injusticias antiguas.

La guerra civil que devastaría el país a partir de los años sesenta por más de cinco décadas tiene su raíz, en parte, en La Violencia y la polarización política que se produjo entre los conservadores y los liberales. En general, la ideología conservadora quería mantener las jerarquías económicas y sociales. Abogaba por mantener las tradiciones y creía que los cambios de la estructura social llevarían al caos. Además, en Colombia y en otros países latinoamericanos, los conservadores apoyaron la clase alta, los grandes terratenientes y las empresas internacionales que aprovecharon los recursos naturales por motivos económicos.

---

[a]*catalyst*   [b]*tools*   [c]*hardware stores*   [d]*se... were sacked, plundered*   [e]*fires*

*Source: Vulliamy, Ed, "Colombia: Is the End in Sight to the World's Longest War?," *The Guardian*, March 15, 2015. https://www.theguardian.com; Hernández-Mora, Salud, "El Gobierno de Colombia y las FARC acuerdan el alto de fuego definitivo," *El Mundo*, June 22, 2016. http://www.elmundo.es; Marcos, Ana, "El Gobierno de Colombia y las FARC acuerdan el cese del fuego bilateral y definitivo," *El País*, June 23, 2016. http://internacional.elpais.com; Chientaroli, Natalia, "Colombia y las FARC, Una historia de más de medio siglo de sangre," *eldiario.es*, September 24, 2015. http://www.eldiario.es

Tres preguntas que tengo sobre la guerra civil colombiana:

1. _____
2. _____
3. _____

Algo que yo sé o que yo conozco que tenga que ver con este tema:

_____

Después de leer la lectura otra vez y con más cuidado, creo que voy a descubrir/entender mejor... _____

Escribe algo de la lectura que asocias con cada palabra interrogativa.

¿Qué? _____

¿Quién(es)? _____

¿Cuándo? _____

¿Dónde? _____

¿Por qué? _____

PASO 2. Lee la lectura de nuevo, esta vez lentamente y con más cuidado. Puedes consultar con un diccionario si te es necesario. Luego, completa las frases que siguen, según la información presentada en la lectura.

1. Era increíble que la tensión entre los liberales y los conservadores... _____
_____

2. El «Bogotazo» ocurrió porque muchos se enojaron de que... _____
_____

3. No es sorprendente que muchos escritores colombianos... _____
_____

4. La ideología conservadora prefería que... _____
_____

PASO 3. Identifica cinco palabras/frases de la lectura que crees que captan lo esencial de la lectura.

MODELO: las injusticias antiguas

PASO 4. En parejas, escriban dos ejemplos de información que el texto explícitamente dice. Luego, escriban dos ejemplos de información implícita, algo que tienen que inferir de la lectura.

MODELO: El texto dice que «La Violencia» ocurrió entre 1948 y 1958.

Infiero que probablemente hubo incidentes violentos antes de esa década.

Información explícita: _____
_____

Información implícita (Nuestras inferencias): _____
_____

PASO 5. Imaginen que Uds. tienen que escribir dos preguntas de tipo ensayo para un examen sobre esta lectura. ¿Qué preguntas les harían a los estudiantes? _____

_____

▶ D. ¿Qué opinan los demás?

PASO 1. Las personas entrevistadas responden a las siguientes preguntas. Escribe por lo menos cinco palabras del vocabulario de este capítulo que probablemente van a incluir en sus respuestas.

- ¿Habría tomado Ud. la misma decisión que Guillermo tomó de vender las armas?
- ¿Cómo se sintió Ud. al final del cortometraje? En su opinión, ¿quién es el responsable de la muerte del hijo de Guillermo? ¿Qué critica este cortometraje en su opinión?
- ¿Ha tenido su país una guerra civil o un conflicto armado? Explique.
- ¿Qué conflictos políticos se destacan actualmente en su país? ¿Cómo se resuelven? ¿Tiene Ud. confianza en el proceso político, en los políticos o en la política en general?

1. _____ 2. _____ 3. _____ 4. _____ 5. _____

PASO 2. Primero, escribe la letra de la frase que mejor completa cada una de las ideas expresadas en las entrevistas. Luego, llena los espacios en blanco con el imperfecto de subjuntivo de los verbos entre paréntesis.

Con respecto al cortometraje «Kalashnikov»:

____ 1. Sabiendo el contexto político de Colombia, no creo que yo...

____ 2. El padre no tuvo la culpa de la muerte de su hijo. El cortometraje implica que el conflicto armado...

____ 3. Me sentí completamente sumergido en la historia y me entristeció que Guillermo y los otros campesinos...

____ 4. Era comprensible que Guillermo hubiera tomado la decisión que tomó de vender el arma y que...

____ 5. Era muy probable que la gente conectada con la Iglesia...

a. _____ (querer) comprarle una bicicleta a su hijo.

b. _____ (haber) vendido el arma. Es demasiado riesgoso.

c. _____ (tener) algo que ver con la muerte del hijo.

d. es el responsable de lo que le pasó a Andrés.

e. _____ (vivir) durante una época donde todo el tiempo mataban a personas.

Con respecto a los conflictos armados y los conflictos políticos:

____ 1. En la Argentina, durante la dictadura, el gobierno decidió que era necesario que muchos chicos de dieciocho años...

____ 2. Crecí con la presencia de la guerrilla y cuando viajábamos a nuestra finca en el campo, la guerrilla nos pedía que nosotros...

____ 3. Si nosotros no _____ (haber) pagado las «vacas», ellos...

____ 4. La guerra civil española causó que nosotros...

____ 5. La guerra civil española impidió que nosotros...

a. nos habrían matado o secuestrado.

b. _____ (desarrollarse) como país.

c. _____ (luchar) en una guerra en las Islas Malvinas.

d. _____ (pagar) una «vaca», es decir plata.

e. _____ (aislarse) del resto de Europa.

PASO 3. Primero, lee las siguientes citas de las entrevistas. Luego, mira las entrevistas y escribe quién hizo cada comentario: Gastón, Andrés o Ainhoa. Por último, comparte tu reacción al comentario con una pareja. Uds. deben considerar el cortometraje o sus propias experiencias, según el comentario.

Gastón   Andrés   Ainhoa

Palabras útiles

a diestra y siniestra
   left and right, all over the place

actualmente
   currently

ceder
   to give up, to relinquish

descuidar
   to neglect

despistar
   to distract; to throw off track

incapacitado/a
   unable, incapable

el poder
   power

salir a la luz
   to come to light

la tasa pública
   tax

la teoría del derrame
   trickle down theory (of economics)

_____ 1. «Yo creo que el cura se lo dijo a un grupo de gente que posiblemente estaban buscando rebeldes».

_____ 2. «Bueno, cuando terminó el corto... no creo que haya sido culpa del padre... Porque te muestran cuando él está en el bar y que está tomando y uno tranquilamente lo puede juzgar. Puede juzgarlo de que descuidó a su hijo... Pero no creo que sea eso. Creo que cualquiera lo puede hacer, ¿cuánta gente toma?».

_____ 3. «Colombia es un país que está en una situación que sube y baja. Los gobiernos tratan de hacer negociaciones con las guerrillas y las únicas negociaciones que hacen son darle más y más poder y campos. Entonces uno no sabe quién tiene el poder, quién está liderando, si el presidente, o el gobernador, o la guerrilla... La guerra civil es constante: todos los días hay robos, hay matanzas, para mí eso es una guerra civil».

_____ 4. «Los problemas que tenemos actualmente con nuestros políticos es que hemos perdido la fe en que ellos puedan resolver la crisis actual».

PASO 4. En parejas, túrnense para contestar las preguntas.

1. ¿Quién dijo que no habría hecho lo que Guillermo hizo con el Kalashnikov? ¿Quién dijo que habría tomado la misma decisión? ¿Con quién estás más de acuerdo? _____

2. ¿Qué contó Andrés sobre sus experiencias de trabajar con los animales en la finca de su familia? ¿Cómo te habrías sentido tú en esa situación?

   _____

3. ¿Qué dijeron Gastón y Ainhoa sobre las decisiones políticas actuales en la Argentina y España? ¿Es parecida o diferente a la situación en tu país?

   _____

   _____

4. Ainhoa describió una serie de épocas importantes en la historia de España del siglo XX. Nombra y explica tres de ellas. _____

   _____

   _____

PASO 5. En parejas, conversen sobre sus propias ideas respecto a las preguntas del **Paso 1**.

10.2 «Si la gente no utilizara las armas para resolver los conflictos, el mundo sería mejor».

Actividades analíticas

Las oraciones condicionales

¡A analizar!

Con frecuencia pensamos en las consecuencias de una situación posible o una situación hipotética. Pensamos en lo que sucederá o lo que sucedería en ese caso.

© Kalashnikov - Monociclo Cine / Archivo lbv.co.

A continuación, hay dos tablas: la primera describe situaciones posibles mientras que la segunda presenta situaciones hipotéticas relacionadas al cortometraje. Lee las situaciones presentadas en la columna izquierda y empareja cada situación con las consecuencias más lógicas.

TABLA 1: Situaciones posibles

SITUACIÓN POSIBLE	LAS CONSECUENCIAS
___ 1. Si los granos de café están maduros...,	a Guillermo, Arturo y los otros campesinos ganarán más.
___ 2. Si tienen una buena cosecha el próximo año...,	b. debe llevar un traje para la ceremonia y confesarse primero con el cura.
___ 3. Si ellos le traen dos gallinas a doña Marina...,	c. se los pueden cosechar.
___ 4. Si un niño está listo para la Primera Comunión...,	d. ella tendrá suficiente carne para el sancocho.[a]
___ 5. Si no tenían suficiente plata para tomar el autobús al pueblo...,	e. ellos no podían mirar la televisión.
___ 6. Si la antena no estaba dando señal...,	f. hacían el viaje a caballo.

TABLA 2: Situaciones hipotéticas

SITUACIÓN HIPOTÉTICA	LO QUE SUCEDERÍA O HABRÍA SUCEDIDO
___ 1. Si Andrés tuviera una bicicleta...,	a. ella se lo diría a Guillermo.
___ 2. Si Guillermo no viviera en el campo...,	b. Guillermo habría estado en casa cuando alguien tocó la puerta y quizás Andrés no habría muerto.
___ 3. Si doña Marina supiera dónde estaba la madre de Andrés...,	c. no le habría vendido el fusil Kalashnikov a don Rafael.

[a]Una sopa tradicional del Caribe y Sudamérica; se puede preparar con una variedad de carnes, verduras, tubérculos, etcétera.

___ 4. Si Guillermo fuera guerrillero...

___ 5. Si no hubiera conflictos armados...,

___ 6. Si Andrés estuviera vivo...,

___ 7. Si Guillermo y Arturo no hubieran pasado la noche en el bar...,

___ 8. Si el cajón no hubiera caído en su patio trasero...,

d. Guillermo no se sentiría tan culpable y angustiado.

e. habría más paz en el mundo.

f. tendría experiencia con las armas y sabría usarlas.

g. estaría muy contento y podría traerle el almuerzo a su padre más rápido.

h. no cosecharía el café.

1. The word **si** (*if*) can be used to introduce *possible* or *contrary-to-fact* statements in Spanish.

   Possible statements introduced by the word **si** describe situations that do exist, could exist, or did exist.

   In contrast, *contrary-to-fact* statements (also called *hypothetical* or *counterfactual* statements) introduced by **si** describe situations that contradict reality. These types of statements are used to speculate what would happen if certain conditions were true. In English, they are *what-if* statements. These kinds of statements may introduce wildly impossible situations: *What if horses could talk?, If I were president . . ., What if there were no wars?* Or, they can be used to reflect on more mundane, everyday counterfactual ideas: *What if we lived in the city? If I earned more money . . ., If I knew how to cook . . .,* and so on.

   To understand the difference between possible and contrary-to-fact *if . . ., then* statements, contrast these four clauses that start sentences.

Si los granos de café **están** maduros...,	*If the coffee beans <u>are</u> ripe . . .,*
Si la antena **no estaba dando** señal...,	*If the antenna <u>wasn't getting</u> a signal . . .,*
Si Andrés **tuviera** una bicicleta...,	*If Andrés <u>had</u> a bicycle . . .*
Si el cajón **no hubiera caído** en su patio trasero...,	*If the crate <u>hadn't fallen</u> in their backyard . . .,*

   The word **si** introduces all four clauses, but only the first two are considered possible or true; the first uses the present tense, and the second uses the past tense, and both are in the indicative mood.

   In contrast, in the last two examples, the word **si** introduces contrary-to-fact situations (Andrés does NOT have a bicycle and the crate DID fall in their backyard), the first situation in the present and the second in the past. These kinds of hypothetical statements allow us to imagine implications or consequences if things were or had been different.

2. In Spanish, the word **si** introduces an *if* clause, and the verb tense and mood in the other (result) clause are determined by whether the *if* clause describes a possible or a contrary-to-fact situation.

   - **Possible situations**

   In **Tabla 1,** in what verb tenses and mood are the verbs that immediately follow the word **si**? _____

   Many students logically assume that a clause that begins with the word *if* should be followed by the subjunctive because the word *if* implies doubt and uncertainty. While this is a natural inference, are there any verbs in **Tabla 1** in the present subjunctive? __

It seems counterintuitive, but the word **si** is NOT followed by the present subjunctive.

In the **CONSECUENCIAS** column of **Tabla 1**, what verb tenses are used? _____

Complete the following formulas for *if* clauses that describe a possible situation. Notice that in both English and Spanish, the word *if* (**si**) can come at the beginning or in the middle of a sentence.

> **Si** + _____, followed by <u>present indicative</u> or _____ in the result clause.
>
> **Si** + _____, followed by <u>imperfect indicative</u> in the result clause.

OR, flipped to have the **si** clause in the second half:

> <u>Present indicative</u> or _____ in the result clause followed by **si** + _____ _____.
>
> <u>Imperfect indicative</u> in the result clause followed by **si** + _____.

Si no tienen suficiente plata para tomar el autobús al pueblo, harán el viaje a caballo.	*If they do not have enough money to take the bus to town, they will make the trip by horse.*
Harán el viaje a caballo **si** no tienen suficiente plata para tomar el autobús al pueblo.	*They will make the trip by horse <u>if</u> they do not have enough money to take the bus.*

- **Contrary-to-fact situations**

    Si clauses that introduce contrary-to-fact situations follow a different formula.

    > **Si** + <u>imperfect subjunctive</u>, followed by <u>conditional</u> in the result clause.
    >
    > or, in the past tense:
    >
    > **Si** + <u>pluperfect subjunctive</u>, followed by <u>conditional perfect</u> in the result clause.

    OR, (flipped to have the **si** clause in the second half of the sentence):

    > <u>Conditional</u> in the result clause followed by **si** + imperfect subjunctive.
    >
    > or, in the past tense:
    >
    > <u>Conditional perfect</u> in the result clause followed by **si** + pluperfect subjunctive.

    Notice that all of the verbs in the **si** clauses in **Tabla 2** are in the imperfect subjunctive or pluperfect subjunctive. Write the infinitive of each verb.

    > estuviera _____ tuviera _____ fuera _____ supiera _____ viviera _____ hubiera _____
    >
    > hubieran pasado <u>pasar</u> hubiera caído _____

In the **si** clause **Si Andrés tuviera una bicicleta...** in **Tabla 2,** the imperfect subjunctive form **tuviera** means *had: If Andrés had a bicycle. . . .* In contrast, when the word *if* introduces a possible situation, the present tense, in this case *has*, is used.

*If Andrés **has** a bicycle . . ., he rides it with his friends / he will get home faster* (and so on).

Note that in English, verb forms also change to indicate whether the word *if* is followed by a possible or a contrary-to-fact situation.

Si Guillermo **no vive** en el campo...	*If Guillermo doesn't live in the countryside . . .*
Si Guillermo **no hubiera vivido** en el campo...	*If Guillermo hadn't lived in the countryside . . .*

Paying attention to the shift from present to past in English can help sensitize you to this distinction in Spanish.

Which verb tenses are used in the **LO QUE SUCEDERÍA** column in **Tabla 2**? _____

The verbs in this column on the right (the result clauses) all explain what *would* happen or what *would have* happened if the contrary-to-fact situation had been true. You can remember that in a contrary-to-fact **si** clause, the verb that corresponds to the word *would* (the verb in the result clause) will be in the conditional, while the verb in the **si** clause will be in the imperfect subjunctive.

Remember that the conditional tense expresses *would* + verb. Write the infinitives of these conditional verbs from **¡A analizar!**

cosecharía _____   habría _____   se sentiría _____

decir _____   podría _____   tendría _____

estaría _____   sabría _____

Actividades prácticas

A. Si esto sucede...

PASO 1. Debajo de cada imagen, completa las oraciones de una forma lógica para describir lo que pasará o lo que pasa en ciertas situaciones del cortometraje.

> **MODELO:** Si el televisor no funciona, <u>Andrés tiene que arreglar la antena</u>.
>
> Andrés ayudará a su padre si <u>no puede mirar la televisión</u>.

© Kalashnikov - Monociclo Cine / Archivo lbv.co.

© Kalashnikov - Monociclo Cine/ Archivo lbv.co.

© Kalashnikov - Monociclo Cine/ Archivo lbv.co.

a. Si Andrés no tiene su mochila...,
_____
_____

b. No pueden cruzar el río en este tronco caído si... _____
_____

c. Si el traje le queda bien a Andrés...,

_____

_____

d. Después de la llegada del cajón, Guillermo le explica a Andrés que tendrán problemas si... _____

_____

_____

e. Si Andrés puede escuchar lo que doña Marina y su padre están diciendo..., _____

_____

f. Guillermo comprará esta bicicleta si... _____

_____

PASO 2. Primero, escribe cuatro cláusulas con **si** para hablar de situaciones posibles en la vida de una persona que vive durante un conflicto armado / una guerra civil. Luego pónganse en grupos pequeños. Cada persona debe leer una de sus cláusulas con **si** en voz alta. El resto del grupo debe escribir consecuencias lógicas.

> **MODELO**: *Escribes:* Si tiene opiniones políticas muy fuertes...,
>
> *Los otros miembros del grupo escriben consecuencias posibles:*
>
> Si tiene opiniones políticas muy fuertes..., <u>tendrá enemigos.</u>
>
> Si tiene opiniones políticas muy fuertes..., <u>debe tener cuidado.</u>

B. Si pudiera, si tuviera, si fuera...

PASO 1. Mira los fotogramas y las descripciones e imagina lo que los personajes **harían si pudieran** cambiar algo. Llena los espacios en blanco con el imperfecto de subjuntivo del verbo entre paréntesis. Luego, usa el condicional para completar las oraciones.

© Kalashnikov - Monociclo Cine / Archivo lbv.co.

> **MODELO**: Andrés y Guillermo crían gallinas en el gallinero.
>
> Pero, si ellos no <u>criaran</u> (criar) gallinas, <u>tendrían que criar otros animales o tendrían que comprar carne y huevos.</u>

© Kalashnikov - Monociclo Cine/ Archivo lbv.co.

© Kalashnikov - Monociclo Cine/ Archivo lbv.co.

1. Todos los días, Andrés le trae el almuerzo a su padre.

   Pero si Andrés no le _____ (traer) el almuerzo a su padre... _____
   _____

2. La abuela de Andrés vive cerca de Andrés y Guillermo.

   Pero si la abuela no _____ (vivir) cerca de ellos...
   _____
   _____

© Kalashnikov - Monociclo Cine/ Archivo lbv.co.

© Kalashnikov - Monociclo Cine/ Archivo lbv.co.

3. A causa de la Guerra Civil, unos soldados de grupos paramilitares los paran y les hacen preguntas.

   Pero, si no _____ (haber) una guerra civil... _____
   _____
   _____

4. No tienen coche. Por eso, viajan al pueblo a caballo.

   Pero, si _____ (tener) coche... ___
   _____
   _____

PASO 2. Mira los fotogramas y la descripción de la realidad que se presenta. Imagina que la situación fuera diferente. Completa la primera parte de la oración con la forma correcta del verbo entre paréntesis. Luego, para completar la oración, escribe la letra de la cláusula en la lista que sigue que le corresponde más lógicamente. Por último, conjuga el verbo de la segunda cláusula. **¡OJO!** Presta atención a la palabra **si** y en qué cláusula aparece.

MODELO: La realidad: Doña Marina no sabe dónde está la madre de Andrés.

La situación hipotética:

Si ella supiera (saber) dónde estaba..., Guillermo trataría de buscarla.

Guillermo se sentiría (sentirse) mejor si... Doña Marina le diera información sobre la madre de Andrés.

© Kalashnikov - Monociclo Cine / Archivo lbv.co.

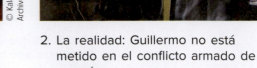

1. La realidad: Guillermo está preocupado por la llegada del cajón de armas.

   La situación hipotética: Si Guillermo no _____ (estar) preocupado..., ___

2. La realidad: Guillermo no está metido en el conflicto armado de su país.

   La situación hipotética: Guillermo _____ (saber) usar las armas si...___

3. La realidad: Arturo invita a Guillermo a tomar una copa en el bar.

   La situación hipotética: Si Arturo no _____ (haber) invitado a Guillermo a tomar una copa..., ___

4. La realidad: El final de la historia es muy triste.

   La situación hipotética: Andrés _____ (estar) muy contento con su bicicleta nueva y Guillermo _____ (pensar) que las armas le trajeron buena suerte si... ___

a. el cortometraje _____ (tener) un fin feliz.

b. Guillermo _____ (haber) regresado a casa y Andrés _____ (haber) recibido su Primera Comunión.

c. no le _____ (decir) a Andrés que guardara el secreto.

d. _____ (estar) metido en la Guerra Civil.

 PASO 3. Completa las oraciones de una forma lógica. Luego, escribe 5–6 otras frases y pídele a tu pareja que las complete.

1. Si yo fuera un campesino / una campesina en una plantación de café...

2. Me gustaría la vida agraria si...

3. Si yo fuera Guillermo...,

4. Trabajaría en una finca si...

5. Si yo tuviera el poder para mejorar el mundo...,

C. La guerra civil española

PASO 1. Lee la lectura sobre la guerra civil española por lo menos dos veces. Léela una vez solamente para entender lo esencial. No busques palabras que no conozcas. Espera hasta la segunda o la tercera lectura para buscarlas. Luego, responde a las preguntas que siguen sobre la lectura.

La guerra civil española*

En España a principios del siglo XX, había agitación social a causa de las condiciones laborales de muchos trabajadores. Los trabajadores insatisfechos se unieron a sindicatos que apoyaban ideas marxistas. Estos movimientos sociales se oponían a la política derechista y a las instituciones que tradicionalmente disfrutaban de poder y privilegio en España como la Iglesia católica, la clase alta y el ejército.

© Bettmann/Getty Images

En el año 1931, la política izquierdista ganó las elecciones españolas y se produjo un contragolpe[a] ante las reformas que quería implementar y ante sus acciones «anticlericalistas».[†] El nuevo gobierno, llamado la Segunda República, estaba a favor de la reforma agraria, la separación del estado y la religión, el voto femenino y cambios al sistema educativo. El ejército, dirigido por el general Francisco Franco, trató de tomar poder en un golpe de estado en 1936. La nación se dividió en dos bandos irreconciliables.

Por el lado izquierdista (llamado «los republicanos») lucharon miembros de los partidos comunistas, socialistas y anarquistas; los sindicalistas y las Brigadas Internacionales. Recibieron ayuda internacional de países como Rusia y México. Los artistas y los intelectuales también generalmente apoyaron a los republicanos.

Por el otro lado, «los nacionalistas» fueron apoyados por el ejército, la Iglesia Católica, las grandes terratenientes y los partidos políticos derechistas. Alemania e Italia, dos gobiernos fascistas aliados en la Segunda Guerra Mundial, también apoyaron el lado nacionalista.

La guerra civil española podría considerarse un ensayo[b] para la Segunda Guerra Mundial que tendría lugar solo pocos años después. En España se probaron armas mecanizadas y tácticas nuevas, por ejemplo, los bombardeos de zonas civiles donde se encontraban muchas personas, los cuales caracterizarían la Segunda Guerra Mundial. Además, las alianzas ideológicas de la guerra mundial (las Potencias del Eje, Alemania e Italia, en contra de los Aliados, de los cuales formaba parte Rusia) surgieron también en la guerra civil.

---

*Source: Operé, Fernando, *España y los españoles de hoy.* Upper Saddle Ridge, NJ: Pearson, 2008, 3–50; Muñoz, Pedro, *España: Ayer y hoy.* Upper Saddle Ridge, NJ: Pearson, 2005, 134–150; Ugarte, Francisco, *España y su civilización.* New York, NY: McGraw-Hill, 2009, 145–155; Atitar, Mokhtar, "Brigadistas internacionales reciben en Londres la nacionalidad española," *El País,* June 10, 2009. http://internacional.elpais.com

†«Anticlericalismo» se refiere a movimientos que critican el poder y los privilegios de las instituciones religiosas. Los anticlericalistas se oponen a que la iglesia se involucre en temas políticos o sociales de un país.

El ascenso del fascismo en España, lo cual les motivó a muchos soldados voluntarios internacionales a luchar al lado de los republicanos en España, presagió[c] el poder creciente de los grandes líderes fascistas en la Segunda Guerra Mundial. Aunque Rusia (la Unión Soviética) y los Estados Unidos serían enemigos en la Guerra Fría, Rusia y los Estados Unidos lucharon en el mismo lado durante la Segunda Guerra Mundial. La mayoría de los países de los Aliados —Francia, Inglaterra y los Estados Unidos— mantuvo una política de no intervención en la guerra civil española, lo cual les privó[d] a los republicanos de las armas y el apoyo que necesitaban.

Al final, los conflictos internos entre los republicanos y la falta de apoyo internacional contribuyeron a la victoria del lado nacionalista en la guerra civil española. Centenares de miles de personas murieron. La guerra oficialmente duró tres años (1936–39) pero las represalias[e] contra los perdedores (los republicanos) y el legado amargo[f] de este conflicto duraron muchos años más.

---

[a]backlash   [b]dress rehearsal   [c]foreshadowed   [d]deprived   [e]reprisals   [f]legado... bitter legacy

1. ¿Cuáles eran algunos catalizadores (causas) de las divisiones en la sociedad española antes de la Guerra Civil? _____
_____
_____
_____

2. ¿Quiénes / Qué grupos lucharon en los dos lados del conflicto? ¿Qué lado ganó? _____
_____
_____

3. ¿Por qué vinieron tantos soldados voluntarios a España desde otras naciones? _____
_____

4. ¿Qué aspectos de la Segunda Guerra Mundial presagiaron la guerra civil española? _____
_____
_____
_____

PASO 2. Los conflictos armados son complicados. Imagina que tienes que explicarle los elementos más importantes de la guerra civil española a un/una estudiante de doce años. Lee la lectura de nuevo y completa la siguiente información. Usa tus propias palabras y comparte tus ideas con tu pareja. ¿Tienen Uds. diferentes tipos de información?

Una descripción del conflicto en una sola oración: _____
Dos causas del conflicto: _____
Dos resultados del conflicto: _____
Dos conexiones del conflicto a personas, lugares o sucesos fuera de España: _____

PASO 3. En parejas, completen las oraciones. Según la información presentada sobre la guerra civil española, completen las oraciones para expresar lo que se puede concluir sobre unos conflictos sociales.

1. Si los obreros trabajan en malas condiciones..., _____
_____

2. Si una sociedad está dividida en dos bandos irreconciliables..., _____
_____

3. Si hay conflictos armados ideológicos..., _____

_____

4. Si un dictador tiene poder en un país..., _____

_____

D. La guerra civil de El Salvador

PASO 1. Lee la lectura sobre la guerra civil de El Salvador. Después de cada párrafo, hay principios (*beginnings*) de oraciones que representan lecciones que se pueden inferir de la lectura. Completa las oraciones de una manera lógica. Presta atención a la posición de la palabra **si** y los tiempos verbales.

La guerra civil de El Salvador*

En El Salvador, las causas que dieron origen a los conflictos resultan de las mismas tensiones que se han visto en otros países: grandes diferencias entre los ricos y los pobres, la falta de libertades y derechos básicos para muchos ciudadanos y los intereses arraigados[a] de una élite oligárquica.[b]

© Robert Nickelsberg/Getty Images

[a]*entrenched*   [b]*oligarchy: a government controlled by a small group of people*

1. Si hay mucha desigualdad entre los pobres y los ricos..., _____

_____

2. Si los pobres se sienten marginados..., _____

3. Si los ricos quisieran mejorar las condiciones de los pobres..., _____

_____

4. Una oligarquía que controla un país no renunciaría a su poder si... _____

Las ideas marxistas de la igualdad de las clases sociales y la revolución de la clase baja atrajeron a muchos de los grupos marginados que se alinearon[c] con grupos guerrilleros.

[c]*se... allied themselves*

5. Las ideas marxistas son populares si... _____

_____

*Source: "EE.UU. participó en el conflicto salvadoreño para impedir el expansionismo comunista," RT en español, February 15, 2013. https://actualidad.rt.com; Hone, Matthew James, "El impacto táctica de la intervención de EE.UU. en la guerra de El Salvador," *Revista de Humanidades y Ciencias Sociales*, 5, julio-diciembre 2013, 115–150; Aguilar Valenzuela, Rubén, "El Salvador: 30 años de FMLN," *El Economista*, October 13, 2010. http://eleconomista.com.mx; De la locura a la esperanza: La guerra de 12 años en El Salvador: Informe de la Comisición de la Verdad para El Salvador, New York, NY: Naciones Unidas, 1992–1993, 1–39.

El grupo guerrillero, el FMLN (Frente Farabundo Martí para la Liberación Nacional) luchó durante más de diez años (1980–92) contra el gobierno militar derechista. En general, la política de la derecha se aliaba con la Iglesia católica, los ricos, los inversionistas[d] extranjeros y las grandes empresas. Los grupos derechistas no estaban a favor de perturbar la estratificación social que predominaba.

Durante la guerra civil salvadoreña, el gobierno estadounidense le envió armas al gobierno militar salvadoreño. Algunos miembros de estas fuerzas militares se entrenaron en los Estados Unidos. Mientras tanto, la Unión Soviética, Cuba y otras naciones marxistas apoyaban a los guerrilleros.

[d]*investors*

6. Los grupos que tradicionalmente han sido privilegiados responderán con fuerza si _____

_____

7. Los conflictos durarían menos tiempo si _____

_____

PASO 2. Trabajen en grupos de cuatro. Primero, en parejas, escriban cuatro cláusulas con **si** para presentar una situación hipotética basada en la lectura. Intercambien las cláusulas con la otra pareja de su grupo y terminen sus cláusulas hipotéticas de una forma lógica con el condicional o el condicional perfecto.

MODELOS: Si no hubiera habido tanta desigualdad entre las clases sociales..., los pobres no habrían sentido tanta frustración.

Si los gobiernos de la Unión Soviética y los Estados Unidos no hubieran enviado armas a los grupos opositores..., la violencia no habría sido tan intensa.

1. _____
2. _____
3. _____
4. _____

PASO 3. Piensa en un conflicto armado o una guerra civil en tu país. Escribe 3–5 oraciones para hablar de lo que (no) habría pasado si algo (no) hubiera pasado durante ese conflicto o guerra.

MODELOS: Si el presidente X hubiera sido más paciente...

Los soldados no habrían reaccionado con fuerza si...

Comprueba tu progreso

Let's put into practice what you have learned about the use of the imperfect and pluperfect subjunctive, as well as possible and contrary-to-fact situations. In this speech, an activist ignites the crowd with his condemnation of the war and the government's policies. Complete his speech with the imperfect subjunctive, pluperfect subjunctive, conditional, or conditional perfect of the verb in parentheses. Check your answers when you're finished!

Yo organicé esta manifestación con la intención de que el presidente y los miembros del Congreso _____[1] (escuchar) la voz de la gente. Si no fuera por nosotros, ellos no _____[2] (tener) tanto poder ahora. Creo que es nuestra responsabilidad hacer que representen el consenso popular.

Hace un año, cuando se declaró la guerra, me entristeció que no _____[3] (haber) una reacción más inmediata de parte de los ciudadanos de este país. Si hubiéramos salido a la calle para protestar en aquel entonces, miles de ciudadanos inocentes no _____[4] (morir). Además, nosotros _____[5] (ahorrar) millones de dólares. Realmente fue una tragedia que nosotros no _____[6] (hacer) nada en el momento oportuno.

Si todo esto _____[7] (ocurrir) hace treinta años, estoy seguro de que la reacción del público habría sido distinta. En mi juventud, era normal que la gente _____[8] (levantarse) contra el poder central. Pero todo eso cambió cuando el presidente prohibió que la gente _____[9] (organizarse) para protestar contra el gobierno sin autorización previa.

Ahora, si yo _____[10] (ser) tú, alzaría la voz y haría que esta situación cambiara. Yo, desde luego, no pienso callarme.

Respuestas

1. escucharan; 2. tendrían; 3. hubiera / hubieran muerto; 4. habrían / hubieran muerto; 5. habríamos ahorrado / hubiéramos ahorrado; 6. hiciéramos / hubiéramos hecho; 7. hubiera ocurrido; 8. se levantara; 9. se organizara; 10. fuera

IV. CONTEXTOS SOCIALES

A. El activismo y la resistencia: Las estrategias de grupo para realizar cambios

PASO 1. En parejas, túrnense para leer en voz alta las citas de personas famosas sobre el conflicto y el activismo. Luego, expresen la idea principal de cada cita en sus propias palabras. Por último, contesten las preguntas.

- «Para el logro del triunfo siempre ha sido indispensable pasar por la senda (*path*) de los sacrificios». —Simón Bolívar, político y militar sudamericano
- «Hay que evitar el combate en lugar de vencer en él. Hay triunfos que empobrecen (*impoverish*) al vencido, pero no enriquecen al vencedor (*winner*)». —Juan Zorrilla de San Martín, periodista, poeta y ensayista uruguayo
- «El fascismo se cura leyendo y el racismo se cura viajando». —Miguel de Unamuno, escritor español
- «La paz no es solamente la ausencia de la guerra; mientras haya pobreza, racismo, discriminación y exclusión difícilmente podremos alcanzar un mundo de paz». — Rigoberta Menchú, activista indígena guatemalteca
- «Hablar es fácil... Es la forma en que nos organizamos y utilizamos nuestras vidas cotidianas que dice en lo que creemos». —César Chávez, activista estadounidense

---

Preguntas

1. ¿Qué aspectos de la condición humana tratan las citas?
2. ¿Qué recomendaciones para el cambio se expresan en las citas?
3. ¿Qué cita te gusta más? ¿Por qué?

PASO 2. Lee sobre tres expresiones artísticas que reprochan el abuso del poder político. Luego, lee las oraciones que siguen e indica con qué movimiento(s) de resistencia asocias cada una: **A** (las arpilleras), **H** (el hashtag #RenunciaYa) u **O** (la obra teatral, *El campo*). **¡OJO!** A veces más de una respuesta es posible.

El arte de la resistencia*

La arpillera

Las arpilleras son una forma de artesanía de colores brillantes que se hace en Chile y el Perú. Se fabrican de tela como yute[a] o estopa[b] sobre la que se presentan figuras bordadas.[c] Muchas arpilleras presentan escenas bucólicas[d] y costumbristas,[e] especialmente de la vida rural andina.

Pero esta forma artística surge como forma de protesta en Chile durante y después de la dictadura militar del general Augusto Pinochet de 1973–90. Durante esta época de represión política, muchas personas desaparecieron,

---

*Source: Gonzales, Guadalupe and Bertha Vallejo, "Las arpilleras: protesta femenina de América Latina", *Language Acquisition Resource Center, San Diego State University*, undated; "How a Peaceful Protest Changed a Violent Country", *BBC Trending*, May 27, 2015; "Videla y la historia más negra de Argentina," *Libertad Digital*, May 17, 2013. http://www.libertaddigital.com

fueron torturadas y asesinadas. Algunas mujeres, cuyos familiares eran las víctimas, adaptaron esta forma artística anteriormente neutra con respecto a los temas políticos para hacer denuncias políticas. En esta nueva forma de arpillera, en medio de los campos bucólicos[d] tradicionales se incluyeron imágenes subversivas, por ejemplo, soldados, muertos y las familias desconsoladas de las víctimas de la violencia de la dictadura. Sirvieron para protestar la injusticia y expresar el sufrimiento y la ira que muchos sintieron. Las mujeres que hicieron las arpilleras corrieron un alto riesgo[f] de ser arrestadas y por eso tuvieron que crearlas anónimamente.

NO a la ley antirrerorista/NO to the antiterrorist law Chilean Chilean arpillera, Aurora Ortiz, 2011 Photo: Martin Melaugh, © Conflict Textiles
http://cain.ulster.ac.uk/conflicttextiles/

El hashtag #RenunciaYa

En Guatemala, la etiqueta,[g] #RenunciaYa[h] ejemplifica el poder de las redes sociales de generar indignación y luego entusiasmo por un movimiento. Una mujer guatemalteca, motivada por acusaciones de corrupción entre los altos niveles del gobierno, hizo un llamamiento[i] en una red social usando el hashtag #RenunciaYa para que sus amigos fueran a la Ciudad de Guatemala para exigir la renuncia de la vicepresidenta del país ante un escándalo de corrupción.

© Arthimedes/Shutterstock RF

#RenunciaYa pudo desatar[j] entusiasmo y muchos ciudadanos tomaron la calle para manifestarse contra el sistema político del país. La mujer que creó este hashtag y sus compañeros pidieron que los manifestantes siguieran las leyes y que no exhibieran ninguna afiliación con un partido político. Unos días después, la vicepresidenta renunció.[k]

La obra teatral *El campo*

La obra teatral de la dramaturga argentina, Griselda Gambaro, *El campo*, emplea una alegoría para criticar las ideas fascistas. Cuenta la historia absurda de un hombre que cree que está empezando un trabajo nuevo en una empresa misteriosa. Su jefe se llama Franco, un nombre que evoca al dictador español, Francisco Franco. Poco a poco se revela que está en un campo de concentración y no en una empresa normal. Esta obra y otras obras de la escritora denuncian la violencia política de varios regímenes argentinos y anticipa el gobierno militar de Jorge Rafael Videla que «desapareció» a unas 30.000 personas durante la infame[l] guerra sucia.

---

[a]*jute*   [b]*burlap*   [c]*embroidered*   [d]*pastoral, bucolic*   [e]*an artistic style that focuses on the particular customs of a region or country*   [f]*corrieron... they ran a high risk*   [g]*hashtags*   [h]*Resign now*   [i]*appeal, call*   [j]*spark, unleash*   [k]*resigned*   [l]*awful, infamous*

Asociaciones

____ 1. Emplea el escenario de un campo de concentración.

____ 2. Las artistas corrieron el riesgo de ser arrestadas por sus obras artísticas.

____ 3. Inició un movimiento pacífico para denunciar la corrupción política y para exigir reformas.

____ 4. Critican los abusos de los derechos humanos por parte de las dictaduras.

____ 5. Dependió de las redes sociales para propagar su mensaje y generar entusiasmo.

 PASO 3. En parejas, conversen sobre las preguntas.

1. ¿Cómo defines tú el activismo? ¿Qué ejemplos han ocurrido en tu vida?

2. ¿Qué tipos de situación llevan a la resistencia o al activismo?

3. Aunque un movimiento por algo o en contra de algo no tenga éxito, ¿tiene valor todavía? ¿Por qué?

4. ¿Crees que un solo / una sola activista individual puede realizar cambios? O, ¿es mejor trabajar en grupo? ¿Por qué?

5. ¿Qué tienen en común los tres ejemplos del activismo presentados?

PARA TU INFORMACIÓN: EL LEMA ¡NO PASARÁN!*

El eslogan **¡No pasarán!** (*They will not pass!*) se empleó por primera vez en Francia durante la Primera Guerra Mundial.

En 1936, durante la guerra civil española, la frase se convirtió en el lema (*motto, slogan*) de los republicanos, que estaban a favor de las ideas políticas izquierdistas. Se usó como un grito de batalla para alentar (*encourage*) a los republicanos a seguir resistiendo durante el asedio (*siege*) de Madrid por las tropas nacionalistas. Pero al final de la guerra, cuando los nacionalistas por fin tomaron Madrid, el general del ejército nacionalista, Francisco Franco, declaró, «Hemos pasado».

© Universal History Archive/UIG via Getty Images

El eslogan apareció de nuevo durante la Revolución Sandinista en Nicaragua en 1979. Se considera el lema de los movimientos antifascistas.

---

*Source: "Frases célebres: «No pasarán»," *El rumbo de la Historia*, June 21, 2014. http://elrumbodelahistoria.blogspot.com; "1916: El año de las peores batallas en la Primera Guerra Mundial," *Diario Libre*, August 6, 2014, http://www.diariolibre.com

Antes de leer

B. El activismo político

PASO 1. Lee sobre la Revolución Sandinista en Nicaragua. Luego, escucha las siguientes oraciones sobre la lectura e indica si la información es cierta o falsa. Si la oración es falsa, corrígela.

La Revolución Sandinista*

Este conflicto nicaragüense se llama «la Revolución Sandinista» en memoria de Augusto César Sandino, líder guerrillero de la resistencia contra la ocupación estadounidense de Nicaragua (1912–1933).

En 1934, Sandino fue asesinado por Anastasio Somoza, el primer gran jefe de la Guardia Nacional, que luego tomó control del gobierno mediante el fraude electoral. La familia Somoza controlaría Nicaragua con poderes[a] dictatoriales por más de cuatro décadas. Sus dictaduras se caracterizaron por los abusos de los derechos humanos, incluyendo el uso de la tortura y la desigualdad intratable[b] entre los pocos ricos y la mayoría pobre.

© Richard Cummins/Getty Images

Un grupo guerrillero, el Frente Sandinista de Liberación Nacional (FSLN), fundado en 1961 y apoyado por un pueblo fatigado de la represión gubernamental, derrocó[c] a los Somoza e impuso un gobierno izquierdista en 1979. Inmediatamente, empezó «la Contrarrevolución», en contra del gobierno sandinista.

El país se convirtió en un campo de batalla por más de una década, (hubo más de 60.000 muertos) y un epicentro de la Guerra Fría entre la Unión Soviética y los Estados Unidos, con las dos superpotencias financiando la lucha.

A diferencia de las guerras en Guatemala y El Salvador, cuyos gobiernos los Estados Unidos apoyaba, en Nicaragua el gobierno estadounidense intentó darles fondos a los guerrilleros, los Contra, porque los Contra trataban de derrocar el gobierno

© Sovfoto/UIG via Getty Images

---

[a]*powers*   [b]*intractable*   [c]*overthrew*

---

*Source: "La Revolución Sandinista en Nicaragua", *www.avizora.com*, undated; Mariño, Enrique, "Guerrilleras sandinistas: cuando las mujeres hicieron la revolución", *www.publico.es*, October 17, 2014; Ferrero Blanco, María Dolores, "Violencia y represión en el ocaso de los Somoza: las condiciones carcelarias de los presos políticos", *Historia Crítica*, Universidad de los Andes, Sep–Dic, 2009.

socialista. Este hecho dio origen al escándalo Iran-Contra,* cuyos efectos, juntos con la Perestroika† de la Unión Soviética, culminaron en un cese de fuego^d entre la Contrarrevolución (los Contra) y el gobierno sandinista en 1988.

Las reformas sandinistas han recibido reconocimiento de la UNESCO^e por la alfabetización del país, reformas agrarias y una reducción de pobreza.

En 1990, se realizaron elecciones presidenciales y ganó Violeta Barrios de Chamorro, la candidata de un nuevo partido político, la Unión Nacional Opositora. La Contrarrevolución se desmanteló este mismo año. Daniel Ortega, un antiguo^f líder del FSLN, se eligió presidente en 2006.

Ortega ganó un tercer período presidencial con su esposa como vicepresidenta en 2016. El régimen de Ortega no ha estado libre de controversia. Hay oposición política y ha sido criticado por su política internacional y doméstica, su control de los medios de comunicación y por seguir los modelos autoritarios denunciados por el FSLN.

---

^dun... *ceasefire*   ^e*United Nations Educational, Scientific and Cultural Organization*   ^f*former*

	CIERTO	FALSO
1.	_____	_____
2.	_____	_____
3.	_____	_____
4.	_____	_____
5.	_____	_____
6.	_____	_____
7.	_____	_____
8.	_____	_____

PASO 2. En parejas, escriban una definición breve de cada uno de los sigientes elementos de la lectura.

1. Augusto César Sandino: _____
_____

2. la Familia Somoza: _____
_____

3. FSLN: _____
_____
_____
_____

4. los Contra: _____
_____

5. Daniel Ortega: _____

---

*Durante la presidencia de Ronald Reagan, la Agencia Central de Inteligencia financió la Contra por vender armas en secreto al gobierno de Irán.

†Un sistema de reforma económica impuesto por Mijaíl Gorbachev.

PASO 3. En parejas, usen la información de la lectura del **Paso 1** para completar la tabla.

INFORMACIÓN PARA BUSCAR	RESPUESTA/INFORMACIÓN DE LA LECTURA
1. ¿Quiénes son dos o tres participantes importantes? ¿Qué querían? ¿Qué hicieron?	_____
2. Grupos políticos/militares	_____
3. ¿Cuáles son dos fechas/ períodos importantes?	_____
4. Causas: ¿Cuáles son dos raíces de la Revolución Sandinista?	_____
5. Efectos: ¿Cuáles son los efectos de la Revolución Sandinista?	_____

C. La Revolución Sandinista y los presos políticos

PASO 1. Lee más sobre las raíces de la Revolución Sandinista en Nicaragua. Luego, forma cinco preguntas sobre la lectura, usando palabras interrogativas cuando posible. Comparte tus preguntas con dos o tres compañeros de clase. ¿Han contestado correctamente tus preguntas? Y tú, ¿has contestado bien sus preguntas?

La Revolución Sandinista y los presos políticos*

Los Estados Unidos intervino militarmente en varios países centroamericanos y caribeños durante las primeras décadas del siglo XX. Ocupó Nicaragua hasta la década de los treinta en parte para asegurar que tuviera un papel importante en la construcción de un canal que pudiera conectar el océano Pacífico y el océano Atlántico.[†]

© H. Christoph/ullstein bild via Getty Images

*Source: "La Revolución Sandinista en Nicaragua", *www.avizora.com*, undated; Mariño, Enrique, "Guerrilleras sandinistas: cuando las mujeres hicieron la revolución", *www.publico.es*, October 17, 2014; Ferreo Blanco, María Dolores, "Violencia y represión en el ocaso de los Somoza: las condiciones carcelarias de los presos políticos", *Historia Crítica*, Universidad de los Andes, Sep–Dic, 2009.

[†]Desde la colonización española de las Américas en el siglo XV, se buscaba una vía de navegación entre el océano Atlántico y el océano Pacífico. El canal de Panamá se construyó en 1914 en lugar de un canal en Nicaragua. Hoy en día sigue habiendo interés en construir un canal adicional en Nicaragua.

Durante estas ocupaciones, las fuerzas militares de los Estados Unidos ayudaron a establecer y entrenar una fuerza de seguridad en Nicaragua llamada la Guardia Nacional. La Guardia nicaragüense era una mezcla de un ejército y una fuerza policial. Augusto César Sandino, el líder guerrillero, se opuso a su creación. En respuesta a su oposición, en 1934 el primer gran jefe de la Guardia Nacional, Anastasio Somoza arrestó a Sandino y la Guardia lo asesinó.

En 1936 Somoza se presentó para la presidencia y renunció su posición de gran jefe. Cuando se eligió presidente por medio del fraude electoral en 1936, también volvió a tomar control de la Guardia Nacional, que llegaría a ser una de las medidas principales de control por parte de su dictadura y la de sus dos hijos.

Infame[a] por sus abusos de derechos humanos y por su búsqueda incansable de los guerrilleros marxistas/comunistas, la Guardia Nacional era temida[b] por los campesinos. Detuvo[c] y oprimió a todos los acusados de colaborar con los guerrilleros.

En 1961, un grupo de estudiantes universitarios fundó el FSLN (el Frente Sandinista de Liberación Nacional). El movimiento nació de varias actividades de activismo en los años 50 y 60, influidas por la revolución cubana y otros ideales de la política izquierdista. Reclamó[d] la intervención estadounidense y los poderes desenfrenados[e] de la familia Somoza. Exigió reformas económicas y políticas que permitieran una distribución más justa de la riqueza. Por lo tanto, los estudiantes universitarios eran también las víctimas de las represalias de la Guardia Nacional de Somoza.

Las mujeres, incluso muchas madres, tuvieron un papel importante en la Revolución Sandinista. Muchas se juntaron a la revolución y fueron víctimas de la represión de la Guardia Civil. Las mujeres terminaron presas[f] en las cárceles y se organizaron para tratar de informarle al público sobre los abusos de la dictadura. En los años setenta, las mujeres hicieron una huelga de hambre y escribieron cartas colectivas para denunciar las condiciones dentro de las cárceles.

Se estima que durante la dictadura de la familia Somoza unas 40.000 a 50.000 personas murieron en Nicaragua. Durante esta época, también se destacan los varios y fuertes esfuerzos de resistencia contra la dictadura y sus abusos del sistema de justicia.

---

[a]*Infamous*   [b]*feared*   [c]*It detained*   [d]*It complained about*   [e]*excessive, unstoppable*
[f]*terminaron... they ended up as prisoners*

MODELO: *Pregunta*: ¿Quién se opuso a la creación de la Guardia Nacional?

Respuesta: Augusto César Sandino se opuso a su creación.

 PASO 2. La narradora del cuento «Josefa» que vas a leer vivió en Nicaragua durante la época tumultuosa previa al cambio de gobierno que tuvo lugar en 1978–79. En parejas, repasen la lectura del **Paso 1** y busquen información que tenga que ver con los siguientes términos e ideas.

1. la Guardia Nacional de Nicaragua: _____
_____

2. la alta presencia de mujeres en el FSLN: _____
_____

3. la cárcel: _____
_____

PASO 3. ¡A sintetizar! En este capítulo has leído sobre diferentes conflictos armados y las raíces de estos enfrentamientos violentos. Imagina que tienes que explicarle brevemente a alguien que no sepa nada de estos conflictos algunas ideas y observaciones clave que esta persona debe saber para comprender estos conflictos y para comprender la condición humana, en general. ¿Qué tienen en común? ¿Qué se puede aprender de estos conflictos? ¿Qué se podría hacer para evitarlos en el futuro? Trabaja con tu pareja para preparar una presentación breve con tus observaciones y recomendaciones.

¡A leer!

Courtesy of Isolda Rodríguez Rosales

Isolda Rodríguez Rosales (n. 1947) es una escritora nicaragüense que ha publicado cuentos, poemas, ensayos y crítica literaria. Además, es catedrática universitaria (*university professor*). Ha escrito sobre una variedad de temas como la educación, la literatura y la historia de Nicaragua. En este relato, aborda un tema de profunda importancia para la historia de Nicaragua, la experiencia de una mujer en los tiempos antes de la Revolución Sandinista en Nicaragua. La historia se cuenta en la forma de una autobiografía. Se publicó por primera vez en el libro *Daguerrotipos y otros retratos de mujeres* en 1999.

«JOSEFA»

– Isolda Rodríguez Rosales

Cuando veo a mi nieta, me veo a mí misma cuando tenía quince años. Pizpireta[a] y coqueta,[b] alegre, despreocupada. Son años en que una piensa que el mundo le pertenece. Josefina es muy parecida a mí. Eso me llena de orgullo y a veces de preocupación, no sea que vaya a llevar la vida que yo he llevado.

Aunque ahora, al cabo de mis setenta años, no me arrepiento de los coqueteos, los amigos, los amores que tuve. Mucho me criticaron por tener tantos amigos. No sé por qué siempre me sentí más a gusto con ellos. Sus pláticas[c] eran más interesantes. Si no entendía lo que hablaban, me esforzaba por comprender: que el funcionamiento del motor de un auto, que las máquinas tales o cuales. De tanto interés, terminaba entendiendo.

Cuando era niña, mi madre se preocupaba mucho de que siempre vistiera pantalones, montara a caballo, saliera a tirar, revuelta[d] con mis hermanos, el montón de primos y sus amigos. Fui la única hembra[e] entre siete hijos. La número siete, débil y flacucha,[f] no prometía nada. Desde los diez años aprendí a tirar y tuve buena puntería. Gran nadadora, en medio del hombrerío[g] que me veían como un muchacho más,

Cuando empecé a estirarme, me di cuenta de que algo mío llamaba la atención de los hombres. No porque fuera bonita, tal vez era por mi modo. Total, yo había crecido entre hombres y nunca me intimidaron. Creo que con los años, yo los intimidaba, porque discutía con ellos y a veces los dejaba con la boca cerrada.

Mi madre siempre decía que esto estaba mal. Una muchacha educada[h] no debe discutir con nadie, menos con los hombres. Las niñas, decían las maestras de entonces, deben ser modositas,[i] dulces, sumisas,[j] calladas. Lo

---

[a]*spirited, lively* [b]*flirtatious, charming* [c]*chats, conversations* [d]*disheveled* [e]*female*
[f]*scrawny* [g]*bunch of men* [h]*well-mannered* [i]*demure* [j]*submissive*

mejor era que aprendiera a tejer, a bordar, y yo cantaba para mis adentros:[k] «a coser, a planchar, a abrirle la puerta para ir a jugar...».

«Esa muchacha se va a volver hombruna»,[l] comentaban preocupadas mi madre y sus mejores amigas. Con lo bien que me sentía con los hombres, con lo fácil que era trepar a los árboles si llevaba pantalones, con lo que me encantaba subirme en todo lo que fuera alto, entre más alto, mejor.

Años después, la preocupación fue porque parecía que iba a tomar «mal camino». Les molestaba que tuviera tantos amigos. Yo tenía dieciocho años y no daba muestras de querer casarme. Siempre saliendo con los muchachos a corretear por el malecón,[m] a tocar los timbres de las casas y a subirnos en los columpios del parque. Todo era inocente, pero parecía peligroso.

Realmente no tomaba nada en serio, ¿y para qué? Hasta que conocí a Rafael y él comenzó a trabajar en el movimiento de estudiantes. Él me hablaba de las tiranías, de la forma en que vivían los pobres, en la explotación y toda esa historia. Al principio, no le ponía mucha atención, pero después me comenzó a conmover con su actitud de santo marxista. Se fue a la montaña, y yo, para escándalo de mi familia, me fui con él. Nunca lo llevé a casa de mis padres.

No quiero recordar los días de duros entrenamientos militares. Ahora solo deseo revivir los ratos cuando en la oscuridad de la noche nos amábamos como locos. Aún siento las manos tiernas sobre mi pelo y su voz dulce cantando en mi oído: «Tienen tus ojos un raro encanto, tus ojos tristes como de niño...»

Después de un encuentro con la guardia, Rafael, herido en el vientre, murió por falta de atención y medicinas. Cuántos muchachos como él murieron después. Todavía veo sus ojos negros, enormemente abiertos, con una expresión de asombro, como sorprendido de que la muerte lo llegara a buscar a sus veintitantos años.

Tiempo después, me declaré enferma y volví a la ciudad. Sin Rafael, no me hacía gracia la montaña. Claro, iba a tener otras tareas: dar refugio a los muchachos que andaban clandestinos. Un día llegó Luis, con unos libros en la mano y una mirada de niño inocente y perdido. Tenía que esconderlo por un tiempo. Me puso al tanto de los sucesos, de los planes para botar al tirano. Amanecía cuando aún seguíamos conversando.

Quizás fue ese candor de niño desvalido el que me atrajo desde los primeros días. Una noche lo oí llorar, parece que tenía una pesadilla. Fui hasta su cuarto y me deslicé[n] bajo sus sábanas, con la idea de consolarlo. Le acaricié la cabeza con ternura de madre, hermana y amante. Preferí el último rol. Los demás no me calzaban[ñ] bien. A él le encantaba que le hiciera mimos,[o] le llevara su café, dispusiera su ropa sobre la cama y hasta que le diera los bocados en la boca.

Años más tarde me di cuenta de que así son todos los hombres: siempre necesitan una madre a su lado. Cuando se casan, quieren que su esposa cocine como lo hacía su mamá, cosa que, lógicamente, nunca llegan a lograr.

Pues Luis no era la excepción de la regla, sino más bien el paradigma de los hijos necesitados permanentemente de su santa madrecita. Cansada de hacer de hermana de la caridad y madre sacrificada, mandé a Luis a «freír espárragos».[p] Años después, cuando supe que la guardia lo había capturado, me entró un ligero remordimiento de conciencia. Cuánto falta le haría ahora un mimo, una caricia. Fui a verlo a la cárcel. Con la barba crecida se veía cambiado.

El movimiento guerrillero se acrecentaba para entonces y las fuerzas del tirano se empeñaban en exterminar a todo sospechoso de «comunista». Por

---

[k]para... *(silently) to myself*   [l]*mannish*   [m]corretear... *to run around the seafront*   [n]me... *I slid*   [ñ]no... *didn't fit*   [o]le... *cuddled*   [p]freír... *to take a hike*

mis ideas libre-pensadoras, yo tenía fama de comunista, aunque en realidad nunca lo fui. Jamás pude digerir las densas obras del marxismo-leninismo. De los rusos, siempre preferí al viejo Tolstoi.[q]

Un día, una respetable matrona, prima de mi padre, me llamó en privado para preguntarme que si era cierto que pertenecía a la Unión de Jóvenes Comunistas. Habló largamente de la tradición familiar, de los valores, de todas esas cosas que ya había oído miles de veces. Por supuesto que yo le contesté que no sabía de qué hablaba.

Pronto mi nombre apareció en un periódico. Se hablaba de un movimiento de mujeres, publicaban una lista; al inicio se leía mi nombre, en letras mayúsculas: JOSEFA RIVAS. Por esos días habían capturado a mi amiga María. En los libros que le encontraron, había un papel con la famosa lista. Bueno, pensé, y no me queda otro camino que cumplir con ese rol. Ya me acusaron, ahora lo voy a hacer. Me dediqué día y noche a trabajar con las mujeres, primero en la universidad y después en el barrio.

A muchas mujeres les entusiasmó la idea de la organización y esta creció rápidamente. Hoy todavía existe, pero más para apoyar a las maltratadas, violadas y víctimas de diferentes abusos.

Josefina me saca de mi mundo de recuerdos para preguntarme llorosa que si creo que la falda está muy corta, que su papá no la quiere dejar salir con «esos trapos». Es cierto que la faldita le llega casi a la raíz de la pierna, pero no importa, si tiene piernas lindas que las luzca,[r] antes que se llenen de celulitis. Yo antes usaba pantalones cortos y todos me admiraban las pantorrillas bien torneadas, pero no lo hacía para que me dijeran que tenía buenas piernas, sino porque era muy cómodo vestir con «shorts». Siempre creí que una debe vestirse como se sienta cómoda.

Le seco las lágrimas a mi nieta y le digo al oído que se vista como quiera, que no esté atada a los prejuicios ni a las modas. Ella sonríe, me tira un beso con la punta de los dedos y sale dando saltitos.

Esta muchacha promete, no es como sus hermanas que se pasan el día viendo los programas de la televisión y se ahogan en lágrimas mirando interminables telenovelas. Es rebelde y diferente, por eso no se lleva con mi hija, que nunca tuvo la paciencia de hacer algo por comrenderla.

Mi hija nació después que fui a recibir un entrenamiento a Libia. Allí conocí a Mohamed. Siempre me habían atraído mucho los tipos árabes. Allá, en medio de aquel ambiente exótico, de palmeras y música melancólica, reviví el romanticismo de mi adolescencia. Pero todo terminó cuando llegó a despedirme al aeropuerto de Trípoli.

Tina heredó de él los ojos, la nariz aguileña,[s] la piel aceituna. De pequeña, la vestía como gitana, parecía una figura de Lorca. Quise educarla con libertad; a los diez años su padre la mandó a llevar para que conociera su tierra y a sus abuelos paternos. No me opuse. ¡Mejor que lo hubiera hecho! De allá volvió cambiadísima, con la idea de que la mujer nació para servir al hombre y cosas por el estilo. No pude hacer nada para persuadirla de su error.

Por eso ahora estoy pendiente de que no eduque así a la pobre Josefina. Quiero que ante todo sea como ella quiera ser. Sin que le impongan ideas o modelos.

En los grupos de mujeres se saben cosas como para ponerle de punta los pelos[t] al más indiferente. Es un trabajo difícil, pero poco a poco se comienza a ver la realidad sin antifaces.[u]

Cuando tuve a mi hija, me tocó muy duro. Nadie me ayudó, hasta la familia me volvió la espalda por haber traicionado sus principios. Por suerte siempre me ha gustado trabajar y con esfuerzos la crié lo mejor que pude. Era feliz con

---

[q]*Leo Tolstoy was a Russian novelist*   [r]*que... let her show them*   [s]*long and thin, aquiline*   [t]*ponerle... give goosebumps*   [u]*masks*

mi hija, pero me sentía sola. Entonces conocí a José Luis, un abogado que nos ayudaba con los asuntos legales.

Cuando oía mis comentarios acerca de la irresponsabilidad de la mayoría de los hombres, él insistía que no todos eran iguales, que había excepciones. Trabajábamos duro, visitábamos los juzgados, interponiendo apelaciones para sacar a los compañeros y compañeras de la cárcel. Su constancia me convenció y un buen día decidimos casarnos en una boda sencilla.

Yo vestía unos pantalones de mezclilla y una cotona blanca. Nunca tuvimos tiempo para la famosa luna de miel, porque siempre había tareas que cumplir. Vivimos años en una extraña placidez. Todo era tranquilo, sin grandes sobresaltos. No hubo ni siquiera discusiones serias que alteraran la rutina. El trabajo arduo de esos días no nos dejaba tiempo para nada. Cuando regresábamos a casa, por la noche, nos hundíamos en la hamaca y hacíamos un recuento del día y después nos sumergíamos en un delicioso silencio.

Pero las fuerzas oscuras ya habían notado el trabajo perserverante de mi abogado. Una noche, él me había avisado que se quedaría con unos reos[v] para apoyarlos. Cuando desperté y no lo vi a mi lado, no me sorprendí. Pero llegó la hora del almuerzo y después la de la cena y José Luis no aparecía. Con mis pantalones azulones, el pelo recogido en una coleta simple, salí a buscarlo. Nadie pudo darme pistas de su paradero.

Recurrí a los organismos de derechos humanos, escribí cartas a los embajadores, a los escritores, intelectuales de toda Latinoamérica. Los periódicos dedicaron grandes titulares a la noticia:

FAMOSO ABOGADO DESAPARECIDO. NO HAY PISTAS DEL DR. JOSÉ LUIS MARCOS. ¿FUE UN SECUESTRO? SE TEME POR LA VIDA DEL DR. MARCOS. ORGANISMOS INTERNACIONALES DEMANDAN RESPUESTA.

De eso hace ya treinta años. Me duele tanto la sangre derramada, tantos vida truncada, tantas madres que lloran a sus hijos, mujeres que buscan en el lecho a sus compañeros que nunca volverán.

Nunca supe qué pasó; todos los días me pregunto quién hizo desaparecer a José Luis; pero no encuentro respuesta. Sigo escribiendo a las cortes de justicia, a las comisiones de todo los derechos: del niño, de los ancianos, de las humanas. Sigo indagando[w] en las cárceles oscuras, en los juzgados,[x] en las iglesias y cementerios. Sé que algún día encontraré al culpable, pero ¿de qué me servirá? Nadie repondrá su vida ni la de tantos que murieron por el ideal de un mundo mejor.

Hoy solo quiero la paz, quedé harta de tanta violencia. Mientras tanto, dejo que Josefina disfrute, mientras pueda esa etapa dichosa de la vida y velo para que luche y no permita que nadie le arrebate lo que ama.

[v]*defendants*   [w]*investigating*   [x]*courts, tribunals*

Después de leer

D. Reflexiones autobiográficas

PASO 1. Cuando la narradora Josefa ve a su nieta, ella reflexiona sobre su propia vida. La narradora menciona a varias personas importantes en cada parte de su vida. Los nombres en la columna izquierda aparecen en el orden de su presentación en la historia. Emparéjalos con el detalle o la información que describa a esta persona en la columna derecha.

PERSONAS EN LA VIDA DE JOSEFA	DETALLE O INFORMACIÓN ASOCIADA CON ESTA PERSONA
____ 1. Josefina	a. Necesitaba que Josefa lo tratara como a un hijo.
____ 2. su madre	b. El padre de su hija, de Libia
____ 3. Rafael	c. La hija de Josefa que compartía las ideas de la familia de su padre
____ 4. Luis	d. Tiene quince años y es parecida a Josefa.
____ 5. la prima de su padre	e. Creía que las mujeres no debían discutir con nadie.
____ 6. Mohamed	f. Desapareció. Josefa se esforzó para encontrarlo pero nunca supo qué le había pasado.
____ 7. Tina	g. Le preguntó si pertenecía a la Unión de Jóvenes Comunistas.
____ 8. José Luis	h. Un amante que era guerrillero y que murió herido

PASO 2. Contesta las preguntas sobre «Josefa».

1. ¿Quiénes eran los compañeros de Josefa mientras era niña? _____
_____

2. ¿Aprobaron los padres de Josefa y sus mejores amigas de sus actividades que ella hacía cuando era niña? ¿Por qué? _____
_____

3. ¿De qué temas le habló Rafael a Josefa? _____
_____

4. ¿Por qué murió Rafael? _____
_____

5. Josefa dice que se dio cuenta de que «así son todos los hombres» después de conocer a Luis. ¿Qué quería decir? ¿Qué le pasó a Luis? _____
_____
_____

6. ¿Por qué apareció el nombre de Josefa en un periódico? ¿Qué decidió hacer después de ver su nombre? _____
_____
_____

7. ¿Con qué idea volvió Tina después de haber estudiado en Libia? _____
_____

8. ¿Qué actividades hizo Josefa con José Luis, el abogado? _____
_____

9. ¿Qué le pasó a José Luis? ¿Qué hizo Josefa después? ¿Qué nunca supo Josefa? _____
_____
_____

PASO 3. En parejas, conversan sobre las preguntas.

1. Compara y contrasta los cuatro hombres importantes en la vida de Josefa: Rafael, Luis, Mohamed y José Luis. ¿Qué tienen en común algunos de ellos? ¿Como son distintos?

2. Explica la relevancia de los siguientes elementos de la historia:

el marxismo / el comunismo	la cárcel
el movimiento de estudiantes	el tirano
la montaña	las comisiones de derechos

3. ¿Qué relación hay entre las cualidades y el comportamiento de Josefa cuando era más joven y lo que hace durante el resto de su vida?

PARA TU INFORMACIÓN: FERNANDO VALLEJO*

© Marc DeVille/Gamma-Rapho via Getty Images

Fernando Vallejo es un novelista, ensayista y cineasta colombiano. A causa de su crítica de varios gobiernos colombianos y la Iglesia católica, ha tenido problemas realizando sus obras artísticas en su país de origen. Por lo tanto, ha vivido una gran parte de su vida en México y actualmente tiene ciudadanía mexicana. Sus obras abordan una variedad de temas, pero las novelas son autobiográficas y tienen lugar en Colombia. Su novela más famosa, *La virgen de los sicarios* (*Our Lady of the Assassins*), que luego se convirtió en película, enfoca en el ciclo de violencia de adolescentes en Medellín, Colombia, la ciudad natal del autor.

4. ¿Con quién tuvo Josefa la mejor relación, en tu opinión? ¿De quién estuvo más enamorada? ¿Por qué crees que se casó solo una vez, con José Luis?

5. ¿Qué habrías hecho tú si fueras Josefa cuando su esposo desapareció?

PASO 4. Escribe tus ideas con respecto a las siguientes preguntas analíticas.

1. ¿Qué implica la semejanza entre el nombre Josefa y Josefina? ¿Qué ideas se asocian con su nieta?

2. ¿Cuáles son algunos de los papeles tradicionales de mujeres que Josefa rechaza?

3. ¿Qué importancia tiene el uso de una narradora de primera persona? ¿Cómo habría sido distinto el cuento con un narrador de tercera persona?

4. ¿Qué lecciones aprende Josefa durante su vida? ¿Cambia su manera de ser, su manera de pensar? Busca ejemplos específicos para apoyar tus ideas.

5. Las vidas de los hombres con quienes tuvo relaciones Josefa terminan mal. ¿Qué sugieren estos destinos desafortunados?

6. ¿Es activista Josefa? ¿Qué implica el cuento acerca del activismo político?

7. El cuento muestra el dilema entre participar en la política y evitar el peligro. ¿Qué ideas comunica el cuento con respecto a este dilema?

E. ¿Qué opinan los demás?

PASO 1. Las personas entrevistadas contestan las siguientes preguntas. Lee las preguntas y escribe por lo menos cinco palabras del vocabulario de este capítulo que probablemente van a incluir en sus respuestas.

- ¿Qué tipos de protestas o activismo existe en su país?

- ¿Cómo se expresan las opiniones políticas en su país? ¿Existe la libertad de expresión? ¿Siempre ha existido allí?

- ¿Hay corrupción en el gobierno de su país? ¿Qué causa la corrupción?

- ¿Confían los ciudadanos en el sistema de justicia en su país? ¿Por qué sí o no?

- ¿Qué cambios al gobierno o al sistema político le gustaría hacer si Ud. pudiera mejorar estos sistemas?

1. _____ 2. _____ 3. _____ 4. _____ 5. _____

PASO 2. Llena los espacios en blanco con la forma correcta de la palabra/frase de vocabulario para completar las ideas expresadas por los entrevistados.

1. En la Argentina, la gente _____ (promover / protestar) por una variedad de razones: un aumento al salario o los despidos injustos, por ejemplo.

2. En la Argentina, durante algunas protestas llamadas «piquetes», la gente cierra las calles, corta el paso para tratar de _____ (exigir / involucrarse en) que sus reclamos se escuchen.

3. Mi familia _____ (apuntarse al / oponerse al) maltrato de animales, y por lo tanto, _____ (echar / hacer campaña) en contra de la violencia a los animales.

4. En España, durante la dictadura de Franco, no era posible expresar libremente tu _____ (pancarta / posición) sobre un _____ (ganado / tema).

Palabras útiles

a calzón quitado
holding nothing back, no holds barred

arroz con mango
chaos, a mess (idiomatic phrase commonly used in Cuba, Venezuela, and Colombia)

cortar el paso
to block the way

en la lejanía
in the distance

hoy por hoy
nowadays, today

impune
unpunished

los piquetes
type of protests

prensa
press

los reclamos
complaints; demands

velar por
to look after

---

*Source: "Texto de la renuncia de Fernando Vallejo a su nacionalidad colombiana", El periódico de arquitrave.com, undated.

PASO 3. Primero, para prepararte, lee las siguientes ideas expresadas en las entrevistas. Luego, mira las entrevistas. Por último, indica quién expresa la idea: Gastón (Argentina), Andrés (Colombia), Ainhoa (España) o más de uno de ellos.

Gastón

Andrés

Ainhoa

MODELO: *La idea:* Las protestas y el activismo de los animales se están convirtiendo muy grande, por ejemplo, en contra de las corridas de toro, en contra de la matanza animal. <u>Andrés</u>

1. La corrupción es común. _____

2. Durante la dictadura era muy difícil que la gente se expresara libremente. _____

3. Algunas personas creen que los piquetes son un tipo de extorsión. _____

4. Los ciudadanos confían en el sistema de justicia solamente para los pequeños conflictos, como un accidente de coche o un divorcio. _____

5. El sistema de elegir a los jueces es muy viejo y hay una realeza (*royalty*) dentro de la justicia. _____

6. Un tío mío es un escritor muy famoso en Latinoamérica. El arte, la escritura y el cine son formas de expresión importantes. _____

PASO 4. En parejas, túrnense para contestar las preguntas sobre las entrevistas.

1. ¿Por qué cortan el paso en las calles algunos activistas en la Argentina? ¿Qué dicen las personas que critican esta táctica? _____
_____

2. Según Gastón, ¿cuáles eran las consecuencias de revelar ciertas realidades bajo la dictadura en la Argentina? ¿Cómo es distinta la prensa hoy en día?
_____

3. Según Andrés, ¿qué temas se protestan en Colombia? En cambio, ¿por qué optan muchas personas por no decir nada? _____
_____
_____

4. ¿Qué concluye Andrés sobre el sistema de justicia en Colombia? ¿Por qué?
_____

5. Según Ainhoa, ¿cómo se sienten muchos españoles hoy en día sobre la política? ¿Por qué antes no era fácil que los españoles se expresaran libremente? _____
_____

6. ¿Qué cambios recomendaría Ainhoa para mejorar el sistema político? _____

_____

 PASO 5. En parejas, conversen sobre sus propias ideas respecto a las preguntas del **Paso 1**.

COMPROMISO CON LA COMUNIDAD: IDENTIFICAR Y AYUDAR CAUSAS IMPORTANTES EN TU COMUNIDAD

¿Qué problemas te preocupan? ¿Qué problemas se necesitan resolver en tu comunidad? ¿Qué organizaciones existen para solucionar estos problemas? Investiga los esfuerzos de organizaciones o grupos que trabajen por una causa importante en tu comunidad, tu país o en el mundo. Busca información sobre los recursos en las redes sociales, en el Internet o en tu comunidad. ¿Hay alguna causa que puedas apoyar o promover? ¿Qué estrategias podrían ser útiles? ¿A quiénes les debes comunicar tus reclamos?

V. CONTEXTOS EXPRESIVOS

A. Escritura: ¿Qué habría pasado si...?

Imagina que eres un analista político / una analista política y te encanta especular sobre las decisiones políticas. Al final de esta actividad vas a escribir un artículo de opinión para un blog / página Web de noticias sobre uno de los siguientes temas. Tu artículo debe exponer una tesis sólida. Sigue los pasos para ayudarte a escribir.

a. Elige una elección reciente o histórica y plantea varias hipótesis sobre qué habría sucedido si esta persona no hubiera ganado y su oponente hubiera ganado.

b. Piensa en otros momentos o sucesos políticos y sus efectos en el país donde tuvieron lugar. Escribe unas hipótesis sobre cómo sería distinto el país si el suceso no hubiera ocurrido o si hubiera resultado de otra forma.

Antes de escribir: Incluir la hipótesis para apoyar tu argumento.

Determinar el punto de vista: Decide cuál es tu punto de vista sobre el suceso. ¿Qué es lo que quieres decir sobre una decisión o un suceso político?

Ejemplo: En mi opinión, la presidencia de XYZ fue desastrosa y sus políticas causaron mucho daño y sufrimiento innecesario.

Hacer una lluvia de ideas: Usa la estrategia de una «lluvia de ideas» para escribir tus observaciones e ideas. ¿Cómo es/era la situación como resultado de tu acontecimiento elegido? Da ejemplos específicos.

Ejemplo: no había la libertad de prensa, muchas personas fueron desaparecidas...,

Proponer hipótesis: Para cada descripción de cómo es/era la situación como resultado de tu acontecimiento elegido, escribe cómo habría sido diferente si otra cosa hubiera pasado. Escribe las consecuencias de la situación hipotética y organízalas según su importancia. Es posible que una situación hipotética se componga de otras circunstancias menores que hay que considerar. Por ejemplo, si imaginas que una guerra no hubiera sucedido, ¿también es necesario suponer que cierto líder político no hubiera tenido poder en ese momento histórico?

Ejemplo: Si hubiera la libertad de prensa, los periodistas habrían escrito sobre las personas desaparecidas; habrían expuesto la realidad de lo que ocurría si el gobierno no hubiera controlado la información en la prensa.

Perfeccionar tesis: Vuelve a pensar y perfeccionar tu tesis después de haber apuntado ideas y escribe una oración de tesis preliminar. Sigue este modelo.

Sería mejor/peor/beneficio/peligroso si + esto (no) sucediera / (no) hubiera sucedido porque...

¡A escribir! Ahora escribe un artículo de un mínimo de cinco párrafos sobre uno de los temas.

Después del primer borrador

En parejas, intercambien artículos. Lee el párrafo de tu pareja y escribe por lo menos cinco preguntas para descubrir más sobre los detalles de los sucesos. Inventa respuestas a las preguntas que tu pareja te haga y agrega esta información a la versión final de tu párrafo.

Estrategia: Plantear una hipótesis

Hypothetical examples are fictional scenarios that can make complex topics more concrete and tend to shed light on factors or nuances that might not be obvious. A hypothetical situation tends to underscore what is true or reveal the elements that characterize something. When you come up with hypothetical examples, you must ensure that you have carefully considered a variety of aspects of your chosen topic and have a good understanding of the events that have happened as a result of this main event.

B. Nosotros, los actores / las actrices: ¡Ojalá que esto no hubiera sucedido!

PASO 1. En parejas, imaginen la conversación entre los personajes y escriban un guion para una de las siguientes situaciones:

a. Guillermo habla con su amigo, Arturo, después de la muerte de Andrés.

b. Guillermo habla con su patrón, don Rafael, sobre el Kalashnikov que encontró y sobre la muerte de su hijo.

c. Dos personas de la región dónde vive Guillermo hablan del conflicto armado en Colombia.

d. Guillermo acepta la invitación de apuntarse a un grupo guerrillero.

PASO 2. Ensayen su guion y luego interprétenlo para la clase. Presten atención a la pronunciación, el lenguaje corporal, los gestos y el tono de la voz.

C. Entrevista: El activismo político y social

Entrevista a una persona hispanohablante sobre su opinión de la política en el país dónde vive u otro país. Pregúntale sobre sus observaciones de movimientos políticos y/o movimientos sociales. Desde su perspectiva, ¿han logrado estos movimientos lo que intentaron realizar? ¿Está de acuerdo con sus ideas? ¿Por qué? ¿Qué estrategias conoce él/ella para efectuar cambios? ¿Qué ideales o metas son importantes para el activismo?

OPCIONAL: Pregúntale al entrevistado si está bien si filmas un video de la entrevista para mostrar a la clase.

D. ¡Entrevista por videoconferencia!

Conversa con un/una hispanohablante por videoconferencia y pregúntale seis a ocho preguntas sobre uno de los siguientes temas:

a. la vida agraria de su país, la agricultura importante de su país

b. los conflictos armados históricos o actuales en su país, por qué sucedieron, lo que él/ella opina de ellos

c. ejemplos de activismo o resistencia que admira o, al contrario, que le parecen equivocados

Saca apuntes mientras conversan y prepárate a conversar con la clase.

E. Investigación: Los conflictos y las resoluciones

Busca información sobre uno de los siguientes temas en tu país y otro país del mundo hispanohablante. Resume la información que encuentres e incluye datos interesantes. Preséntale la información a tu clase y compara y contrasta las semejanzas y diferencias entre los dos países.

- las comisiones de verdad y reconciliación en la Argentina, Chile o Guatemala
- los movimientos ambientales en el mundo hispanohablante, por ejemplo, el movimiento ambiental contra la explotación petrolera del Parque Nacional Yasuní, el activismo de la activista hondureña asesinada, Berta Cáceres, o el activismo en Colombia contra la minería
- los movimientos estudiantiles en Colombia, Chile o México
- los movimientos por derechos de la gente indígena, de mujeres, de trabajadores domésticos, etcétera, lo que querían, lo que (no) lograron

Gramática

 C. ¿Son del Nuevo Mundo?

MAPA B

El Nuevo Mundo   **El Viejo Mundo**

Dibujos: A el maíz, J el tobaco, D el tomate, E el café, H la banana

TABLA B

Letra que corresponde a este animal o planta	Nombre	¿Animal o planta?	Origen	Descripción
1. __	la _____	una planta	El Nuevo Mundo: Los Andes	_____ _____
2. __	el _____	_____	El Nuevo Mundo: _____	Algunos piensan que es una verdura, pero no lo es. Es de color....
3. __	la _____	un animal	El Nuevo Mundo: Norteamérica	_____ _____ _____
4. __	el _____	_____	El Nuevo Mundo: _____ _____	De esta cosa se usan las hojas secas para producir...

5. __	el _____	una planta	El Nuevo Mundo: Sudamérica	_____ _____ _____ _____
6. __	el _____	_____	El Nuevo Mundo: _____	Es un tipo de cereal. En cuanto a su color, normalmente es...
7. __	la _____	una planta	El Viejo Mundo: el Sudeste asiático	_____ _____
8. __	el ____	_____	El Viejo Mundo: ____	De esto se usan los granos para preparar una bebida estimulante. Es...
9. __	la _____	un animal	El Viejo Mundo: Europa e India	_____ _____
10. __	la _____	_____	El Viejo Mundo: _____	Es tropical y largo y cuando está maduro se pone de color...

La vida agrícola

alimentar	to feed
criar (crío)	to raise (*as in animals or children*)
cultivar	to grow (*crops, land*)
recoger	to pick (up); to collect; to gather
sembrar (ie)	to sow
el/la campesino/a	farmer
el cerdo	pig; pork
el cultivo	farming; cultivation
la finca	small farm
la gallina	chicken
la ganadería	livestock; raising cattle
el ganado	cattle
el grano de café	coffee bean
la huerta	vegetable garden
el/la pastor(a)	shepherd
el patrón / la patrona	boss; employer; owner
el/la terrateniente	land owner
la vaca	cow
agrario/a	agrarian
agrícola	agricultural

Repaso: el árbol, el bosque, el campo, el paisaje

La guerrra civil

desaparecer (a alguien)	to "disappear" someone (*abduct/murder*)
herir (ie)	to injure, to wound
matar	to kill
pelear	to fight
secuestrar	to kidnap
el arma, las armas	weapon, weapons
el asesinato	murder
el ejército	army
el golpe de estado	coup d'etat
la guerrilla	guerrilla group; guerrilla warfare
el/la guerrillero/a	guerrilla fighter
la (in)seguridad	(in)security

la lucha	fight; battle
la medida	measure; means
el/la paramilitar	militia member
el secuestro	kidnapping
el soldado / la mujer soldado	soldier
la víctima	victim
derechista	rightist (*political ideology*)
guerrillero/a	a way of fighting based on guerrilla tactics
izquierdista	leftist (*political ideology*)
muerto/a	dead
seguro/a	safe; sure
contra la voluntad (de alguien)	against someone's will

Repaso: acabar con, la política, la violencia

El activismo / La resistencia

apuntarse a algo	to sign up for something
boicotear	to boycott
condenar	to condemn
echar	to kick out
exigir	to demand
hacer campaña	to campaign
hacer correr la voz	to spread the word
involucrarse en	to get involved in; to involve onself
levantarse contra	to rise up against
marchar	to march
mejorar	to improve
oponerse a	to oppose
promover (ue)	to promote
protestar	to protest
el levantamiento	uprising
la manifestación	march, protest
el/la manifestante	protester
la pancarta	picket sign; banner
la posición / la postura	position (*ideological*)
el tema	theme; topic

Repaso: la elección, la organización sin fines de lucro

CAPÍTULO 1: Repaso gramatical

I. LA CONCORDANCIA DE GÉNERO Y NÚMERO

A. El género de los sustantivos

In Spanish, nouns (people, places, and things) are classified as masculine or feminine. You can often tell the grammatical gender of a noun by the article that modifies it. Singular masculine nouns usually use the articles **el** (*the*) and **un** (*a/an*), while feminine nouns usually use **la** (*the*) and **una** (*a/an*).

El género de los sustantivos			
Masculino		**Femenino**	
el abuelo	*the grandfather*	**la** familia	*the family*
un rasgo	*a trait, a feature*	**una** característica	*a characteristic*

Two primary clues can help you correctly identify the gender of most Spanish nouns: meaning and word ending.

1. Meaning
   - When a Spanish noun refers to a man, it is masculine; when the noun refers to a woman, it is feminine.

     el padre   *father*   **la** madre   *mother*

   - When a noun refers to a woman or a man, the corresponding article indicates gender. Sometimes the word will have a different form—often in the ending—for masculine and feminine.

     el prim**o** / **la** prim**a**   *cousin*   **el** estudiante / **la** estudiante   *student*

     el español / **la** español**a**   *Spaniard*   **el** cociner**o** / **la** cociner**a**   *cook*

   - The following nouns are exceptions. They may refer to either men or women, but their grammatical gender is fixed.

     el ángel   *angel*   **la** persona   *person*

     el individuo   *individual*   **la** víctima   *victim*

   - Many words refer to objects or places that do not have an obvious association with a gender, so their grammatical genders must be memorized. As we will discuss in the second point, look to the word ending for tendencies that can help you determine the gender.

     el hogar   *home*   **la** comunidad   *community*

     el lazo   *bond, tie*   **la** relación   *relationship*

PARA TU INFORMACIÓN: LAS FORMAS ABREVIADAS

These nouns are feminine, although their popular, shortened forms do not end in **-a**.

- la bicicleta → la bici
  bicycle
- la fotografía → la foto
  photograph
- la motocicleta → la moto
  motorcycle

2. Word ending
   - Most nouns that end in **-l, -o, -n, -e, -r,** or singular nouns that end in **-s** (helpful acronym: "loners") are masculine.

el amor	*love*	**el** interés	*interest*
el café	*coffee*	**el** desayuno	*breakfast*
el camarón	*shrimp*	**el** pastel	*cake, pie*

   Some common exceptions are:

la clase	*class*	**la** mano	*hand*
la gente	*people*	**la** parte	*part*
la imagen	*image*		

   - Most nouns that end in **-a, -d, -ie, -ión, -is, -umbre,** or **-z** are feminine.

la cen**a**	*dinner*	**la** ser**ie**	*series*
la comid**a**	*food*	**la** un**ión**	*union*
la cost**umbre**	*custom*	**la** veje**z**	*old age*
la juventu**d**	*youth*		

   Some common exceptions are:

el ataú**d**	*coffin*	**el** p**ie**	*foot*
el dí**a**	*day*	**el** pe**z**	*fish*
el lápi**z**	*pencil*	**el** sof**á**	*sofa*

   - Another group of exceptions contains words that originate from ancient Greek that end in **-ma, -pa,** and **-ta.**

el atle**ta**	*athlete*	**el** proble**ma**	*problem*
el dra**ma**	*play/drama*	**el** progra**ma**	*program*
el ma**pa**	map	**el** siste**ma**	*system*
el poe**ma**	*poem*	**el** te**ma**	*theme*

B. El plural de los sustantivos

In the same way that articles agree in gender (masculine and feminine) with the nouns that they modify, they also agree in number (singular or plural).

Singular	Plural
el esposo	**los** esposos
la novia	**las** novias
un hermano	**unos** hermanos
una hermana	**unas** hermanas

There are three basic patterns for forming plural nouns in Spanish.

1. Nouns that end in a vowel add **-s.**

el hombre	*the man*	los hombre**s**	*the men*
una cuchara	*a spoon*	unas cuchara**s**	*some spoons*

Most feminine nouns beginning with a stressed **a-** or **ha-** use the masculine articles **el/un** in the singular, but **las/unas** in the plural.

un ama de casa
   housewife

unas amas de casa
   housewives

el hada madrina
   fairy godmother

las hadas madrinas
   fairy godmothers

2. Nouns that end in a consonant add **-es.**

la mujer	*the woman*	las mujer**es**	*the women*
un refrigerador	*a refrigerator*	unos refrigerador**es**	*some / a few refrigerators*

For most nouns ending in a consonant that also have a written accent in the last syllable, the written accent is omitted in the plural.

el melón	*the melon*	los melones	*the melons*
la sartén	*the frying pan*	las sartenes	*the frying pans*

3. Nouns that end in unstressed **-es** or **-is** have identical singular and plural forms. Their article indicates number.

el lunes	*Monday*	los lunes	*Mondays*
la crisis	*the crisis*	las crisis	*the crises*

C. El género y número de los adjetivos

In Spanish, adjectives agree in gender and number with the nouns they modify, according to the following patterns.

- Adjectives that end in **-o** (for example, **guapo, alto, rubio, simpático**) have four different forms to indicate masculine, feminine, singular, and plural.

	Masculino	**Femenino**
Singular	el hermano guap**o**	la hermana guap**a**
Plural	los hermanos guap**os**	las hermanas guap**as**

- Most adjectives that end in any other vowel or in a consonant have the same form for masculine and feminine. Like nouns, they show plural agreement by adding **-s** to vowels and **-es** to consonants.

Singular	Plural
el tomate verde	los tomates verdes
una sopa caliente	unas sopas calientes
la cazuela azul	las cazuelas azules

- Adjectives of nationality that end in a consonant add **-a** to show feminine agreement.

el hombre francés	*the French man*
la mujer frances**a**	*the French woman*

- Adjectives that end in **-dor, -ón,** and **-án** also add **-a.**

un niño encantador	*a charming boy*
una niña encantador**a**	*a charming girl*
un perro juguetón	*a playful (male) dog*
una perra jugueton**a**	*a playful (female) dog*
un hombre catalán	*a Catalan man*
una mujer catalan**a**	*a Catalan woman*

- When an adjective modifies two nouns, one masculine and the other feminine, the adjective is masculine plural.

Mi madre y mi padre son ba**jos**.   *My mother and my father are short.*

Pedro y sus hermanas están   *Pedro and his sisters are tired.*
cansad**os**.

- As with nouns such as **lápiz,** adjectives ending in **-z** in the singular change the **z** to **c** in the plural.

un niño feli**z**   *a happy boy*

unos niños feli**ces**   *some happy boys*

- When the masculine singular form of an adjective has a written accent on the last syllable, the accent is omitted in the feminine and plural forms.

un hombre ingl**és**   *an English man*

unos hombres ingl**e**ses   *some English men*

una mujer ingl**e**sa   *an English woman*

unas mujeres ingl**e**sas   *some English women*

PARA TU INFORMACIÓN: LA POSICIÓN DE ALGUNOS ADJETIVOS

Certain adjectives change their meaning when placed before the nouns they modify.

nuevo/a	Mi tía compró una **casa nueva.**	*My aunt bought a (brand) new house.*
	Mi tía vive en una **nueva casa** ahora.	*My aunt lives in a new/ different house now.*
viejo/a	Mi abuelo vive en una **casa vieja**.	*My grandfather lives in an old house.*
	El vecino de mi abuelo es un **viejo amigo.**	*My grandfather's neighbor is an old (long-standing) friend.*

The adjective **grande** becomes **gran** to mean *great* before both masculine and feminine singular nouns.

un **gran** cocinero   *a great cook*

una **gran** familia   *a great family*

- The following adjectives have a short form before masculine singular nouns, but follow the usual pattern in all other cases.

alguno: algún postre, algunos postres

bueno: un buen marisco, unos buenos mariscos

malo: un mal olor, unos malos olores

ninguno: ningún queso, ninguna bebida

primero: el primer helado, la primera torta

tercero: el tercer plato, la tercera mesa

- Most numbers are invariable in form and do not agree with the nouns they precede.

Piden cuatro raciones de   *They order four plates of*
calamares y ocho bebidas.   *calamari and eight drinks.*

- However, **uno** and larger numbers that end in **-uno** have special forms, depending upon the gender of the noun they precede.

un hombre	*a man / one man*
veinti**ún** hombres	*twenty-one men*
cincuenta y **un** hombres	*fifty-one men*
una mujer	*a woman / one woman*
veinti**una** mujeres	*twenty-one women*
cincuenta y **una** mujeres	*fifty-one women*

Actividades prácticas

A. Mi familia

Carlos and Juan are talking about their families. First, read each of Carlos' statements and indicate whether the noun in **bold** is masculine (**M**) or feminine (**F**). Then complete Juan's responses with the plural of that noun.

CARLOS:

JUAN:

1. Mi **prima** vive en Guadalajara. [M/F] ___

   Mis _____ viven en Jalisco.

2. Hablo con mi **padre** todos los días. [M/F] ___

   Hablo con mis _____ una vez a la semana.

3. ¿Qué tipo de **relación** tienes con tus padres? [M/F] ___

   No tengo muy buenas _____ con mis padres.

4. Mi hermano no tiene **foto** de perfil (*profile*) en Facebook. [M/F] ___

   Mi hermana tiene un montón (*a lot*) de _____ en Facebook.

5. Mis padres toman **café** después de cenar. [M/F] ___

   Mis padres no toman más de dos _____ al día.

6. Mis tíos llegan el **lunes**. [M/F] ___

   Mis tíos vienen a cenar todos los _____.

B. ¿Singular o plural?

Write the plural form of the words in parentheses to complete the following statements about family life.

1. Mi abuela tiene noventa años y _____ (un buen ángel) de la guarda la protegen.

2. Todo el mundo sabe que mis primos son _____ (un cocinero excelente).

3. Siempre comparto _____ (el mejor momento) de mi vida con mi familia.

4. Tus hermanos realmente son _____ (un chico encantador).

5. Desde la casa de tus padres se pueden ver _____ (el agua cristalina) del Caribe.

6. Tus padres me caen muy bien. ¡Qué bueno que tengan _____ (un hijo responsable)!

II. LOS PRONOMBRES DE SUJETO

In both Spanish and English, subject pronouns are often used when talking to or about people. However, subject pronouns are not used as frequently in Spanish as they are in English, particularly with **yo, tú,** and **nosotros/nosotras,** because Spanish verb endings indicate the subjects. For example, **cocino,** with its **-o** ending, can only mean *I cook,* so the subject pronoun is often eliminated. Spanish subject pronouns are used, however, for clarity, emphasis, change of subject, or contrast.

Él no come pescado, pero **ella** lo come tres veces a la semana.

*He doesn't eat fish, but **she** eats it three times a week.*

Los pronombres de sujeto	
Singular	**Plural**
yo	nosotros/nosotras
tú	vosotros/vosotras
Ud., él/ella	Uds., ellos/ellas

Tú is used with persons with whom you have an informal relationship: family members (in most Hispanic cultures), close friends, and children. **Usted** (abbreviated **Ud.**) is used in more formal relationships or to express respect. The plural form of both **tú** and **Ud.** is **ustedes** (abbreviated **Uds.**), except in Spain, where **vosotros/vosotras** is used in informal situations to express *you* (*plural*).

Actividades prácticas

A. ¿Cuál es el sujeto?

Select the subject pronoun that corresponds to the subject of the verb for each of the following sentences.

_____ 1. Mis hermanos ya no viven en casa.

     a. yo   b. Uds.   c. ellos

_____ 2. Tú y tu primo hablan todos los días.

     a. tú   b. Uds.   c. nosotros

_____ 3. Mis tías viven a cinco minutos de la casa de mis abuelos.

     a. ellas   b. ellos   c. Uds.

_____ 4. Tú y yo tenemos que hablar de nuestros padres.

     a. ellos   b. Uds.   c. nosotras

_____ 5. Elena y Pedro son primos pero no se conocen.

     a. Uds.   b. ellos   c. nosotros

_____ 6. Señor González, ¿conoce a mi abuela?

     a. yo   b. Ud.   c. ella

B. Una reunión familiar

Pedro has gone to his girlfriend Ana's family reunion. Select the appropriate answer to each of his questions based on the subject pronouns used in the responses.

____ 1. ¿Quién es la mujer del vestido blanco?

a. Ud. es mi tía.   b. Ella es mi tía.   c. Tú eres mi tía.

____ 2. ¿Dónde está tu primo José?

a. Él está en Madrid.   b. Ellos están en Madrid.   c. Yo estoy en Madrid.

____ 3. ¿Quiénes son esas niñas?

a. Ellos son mis primos.   b. Ellas son mis primas.   c. Uds. son mis primas.

____ 4. ¿Cuándo llegan tus padres?

a. Uds. llegan más tarde.   b. Ellos llegan más tarde.   c. Yo llego más tarde.

____ 5. ¿Cuántos primos tienes?

a. Tú tienes ocho primos.   b. Ud. tiene ocho primos.   c. Yo tengo ocho primos.

____ 6. ¿Tú y tu hermano van a brindar por algo?

a. Sí, nosotros vamos a brindar por estar juntos.   b. Sí, Ud. va a brindar por estar juntos.   c. Sí, Uds. van a brindar por estar juntos.

CAPÍTULO 2: Repaso gramatical

I. LOS USOS DE ARTÍCULOS DEFINIDOS E INDEFINIDOS

A. Las formas de los artículos definidos e indefinidos

There are two types of articles, definite and indefinite, that modify nouns (persons, places, things, or ideas).

In Spanish, both definite and indefinite articles must agree in gender (masculine or feminine) and number (singular or plural) with nouns they modify.

Los artículos definidos		
	Masculino	**Femenino**
Singular	**el** esposo	**la** esposa
Plural	**los** novios	**las** novias

Los artículos indefinidos		
	Masculino	**Femenino**
Singular	**un** novio	**una** novia
Plural	**unos** amigos	**unas** amigas

B. Los usos de artículos definidos e indefinidos

You will notice that in Spanish, as in English, both definite and indefinite articles immediately precede the noun that they modify. The definite articles (**el, la, los, las**) are all equivalent to *the* in English. They refer to a noun that is specific or known. The indefinite articles (**un, una, unos, unas**) are equivalent to *a, an,* and *some / a few* in English. They refer to a noun that is unspecific or unknown (someone or something in general).

Definite articles are used with:

- abstract nouns

  La soledad no es buena consejera.

  Loneliness is not a good guide.

- parts of the body

  Me partió el corazón.

  It broke my heart.

- days of the week

  Celebramos nuestro aniversario el sábado.

  We celebrated our anniversary on Saturday.

- dates and times

  La boda es el 20 de junio a las dos de la tarde.

  The wedding is on June 20th at two o'clock in the afternoon.

- names of languages (as the subject of a sentence)

  El español es el idioma que habla mi esposo.

  Spanish is the language my husband speaks.

- names of some countries and cities

  Mi esposa ya no vive en los Estados Unidos.

  My wife no longer lives in the United States.

- personal titles (when not addressing someone directly)

  El doctor Pérez viene a la boda.

  Dr. Pérez is coming to the wedding.

Indefinite articles are used with:

- a countable noun to indicate approximate amounts

  Se casaron hace unos meses.

  They got married a few months ago.

- a noun modified by an adjective

  No es una buena idea vivir juntos antes del matrimonio.

  It is not a good idea to live together before getting married.

  Mi tía es una excelente psicóloga.

  My aunt is an excellent psychologist.

Indefinite articles are omitted before:

- names of professions (when not modified by an adjective)

  Mi tío es cura.

  My uncle is a priest.

- the numbers 100 and 1000

  Tengo mil preguntas para ti.

  I have a thousand questions for you.

Actividades prácticas

A. El matrimonio

Complete the following statements with the appropriate definite or indefinite articles.

Hoy se celebra _____¹ (el / la / un / una) matrimonio de Felipe y Marta. _____² (Los / Las / Unos / Unas) novios se casan en _____³ (el / la / un / una) Iglesia de Santa Teresa a _____⁴ (los / las / unos / unas) cuatro de _____⁵ (el / la / un / una) tarde. Normalmente _____⁶ (el / la / un / una) boda es _____⁷ (el / la / un / una) evento inolvidable, pero no hay ninguna boda perfecta. Frecuentemente, _____⁸ (el / la / un / una) día de _____⁹ (el / la / un / una) ceremonia surgen problemas inesperados, pero _____¹⁰ (el / la / un / una) gente solo recuerda _____¹¹ (el / la / un / una) felicidad de la pareja.

B. Una boda

José is speaking with his friend María about her upcoming wedding. Complete their conversation with the appropriate definite or indefinite articles.

JOSÉ: Hola, María. ¿Viene toda _____¹ familia a la boda?

MARÍA: Pues, no estoy segura. No sé si puede venir mi prima que vive en Caracas, y también tengo _____² tíos que están en París, y...

JOSÉ: ¡Vaya! Parece que tienes _____³ familia muy grande, ¿no?

MARÍA: Bueno, lo que pasa es que _____⁴ madre de mi padre tuvo ocho hijos.

JOSÉ: Sí, entiendo y ¿tienes parientes aquí en _____⁵ Estados Unidos?

MARÍA: Sí, pero como _____⁶ boda es _____⁷ cuatro de julio _____⁸ billetes de avión son muy caros.

JOSÉ: Si puedo ayudar en algo, dime (*tell me*).

II. IR + A + INFINITIVO

To talk about actions that are going to take place in the future, Spanish speakers often use the construction **ir + a +** *infinitive,* equivalent to the English *to be going to* (*do something*).

A. La estructura **ir** + **a** + infinitivo

To express the future, **ir** is conjugated in the present tense, followed by **a** and the infinitive form of the main action verb.

voy	
vas	
va	
vamos	+ *a* + infinitivo
vais	
van	

Pedro **va a ser** fiel por siempre.   *Pedro is going to be faithful (will be faithful) forever.*

Van a casarse en abril.   *They are going to get married in April.*

B. Otras formas de expresar el futuro

In addition to the construction, **ir + a +** *infinitive*, there are two main ways to express future actions.

1. The simple present tense
   For actions that will occur in the immediate future, the simple present tense is often used. The use of the simple present instead of a future construction often implies a degree of certainty that the action will take place.

Juan y María **se casan** este fin de semana.	*Juan and María are getting married this weekend.*
Mañana, después de la fiesta, **rompo con** Luis.	*Tomorrow, after the party, I will break up with Luis.*

2. The simple future tense
   The simple future often implies a stronger commitment or sense of purpose on the part of the speaker than the **ir + a +** *infinitive* construction. Compare these examples. For more on the simple future, see **Capítulo 8: Gramática 8.1**.

¡No **engañaré** nunca a mi prometido!	*I shall never cheat on my fiancé!*
No **voy a engañar** nunca a mi prometido.	*I'm not ever going to cheat on my fiancé.*

Actividades prácticas

A. Planes

Gabriel and Jorge are planning their wedding and want to make sure that they have everything in order for the celebration. Select the appropriate form of **ir + a +** *infinitive* to complete their list.

1. Yo _____ (voy a hablar / vas a hablar) con el oficiante.

2. Tú y yo _____ (voy a firmar / vamos a firmar) los papeles.

3. Mis padres _____ (va a pedir / van a pedir) la comida.

4. Nuestro amigo José _____ (vas a comprar / va a comprar) unas bebidas extras.

5. Yo _____ (voy a decorar / van a decorar) la casa.

6. Tú _____ (va a quedarse / vas a quedarte) toda la noche.

B. Después de la ceremonia

Several friends have traveled to the Dominican Republic to celebrate the marriage of Paula and Claudio. After the civil ceremony they talk about their plans for the rest of the weekend. Complete the following statements using the appropriate form of **ir + a +** *infinitive*.

1. Juan y yo _____ (desayunar) con los novios mañana, y después_____ (conocer) la isla.

2. Yo _____ (buscar) pareja. ¡Ya no quiero ser soltero!

3. Mi novia _____ (visitar) el spa, pero yo _____ (pasar) el día en la playa.

4. Los padres de la novia _____ (salir) para la Argentina.

5. Uds. _____ (hablar) con el cura después de la ceremonia, ¿verdad?

6. Y tú, ¿qué _____ (hacer)?

III. LAS PALABRAS INTERROGATIVAS

A. Las palabras interrogativas más comunes

Interrogative words are often placed at the beginning of a sentence and are used to pose a question. The following are some of the interrogative words most commonly used in Spanish.

Las palabras interrogativas más comunes	
¿Adónde?	Where (to)?
¿A qué hora?	At what time?
¿Cómo?	How? What?
¿Cuál(es)?	What? Which one(s)?
¿Cuándo?	When?
¿Cuánto/a?	How much?
¿Cuántos/as?	How many?
¿De dónde?	From where?
¿De quién(es)?	Whose?
¿Dónde?	Where?
¿Por qué?	Why?
¿Qué?	What? Which?
¿Quién(es)?	Who?

B. La formación de preguntas

- Interrogative words always have a written accent mark on the stressed vowel.
- All questions in Spanish have two question marks, an inverted one before where the question begins and one at the end: **¿ ?**
- The voice falls at the end of questions that begin with interrogative words. This is the opposite of what happens in English, in which the voice usually rises at the end of such questions.

¿Por qué no se casan? (voice falls)	*Why aren't they getting married?* (voice rises)
¿Cuándo es la boda? (voice falls)	*When is the wedding?* (voice rises)

- The interrogative word *what* is expressed by **¿qué?** or **¿cuál?**. While **¿cómo?** is most commonly used to express *how*, it may also be used as a one-word interrogative phrase to ask for clarification.

¿Qué es esto?	*What is this?*
¿Cuál es la cosa más importante?	*What is the most important thing?*
¿Cómo? No entiendo lo que Uds. dicen.	*What? I don't understand what you are saying.*

C. Los usos de ¿qué? y ¿cuál?

The uses of ¿qué?

1. **¿Qué + *ser*...?** Use **¿Qué + *ser*...?** to ask for a definition.

¿Qué es esto?	*What is this?*
¿Qué son votos matrimoniales?	*What are wedding vows?*

2. **¿Qué + *verb*...?** Use **¿Qué + *verb*...?** with any verb other than **ser** to ask for an identification or an elaboration.

¿Qué quieres hacer después de la boda?	*What do you want to do after the wedding?*
¿Qué piensas del traje de novia?	*What do you think of the wedding dress?*

3. **¿Qué + *noun*...?** The interrogative **¿qué?** can be directly followed by a noun. The question asks the listener to identify or specify information.

¿Qué traje de novia prefieres?	*What (Which) wedding dress do you prefer?*
¿Qué canción van a usar para la ceremonia?	*What (Which) song are they going to use for the ceremony?*

The uses of ¿cuál?

1. **¿Cuál(es) + *ser*...?** Use **¿Cuál(es) + *ser*...?** to express *what* as in *which one* or *which ones;* that is, when a choice is to be made.

¿Cuál es el tipo de unión más frecuente entre tus amigos?	*What is the most frequent type of union among your friends?*
¿Cuáles son las características que buscas en una pareja?	*What are the characteristics you look for in a partner?*

2. **¿Cuál(es) + *ser*...?** Use **¿Cuál(es) + *ser*...?** to ask for common personal information, such as addresses and phone numbers.

¿Cuál es tu dirección?	*What is your address?*
¿Cuál es tu (número de) teléfono?	*What is your phone number?*

3. **¿Cuál(es) + *verb*...?** Use **¿Cuál(es) + *verb*...?** when a clear choice is indicated.

¿Cuál prefieres? ¿El traje blanco o el azul?	*Which do you prefer? The white suit or the blue?*
¿Cuáles quieres? ¿Las rosas o las gardenias?	*Which ones do you want? The roses or the gardenias?*

   ¡OJO! Use **¿qué?**, not **¿cuál?**, before a noun.

¿Qué flores quieres?	*What flowers do you want?*

4. Sometimes a phrase such as **de los dos/tres** + *noun* makes the idea of choice more obvious.

¿Cuál de los dos chicos es el novio?	*Which of the two guys is the groom?*

Actividades prácticas

A. Gracias por invitarme

Graciela is planning a special celebration to commemorate her parents' twentieth anniversary and has invited her friend, Raúl, to go with her. Complete Raúl's questions with the appropriate interrogative word from the list. Use each interrogative word only once.

a qué hora	cuándo	dónde	qué
cómo	cuánto	por qué	

RAÚL: Hola, Graciela. Gracias por invitarme a la fiesta. ¿_____[1] es?

GRACIELA: Es el 8 de octubre.

RAÚL: Y ¿_____[2] empieza? Vuelvo de Madrid ese día y no quiero llegar tarde.

GRACIELA: No te preocupes. Empieza tarde, a las siete. Creo que vas a llegar a tiempo.

RAÚL: Pero, ¿_____[3] es la fiesta?

GRACIELA: Es en el restaurante La Fogata. A mis padres les encanta la carne a la parrilla que preparan allí.

RAÚL: ¡A mí también! Pero mira, no tengo coche y está muy lejos de casa. ¿_____[4] llego hasta allí?

GRACIELA: Pues, hombre, yo sí tengo coche. ¿_____[5] no paso por tu casa a las seis y vamos juntos?

RAÚL: Bueno, sé que vas a estar muy ocupada pero si no te importa... Así no tengo que tomar el bus. Por cierto, tengo que comprarle un regalo a tus padres. ¿_____[6] les compro?

GRACIELA: Realmente no necesitan nada, pero ¿_____[7] dinero quieres gastar?

RAÚL: Bueno, no tengo mucho, pero como son tus padres...

B. ¿Qué, cuál o cuáles?

Marta has just moved in with her friend, Roberto, and is trying to better organize her life. Complete the questions she asks of Roberto with either **qué**, **cuál**, or **cuáles**.

1. ¿_____ muebles tenemos que comprar para la casa?

2. Tengo que pensar en mi presupuesto (*budget*). ¿_____ son los gastos mensuales que tenemos?

3. ¿_____ es esto que tienes en el suelo?

4. ¿_____ de las dos habitaciones es tuya?

5. ¿_____ vamos a hacer este fin de semana? Me gustaría organizar la casa un poquito.

6. ¿_____ es tu horario de trabajo? Si te levantas temprano, puedes ducharte primero.

A. La estructura del presente progresivo

The present progressive consists of two essential parts: 1) a conjugated form of the verb **estar** plus 2) the present participle (**el gerundio**). The verb **estar** always comes before the present participle.

estoy	
estás	
está	+ present participle
estamos	
estáis	
están	

Estoy hablando con mi novia.	*I am speaking with my girlfriend.*
Estamos discutiendo los requisitos para un matrimonio civil.	*We are discussing the requirements for a civil marriage.*

- In English, the present participle ends in *-ing* (*singing, writing*) and is invariable (does not change based on the verb subject). While the Spanish present participle also does not change based on the subject, there are two different participle endings.

   -ando for **-ar** verbs

   -iendo for **-er** and **-ir** verbs

José está **gritando.**	*José is **yelling.***
Araceli está **gritando.**	*Araceli is **yelling.***
Yo estoy **escribiendo.**	*I am **writing.***
Julia y Sofía están **escribiendo.**	*Julia and Sofía are **writing.***

- If the stem of an **-er** or **-ir** verb ends in a vowel, the **i** of the participle ending changes to **y.**

ca**e**r	ca**y**endo	l**e**er	le**y**endo
constr**ui**r	constru**y**endo	**o**ír	o**y**endo

   The present participle of the verb **ir** is **yendo.**

- Stem-changing verbs ending in **-ir** also have a change in the present participle (**e → i, o → u**). (Remember that stem-changing **-ir** verbs also show this same change in the preterite, for third-person conjugations.)

Los verbos *-ir* con cambio de raíz		
Infinitivo	**Pretérito (3ra persona)**	**Participio Presente**
conv**e**rtir	conv**i**rtió, conv**i**rtieron	conv**i**rtiendo
d**e**cir	d**i**jo, d**i**jeron	d**i**ciendo
d**o**rmir	d**u**rmió, d**u**rmieron	d**u**rmiendo
m**o**rir	m**u**rió, m**u**rieron	m**u**riendo
p**e**dir	p**i**dió, p**i**dieron	p**i**diendo

B. Los usos del presente progresivo

You may know that English uses the present progressive to express several ideas:

1. what is happening *right now*

2. what is happening *over a period of time*

3. what is going to happen *in the future*

However, in Spanish, the present progressive is primarily used to express an action that is happening *right now* (1).

Ramón **está proponiéndole** matrimonio a Silvia ahora mismo.	*Ramón is proposing to Silvia right now.*

To express actions that are happening over a period of time, Spanish generally uses the simple present tense (2).

Adelaida **apoya** el noviazgo de su hermano.	*Adelaida is supporting (supports, does support) her brother's engagement.*

To express actions that are going to happen, Spanish uses the simple present tense or **ir + a** + *infinitive* (3), but never the present progressive.

Carolina **rechaza (va a rechazar)** la propuesta de matrimonio esta noche.	*Carolina is rejecting (is going to) the marriage proposal tonight.*

C. La posición de los pronombres con el presente progresivo

Object pronouns may precede the conjugated form of **estar,** or follow and be attached to the participle.

Se está casando en la iglesia.	*He is getting married in the church.*
Está casándo**se** en la iglesia.	

- Note the use of a written accent mark when the pronoun is attached to the participle. Since the addition of the pronoun should not alter the pronunciation of the participle, the accent is always placed on the originally stressed syllable.

casando   casándose

Actividades prácticas

A. En el banquete de boda

Select the appropriate form of the present progressive to indicate what the following people are doing during Miguel's wedding celebration.

1. Miguel y su esposa _____ (está bailando / están bailando).

2. Los niños _____ (están comiendo / estás comiendo) la tarta nupcial.

3. Yo _____ (estoy tomando / está tomando) un vino.

4. Mis cuñados y yo _____ (están escuchando / estamos escuchando) música.

5. La gente _____ (se está divirtiendo / se están divirtiendo).

6. Los invitados _____ (está brindando / están brindando) por los novios.

B. Una nueva vida

Your best friend is moving into a new apartment with his partner. You and your friends have volunteered to help him get the house ready. Complete the following statements with the present progressive of the verb in parentheses to indicate what you are all doing.

1. Roberto _____ (limpiar) el cuarto de baño.

2. Jon y yo _____ (dormir) en el salón.

3. Luis _____ (preparar) la comida para todos.

4. Tú y María _____ (arreglar) los muebles de la cocina.

5. Tú _____ (leer) las instrucciones para usar la cafetera.

6. Yo _____ (ponerse) triste porque voy a extrañar a mi mejor amigo.

CAPÍTULO 3: Repaso gramatical

I. LOS VERBOS DEL TIPO GUSTAR

A. El verbo gustar

- You will recall that the verb **gustar** is commonly used in Spanish to express likes and dislikes. Although **gustar** literally means *to be pleasing*, in English it sounds awkward to say *Soccer is pleasing to me*. A more common interpretation of **Me gusta el fútbol** is *I like soccer*. In contrast to English, the subject in Spanish almost always comes after the verb **gustar.**

Me **gusta** el fútbol.	I like soccer. (Soccer is pleasing to me.)
A Elena no le **gustan** los deportes de aventura.	Elena does not like adventure sports. (Adventure sports are not pleasing to Elena.)
Nos **gusta** jugar al tenis.	We like to play tennis. (Playing tennis is pleasing to us.)

- The verb **gustar** always agrees with the thing that "is pleasing." You will typically use the third person singular (**gusta**) to express that something is pleasing, and the plural (**gustan**) to express that more than one thing is pleasing.

| Me **gusta** el básquetbol. | I like basketball. |
| No me **gustan** los Juegos Olímpicos. | I don't like the Olympics. |

- When a noun is the subject of **gustar,** the definite article is often used even though you may not be referring to any specific item. You may use other words in place of the definite article, such as a demonstrative adjective (**este, esa, esos,** and so on).

| Me gustan **los** deportes. | I like sports. |
| No nos gustan **estas** raquetas. | We don't like these rackets. |

- When an action, or more than one action, is the subject of the sentence, you will always use the singular form of **gustar** followed by one or more infinitives.

| Me **gusta ir** al gimnasio. | I like to go to the gym. |
| Te **gusta correr** y **nadar.** | You like to run and swim. |

- **Gustar** is always used with an indirect object pronoun (**me, te, le, nos, os, les**). Something is pleasing "to someone." In addition to the required indirect object pronoun, a phrase with **a** + *noun/name/pronoun* is often used for clarification or emphasis. This phrase usually appears before the indirect object pronoun.

| **A Pedro le** gusta el béisbol y **a mí me** gusta el hockey. | Pedro likes baseball and I like hockey. |

B. Otros verbos del tipo **gustar**

- A number of Spanish verbs follow the same pattern as **gustar.** Some of the ones you will hear and use most frequently are **caer bien/mal, disgustar, importar, interesar,** and **preocupar.**

No me caen bien los aficionados de Boca Juniors.	I don't like the Boca Juniors fans. / Boca Juniors fans don't sit well with me.
Me interesa ir al torneo.	I'm interested in going to the tournament. / Going to the tournament is interesting to me.
No **nos preocupan** los resultados del torneo.	We're not worried about the results of the tournament. / The results of the tournament don't concern us.

- There are many verbs that follow the same structural pattern as **gustar**. Note that the English expressions given here are not always literal translations.

aburrir	to bore	**fascinar**	to fascinate; to love
apetecer	to feel like; to want	**importar**	to matter; to care about
bastar	to be sufficient	**interesar**	to interest
caer bien/ mal	to like / not like someone else; to "sit well" / not "sit well" with someone	**molestar**	to bother; to annoy
disgustar	to displease, to dislike	**parecer**	to seem
doler	to cause pain, to hurt (ache)	**preocupar**	to worry; to concern
encantar	to be delightful; to love	**quedar**	to be remaining; to have left over
entretener	to entertain; to distract	**sorprender**	to surprise
faltar	to lack; to be missing		

A mi madre **le aburre** el fútbol americano.

My mother is bored by American football. / American football bores my mother.

Fui al gimnasio ayer y ahora **me duelen** los brazos.

I went to the gym yesterday and now my arms hurt (ache).

- The verb **parecer** requires the use of an adjective to describe how something *seems* to you or to someone else. The adjective must always agree with the noun that it modifies (the subject of the verb).

Nos parecen aburridas las partidas de póquer.

Poker games seem boring to us.

Actividades prácticas

A. ¿Qué hacemos?

Esteban and his roommate, Jorge, are looking for some friends who want to do something fun this weekend. Select the appropriate form of the verb and indirect object pronoun to complete Esteban's statements about his friends' interests.

1. Todos nuestros amigos _____ (me caen / les caes) bien, pero son un poco aburridos en mi opinión.

2. A Pablo solo _____ (les interesan / le interesa) ver los partidos de fútbol en la tele.

3. A María y a Teresa _____ (les gustan / les gusta) los deportes de aventura pero no tienen dinero.

4. A mí _____ (me preocupan / me preocupa) el dinero, pero más que nada (*more than anything*) _____ (les gustan / me gusta) pasarlo bien.

5. A Marina _____ (nos encantan / le encanta) el circo, pero no quedan entradas para esta semana.

6. A Lilia y a mí _____ (nos fascina / me fascinan) la magia, pero _____ (les molesta / nos molestan) los payasos.

B. Un espectáculo de danza

Complete the following conversation between Ana and Pablo with the appropriate indirect object pronoun followed by the correct form of the verb in parentheses.

ANA: Hola, Pablo. ¿Tienes planes para el fin de semana? ¿A ti _____ [1] (interesar) ir a un espectáculo de danza el sábado?

PABLO: Ya sabes que a mí _____ [2] (encantar) los espectáculos de danza, pero es el cumpleaños de mi hermano y _____ [3] (apetecer) pasar el día con él.

ANA: Bueno, ¿por qué no lo invitas y vamos los tres?

PABLO: A mi hermano _____ [4] (fascinar) la danza contemporánea. De hecho, estudió en la Escuela de Danza Moderna y ¡es semiprofesional!

ANA: ¡Vaya! ¡No lo sabía! Pues, vamos a ver la nueva obra de la Compañía Nacional de Danza Contemporánea.

PABLO: ¡Perfecto! A mi hermano y a mí siempre _____ [5] (parecer) excelentes todas sus obras. Si a ti _____ [6] (apetecer) tomar algo después, podemos ir a Café Moderno que está al lado.

ANA: ¡Genial! Nos vemos el sábado.

II. LOS ADVERBIOS

Adverbs are words or phrases that modify verbs, adjectives, or other adverbs. They give information about the way in which something is done, or are used to express location, time, frequency, degree, or intensity.

A. Los adverbios más comunes

- Some commonly used adverbs include

a menudo	*often*	**demasiado**	*too much*
a veces	*sometimes*	**en todas partes**	*everywhere*
al revés	*backwards*	**mal**	*badly*
bastante	*quite*	**mucho**	*a lot*
bien	*well*	**muy**	*very*
de día/noche	*during the day/ night*	**nunca**	*never*
de memoria	*by heart, by memory*	**poco**	*a little*
de prisa	*in a hurry*	**siempre**	*always*
de repente	*suddenly*		

- The adjectives **bueno**, **malo**, **mucho**, and **poco** may often be confused with their adverbial forms because of the way they are used (and sometimes misused) in English. One way to distinguish them is to remember that adjectives are most often used to modify nouns. Remember that adjectives also agree in number and gender with the noun that they modify.

Es una **buena** futbolista.	*She is a good soccer player.*
Él no juega **muy bien**.	*He does not play very well.*
El equipo tiene **muchos** aficionados	*The team has many fans.*
Los aficionados gritan **mucho**.	*The fans shout a lot.*

B. Los adverbios que terminan en **-mente**

- Adverbs that end in -ly in English usually end in **-mente** in Spanish. In order to form the adverb in Spanish, the suffix **-mente** is added to the feminine singular form of adjectives that end in **-o.** For adjectives that have only one form just add **-mente** to the end to form the adverb. Note that if the adjective form has an accent mark, the adverb form will retain the accent mark as well.

Adjetivo	Adverbio
claro	claramente
constante	constantemente
fácil	fácilmente
final	finalmente
histórico	históricamente
obvio	obviamente
perfecto	perfectamente
rápido	rápidamente
sumo	sumamente

- When a series of adverbs is given, only the final adverb adds the suffix **-mente** to its stem. All other adverbs use the feminine singular form of the adjective.

Los aficionados siempre entran al estadio **rápida y animadamente.**

The fans always enter the stadium quickly and cheerfully.

Actividades prácticas

A. ¿Cómo juegan?

Lucía and her friends love to play soccer. Read the following statements about how they play and select the option that logically completes each sentence.

1. Mi amiga Sofía es una excelente futbolista. Practica _____ (de día y de noche / de memoria) con sus amigos.

2. _____ (De repente / Nunca) juego al fútbol con mis compañeras de cuarto. Están todas muy ocupadas con sus estudios.

3. Andrés y Silvia corrieron _____ (poco / mucho) durante el campeonato y por eso ganaron.

4. Jorge practica en el mismo lugar todos los días. Conoce la cancha _____ (de memoria / en todas partes).

5. Me encanta jugar con mis amigos porque son _____ (muy / poco) competitivos. A nosotros no nos gusta perder.

6. Durante los partidos, mis amigos gritan _____ (a veces / siempre), pero solo cuando se frustran con los árbitros.

B. En el circo

Rodrigo is trying to convince his friend to go to the circus with him. Complete his description with the adverbial form of the adjective in parentheses.

Jorge, tenemos que ir al circo. Va a haber payasos que hacen malabarismo (*juggle*) que son _____[1] (verdadero) divertidos. La gente que hace acrobacias es _____ [2] (increíble) atrevida y a veces hacen trucos _____ [3] (sumo) peligrosos en la cuerda floja (*high wire*). Más que nada, me encanta ver los animales que son _____ [4] (perfecto) entrenados. ¡No sé cómo aprenden a hacer las cosas que hacen! Habrá coches que corren _____ [5] (rápido) y gente que _____ [6] (asombroso) come el fuego.

CAPÍTULO 4: Repaso gramatical

I. LA A PERSONAL

- It is important to distinguish between the subject of an action and the object that receives the action. In English, word order makes those roles clear because the subject comes before the object. In Spanish, however, the subject may come after the verb or may not be explicitly mentioned at all.

Se fue mi novia sin decir ni una palabra.	*My girlfriend left without saying a word.*
Ya no quería hacer las tareas domésticas.	*She no longer wanted to do the housework.*

- Since the position of the noun may vary in Spanish, it is potentially unclear whether a person is the subject or the object of a given sentence. Therefore, when the direct object is a specific person (or more than one person) the preposition **a** is used before the noun to indicate that the person is not the subject, but rather the direct object. There is no English equivalent word for the personal **a.**

A causa de sus dificultades matrimoniales, Gina criticó **a** Rafael.	*Because of their marital difficulties, Gina criticized Rafael*
A pesar de sus críticas, Rafael todavía quería **a** Gina.	*Despite her criticisms, Rafael still loved Gina.*

- When the direct object is a non-specific, or indefinite person, the personal **a** is typically omitted.

Ana buscaba una pareja compasiva y sincera.	*Ana was looking for a compassionate and sincere partner.*

- Remember that when the preposition **a** is immediately followed by the definite article **el**, they contract to form **al**.

Tenemos que ver **al** psicólogo esta tarde para hablar de nuestros problemas matrimoniales.	*We have to see the psychologist this afternoon to talk about our marital problems.*

- Pets that are considered to be part of the family may also take a personal **a**.

Traje **a** mi perrito Cipión al mercado.	*I brought my dog Cipión to the market.*

- The personal **a** is generally not used immediately after **tener, ser,** or **haber** (**hay, había,** and so on).

Tengo una amiga que habla quechua.	*I have a friend who speaks Quechua.*
Había muchos turistas en la plaza.	*There were many tourists in the plaza.*

Actividades prácticas

A. En el mercado

Choose the option that correctly completes each statement.

_____ 1. Sus precios son muy altos. Por eso, nunca tienen _____.

    a. clientes   b. a clientes

_____ 2. Necesito comprar _____ para mi madre.

    a. un regalo   b. a un regalo

_____ 3. ¿Conoces _____, el vendedor? Siempre tiene los mejores precios.

    a. Marcelo   b. a Marcelo

_____ 4. Creo que he visto _____ en este mercado.

    a. tu hermana   b. a tu hermana

_____ 5. Siempre hay _____ en este lugar.

    a. mucha gente   b. a mucha gente

_____ 6. ¿Ves _____ que está allí? Vende los mejores melones de esta región.

    a. ese hombre   b. a ese hombre

B. Las relaciones profesionales

Complete the following conversation between Lourdes and Silvia about the people they know at work. Write the personal **a** where it is needed. If it is not needed, write an **X**.

LOURDES: Silvia, ¿conoces ____[1] mucha gente en el trabajo?

SILVIA: No, realmente no conozco ____[2] muchas de las personas que veo todos los días.

LOURDES: Pero, ¿____[3] esta gente trabaja para tu compañía?

SILVIA: Bueno, mi compañía no es muy grande. En realidad ahora somos ____[4] cinco personas ya que despidieron ____[5] mi amigo José. Para ahorrar dinero trabajamos en una oficina compartida con otros que necesitan un espacio para trabajar.

LOURDES: Ya entiendo. Entonces seguro que ves ____[6] mucha gente nueva cada día.

II. POR/PARA

The prepositions **por** and **para** may both sometimes be translated as *for* in English, although they have other English meanings as well. They have many uses in Spanish.

A. Por

1. Meanings of **por**: The preposition **por** has a number of English equivalents that do not mean *for* in English.
   - by / by means of

El acuerdo fue firmado **por** las dos tribus.	*The agreement was signed by both tribes.*
Los dos grupos hablaron **por** teléfono.	*The two groups spoke by means of (on) the phone.*

PARA TU INFORMACIÓN: LOS VERBOS QUE NO NECESITAN *POR* O *PARA*

Remember that the prepositions that follow some English verbs are incorporated into the meaning of the corresponding Spanish verb. You do not use either **por** or **para** with the following verbs in Spanish.

- buscar
  to look for
- esperar
  to wait for
- pagar
  to pay for
- pedir
  to ask for

The English expression *to ask about someone,* however, does require a preposition: **preguntar por.**

Preguntaron por ti en la reunión.
  They asked about you at the meeting.

- through/along

  Pasaron **por** el centro de la ciudad antes de llegar al palacio presidencial. | *They went through downtown before arriving at the presidential palace.*

- per (rate)

  Todos iban muy despacio, a diez kilómetros **por** hora. | *They all went very slowly, at ten kilometers per hour.*

- during / in (time of day)

  Quedaron en discutir los detalles **por** la mañana. | *They agreed to discuss the details in the morning.*

- because of (reason) / due to

  Todos estaban nerviosos **por** las presiones políticas. | *Everyone was nervous because of / due to the political pressure.*

2. **Por** = for: When it expresses *for,* **por** looks back at the reason or cause for something. To remember this, think of the interrogative **¿por qué?** (*why?*) and the expressions **por eso** (*that's why*) and **gracias por** (*thank you for*).

   - for = in exchange for

     Los indígenas de esta región solo aceptan pesos **por** sus servicios. | *The indigenous peoples of this region only accept pesos for their services.*

     Gracias **por** el buen consejo. | *Thank you for the good advice.*

   - for = for the sake of, on behalf of

     Lo hicieron por sus hijos. | *They did it for (the benefit of) their children.*

   - for = period of time (often omitted)

     Han vivido aquí en estas tierras (**por**) más de 600 años. | *They have lived on this land for more than 600 years.*

3. Fixed Expressions with **por**: **Por** is used in the following expressions, some of which (such as **por eso** and **por si acaso**) also express the reason or cause of something.

por aquí	*around here*	por lo general	*generally / in general*
por Dios	*for heaven's sake*	por lo menos	*at least*
por ejemplo	*for example*	por primera / última vez	*for the first / last time*
por eso	*that's why*	por si acaso	*just in case*
por favor	*please*	por supuesto	*of course*
por fin	*finally / at last*	por todas partes	*everywhere*

B. Para

1. **Meaning of para + *infinitive* = in order to (do something):** The preposition **para** has one English equivalent that is not expressed with *for* in English. To say *in order to (do something)* in Spanish, use **para** + *infinitive*. In the English expression, the words *in order* are often omitted; in the Spanish equivalent, you cannot omit **para** before the infinitive.

   - in order to + *infinitive*

En muchos lugares, se usa la palabra **mestizo** **para** hablar de gente de ascendencia mixta.	*In many places, the word **mestizo** is used (in order) to talk about people of mixed ancestry.*

2. **Para = for:** When it expresses *for*, **para** looks ahead, toward the goal, purpose, or destination of something. To remember this, think of the interrogative **¿para qué?** (*for what purpose?*).

   - for = destined for / to be given to

El oro de las Américas era **para** la Corona española.	*The gold from the Americas was (destined) for the Spanish Crown.*
Las cartas eran **para** los reyes.	*The letters were for the monarchs.*

   - for = by (deadline, specified future time)

Tienen que firmar la carta de protesta **para** las cinco de la tarde.	*They must sign the letter of protest for (by) five o'clock this afternoon.*

   - for = toward / in the direction of

Los manifestantes van **para** la plaza.	*The protestors are heading for (going toward) the plaza.*

   - for = to be used for, purpose

Estas pancartas son **para** la manifestación.	*These placards are for the protest.*

   - for = to express a point of view / in comparison with others

Para los indígenas de las Américas, la llegada de los europeos fue una catástrofe.	*For the indigenous peoples of the Americas, the arrival of the Spaniards was a catastrophe.*
Para un grupo minoritario, ha conseguido transformar el panorama político del país.	*For a minority group, they have managed to transform the political landscape of the country.*

   - for = in the employ of, in preparation for

Los miembros del Comité Interinstitucional de Asuntos Indígenas trabajan **para** el gobierno del estado.	*The members of the Committee on Inter-institutional Indigenous Affairs work for the state government.*
Uno de los miembros estudia **para** (la carrera de) abogado.	*One of the members is studying to be (in preparation for / in order to be) a lawyer.*

Actividades prácticas

A. Un nuevo negocio

Raúl and his partner have just started a small business but need lots of help. Complete their statements and questions with either **por** or **para**.

RAÚL: ¿Este contrato es _____[1] el nuevo cliente?

DAVID: Sí, ya ha sido firmado _____[2] el banco, pero tenemos que mandárselo al cliente.

RAÚL: ¿_____[3] cuándo tenemos que firmar los documentos?

DAVID: Mañana a las cinco. Raúl, tu tío trabaja _____[4] un abogado, ¿verdad?

RAÚL: Sí, es asistente jurídico.

DAVID: ¿Tenemos que trabajar el sábado _____[5] la mañana?

RAÚL: Sí, vamos a empezar a las ocho.

DAVID: Si vas al centro esta tarde, ¿puedes pasar _____[6] la oficina de correos?

RAÚL: ¡Claro que sí!

B. En este barrio

Ricardo is showing Marina part of his neighborhood. Complete their dialogue with **por** or **para**.

RICARDO: _____[1] aquí siempre hay muchos vendedores callejeros que intentan venderte de todo.

MARINA: Y ¿sabes _____[2] qué vienen a esta calle en particular?

RICARDO: Bueno, hay mucha gente que sale del metro y pasa _____[3] esta calle cuando va _____[4] el centro.

MARINA: Parece que _____[5] lo general no molestan a nadie. Solo quieren vender sus productos _____[6] mantener a sus familias.

III. OTRAS PREPOSICIONES

Prepositions establish relationships between the object of the preposition (noun, pronoun, or verb) that follows them and other elements in the sentence.

Observe the relationship between the underlined words and the preposition in bold in each of the following examples.

The book is **on** the table.

This is **for** you.

Although most prepositions have a specific meaning, their use is not always consistent with that meaning. While many Spanish prepositions have a number of English equivalents, others do not, so learning their meanings and uses will be helpful to your understanding and usage of Spanish.

A. Algunas preposiciones comunes y sus usos

Prepositions may either be simple (one word) or compound (more than one word). The following are the most common simple prepositions that you will encounter in Spanish. You will learn more about prepositional phrases in **Capítulo 5: Repaso gramatical**.

Las preposiciones			
a	to, at (*a time*)	**hacia**	toward
ante	before	**hasta**	until
bajo	below	**para**	for, in order to
con	with	**por**	for, through, by
contra	against	**sin**	without
de	of; from	**según**	according to
en	in, on, at (*a place*)	**sobre**	about, above, over
entre	between	**tras**	behind

Hay mucha gente que lucha **contra** los estereotipos de los pueblos indígenas.

There are many people that fight against the stereotypes of the indigenous communities.

Ningún candidato presidencial puede ganar las elecciones **sin** el voto indígena.

No presidential candidate can win the elections without the indigenous vote.

As in English, some Spanish prepositions may also have more than one use. The following lists give some of the more common uses for several of these prepositions.

A

- motion (to)

  Vamos **a** Chichicastenango.

  We are going to Chichicastenango.

- how something is done (by)

  Las artesanías están hechas **a** mano.

  The crafts are made by hand.

- time (at)

  El mercado abre **a** las diez.

  The market opens at ten.

Con

- with someone

  Voy a hablar **con** el vendedor.

  I am going to speak with the salesman.

- with something

  Lo hacen **con** barrio.

  They make it with mud.

De

- possession

  La cesta es **de** Raúl.

  The basket is Raúl's.

- origin

  Soy **de** Chiapas.

  I'm from Chiapas.

- to describe something with another noun

Una botella **de** agua.   *A bottle of water.*

En

- location (in, on, at)

Trabajo **en** el mercado.   *I work at the market.*

La cesta está **en** la mesa.   *The basket is on the table.*

La fruta está **en** la cesta.   *The fruit is in the basket.*

- means of transportation

Vamos **en** coche.   *We're going by car.*

Sin

- without

Vamos al mercado **sin** mi madre.   *We're going to the market without my mother.*

- that does not have

No vamos a encontrar a nadie aquí en este callejón **sin** salida.   *We're not going to find anyone here in this dead-end street.*

Sobre

- over, above

Los aviones vuelan **sobre** este barrio constantemente.   *Airplanes constantly fly over this neighborhood.*

- on, on top of

La camiseta que buscas está **sobre** el mostrador.   *The shirt you're looking for is on (top of) the counter.*

- about

No me han dicho nada **sobre** el incidente que ocurrió ayer.   *They have not told me anything about yesterday's incident.*

B. Los pronombres preposicionales

With the exception of the first- and second-person singular forms (**mí, ti**), the prepositional pronouns are the same as the subject pronouns. They are used when preceded by most prepositions.

Los pronombres preposicionales
mí
ti
Ud., él/ella
nosotros/nosotras
vosotros/vosotras
Uds., ellos/ellas

No vamos a ganar dinero **sin ella**.   *We are not going to earn money without her.*

Toma, el dinero es **para ti**.   *Take it, the money is for you.*

- When **mí** or **ti** occurs with **con**, the special forms **conmigo** and **contigo** are used.

No puedo ir de compras **contigo**.   *I can't go shopping with you.*

El vendedor compartió un trozo de jamón **conmigo**.   *The salesclerk shared a piece of ham with me.*

- The prepositions **entre, excepto,** and **según** are always used with the subject pronouns **yo** and **tú**, not the prepositional pronouns.

Según tú, la ley no beneficia a los indígenas, ¿verdad?   *According to you, the law does not benefit the indigenous peoples, right?*

Entre tú y **yo**, la ley de la protección de las tierras indígenas no es muy justa.   *Between you and me, the law on the protection of indigenous lands is not very fair.*

Actividades prácticas

A. La vida de los indígenas

Choose the appropriate preposition to complete the following statements.

____ 1. Hay mucha gente que habla quechua _____ esta ciudad.

    a. a   b. en   c. con

____ 2. En el periódico nunca escriben _____ todos los aportes (*contributions*) de la comunidad indígena.

    a. en   b. según   c. sobre

____ 3. _____ tú y yo, la ciudad debe contratar a más gente indígena. Trabajan muy duro.

    a. Por   b. Entre   c. Sin

____ 4. Muchos de los indígenas de esta región son _____ ascendencia maya.

    a. de   b. para   c. con

____ 5. El centro cultural abre _____ las nueve de la mañana.

    a. a   b. según   c. sin

____ 6. _____ la guía turística, podemos ver muchas obras de arte indígena en el Museo de Antropología.

    a. Para   b. Entre   c. Según

B. Rigoberta Menchú Tum

Complete the following information about this famous activist with the appropriate prepositions. You will use each of the following prepositions only once.

con   contra   de   desde   en   para   por   según   sin

_____[1] Guatemala hay una organización que se destaca _____[2] ser defensora de los derechos _____[3] los grupos indígenas. Esta organización _____[4] fines de lucro (*non-profit*), conocida como la Fundación Rigoberta

Menchú Tum, promueve los valores de la paz, la justicia y la democracia especialmente _____ [5] los pueblos indígenas. _____ [6] muchas personas, Rigoberta Menchú Tum ha dedicado su vida a la defensa de los pueblos indígenas. _____ [7] muy joven, Rigoberta ha luchado _____ [8] los gobiernos corruptos de las Américas y en 1992 fue reconocida _____ [9] el Premio Nóbel de la Paz.

CAPÍTULO 5: Repaso gramatical

I. LAS FRASES PREPOSICIONALES

Prepositional phrases are groups of two or more words that are equivalent to a simple preposition. The following is a selection of commonly used prepositional phrases in Spanish:

a favor de	*in favor of*	**detrás de**	*behind*
a fin de	*in order to*	**en cuanto a**	*regarding*
acerca de	*about*	**en vez de**	*instead of*
antes de	*before*	**encima de**	*on top of*
cerca de	*close to*	**enfrente de**	*in front of (across from)*
debajo de	*under*	**gracias a**	*thanks to*
delante de	*in front of*	**junto a**	*next to*
dentro de	*inside*	**por medio de**	*by means of*
después de	*after*		

Los obreros están **a favor del** aumento de sueldo.	*The workers are in favor of the salary increase.*
Mucha gente viene a protestar **enfrente de** la fábrica.	*A lot of people are coming to protest in front of the factory.*

- While English often uses the gerund (*eating, speaking*) after a preposition, in Spanish when a verb follows a preposition, it is always in the infinitive form.

Antes de salir, las niñas se pusieron el traje quechua tradicional.	*Before leaving, the girls put on traditional Quechua outfits.*
Debemos aprender más sobre otras culturas **en vez de crear** más estereotipos.	*We should learn more about other cultures instead of creating more stereotypes.*

- Some words can be both prepositions and adverbs. A preposition will always have an object, either a noun, a pronoun, or a verb, that comes after it. In Spanish, a preposition can never be the last word of a sentence.

La frontera está **cerca**.	*The border is nearby (adverb).*
La frontera está **cerca de** mi casa.	*The border is near (preposition) my house.*

- Since a preposition cannot come at the end of a Spanish sentence, as it may in informal English, you must move the preposition to another position within the sentence. To help you with the correct word order, rephrase English sentences so that the preposition is not at the end.

Los derechos de los obreros migrantes es un tema **en** que Felipe se interesa.

The rights of migrant workers is a topic that Felipe is interested ***in.***
The rights of migrant workers is a topic ***in*** *which Felipe is interested.* (preferred)

También es un problema **de** que varios gobiernos se preocupan.

It is also a problem that several governments are concerned ***about***.
It is also a problem ***about*** *which several governments are concerned.* (preferred)

- With questions in Spanish, the preposition is placed before interrogative words. By practicing some of the common interrogative phrases with prepositions, you will become more proficient at the placement of the prepositions.

¿**En** qué están pensando?

What are they thinking ***about***?

¿**Para** cuándo necesitas el pasaporte?

When do you need your passport ***by***?

Actividades prácticas

A. Un pueblo fronterizo

Select the appropriate prepositional phrase to complete the following statements about living in a border town.

1. Mis padres viven en un pueblo que está _____ (junto a / debajo de) la frontera.

2. _____ (A fin de / En vez de) prevenir que la gente cruce la frontera de manera ilegal, la Guardia Nacional tiene una presencia constante en su pueblo.

3. _____ (Antes de / Acerca de) la construcción del muro fronterizo, había mejores relaciones entre los dos países.

4. Ahora hay mucha gente que no quiere vivir en un pueblo _____ (por medio de / cerca de) la frontera.

5. _____ (Detrás de / Gracias a) los esfuerzos del gobierno local, mis padres se sienten protegidos, pero están conscientes de los problemas que puede tener un pueblo fronterizo.

6. Creo que _____ (en vez de / junto a) construir muros que nos separan, debemos buscar una manera de coexistir.

B. Los derechos de los obreros

Complete the following information about Silvia's work to defend the rights of migrant workers with the most appropriate prepositional phrase from the list. Use each phrase only once.

a favor de	**antes de**	**después de**	**gracias a**
acerca de	**dentro de**	**enfrente de**	

Aquí en California, hay mucha gente que está _____[1] la protección de los derechos de los obreros migratorios. _____[2] vivir aquí, yo no sabía mucho _____[3] la explotación de los obreros en esta parte del país, pero _____[4] mi amigo José ahora estoy más involucrada en el movimiento pro-obrero.

Hoy, por ejemplo, he organizado una manifestación _____[5] las oficinas del Departamento de Trabajo. Con más de mil voces en la calle, estoy segura de que los de la administración nos escucharán aunque se queden _____[6] sus oficinas. Si siguen sin reconocer los derechos de los obreros, _____[7] esta manifestación, va a haber otra aún más grande. ¡No nos vamos a callar!

II. LAS FRASES VERBALES

A. Las frases verbales comunes

Verb phrases are grammatical constructions with two or more verbs that together create meaning. These constructions express, among other things, the intention, the beginning, the duration, the course, or the end of an action.

Verb phrases in Spanish are formed with a first verb that is conjugated in a personal form (**yo, tú**, and so on) and a second verb in the infinitive, such as expressions with **querer** + *infinitive*.

querer + *infinitive*	Los obreros **quieren recibir** un sueldo más alto.	*The workers want to receive a higher salary.*

- Several other verbs follow the same pattern as **querer** + *infinitive*, including **deber, necesitar, pensar, poder,** and **soler**.

Debes buscar trabajo esta semana.	*You should look for work this week.*
Pueden trabajar en la finca de mi tío.	*They can work on my uncle's farm.*
Suele contratar a trabajadores de Sudamérica.	*He tends to hire workers from South America.*

- The verb phrases **tener que** + *infinitive* and **hay que** + *infinitive* are commonly used to express obligations. While both are similar in meaning, **tener que** is a personal expression, and **tener** must be conjugated according to the subject. **Hay que** is an impersonal expression that is invariable (the verb form always remains constant).

Tienes que conseguir trabajo o volvemos a nuestro país.	*You have to (must) find work or we will go back to our country.*
Hay que trabajar para vivir.	*One (we/people/everyone) must work in order to live.*

B. Los verbos y las frases verbales con preposiciones

There are several considerations to keep in mind as you study the use of verbs that take prepositions.

- As you saw in the review of **por** and **para**, there are some Spanish verbs whose English meaning includes a preposition; no additional Spanish word is used to express this preposition.

agradecer: *to thank; to be thankful for*	**mirar:** *to watch; to look at*	**salir:** *to leave; to go out*
buscar: *to look for*	**pagar:** *to pay for*	**temer:** *to fear; to be afraid of*
entregar: *to turn in; to hand over*	**pedir:** *to request; to ask for*	**volver:** *to return; to go back*
esperar: *to wait for; to hope*	**regresar:** *to return; to go back*	

Buscaba el sitio de construcción y tuvo que **pedir** ayuda.

*He was **looking for** the construction site and had to **ask for** help.*

Esperaban su turno para **entregar** sus tarjetaspara fichar.

*They were **waiting for** their turn to **turn in** their time cards.*

- There are many common verb phrases that require the use of a preposition after the first verb, such as **ir** + **a** + *infinitive* (*going to do something*).

Voy a trabajar en los Estados Unidos.

I am going to work in the United States.

¿**Vas a mandarle** más dinero a tu familia?

Are you going to send your family more money?

- Verbs in Spanish may be followed by **a, con, de, en, para, por**, or no preposition at all. Some verbs that take prepositions may be followed by a noun, pronoun, or another verb.

Los niños **empezaron a** jugar juntos.

The children began to play together.

El hombre **amenazó a** los obreros migratorios.

The man threatened the migrant workers.

¿**Amenazó con** llamar a la policía?

Did he threaten to call the police?

- Sometimes a verb in Spanish is followed by a different preposition from the one that follows its English equivalent.

Los obreros de la construcción **se hartaron del** tratamiento del supervisor.

*The construction workers **got fed up with** the treatment of the supervisor.*

Los obreros **soñaban con** tener mejores condiciones de trabajo.

*The workers **dreamed about** having better working conditions.*

- Some common verbs in Spanish that take the preposition **a**, usually before another infinitive, are:

acercarse a: *to approach*	**empezar a:** *to begin to*
acostumbrarse a: *to get used to*	**enseñar a:** *to teach to; to show how to*
alcanzar a: *to manage to*	
animar a: *to encourage to*	**invitar a:** *to invite to*
aprender a: *to learn to*	**ir a:** *to be going to*
ayudar a: *to help to*	**llegar a:** *to manage to*
comenzar a: *to begin to*	**negarse a:** *to refuse to*
conducir a: *to lead to*	**parecerse a:** *to resemble*
dedicarse a: *to dedicate oneself to*	**referirse a:** *to refer to*
dirigirse a: *to set off/out toward*	**resignarse a:** *to resign oneself to*
disponerse a: *to get ready to*	**volver a:** *to do again*

- Some common verbs in Spanish that take the preposition **con** are:

acabar con: *to finish off; to put an end to*	**comenzar con:** *to begin with*
	contar con: *to count / rely on*
amenazar con + *infinitive: to threaten (to do something)*	**preocuparse con:** *to worry about*
	soñar con: *to dream of/about*
casarse con: *to get married to (somebody)*	**tener que ver con:** *to have to do with*

- Some common verbs in Spanish that take the preposition **de** are:

abusar de: *to abuse*	**enamorarse de:** *to fall in love with*
acabar de + *infinitive: to have just (done something)*	**encargarse de:** *to take charge of*
	enterarse de: *to find out about*
acordarse de: *to remember to*	**hartarse de:** *to be fed up with*
acusar de: *to accuse of*	**olvidarse de:** *to forget (to do something); to forget about (someone/something)*
alegrarse de: *to be happy to*	
alejarse de: *to move away from*	
aprovecharse de: *to take advantage of*	**pensar de:** *to think of, as in to have an opinion of/about*
arrepentirse de: *to regret*	**preocuparse de:** *to be concerned/worried about*
cansarse de: *to tire of*	
dejar de + *infinitive: to stop doing (something)*	**quejarse de:** *to complain about*
	tratar de: *to try to; to deal with*
depender de: *to depend on*	**tratarse de:** *to be a question of*

- Some common verbs in Spanish that take the preposition **en** are:

confiar en: *to trust in* + *object, to trust to* + *verb*	**insistir en:** *to insist on*
	interesarse en: *to be interested in*
consistir en: *to consist of*	**pensar en:** *to think about*
dudar en: *to hesitate to*	**quedar en:** *to agree to*
enfrentarse con: *to face*	**tardar en:** *to take a long time to, to delay in*
entrar en: *to enter (into)*	
hacer bien/mal en: *to be right/wrong to*	
influir en: *to influence*	

- Some common verbs in Spanish that take the preposition **por** are:

abogar por: *to stand up for, advocate for*	**luchar por:** *to struggle for*
comenzar por: *to begin with*	**pasar por:** *to go by, along*
disculparse por: *to apologize for*	**preguntar por:** *to ask about (someone)*
esforzarse por: *to struggle to*	**preocuparse por:** *to be concerned/worried about*
estar por: *to be in favor of, to yet be done*	

Actividades prácticas

A. Un futuro mejor

Complete the following statements with the appropriate preposition from the list. If no preposition is needed, write an **X**.

a   en   con   de   por

1. Dicen que más de dos millones de inmigrantes van _____ cruzar la frontera este año. La gran mayoría de ellos busca _____ mejores oportunidades de trabajo.

2. Pero no es nada fácil cruzar la frontera. La gente que intenta hacerlo se enfrenta _____ muchas dificultades.

3. Estos inmigrantes, que en primer lugar se alejan _____ sus familias, tienen que confiar _____ la gente que no conocen para ayudarlos _____ llegar a su destino.

4. Una vez que entran _____ el país, frecuentemente consiguen trabajo que les permite mandarles un dinero extra a los miembros de su familia que se han quedado atrás.

5. Sus familiares siempre se preocupan _____ ellos, pero todos sueñan _____ un futuro mejor.

B. Mi trabajo

Write the appropriate preposition to complete Silvia's statements about her life working with the local immigrant community.

1. Mi trabajo consiste _____ ayudar a los inmigrantes recién llegados a nuestra comunidad.

2. Por supuesto, no lo puedo hacer sin la colaboración de muchos individuos y otras organizaciones no gubernamentales. Dependo _____ ellos para poder llevar a cabo los muchos proyectos que tenemos.

3. Gracias a esta colaboración, conocí a mi novio en el trabajo. No me enamoré _____ él la primera vez que nos conocimos, pero poco a poco hemos creado lo que es para mí la relación perfecta.

4. Todavía no he decidido si me voy a casar _____ él, pero ya me lo ha pedido varias veces.

5. Un día sueño _____ tener mi propia empresa donde puedo tener un impacto más significativo en nuestra comunidad.

6. Hay muchos inmigrantes que quieren trabajar y participar de manera activa en la comunidad, pero se hartan _____ los trámites burocráticos y se van. A mí me gustaría poder ayudarlos.

CAPÍTULO 6: Repaso gramatical

I. LOS PRONOMBRES PREPOSICIONALES

A. Más sobre los pronombres preposicionales

As you learned in **Capítulo 4: Repaso gramatical,** prepositions are used to establish relationships between the object of the preposition (noun, pronoun, or verb) and other elements in the sentence. You have also seen that prepositions often consist of a phrase like **cerca de nuestro barrio** and may combine more than one preposition as well as the object of the preposition. The following are more examples of prepositional phrases: **acerca del problema, de los supermercados, con Elena,** and **antes de hablar.**

Remember that when prepositions are followed by a pronoun, most prepositional pronouns look exactly the same as the subject pronouns. The two exceptions are **mí** and **ti.**

Los pronombres preposicionales
mí
ti
Ud., él/ella
nosotros/nosotras
vosotros/vosotras
Uds., ellos/ellas

Los clientes compraron tabletas **para nosotros.**	*The clients bought tablets <u>for us</u>.*
El jefe les dijo: «No podemos tomar ninguna decisión **sin Uds.».**	*The boss told them, "We can't make any decisions <u>without you</u>."*
Luis le comentó a Elena: **«Para mí,** va a ser muy difícil conseguir la mercancía a un precio barato».	*Luis commented to Elena, "<u>For me</u>, it is going to be very difficult to get the merchandise at a cheap price."*

The prepositions **entre, excepto, incluso, menos, salvo,** and **según** are exceptions. They are always followed by the personal pronouns **yo** and **tú,** rather than **mí** and **ti.**

Entre tú y yo, creo que esta ciudad necesita un alcalde mejor.	<u>*Between you and me*</u>*, I think that this city needs a better mayor.*
Según tú, vivimos en la mejor comunidad del mundo.	<u>*According to you*</u>*, we live in the best community in the world.*

When the preposition **con** is followed by a pronoun, it has some irregular forms to express *with me* (**conmigo**) and *with you* (**contigo**).* Any other prepositional pronoun used after **con** is written as a separate word.

Voy a ir de compras **contigo.**	*I am going to go shopping <u>with you</u>.*
Luis vino a la reunión **conmigo.**	*Luis came to the meeting <u>with me</u>.*
Los clientes hablaron **con nosotros** sobre los precios.	*The customers talked <u>with us</u> about the prices.*

---

*It is also less commonly used to express *with him(self)/her(self)/them(selves)*(**consigo**).

Nouns that refer to objects can also be expressed as a pronoun (*it, them*) after a preposition. They take the third person pronouns that correspond to the number and gender of the noun that they replace: **él, ella, ellos, ellas.**

Hay muchos pasillos en el supermercado. Es más fácil pasar por **ellos** con un carrito.	*There are many aisles in the supermarket. It is easier to go through* <u>them</u> *with a cart.*
Quería comprarme esa computadora pero tengo que vivir sin **ella.**	*I wanted to buy myself that computer but I will have to live without* <u>it</u>.

The pronoun **ello** (*it*) is used to refer to an abstract idea or something that is non-specific or gender neutral.

Los propietarios de almacenes están frustrados por el efecto de los supermercados en sus negocios y quieren hablar de **ello.**	*The small shop owners are frustrated by the effect of the supermarkets on their businesses and they want to talk about* <u>it</u>.

Actividades prácticas

A. En mi comunidad

Jorge is talking with his friend Ángel about his community. Choose the appropriate prepositional pronoun to complete his statements. Use each pronoun only once.

___ 1. A _____ me encanta este barrio pero no todo es perfecto.

___ 2. Tengo muchos problemas con mi vecino pero nunca hablamos de _____.

___ 3. Mi amigo Miguel quiere comprar una casa en mi calle, pero según _____, los precios son muy altos.

___ 4. Mi abuela vende la casa y se muda a otra urbanización. No sé si puedo vivir sin _____.

___ 5. He intentado convencerla de que se quede aquí, pero no quiere hablar de _____.

___ 6. Mi esposa y yo siempre ayudamos a limpiar las calles de nuestra comunidad y todos cuentan con _____.

___ 7. ¿Te llevas bien con tus vecinos? Para _____, ¿cuáles son los beneficios de vivir en tu comunidad?

___ 8. Tienes que comprar una casa por aquí. Todos nuestros amigos viven en este barrio, excepto _____.

a. él

b. ti

c. ello

d. ellos

e. tú

f. mí

g. ella

h. nosotros

B. El consumismo

Complete the following statements with the appropriate prepositional pronoun that replaces the noun or phrase in parentheses.

1. Elena cree que todos somos consumistas. Según ____ (Elena) tenemos que comprar menos y reciclar lo que ya tenemos.

2. Mañana José va a ir de compras y quiere que vayas con ___ (José).

3. Quiero comprar el último modelo del iPhone pero no puedo tomar una decisión sin ___ (tú).

4. Voy a ver el nuevo coche eléctrico mañana. ¿Quieres ir con____ (yo)?

5. He gastado muchísimo dinero esta semana y ya no me queda nada. ¡Uf! No quiero pensar en _____ (la idea de no tener dinero).

6. Dejé la tableta en casa y no creo que pueda trabajar sin ____ (la tableta).

II. LOS PRONOMBRES POSESIVOS

A. Los pronombres posesivos

As is the case with almost all pronouns, possessive pronouns are most often used to avoid the repetition of specific nouns that have been previously mentioned. Just like possessive adjectives, possessive pronouns are used to show a relationship or indicate which person owns or possesses a certain thing.

Yo sé que tus vecinos son muy buenos, pero **los míos** son excepcionales.	*I know that your neighbors are great, but <u>mine</u> are exceptional.*
Aunque su casa es muy grande, **la nuestra** es más bonita.	*Although their house is very big, <u>ours</u> is more beautiful.*

B. La formación de los pronombres posesivos

In order to understand how to form possessive pronouns, it is helpful to first review the formation of possessive adjectives.

Possessive adjectives have a short and a long form. Short-form possessive adjectives always agree in number with the noun that they modify, while the forms **nuestro** and **vuestro** must also agree in gender. All long-form possessive adjectives agree in number and gender with the noun that they modify. Use the following table to compare the short- and long-form possessive adjectives.

Los pronombres preposicionales		
	Forma corta	**Forma larga**
my	**mi, mis**	*artículo + sustantivo +* **mío/a/os/as**
your (*singular, informal*)	**tu, tus**	*artículo + sustantivo +* **tuyo/a/os/as**
his, her, your (*formal*)	**su, sus**	*artículo + sustantivo +* **suyo/a/os/as**
our	**nuestro/a/os/as**	*artículo + sustantivo +* **nuestro/a/os/as**
your (*plural, informal, Spain*)	**vuestro/a/os/as**	*artículo + sustantivo +* **vuestro/a/os/as**
their, your (*plural*)	**su, sus**	*artículo + sustantivo +* **suyo/a/os/as**

Mi empresa forma parte de la comunidad.	<u>My company</u> forms a part of the community.
La empresa suya tiene más de cien productos en el mercado.	<u>His/Her/Your</u> (formal) <u>company</u> has more than 100 products on the market.

The long-form adjectives are not used as frequently as the short-form adjectives. They are used primarily to put special emphasis on the owner of something or to compare and contrast.

Los coches suyos cuestan muchísimo.	<u>His cars</u> cost a lot.
No sé si **tu negocio** te va bien, pero **el negocio mío** enfrenta problemas	I don't know if <u>your business</u> is going well for you, but <u>my business</u> is facing problems.

Remember that the ambiguity of the third person **su** and **suyo** (which can mean *his, her, its, your*—singular and plural—or *their*) sometimes requires the structure *article + noun +* **de** *+ subject* be used for clarification.

No sé mucho sobre **la empresa de María.**	I don't know much about <u>María's business</u>.
Ahora llegan **los clientes de Miguel.**	<u>Miguel's clients</u> are now arriving.

In both English and Spanish, it is common to substitute a pronoun for nouns that have been previously mentioned. In English, the possessive pronouns are: *mine, his, hers, yours, ours,* and *theirs*.

As shown in the table below, to form a possessive pronoun in Spanish, use the long form of the possessive adjective, eliminate the noun being referred to, and usually keep the definite article that agrees with that noun.

PARA TU INFORMACIÓN:
LOS PRONOMBRES POSESIVOS CON *SER*

With possessive pronouns that come after the verb **ser,** the article is often omitted.

Tú ya tienes tu propia casa. Esta es **mía.**
You already have your own house. This one is mine.

Los adjetivos posesivos (forma larga)		Los pronombres posesivos	
las tiendas nuestras	*our stores*	las nuestras	*ours*
los clientes tuyos	*your clients*	los tuyos	*yours*

Remember that to use a possessive pronoun, there must be a previous mention of the noun that you are replacing. It does not have to be in the same sentence, but must be relatively close to the pronoun so that the reference is clear.

| Entre tus socios y **los míos,** tenemos un gran equipo. | *Between your business partners and <u>mine</u>, we have a great team.* |
| Sus clientes ya han empezado a hablar de la unión de las dos empresas. Parece que **los tuyos** todavía no saben nada. | *Her clients have already begun talking about the merger of the two companies. It seems that <u>yours</u> still don't know anything.* |

Actividades prácticas

A. La modernización

Choose the correct possessive pronoun to complete the following statements.

1. Buscan varias maneras de modernizar la ciudad. Primero, van a derrumbar tu edificio, pero afortunadamente no van a tocar _____ (el mío / la mía / los míos / las mías).

2. Van a instalar un nuevo sistema de transporte público porque _____ (el nuestro / la nuestra / los nuestros / las nuestras) es muy anticuado.

3. Ya han construido muchas torres de comunicación. Ahora _____ (el nuestro / la nuestra / los nuestros / las nuestras) van a ser tan grandes como las de Nueva York.

4. La empresa MetroTaxi ha comprado más de cien coches eléctricos porque _____ (el suyo / la suya / los suyos / las suyas) contaminaban mucho.

5. El alcalde dice que ya no va a usar coche en la ciudad, sino que va a andar en bici como principal modo de transporte. Imagino que tiene una buena bicicleta porque yo nunca podría hacerlo con _____ (el mío / la mía / los míos / las mías).

6. Van a poner más de cincuenta computadoras nuevas en las bibliotecas de la ciudad. Si _____ (el tuyo / la tuya / los tuyos / las tuyas) no funciona bien, siempre puedes trabajar en la biblioteca.

B. El último modelo

Complete the following paragraphs with the appropriate form of the possessive pronoun that replaces the possessive adjective and noun in parentheses.

1. Martín dice que necesita comprar un nuevo móvil porque _____ (su móvil) ya no funciona. _____ (Mi móvil) no es nuevo, y la verdad es que tampoco funciona muy bien, pero voy a ver si puedo usarlo un año más. Los móviles de Susana y Marta tienen cámara y más de 30 GB de memoria. Cuando yo compre uno nuevo, quiero que sea como _____ (sus móviles).

2. Juana siempre se compra una nueva computadora cada año aunque no hay ningún problema con _____ (su computadora). Creo que ahora tiene unas cinco computadoras en casa. Mi compañero y yo vamos a ver si nos da una de _____ (sus computadoras) porque _____ (nuestras computadoras) son muy antiguas.

3. Quiero comprar el nuevo coche híbrido que acaba de salir al mercado. _____ (Mi coche) anda muy bien, pero me gustaría tener un híbrido como _____ (tu coche). Los coches de mis padres también son híbridos pero _____ (sus coches) ya tienen unos años.

CAPÍTULO 7: Repaso gramatical

I. EL PRESENTE PERFECTO DE SUBJUNTIVO

In **Capítulo 6** you learned how the present perfect indicative is used to express an action completed in the past that can start at an unspecified time in the past and span up to—and even include—the present.

The present perfect is a compound verb tense that combines a conjugated form of the auxiliary verb **haber** followed by the past participle of the main verb. You will recall that the participle is invariable and does not change.

Hemos comprado un nuevo coche.	_We have bought a new car._
Has perdido el tren.	_You have missed the train._
¿Uds. no **han visto** su moto?	_You have not seen her motorcycle?_

While you have already seen how the conjugated form of **haber** is used to indicate person and number (**he comprado (yo), han comprado (ellos),** etc.), it may also be used to indicate mood (indicative or subjunctive). The present perfect subjunctive (**el presente perfecto de subjuntivo**) is formed with the present subjunctive form of **haber** plus the past participle.

El presente perfecto de subjuntivo		
yo	haya	
tú	hayas	
Ud., él/ella	haya	comprado
nosotros/as	hayamos	
vosotros/as	hayáis	
Uds., ellos/ellas	hayan	

The present perfect subjunctive has the same uses as those you have already seen for the present subjunctive; the only difference is in the time reference. The present subjunctive always refers to an action that occurs at the same time or at a future time with respect to the main verb; the present perfect subjunctive refers to an action that has occurred before the main verb.

El presente de subjuntivo	El presente perfecto de subjuntivo
Espero que **compres** una bici.	Espero que **hayas comprado** una bici.
I hope that you buy a bike.	_I hope that you have bought a bike._
Dudo que el avión **salga** a tiempo.	Dudo que el avión **haya salido** a tiempo.
I doubt that the plane will leave on time.	_I doubt that the plane has left on time._
Es triste que Elena **se vaya** mañana.	Es triste que Elena **se haya ido** esta mañana.
It's sad that Elena is leaving tomorrow.	_It's sad that Elena has left this morning._

Actividades prácticas

A. En este país

Jesús is speaking with several of his friends about the complications that a long-standing economic embargo has brought to his country. Complete his statements with the present perfect subjunctive of the verb in parentheses.

1. No es justo que la gente de este país _____ (sufrir) bajo un embargo económico durante los últimos cincuenta años.

2. Espero que los políticos _____ (darse) cuenta de que la gente ya no está conforme con las restricciones impuestas.

3. Es bueno que tú _____ (hacer) un estudio sobre las implicaciones del embargo, pero ¿cómo cambiará la situación?

4. Es posible que el presidente _____ (llegar) a un acuerdo con los países europeos, pero es mucho más importante que busque una solución a los conflictos que tenemos con nuestros vecinos.

5. No creo que nosotros _____ (decir) lo que se tiene que decir, que no podemos seguir así.

6. Me alegra que Uds. _____ (poder) sacar tanto dinero sin ser percibidos.

B. El transporte público

Complete the following statements about the public transportation system with the present perfect indicative or subjunctive of the verb in parentheses.

1. Parece imposible que _____ (eliminarse) todas las rutas de autobús en el barrio de la Asamblea.

2. Espero que Enrique _____ (poder) llegar a casa en metro.

3. Es posible que ellos _____ (ir) al parque en bicicleta en vez de usar transporte público.

4. Es cierto que nosotros _____ (ver) un aumento en el número de viajeros en los autobuses de la ciudad esta semana.

5. Creo que yo _____ (pasar) demasiado tiempo en el metro esta semana.

6. Me alegra que tú no _____ (tener) dificultades con los horarios.

II. LAS COMPARACIONES Y LOS SUPERLATIVOS

Comparisons establish equality (*as big as, as small as,* and so on) or inequality (*bigger than, smaller than,* and so on) between two or more people, objects, or actions. Whether they express equality or inequality, comparisons may involve adjectives, nouns, adverbs, or verbs.

Las comparaciones en inglés	
Adjetivo	He is *taller than* she is.
Sustantivo	We have *as many books as* they do.
Adverbio	She runs *faster than* anyone else does.
Verbo	We *read as much as* Henry does.

The form of Spanish comparisons is determined by what is being compared and by whether the statement expresses equality or inequality.

A. Las comparaciones de igualdad

Comparisons of equality (**las comparaciones de igualdad**) have three forms that vary slightly depending on whether you are comparing adjectives/adverbs, nouns, or verbs. All three forms contain the word **como** and may be utilized with affirmative or negative statements.

Las comparaciones de igualdad
tan + *adjetivo* + **como**
tan + *adverbio* + **como**
tanto, tanta, tantos, tantas + *sustantivo* + **como**
verbo + **tanto como**

PARA TU INFORMACIÓN:
OTRO USO DE *TAN* Y *TANTO*

While **tan** and **tanto/a/os/as** are commonly used for comparisons, they may also mean *so* (**tan**) and *so much/many* (**tanto/a/os/as**).

¡Esa moto es **tan** rápida!
That motorcycle is so fast!

Los nuevos coches híbridos no consumen **tanta** gasolina.
The new hybrid cars don't use so much gas.

When using an adjective in a comparison, the adjective always agrees with the first noun mentioned. However, as shown in the third example below, adverbs do not show agreement.

Mi bicicleta es tan **vieja** como tu auto.

My bicycle is as old as your car.

Tu auto es tan **viejo** como mi bicicleta.

Your car is as old as my bicycle.

Mis carros no corren tan **rápidamente** como los tuyos.

My cars don't go as fast as yours.

When using nouns in a comparison, **tanto** agrees with the noun in number and gender. **Como** is invariable.

Miguel viaja **tantas horas como** sus colegas.

Miguel travels as many hours as his colleagues.

En nuestra ciudad no tenemos **tantos medios de transporte como** Uds. tienen aquí.

In our city we don't have as many means of transportation as you do here.

When using verbs in a comparison, the expression **tanto como** follows the verb or verb phrase. **Tanto** does not change in this case, because it functions as an adverb.

Yo viajo **tanto como** tú.

I travel as much as you do.

Mis padres no usan el metro **tanto como** yo.

My parents do not use the subway as much as I do.

B. Las comparaciones de desigualdad

Comparisons of inequality (**las comparaciones de desigualdad**) have two forms in Spanish: one for adjectives, adverbs, and nouns; one for verbs. Both forms contain **más/menos** and **que**.

Las comparaciones de desigualdad
más/menos + *adjetivo* + **que**
más/menos + *adverbio* + **que**
más/menos + *sustantivo* + **que**
verb + **más/menos** + **que**

When using adjectives, they must agree with the first noun. Adverbs do not show agreement.

Una moto es **más peligrosa que** un coche.	A motorcycle is _more dangerous than_ a car.
El metro para **más frecuentemente que** el tren de cercanías.	The subway stops _more frequently than_ the commuter rail.
Hay **menos coches eléctricos que** híbridos.	There are _fewer electric cars than_ hybrids.
Hoy, los coches contaminan **menos que** en el pasado.	Today, cars pollute _less than_ (they did) in the past.

When a number (including any form of the indefinite article **un**) follows an expression of inequality, **que** is replaced by **de**.

Hay mucha gente que tiene **más de un** auto.	There are many people that have _more than one_ car.
Caben **más de cinco** personas en mi coche.	_More than five_ people fit in my car.

C. Las formas irregulares de las comparaciones

A few adjectives have both regular and irregular comparative forms. Note that the irregular forms do not use the word **más.**

Las formas irregulares de las comparaciones

Adjetivos	Regular	Irregular
grande/ pequeño	**más grande / más pequeño** (size) Mi auto es **más grande que** un Ford Focus. *My car is <u>bigger than</u> a Ford Focus.*	**mayor/menor** (importance or degree) Hay un **mayor** número de aerolíneas en Estados Unidos **que** en España. *There is a <u>greater</u> number of airlines in the United States <u>than</u> in Spain.*
viejo	**más viejo / más nuevo** (age of objects) Mi carro es **más viejo que** el tuyo. *My car is <u>older than</u> yours.*	**mayor** (age of people) Tengo una hermana **mayor que** yo que todavía no sabe montar a bici. *I have a sister <u>older than</u> I who still doesn't know how to ride a bike.*
joven	**más joven** (appearance of people; age relative to another time) ¿Eres piloto? Pareces **más joven que** yo. *You are a pilot? You seem <u>younger than</u> I.* Cuando yo era **más joven** (que ahora), me gustaba mucho andar en monopatín. *When I was <u>younger</u> (than I am now), I really liked to ride my skateboard.*	**menor** (age of people) Soy **menor que** mi hermana y no tengo mi licencia de conducir. *I am <u>younger than</u> my sister and I don't have my driver's license.*
bueno/ malo	**más bueno / más malo** (moral behavior) Carlos es **más bueno que** su hermano. *Carlos is <u>better</u> (kinder, more goodhearted) <u>than</u> his brother.*	**mejor/peor** (quality; abilities) ¡Los precios de los autos están cada vez **peores**! *Car prices are getting <u>worse</u> all the time!* Soy **mejor** conductor **que** ellos. *I'm a <u>better</u> driver <u>than</u> they are.*

D. Los superlativos

A statement of comparison requires two elements: one bigger (smaller, better, and so forth) than the other. In a superlative statement, more than two elements are compared, with one being set apart from the others as the biggest (smallest, best, and so forth) of the group.

Descripción	Comparación	Superlativo
Mi coche es grande.	Mi coche es **más grande que** el tuyo pero es **más pequeño que** el (coche) de Elena.	El coche de Elena es **el más grande** (de todos).
My car is big.	*My car is <u>bigger than</u> yours but it is <u>smaller than</u> Elena's (car).*	*Elena's car is <u>the biggest</u> (of all / of a specified or implied group).*

In Spanish, the superlative (**el superlativo**) is formed by adding the definite article to the comparative form. A comparison group, when mentioned, is preceded by the preposition **de.** You will notice that the noun is often omitted when the reference is clear.

el/la/los/las (+ *sustantivo*) + **más/menos** + *adjetivo* (+ **de** *grupo*)

Descripción	Comparación	Superlativo
Las motos Harley Davidson son muy bonitas.	Las motos Harley Davidson son **más bonitas que** las (motos) Honda.	Las motos Harley Davidson son **las más bonitas** (**de** todas las motos).
Harley Davidson motorcycles are very beautiful.	*Harley Davidson motorcycles are <u>more beautiful than</u> the ones from Honda.*	*Harley Davidson motorcycles are <u>the most beautiful</u> (<u>of</u> all motorcycles).*

When **mejor** and **peor** are used in a superlative, they typically precede the noun, though the noun may also be omitted when it is clear to what or to whom the statement refers.

el/la/los/las + **mejor(es)/peor(es)** (+ *noun*) + **de**

Descripción	Comparación	Superlativo
Fernando Alonso es un buen piloto de carreras.	Fernando Alonso es **mejor** que Sebastian Vettel.	Fernando Alonso es **el mejor** (piloto de carreras) **del** mundo.
Fernando Alonso is a good racecar driver.	*Fernando Alonso is <u>better than</u> Sebastian Vettel.*	*Fernando Alonso is <u>the best</u> (racecar driver) <u>in the</u> world.*

Mayor and **menor** are often used without the noun, especially when referring to age. As with comparisons, they are also used to indicate the amount or degree of something.

el/la/los/las + **mayor(es)/menor(es)** + **de**

Descripción	Comparación	Superlativo
Ralf y Michael Schumacher son dos pilotos alemanes.	Ralf es **menor que** Michael.	Ralf es **el menor de** los hermanos Schumacher.
Ralf and Michael Schumacher are two German racecar drivers.	*Ralf is <u>younger than</u> Michael.*	*Ralf is <u>the youngest of</u> the Schumacher brothers.*
Hay muchos coches en Estados Unidos.	Hay **más coches** en Estados Unidos **que** en España.	Estados Unidos tiene **el mayor** número de coches **del** mundo.
There are a lot of cars in the United States	*There are <u>more cars</u> in the United States <u>than</u> in Spain.*	*The United States has <u>the largest</u> number of cars <u>in the</u> world.*

Actividades prácticas

A. ¿Más o menos?

Read the following statements and select the comparison that correctly identifies the relationship between the people or items mentioned.

____ 1. Mi coche es del 2010. Tu coche es del 2015.

    a. Mi coche es tan viejo como el tuyo.
    b. Mi coche es más viejo que el tuyo.
    c. Mi coche es más nuevo que el tuyo.

____ 2. Miguel y Marta van al trabajo cada día en el metro. El viaje de Miguel es de 45 minutos. El viaje de Marta es de 30 minutos.

    a. Miguel pasa menos tiempo en el metro que Marta.
    b. Miguel pasa tanto tiempo en el metro como Marta.
    c. Miguel pasa más tiempo en el metro que Marta.

____ 3. Caben cinco personas en el coche de José. Caben cinco personas en el coche de Pedro.

    a. Caben tantas personas en el coche de José como en el coche de Pedro.
    b. Caben más personas en el coche de José que en el coche de Pedro.
    c. Caben menos personas en el coche de José que en el coche de Pedro.

____ 4. Tengo una bici que pesa ocho kilos. La bici de Lucía pesa diez kilos.

    a. La bici de Lucía pesa menos que la mía.
    b. Mi bici pesa menos que la de Lucía.
    c. La bici de Lucía pesa tanto como la mía.

____ 5. Luis y Ana van a Santiago pero no van juntos. El vuelo de Luis es de dos horas. El vuelo de Ana es de dos horas y media porque hace escala en Mendoza.

    a. El vuelo de Luis es más largo que el de Ana.
    b. El vuelo de Luis es tan largo como el de Ana.
    c. El vuelo de Ana es más largo que el de Luis.

____ 6. El bus entre Lima y Sucre hace seis paradas. El tren entre las dos ciudades también hace seis paradas.

    a. El bus hace más paradas que el tren.
    b. El bus hace menos paradas que el tren.
    c. El bus hace tantas paradas como el tren.

B. La infraestructura

Review the information about the transportation infrastructure in Cuba, Ecuador, and Venezuela. Then complete the following statements with the appropriate comparison or superlative.

La infraestructura de Cuba, el Ecuador y Venezuela			
	Cuba	**el Ecuador**	**Venezuela**
área (km^2)	110.860	283.561	912.050
aeropuertos	133	432	444
aerolíneas	4	4	21
puertos	8	3	3
kms. de costa	3735	2237	2800
kms. de vías férreas	8285	965	447
kms. de carreteras	60.858	43.670	96.189

1. Cuba tiene _____ aeropuertos __ el Ecuador.
2. Hay ___ kilómetros de carreteras en Venezuela ___ en el Ecuador.
3. Cuba tiene _____ aerolíneas ____ el Ecuador.
4. Venezuela tiene ___ kilómetros de costa __ el Ecuador.
5. En el Ecuador hay un _____ número de puertos __ en Cuba.
6. Venezuela es _____ grande __ los tres países.

III. LOS ADJETIVOS Y LOS PRONOMBRES DEMOSTRATIVOS

In English, the words *this*, *these*, *that*, and *those* can be both demonstrative adjectives and pronouns. They are used to indicate the relative distance of other people or objects from the speaker.

This road is narrow but that one is wide.

Those cars are old, but these are brand new.

When these words are followed by a noun (*this road*), they are adjectives and modify the noun that follows. When they are not followed by a noun (*these are brand new*), or by the word *one* (*that one*), they are pronouns that replace the missing noun.

A. Los adjetivos demostrativos

Demonstrative adjectives are typically placed immediately before the noun that they modify and must agree in gender and number. In Spanish, there are three sets of demonstrative adjectives.

Los adjetivos demostrativos				
	Singular		Plural	
	Masculino	**Femenino**	**Masculino**	**Femenino**
this/these	este	esta	estos	estas
that/those	ese	esa	esos	esas
that/those (*over there*)	aquel	aquella	aquellos	aquellas

Este/esta/estos/estas are generally used for people or objects that are close to the speaker in time or space.

Esta bicicleta es nueva.　　　*This bike is new.*

Estos nuevos trenes son muy rápidos.　　　*These new trains are very fast.*

Ese/esa/esos/esas are generally used for people or objects that are not close to the speaker in time or space.

Quiero comprar **ese** coche azul.　　　*I want to buy that blue car.*

Esas ideas son de Nikola Tesla.　　　*Those ideas are Nikola Tesla's.*

Aquel/aquella/aquellos/aquellas are also used to refer to people or objects that are not close to the speaker, or to a distant time period. While they may sometimes be interchangeable with **ese/esa/esos/esas,** they are generally used to indicate that something is at an even greater distance (over there).

PARA TU INFORMACIÓN:
LOS ADVERBIOS DE LUGAR

Adverbs of place are often used with demonstrative adjectives and pronouns to further clarify where a particular object or person is located. While there are regional variations, the following are the most commonly used in Spanish.

aquí/acá
　here

allí/ahí
　there

allá
　over there

Aquel barco no usa petróleo. Es
eléctrico.

*That boat (over there) doesn't
run on gas. It's electric.*

La gente no tenía acceso al
auto en **aquella** época.

*People didn't have access to cars
in that time period (long ago).*

B. Los pronombres demostrativos

Demonstrative pronouns are exactly the same as the demonstrative adjectives.
However, they are not followed by a noun since they replace the noun.

Like the adjectives, demonstrative pronouns must always agree in number
and gender with the corresponding noun.

Tenemos que cambiar de tren
en Madrid porque **este** va a
Burgos.

*We have to change trains in
Madrid because this one is
going to Burgos.*

Esas bicis no son muy
buenas, pero **aquellas** son
excelentes.

*Those bikes are not very good,
but those (over there) are
excellent.*

There are three neutral forms (**esto, eso, aquello**) that are used to refer to
unspecified things, ideas, or situations that do not have a gender or number.

Yo sé que es un viaje muy largo
pero **eso** no me importa.

*I know that it is a very long trip
but that doesn't matter to me.*

Mira, **esto** es lo que tenemos
que hacer para llegar a
tiempo...

*Look, this is what we must
do in order to arrive
on time...*

Actividades prácticas

A. En este país

Select the correct demonstrative adjective or pronoun to complete the following
mini-dialogues.

PADRE: Mira, mi hijo, ____[1] (estos/aquel) jóvenes no se dan cuenta de todo lo
que implica el bloqueo económico en ___[2] (este/esa) país. Ya es muy
tarde para cambiar la historia...

HIJO: Pero, papá, no digas ___[3] (esa/eso). Lo que pasa es que ___[4] (ese/esta)
nueva generación tiene más acceso a información y otras maneras de
organizarse. Ya verás que va a haber cambios...

LUPE: María, ¿ves a ___[5] (esta/esa) mujer que está allí en la puerta?

MARÍE: ¿Quién? ¿La que tiene el vestido azul?

LUPE: No, _____[6] (esta/aquella) que está justo enfrente de la puerta. Creo
que es la que organizó la manifestación contra el bloqueo.

MARIO: Pedro, ¿dónde conseguiste ___[7] (esos/esas) galletas? Pensé que ya no
quedaban más en todo el país.

PEDRO: ¿___[8] (Estas/Estos)? Me las consiguió Pepe a través de un amigo suyo.
Parece que tiene muchas conexiones.

B. Es un país socialista

Sebastián is at the market, talking with his friend José about the benefits of living in a socialist country. Select the appropriate demonstrative adjective or pronoun to complete their conversation. In some cases, there may be more than one possible correct response.

SEBASTIÁN: En ___[1] país tenemos un gobierno socialista y una excelente calidad de vida. Aquí todos trabajamos para el bien del estado. Para mí, es un sistema mucho más justo y equitativo que el que tienen _____[2] países que participan en la economía global.

JOSÉ: Oye, Sebas, ¿cómo puedes decir _____[3]?

SEBASTIÁN: Mira, _____[4] mujeres que ves allí, por ejemplo, trabajan el mismo número de horas que _____[5] que están allá. Y _____[6] niño que va cruzando la calle con su mamá recibe la misma atención médica que ___[7] que ves allá en el parque.

JOSÉ: Puede ser, pero hay muchas cosas que Uds. no tienen aquí.

SEBASTIÁN: Bueno, es verdad que no tenemos ciertas cosas pero aquí en ___[8] mercado puedo comprar todo lo que necesito para darle de comer a mi familia, y en _____[9] farmacia que está allí tienen los mejores y más avanzados medicamentos del mundo.

JOSÉ: ¿Pero no quieres más?

SEBASTIÁN: ¿Más? ¿Qué voy a hacer con más? Con mi casita y mi familia ya tengo todo lo que necesito.

CAPÍTULO 8: Repaso gramatical

I. LOS NÚMEROS ORDINALES

Unlike cardinal numbers, which are used to quantify how much or how many things exist (*I have two jobs*), ordinal numbers are used to relate a specific order or a sequence in which events may occur (*This is my first job*).

Los números ordinales			
primer(o/a)	*first*	sexto/a	*sixth*
segundo/a	*second*	séptimo/a	*seventh*
tercer(o/a)	*third*	octavo/a	*eighth*
cuarto/a	*fourth*	noveno/a	*ninth*
quinto/a	*fifth*	décimo/a	*tenth*

Ordinal numbers are generally used as adjectives and must agree in number and gender with the nouns they modify. Ordinals usually precede the noun.

La **primera** vez que trabajé para esa empresa fue en el 2010.

The <u>first</u> time I worked for that company was in 2010.

Manuel es el **cuarto** vicepresidente que han contratado este año.

Manuel is the <u>fourth</u> vice president that they have hired this year.

Like **bueno,** the ordinals **primero** and **tercero** shorten to **primer** and **tercer,** respectively, before masculine singular nouns.

Hoy es el **primer** día que trabajo aquí.

Today is my <u>first</u> day working here.

José es el **tercer** miembro de nuestro equipo que ha sido despedido esta semana.

José is the <u>third</u> member of our team that has been fired this week.

Ordinal numbers may also be pronouns, in which case they replace the noun that would normally follow. Ordinal pronouns have the same form as the adjectives and must also agree in number and gender; however, the masculine singular pronouns **primero** and **tercero** retain the final **o**.

Yo soy el séptimo analista con quien han consultado. Me parece que Raúl fue **el tercero.**

I am the seventh analyst with whom they have consulted. I believe that Raúl was <u>the third</u>.

Sabemos que van a despedir a un mínimo de siete personas esta semana. Creo que Julia va a ser **la primera.**

We know that they are going to fire at least seven people this week. I think that Julia will be <u>the first</u>.

Ordinal numbers are frequently abbreviated with the numeral followed by the final letter (**o** or **a**) written as superscript to show the adjective ending. When agreement is not needed, the ordinals are abbreviated simply as **1°, 2°,** and so on. In the abbreviated form, a period is written immediately following the number, before the superscript letter(s). With **primer** and **tercer,** the final two letters (**er**) are written as superscript.

1.º / 1.er / 1.^{a}	primero / primer / primera
2.º / 2.^{a}	segundo / segunda
3.º / 3.er / 3.^{a}	tercero / tercer / tercera
4.º / 4.^{a}	cuarto / cuarta

Ordinal numbers are commonly used up to *the tenth*. Larger ordinal numbers, especially in spoken language, are typically seen as very formal and are commonly replaced with a cardinal number.

Whereas English uses ordinal numbers in certain expressions, cardinal numbers are used in their equivalents in Spanish, such as centuries and birthdays.

La tasa de desempleo ha subido durante las primeras décadas del siglo **XXI.**

The unemployment rate has risen during the first decades of the 21st century.

María no viene a trabajar hoy porque cumple **40 años.**

María is not coming to work today because it's her 40th birthday.

Actividades prácticas

A. Una nueva casa

Luz is speaking with her friend Jon about the new apartment he has just purchased. Select the appropriate form of the ordinal number to complete their conversation.

LUZ: Jon, ¿es este el ___¹ (primer / primera) piso que has comprado? ¡Es increíble!

JON: ¡Pero, cómo va a ser _____² (el primero / el primer) si ya tengo uno en Potes y otro en Avilés!

LUZ: O sea, ¿es la ___³ (tercero / tercera) casa que has comprado? ¡Vaya vida que tienes!

JON: Bueno, las casas para mí son una inversión. Las alquilo y cobro lo suficiente para pagar la hipoteca.

LUZ: Parece muy buen negocio. Oye, si te interesa, podrías sacar una ___⁴ (cuarto / cuarta) hipoteca y ¡me compras una casita en la playa!

JON: ¡Ja, ja, ja! ____⁵ (Primera / Primero) tengo que encontrar un inquilino para esta casa. He entrevistado a seis chicos de la universidad pero la verdad es que no me ha gustado ninguno. De hecho (in fact), ¡creo que ____⁶ (el sexto / la sexta) estaba un poco loco!

LUZ: ¡Ay, pobrecito! Pero mira, mis compañeros de casa no están muy contentos con el dueño de la casa. Se me ocurre que a lo mejor podríamos ser tus _____⁷ (primer / primeros) inquilinos. ¿Qué te parece?

JON: ¡Sería genial! Habla con ellos y ya veremos si les interesa el piso.

B. Empleo y desempleo

Write the correct form of the ordinal number that corresponds to the cardinal number in parentheses to complete the following statements.

1. Hoy es el ____ (1) día que Josefina no va a la reunión con su jefe.

2. Pepe es la ____ (5) persona que me ha hablado de los problemas que tiene el nuevo CEO de la empresa.

3. Esta es la ____ (4) vez que he cobrado el paro.

4. Estamos en el _____ (7) mes de este proyecto y todavía no hemos visto ni un peso.

5. Elisa es la _____ (1) mujer que llega a ser presidente de la empresa.

6. Tengo dos puestos en mente para ti; el _____ (1) es de ventas y el _____ (2) es de *marketing*.

II. LOS MANDATOS INDIRECTOS

As you learned in **Capítulo 4,** commands are commonly given directly to the person that we want to do something (*Look for work.*) using the imperative form. However, we can also give indirect commands when we want to state a general hope or wish (*Let there be more job opportunities for young people this year!*), express a hope or wish for someone (*May she find work soon!*), or express that someone should do something (*Have him send me his resumé.*). The indirect command begins with **Que** + *verb in present subjunctive.*

Que haya más oportunidades de trabajo este año para los jóvenes.	*Let there be more job opportunities for young people this year.*
¡Que encuentre trabajo pronto!	*May she find work soon!*
Que me mande su currículum.	*Have him send me his resume.*
Que hables con tu jefe sobre este asunto.	*You should speak with your boss about this matter.*
¡Que tengas mucho éxito con tu nueva empresa!	*May you have great success with your new company!*

All reflexive or object pronouns used with indirect commands, in both affirmative and negative statements, always come directly before the verb.

¡Que te vaya muy bien en el nuevo trabajo!

May everything go well for you in the new job!

Que no se pongan histéricos. No vamos a despedir a todo el equipo.

They should not freak out. We are not going to fire the entire team.

If a subject or subject pronoun is used for clarification or emphasis, it will typically come after the verb.

Que me llame Enrique para hablar de sus nuevas responsabilidades.

Have Enrique call me to talk about his new responsibilities.

Que lo hagas tú. Yo estoy en reuniones todo el día.

You should do it. I am in meetings all day.

Actividades prácticas

A. El que manda

Read the following statements from your boss and match each one with the most logical indirect command that would follow.

____ 1. Necesito papel para la impresora.

____ 2. Quiero hablar con los nuevos clientes.

____ 3. Por favor, escribe el informe antes de la reunión al mediodía.

____ 4. Parece que los nuevos asistentes se pasan el día en Facebook.

____ 5. ¿Qué haces aquí trabajando a estas horas? ¡Son las nueve de la noche!

____ 6. Quiero discutir esta información con Julia.

____ 7. Uds. no deben venir al trabajo mañana.

____ 8. Creo que Pepe se aburre en el trabajo.

a. Que venga a verme esta tarde.

b. Que vayas a casa y que descanses.

c. Que me llamen inmediatamente.

d. Que se tomen un día libre.

e. Que lo escribas esta mañana.

f. Que se busque un proyecto que le interese.

g. Que me lo traiga mi asistente.

h. Que trabajen más.

B. Asuntos inmobiliarios

Complete the following statements with the correct form of the verb in parentheses to give the indirect command. Remember to place any object or reflexive pronouns correctly as needed.

1. ¿Te interesa comprar una casa en el barrio de José y Ana? Que _____ (hablar) con ellos para ver si están contentos allí.

2. Espero que mis vecinos no pinten la casa de color rosado. Que alguien _____ (decirles) que es una mala idea.

3. Me encanta tu casa y todo lo que has hecho con ella. Que _____ (mandarme) el nombre de tu decorador.

4. He visto que se vende otra casa en esta calle. Que _____ (comprarla) una buena familia con muchos hijos.

5. Queremos comprar una casa el año que viene. ¡Que no _____ (subir) los precios!

6. —Mi hermano quiere ser agente de bienes raíces.
   —¡Qué bien! Que _____ (ponerse) en contacto con mi agente. Quizás lo puede ayudar.

CAPÍTULO 9: Repaso gramatical

I. UN REPASO DE LOS USOS DEL SUBJUNTIVO

You have already seen that the subjunctive mood is used in Spanish to express:

- influence, emotion, doubt, and denial (noun clauses)
- something that is unknown or nonexistent (adjective clauses)

Let's take another look at the uses of the subjunctive that you have learned so far.

A. Las cláusulas nominales

In noun clauses, the subjunctive is used in the subordinate clause to express influence, emotion, doubt, and denial. You will recall that there is almost always a change of subject between the independent and subordinate clauses (except with certain expressions of doubt) that triggers the use of the subjunctive.

Quiero que **estudies** la Biblia.	I want you to study the Bible. (I want that you study the Bible.)
Es importante que **estudiemos** la Torá.	It is important that we study the Torah.

Although the word *that* is often omitted in English, in Spanish the use of **que** is always required between the independent and the subordinate clauses.

1. Influencia

When making a request for someone to do something or an attempt to influence the actions of others, the subjunctive is used in the subordinate clause. The subject of the independent clause may be personal (**Espero que...**, **Quieren que...**, and so on) or impersonal "*it*": (**Es importante que...**, **Es necesario que...**, and so on).

Preferimos que Uds. **recen** ahora.	We prefer that you all pray now.
Es imprescindible que no **hablemos** durante la misa.	It is essential that we don't talk during mass.

2. Emoción

The subjunctive is used in subordinate clauses that follow the expression of an emotion or the expression of a subjective evaluation or judgment. The subject of the independent clause may be personal (**Está contento/a que...**, **Siento que...**, and so on) or impersonal (**Es bueno que...**, **Es triste que...**, and so on).

Tengo miedo de que ya **haya empezado*** otra guerra religiosa en este país.	I am afraid that another religious war may have already begun in this country.
Es sorprendente que no **puedas** expresar tus creencias religiosas en público.	It is surprising that you cannot express your religious beliefs in public.

---

*For a review of the formation of the present perfect subjunctive, please see **Capítulo 7: Repaso gramatical.**

3. Duda y negación

The subjunctive is used in the subordinate clause when the speaker wishes to describe something about which he or she has some degree of doubt, uncertainty, or no knowledge at all. The subject of the independent clause may be personal (**Dudamos que...**, **No creo que...**, and so on) or impersonal (**Es imposible que...**, **Es probable que...**, and so on). A change of subject is not always required to elicit the use of the subjunctive with some expressions of doubt and denial.

No es cierto que Alfredo **esté** enfermo.	It is not true that Alfredo is sick.
No creo que **pueda** ir al entierro.	I don't believe that I can go to the burial.
No es posible que **haya muerto** tanta gente durante los últimos quince días.	It's not possible that so many people have died in the last two weeks.

Remember that when the speaker wishes to express certainty, the indicative is used in the subordinate clause.

Los politeístas creen que **hay** muchos dioses.	Polytheists believe that there are many gods.
Es verdad que la religión **es** muy importante.	It is true that religion is very important.

B. Las cláusulas adjetivales

A clause that describes a preceding noun is called an adjective clause.

Hay mucha gente aquí **que tiene las mismas creencias religiosas.**	There are a lot of people here that have the same religious beliefs.

In the example above, **que tiene las mismas creencias religiosas** is an adjective clause that describes the noun **gente.** Adjective clauses are generally introduced by **que,** or when they modify a place, can be introduced by either **que** or **donde.**

Adjective clauses may use either the indicative or the subjunctive, depending on the meaning that one wishes to convey.

1. El subjuntivo en cláusulas adjetivales

When an adjective clause describes something with which the speaker has had no previous experience, is unknown, or something that may not exist at all, the subjunctive is used.

Busco un cura **que hable español.**	*I am looking for a priest who speaks Spanish.*	The speaker is not referring to a specific priest, but any priest that speaks Spanish (the speaker does not know who that may be).
No hay ningún cura **que nos pueda ayudar.**	*There is no priest that can help us.*	According to the speaker, this priest (one who can help us) does not exist.

2. El indicativo en cláusulas adjetivales

When an adjective clause describes something about which the speaker has knowledge (something specific or that the speaker knows exists), the indicative is used.

Hay un cura en nuestra iglesia **que habla español.**	*There is a priest in our church who speaks Spanish.*	The speaker is referring to a specific priest that they know exists.
Conozco a un cura **que nos puede ayudar.**	*I know a priest who can help us.*	According to the speaker, there is a priest who can help them.

Actividades prácticas

A. Problemas de comunicación

Julián communicates very well with some people, but has difficulties with others. Complete his statements about communication issues with the correct form of the present subjunctive or the present perfect subjunctive of the verb in parentheses.

1. Es bueno que tú y yo siempre _____ (poder) hablar de los detalles más íntimos de nuestra vida.

2. Es evidente que mi hermana siempre está enfadada conmigo. No me sorprende que no me _____ (mirar) a la cara.

3. Parece imposible que durante todos estos años tú nunca _____ (aprender) a expresarte de manera apropiada.

4. No conozco a nadie que __ (ser) tan callado como mi primo. Nunca dice nada.

5. Si Uds. quieren tener una relación duradera, es muy importante que __ _____ (comunicarse) con facilidad.

6. Busco una pareja que realmente me _____ (comprender).

B. Sobre la religión

Susana is giving her thoughts about the importance of religion. Complete her statements with the correct form of the present indicative or the present subjunctive of the verb in parentheses.

1. Hay mucha gente que no ___ (creer) en el poder de la religión.

2. Me alegra que tu religión ___ (ser) una fuente de inspiración para ti.

3. Es imprescindible que todos nosotros _____ (reconocer) que hay una multitud de creencias entre la gente de este país.

4. No hay ninguna persona aquí que ____ (querer) imponer su propia religión.

5. Creo que Uds. ____ (deber) hablar con los otros miembros de la comunidad para ver su punto de vista sobre la importancia de la religión.

6. Hoy en día, mucha gente busca una religión que _____ (adaptarse) a la realidad de la vida moderna.

CAPÍTULO 10: Repaso gramatical

I. UN REPASO DE LOS PRONOMBRES

A. Los pronombres de sujeto

In both Spanish and English, subject pronouns are often used when talking to or about people. However, subject pronouns are not used as frequently in Spanish as they are in English, particularly with the first person pronoun **yo,** because Spanish verb endings indicate the subject.

Quiero ir a la manifestación esta tarde.	*I want to go to the protest this afternoon.*
Él no lucha por nuestros derechos, pero **ella** sí.	*He doesn't fight for our rights, but she does.*

Los pronombres de sujeto
yo
tú
Ud., él/ella
nosotros/nosotras
vosotros/vosotras
Uds., ellos/ellas

Use **tú** when addressing people with whom you have an informal relationship: family members (in most Hispanic cultures), close friends, and children. **Usted** (abbreviated **Ud.**) is used in more formal relationships or to express respect. The plural form of both **tú** and **usted** is **ustedes** (**Uds.**), except in Spain, where **vosotros/as** is used in informal situations.

B. Los pronombres reflexivos

A structure is reflexive (**reflexivo**) when the subject and object of the action are the same.

Nos levantamos temprano para poder participar en la marcha.

We got up early in order to participate in the march.

The reflexive concept is signaled in Spanish by the use of the reflexive pronouns (**los pronombres reflexivos**).

Los pronombres de sujeto	Los pronombres reflexivos
yo	me
tú	te
Ud., él/ella	se
nosotros/nosotras	nos
vosotros/vosotras	os
Uds., ellos/ellas	se

Many verbs in Spanish may be used reflexively or nonreflexively, depending on the speaker's intended meaning. Compare the following pairs of sentences.

Reflexivo	No reflexivo
Me puse el uniforme antes de salir de casa.	**Puse** el artículo sobre la guerra en la mesilla.
I put on my uniform before leaving home. (I put it on myself.)	*I put the article about the war on the nightstand.*
Se acostaron después de escuchar las noticias sobre el conflicto.	**Acostaron** a su hijo para que no escuchara las noticias sobre el conflicto.
They went to bed after listening to the news about the conflict. (They put themselves to bed.)	*They put their son to bed so that he would not hear the news about the conflict.*

C. Los pronombres de complemento directo

The direct object receives the action of the verb. It answers the question *who(m)?* or *what?* regarding the object of the verb's action. The direct object pronoun is used to avoid repetition and replaces the direct object noun when appropriate.

—¿Hiciste las pancartas pequeñas para la manifestación?
—Sí, ya **las** he hecho.

—¿Did you make the small placards for the protest?
—Yes, I have already made them.

With the exception of third person singular and plural, the direct object pronouns are same as the reflexive pronouns (see Section B above). The third person direct object pronouns must always agree in number and gender with the noun they replace.

Los pronombres de sujeto	Los pronombres de complemento directo
yo	me
tú	te
Ud., él/ella	lo/la
nosotros/nosotras	nos
vosotros/vosotras	os
Uds., ellos/ellas	los/las

Remember that **lo** and **la** only mean *it* when they are used as a direct object. *It* as a subject is not explicitly stated in Spanish, but expressed by conjugating the verb in the third person singular.

—¿Leíste el artículo sobre el conflicto?
—Sí, **lo** he leído.

—*¿Did you read the article about the conflict?*
—*Yes, I read it.*

Es importante participar en la manifestación.

It is important to participate in the protest.

D. Los pronombres de complemento indirecto

Indirect objects identify the person(s) or thing(s) affected by an action. They usually answer the question *to who(m)?* or *for who(m)?* in relation to the verb. In Spanish, the use of the indirect object pronoun is typically required even if a sentence has a third person indirect object noun (commonly used for clarification or emphasis). The indirect object noun (if present) is preceded by **a,** which expresses *to* or *for*.

With the exception of third person singular and plural, the indirect object pronouns are the same as the direct object pronouns (see Section C above).

Los pronombres de sujeto	Los pronombres de complemento indirecto
yo	me
tú	te
Ud., él/ella	le
nosotros/nosotras	nos
vosotros/vosotras	os
Uds., ellos/ellas	les

Le mandaron la información sobre las quejas al presidente del sindicato.

They sent the information about the complaints to the president of the union.

Me dijeron que el conflicto había terminado.

They told me that the conflict had ended.

E. Los pronombres preposicionales

With the exception of the first and second person singular forms (**mí, ti**), the prepositional pronouns are the same as the subject pronouns. They are used when preceded by most prepositions.

Los pronombres preposicionales
mí
ti
Ud., él/ella
nosotros/nosotras
vosotros/vosotras
Uds., ellos/ellas

No voy a la reunión **sin ella.**

I am not going to the meeting without her.

Esta pancarta es **para ti.**

This placard is for you.

When **mí** or **ti** occurs after **con,** the special forms **conmigo** and **contigo** are used.

No puedo ir a la marcha **contigo.**

I can't go to the march with you.

El presidente habló **conmigo.**

The president spoke with me.

The prepositions **entre, excepto,** and **según** are always used with subject pronouns **yo** and **tú,** not the prepositional pronouns.

Entre tú y **yo,** creo que el gobierno es corrupto.

Between you and me, I think that the government is corrupt.

F. Los pronombres posesivos

Possessive pronouns can be used to avoid the repetition of specific nouns that have been previously mentioned. They express a direct relationship between two or more people or things, or indicate which person owns or possesses a certain thing.

All possessive pronouns agree in number and gender with the noun that they replace.

Los pronombres posesivos	
artículo + mío/a/os/as	*mine*
artículo + tuyo/a/os/as	*yours* (singular, informal)
artículo + suyo/a/os/as	*his, hers, yours* (formal)
artículo + nuestro/a/os/as	*ours*
artículo + vuestro/a/os/as	*yours* (plural, informal)
artículo + suyo/a/os/as	*theirs, yours* (plural)

El discurso del presidente fue muy aburrido pero **el suyo**, Sr. Gómez, fue muy interesante.	*The president's speech was very boring, but <u>yours</u>, Mr. Gómez, was very interesting.*
Dicen que va a haber más de mil personas en la manifestación y no tengo cámara. Ojalá hayas traído **la tuya.**	*They say there will be more than a thousand people at the protest and I don't have a camera. I hope you have brought <u>yours</u>.*

With possessive pronouns that come after the verb **ser,** the article is often omitted.

Tú ya tienes tu propia pancarta. Esta es **mía.**	*You already have your own placard. This one is <u>mine</u>.*

G. Los pronombres demostrativos

Demonstrative pronouns (*this*, *these*, *that*, and *those* in English) are used to indicate the relative distance of other people or objects from the speaker.

Los pronombres demostrativos					
		Singular		**Plural**	
		Masculino	**Femenino**	**Masculino**	**Femenino**
this (one) / these	people or objects that are close to the speaker in time or space	este	esta	estos	estas
that (one) / those	people or objects that are **not** close to the speaker in time or space	ese	esa	esos	esas
that (one) / those	someone or something that is at an even greater distance (over there)	aquel	aquella	aquellos	aquellas

Demonstrative pronouns must always agree in number and gender with the corresponding noun.

Vamos a buscar otra casa de campo porque **esta** no es muy grande.	*We are going to look for another country house because <u>this one</u> is not very big.*
Esas manzanas no son muy buenas, pero **aquellas** son excelentes.	*Those apples are not very good, but <u>those</u> (over there) are excellent.*

There are three neutral forms (**esto, eso, aquello**) that are used to refer to unspecified things, ideas, or situations that do not have a gender or number.

Mira, **esto** es lo que tenemos que hacer para sobrevivir en el campo.	*Look, <u>this</u> is what we must do in order to survive in the country.*

H. Los pronombres relativos

Relative pronouns are words that connect ideas within one sentence. Most frequently they refer back to a noun or an idea that has already been mentioned. These words make communication more efficient and fluid because they help to avoid unnecessary repetition by linking ideas.

Pronombre relativo	Equivalente en inglés	Se refiere a...
que	*that, which, who*	people and things
quien(es)	*who(m)*	only people, almost always used after a preposition or a comma
lo que	*what, that which*	a situation or an idea that may or may not have been previously mentioned
lo cual	*what, that which*	a situation or an idea that has been previously mentioned
el/la/los/las que	*the one that/who, the ones that/who, which*	people and things, must agree in number in gender
el/la/los/las cual(es)	*the one that/who, the ones that/who, which*	people and things, mostly used in formal situations, must agree in number in gender
cuyo/cuya/cuyos/cuyas	*whose*	people, as an adjective it agrees in number and gender with the noun it modifies, not the person it refers to

Josefina es una mujer **que** lucha por nuestros derechos humanos.

Josefina is a woman <u>who</u> fights for our human rights.

Lo que tenemos que hacer es animar a los jóvenes a que participen en la lucha.

<u>What</u> we have to do is encourage the youth to participate in the fight.

Conozco a una mujer **cuyos** hijos lucharon en la guerra civil española.

I know a woman <u>whose</u> sons fought in the Spanish Civil War.

Actividades prácticas

A. Planes para una manifestación

Select the appropriate pronoun to complete the following statements about Javier's efforts to plan an anti-war protest.

1. Esta mañana __ (yo / me / mí) reuní con un grupo de amigos para discutir nuestros planes para la manifestación contra las atrocidades de la guerra.

2. Hablamos con el Jefe de Policía y ____ (que / lo que / lo cual) más __ (nosotros / los nuestros / nos) asusta es el número de patrullas que van a enviar a la protesta.

3. __ (Lo / Le / Se) dije al Jefe que no iba a haber problemas durante la manifestación.

4. Las únicas personas que pueden causar problemas son _____ (este / los suyos / aquellas) que quieren que nos callemos.

5. Mis colegas creen que _____ (cuyos / lo que / los que) tienen que estar preparados son los manifestantes.

B. Un cambio radical

Complete the following statements about Juan's friend Raquel who is leaving the city for a new life helping those in need. Complete his statements with one of the pronouns from the following list. You will not use all of the pronouns given.

ella	lo que	mí	quien	te
esta	los	que	se	yo

1. Tengo una amiga ___ piensa mudarse al campo para trabajar con los campesinos.

2. ___ quiere ayudar a organizar un sindicato para que puedan recibir un salario justo.

3. Mi amiga ___ llama Raquel y es una de las mujeres más inteligentes que he conocido en mi vida.

4. Pero para ___, una mujer cosmopolita, significa un cambio radical en su vida.

5. A ___ me parece fantástico que Raquel esté dispuesta a dedicarse a la gente menos privilegiada.

6. No va a ser fácil despedirme de Raquel esta tarde y espero que ___ no sea la última vez que la veo.

II. EL ORDEN DE LOS PRONOMBRES

In Spanish, pronoun placement can vary depending on the type of construction that you are using, as well as your intended meaning or the emphasis you wish to place on either the subject of the sentence or the action that occurs.

A. Los pronombres en función de sujeto

Subject pronouns, possessive pronouns, and demonstrative pronouns may all function as the subject of a sentence. When pronouns are used as the subject, the most common placement in affirmative statements is immediately preceding the verb. For negative statements, the pronoun precedes the negation.

Él va al campo.	_He is going to the country._
Ella no va al campo.	_She is not going to the country._
Mi casa está en el campo. **La tuya** está en la ciudad.	_My house is in the country. Yours is in the city._

However, as you have already seen, subject pronouns are often omitted in Spanish when the subject is given in the conjugation of the verb, or may be inferred from context. In these cases, the pronoun is commonly left out but may be used for clarification or emphasis. When a comparison or contrast between two or more subjects is made in Spanish, the pronouns are commonly used for emphasis (where English would use a stressed intonation on the pronouns).

Disfrutamos de la vida agraria.	_We enjoy the rural lifestyle._
Ella disfruta de la vida agraria.	_She enjoys the rural lifestyle._
Tú prefieres vivir en el campo, pero **yo** prefiero vivir en la ciudad.	_You prefer to live in the country, but I prefer to live in the city._

Subject pronouns in Spanish may also be placed after the verb. Changing the word order may be used to place greater emphasis on the subject rather than the action. In the following example, the speaker places emphasis on the fact that it is *she* who enjoys the rural lifestyle (maybe others do not).

Disfruta **ella** de la vida agraria.	*She enjoys the rural lifestyle.*

With direct commands, the subject pronoun is typically omitted. However, here too, special emphasis may be placed on the subject by using the pronoun following the command.

Recoge las manzanas.	*Pick the apples.*
Recoge las manzanas **tú.**	*You pick the apples.*

B. Pronombres reflexivos y de complemento directo e indirecto

Placement of reflexive and object pronouns depends on the structure of the sentence. If they are used with a single conjugated verb, they will always come before the verb.

Me levanté temprano para hacer los carteles.	*I got up early to make the signs.*
Los hice antes de ir a la manifestación.	*I made them before going to the protest.*

If a verb phrase includes both a conjugated verb and an infinitive or present participle (-**ndo**), the pronouns can either come before the conjugated verb or attached to the end of the infinitive or present participle. When pronouns are attached to the end of another word, be careful to add a written accent mark if needed to maintain the original stressed syllable.

José **te** va a ayudar con las pancartas.	*José is going to help you with the placards.*
José va a **ayudarte** con las pancartas.	*José is going to help you with the placards.*
Tengo el discurso escrito y **lo** estoy editando ahora mismo.	*I have the speech written and I'm editing it now.*
Tengo el discurso escrito y estoy **editándolo** ahora mismo.	*I have the speech written and I'm editing it now.*

Reflexive and object pronouns are always placed immediately preceding the verb of a negative command, and attached to the end of an affirmative command. Remember that you may need to add a written accent mark to maintain the original stressed syllable when attaching a pronoun or pronouns to the end of a command.

Mándenme los nombres de los participantes.	*Send me the names of the participants.*
No **le** digas nada a nadie sobre los planes que tenemos.	*Don't tell anyone about the plans we have.*

When two pronouns are present (indirect + direct, reflexive + direct, reflexive + indirect) they will almost always follow the order of RID (reflexive-indirect-direct). That is, a reflexive pronoun will normally be placed before any object pronoun, and an indirect object pronoun will normally come before a direct object pronoun. No more than two pronouns will be combined in this way and a written accent mark typically will be needed to maintain the original stressed syllable when attaching two pronouns to the end of a word.

—¿Quieres que te mande los nombres de los participantes?
—Sí, **mándamelos.**

—*Do you want me to send you the names of the participants?*
—*Yes, send them to me.*

No encuentro la lista que me mandaste. **Se me** perdió.

I can't find the list that you sent me. I lost it.

Actividades prácticas

A. Cartas desde el frente

A television reporter is interviewing Graciela Ortiz, who has just received a series of letters that her father wrote to her in 1938 from the front lines of the Spanish Civil War. Choose the appropriate response to answer the reporter's questions.

____ 1. Hola, Graciela. Gracias por estar con nosotros hoy. ¿Qué recuerda Ud. de los años de guerra en España?

____ 2. ¿Quién encontró las cartas que le había escrito su padre desde el frente hace casi ochenta años?

____ 3. Y ¿se las mandó a Ud. inmediatamente?

____ 4. Su madre pensó que se le habían perdido, ¿no?

____ 5. ¿Hay una carta en particular que Ud. quiera compartir con nosotros?

____ 6. ¿Qué le escribió su padre en esa carta?

a. Bueno, primero me llamó para decirme que las había encontrado. Luego me las mandó por correo exprés.

b. Evidentemente él no sabía lo que le iba a suceder ese día, pero me dijo que me quería mucho y que yo nunca lo olvidara.

c. Efectivamente. Me las guardó en una cajita porque yo era muy joven. Cuando tenía diecisiete años me las iba a entregar pero no las encontraba.

d. Pues, yo tenía cinco años cuando empezó la guerra y lo que más recuerdo de aquella época es que todos pasamos mucha hambre en casa.

e. Mi hermano mayor las descubrió un día mientras limpiaba la buhardilla.

f. Sí, esta es la que más me emociona. Mi padre me la escribió el último día de su vida.

B. Preparativos

Lola and her team are preparing to host a global conference on war crimes. Complete the following short dialogues with the appropriate pronoun(s).

LISA: Lola, ¿quieres que te mande la información sobre los políticos que van a participar en el congreso el viernes?

LOLA: Sí, mánda____ en cuanto puedas.

TEO: ¿Son estos los carteles que quieres poner en el auditorio?

LOLA: No, no me gustan _____. _____ tiene María me parecen más apropiados para el auditorio.

LOLA: Paco, ¿eres tú la persona que se encarga de hablar con los reporteros?

PACO: No, no soy __. Se encarga Pablo de hablar con ___.

LOLA: ¿Uds. tienen la lista de preguntas que hemos preparado?

TITO: Desafortunadamente _____ ha perdido la lista, pero seguimos buscándo_.

Índice

Note: There are two parts to this index. The Grammar Topics include a vocabulary list. The Cultural Topics index includes references to Spanish speaking nations as well as cultural features. The notation *n* indicates a note on that page. Page numbers in italics indicate a figure or illustration.

AMÉRICA DEL SUR